（汉英对照版）
(Chinese-English Version)

上海知识产权法院裁判文书精选
（2015~2016）

Shanghai Intellectual Property Court Judgments Selection
(2015–2016)

上海知识产权法院　组织编写
Written by Shanghai Intellectual Property Court

王秋良　主编
Chief Editor: Wang Qiuliang

中译语通信息科技（上海）有限公司　译
Interpreted by Global Tone Communication Technology (Shanghai) Co., Ltd.

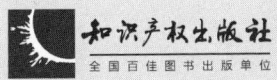

图书在版编目（CIP）数据

上海知识产权法院裁判文书精选. 2015~2016：汉英对照/王秋良主编. —北京：知识产权出版社, 2018.4
ISBN 978-7-5130-5474-4

Ⅰ. ①上… Ⅱ. ①王… Ⅲ. ①知识产权—民事诉讼—审判—法律文书—上海—2015-2016—选集—汉、英 Ⅳ. ①D927.510.34

中国版本图书馆 CIP 数据核字（2018）第 052432 号

内容提要

本书包括上海知识产权法院 2015~2016 年的优秀裁判文书，其中部分荣获全国法院精品文书和上海市高级人民法院"十大优秀法律文书"等。裁判文书案由涵盖专利权纠纷、商标权纠纷、著作权纠纷、不正当竞争纠纷、知识产权合同纠纷等多方面。本书为汉英文双语版。

Introduction

This book comprises excellent judgment documents of 2015 and 2016 made by Shanghai Intellectual Property Court, some of which have been awarded National Court Superior Documents and Excellent Legal Documents Top Ten of Shanghai High People's Court, etc. The causes of action in these judgment documents include disputes over patent right, trademark right, copyright, unfair competition and intellectual property contract, etc. This book is written in both Chinese and English.

责任编辑：卢海鹰　王瑞璞　　　　　责任校对：谷　洋
封面设计：张　冀　　　　　　　　　责任出版：刘译文

上海知识产权法院裁判文书精选（2015~2016）（汉英对照版）
SHANGHAI ZHISHICHANQUAN FAYUAN CAIPAN WENSHU JINGXUAN（2015~2016）（HANYING DUIZHAO BAN）

上海知识产权法院　组织编写
王秋良　主编　中译语通信息科技（上海）有限公司　译

出版发行：知识产权出版社 有限责任公司		网　址：http://www.ipph.cn	
社　址：北京市海淀区气象路 50 号院		邮　编：100081	
责编电话：010-82000860 转 8116		责编邮箱：wangruipu@cnipr.com	
发行电话：010-82000860 转 8101/8102		发行传真：010-82000893/82005070/82000270	
印　刷：北京嘉恒彩色印刷有限责任公司		经　销：各大网上书店、新华书店及相关专业书店	
开　本：720mm×960 mm　1/16		印　张：41.25	
版　次：2018 年 4 月第 1 版		印　次：2018 年 4 月第 1 次印刷	
字　数：904 千字		定　价：138.00 元	

ISBN 978-7-5130-5474-4

出版权专有　侵权必究
如有印装质量问题，本社负责调换。

编 委 会
Editorial Committee

主　　任：王秋良
Chief：Wang Qiuliang

副 主 任：黎淑兰
Deputy Chief：Li Shulan

委　　员：陈惠珍　丁文联　钱光文　张伟忠
　　　　　沈建坤　王小君　朱世悦
Editor：Chen Huizhen　Ding Wenlian　Qian Guangwen　Zhang Weizhong
　　　　　Shen Jiankun　Wang Xiaojun　Zhu Shiyue

序 PREFACE

　　裁判文书是整个司法活动的最终表现形式，是固化的司法成果，是法官基于案件事实和证据材料，依法对涉案实体问题和程序问题作出的具有法律效力的书面结论。一份裁判文书直接体现出法官对事实认定、证据采信、法律适用、释法明理的整体思路。裁判文书也是人民法院公正、严肃、权威的司法形象的直接体现，是社会公众评价司法公信力的主要依据。不断提高裁判文书质量，推动裁判文书公开，有助于发挥裁判文书在树立司法权威、培养公民法治意识、促进法治社会建设中的积极作用。

　　在国家实施知识产权战略和创新驱动发展战略的背景下，知识产权法院应运而生。2014年12月28日，上海知识产权法院正式成立。近三年来，上海知识产权法院坚持"专业化、国际化、权威性、影响力"的发展思路，深入实施精品战略，大力推动精品文书、精品案例工作，把制作好每一篇裁判文书作为落实"让人民群众在每一个司法案件中感受到公平正义"总目标的基本要求，形成了一批优秀裁判文书。通过司法裁判明晰法律适用标准，展示案件审理的价值取向和裁判思路，发挥司法在知识产权保护中的规范与指引价值，培育公民和企业权利意识、保护意识和法治意识。

　　在依法公开裁判文书的基础上，上海知识产权法院选取其中具有代表性的裁判文书，以中英文双语形式公开出版，旨在向国内外传递中国知识产权司法保护的声音，展示上海知识产权法院公正司法的形象，树立知识产权司法的公信力。鉴于时间和篇幅所限，本书选取了上海知识产权法院2015~2016年来已生效的18篇裁判文书，覆盖了专利、商标、著作权、不正当竞争等知识产权主要领域。希望上海知识产权法院法官继续努力，公正高效审理好每一起知识产权案件,为建设知识产权强国和世界科技强国作出更大的贡献。

王秋良

2018 年 1 月

PREFACE

Judgment documents are the final expression of all judicial activities, fixed judicial results, and valid written conclusion made by judges on substantive and procedural issues by law based on facts and evidence materials. A judgment document can directly reflect the overall thinking of the judges on fact finding, evidence admissibility, law application and interpretation of law. It's the direct reflection of the fairness, solemnity and authoritativeness of people's courts, and the main basis for the public to valuate judicial credibility. Improving the quality of judgment documents constantly and facilitating their publicity help give play to the active role of judgment documents in establishing judicial authority, cultivating rule-of-law consciousness of citizens and advancing the building of a society ruled by law.

Intellectual property courts emerged in the context of the implementation of intellectual property strategy and innovation-driven development strategy throughout the country. On December 28, 2014, Shanghai Intellectual Property Court was officially established. Over the last three years, the Court has been adhering to the principle of "expertise, internationalization, authoritativeness and influence", thoroughly implementing the strategy of excellence, vigorously promoting the development of excellent documents and model cases, and preparing every judicial document elaborately to fulfill the overall target- "make people feel fairness and justice in every judicial case", thus having formed a batch of excellent judgment documents. These judicial judgments help define the standards for law application, show the value orientation and judgment thought in case trial, give play to the role of justice in standardizing and guiding the protection of intellectual property rights (IPR), and cultivate citizens' and enterprises' consciousness of rights, protection and rule of law.

Based on the lawful publicity of judgment documents, Shanghai Intellectual Property Court has chosen some typical judgment documents for publication in both Chinese and English, in order to make China's voice of IPR protection heard at home and abroad, demonstrate the judicial image of the Court and build the credibility of IPR protection. Due to limited time and space, this book has selected 18 executed judgment documents of Shanghai Intellectual Property Court in 2015 and 2016, covering patent, trademark, copyright, unfair competition and other main fields of IPR. Hopefully, the judges of the Court will make continued efforts to try every intellectual property case with justice and effectiveness and make greater contribution to building China into a country of strong IPR protection and advanced science and technology.

Wang Qiuliang

January 2018

目　　录*

一、专利权权属、侵权纠纷

1. 无锡艾诺科技有限公司诉吴江振宇纺织电器厂、计某某侵害发明专利权纠纷案 …………………………………………………………… 1
2. 上海晨光文具股份有限公司诉得力集团有限公司、济南坤森商贸有限公司侵害外观设计专利权纠纷案 ………………………… 12
3. 刘某某诉上海晶朵商贸有限公司、上海博以文科技有限公司侵害外观设计专利权纠纷案 ………………………………………… 24
4. 欧普照明股份有限公司诉上海万禾灯饰有限公司侵害外观设计专利权纠纷案 …………………………………………………… 33
5. 盛纪（上海）家居用品有限公司诉上海统一星巴克咖啡有限公司、增城市增豪不锈钢制品有限公司侵害外观设计专利权纠纷案 ……… 38

二、商标权权属、侵权纠纷

6. 霍尼韦尔国际公司诉上海御逊汽车配件有限公司、张某某侵害商标权纠纷上诉案 ……………………………………………… 48

---

* 在成书过程中，编辑对所选判决书中的个人信息进行了处理，如需查找相应判决书的原文，参见：中国裁判文书网（http://wensha.court.gov.cn/）。

7. 勃贝雷有限公司诉鲁某某、陈某侵害商标权纠纷上诉案 …………… 60
8. 江苏红蚂蚁装饰设计工程有限公司诉上海红蚂蚁装潢设计有限
   公司长宁分公司、上海红蚂蚁装潢设计有限公司侵害商标权纠纷
   上诉案 …………………………………………………………………… 66
9. 宝马股份公司诉上海创佳服饰有限公司、德马集团（国际）控股
   有限公司、周某某侵害商标权及不正当竞争纠纷案 ………………… 83
10. 中国银联股份有限公司诉济南道诺信息科技有限公司、山东云泰
    铭德信息科技有限公司侵害商标权及不正当竞争纠纷案 ………… 125

三、著作权权属、侵权纠纷

11. 上海美术电影制片厂诉浙江新影年代文化传播有限公司、华谊兄
    弟上海影院管理有限公司著作权侵权纠纷上诉案 ………………… 164
12. 杭州派娱科技有限公司诉上海幻萌网络科技有限公司计算机软件
    著作权权属纠纷案 …………………………………………………… 174
13. 飞狐信息技术（天津）有限公司诉上海幻电信息科技有限公司侵
    害作品信息网络传播权纠纷上诉案 ………………………………… 185

四、不正当竞争纠纷

14. 韩国泰迪熊协会诉天络行（上海）品牌管理有限公司擅自使用他
    人企业名称纠纷上诉案 ……………………………………………… 198
15. 上海聚力传媒技术有限公司诉上海大摩网络科技有限公司其他不
    正当竞争纠纷上诉案 ………………………………………………… 209
16. 厦门中鲁石油有限公司诉露西润滑油（上海）有限公司不正当竞
    争纠纷上诉案 ………………………………………………………… 222

五、知识产权合同纠纷

17. 上海希瑞恺萨国际贸易有限公司诉上海勤拙网络科技有限公司
    服务合同纠纷上诉案 ………………………………………………… 243
18. 昆山艾迪达斯电气科技有限公司诉高某某、上海艾地艾电器有
    限公司、昆山思科达管理咨询有限公司商标权转让合同纠纷上
    诉案 …………………………………………………………………… 255

Content

I. Dispute over Confirmation of Ownership and Infringement of Patent Right

1. Dispute over Invention Patent Infringement between IRO (Wuxi) Technology Co., Ltd. v. Ji and Wujiang Zhenyu Textiles Electrical Equipment Factory 267
2. Dispute over Design Patent Infringement between Shanghai M&G Stationery Inc. v. Deli Group and Jinan Kunsen Trading Co., Ltd. 283
3. Dispute over Design Patent Infringement between Liu v. Shanghai Jingduo Trading Co., Ltd. and Shanghai Boost Even Technology Limited 299
4. Dispute over Design Patent Infringement between Opple Lighting (China) Co., Ltd. v. Shanghai Wanhe Light Fixture Co., Ltd. 312
5. Dispute over Design Patent Infringement between Seikilife (Shanghai) Housewares Co., Ltd. v. Shanghai President Coffee Corporation and Zengcheng Zenghao Stainless Steel Products Co., Ltd. 319

II. Dispute over Confirmation of Ownership and Infringement of Trademark Right

6. Dispute over Trademark Infringement between Honeywell International

Inc. v. Shanghai Yuxun Auto Parts Co., Ltd. and Zhang ················ 334

7. Dispute over Trademark Infringement between Burberry Limited v. Lu and Chen ·· 351

8. Dispute over Trademark Infringement between Jiangsu Red Ant Design Decoration Engineering Limited Company v. Shanghai Red Ant Decoration Design Co., Ltd., Changning Branch and Shanghai Red Ant Decoration Design Co., Ltd. ·································· 361

9. Dispute over Trademark Infringement and Unfair Competition between BMW AG v. Shanghai Chuangjia Garments Co., Ltd., Dema Group (Int'L) Holding Limited and Zhou ······························· 386

10. Dispute over Trademark Infringement and Unfair Competition between China UnionPay Co., Ltd. v. Jinan Daonuo Information Technology Co., Ltd. and Shandong Yuntai Mingde Information Technology Co., Ltd. ·· 444

III. Dispute over Confirmation of Ownership and Infringement of Copyright

11. Copyright Infringement Dispute between Shanghai Animation Film Studio v. Zhejiang Xinying Niandai Media Co., Ltd. and HBC-Shanghai Management Co., Ltd. ·································· 498

12. Dispute over Infringement upon Computer Software Copyright between Hangzhou PATCH Technology Co., Ltd. v. Shanghai Moefantasy Network Technology Co., Ltd. ·································· 513

13. Dispute over Infringement of the Right of Dissemination on Information Network between TV.SOHU.COM v. Shanghai Hode Information Technology Co., Ltd. ·································· 531

IV. Dispute over Unfair Competition Infringement of Patent Right

14. Dispute over Unauthorized Use of Other's Enterprise Name between Korea Teddybear Association v. Skynet (Shanghai) Brand Management

Co., Ltd. ··· 549
15. Dispute over Other Unfair Competition between Shanghai Synacast Media Technology Co., Ltd. v. Shanghai Damo Network Technology Co., Ltd. ··· 563
16. Dispute over Unfair Competition between Xiamen Sinolook Oil Co., Ltd. v. Luxe Lubricant (Shanghai) Co., Ltd. ································ 583

V. Dispute over Intellectual Property Contract

17. Dispute over Service Contract between Shanghai CaesarStone International Co., Ltd. v. Shanghai Qinzhuo Network Technology Co., Ltd. ··· 613
18. Dispute over Trademark Transfer Contract between Kunshan Adidas Electric Technology Co., Ltd. v. Gao Zhijian, Shanghai ADA Electrical Appliance Co., Ltd. and Kunshan Skoda Management Consulting Co., Ltd. ·· 629

一、专利权权属、侵权纠纷

1. 无锡艾诺科技有限公司诉吴江振宇纺织电器厂、计某某侵害发明专利权纠纷案

上海知识产权法院
民事判决书

(2015) 沪知民初字第 113 号

原告：无锡艾诺科技有限公司。
法定代表人：SAMUELSSON OLA MAGNUS，该公司董事长兼总经理。
委托代理人：郑某某，江苏锦程律师事务所律师。
被告：吴江振宇纺织电器厂。
投资人：计某某，该厂厂长。
委托代理人：陶一，苏州创元专利商标事务所有限公司专利代理人。
委托代理人：陶二，上海申浩律师事务所律师。
被告：计某某。
委托代理人：陈某某，上海申浩律师事务所律师。

原告无锡艾诺科技有限公司诉被告吴江振宇纺织电器厂（以下至判决主文前简称"振宇厂"）、计某某侵害发明专利权纠纷一案，本院于2015年2月9日受理后，依法组成合议庭，于2015年4月20日、2015年6月29日两次公开开庭进行了审理。原告委托代理人郑某某、被告振宇厂的委托代理人陶一、陶二以及被告计某某的委托代理人陈某某到庭参加了两次庭审。本案经本院院长批准延长审理期限六个月，现已审理终结。

原告无锡艾诺科技有限公司诉称，1997年6月26日，诺瓦·罗伊电子公司向国家知识产权局申请名称为"用于织机的纱线制动器"发明专利，并于

2002年12月18日获得授权，专利号为ZL97195882.3。后诺瓦·罗伊电子公司授权原告享有该项专利的独占实施权，并于2008年7月7日办理了专利实施许可合同备案。2014年6月16日，原告在上海新国际博览中心举行的中国国际纺织机械展览会暨ITMA亚洲展览会上发现被告振宇厂展出了被控侵权产品。经比对，原告认为被控侵权产品的技术特征与涉案专利权利要求1记载的技术特征相同，落入了涉案专利权的保护范围，故被告振宇厂的行为构成专利侵权；被告振宇厂系被告计某某投资的个人独资企业，计某某应当对振宇厂的侵权行为承担连带责任。因此，原告请求本院判令两被告：1. 立即停止制造、使用、销售、许诺销售侵权产品的行为，销毁侵权产品及模具；2. 连带赔偿原告经济损失人民币10万元（以下币种相同）及原告因调查、制止侵权所支付的合理费用16800元，两项合计116800元。

被告振宇厂辩称：1. 其仅在展会上使用了被控侵权产品，未实施专利法所称的制造、销售、许诺销售等行为；2. 其展示的被控侵权产品来源于嵊州市博济化纤机械配件厂（以下简称"博济厂"），故被控侵权产品具有合法来源；3. 涉案专利权利要求1中的"突出""角度行程""调节装置"均是功能性的描述，该些描述不清楚、不确定，被控侵权产品就该三项技术特征与涉案专利既不相同也不等同。据此，被告请求本院依法驳回原告的全部诉讼请求。

被告计某某同意被告振宇厂的上述答辩意见，并认为被告振宇厂使用被控侵权产品是为了向客户展示其生产的储纬器可以安装被控侵权产品，此种使用不属于专利法意义上的使用行为，且不以生产经营为目的。

本院经审理查明，1997年6月26日，诺瓦·罗伊电子公司向国家知识产权局申请名称为"用于织机的纱线制动器"发明专利，并于2002年12月18日获得授权，专利号为ZL97195882.3，该项专利申请的公开日为1999年7月21日。原告要求保护的涉案专利权利要求1记载如下：一种纱线制动器，它包括：一个固定的支架（1）；固定的并且相距一定间隔设置的纱线导引元件（2，3，22），这些纱线导引元件限定出一个通过纱线制动器（B）的直线纱线通路（C）；一个回转驱动装置（D）；至少一个制动元件（E）从回转驱动装置（D）向着所述直线纱线通路（C）突出，所述的制动元件（E）由所述的回转驱动装置（D）控制，在一个位于所述纱线通路（C）一侧的起始位置和一个位于所述纱线通路（C）另一侧的至少一个制动位置（E1）之间，围绕一根回转轴线（X）进行一个角度行程（10），所述回转轴线大体平行于并相距所述直线纱线通路（C）一段距离设置；一个调节装置（A），用于在制动元件（E）的制动位置（E1）处改变纱线（Y）的偏折程度，其特征在于，制动元件（E）的回转轴线（X）和直线纱线通路（C）之间的距离（L）是可变化的。

涉案专利说明书记载：根据本发明的纱线制动器的一个有利的实施例，回转驱动装置由一个回转磁铁构成，该回转磁铁包括一个外壳和一个驱动轴，回转驱动装置的回转轴线大体平行于直线纱线通路，制动元件由一个通常的U形支架构成，支架的臂的端部被固定在驱动轴上，以便U形件的弯曲部分向着直线纱线通路延伸出，所述外壳支承着止挡装置，外壳或者其支承体可滑动地装进支架的开口部位，所述的开口部位比外壳在其滑动方向上的尺寸大一些。……根据本发明的另一个实施例，U形支架平行于直线纱线通路定位，其上游的臂比下游的臂长，所述臂的自由端都距所述直线纱线通路有相同的距离，U形支架的弯曲部分由一个直的横杆构成，该横杆连着所述两个臂，该横杆从较长的上游臂到较短的下游臂倾斜着延伸。……根据本发明的下述一种纱线制动器能够获得一个简单的支架结构设计和对纱线偏折程度的容易的调节。在所述的纱线制动器中，开口部位由支架的两个相距一定距离设置的侧壁构成，它们一起形成一个用于外壳的滑动导引件，所述外壳具有一个外部矩形轮廓部分，该部分可滑动地安装在所述支架侧壁之间，所述侧壁的至少一个具有用于将所述外壳固定和定位的装置。将支架的至少一个侧壁设置多个孔，用于容纳拧进所述外壳的可松卸的固定装置可以在支架中预先设定所述结构单元的不同的位置，这些不同的位置代表着纱线偏折的不同程度。……在图1所示的实施例中，……在该实施例中，至少一个调节螺丝7能够将单元U移位调节，向上或者向下移位，并能够将单元U牢牢地定位在所选定的位置处，这里所述的螺丝7穿进支架1并拧进回转驱动装置D的一个凸缘8中。……图2到图5所示的简明的实施例展示了一个结构紧凑的纱线制动器的结构，它包括一个通常的U形支架1用于将纱线制动器B固定到一个结构支承元件21上，例如，该结构支承元件21携带着纱线制动器B的上游纱线导引元件2。支架1由于固定螺栓31（图5）的夹持作用而被牢牢地固定在元件21上。支架1携带着一个U形支承体11，它通过一个包覆件12完全包围着纱线导纱眼3的下游而支持住该导纱眼3，该包覆件12具有与支承体11倒角的或光滑的连接，所述的纱线导纱眼3为一个环形的陶瓷纱线导纱眼。一个第三纱线导引元件22被设置在纱线导引元件2和导纱眼3之间并与它们对齐，所说的元件22被一个向支承体11内突出的柱状物32所支持。……支架1的至少一个侧壁14上设置有多个孔28用于容纳固定螺钉29，该固定螺钉29拧入驱动装置D的外壳13中。通过将螺钉29从外壳13的孔30中旋出，将回转驱动装置D在开口部位16中从其最低的位置（图2）向上移动到一个较高的位置（图3），然后将固定螺钉29拧入侧壁14的另外的孔28中，这样距离L就减小到L1以获得一个较小的纱线偏折程度。

2008年5月8日,专利权人诺瓦·罗伊电子公司与原告签订《专利实施许可合同》一份,由专利权人授权原告免费独占实施包括涉案专利在内的四项专利。2008年7月7日,上述《专利实施许可合同》在国家知识产权局备案,备案公告记载上述合同有效期限自2008年5月8日至2017年7月18日。

2014年6月20日,上海市第一中级人民法院依据原告的诉前证据保全申请,扣押了被告振宇厂在上海新国际博览中心举行的中国国际纺织机械展览会暨ITMA亚洲展览会上展出的储纬器一台。该储纬器上连接一纱线制动器(即涉案被控侵权产品)。上述储纬器的机身侧面贴有条形码,并标注有"震宇""ZYS型电子储纬控制器""201402011244"以及"江苏吴江振宇纺织电器厂"字样;储纬器前端安装"震宇®"字样的铭牌。

该被控侵权产品包括一个类L形固定支架,固定支架的主体部分中央有一瓷眼,外侧有一槽孔用于容纳螺钉,固定支架的侧壁上设置有两个长腰形孔槽用于容纳螺钉;固定支架包围着一回转驱动装置,并通过固定支架侧壁上的孔槽将固定螺钉拧入回转驱动装置的外壳中;在固定支架主体部分的一侧以及回转驱动装置的一端各有一相对向设置的橡胶止挡件装置;在固定支架主体部分的另一侧安装有一U形支承体,该U形支承体两臂上各有一瓷眼,该两个瓷眼与固定支架主体部分的瓷眼处于同一垂直直线上;另有一U形支架,其两臂的端部被固定在回转驱动装置的驱动轴上,U形支架的弯曲部分则向外延伸超过三个瓷眼的位置;U形支承体的上臂一端固定在固定支架主体部分上设置的橡胶止挡件上,下臂从U形支架两臂中穿过。

被告振宇厂于2002年5月10日成立,系个人独资企业,投资人为被告计某某,该厂的经营范围包括纺织电器及机械、新颖节能电机、LED灯生产、销售;化纤原料、化纤布销售。

另查明,原告与江苏锦程律师事务所商定本案律师费为16800元,该项费用应于原告收到一审判决书或调解书或一审结案后的7日内支付完毕。

以上事实,有原告提交的专利登记簿副本、专利实施许可合同备案证明、专利实施许可合同、发明专利说明书、江苏锦程律师事务所致原告的函、(2014)沪一中民保字第19号案件相关保全材料、被控侵权产品实物等证据证明。上述证据均经庭审质证,两被告对该些证据的真实性均无异议,本院予以确认。

诉讼中,两被告向本院提交了以下证据材料,以证明被控侵权产品来源于博济厂,其为研发产品而购买了被控侵权产品:1. 发票号为0753784的浙江增值税专用发票,上载:开票日期2010年1月15日,货物名称包括普纱、电磁针等,其中普纱产品共 20 套,单价(含税)380 元。2. 博济厂出具的证明,上载:被告振宇厂于 2014 年 6 月 16 日在上海市浦东新区的上海新国际博览中心的中国国际纺织机械展览会暨 ITMA 亚洲展览会上展出的普纱产品(用于织机的纱线制动器)系其于 2010 年 1 月 15 日提供给被告振宇厂的,由此产生的法律责任其愿意承担。该份证明之后附有该厂营业执照、组织机构代码证、企业负责人身份证明、龚某某的身份证。3. 博济厂的产品宣传手册,宣传手册中有普纱、普纱架子等产品的照片,其中普纱产品的结构与被控侵权产品相同。4. 证人龚某某出庭作证,证言如下:其于 2009 年 8 月至 2011 年 6 月在博济厂任销售一职;被控侵权产品系博济厂生产并于 2010 年 1 月销售给被告振宇厂的,其系本次交易的具体经办人,由于这是其第一笔成交的业务,且业务量小,故其对本次交易的时间记得很清楚,其销售的被控侵权产品没有任何标记;就被控侵权产品博济厂仅向被告销售了一次,共 20 多个,每个产品 400 元左右,本次销售的产品除被控侵权产品外还有转向阀等三四种产品,本次交易的总价多少记不清楚了,当时其拿了产品宣传手册上门推销,未签订合同,被告方的具体经办人以及货物交付方式其均记不清楚了;2011 年博济厂与原告有过诉讼之后就未再生产被控侵权产品;被控侵权产品是作为样机使用的。

经质证,原告对被告提交的上述证据 1 的真实性予以确认,对其余证据的真实性均不予确认,并认为这些证据最多只能证明博济厂向被告销售过普纱产品,但不能证明博济厂销售的产品即为涉案被控侵权产品。

本院对两被告提交的上述证据 1、证据 2 中的相关附件、证据 3 的真实性予以确认。对于证据 2 中的证明及证据 4,证人虽称博济厂与振宇厂的交易系其第一笔成交的业务,故对本次交易的时间及普纱产品的交易数量记得很清楚,但其却连基本的交易方式及交易金额均记不清楚,显然证词之间存在矛盾,故本院对证据 2 及证据 4 不予采信。综合两被告提交的上述证据,本院对该些证据的证明力不予确认,理由如下:证据 1 显示被告振宇厂购买普纱产品的时间为 2010 年 1 月 15 日,且当时采购的数量仅为 20 套,而涉案被控侵权产品的取证时间为 2014 年 6 月 20 日,距被告采购产品长达 4 年多时间,明显不符合常理,而被告所称其购买被控侵权产品系研发储纬器产品之用亦缺乏依据,故本院虽可确认被告振宇厂于 2010 年 1 月 15 日向博济厂采购 20 套普纱产品的事实,但无法确认该被告在展会上展出的被控侵权产品即为其于 2010 年 1 月 15 日采购的产品。

本院认为,根据《中华人民共和国专利法》第十一条规定,发明专利权被授予后,除本法另有规定的以外,任何单位或者个人未经专利权人许可,都不得实施其专利,即不得为生产经营目的制造、使用、许诺销售、销售、进口其专利产品。原告经专利权人诺瓦·罗伊电子公司授权,取得名称为"用于织机的纱线制动器"发明专利的独占实施权,其有权就授权期限内他人侵犯涉案专利权的行为单独向人民法院提起诉讼。本案的主要争议焦点在于:1. 被控侵权产品是否落入涉案专利权的保护范围;2. 被告振宇厂是否实施了生产、销售、许诺销售、使用被控侵权产品的行为;3. 两被告应承担的民事责任。

一、被控侵权产品是否落入涉案专利权的保护范围

《最高人民法院关于审理侵犯专利权纠纷案件应用法律若干问题的解释》第七条规定:"人民法院判定被诉侵权技术方案是否落入专利权的保护范围,应当审查权利人主张的权利要求所记载的全部技术特征。被诉侵权技术方案包含与权利要求记载的全部技术特征相同或者等同的技术特征的,人民法院应当认定其落入专利权的保护范围;被诉侵权技术方案的技术特征与权利要求记载的全部技术特征相比,缺少权利要求记载的一个以上的技术特征,或者有一个以上技术特征不相同也不等同的,人民法院应当认定其没有落入专利权的保护范围。"又根据《中华人民共和国专利法》第五十九条第一款的规定,发明专利权的保护范围以其权利要求的内容为准,说明书及附图可以用于解释权利要求的内容。

根据涉案专利权利要求1记载,涉案专利主题为一种纱线制动器,其包括以下技术特征:1. 一个固定的支架;2. 数个纱线导引元件,这些纱线导引元件固定的、并相距一定间隔距离设置,这些纱线导引元件限定出一个通过纱线制动器的直线纱线通路;3. 一个回转驱动装置;4. 至少一个制动元件,该制动元件由回转驱动装置控制,并从回转驱动装置向着所述直线纱线通路突出,可在回转驱动装置控制下在一个位于所述纱线通路一侧的起始位置和一个位于所述纱线通路的另一侧的至少一个制动位置之间,围绕一根回转轴线进行一个角度行程,所述回转轴线大体平行于并相距所述直线纱线通路一段距离设置;5. 一个调节装置,该装置用于在制动元件的制动位置处改变纱线的偏折程度;6. 制动元件的回转轴线和直线纱线通路之间的距离是可变化的。针对被告提出的涉案专利权利要求中"突出""角度行程""调节装置"均是功能性的描述,该些描述不清楚、不确定的抗辩理由,本院认为:1. "至少一个制动元件从回转驱动装置向着所述直线纱线通路突出"的"突出"并不是功能性特征,所谓"突出"是指一个机械结构件在结构上的外表特征,即在位置上高于或多出另一个机械结构件,这对于本领域的普通技术人员而言,能够理解涉案专利的该项技术特征系指制动元件伸出了直线纱线通路或者向着直线纱线通

路伸出，或者从制动元件的固定端伸出至直线纱线通路之外，该项技术特征是清楚的。2."角度行程"亦不是功能性特征，虽然"角度行程"并非本领域的专业术语，但根据涉案专利说明书附图1、2、3，本领域普通技术人员能够理解"角度行程"即指制动元件的转角或摆动的角度范围，故该项技术特征亦是清楚的。3.关于"调节装置"，涉案专利权利要求1仅记载了调节装置所要实现的功能，即用于在制动元件的制动位置处改变纱线的偏折程度，但是并未记载实现该项功能的装置的具体结构，故该项技术特征可以认定为功能性特征。《最高人民法院关于审理侵犯专利权纠纷案件应用法律若干问题的解释》第四条规定，对于权利要求中以功能或者效果表述的技术特征，人民法院应当结合说明书和附图描述的该功能或者效果的具体实施方式及其等同的实施方式，确定该技术特征的内容。根据涉案专利说明书中"将支架的至少一个侧壁设置多个孔，用于容纳拧进所述外壳的可松卸的固定装置可以在支架中预先设定所述结构单元的不同的位置，这些不同的位置代表着纱线偏折的不同程度"、图1实施例描述中的"所述螺丝7穿进支架1并拧进回转驱动装置D的一个凸缘8中"、图2到图5实施例描述中的"支架1的至少一个侧壁14上设置有多个孔28用于容纳固定螺钉29，该固定螺钉29拧入驱动装置D的外壳13中。通过螺钉29从外壳13的孔30中旋出，将回转驱动装置D在开口部位16中从其最低的位置（图2）向上移动到一个较高的位置（3），然后将固定螺钉29拧入侧壁14的另外的孔28中，这样距离L就减小到L1以获得一个较小的纱线偏折程度"，可以清楚理解调节装置由孔、螺钉构成的具体结构以及安装位置等，因此，这一技术特征亦是清楚的。综上，被告认为涉案专利权利要求不清楚、不确定的抗辩意见不能成立，本院不予采纳。

经比对，被控侵权产品具有：1.一固定支架，这一技术特征与涉案专利技术特征1相同。2.固定支承体上的两个瓷眼和固定支架上的一个瓷眼，根据本领域普通技术人员的认知，可以知道该三个瓷眼即纱线导引元件（涉案专利说明书对纱线导引元件的结构亦有描述），该三个瓷眼相距一定间隔距离垂直设置，从而限定出一个通过纱线制动器的直线纱线通路，因此，这一技术特征与涉案专利技术特征2相同。3.一回转驱动装置，这一技术特征与涉案专利技术特征3相同。4.有一个U形支架，根据涉案专利说明书及附图可知，被控侵权产品的U形支架即涉案专利中的制动元件，由于该制动元件的弯曲部分超过三个瓷眼，故其符合涉案专利中的"从回转驱动装置向直线纱线通路突出"这一技术特征；同时，由于该制动元件的两臂端部固定在回转轴上，故该制动元件由回转驱动装置控制，并围绕回转轴在两个止挡件之间摆动，从而符合涉案专利中"在一个位于所述纱线通路一侧的起始位置和一个位于所述纱线通路另一侧的至少一个制动位置之间，围绕一根回转轴线进行一个角度行程"这一技术特征；此外，被控侵权产品的回转轴线亦大体平行于并相距直线纱线通路一段距离。因此，这一技术特征与涉案专利技术特征4相同。

5. 固定支架有孔槽和螺钉，这与涉案专利说明书披露的调节装置的具体结构相同，该些孔槽和螺钉配合亦可以将回转驱动装置连同制动元件在机架上移位调节，从而改变制动元件的回转轴线和直线纱线通路之间的距离，由于该距离改变了，在两个橡胶止挡件装置位置不变的情况下，纱线的偏折程度必然随之发生变化。因此，被控侵权产品的上述技术特征与涉案专利技术特征5、6相同。

据此，被控侵权产品的技术特征与涉案专利权利要求1记载的全部技术特征相同，已经落入了涉案专利权的保护范围。

二、被告振宇厂是否实施了生产、销售、许诺销售、使用被控侵权产品的行为

1. 被控侵权产品是否由被告振宇厂生产。经证据保全取得的被控侵权产品与储纬器相连，储纬器上标有被告振宇厂的企业名称及商标等，可以认定被告振宇厂系储纬器的生产者。但对于被控侵权产品是否由该被告生产，因该类产品仅系储纬器的一个配件，且其可以单独出售，故不能仅凭储纬器产品上的生产厂家信息直接认定被控侵权产品的生产者。根据被告振宇厂提交的证据，其确曾向案外人博济厂购买过普纱产品，故被告振宇厂自行生产此类产品的可能性不大。现亦无证据证明该被告以被控侵权产品生产者的身份对外展出了该产品。因此，原告主张被控侵权产品由被告振宇厂生产，缺乏充分的证据，本院难以支持。

2. 被告振宇厂在展会上展出被控侵权产品的行为性质。根据《最高人民法院关于审理专利纠纷案件适用法律问题的若干规定》第二十四条的规定，许诺销售是指以做广告、在商店橱窗中陈列或者在展销会上展出等方式作出销售商品的意思表示。首先，被告振宇厂参加了相关展会，并在其展位上展示了被控侵权产品，由于展会即是以销售参展商品为目的的，对于参会者而言，在看到该被告展出的产品后会认为被控侵权产品亦随储纬器一并对外销售。其次，被告振宇厂将被控侵权产品作为储纬器的配件展出，旨在让参会者关注被控侵权产品与储纬器配合使用后所产生的效果，当参会者看到被告展出的产品后，极有可能产生购买被控侵权产品的兴趣，而被控侵权产品并非通用产品或市场常见产品，对被控侵权产品有购买意愿的参会者会选择向被告振宇厂询价或购买。因此，本院认定被告振宇厂的上述行为构成以生产经营为目的的许诺销售，而非简单的使用行为。

原告另指控该被告实施了销售行为，但未能提交证据证明，故本院对原告的该项主张不予支持。

三、两被告应承担的民事责任

根据《中华人民共和国专利法》第七十条的规定，为生产经营目的使用、许诺销售或者销售不知道是未经专利权人许可而制造并售出的专利侵权产品，能证明该产品合法来源的，不承担赔偿责任。被告振宇厂实施了许诺销售被控侵权产品的行为，虽提交了相关证据欲证明被控侵权产品具有合法来源，但正如本院此前所述，其提交的证据尚不足以证明其许诺销售的被控侵权产品即为其于2010年1月15日向博济厂采购的产品。故被告提出的合法来源抗辩不能成立，应当承担停止侵权、赔偿损失的民事责任。关于原告主张的经济损失及为维权所支出的合理费用，鉴于本案现有证据仅能证明被告振宇厂实施了许诺销售行为，现无证据证明被告实施的许诺销售行为给原告造成了损失，或者被告实施许诺销售行为获得了利益，故对于原告关于赔偿经济损失的诉请，本院不予支持。关于合理费用，原告主张了律师费16800元，本院综合考虑本案案情的复杂程度、律师在本案中的工作量以及原告诉请的支持程度等，酌情确定为10000元。

被告计某某系振宇厂的投资人，根据《中华人民共和国个人独资企业法》第三十一条的规定，被告振宇厂的财产不足以履行上述金钱给付义务的，被告计某某以其个人的其他财产予以承担。对于原告要求被告计某某承担停止侵权民事责任的主张，本院认为，停止侵权的民事责任具有专属性，不可转让或代为行使。涉案许诺销售行为系由被告振宇厂实施，故相应停止侵权的民事责任亦应由涉案侵权行为的实施者被告振宇厂承担。而《中华人民共和国个人独资企业法》规定投资人对个人独资企业承担的责任仅限于金钱给付义务，而不包括停止侵权的民事责任。因此，原告要求被告计某某与振宇厂共同承担停止侵权的民事责任，于法无据，本院不予支持。

综上所述，依照《中华人民共和国专利法》第十一条第一款、第六十五条，《最高人民法院关于审理专利纠纷案件适用法律问题的若干规定》第二十二条，《中华人民共和国个人独资企业法》第三十一条之规定，判决如下：

一、被告吴江振宇纺织电器厂于本判决生效之日起停止侵犯名称为"用于织机的纱线制动器"的发明专利权（专利号ZL97195882.3）；

二、被告吴江振宇纺织电器厂于本判决生效之日起10日内赔偿原告无锡艾诺科技有限公司为本案支出的合理费用人民币10000元；

三、被告吴江振宇纺织电器厂的财产不足以履行上述金钱给付义务的，被告计某某以其个人的其他财产予以承担；

四、驳回原告无锡艾诺科技有限公司的其余诉讼请求。

被告如果未按本判决指定的期间履行给付金钱义务,应当依照《中华人民共和国民事诉讼法》第二百五十三条之规定,加倍支付迟延履行期间的债务利息。

本案案件受理费人民币2636元,由原告无锡艾诺科技有限公司负担人民币1206元,被告吴江振宇纺织电器厂负担人民币1430元。

如不服本判决,可在判决书送达之日起十五日内,向本院递交上诉状,并按对方当事人的人数提出副本,上诉于上海市高级人民法院。

审 判 长 刘军华

审 判 员 凌 崧

审 判 员 徐燕华

二〇一六年三月十日

书 记 员 汤菁茜

附:相关的法律条文

一、《中华人民共和国专利法》

第十一条 发明和实用新型专利权被授予后,除本法另有规定的以外,任何单位或者个人未经专利权人许可,都不得实施其专利,即不得为生产经营目的制造、使用、许诺销售、销售、进口其专利产品,或者使用其专利方法以及使用、许诺销售、销售、进口依照该专利方法直接获得的产品。

......

第六十五条 侵犯专利权的赔偿数额按照专利权人因被侵权所受到的实际损失确定;实际损失难以确定的,可以按照侵权人因侵权所获得的利益确定。权利人的损失或者侵权人获得的利益难以确定的,参照专利许可使用费的倍数合理确定。赔偿数额还应当包括权利人为制止侵权行为所支付的合理开支。

权利人的损失、侵权人获得的利益和专利许可使用费均难以确定的,人民法院可以根据专利权的类型、侵权行为的性质和情节等因素,确定给予一万元以上一百万元以下的赔偿。

二、《最高人民法院关于审理专利纠纷案件适用法律问题的若干规定》

第二十二条 权利人主张其为制止侵权行为所支付合理开支的,人民法院可以在专利法第六十五条确定的赔偿数额之外另行计算。

三、《中华人民共和国个人独资企业法》

第三十一条 个人独资企业财产不足以清偿债务的，投资人应当以其个人的其他财产予以清偿。

2. 上海晨光文具股份有限公司诉得力集团有限公司、济南坤森商贸有限公司侵害外观设计专利权纠纷案

上海知识产权法院
民事判决书

（2016）沪 73 民初 113 号

原告：上海晨光文具股份有限公司。
法定代表人：陈某某，该公司董事长。
委托诉讼代理人：何某，北京市金杜律师事务所上海分所律师。
委托诉讼代理人：王一，北京市金杜律师事务所上海分所律师。
被告：得力集团有限公司。
法定代表人：娄某某，该公司董事长。
委托诉讼代理人：张某某，浙江时光律师事务所律师。
委托诉讼代理人：徐某某，宁波天一专利代理有限公司专利代理人。
被告：济南坤森商贸有限公司。
法定代表人：王二。

原告上海晨光文具股份有限公司（以下至判决主文前简称"晨光公司"）与被告得力集团有限公司（以下至判决主文前简称"得力公司"）、济南坤森商贸有限公司（以下至判决主文前简称"坤森公司"）侵害外观设计专利权纠纷一案，本院于 2016 年 1 月 21 日立案后，依法适用普通程序进行审理。技术调查官杨某某参与了本案诉讼。被告得力公司在答辩期内提出管辖权异议，本院依法裁定驳回。得力公司提起上诉，2016 年 6 月 29 日，上海市高级人民法院作出裁定，驳回上诉，维持原裁定。2016 年 10 月 26 日，本院对本案公开开庭进行了审理。原告晨光公司委托诉讼代理人何某、王一，被告得力公司委托诉讼代理人张某某、徐某某到庭参加诉讼。被告坤森公司经传票传唤，无正当理由拒不到庭参加诉讼，本院依法缺席审理。本案现已审理终结。

原告晨光公司向本院提出诉讼请求，请求判令：1. 两被告立即停止侵犯原告 ZL200930231150.3 号外观设计专利权的行为，即被告得力公司立即停止制造、销售行为，被告坤森公司立即停止销售、许诺销售行为；2. 两被告销

毁所有库存侵权产品以及制造侵权产品的专用设备、模具；3. 被告得力公司赔偿原告经济损失 180 万元及为制止侵权所支付的合理费用 20 万元。事实和理由：原告于 2009 年 11 月 26 日向中国国家知识产权局申请了 ZL200930231150.3 号外观设计专利，授权公告日为 2010 年 7 月 21 日，目前处于有效状态。2015 年 11 月，原告发现，被告得力公司制造并销售得力思达 A32160 波普风尚中性笔，被告坤森公司亦在天猫商城许诺销售、销售该产品。原告认为，该产品与原告外观设计专利产品属于相同产品，且外观设计近似，两被告的行为构成对原告专利权的侵犯，故提起诉讼。

被告得力公司辩称，虽然被诉侵权产品是其制造并销售的，但该产品与原告专利外观设计不相同也不近似，被告行为不构成对原告专利权的侵犯。即使构成侵权，原告诉请的赔偿数额及合理费用也过高。原告诉请缺乏事实与法律依据，故请求法院驳回原告的全部诉讼请求。

被告坤森公司未作答辩。

当事人围绕诉讼请求依法提交了证据，本院组织当事人进行了证据交换和质证。对当事人无异议的原告提交的营业执照、企业公示信息、外观设计专利证书、专利收费收据、外观设计专利权评价报告、（2015）沪黄证经字第 21465 号公证书及所附证物、无效宣告请求审查决定书、中国商标网查询页面，以及被告得力公司提交的 CN300885158 号专利公布公告、复审无效宣告程序意见陈述书，本院予以确认并在卷佐证。根据上述证据及当事人的陈述，本院认定事实如下：

原告是名称为"笔（AGP67101）"的外观设计专利的专利权人，专利号为 ZL200930231150.3，申请日为 2009 年 11 月 26 日，授权公告日为 2010 年 7 月 21 日，目前处于有效状态。

该授权外观设计由笔杆、笔帽组成，笔帽上设有笔夹。笔杆主体呈粗细均匀的细长状四周圆角柱体；顶端有正方形锥台突起，锥台中央有一圆孔；主体靠近笔头处内径略小，四周表面中心位置各有一凸状设计；笔头为圆锥状。笔帽主体呈粗细均匀的四周圆角柱体，长度约为笔杆长度的四分之一；顶端有正方形锥台突起。笔夹主体为扁平长方形片状；内侧面有波浪状突起；上端与笔帽顶端锥台弧形相连；下端为弧形；笔夹略长于笔帽，长出部分约占笔夹总长度的十分之一。专利简要说明记载，设计要点在于整支笔的形状，俯视图是最能反映设计要点的图片。

2015 年 8 月 14 日，国家知识产权局依原告请求就涉案专利出具了评价报告，作出"全部外观设计未发现存在不符合授予专利权条件的缺陷"的初步结论。报告记载，基于涉案专利的设计特征，检索到现有设计 11 篇。经比对，涉案专利在笔杆形状、笔帽形状、笔夹形状、笔帽与笔夹的连接方式上与对比设计 1（公告号为 CN3229363 的中国外观设计专利）有显著差异；此外，未发现"本专利与对比设计 1-11 和/或对比设计 1-11 的设计特征的组合相比，不具有明显区别的情形"。

2016 年 3 月 18 日，被告得力公司就涉案专利向国家知识产权局专利复审委员会提出无效宣告请求，认为涉案专利与公告号为 CN300885158 的中国外观设计专利近似，不符合授予专利权的条件。2016 年 8 月 8 日，国家知识产权局专利复审委员会作出审查决定，认为授权外观设计与对比设计不构成实质相同，维持涉案专利权有效。

2015 年 11 月 30 日，在淘宝网上"宝贝"栏目中搜索"得力 A32160"，结果页面显示"共 7 件宝贝"，价格由 1.0 元/支到 26.90 元/盒（共 12 支）不等。北京市金杜律师事务所上海分所的委托代理人在标价为 26.90 元/盒的"得力坤森专卖店"中购买了 4 盒得力思达 A32160 波普风尚中性笔。上述过程由上海市黄浦公证处公证。

上述"得力坤森专卖店"由被告坤森公司经营。被告得力公司确认其制造、销售过被诉侵权产品。

被诉侵权产品由笔杆和笔帽组成，笔帽上设有笔夹。笔杆主体呈粗细均匀的四周圆角柱体，靠近笔尖约三分之一处有一环状凹线设计；顶端有正方形锥台突起，锥台中央有一圆孔；主体靠近笔头处内径略小，四周表面中心位置各有一凸状设计；笔头为圆锥状。笔帽主体呈粗细均匀的四周圆角柱体，长度约为笔杆长度的四分之一；顶端有正方形锥台突起。笔夹主体为长方形；外侧面有长方形锥台突起，内侧面光滑；笔夹上端与笔帽顶端锥台弧形相连；下端平直；笔夹略长于笔帽，长出部分约占笔夹总长度的十分之一。

经比对（参见附图），被诉侵权设计与授权外观设计在基本构成、笔杆及笔帽的整体形状、笔杆顶端与笔帽顶端的形状、笔帽相对于笔杆的长度、笔夹与笔帽的连接方式、笔夹长出笔帽的长度等方面基本相同。具体体现在：1. 两者均由笔杆和笔帽组成，笔帽上设有笔夹；2. 笔杆、笔帽整体均呈粗细均匀的四周圆角柱体；3. 笔杆顶部与笔帽顶部均有正方形锥台突起，笔杆顶部锥台中央有圆孔；4. 笔帽长度约为笔杆长度的四分之一；5. 笔夹上端与笔帽顶端锥台弧形相连；6. 笔夹略长于笔帽，长出部分约占笔夹总长度的十分之一；7. 主体靠近笔头处内径略小，四周表面中心位置各有一凸状设计，笔头为圆锥状。区别点主要在于：1. 被诉侵权设计的笔杆靠近笔尖约三分之一处有一环状凹线设计，而授权外观设计没有凹线设计；2. 被诉侵权设计的笔夹外侧有长方形锥台突起，而授权外观设计的笔夹外侧没有突起；3. 被诉侵权设计的笔夹内侧为光滑平面,而授权外观设计的笔夹内侧有波浪状突起; 4. 被诉侵权设计的笔夹下端是平直的,而授权外观设计的笔夹下端为弧形。

对有争议的证据和事实,本院认定如下:

一、关于被告得力公司的侵权获利情况

原告提交了国家交通运输物流公共信息平台网上的《得力集团互联案例》一文、世纪文具网上的《"上市风"来袭,办公文具行业巨头上市情况概览》一文、得力公司官方网站上的有关产品种类的页面、原告2015年度报告、1688网上的"华斌文具"网店中得力A32160中性笔的销售页面、原告专利产品的成本统计表作为证据,以证明被告得力公司制造、销售被诉侵权产品获利巨大。原告提供了两种计算方式:一种是,《"上市风"来袭,办公文具行业巨头上市情况概览》一文介绍,2013年晨光文具净利润率为11.7%,真彩文具为3.89%,由此得出文具产品的平均利润率为7.79%。《得力集团互联案例》一文介绍,得力公司2013年的销售额超过60亿元;得力公司官方网站上共有4390种产品,由此可得出每种产品的销售额。根据该销售额和上述平均利润率,可得出每种产品的年平均利润为1060万元。另一种计算方式为,被诉侵权产品在"华斌文具"网店中的批发价为1.06元/支,原告生产涉案专利产品的直接成本为0.5051元/支,由此可得出被诉侵权产品的利润率为52.35%。原告2015年书写工具的产量为18.7亿支,共有1100种型号,因此每种型号的年产量为170万支。得力公司与原告规模相当,可以推定被诉侵权产品的年产量亦为170万支。由上述批发价、年产量及利润率计算可得,被诉侵权产品的年利润为94万元,得力公司两年共获利188万元。被告得力公司对上述证据的真实性和关联性不予认可,对其计算方式亦认为缺乏合理性。

被告得力公司提交了被诉侵权产品销售及获利情况统计表,以证明被诉侵权产品于2014年4月10日上市,2014年10月、11月最后从总部发出;得力公司制造、销售被诉侵权产品仅获利3677.24元。原告对该统计数据的真实性不予认可。

本院认为,原告提供的两种计算方式均无法证明被告得力公司的获利情况。对于第一种计算方式,首先,从原告提供的得力公司官方网站的内容来看,得力公司的产品包括打印机、纸张、保险柜等多种产品,并非局限于笔类。各种产品的单价相差悬殊,销售量也不同,由得力公司所有产品的总销售金额除以产品种类计算被诉侵权产品的销售金额明显缺乏客观性和合理性。其次,平均利润率的取样应有广泛性,原告仅以两家公司的利润率为基数计算行业平均利润率,不具有客观性。再次,即使按照原告的计算方式,每种产品的年利润也仅有10万多元,而非1060万元,且该利润并非侵权获利。对于第二种计算方式，首先，原告在第一种计算方式中称，真彩公司的利润率为3.89%，原告的利润率为11.7%；而在第二种计算方式中，主张被诉侵权产品的利润率为52.35%。数值相差悬殊，其主张的利润率难以采信。其次，根据日常生活经验，不同企业的产品产量不尽相同，同一企业不同型号的产品产量也不尽相同，原告不直接提供其专利产品的产量，却根据其所有书写工具的总产量与产品型号的种类，计算专利产品的产量，并进而推算出被诉侵权产品的产量，缺乏客观性和合理性。因此，原告提供的两种计算方式均无法证明得力公司获利情况。对于得力公司所主张的获利金额，由于系得力公司自行统计，没有其他证据佐证数据的真实性，故本院亦不予采信。综上所述，原告及被告得力公司提供的上述证据均无法证明得力公司的侵权获利，对上述证据及两方据此所主张的获利金额，本院均不予采信。

二、原告支付律师费的情况

原告提交了委托协议、诉讼法律事务费发票、银行付款凭证回单，以证明其为本案支出的合理费用。被告得力公司对诉讼法律事务费发票的真实性没有异议，但认为，委托协议针对的是与上海得力文具有限公司的有关纠纷所提供的法律服务，而并非本案被告，故无法证明律师费是因本案诉讼而产生。对此原告出具情况说明，确认协议为本案所签订，因签订时不确定侵权主体是本案被告，还是上海得力文具有限公司，故协议中作出上述表述。本院认为，结合上述证据及情况说明，在无反证的情况下，可以认定原告确为本案支出律师费20万元。

本院认为：外观设计专利权被授予后，任何单位或者个人未经专利权人许可，实施其专利，即为生产经营目的制造、许诺销售、销售、进口其外观设计专利产品，属于侵害专利权的行为。侵权人依法应当承担停止侵害、赔偿损失等民事责任。本案中，ZL200930231150.3号"笔（AGP67101）"的外观设计，经国家知识产权局依法授权，仍在有效期限内，原告享有的专利权依法应当受到保护。被告得力公司未经许可制造、销售外观设计专利产品的行为及被告坤森公司未经许可许诺销售、销售外观设计专利产品的行为构成对原告专利权的侵犯，应当承担停止侵害、赔偿损失的民事责任。理由如下：

一、被诉侵权设计落入原告外观设计专利权的保护范围，两被告的行为构成对原告外观设计专利权的侵犯

根据《最高人民法院关于审理侵犯专利权纠纷案件应用法律若干问题的解释》第八条、第十一条的规定，在与外观设计专利产品相同或者相近种类产品上，采用与授权外观设计相同或者近似的外观设计的，人民法院应当认定被诉侵权设计落入外观设计专利权的保护范围。被诉侵权设计与授权外观设计

在整体视觉效果上无差异的,人民法院应当认定两者相同;在整体视觉效果上无实质性差异的,应当认定两者近似。本案中,被诉侵权产品与原告专利产品均为笔,系相同种类产品。两者在整体视觉效果上存在一定差异,外观设计并不相同。因此,案件主要争议在于,被诉侵权设计与授权外观设计是否构成近似,即两者在整体视觉效果上是否存在实质性差异。

《最高人民法院关于审理侵犯专利权纠纷案件应用法律若干问题的解释》第十条、第十一条规定,外观设计近似的判断应以外观设计专利产品的一般消费者的知识水平和认知能力,根据授权外观设计、被诉侵权设计的设计特征,以外观设计的整体视觉效果进行综合判断。产品正常使用时容易被直接观察到的部位相对于其他部位、授权外观设计区别于现有设计的设计特征相对于授权外观设计的其他设计特征通常对外观设计的整体视觉效果更具有影响。根据上述规定,在判断被诉侵权设计与授权外观设计在整体视觉效果上是否存在实质性差异时,既应考虑被诉侵权设计与授权外观设计的相似性,也应考虑其差异性。应分别考察被诉侵权设计与授权外观设计的相同设计特征与区别设计特征对整体视觉效果的影响,根据整体观察,综合判断的原则进行判定。

就相同设计特征来说,授权外观设计的笔杆主体形状、笔杆顶端形状、笔帽主体形状、笔帽顶端形状、笔帽相对于笔杆的长度、笔夹与笔帽的连接方式、笔夹长出笔帽的长度等方面的设计特征,在整体上确定了授权外观设计的设计风格,而这些设计特征在被诉侵权设计中均具备,可以认定两者在整体设计风格及主要设计特征上构成近似。

对于两者所存在的区别设计特征对整体视觉效果的影响,本院认为:1. 笔夹内侧的平滑设计系惯常设计,且处于一般消费者不易观察到的部位,对整体视觉效果的影响极其有限;2. 笔夹下端的弧形区别,仅是整支笔乃至笔夹的细微局部差别,不足以影响整体视觉效果;3. 笔夹外侧的长方形锥台突起虽然在笔夹上占据了较大面积,但笔夹对于笔的整体视觉效果的影响首先在于它的整体形状、大小、与笔帽的连接方式及长出笔帽的长度比例等,在这些因素均相同的情况下,笔夹外侧的锥台突起对于整支笔的整体视觉效果影响有限,不足以构成实质性差异;4. 笔杆上的凹线设计位于笔杆靠近笔尖约三分之一处,只是横向环绕在笔杆上,面积很小,属于局部设计特征,对整体视觉效果的影响亦有限。综上,被诉侵权设计与授权外观设计所存在的上述四点区别设计特征,不足以构成对整体视觉效果的实质性差异。

被告得力公司认为,被诉侵权设计采用了与授权外观设计不同的色彩和图案,这种色彩和图案对整体视觉效果会产生重要的影响,因此与授权外观设计不构成近似。对此,本院认为,外观设计专利权的保护范围以表示在图片或者照片中的该产品的外观设计为准。形状、图案、色彩是构成产品外观设计的三项基本设计要素。根据《中华人民共和国专利法实施细则》第二十八条的规定，外观设计请求保护色彩的，应当在简要说明中写明。本案授权外观设计的简要说明中并未明确要求保护色彩，因此，在确定其保护范围及侵权判定时，不应将色彩考虑在内。此外，从图片或照片中显示的授权外观设计来看，其并不存在因形状产生的明暗、深浅变化等所形成的图案，故在侵权判定时，图案要素亦不应考虑在内。被诉侵权设计在采用与授权外观设计近似的形状之余所附加的色彩、图案等要素，属于额外增加的设计要素，对侵权判断不具有实质性影响。否则，他人即可通过在授权外观设计上简单添加图案、色彩等方式，轻易规避专利侵权，这无疑有悖于专利法鼓励发明创造、促进科技进步和创新的立法本意。因此，对于被告得力公司的上述意见，本院不予采纳。

综上，本院认为，根据整体观察、综合判断的原则，被诉侵权设计采用了与授权外观设计近似的设计风格，使用了影响授权外观设计整体视觉效果的设计特征，其与授权外观设计的区别点不足以对整体视觉效果产生实质性影响，即不构成实质性差异。因此，被诉侵权设计与授权外观设计构成近似，被诉侵权设计落入原告外观设计专利权的保护范围。被告得力公司未经原告许可制造、销售被诉侵权产品的行为，以及被告坤森公司未经原告许可销售、许诺销售被诉侵权产品的行为，构成对原告外观设计专利权的侵犯。

二、两被告应当承担停止侵害的民事责任，被告得力公司还应承担赔偿损失的民事责任

《中华人民共和国民法通则》第一百一十八条规定，公民、法人专利权受到侵害的，有权要求停止侵害，消除影响，赔偿损失。

本案中，被告得力公司实施了制造、销售被诉侵权产品的行为，被告坤森公司实施了销售、许诺销售被诉侵权产品的行为，应当承担停止侵害的民事责任。

原告还请求本院判令两被告销毁库存侵权产品以及制造侵权产品的专用设备、模具，本院认为，原告并未提交证据证明两被告尚有库存以及两被告有制造侵权产品的专用设备和模具，而本院判令两被告停止侵害已经可以预防将来再发生侵权行为，因此对原告的该项诉请不予支持。

对于赔偿数额，原告主张被告得力公司的侵权获利超过180万元，应按照该获利数额予以赔偿；如果得力公司的获利难以查清，则适用法定赔偿。而被告得力公司认为，其侵权获利能够查清，即为3677.24元，应按照该获利金额计算赔偿额，不能适用法定赔偿。

对此，本院认为，《中华人民共和国专利法》第六十五条规定，侵犯专利权的赔偿数额按照权利人因被侵权所受到的实际损失确定；实际损失难以确定

的，可以按照侵权人因侵权所获得的利益确定。权利人的损失或者侵权人获得的利益难以确定的，参照该专利许可使用费的倍数合理确定。权利人的损失、侵权人获得的利益和专利许可使用费均难以确定的，人民法院可以根据专利权的类型、侵权行为的性质和情节等因素，确定给予一万元以上一百万元以下的赔偿。《最高人民法院关于审理侵犯专利权纠纷案件应用法律若干问题的解释（二）》第二十七条规定，权利人因被侵权所受到的实际损失难以确定的，人民法院应当依照专利法第六十五条第一款的规定，要求权利人对侵权人因侵权所获得的利益进行举证；在权利人已经提供侵权人所获利益的初步证据，而与专利侵权行为相关的账簿、资料主要由侵权人掌握的情况下，人民法院可以责令侵权人提供该账簿、资料；侵权人无正当理由拒不提供或者提供虚假的账簿、资料的，人民法院可以根据权利人的主张和提供的证据认定侵权人因侵权所获得的利益。

本案中，原告要求按照被告得力公司的侵权获利计算赔偿数额，但其所提供的证据不足以成为证明得力公司所获利益的初步证据。而得力公司所统计的销售成本及利润，无其他证据佐证，亦无法确认真实性及客观性，因此也无法采信。在此情况下，本院可以根据法律规定及原告请求，根据专利权的类型、侵权行为的性质和情节等因素，适用法定赔偿，确定赔偿数额。

在适用法定赔偿时，本院结合本案具体情况，主要考虑以下因素：1. 原告专利为外观设计专利；2. 专利有效期自 2009 年 11 月 26 日开始，侵权行为发生时保护期已近半；3. 笔类产品的利润有限；4. 消费者在选购笔类产品时，除形状外，笔的品牌、笔芯质量、外观图案、色彩等，都是其主要的考虑因素，即得力公司使用授权外观设计形状所获侵权利润只是被诉侵权产品获利的一部分，不能将被诉侵权产品的全部利润作为本案侵权获利。根据以上因素，结合本案其他情节，本院确定被告得力公司赔偿原告经济损失 5 万元。

对于原告主张的其为制止侵权支出的合理费用，庭审中原告明确为律师费 20 万元。本院认为，《中华人民共和国专利法》第六十五条规定，赔偿数额应当包括权利人为制止侵权行为所支付的合理开支。本案中，原告的确委托了律师进行诉讼，并支付了诉讼法律服务费 20 万元。本院尊重包括律师在内的所有诉讼参与人在本案查清事实、分清责任过程中所作出的努力。律师费用的收取系当事人与律师之间意思自治的结果，本院不予干涉。但法律所规定的要求侵权人承担的原告开支，应当限制在合理范围内，超过合理范围的数额不应由侵权人承担，故本院根据本案案件复杂程度、律师工作量、实际判赔数额与请求赔偿额，参考司法行政部门规定的律师收费标准，酌定被告得力公司支付原告律师费用 5 万元。

本案原告及被告得力公司均为国内较有影响的文具生产企业,在新产品的自主研发上更应投入更多的精力,对自身产品研发过程中涉及的法律风险也应有较为专业的认知。被告得力公司未付出创造性劳动,通过在原告授权外观设计的基础上,改变或添加不具有实质性区别的设计元素以及图案和色彩,实施原告外观设计专利,构成对原告外观设计专利权的侵犯。被告坤森公司销售、许诺销售被诉侵权产品,亦构成对原告外观设计专利权的侵犯。两被告应当承担相应的民事责任。

综上所述,依照《中华人民共和国民法通则》第一百一十八条,《中华人民共和国专利法》第十一条第二款、第六十五条,《中华人民共和国民事诉讼法》第一百四十四条,《最高人民法院关于适用〈中华人民共和国民事诉讼法〉的解释》第二百四十一条之规定,判决如下:

一、被告得力集团有限公司于本判决生效之日起立即停止制造、销售侵犯原告上海晨光文具股份有限公司 ZL200930231150.3 号外观设计专利权产品的行为;

二、被告济南坤森商贸有限公司于本判决生效之日起立即停止许诺销售、销售侵犯原告上海晨光文具股份有限公司 ZL200930231150.3 号外观设计专利权产品的行为;

三、被告得力集团有限公司于本判决生效之日起十日内赔偿原告上海晨光文具股份有限公司经济损失 50000 元及制止侵权的合理费用 50000 元;

四、驳回原告上海晨光文具股份有限公司的其余诉讼请求。

如果未按本判决指定的期间履行给付金钱义务,应当依照《中华人民共和国民事诉讼法》第二百五十三条规定,加倍支付迟延履行期间的债务利息。

案件受理费 22800 元,由原告上海晨光文具股份有限公司负担 10830 元,被告得力集团有限公司负担 11970 元。

如不服本判决,可以在判决书送达之日起十五日内,向本院递交上诉状,并按照对方当事人或者代表人的人数提出副本,上诉于上海市高级人民法院。

审　判　长　　王秋良
审　判　员　　刘军华
审　判　员　　徐　飞
二〇一六年十二月十二日
书　记　员　　沈晓玲

附：相关的法律条文

一、《中华人民共和国民法通则》

第一百一十八条 公民、法人的著作权（版权）、专利权、商标专用权、发现权、发明权和其他科技成果权受到剽窃、篡改、假冒等侵害，有权要求停止侵害，消除影响，赔偿损失。

二、《中华人民共和国专利法》

第十一条 ……

外观设计专利权被授予后，任何单位或者个人未经专利权人许可，都不得实施其专利，即不得为生产经营目的制造、许诺销售、销售、进口其外观设计专利产品。

第五十九条 ……

外观设计专利权的保护范围以表示在图片或者照片中的该产品的外观设计为准，简要说明可以用于解释图片或者照片所表示的该产品的外观设计。

第六十五条 侵犯专利权的赔偿数额按照权利人因被侵权所受到的实际损失确定；实际损失难以确定的，可以按照侵权人因侵权所获得的利益确定。权利人的损失或者侵权人获得的利益难以确定的，参照该专利许可使用费的倍数合理确定。赔偿数额还应当包括权利人为制止侵权行为所支付的合理开支。

权利人的损失、侵权人获得的利益和专利许可使用费均难以确定的，人民法院可以根据专利权的类型、侵权行为的性质和情节等因素，确定给予一万元以上一百万元以下的赔偿。

三、《中华人民共和国专利法实施细则》

第二十八条 外观设计的简要说明应当写明外观设计产品的名称、用途，外观设计的设计要点，并指定一幅最能表明设计要点的图片或者照片。省略视图或者请求保护色彩的，应当在简要说明中写明。

……

四、《最高人民法院关于审理侵犯专利权纠纷案件应用法律若干问题的解释》

第八条 在与外观设计专利产品相同或者相近种类产品上，采用与授权外观设计相同或者近似的外观设计的，人民法院应当认定被诉侵权设计落入专利法第五十九条第二款规定的外观设计专利权的保护范围。

第十条 人民法院应当以外观设计专利产品的一般消费者的知识水平和认知能力，判断外观设计是否相同或者近似。

第十一条 人民法院认定外观设计是否相同或者近似时，应当根据授权外观设计、被诉侵权设计的设计特征，以外观设计的整体视觉效果进行综合判断；对于主要由技术功能决定的设计特征以及对整体视觉效果不产生影响的产品的材料、内部结构等特征，应当不予考虑。

下列情形，通常对外观设计的整体视觉效果更具有影响：

（一）产品正常使用时容易被直接观察到的部位相对于其他部位；

（二）授权外观设计区别于现有设计的设计特征相对于授权外观设计的其他设计特征。

被诉侵权设计与授权外观设计在整体视觉效果上无差异的，人民法院应当认定两者相同；在整体视觉效果上无实质性差异的，应当认定两者近似。

五、《中华人民共和国民事诉讼法》

第一百四十四条　被告经传票传唤，无正当理由拒不到庭的，或者未经法庭许可中途退庭的，可以缺席判决。

第二百五十三条　被执行人未按判决、裁定和其他法律文书指定的期间履行给付金钱义务的，应当加倍支付迟延履行期间的债务利息。被执行人未按判决、裁定和其他法律文书指定的期间履行其他义务的，应当支付迟延履行金。

六、《最高人民法院关于适用〈中华人民共和国民事诉讼法〉的解释》

第二百四十一条　被告经传票传唤无正当理由拒不到庭，或者未经法庭许可中途退庭的，人民法院应当按期开庭或者继续开庭审理，对到庭的当事人诉讼请求、双方的诉辩理由以及已经提交的证据及其他诉讼材料进行审理后，可以依法缺席判决。

一、专利权权属、侵权纠纷

附图

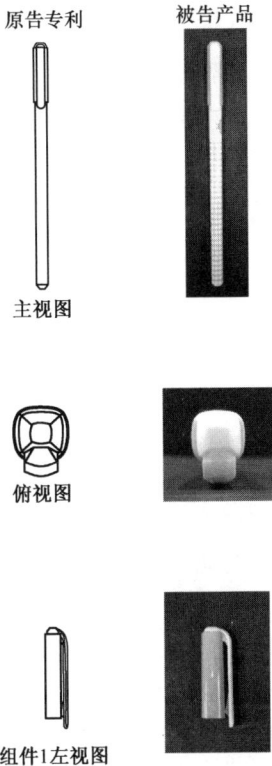

3. 刘某某诉上海晶朵商贸有限公司、上海博以文科技有限公司侵害外观设计专利权纠纷案

上海知识产权法院
民事判决书

（2015）沪知民初字第236号

原告：刘某某。
委托代理人：任某某，北京市国凯律师事务所律师。
委托代理人：蔡某某，广东普罗米修律师事务所律师。
被告：上海晶朵商贸有限公司。
法定代表人：王某某。
被告：上海博以文科技有限公司。
法定代表人：郑某，该公司总经理。
委托代理人：王某某，该公司职员。
委托代理人：黄某某，天津宇平律师事务所律师。

原告刘某某诉被告上海晶朵商贸有限公司（以下至判决主文前简称"晶朵公司"）、上海博以文科技有限公司（以下至判决主文前简称"博以文公司"）侵害外观设计专利权纠纷一案，本院于2015年4月14日受理后，依法组成合议庭，于2015年10月12日公开开庭进行了审理。原告的委托代理人蔡某某、被告博以文公司的委托代理人王某某、黄某某到庭参加了诉讼。被告晶朵公司经本院合法传唤未到庭参加诉讼，本院依法对其进行缺席审理。本案现已审理终结。

原告刘某某诉称，其于2011年9月21日经国家知识产权局核准获得名称为"音响（金刚便携式XWAY-M5）"的外观设计专利权，该专利目前处于有效状态。自原告的专利产品上市以来，因其独特新颖的设计受到广大消费者的青睐，成为便携式音箱行业最畅销的一款产品。原告通过被告博以文公司在京东商城、国美在线、亚马逊、苏宁易购等网站上开设的店铺购买了被控侵权产品，该些产品包装上有被告晶朵公司的注册商标。经比对，该些产品的外观与原告专利近似，落入了原告专利权的保护范围。原告认为，两被告未经许可，

擅自制造侵犯原告专利权的产品并在市场上大量销售，其行为给原告造成了重大损失，依法应当承担相应的民事责任。据此，原告请求本院判令两被告：1.停止侵权，撤除网站上的侵权产品信息，销毁库存侵权产品及制造侵权产品的专用模具；2.连带赔偿原告经济损失及合理费用共计人民币（以下币种相同）15万元。

被告晶朵公司未作答辩。

被告博以文公司辩称：1. 被控侵权产品与涉案专利存在以下区别之处，两者外观上既不相同也不近似：（1）两者顶面网罩的密度不同，被控侵权产品顶面网罩密度高，不能清晰看到内部喇叭；原告专利顶面网罩空隙较大。（2）被控侵权产品柱身上有横向拨动开关键、LED 显示灯、MIC 麦克风封孔、TF 储存卡插口、USB 电源接口等，且均有丝印标志提示，文字和符号都突出显示，视觉效果明显；原告专利柱身上无上述部件或标识。（3）被控侵权产品柱身上的音量或曲目调节键为拨动式的凸起开关，原告专利则是长方形的平面划动设计。（4）原告专利有音频输入/出插孔；被控侵权产品无音频输入/出插孔。（5）被控侵权产品深色区域较低，且由上窄下宽的两个圆环构成，中间存在一道明显的圆弧设计；原告专利深色区域占整体圆柱比例较高，且为一个整体设计。（6）被控侵权产品柱身上部环形凹槽距顶面较近；原告专利柱身上部距顶面较宽。（7）被控侵权产品底部正中心为贴标签处；原告专利底部中心上部为划动电源开关。2. 原告专利与多件在先申请存在近似，故原告专利已丧失新颖性。3. 原告专利使用的圆柱体、网面设计、环形设计等属于公知设计。4. 被控侵权产品并非被告生产，该产品具有合法来源，被告不应承担赔偿责任。5. 原告的赔偿请求缺乏事实和法律依据。

本院经审理查明：

一、关于原告主张的权利方面的事实

2011年4月21日，原告向国家知识产权局申请名称为"音响（金刚便携式 XWAY-M5）"的外观设计专利，并于2011年9月21日获得授权，专利号为 ZL201130083928.8。该专利简要说明记载"本外观设计的设计要点：整体外形，按钮及线条布局""最能表明设计要点的图片或者照片：立体图"。结合原告专利授权公告时刊登的各视图，涉案专利产品为一台便携式音响，整体呈圆柱体，主体直径与高的比例约为6：5；顶面呈网状设计；底部设有一个长方形框，长方形框内设有椭圆形的电源开关键；柱身下部深色区域正面（主视图）分布有长条形音量或曲目播放调节按钮，背面（后视图）依次设有存储卡插口、音频输入/出插孔、数据/电源插口；深色区域之上为相对浅色的空白区域，该区域在靠近顶部处设有一环形凹槽。

2012年8月31日，原告就其与深圳市艾特铭客科技有限公司（以下简称"艾特铭客公司"）签订的涉案专利实施许可合同向国家知识产权局备案。备案证明记载许可类型为普通许可，许可期限自2012年5月25日至2013年5月24日，许可使用费为30万元。

涉案专利曾于2014年2月28日、同年3月21日被提起无效宣告请求，同年9月29日、12月5日，国家知识产权局专利复审委员会分别作出第24180号、第24593号无效宣告请求审查决定，维持涉案专利有效。

二、关于被控侵权的相关事实

2014年11月24日、2015年3月12日，经公证，原告委托代理人在www.jd.com（京东商城）网站上被告博以文公司经营的"上海博以文专营店"内购买了"友多闻（Youwin）UDN7威武小钢炮无线蓝牙音箱蓝色"（以下简称"被控侵权产品1"）、"友多闻（Youwin）UDN7威武小钢炮无线蓝牙音箱银色"（以下简称"被控侵权产品2"）各一件，分别支付货款89元、49元。

2015年3月10日、同年3月12日、同年5月11日，经公证，原告委托代理人分别在 www.suning.com（苏宁易购）、www.amazon.cn（亚马逊）、www.gome.com.cn（国美在线）网站上购买了"友多闻（Youwin）UDN7威武小钢炮无线蓝牙音箱（银色）"（以下简称"被控侵权产品3"）、"Youwin友多闻UDN7威武小钢炮无线蓝牙音箱（红色）"（以下简称"被控侵权产品4"）、"友多闻（Youwin）UDN7威武小钢炮无线蓝牙音箱（银色）"（以下简称"被控侵权产品5"）各一件，分别支付货款49元、49元、39元。

公证购买的上述5件被控侵权产品的包装盒上均贴有被告博以文公司的企业名称、地址、联系电话、官网信息以及"友多闻"商标的标贴，"Youwin友多闻"为被告晶朵公司申请注册的商标。该5款产品中，被控侵权产品1、4的外观相同（不考虑颜色），整体呈圆柱体，主体直径与高的比例约为6：5；顶面为网状设计；底部中央设有一类长方形凹槽框，内贴有产品信息；柱身下部深色区域有一条分割线，该区域依次分布有TF存储卡插口、数据/电源插口、圆形摆动音量或曲目调节键、电源开关键、指示灯、MIC麦克风插口，各键下方刻有与深色区域同色的文字符号标识印记；深色区域之上为相对浅色的空白区域，在靠近顶部处设有一条环形凹槽。被控侵权产品2、3的顶面网罩略突出于柱身顶部，柱身下部深色区域无文字符号标识，相关的标识被刻在底部外围处，底部中央的类长方体框为空白框，其余外观均与被控侵权产品1、4相同。被控侵权产品5柱身下部深色区域各键下方的文字符号标识为白色字体，底部中央类长方形产品信息框略突出，底部外围还刻有与柱身下部白色标识相同的印记，其余外观均与被控侵权产品1、4相同。

三、关于被告博以文公司主张现有设计抗辩的事实

2011年1月24日，案外人太阳神（珠海）电子有限公司向国家知识产权局申请名称为"迷你小音响"的外观设计专利，并于2012年1月18日获得授权，专利号为ZL201130012292.8。该专利产品整体呈圆柱体，柱体直径与高的比例约为5∶6；顶面有网罩，但网罩相对于顶面凸出，并且网罩直径占顶面直径的3/4左右；柱身上、下部各有一线条，将柱身分隔成上部、中部和下部，上部和下部面积相同，在柱身中部和下部的交界处设有圆形电源插口、圆形按钮、USB插口；底部为多个环形，中央设有开关键。

四、关于被告博以文公司主张被控侵权产品具有合法来源的事实

2015年1月28日，深圳东方宏云科技有限公司向被告博以文公司出具增值税专用发票两张，发票记载"UDN7威武小钢炮无线蓝牙音箱"的数量分别为344台、186台，金额（含税）分别为9976元、5394元。

五、其他事实

被告晶朵公司于2012年8月14日成立，注册资本为50万元，经营范围包括计算机、软件及辅助设备、通信设备等的销售，从事网络科技、技术开发等。

被告博以文公司于2014年4月8日成立，注册资本500万元，经营范围包括电子产品、计算机、信息科技领域内的技术开发，销售有色金属、电子产品等。

原告为本案支出了公证费3000元。

以上事实有原告提交的外观设计专利证书、专利实施许可合同备案证明、专利收费收据、（2014）京海诚内民证字第12348号公证书、（2015）京海诚内民证字第03354号公证书、（2015）京海诚内民证字第05096号公证书、（2015）京海诚内民证字第05097号公证书、（2015）京海诚内民证字第06229号公证书、被控侵权产品实物、公证费发票、商标查询信息，被告博以文公司提交的申请号为201130012292.8的外观设计专利、深圳增值税专用发票、第24180号、第24593号无效宣告请求审查决定书等证据证明，并有双方当事人的陈述在案佐证。上述证据均经庭审质证，本院予以确认。

原告另向本院提交了：1."艾特铭客"品牌产品的宣传彩页、获奖资料，以证明专利产品具有一定的知名度。2.（2014）京方正内民证字第40929号公证书、（2014）京方正内民证字第39946号公证书，以证明专利产品的对外售价。3.深圳市商保知识产权服务有限公司开具的发票，以证明其为本案支出的维权服务费。鉴于原告提交的上述证据1无法体现与专利产品的对应性；

证据 2 涉及的产品与原告专利存在一定的差别，不能客观反映专利产品的价值；证据 3 无法体现与本案的关联性，故本院对原告提交的上述证据不予采用。

被告博以文公司另向本院提交了以下证据材料：1. 申请号为 201130045972.X、201030695716.0、201030184815.2、201030502581.1、20123-0571666.4、201430402817.2 的外观设计专利，证明原告专利丧失新颖性，且该专利采用的圆柱形、网面设计、环线设计皆为现有设计，属于本领域的惯常设计，不具有独创性。2.（2014）粤高法民三终字第 174 号民事判决书，证明被控侵权产品与原告专利存在明显差异，不构成侵权。鉴于被告提交的证据 1 为证明原告专利缺乏新颖性和创造性，而否定原告专利的有效性属于无效宣告程序解决的问题，并非本案侵权纠纷审理的范畴，况且，被告提交的第 24180 号、第 24593 号无效宣告请求审查决定书已经证明原告涉案专利经过多次无效宣告程序均被维持有效，故本院对该些证据不予采用。被告提交的证据 2 所涉的产品、侵权事实与本案不同，各法院应当根据案件实际情况独立作出判决，故该证据与本案不具有关联性，本院亦不予采用。

本院认为，原告系"音响（金刚便携式 XWAY-M5）"外观设计专利权人，该项专利目前仍处于有效状态，任何单位或个人未经原告许可，不得实施其专利，即不得为生产经营目的制造、许诺销售、销售、进口其专利产品。本案的争议焦点在于：1. 被控侵权产品是否落入原告涉案专利权的保护范围；2. 被告博以文公司提出的现有设计抗辩能否成立；3. 被告博以文公司提出的合法来源抗辩能否成立；4. 两被告应承担的民事责任。

一、被控侵权产品是否落入原告涉案专利权的保护范围

《中华人民共和国专利法》第五十九条第二款规定，外观设计专利权的保护范围以表示在图片或者照片中的该产品的外观设计为准，简要说明可以用于解释图片或者照片所表示的该产品的外观设计。根据《最高人民法院关于审理侵犯专利权纠纷案件应用法律若干问题的解释》第十一条的规定，判断被诉侵权设计与授权外观设计是否相同或近似，应当根据授权外观设计、被诉侵权设计的设计特征，以外观设计的整体视觉效果进行综合判断。通常而言，产品正常使用时容易被直接观察到的部位、授权外观设计区别于现有设计的设计特征，对外观设计的整体视觉效果更具有影响。

本案中，5 款被控侵权产品与专利产品均为便携式音响，故属于同类产品。经比对，被控侵权产品 1、4 与原告专利产品的相同之处在于：整体均呈圆柱体，主体直径与高的比例约为 6∶5；顶面为网状设计；柱身自上而下分为浅色和深色两个区域；深色区域设有存储卡插口、数据/电源插口；浅色区

域靠近顶部处有环形凹槽。两者主要的不同之处在于：1. 两者柱身深色区域的音量或曲目调节键（按钮）的形状不同，被控侵权产品在深色区域还多设了电源开关键和指示灯、MIC 麦克风封孔，少了音频输入/出插孔；2. 被控侵权产品的深色区域有一条分割线，原告专利没有；3. 两者的底面设计不同，在产品正常使用状态下，消费者容易观察到的部位为顶面和柱身，而底部一般不容易被观察到，故在整体比对时主要考虑顶面和柱身的设计。现两者的圆柱体形状、顶部的网状设计、柱身分深色和浅色区域的设计、环形凹槽设计等均相同，被告博以文公司所称的网面疏密、环形凹槽与顶面的距离差异均属于极其细微的差别，对于消费者而言很难察觉。而被控侵权产品深色区域设置的文字符号属于说明性文字而非装饰性文字，在比对时对整体视觉影响力较弱；其深色区域设置的分割线较细且与深色区域同色，故对整体视觉影响亦较小；此外，其深色区域的 MIC 麦克风封孔几乎难见。两者深色区域的其他按钮开关设置虽有不同，但作为普通消费者而言，对按钮开关施于的注意力更多基于功能而非外观，两者的上述差异并不能对整体视觉产生显著影响，故本院认定被控侵权产品 1、4 与原告专利构成近似。

同理，被控侵权产品 2、3 顶面网罩虽略突出于柱身顶部，但该差异细微，消费者一般难以察觉，而其他的设计特征比对同被控侵权产品 1、4，本院不再赘述。被控侵权产品 5 的比对意见同被控侵权产品 1、4。因此，本院认定被控侵权产品 2、3、5 亦与原告专利构成近似。

综上所述，5 款被控侵权产品均已落入了原告涉案专利权的保护范围。

二、被告博以文公司提出的现有设计抗辩能否成立

根据《中华人民共和国专利法》第二十三条第四款规定，现有设计是指申请日以前在国内外为公众所知的设计。被告引用了 201130012292.8 号专利作为现有设计抗辩的依据，经查，该项专利的申请日为 2011 年 1 月 24 日，早于原告专利申请日，但其授权公告日为 2012 年 1 月 18 日，故其公开时间晚于原告专利申请日，根据《中华人民共和国专利法》的上述规定，该件专利不属于现有设计，而应属于抵触申请，被告博以文公司引用该件专利作为现有设计抗辩的依据不当。

此外，将该项专利与被控侵权产品相比，两者存在以下区别点：1. 两者顶面与柱身的比例不同。2. 被控侵权产品整个顶面为平坦的网状设计；该专利仅部分顶面为网状设计，且网罩相对于顶面凸出。3. 该专利分上、中、下三部分，上部和下部等面积；被控侵权产品分深色、浅色两个区域，其环形凹槽至顶面的面积明显小于深色区域的面积。4. 该专利的电源插口、USB 插口、按钮均设置在柱身中部和下部的交界处，导致分界线中断；被控侵权产品的相

关按钮均设置在深色区域内。鉴于被控侵权产品与抵触申请的顶面设计、柱身设计存在明显差异，故即便以抵触申请类推适用现有设计抗辩，被告博以文公司的抗辩亦不能成立。

三、被告博以文公司提出的合法来源抗辩能否成立

《中华人民共和国专利法》第七十条规定，为生产经营目的使用、许诺销售或者销售不知道是未经专利权人许可而制造并售出的专利侵权产品，能证明该产品合法来源的，不承担赔偿责任。根据上述规定，合法来源抗辩仅适用于使用、许诺销售、销售侵权产品的情形，而不适用于生产侵权产品的情形。本案中，被控侵权产品的外包装上标注了被告博以文公司的企业名称、地址、联系方式等信息，被告博以文公司辩称上述信息仅用以表示其为该产品的销售商。对此，本院认为，我国产品质量法要求在产品上标注生产厂家的厂名、厂址，而未规定需要在产品上标注销售商的信息，从产品信息标注习惯以及消费者的认知角度理解，除非在产品上明确注明该企业为销售商，否则在产品上标注的企业信息就是生产厂家的信息，而不会被认为是销售商的信息，故被告博以文公司的上述辩解不符合常理，本院不予采纳。鉴于被告博以文公司系以被控侵权产品生产者的身份对外明示，而非单纯的销售商，故不论该产品实际来源于何方，其均应对外承担生产商的民事责任，根据《中华人民共和国专利法》第七十条的上述规定，本案不适用合法来源抗辩，本院对被告博以文公司提出的合法来源抗辩不予支持。

四、两被告应承担的民事责任

被告博以文公司未经原告许可，生产、销售、许诺销售被控侵权产品的行为构成了对原告涉案专利权的侵犯，应当承担停止侵权、赔偿经济损失的民事责任。被控侵权产品的外包装上标注的商标为被告晶朵公司申请的商标，而商标的作用就是识别商品来源，故在该被告未作抗辩亦未提交相反证据的情况下，本院认定其与被告博以文公司共同为该产品的生产商，两被告的行为构成共同侵权。

关于两被告承担停止侵权的范围，包括停止生产、销售、许诺销售侵权产品以及销毁库存侵权产品等，至于原告要求被告销毁侵权模具和设备的诉讼请求，鉴于现无确切证据证明两被告处存在生产侵权产品的专用模具和设备，故本院对原告的该项诉请不予支持。

关于赔偿经济损失的金额问题，原告未能提供证据证明其因被告侵权行为所遭受的损失或两被告实施侵权行为所获得的利益，虽然原告提交了专利实施许可合同备案证明，但其未提交合同涉及的许可使用费已实际支付的证明，并明确表示在本案中不主张以专利许可使用费为依据计算经济损失，而是请求本

院适用法定赔偿。故本院根据原告的请求，综合考虑涉案专利在实现产品利润中所占的价值比重、被控侵权产品的售价及可能的利润、被控侵权产品在京东商城、苏宁易购、亚马逊、国美在线等网站上的销售情况、原告为本案支出的公证费及购买被控侵权产品的费用等因素酌情确定本案赔偿金额为40000元。

综上所述，依照《中华人民共和国专利法》第十一条第二款、第六十五条，《中华人民共和国民事诉讼法》第一百四十四条之规定，判决如下：

一、被告上海晶朵商贸有限公司、上海博以文科技有限公司于本判决生效之日起停止侵犯原告刘某某享有的名称为"音响（金刚便携式XWAY-M5）"的外观设计专利权（专利号ZL201130083928.8）；

二、被告上海晶朵商贸有限公司、上海博以文科技有限公司于本判决生效之日起10日内赔偿原告刘某某经济损失及合理费用共计人民币40000元；

三、驳回原告刘某某的其余诉讼请求。

两被告如果未按本判决指定的期间履行给付金钱义务，应当依照《中华人民共和国民事诉讼法》第二百五十三条之规定，加倍支付迟延履行期间的债务利息。

本案案件受理费人民币3300元，由原告刘某某负担人民币1200元，被告上海晶朵商贸有限公司负担人民币1050元，被告上海博以文科技有限公司负担人民币1050元。

如不服本判决，可在判决书送达之日起十五日内向本院递交上诉状，并按对方当事人的人数提出副本，上诉于上海市高级人民法院。

审　判　长　刘军华
审　判　员　胡　宓
审　判　员　徐燕华
二○一五年十二月十四日
书　记　员　汤菁茜

附：相关的法律条文

一、《中华人民共和国专利法》

第十一条 ……

外观设计专利权被授予后,任何单位或者个人未经专利权人许可,都不得实施其专利,即不得为生产经营目的制造、许诺销售、销售、进口其外观设计专利产品。

第六十五条 侵犯专利权的赔偿数额按照专利权人因被侵权所受到的实际损失确定;实际损失难以确定的,可以按照侵权人因侵权所获得的利益确定。权利人的损失或者侵权人获得的利益难以确定的,参照专利许可使用费的倍数合理确定。赔偿数额还应当包括权利人为制止侵权行为所支付的合理开支。

权利人的损失、侵权人获得的利益和专利许可使用费均难以确定的,人民法院可以根据专利权的类型、侵权行为的性质和情节等因素,确定给予一万元以上一百万元以下的赔偿。

二、《中华人民共和国民事诉讼法》

第一百四十四条 被告经传票传唤,无正当理由拒不到庭的,或者未经法庭许可中途退庭的,可以缺席判决。

一、专利权权属、侵权纠纷

4. 欧普照明股份有限公司诉上海万禾灯饰有限公司侵害外观设计专利权纠纷案

上海知识产权法院
民事判决书

（2015）沪知民初字第 386 号

原告：欧普照明股份有限公司。
法定代表人：王某某，该公司董事长。
委托代理人：吴某某，江苏兴吴律师事务所律师。
委托代理人：华某某，江苏兴吴律师事务所律师。
被告：上海万禾灯饰有限公司。
法定代表人：肖某某。

原告欧普照明股份有限公司与被告上海万禾灯饰有限公司侵害外观设计专利权纠纷一案，本院于 2015 年 6 月 9 日受理后，依法组成合议庭，于 2015 年 8 月 7 日公开开庭进行了审理。原告委托代理人吴某某到庭参加诉讼。被告上海万禾灯饰有限公司经本院传票传唤，无正当理由拒不到庭应诉，本院依法缺席审理。本案现已审理终结。

原告欧普照明股份有限公司诉称：原告于 2012 年从其董事长王某某处受让取得 ZL200530076221.9 号"吸顶灯（朗月）"外观设计专利（以下简称"涉案专利"）的专利权。涉案专利产品，由于造型独特、美观，受到了广大消费者的青睐，销售量巨大。涉案专利曾有案外人向国家知识产权局专利复审委员会（以下简称"专利复审委员会"）提出专利权无效申请，但经专利复审委员会审查后维持涉案专利权有效。经调查，原告发现被告未经许可生产、销售了侵犯涉案专利权的吸顶灯产品，严重损害了原告的合法权益，故诉至法院请求判令：1. 被告立即停止侵权行为并销毁侵权产品；2. 被告赔偿原告包括合理费用在内的经济损失共计人民币 5 万元（以下币种均为人民币）。

被告上海万禾灯饰有限公司未作答辩，亦未有证据向法庭提交。

经审理查明：

2012 年 10 月 23 日，原告自案外人王某某处受让取得涉案专利权，涉案专利的名称为"吸顶灯（朗月）"，专利申请日为 2005 年 11 月 9 日，专利授权日为 2006 年 9 月 13 日，专利号为 ZL200530076221.9。涉案专利简要说明为"后视图与主视图相同，右视图与左视图相同，省略后视图和右视图"。该专利为一吸顶灯，具有两个成阶梯状的圆台形边缘台阶，内部台阶较外部台阶下凸，两台阶之间有一过渡部分，内部台阶中具有向下凸的弧面形灯罩，灯罩背面为一水平面的吸顶灯底部，底部有多个同心圆环，若干螺钉和孔洞均匀分布在圆环间，底部中心还有一安装条。

2015 年 1 月 8 日，原告的委托代理人丰某向上海市徐汇公证处申请办理保全证据公证。同日，丰某来到上海市九星灯具市场星东路 24 幢 2 楼名为万禾灯饰的商铺，购买了"吸顶灯"1 个，并取得"名片""销货单"各 1 张，上海市徐汇公证处的公证员对上述购买过程进行了现场监督，对所购物品及其外包装和"名片""销货单"进行了拍照，并制作了（2015）沪徐证经字第 151 号公证书予以证明。上述销货单载明的数量为"1 盏"，单价为"95"。

经当庭拆封被控侵权产品实物包装盒，内有被控侵权的吸顶灯一个，灯管上标有"振普之家"字样，电子镇流器上标有"振普之家""中山市古镇振普照明厂"字样，包装盒上标示的信息包括："振普之家""中山市古镇振普电器厂"字样。

审理中，原告明确其主张的为制止侵权行为而支出的合理费用包括：律师代理费 5000 元、公证费 2000 元、差旅费 1000 元、购买被控侵权产品费用 95 元。同时，表示除公证书所附销货单能证明购买被控侵权产品的费用外，其余费用凭证已无法向法庭提供，请求法院酌情考虑。

以上事实有原告提交的专利证书、专利登记簿副本、公证书及所附销货单和实物，以及原告的陈述等证据所证实。

本院认为，根据专利法及其司法解释的相关规定，外观设计专利权的保护范围以表示在图片或者照片中的该产品的外观设计为准，简要说明可以用于解释图片或者照片所表示的该产品的外观设计。人民法院认定外观设计是否相同或者近似时，应当根据授权外观设计、被诉侵权设计的设计特征，以外观设计的整体视觉效果进行综合判断；对于主要由技术功能决定的设计特征以及对整体视觉效果不产生影响的产品的材料、内部结构等特征，应当不予考虑。通常来说，产品正常使用时容易被直接观察到的部位相对于其他部位对外观设计的整体视觉效果更具有影响。本案中，经比对，被控侵权产品与涉案专利设计从主视图和立体图的视角来看，均具有成阶梯状的两个圆台形外观造型以及弧面形的灯罩，两者在视觉效果上无差异；被控侵权产品与涉案专利设计的主要区别仅在从俯视图的角度看，被控侵权产品没有用于固定的横条，且多了安装卡扣，安装孔的分布也不同，但由于上述俯视图呈现的部分在产品实际使用状态中为视觉不可见部位，消费者在选购被控侵权产品时一般也不会注意到该部位存在的视觉差别，故按照一般消费者施以一般注意力的标准，上述区别点相对于被控侵权产品的整体而言属于细微区别。因此，本院认为，被控侵权产品与原告的外观设计专利近似，被控侵权产品落入了原告的外观设计专利权保护范围。

鉴于被告未到庭应诉且也未能提交证据证明其销售的被控侵权产品具有合法来源，故根据原告提交的现有证据，本院认定，被告未经许可销售侵害原告外观设计专利权的产品，已构成对原告专利权的侵害，应当承担停止侵权、赔偿损失的民事责任，停止侵权包括：停止销售、销毁库存被控侵权产品。原告主张被告还有制造侵权产品的行为，但其向法庭提交的经公证购买的被控侵权产品及其包装盒上所标示的信息与被告并无关联，且原告也未能提供其他证据证明被控侵权产品的制造者系被告，故本院对原告的此项主张不予支持。关于赔偿损失的数额，原告未能提供证据证明其因侵权遭受的损失以及被告的非法获利，且无专利许可使用费可以参照，故对于被告在本案中所应承担的赔偿数额，本院将依据涉案专利的类型为外观设计专利、被告实施的是销售行为，同时综合考量被告销售侵权产品的规模、利润等侵权行为的情节等因素，酌情确定赔偿数额。原告在本案中主张为制止侵权行为所支出的合理费用，除公证购买被控侵权产品的费用由公证书所附的销货单可印证外，原告未提供证据证明其他费用的支出情况，但考虑到原告确有为本案聘请律师并为调查取证进行过公证，差旅费用也有实际支出，故本院将遵循公平、合理原则，酌情确定合理费用的数额。

综上，依据《中华人民共和国民事诉讼法》第一百四十四条，《中华人民共和国民法通则》第一百一十八条，《中华人民共和国专利法》第十一条第二款、第五十九条第二款、第六十五条，《最高人民法院关于审理侵犯专利权纠纷案件应用法律若干问题的解释》第八条之规定，判决如下：

一、被告上海万禾灯饰有限公司应于本判决生效之日起立即停止对原告欧普照明股份有限公司享有的"吸顶灯（朗月）"（专利号：ZL200530076221.9）外观设计专利权的侵害；

二、被告上海万禾灯饰有限公司应于本判决生效之日起十日内赔偿原告欧普照明股份有限公司包括合理费用在内的经济损失共计人民币1万元；

三、驳回原告欧普照明股份有限公司的其余诉讼请求。

如被告上海万禾灯饰有限公司未按本判决指定的期间履行给付金钱义务，应当依照《中华人民共和国民事诉讼法》第二百五十三条之规定，加倍支付迟延履行期间的债务利息。

案件受理费人民币 1050 元，由原告欧普照明股份有限公司负担人民币 420 元，被告上海万禾灯饰有限公司负担人民币 630 元。

如不服本判决，可在判决书送达之日起十五日内，向本院递交上诉状，并按对方当事人的人数提出副本，上诉于上海市高级人民法院。

审　判　长　刘军华

审　判　员　胡　宓

审　判　员　凌　崧

二〇一五年八月七日

书　记　员　沈晓玲

附：相关的法律条文

一、《中华人民共和国民事诉讼法》

第一百四十四条　被告经传票传唤，无正当理由拒不到庭的，或者未经法庭许可中途退庭的，可以缺席判决。

二、《中华人民共和国民法通则》

第一百一十八条　公民、法人的著作权（版权）、专利权、商标专用权、发现权、发明权和其他科技成果权受到剽窃、篡改、假冒等侵害的，有权要求停止侵害，消除影响，赔偿损失。

三、《中华人民共和国专利法》

第十一条　……

外观设计专利权被授予后，任何单位或者个人未经专利权人许可，都不得实施其专利，即不得为生产经营目的制造、许诺销售、销售、进口其外观设计专利产品。

第五十九条　……

外观设计专利权的保护范围以表示在图片或者照片中的该产品的外观设计为准，简要说明可以用于解释图片或者照片所表示的该产品的外观设计。

第六十五条　侵犯专利权的赔偿数额按照权利人因被侵权所受到的实际损失确定；实际损失难以确定的，可以按照侵权人因侵权所获得的利益确定。权利人的损失或者侵权人获得的利益难以确定的，参照该专利许可使用费的倍数合理确定。赔偿数额还应当包括权利人为制止侵权行为所支付的合理开支。

权利人的损失、侵权人获得的利益和专利许可使用费均难以确定的，人民法院可以根据专利权的类型、侵权行为的性质和情节等因素，确定给予一万元以上一百万元以下的赔偿。

四、《最高人民法院关于审理侵犯专利权纠纷案件应用法律若干问题的解释》

第八条 在与外观设计专利产品相同或者相近种类产品上，采用与授权外观设计相同或者近似的外观设计的，人民法院应当认定被诉侵权设计落入专利法第五十九条第二款规定的外观设计专利权的保护范围。

5. 盛纪（上海）家居用品有限公司诉上海统一星巴克咖啡有限公司、增城市增豪不锈钢制品有限公司侵害外观设计专利权纠纷案

上 海 知 识 产 权 法 院
民 事 判 决 书

（2015）沪知民初字第 504 号

原告：盛纪（上海）家居用品有限公司。
法定代表人：柯某某，该公司总经理。
委托代理人：赵某某，上海明伦律师事务所律师。
被告：上海统一星巴克咖啡有限公司。
法定代表人：陈某某，该公司董事长。
委托代理人：龚某某，北京天达共和律师事务所律师。
委托代理人：董某，该公司员工。
被告：增城市增豪不锈钢制品有限公司。
法定代表人：郑某某，该公司董事长。
委托代理人：杨某，北京天达共和（武汉）律师事务所律师。

原告盛纪（上海）家居用品有限公司（以下至判决主文前简称"盛纪公司"）诉被告上海统一星巴克咖啡有限公司（以下至判决主文前简称"星巴克公司"）、增城市增豪不锈钢制品有限公司（以下至判决主文前简称"增豪公司"）侵害外观设计专利权纠纷一案，本院于 2015 年 7 月 17 日受理后，依法组成合议庭进行审理。被告增豪公司在答辩期内向本院提出管辖权异议，本院于 2015 年 8 月 20 日作出（2015）沪知民初字第 504 号民事裁定，驳回被告增豪公司对本案提出的管辖权异议。增豪公司不服该裁定，上诉至上海市高级人民法院。上海市高级人民法院于 2015 年 10 月 21 日作出（2015）沪高民三（知）终字第 82 号民事裁定，驳回增豪公司的上诉。2016 年 1 月 27 日，本院对本案公开开庭进行了审理。原告的法定代表人柯某某及委托代理人赵某某，被告星巴克公司的委托代理人龚某某、董某，被告增豪公司的委托代理人杨某

到庭参加了诉讼。本案现已审理终结。

原告盛纪公司诉称：其系涉案"饮水杯（0506-2）"外观设计专利的专利权人，专利申请日为2014年5月26日，授权公告日为2014年10月1日，专利号为ZL201430149475.8。该专利目前仍处于保护期。原告经调查发现被告星巴克公司销售的制造商为被告增豪公司的"STARBUCKS"牌不锈钢保温杯与涉案专利外观设计相同，落入了涉案专利的保护范围。原告认为两被告的行为共同侵害了原告享有的涉案专利权，给原告造成了重大经济损失，遂诉至法院，请求判令：1. 被告星巴克公司停止销售侵权产品，被告增豪公司停止制造、销售侵权产品；2. 两被告连带赔偿原告经济损失人民币（以下币种同）20万元及合理费用12200元；3. 两被告承担本案诉讼费用。

被告星巴克公司辩称：1. 被控侵权产品与涉案专利不相同也不相近似，未落入涉案专利保护范围；2. 被控侵权产品采用的是现有设计，不构成侵权；3. 被控侵权产品在专利申请日前已经生产，属于在先使用，不视为侵犯专利权；4. 被控侵权产品具有合法来源，即使构成侵权，也不应承担赔偿责任。

被告增豪公司辩称：1. 被控侵权产品与涉案专利不相同也不相近似，未落入涉案专利保护范围；2. 被控侵权产品采用的是现有设计，不构成侵权；3. 被控侵权产品在专利申请日前已经生产，属于在先使用，不视为侵犯专利权。

原告盛纪公司向本院提交了以下证据：

1. 外观设计专利证书、专利登记簿副本、外观设计专利权评价报告，证明原告是涉案专利的专利权人，专利权处于有效状态以及涉案专利的保护范围；

2. （2015）沪闵证经字第4704号公证书，证明被告星巴克公司销售被告增豪公司生产的杯子落入涉案专利保护范围，构成对原告专利权的侵害；

3. 聘请律师合同、律师费发票、公证费发票、购买发票，证明原告为维权支付了律师费10000元、公证费2000元、购买被控侵权产品200元。

两被告对上述证据的真实性、合法性均无异议，但对原告以此证明两被告行为构成侵权不予认可。

被告星巴克公司向本院提交了以下证据：

第一组：现有设计抗辩证据，证明被控侵权产品采用的是现有设计。具体证据有：

1. 阿里巴巴网站上金华市佳特金属制品有限公司的产品销售网页打印件；

2. 中国香港ebay网站上产品销售网页打印件；

3. 日本亚马逊、英国亚马逊网站上同一款产品的销售网页打印件；

4. 日本乐天网站上一款不锈钢杯的销售网页打印件；

5. 日本 kirin 公司网站上一款饮料容器的网页打印件。

第二组：先用权抗辩证据

1. （2015）沪东证经字第 20088 号公证书及该公证书中部分邮件的翻译件，证明被控侵权产品的设计完成于 2013 年，且被告增豪公司在原告专利申请日之前已经接受订单开始生产被控侵权产品；

2. 工业和信息化信部 ICP/IP 地址/域名信息备案管理系统查询记录，证明 mail.spcc.com.cn 主办单位是被告星巴克公司；

3. 被告增豪公司出具的售货确认书、装箱明细、发票、海关出口货物报关单，福联贸易有限公司（以下简称"福联公司"）出具的装箱明细、发票，WOODMAX KY INDUSTRIES CORPORATION（以下简称"WOODMAX 公司"）出具的发票、装箱单，证明（2015）沪东证经字第 20088 号公证书中的邮件订单所涉及的被控侵权产品，被告增豪公司已生产完成并于 2014 年 6 月实际发货；

4. 告增豪公司出具的声明、被告增豪公司的营业执照及工商登记信息网页打印件、福联公司的周年申报表，证明福联公司系被告增豪公司的关联公司，两者法定代表人相同，对于上述邮件订单产品，被告增豪公司先发货给福联公司，福联公司再发货给 WOODMAX 公司。

第三组：合法来源抗辩证据

1. 被告星巴克公司与东莞市沃美氏贸易有限公司（以下简称"东莞沃美氏公司"）签订的购销合同，证明被告星巴克公司与东莞沃美氏公司签订购销合同，由东莞沃美氏公司根据订单销售货品给被告星巴克公司；

2. （2015）沪东证经字第 20640 号公证书，系被告星巴克公司向东莞沃美氏公司订购产品的邮件订单公证，以及东莞沃美氏公司向被告增豪公司订购产品的邮件订单公证，证明被告星巴克公司销售的被控侵权产品具有合法来源；

3. 被告星巴克公司的收货单、验收单、付款凭证、供应商发票验收及汇款表，东莞沃美氏公司开具的增值税专用发票，证明上述邮件订单交易已实际完成。

原告盛纪公司质证认为，第一组证据因网络信息易修改，故对于内容真实性和证明目的不予认可。此外，证据 2、3、4 所涉及的产品外观与被控侵权产品外观不相同也不相近似，证据 5 所涉及的产品外观和类别均与被控侵权产品不同，故对于该被告主张的现有设计抗辩不予认可。对第二组证据中的证据 1 邮件内容真实性、关联性和证明目的不予认可；对证据 2、4 予以认可；证据

一、专利权权属、侵权纠纷

3部分证据材料无原件,有原件的证据材料亦可单方制作,故对真实性、关联性和证明目的均不认可。对第三组证据真实性、关联性予以认可。被告增豪公司对上述证据均予认可。

被告增豪公司向本院提交了四组证据,其中第一组证据、第三组证据、第四组证据分别与被告星巴克公司提供的三组证据相同,证明目的亦相同,第二组证据为:专利无效宣告请求受理通知书、无效申请缴费收据、专利权无效宣告请求书、专利权无效宣告程序授权委托书、外观设计专利无效宣告理由书,证明涉案专利应被无效,被告增豪公司已另行提起无效宣告程序。

原告对上述第一组证据、第三组证据、第四组证据的质证意见同对被告星巴克公司提供的证据的质证意见,对第二组证据真实性认可,确认被告增豪公司就涉案专利已提起专利无效宣告请求。被告星巴克公司对上述证据均予认可。

结合原、被告对上述证据的举证和质证意见,本院认证如下:

对于原告提供的证据1、2、3,两被告对其真实性、合法性均无异议,本院予以确认。对于被告星巴克公司提供的第一组证据的证据1,产品销售网页虽然显示产品上市时间为2013年夏,但因电子证据易修改,且修改具有隐蔽性,故在无其他证据相佐证的情况下,仅凭该份证据不足以证明所涉产品的上市时间早于原告涉案专利申请日;第一组证据的证据2显示的网页最早修改时间为2014年5月31日,晚于涉案专利申请日;第一组证据的证据3、4系外文证据,未提供翻译件,且因电子证据易修改,仅凭该份证据不足以证明所涉产品公开时间早于涉案专利申请日,此外,该产品外观与被控侵权产品亦存在较大差异;第一组证据的证据5系饮料罐,与被控侵权产品类别不同,且两者外观也存在较大差异。综上,被告星巴克公司以第一组证据作为现有设计抗辩依据不足,本院不予采纳。被告星巴克公司提供的第二组证据的证据1,系众多往来邮件公证,邮件之间的内容能够相互印证,本院予以确认;证据2、4,原告予以认可,本院予以确认;证据3虽然除了福联公司出具的装箱明细、发票外,其他均系复印件,但彼此之间能够相互印证,与证据1中的邮件订单亦能够相互印证,本院予以确认。对于被告星巴克公司提供的第三组证据,原告对其真实性、关联性予以认可,本院予以确认。对于被告增豪公司提供的第一组证据、第三组证据、第四组证据,本院认证意见同上。被告增豪公司提供的第二组证据,系专利无效宣告程序中的相关材料,与本案专利侵权诉讼并无必然关联,本院对此不予采纳。

依据上述认证证据,本院经审理查明:

名称为"饮水杯(0506-2)"的外观设计专利申请日为2014年5月26

日，授权公告日为 2014 年 10 月 1 日，专利号为 ZL201430149475.8，专利权人为原告盛纪公司，该专利目前仍在保护期内。该专利外观设计图片显示饮水杯不包含杯盖，杯体上大下小，周身遍布三角形棱面，杯体顶部设有呈圆形薄片样式的裙边，杯体与裙边的连接处形成有一圈凸起，杯体底部形成有凹槽。该专利的简要说明记载其设计要点在于形状与图案的结合。2015 年 3 月 25 日，国家知识产权局对涉案专利作出外观设计专利权评价报告，结论为全部外观设计未发现存在不符合授予专利权条件的缺陷。

2015 年 6 月 29 日，原告向上海市闵行公证处申请保全证据公证，其委托代理人来到上海市闵行区吴中路 1161 号星巴克咖啡店，购买了"12oz 橙光不锈钢随行杯"一个，支付价款 200 元。

该被控侵权产品系一不锈钢杯，杯体上大下小，杯身基本遍布菱形图案，仅纵向留有一狭长平滑面，印有黑体加粗的 STARBUCKS 商标，杯体下方有一圆形分割线，分割线以下系光滑面设计，杯盖大致呈圆形坡面型，杯体底部形成有一凹槽。杯身及杯底粘贴的标识显示产品品号 435180，经销商被告星巴克公司，制造商被告增豪公司。

经比对被控侵权产品与涉案专利外观设计，两者存在以下差异：一是被控侵权产品菱形图案上下菱角较为圆润，由此形成上下相邻菱形图案之间相互贯通，菱形图案径向长度从上到下逐渐递减，而专利设计菱形图案上下菱角较为尖锐，由此形成各个菱形图案相互独立，每个菱形图案径向长度相同；二是被控侵权产品杯体下方有一圆形分割线，分割线以下系光滑面设计，杯身并未完全被菱形图案覆盖，纵向有一平滑面，印有黑体加粗的"STARBUCKS"商标，而涉案专利外观设计产品下方菱形图案与平滑面之间不存在分割线设计，杯身全部覆盖菱形图案；三是被控侵权产品杯体顶部平滑，具有大致呈圆形坡面型的杯盖，而涉案专利外观设计产品不具有杯盖，杯体顶部设有呈圆形薄片样式的裙边，杯体与裙边的连接处形成有一圈凸起，两者底部凹槽形状亦不相同。

原告为本案支出了律师费 10000 元，公证费 2000 元，购买被控侵权产品费用 200 元。

另查明，2013 年 11 月至 2014 年 2 月，星巴克咖啡公司（STRABUCKS COFFEE COMPANY）员工 LORI 与 WOODMAX 公司员工 NELSON 之间，WOODMAX 公司员工 NELSON 与 WINNIE 之间，以及 WOODMAX 公司员工 WINNIE 与被告增豪公司员工 LILY 之间存在众多邮件往来，均涉及对一款星巴克杯子的设计、开模事宜，其中涉及杯子接缝处设计、颜色、LOGO、样品存在的问题等，邮件附件中有该杯子的设计图片。经比对，该设计图片与原告公证购买的被控侵权产品外观基本一致。

2014年2月24日,星巴克咖啡公司向WOODMAX公司发送订单,订单号分别为80251466、80251465,分别涉及DIAMAND PHINNY随行杯绿色12盎司和红色12盎司,数量分别为10680个和10008个,产品编号分别为011038992和011038991,订单上注明的供应商为WOODMAX公司,发货人为被告增豪公司,备装船日期2014年6月27日。

2014年2月25日,WOODMAX公司向被告增豪公司发送订单,订单号、产品货号、颜色等均与上述订单相同。订单上附有杯子图片,并标注杯身印STARBUCKS LOGO。经比对,该杯子图片与原告公证购买的被控侵权产品外观基本一致。

被告增豪公司出具了买方为福联公司的售货确认书,增豪公司于2014年6月14日出具装箱明细、发票、海关出口货物报关单,福联公司于2014年6月14日出具装箱明细、发票,WOODMAX公司于2014年6月17日向星巴克咖啡公司出具发票、装箱单,上述单据的订单号、货号、颜色、数量等内容均相一致,且与上述2014年2月24日的订单内容一致。

被告增豪公司的股东为福联公司,法定代表人为郑某某。福联公司的董事亦为郑某某,与被告增豪公司的法定代表人相同。

再查明,被告星巴克公司与东莞沃美氏公司签订了两份购销合同,订货方式为东莞沃美氏公司应于收到书面订单的指定时间内,依书面订单将货品送至星巴克公司指定地点,合同有效期分别为自2014年1月1日至2014年12月31日、自2015年5月1日至2015年12月31日。

ICP/IP地址/域名信息备案管理系统显示mail.spcc.com.cn网站的主办单位系被告星巴克公司。2015年2月2日,被告星巴克公司通过其网站邮箱向东莞沃美氏公司发送订单,订购12oz橙光不锈钢随行杯1248个,商品编码435180,订单号2015023083。2015年2月7日,东莞沃美氏公司向被告增豪公司发送邮件订单,订购12PD橙光不锈钢杯1248个,货号435180,订单号2015023083,订单上附有的杯子图片与原告公证购买的被控侵权产品外观基本一致,两者货号与品名亦相同。2015年4月9日,被告星巴克公司收到东莞沃美氏公司交付的上述产品。同年6月9日,东莞沃美氏公司向被告星巴克公司出具增值税专用发票,发票上载明"435180 12oz橙光不锈钢随行杯"两批次共计1260个,备注的订单号为2015023083、2015040461。

本院认为:原告盛纪公司是涉案ZL201430149475.8号"饮水杯(0506-2)"外观设计专利的专利权人,该专利目前仍处于有效状态,任何单位或者个人未经专利权人许可,不得实施其专利,即不得为生产经营目的制造、许诺销售、销售、进口其专利产品，否则属于侵害外观设计专利权的行为，依法应当承担相应的民事责任。

结合各方当事人的诉辩意见，本案争议焦点主要在于：一是被控侵权产品是否落入原告涉案外观设计专利权的保护范围；二是两被告主张的现有设计抗辩能否成立；三是两被告主张的先用权抗辩能否成立。

关于争议焦点一，根据我国专利法的规定，外观设计专利权的保护范围以表示在图片或者照片中的该产品的外观设计为准，简要说明可以用于解释图片或者照片所表示的该产品的外观设计，在相同或者相近种类产品上采用与授权外观设计相同或者近似的外观设计的，应当认定被诉侵权设计落入涉案外观设计专利权的保护范围，构成专利侵权。经比对，被控侵权产品与原告涉案专利外观设计，两者均系较为修长的饮水杯，杯体上大下小，杯身周边基本遍布菱形图案，菱形图案均沿垂直方向拉长设置，每个菱形图案均由上下两个凹凸三角形面组成，杯体下端有一圈留白区域，两者基本设计元素、设计风格相一致。区别主要在于被控侵权产品菱形图案上下菱角较为圆润，由此形成上下相邻菱形图案之间相互贯通，菱形图案径向长度从上到下逐渐递减，而专利设计菱形图案上下菱角较为尖锐，由此形成各个菱形图案相互独立，每个菱形图案径向长度相同，上述区别点一则并不明显，再则相较于杯身整体的由众多上下两个凹凸三角形面组成的拉长设置的菱形图案，对整体视觉效果并不产生实质性影响，不足以区分被控侵权产品和涉案专利。此外，虽然涉案专利设计不具有杯盖，但两者顶部设计差异，杯体底部菱形图案与留白区域之间是否具有一条分割线，纵向是否具有狭长留白区域，以及杯体底部凹槽形状差异，均属于整个外观设计的次要部位，且差别细微，以一般消费者的注意程度不易被观察到，亦不足以区分被控侵权产品和原告涉案专利。综上，可以认定被控侵权设计与授权外观设计在整体视觉效果上无实质性差异，构成近似设计，被控侵权产品落入原告涉案外观设计专利权保护范围。

关于争议焦点二，因两被告提供的现有设计抗辩证据，本院均未予采纳，在证据认证部分，本院对此已充分阐述，故两被告以此主张的现有设计抗辩亦不能成立，本院不予支持。

关于争议焦点三，根据《中华人民共和国专利法》第六十九条、《最高人民法院关于审理侵犯专利权纠纷案件应用法律若干问题的解释》第十五条的规定，判断先用权抗辩能否成立应当考虑四个条件：1. 先用权人是否在专利申请日前已经制造出相关产品；2. 相关产品是否属于相同产品；3. 先用设计是否系先用权人自行设计或者以其他合法手段获得；4. 先用权人是否在原有范围内继续制造。

本案中，首先，2013年11月至2014年2月星巴克咖啡公司、WOODMAX公司、被告增豪公司之间的往来邮件，涉及一款星巴克杯子的设计、开模、交付样品存在的问题等事宜，邮件附件中有该杯子的设计图片。其次，2014年2月24日星巴克咖啡公司向WOODMAX公司发送的订单，2014年2月25日WOODMAX公司向增豪公司发送的订单，与被告增豪公司的售货确认书、装箱明细、发票、海关出口货物报关单，福联公司的装箱明细、发票，WOODMAX公司的发票、装箱单之间能够相互印证，证明被告增豪公司于2014年2月25日接受订单，并于2014年6月14日将相关20688件订单产品发货给星巴克咖啡公司。最后，该订单产品与上述2013年11月至2014年2月邮件涉及的杯子设计图片外观基本一致。综合以上证据，可以认定星巴克咖啡公司、WOODMAX公司与被告增豪公司相互协作配合，设计生产相关订单产品，被告增豪公司亦已于2014年6月14日完成全部首批订单产品的生产、装箱、报关，由此也可以认定被告增豪公司在涉案专利申请日2014年5月26日之前已经做好生产相关订单产品的准备，并制造出了相关产品。

关于相关产品是否属于相同产品的问题。相同产品是指被控侵权产品与专利申请日前已经制造出的相关产相同，包括两者系同一产品，或者虽不是同一产品，但两者与涉案专利相对应的部分系实质相同。经比对，被控侵权产品与2013年11月至2014年2月邮件附件中的杯子设计图片、2014年2月25日WOODMAX公司向增豪公司发送的订单上所附杯子图片外观均基本一致，也即被控侵权产品与被告增豪公司在专利申请日前开始生产的首批订单产品外观基本一致，差异仅在于颜色不同。颜色并非涉案专利的保护范围，并不影响两者与涉案专利相对应的设计部分系相同设计的认定，故本院认定被控侵权产品与被告增豪公司专利申请日前已经制造出的相关产品属于相同产品。

关于是否在原有范围内继续制造的问题。按照法律规定，原有范围包括专利申请日前已有的生产规模以及利用已有的生产设备或者根据已有的生产准备可以达到的生产规模，即以生产规模界定"原有范围"。本案中，并无证据证明被告增豪公司所具有的生产规模，但本院注意到被告增豪公司依据2014年2月也即涉案专利申请日前的订单于2014年6月向星巴克咖啡公司交付产品20688个，而依据2015年6月9日的增值税专用发票向被告星巴克公司交付产品仅为1260个。因此，认定被告增豪公司的制造行为超出原有范围的依据不足。原告认为被控侵权产品颜色不同于在先产品，以及被告增豪公司依据新的订单生产产品系超出原有范围的主张，缺乏相关依据，本院不予支持。

综上，被告增豪公司在涉案专利申请日前已经制造相同产品，并且仅在原有范围内继续制造，享有先用权，其主张的先用权抗辩成立。先用权人在原有范围内继续制造相同产品不视为侵权,其制造相同产品的后续销售行为亦不构成侵权。被告星巴克公司系被控侵权产品的销售商,提供证据证明其销售的产品来源于享有先用权的增豪公司,亦可主张增豪公司享有先用权,其销售产品的行为也不构成侵权。鉴于两被告主张的先用权抗辩理由成立,两被告的行为依法不构成侵权,原告的诉讼请求缺乏事实和法律依据,本院不予支持。依照《中华人民共和国专利法》第五十九条第二款、第六十九条第二项,《最高人民法院关于审理侵犯专利权纠纷案件应用法律若干问题的解释》第八条、第十五条的规定,判决如下:

驳回原告盛纪(上海)家居用品有限公司的诉讼请求。

本案案件受理费人民币4483元,由原告盛纪(上海)家居用品有限公司负担。

如不服本判决,可在判决书送达之日起十五日内向本院递交上诉状,并按对方当事人的人数提出副本,上诉于上海市高级人民法院。

审　判　长　　黎淑兰
代理审判员　　陈瑶瑶
审　判　员　　刘军华
二〇一六年三月十日
书　记　员　　沈晓玲

附:相关法律条文
一、《中华人民共和国专利法》
第五十九条　……

外观设计专利权的保护范围以表示在图片或者照片中的该外观设计专利产品为准。简要说明可以用于解释图片或照片,所表示的该产品的外观设计。

第六十九条　有下列情形之一的,不视为侵犯专利权:

(一)专利产品或者依照专利方法直接获得的产品,由专利权人或者经其许可的单位、个人售出后,使用、许诺销售、销售、进口该产品的;

(二)在专利申请日前已经制造相同产品、使用相同方法或者已经作好制造、使用的必要准备,并且仅在原有范围内继续制造、使用的;

……

二、《最高人民法院关于审理侵犯专利权纠纷案件应用法律若干问题的解释》

第八条 在与外观设计专利产品相同或者相近种类产品上，采用与授权外观设计相同或者近似的外观设计的，人民法院应当认定被诉侵权设计落入专利法第五十九条第二款规定的外观设计专利权的保护范围。

第十五条 被诉侵权人以非法获得的技术或者设计主张先用权抗辩的，人民法院不予支持。

有下列情形之一的，人民法院应当认定属于专利法第六十九条第（二）项规定的已经作好制造、使用的必要准备：

（一）已经完成实施发明创造所必需的主要技术图纸或者工艺文件；

（二）已经制造或者购买实施发明创造所必需的主要设备或者原材料。

专利法第六十九条第（二）项规定的原有范围，包括专利申请日前已有的生产规模以及利用已有的生产设备或者根据已有的生产准备可以达到的生产规模。

先用权人在专利申请日后将其已经实施或作好实施必要准备的技术或设计转让或者许可他人实施，被诉侵权人主张该实施行为属于在原有范围内继续实施的，人民法院不予支持，但该技术或设计与原有企业一并转让或者承继的除外。

二、商标权权属、侵权纠纷

6. 霍尼韦尔国际公司诉上海御逊汽车配件有限公司、张某某侵害商标权纠纷上诉案

上 海 知 识 产 权 法 院
民 事 判 决 书

(2016) 沪 73 民终 101 号

上诉人（原审原告）：霍尼韦尔国际公司（Honeywell International Inc.）。
法定代表人：大卫，董事会助理秘书及公司助理首席法律顾问。
委托代理人：陶某，上海市国泰律师事务所律师。
委托代理人：曹某，上海市国泰律师事务所律师。
被上诉人（原审被告）：上海御逊汽车配件有限公司。
法定代表人：张某某。
被上诉人（原审被告）：张某某。

上诉人霍尼韦尔国际公司（以下至判决主文前简称"霍尼韦尔公司"）因侵害商标权纠纷一案，不服上海市闵行区人民法院（2015）闵民三（知）初字第1065号民事判决，向本院提起上诉。本院受理后，依法组成合议庭，于2016年4月18日公开开庭审理了本案。上诉人霍尼韦尔公司的委托代理人曹某，被上诉人上海御逊汽车配件有限公司（以下至判决主文前简称"御逊公司"）的法定代表人即被上诉人张某某到庭参加诉讼。本案现已审理终结。

霍尼韦尔公司在原审中诉称：霍尼韦尔公司是全球500强企业，创立于1885年。1936年，霍尼韦尔公司于洛杉矶生产涡轮增压器，经历了70年的发展，该公司如今已经成为全世界最大和最知名的涡轮增压器制造商。霍尼韦尔公司为保护自己的商标，自1990年开始，在中国分别就"GARRETT""Garrett""Garret 盖瑞特""盖瑞特"商标在第12类、第7类商品上进行注册；2009年1月8日，霍尼韦尔公司就""图形商标，在第7类商品上注册，

并于 2010 年 7 月 21 日核准。上述注册商标在国内一直有极高的声誉。为宣传霍尼韦尔公司的商标，该公司在国内投入的广告费逐年增加，同时该公司在中国的销售额也大幅度增长，是国内发动机和汽车企业中最大的涡轮增压器供应商。

2011 年 9 月 7 日，御逊公司成立，主要经营范围是汽车配件、涡轮增压器生产销售。张某某为御逊公司的唯一股东，并担任御逊公司的法定代表人。御逊公司长期生产涡轮增压器并在产品及包装上突出显示"❀"图形，具体侵权事实如下：2013 年 9 月 12 日，株洲市工商行政管理局荷塘分局（以下简称"株洲工商局荷塘分局"）查扣位于株洲市荷塘区汽车城 A 区 11 栋 11 号株洲市荷塘区顺兴增压器配件门市部销售的侵权增压器产品 112 台；2014 年 2 月 8 日，常州市武进区工商行政管理局（以下简称"武进工商局"）查扣位于江苏省常州市武进区横林镇横遥路 21 号内的侵权增压器产品 40 台，侵权增压器空包装箱 1320 只；2014 年 4 月 15 日，江苏省徐州工商行政管理局淮海分局（以下简称"徐州工商局淮海分局"）查扣位于徐州汽配城 B3-1 号业主销售的侵权增压器 38 台；2013 年 11 月 13 日，霍尼韦尔公司下属子公司霍尼韦尔（中国）有限公司，向御逊公司购买 4 台涡轮增压器，货款由张某某收取。上述产品均由御逊公司生产。

霍尼韦尔公司的"❀"商标具有极高的知名度，御逊公司的行为构成商标侵权。理由是：1. 御逊公司在成立后一直从事生产涡轮增压器，并在包装上使用"❀"图形，企图引起受众混淆，使他人误认为是霍尼韦尔公司的产品，或认为其与霍尼韦尔公司有某种联系；2. 御逊公司系个人独资有限公司，张某某系御逊公司的股东，其以自己个人银行账户收取御逊公司的货款，应认定公司财产与股东个人财产混同，因此张某某应对御逊公司债务承担连带赔偿责任。御逊公司从事侵害霍尼韦尔公司商标权的行为，持续时间近两年，数量巨大。虽经工商行政管理部门多次打击处罚，仍屡教不改，恶意侵权，给霍尼韦尔公司造成巨大经济损失，且对霍尼韦尔公司的商誉也造成巨大影响。同时，霍尼韦尔公司为制止侵权行为支出了大量的维权费用。为维护霍尼韦尔公司的合法权益不受侵犯，特提起诉讼，请求判令：1. 御逊公司停止对霍尼韦尔公司注册商标的侵权行为；2. 御逊公司赔偿霍尼韦尔公司经济损失（包含合理费用支出）人民币（以下币种均为人民币）50 万元；3. 御逊公司在《东方早报》或同级别报纸上刊登声明，澄清事实，消除侵权影响；4. 张某某对御逊公司的债务承担连带责任。

在原审法院审理过程中，霍尼韦尔公司明确：第一项诉讼请求为御逊公司停止侵犯霍尼韦尔公司第 7155198 号、第 7155199 号注册商标专用权的生产、销售行为；第二项诉讼请求中，经济损失主张法定赔偿，其中，合理费用包括购买侵权商品公证的费用、协助工商部门查处御逊公司侵权行为的费用、律师费，但数额无法确定；第三项诉讼请求中，只需在报纸比较醒目的位置刊登1次即可；第四项诉讼请求中，张某某对御逊公司的债务承担连带责任是指对前三项诉讼请求的债务承担连带责任。第三项诉讼请求中，如果御逊公司不刊登，由霍尼韦尔公司或者法院刊登会产生的相应费用，则应由御逊公司和张某某负担该刊登的费用。

御逊公司在原审中辩称：其只生产销售陆地车辆的涡轮增压器，2013年被工商行政管理部门查处后就不再生产销售霍尼韦尔公司的产品了。霍尼韦尔公司主张的赔偿金额太高。

张某某在原审中辩称，霍尼韦尔公司主张的赔偿金额太高。

原审法院经审理查明：2010年7月，霍尼韦尔公司经中华人民共和国国家工商行政管理总局商标局（以下简称"国家商标局"）核准，注册了第7155198号"✹"商标，核定使用商品为第12类陆地车辆涡轮增压器、陆地车辆增压机等；注册了第7155199号"✹"商标，核定使用商品为第7类涡轮增压器、增压机等。上述两类注册商标有效期均自2010年7月21日至2020年7月20日。

御逊公司成立于2011年9月7日，注册资本10万元，公司类型为一人有限责任公司（自然人独资），经营范围为汽车配件、机械配件、涡轮增压器批发、零售等。张某某是御逊公司的法定代表人，并且是该公司的唯一股东。

2013年9月25日，株洲工商局荷塘分局出具株荷工商行处字〔2013〕25号行政处罚决定书，载明：案外人胡某某从江苏常州购进"力菱锐特"牌汽车涡轮增压器112台（名称：力菱锐特，型号：TB28K18，数量68台，每台购进价格260元；型号GT25K18，数量44台，每台购进价格350元。制造商：上海市御逊汽车配件有限公司）。该汽车涡轮增压器外包装上标有与"盖瑞特"✹扇形注册商标相似的图形"✹"。据胡某某陈述，购进后还未销售，其门面内库存的112台"力菱锐特"牌汽车涡轮增压器的货值金额为33080元。据此，该局责令胡某某立即停止侵权行为并作出处罚：1. 没收标注有"✹"的汽车涡轮增压器（名称：力菱锐特，型号TB28K18）20台；2. 罚款4000元，上缴国库。

2013年11月18日，上海市徐汇公证处出具了（2013）沪徐证经字第8984号公证书，内容为：申请人霍尼韦尔（中国）有限公司委托广州市权华知识产权事务所有限公司代为采取措施消除任何损害申请人公司知识产权的行为。广州市权华知识产权事务所有限公司的委托代理人李某坤在该公证处公证员李某洪及公证人员唐某某的监督下,于 2013 年 11 月 13 日来到江苏省常州市武进区(鸥辉照明二厂旁)工厂内,以普通消费者的身份购买了涡轮增压器 4 台,另取得"上海御逊汽车配件有限公司送货单"一张以及该工厂负责人亲笔书写的"付款账号"一张。公证员对李某坤所购买的产品包装、外观以及产品本身进行了拍照并封存,对"上海御逊汽车配件有限公司送货单"以及"付款帐号"进行了复印。该公证书所附照片显示,购买的涡轮增压器的外包装上有"🌀"标识。该公证书所附送货单显示,购买的涡轮增压器为不同规格的 4 台,总金额为 1700 元。该公证书所附农行的付款账号显示,收款人为张某某。

2014 年 4 月 15 日,徐州工商局淮海分局接投诉,对徐州汽配城 B3-1 号业户涉嫌销售侵犯他人注册商标专用权的商品进行调查并对案外人胡某某作出处罚:1. 没收侵权的外包装上带有"扇形"图标的涡轮增压器 38 台;2. 罚款 5000 元。根据该分局出具的财物清单上显示,没收的增压器为 TB28K18 规格 29 台,HX40W 规格 4 台,TBP4 规格 4 台,GJ90B 规格 1 台。根据霍尼韦尔公司提供的照片显示,没收的涡轮增压器外包装上有"🌀"标识。

2014 年 5 月 8 日,武进工商局出具武工商横行告字〔2014〕050801 号行政处理告知书,载明:该局接到举报,对御逊公司生产经营商标侵权涡轮增压器进行调查,于 2014 年 2 月 8 日决定责令御逊公司立即停止侵权行为并作出处罚:1. 没收商标侵权涡轮增压器 Hx50 高 12 台、4108 规格 8 台、gt25 规格 8 台、康 260 规格 6 台、6df 规格 3 台、p4210 规格 1 台;2. 没收商标侵权涡轮增压器的空包装箱 1320 只;3. 罚款 19000 元上缴国库。根据霍尼韦尔公司提供的照片显示,没收的涡轮增压器包装箱上及空包装箱上有"🌀"标识。御逊公司称空包装箱是因为涡轮增压器还没有生产出来,等别人需要时公司才生产涡轮增压器再放到空包装箱发出去。

原审庭审中,御逊公司陈述:徐州工商局淮海分局、株洲工商局荷塘分局、武进工商局所查处的以及上海市徐汇公证处公证购买的侵权涡轮增压器是其生产并销售出去的产品,但是其并不生产涡轮增压器的零部件,只是从别处采购好零部件后组装成涡轮增压器。其在涉案涡轮增压器外包装上使用的标识与霍尼韦尔公司的两个注册商标有三处不同:一是其使用的标识最下方叶片是完整的,霍尼韦尔公司注册商标最下方的叶片是不完整的;二是其使用的标识叶片上没有棱角,霍尼韦尔公司注册商标叶片上有突出的棱角;三是其使用的标识叶片的方向朝右,霍尼韦尔公司注册商标叶片方向朝左。但是,御逊公司亦认可其使用的标识与霍尼韦尔公司的注册商标近似。

原审庭审中,张某某确认其财产与御逊公司的财产混同,愿意对御逊公司债务承担连带责任。

原审庭审中，霍尼韦尔公司称御逊公司的厂房面积大概有几千平方米，御逊公司辩称只有40余平方米，根据霍尼韦尔公司提供的照片判断，御逊公司的厂房面积并没有几千平方米。另外，霍尼韦尔公司提供证据证明该公司产品在国内市场占有率、知名度很高以及2012~2014年的销售价格，御逊公司及张某某未明确提出反对意见。

原审法院认为，注册商标专用权受法律保护。未经商标注册人许可，在同一种商品上使用与其注册商标近似的商标，或者在类似商品上使用与其注册商标相同或者近似的商标，容易导致混淆的，属侵犯注册商标专用权的行为。销售侵犯注册商标专用权商品的，亦构成对注册商标专用权的侵犯。霍尼韦尔公司系第7155198号、第7155199号注册商标的专用权人，有权对侵害商标专用权的行为依法提起本案诉讼。

根据相关法律规定，诉讼过程中，一方当事人对另一方当事人陈述的案件事实明确表示承认的，另一方当事人无须举证。但涉及身份关系的案件除外。原审庭审中，御逊公司自认上述侵权的涡轮增压器是其生产并销售出去的产品，而且在株洲工商局荷塘分局出具的处罚决定书中亦载明，其查处的涡轮增压器的制造商是御逊公司。虽然御逊公司辩称其并不生产涡轮增压器的零部件，只是购买零部件后组装成涡轮增压器，但原审法院认为即使是组装行为也是生产行为的一种，故认定涉案涡轮增压器均系御逊公司所生产销售。

本案主要的争议焦点是御逊公司侵犯了霍尼韦尔公司几个注册商标。霍尼韦尔公司认为两个注册商标都被御逊公司侵犯了，属于在同种商品上使用了与霍尼韦尔公司两个注册商标相近似的商标。御逊公司辩称其只生产销售陆地车辆涡轮增压器，根据查扣的涡轮增压器的型号也可以看出只有车辆涡轮增压器。原审法院认为，商标注册证中第12类核定使用商品中的"陆地车辆涡轮增压器"与第7类核定使用商品中的"涡轮增压器"不是属于同一种商品。霍尼韦尔公司若认为御逊公司在同种商品上使用与霍尼韦尔公司两个注册商标相近似的商标，必须有证据证明御逊公司生产销售的涡轮增压器中包含了"陆地车辆涡轮增压器"和"涡轮增压器"。本案中，霍尼韦尔公司及御逊公司均认可涉案公证购买的以及株洲工商局荷塘分局查处的是车辆涡轮增压器。对于徐州工商局淮海分局、武进工商局所查处的涡轮增压器，霍尼韦尔公司并没有充足证据证明其中的涡轮增压器与霍尼韦尔公司第7155199号商标所核定使用第7类商品中的"涡轮增压器"属于同一种商品。根据查处的涡轮增压器型号，原审法院亦无法确认属于何种涡轮增压器。

但是，比对霍尼韦尔公司提供的徐州工商局淮海分局、武进工商局所查处的涡轮增压器的外包装照片与涉案公证购买的车辆涡轮增压器的外包装照片，外包装在大小、外观上基本一致，再根据徐州工商局淮海分局查处的场所位于"徐州汽配城"以及御逊公司的企业名称，徐州工商局淮海分局、武进工商局所查处的涡轮增压器属于车辆涡轮增压器具有高度的盖然性。故，涉案涡轮增压器应均为车辆涡轮增压器，与霍尼韦尔公司第7155198号商标所核定使用第12类商品中的"陆地车辆涡轮增压器"属于同一种商品。同时，涉案车辆涡轮增压器与霍尼韦尔公司第7155199号商标所核定使用第7类商品中的"涡轮增压器"相比，在商品的功能、用途、消费对象等方面有一定的联系，易被相关公众认为存在特定联系，容易产生混淆，故二者应属于类似商品。

另外，将涉案涡轮增压器的外包装上使用的标识""与霍尼韦尔公司的两个注册商标""相比对，御逊公司指出的三处差别虽然存在，但是差别比较细微，不足以引起相关公众注意，图形的构图及整体结构上仍构成相似，上述标识突出使用在涉案商品的外包装上，相关公众会产生误认，由此对产品来源产生混淆。综上，原审法院认定御逊公司在同一种商品上使用了与霍尼韦尔公司第7155198号注册商标近似的标识，以及在类似商品上使用了与霍尼韦尔公司第7155199号注册商标近似的标识。

御逊公司是经营汽车配件的公司，理应遵守国家法律和正常的市场经营秩序，但是其未经权利人许可擅自生产销售侵权商品，其主观上存有过错，其行为违反了《中华人民共和国商标法》的相关规定，属侵犯注册商标专用权的行为，应当依法承担停止侵权、消除影响并赔偿损失的民事责任。

关于霍尼韦尔公司主张的停止侵权。原审法院认为，虽然工商行政管理部门已对御逊公司进行了查处，相关涉案商品已被没收，但依据《中华人民共和国侵权责任法》有关规定，侵权人因同一行为应当承担行政责任或者刑事责任的，不影响依法承担侵权责任。停止侵害是承担侵权责任的方式之一，虽然御逊公司因涉案的生产销售行为受到了行政处罚，但不影响霍尼韦尔公司主张御逊公司停止侵害的民事权利，故原审法院对霍尼韦尔公司主张停止侵权的责任方式予以支持。

关于霍尼韦尔公司主张的消除影响。原审法院认为，涉案商品属于汽车配件，若质量低劣，可能会影响到使用安全。御逊公司生产销售的涉案商品在外包装上使用了与霍尼韦尔公司两个注册商标近似的标识，且生产销售数量较多并在多个区域销售，不仅会误导使用者，造成使用者对生产商和商品来源产生混淆，其后果不但影响霍尼韦尔公司两个注册商标的美誉度，而且会扰乱市场秩序，破坏公平竞争，对此有必要公开发表声明予以澄清，故原审法院对霍尼韦尔公司要求御逊公司消除影响的诉请予以支持。消除影响的具体方式由原审法院依据本案案情酌定。

关于霍尼韦尔公司主张的经济损失。鉴于霍尼韦尔公司没有证据证明御逊公司侵权造成霍尼韦尔公司的损失额，也没有证据证明御逊公司侵权的获利额，主张的是法定赔偿。故原审法院综合考虑涉案注册商标的知名度、御逊公司侵权行为的性质、过错程度、经营规模、侵权商品的数量、销售价格等因素，酌情确定相应的赔偿金额。霍尼韦尔公司主张的购买侵权商品公证的费用，虽然霍尼韦尔公司未提供凭证，但考虑到霍尼韦尔公司确有提交了针对本案的公证书，该项费用必然实际产生，故原审法院予以酌定支持。霍尼韦尔公司主张的协助工商行政管理部门查处御逊公司侵权行为的费用，因霍尼韦尔公司未提供相关凭证，且该项费用并非针对本案的必需、合理支出，故原审法院不予支持。霍尼韦尔公司主张的律师费，虽然霍尼韦尔公司未提供凭证，但考虑到确有律师为其代理参与本案诉讼，该费用必然实际产生，故相应金额原审法院根据案件的难易程度及律师具体工作量酌情予以确定。

关于霍尼韦尔公司主张张某某承担连带责任。原审法院认为，根据《中华人民共和国公司法》有关规定，一人有限责任公司的股东不能证明公司财产独立于股东自己的财产的，应当对公司债务承担连带责任。御逊公司系张某某设立的一人有限责任公司，御逊公司销售涉案侵权商品的货款进入张某某个人银行账户，张某某亦自认不能区分自己与公司的财产，故张某某应当对御逊公司的债务承担连带责任。霍尼韦尔公司主张的张某某对第二项诉讼请求赔偿经济损失（含合理费用）以及第三项诉讼请求中，若御逊公司不消除影响而由霍尼韦尔公司或者法院刊登所产生的相应费用承担连带责任，原审法院予以支持。但原审法院认为，连带责任仅限于赔偿责任的承担，霍尼韦尔公司主张由张某某对停止侵权承担连带责任，缺乏依据，原审法院不予支持。

综上所述，原审法院依照《中华人民共和国侵权责任法》第四条第一款，《中华人民共和国商标法》第五十六条、第五十七条第二项、第三项、第六十三条第一款、第三款《中华人民共和国公司法》第六十三条，《最高人民法院关于审理商标民事纠纷案件适用法律若干问题的解释》第九条第二款、第十一条第一款、第十六条、第十七条、第二十一条，《最高人民法院关于民事诉讼证据的若干规定》第二条、第八条第一款之规定，判决：一、御逊公司于判决生效之日起立即停止生产、销售侵犯霍尼韦尔公司第7155198号、第7155199号注册商标专用权的商品的行为；二、御逊公司于判决生效之日起十日内赔偿霍尼韦尔公司经济损失及合理费用80000元；三、御逊公司于判决生效之日起十日内，在《东方早报》上刊登声明一次，消除影响（内容经原审法院审核）；如不履行，原审法院将在《东方早报》上刊登判决的主要内容，相关费用由御逊公司承担;四、张某某对上述第二项钱款赔偿义务以及第三项中若产生的相关费用承担连带赔偿责任。负有金钱给付义务的当事人,如果未按判决指定的期间履行给付金钱义务,应当依照《中华人民共和国民事诉讼法》第二百五十三条之规定,加倍支付迟延履行期间的债务利息。一审案件受理费8800元,由霍尼韦尔公司负担7392元,御逊公司、张某某负担1408元。财产保全费3020元,由霍尼韦尔公司负担2536.8元,御逊公司、张某某负担483.2元。

原审判决后,霍尼韦尔公司不服,向本院提起上诉。

上诉人霍尼韦尔公司上诉称:原审判决的侵权赔偿数额过低、诉讼费用的分担不当,请求撤销原审判决第二项,依法改判支持霍尼韦尔公司在原审中的全部诉讼请求,并对一审诉讼费用的分担依法进行改判。具体理由为:1. 御逊公司成立于2011年9月,该公司的主营业务为生产和销售涡轮增压器,且其一直在生产的产品外包装上使用侵权标识,该公司的侵权行为应自其成立时开始计算,侵权时间持续达五年有余;仅根据查实的侵权行为,御逊公司在2013年9月至2014年4月生产销售侵权商品近200台,被查获侵权包装1300余个,销售范围遍布多个省市,御逊公司及其经销商就涉案侵权商品曾被不同地区的工商行政执法机关三次查处,其侵权主观恶意极强,侵权时间和地域跨度非常大,影响恶劣。原审法院判决的赔偿金额与御逊公司的主观恶意和侵权情节严重不符,赔偿金额明显偏低。2. 涉案侵权商品系重要汽车配件,存在质量安全隐患,会对消费者的车辆甚至生命安全造成危险,极有可能造成非常严重的后果。原审法院判决的赔偿金额明显偏低,不但不能制止侵权行为的发生,反而由于侵权成本过低,变相助长侵权行为的发生。3. 霍尼韦尔公司注册的涉案商标所对应的盖瑞特品牌涡轮增压器具有很高的知名度与美誉度,在国内公众知晓度超过90%,产品的市场占有率位居前列,每年产值达十几亿,御逊公司的侵权行为对霍尼韦尔公司的产品、品牌以及商誉造成的影响和损失十分巨大,霍尼韦尔公司为制止侵权行为所支出的合理费用就不低于20万元,原审法院判决的赔偿金额远远不能补偿霍尼韦尔公司的损失和对该公司品牌造成的影响,亦与国家对知识产权保护力度不断加大的趋势相违背。4. 在霍尼韦尔公司原审胜诉的情况下,原审法院对一审诉讼费用仅按照支持金额和诉请金额的比例进行分摊,判决霍尼韦尔公司承担绝大部分的诉讼费用,明显不合理。

被上诉人御逊公司、张某某共同辩称:1. 御逊公司仅是在上海注册的公司,没有生产场地,实际生产基地在江苏省常州市武进区,并在工商行政管理部门登记注册了武进区横林御逊增压器厂(以下简称"御逊增压器厂"),该处也是当时工商行政管理部门查处和霍尼韦尔公司公证购买被控侵权商品的地点，御逊增压器厂亦由张某某一人设立。2. 2013年被工商行政管理部门查处后，御逊公司就不再生产销售被控侵权商品，2014年6月前生产基地也已关闭，并委托代理公司办理御逊公司的注销手续，御逊公司的营业执照、公章等都已交给代理公司。3. 被控侵权的产品外包装是转包场地时一起接受的，到2013年才更换使用，之前使用的外包装上并没有被控侵权的图形，且该图形与霍尼韦尔公司的涉案商标只是相似，并不相同。综上，御逊公司、张某某均不同意霍尼韦尔公司的上诉请求，也无法承受过高的经济赔偿，请求驳回上诉，维持原判。

本院经审理查明，原审法院所查明的事实属实，本院予以确认。

本院另查明：霍尼韦尔公司系核定使用商品为第12类（包括陆地和控制运载工具的零配件等）的第541689号"GARRETT"商标、核定使用商品为第12类（包括涡轮增压器等）的第994384号"Garrett 盖瑞特"商标的注册人。

霍尼韦尔公司生产的涡轮增压器外包装箱的箱体四面上部均印有"Garrett©""盖瑞特"，右下角均印有涉案商标"$\mathcal{A}$"。

根据2012年8月北京汉威博信市场咨询有限公司出具的《盖瑞特公众知晓度调研报告》记载，盖瑞特品牌在国内主要汽车增压器生产企业中的公众知晓度为86.7%，在国内增压器经销商和零售商中的公众知晓度为92.5%，在国内企业用户中的公众知晓度为80%，在国内大众消费者中的公众知晓度为90.7%。

根据霍尼韦尔（中国）有限公司提供的2012~2014年的价格证明显示，盖瑞特涡轮增压器2012年、2013年、2014年的最低销售价格分别为1400元、1250元、1100元。

上海市徐汇公证处出具的（2013）沪徐证经字第8984号公证书所附照片显示，公证购买的被控侵权商品外包装箱上标注制造商为御逊公司，产品合格证和使用说明书上均标注御逊公司的企业名称。

截至2016年4月18日，国家企业信用信息公示系统中记载的御逊公司"工商公示信息"显示，该公司"登记状态"为存续（在营、开业、在册）。

此外，二审庭审中，御逊公司、张某某自认御逊公司被控侵权商品月销售量为200多台，产品批发价为200多元至300多元，零售价为400元左右。

以上事实，由霍尼韦尔公司在原审中提供的（2009）黄民三（知）初字第73号民事判决书、霍尼韦尔公司生产的产品照片、《盖瑞特公众知晓度调研报告》、价格证明、（2013）沪徐证经字第8984号公证书所附照片，霍尼韦尔公司在二审中提供的御逊公司的企业信息以及本院庭审笔录等予以证实,本院予以确认。

本院认为:本案的争议焦点主要在于原审法院判决的侵权赔偿数额是否适当。《中华人民共和国商标法》第六十三条第一款规定:"侵犯商标专用权的赔偿数额,按照权利人因被侵权所受到的实际损失确定;实际损失难以确定的,可以按照侵权人因侵权所获得的利益确定;权利人的损失或者侵权人获得的利益难以确定的,参照该商标许可使用费的倍数合理确定。对恶意侵犯商标专用权,情节严重的,可以在按照上述方法确定数额的一倍以上三倍以下确定赔偿数额。赔偿数额应当包括权利人为制止侵权行为所支付的合理开支。"第六十三条第三款规定:"权利人因被侵权所受到的实际损失、侵权人因侵权所获得的利益、注册商标许可使用费难以确定的,由人民法院根据侵权行为的情节判决给予三百万元以下的赔偿。"本案中,霍尼韦尔公司未提供证据证明其因被侵权所受到的实际损失,御逊公司因侵权所获得的利益亦难以确定,故应当依法适用上述《中华人民共和国商标法》第六十三条第三款的规定,综合确定赔偿数额。具体考量的因素包括:1.涉案商标的知名度。霍尼韦尔公司将涉案商标与该公司的"Garrett""盖瑞特"商标同时使用于其涡轮增压器产品的外包装上,而根据《盖瑞特公众知晓度调研报告》显示,该品牌在国内涡轮增压器生产企业、经销商和零售商、企业用户及大众消费者中的知晓度均较高,因此涉案商标亦具有较高的知名度。2.仅根据本案查明的事实,御逊公司生产、销售的产品先后被工商行政管理部门查处三次,地域分布在湖南和江苏两个省份,时间跨越数年,查处产品数量达188台,生产现场空包装箱1320只,二审庭审中,御逊公司自认其月销售数量为200多台,可见其侵权商品流通领域地域较广、规模较大,侵权情节严重。3.御逊公司的侵权后果。御逊公司生产、销售涉案侵权商品,不但会相应减少霍尼韦尔公司产品的销售量,而且涉案侵权商品系汽车配件,其销售价格远低于霍尼韦尔公司的产品,产品质量难以保证,对车辆驾乘人员及社会公众造成安全隐患。4.霍尼韦尔公司制止侵权行为的合理开支。霍尼韦尔公司在本案中主张的合理开支包括购买侵权商品公证的费用、调查并协助工商行政管理部门查处御逊公司侵权行为的费用和本案诉讼的律师费。虽然霍尼韦尔公司并未提供证据证明上述费用支出的具体金额,但根据本案查明的事实,公证行为确实存在,相关费用必然产生;工商行政管理部门查处的侵权行为,均系霍尼韦尔公司委托的相关调查公司经过事先调查,查实基本情况后,再由工商行政管理部门采取行政执法措施,其就此产生的费用应属必需、合理支出;律师确实代理霍尼韦尔公司参与案件诉讼,合理的律师费亦必然需要支出。

综上，本院结合上述因素，酌情确定御逊公司应承担包括合理费用在内的侵权赔偿数额为30万元。张某某自认不能区分自己与御逊公司的财产，依法对此应承担连带责任。原审法院判决的侵权赔偿数额明显过低，对其中霍尼韦尔公司主张的合理支出中的协助工商行政管理部门查处御逊公司侵权行为的费用不予支持，亦属不当，本院依法予以纠正。霍尼韦尔公司对于侵权赔偿数额的相关上诉意见，本院予以采纳。

御逊公司、张某某在二审中还提及其实际生产基地位于江苏省常州市武进区，且该处亦在工商行政管理部门登记注册了御逊增压器厂。对此，本院认为，首先，涉案被控侵权商品的外包装箱上标注御逊公司为制造商，产品合格证和使用说明书上均标注了御逊公司的企业名称，并无御逊增压器厂的相关信息；其次，武进工商局在该处查处商标侵权行为后亦认定侵权商品的生产商为御逊公司并对其作出处罚，御逊公司对此并未提出异议；再次，霍尼韦尔公司公证购买被控侵权商品的地点亦为该处，当时送货单亦由御逊公司出具；最后，御逊公司和御逊增压器厂均系由张某某一人设立。因此，本院认定涉案被控侵权商品由御逊公司生产、销售。

此外，关于霍尼韦尔公司对一审诉讼费用分担提出的异议。本院认为，原审法院支持了霍尼韦尔公司要求御逊公司停止侵权、消除影响的诉讼请求并部分支持了其赔偿经济损失的诉讼请求，却判决霍尼韦尔公司承担大部分的诉讼费用，确有不妥。本院将依法根据二审改判情况对一审诉讼费用的分担重新作出处理。

综上所述，依照《中华人民共和国民事诉讼法》第一百七十条第一款第一项、第二项、第一百七十五条之规定，判决如下：

一、维持上海市闵行区人民法院（2015）闵民三（知）初字第1065号民事判决第一项、第三项；

二、撤销上海市闵行区人民法院（2015）闵民三（知）初字第1065号民事判决第二项、第四项；

三、被上诉人上海御逊汽车配件有限公司应于本判决生效之日起十日内赔偿上诉人霍尼韦尔国际公司包括合理费用在内的经济损失人民币300000元；

四、被上诉人张某某对上述第三项判决确定的赔偿给付义务以及上海市闵行区人民法院（2015）闵民三（知）初字第1065号民事判决第三项中可能产生的相关费用承担连带责任。

负有金钱给付义务的当事人，如果未按本判决指定的期间履行给付金钱义务，应当依照《中华人民共和国民事诉讼法》第二百五十三条的规定，加倍支付迟延履行期间的债务利息。

本案一审案件受理费人民币 8800 元，由上诉人霍尼韦尔国际公司负担人民币 1760 元，被上诉人上海御逊汽车配件有限公司、张某某共同负担人民币 7040 元；财产保全费人民币 3020 元，由上诉人霍尼韦尔国际公司负担人民币 604 元，被上诉人上海御逊汽车配件有限公司、张某某共同负担人民币 2416 元。二审案件受理费人民币 7600 元，由上诉人霍尼韦尔国际公司负担人民币 1520 元，被上诉人上海御逊汽车配件有限公司、张某某共同负担人民币 6080 元。

本判决为终审判决。

审 判 长　陈惠珍
审 判 员　刘　静
审 判 员　吴盈喆
二〇一六年四月十八日
书 记 员　陈蕴智

附：相关的法律条文
《中华人民共和国民事诉讼法》
第一百七十条　第二审人民法院对上诉案件，经过审理，按照下列情形，分别处理：
（一）原判决、裁定认定事实清楚，适用法律正确的，以判决、裁定方式驳回上诉，维持原判决、裁定；
（二）原判决、裁定认定事实错误或者适用法律错误的，以判决、裁定方式依法改判、撤销或者变更；
……
第一百七十五条　第二审人民法院的判决、裁定，是终审的判决、裁定。

7. 勃贝雷有限公司诉鲁某某、陈某侵害商标权纠纷上诉案

上海知识产权法院
民事判决书

（2015）沪知民终字第 6 号

上诉人（原审被告）：鲁某某。
委托代理人：范某，上海震亚律师事务所律师。
被上诉人（原审原告）：勃贝雷有限公司（BURBERRY LIMITED）。
授权代表人：斯图尔特，该公司律师、知识产权部部长及董事。
委托代理人：王某某，北京罗杰律师事务所律师。
委托代理人：孙某某，北京罗杰律师事务所律师。
原审被告：陈某。

上诉人鲁某某因侵害商标权纠纷一案，不服上海市杨浦区人民法院（2014）杨民三（知）初字第 381 号民事判决，向本院提起上诉。本院受理后，依法组成合议庭，于 2015 年 4 月 9 日公开开庭审理了本案。上诉人鲁某某及其委托代理人范某律师、被上诉人勃贝雷有限公司的委托代理人孙某某律师、原审被告陈某到庭参加了诉讼。本案现已审理终结。

勃贝雷有限公司一审起诉称：其系第 75130 号"BURBERRY"注册商标及第 G733385 号"BURBERRY"注册商标的持有人。自 2009 年 10 月起，陈某、鲁某某在其经营场所并通过网店大肆销售假冒前述注册商标的各类服装。2012 年 8 月 24 日，上海市杨浦区人民法院以销售假冒注册商标的商品罪判处陈某、鲁某某有期徒刑。陈某、鲁某某的行为侵犯了勃贝雷有限公司的注册商标专用权，应承担相应的民事责任，故请求法院判令陈某、鲁某某：1. 停止侵犯勃贝雷有限公司注册商标专用权的行为；2. 连带赔偿勃贝雷有限公司经济损失及合理支出共计人民币（以下币种均为人民币）1000000 元。

陈某、鲁某某一审时均辩称：对刑事判决书上认定的事实无异议，其已经全额退出违法所得并缴纳了罚金；勃贝雷有限公司在公安机关要求其对被扣押服装出具鉴定书时已知晓侵权行为，即便自上海市闸北区人民检察院起诉书落款时间 2012 年 5 月 21 日起算，也已经超过了诉讼时效，请求法院驳回勃贝雷

有限公司的诉讼请求。

原审法院经审理查明：勃贝雷有限公司系第75130号"BURBERRY"注册商标及第G733385号"BURBERRY"注册商标的持有人。经中华人民共和国国家工商行政管理总局商标局（以下简称"国家商标局"）核准，勃贝雷有限公司注册了第75130号商标和第G733385号商标，前者核定使用商品为第25类衣服，注册有效期自2005年5月6日至2015年5月5日止；后者核定使用商品为第25类，包括外衣、雨衣、罩衫、夹克式短外衣、服装等，续展有效期自2010年4月25日起至2020年4月25日止。2014年3月4日，国家工商行政管理总局商标评审委员会作出商评字［2014］第027803号裁定书，认定第G733385号商标为使用在服装商品上的驰名商标。

2012年5月31日，上海市闸北区人民检察院以沪闸检刑诉［2012］359号起诉书指控陈某、鲁某某犯销售假冒注册商标的商品罪，提起公诉。同年8月24日，上海市杨浦区人民法院以（2012）杨刑初字第41号刑事判决书认定：自2009年10月起，陈某伙同鲁某某以上海市闸北区南星路50号904室为经营场所，通过他人注册的"格调生活2006"淘宝网店，对外低价销售假冒"BURBERRY"注册商标的服装。陈某负责进货、销售、客服；鲁某某帮助陈某为商品制作照片。2012年3月20日，公安机关在上述地点扣押标有"BURBERRY"商标标识的服装329件。经权利人确认均系假冒注册商标的商品。经审计，2009年10月至案发，陈某、鲁某某销售假冒"BURBERRY"注册商标服装的销售金额达1934433.01元（已扣除虚假交易和运费）。被查扣的假冒"BURBERRY"注册商标服装的货值金额为64832元。陈某、鲁某某对销售假冒注册商标的商品的犯罪事实如实供述，并在审理中退出违法所得150000元。陈某、鲁某某为牟取非法利益，销售明知是假冒注册商标的商品，销售金额巨大，其行为均已构成销售假冒注册商标的商品罪，依法判处陈某有期徒刑三年，缓刑四年，罚金十五万元；判处鲁某某有期徒刑二年六个月，缓刑二年六个月，罚金五万元。

原审庭审中，陈某、鲁某某确认二人系夫妻关系；其销售的服装上所使用的"BURBERRY"图文商标和文字商标分别与勃贝雷有限公司主张的第75130号及第G733385号商标注册证上的商标一致。勃贝雷有限公司认可陈某、鲁某某自2012年3月20日起已停止（2012）杨刑初字第41号刑事判决书认定的侵权行为，但表示其不能确定两人是否还存在其他侵犯涉案注册商标专用权的行为。勃贝雷有限公司于2012年3月21日获悉，陈某、鲁某某因涉嫌销售假冒注册商标的商品罪被公安机关立案侦查。

2014年8月15日，勃贝雷有限公司的委托代理人向原审法院邮寄本案一审民事诉状及财产保全申请等立案材料，邮政快递单号为1030500428509。

原审法院认为，勃贝雷有限公司虽于2012年3月21日获悉陈某、鲁某某因涉嫌犯罪被公安机关立案侦查，但对于两人是否能被认定为侵权主体、侵权行为相关证据等，需等待刑事判决生效后才能予以确定。勃贝雷有限公司以（2012）杨刑初字第41号刑事判决书中认定的陈某、鲁某某犯罪事实作为本案中两人的具体侵权行为，故本案诉讼时效期间应从该刑事判决书生效之日起计算。侵犯注册商标专用权的诉讼时效为二年，自商标注册人或者利害权利人知道或者应当知道侵权行为之日起计算。涉案刑事判决于2012年8月24日作出，勃贝雷有限公司向原审法院提交起诉状在诉讼时效期间内，故其起诉并未超过诉讼时效。陈某、鲁某某所售服装与勃贝雷有限公司主张权利的涉案两个商标核定使用商品类别相同，服装上所用商标亦与涉案两个商标相同，且根据生效的（2012）杨刑初字第41号刑事判决书，陈某、鲁某某明知其所售系侵犯他人注册商标权的商品，故两人的销售行为构成对勃贝雷有限公司商标权的侵害，应当承担相应的民事责任。关于赔偿金额，已生效的（2012）杨刑初字第41号刑事判决书明确陈某、鲁某某的违法所得为150000元，两人亦当庭予以确认，故该数额应认定为侵权所获利益。关于勃贝雷有限公司要求陈某、鲁某某赔偿合理开支104107元，交通费用为诉讼实际所需，可予支持；关于律师费，原审法院则根据原审原告委托代理人的工作量、案件难易程度和相关律师收费标准合理酌定。据此，原审法院依照《中华人民共和国侵权责任法》第八条，《中华人民共和国商标法》（2001年修正）第五十二条第一项、第二项、第五十六条第一款，《最高人民法院关于审理商标民事纠纷案件适用法律若干问题的解释》第九条第一款、第十条、第十七条、第十八条、第二十一条第一款之规定，判决：一、陈某、鲁某某连带赔偿勃贝雷有限公司经济损失150000元及合理费用15000元；二、驳回勃贝雷有限公司的其余诉讼请求。一审案件受理费13800元，由勃贝雷有限公司负担5761.5元，陈某、鲁某某负担8038.5元；财产保全费3020元，由勃贝雷有限公司负担1012元，陈某、鲁某某负担2008元。

原审判决后，鲁某某不服，向本院提起上诉。

鲁某某上诉称：原审法院认定的诉讼时效期间的起算时间存在错误。勃贝雷有限公司最晚于2012年3月20日已经知道鲁某某及陈某侵害其商标权，应于2014年3月20日前提起诉讼。其于2014年8月15日起诉已过诉讼时效。原审法院并未正确适用法律。原审法院既已认定鲁某某及陈某自2012年3月20日停止刑事判决书认定的侵权行为，两人又无其他侵害被上诉人勃贝雷有限公司的侵权行为，根据《最高人民法院关于审理商标民事纠纷适用法律若干问题的解释》第十八条规定,对于侵权损害赔偿数额应自勃贝雷有限公司向人民法院起诉之日起向前推算二年期间的获利计算。而 2012 年 3 月 20 日以后,鲁某某及陈某已无任何侵害被上诉人商标权的行为,故 2014 年 8 月 15 日起诉之日至向前推算二年的 2012 年 8 月 15 日之间,不存在侵权获利的事实,也无须赔偿损失。综上,鲁某某请求本院撤销原审判决,依法改判。

被上诉人勃贝雷有限公司辩称,其一审起诉未过诉讼时效。其于 2012 年 3 月 21 日得知侵权行为并向公安机关提供相关材料后,基于对刑事司法的信赖及实践中存在的"先刑后民"的惯常做法,没有在当时提起民事诉讼。但此时刑事程序已经存在,故诉讼时效应中断,并在刑事程序终结后重新计算。涉案刑事判决生效日期是 2012 年 9 月 3 日,故其于 2014 年 8 月 15 日起诉未过诉讼时效。

原审被告陈某述称,对原审判决无异议。

在本院审理中,上述当事人未提交证据材料。

本院经审理查明,原审查明的事实属实,本院予以确认。

本院认为,被上诉人勃贝雷有限公司在中国申请注册的商标,受《中华人民共和国商标法》保护。任何人未经其许可使用,均构成对勃贝雷有限公司注册商标专用权的侵害。本案是因销售假冒注册商标商品的刑事犯罪引起的侵权纠纷,本案当事人对刑事判决及原审法院认定的事实并无异议。双方分歧只在于上诉人认为被上诉人向原审法院起诉时已经超过了诉讼时效,其民事权利不应再得到法院保护;而被上诉人则认为其诉讼时效期间应从刑事裁判生效时起算,故其一审起诉并未超过诉讼时效。因此,本案的争议焦点是:本案的商标权利人即被上诉人就商标侵权之诉的诉讼时效期间起算点的确定问题,而争议的实质则是对上诉人及原审被告的刑事追诉程序是否构成诉讼时效中断事由的问题。

诉讼时效是指权利人不行使权利的事实状态持续经过法定期间,其权利即发生效力减损的制度。即权利人因诉讼时效期间届满,在义务人行使诉讼时效抗辩权时,丧失请求法院保护的权利。《中华人民共和国民法通则》第一百三十五条规定:"向人民法院请求保护民事权利的诉讼时效期间为二年,法律另有规定的除外。"《最高人民法院关于审理商标民事纠纷案件适用法律若干问题的解释》第十八条规定:"侵犯注册商标专用权的诉讼时效为二年,自商标注册人或利害权利人知道或者应当知道侵权行为之日起计算。……"因此,商标权利被侵害的诉讼时效期间为二年。诉讼时效是一项对权利人行使权利的时间作限制的制度,其设立目的是督促权利人行使权利,维护交易关系的稳定。诉讼时效期间届满,权利人丧失的是得到法院强制力保护的权利,并不丧失实体权利。为了平衡当事人之间的利益，法律对诉讼时效还设置了障碍制度，诉讼时效中断即诉讼时效的障碍制度。我国《民法通则》第一百四十条规定："诉讼时效因提起诉讼、当事人一方提出要求或者同意履行义务而中断。从中断时起，诉讼时效期间重新计算。"《最高人民法院关于审理民事案件适用诉讼时效制度若干问题的规定》第十三条则规定了可以认定为与提起诉讼具有同等诉讼时效中断效力的事项。

本案中，上诉人及原审被告侵犯注册商标专用权的犯罪行为并非由被上诉人发现而提起刑事保护程序，而是公安机关发现违法行为后主动进行刑事侦查，在其要求被上诉人作为商标权利人出具价格证明并且进行真假货品鉴别时，被上诉人才知道权利受到侵害。此时，上诉人及原审被告已经处于被刑事侦查的状态，作为权利人的被上诉人有合理理由信赖刑事侦查可使其民事权利得到保护。同时，随着刑事侦查、起诉、审判的进展，上诉人及原审被告侵权的具体行为、规模、侵害后果等，必然依仗刑事裁判的最终认定而确定。被上诉人的民事权利能保护到何种程度，以及上诉人及原审被告商标侵权的具体事实的确定，也与刑事诉讼的结果有很大关联。因此，刑事程序的持续，属于与提起诉讼具有同等诉讼时效中断效力的事项。被上诉人在接到公安部门要求出具价格证明及进行真假货品鉴别时，已知道权利受到侵害，诉讼时效期间即开始起算。同时，其得知两侵权人的行为已进入刑事侦查程序。基于前述已分析的理由，诉讼时效期间随之中断。待刑事程序结束，诉讼时效中断的事由即被排除，诉讼时效期间重新起算，故被上诉人起诉未超过诉讼时效，侵权人应就其侵权行为依法承担民事责任。至于上诉人称，赔偿损失应按起诉之日倒推二年期间的侵权获利计算，该期间因无侵权行为及获利而不应赔偿的问题，本院认为，上诉人所引用的规定是《最高人民法院关于审理商标民事纠纷案件适用法律若干问题的解释》第十八条的部分内容，即"……注册人或者利害关系人超过二年起诉的，如果侵权行为在起诉时仍在持续，在该注册商标专用权有效期限内，人民法院应当判决被告停止侵权行为，侵权损害赔偿数额应当自权利人向人民法院起诉之日向前推算二年计算。"可见，该规定适用于侵权行为处于持续状态的情况下，权利人知道侵权行为后超过二年起诉的，赔偿数额的计算按起诉之日倒推二年计算。而本案由于诉讼时效中断，权利人是在诉讼时效内起诉，故不属于适用这一规定的情形。

综上，原审法院认定本案诉讼时效期间应从刑事裁判文书生效之时重新计算并无不当。被上诉人提起一审起诉未超过诉讼时效，其合法权利应受法律保护，上诉人的上诉理由不成立，本院不予采纳。原审法院认定事实清楚，审判程序合法，判决结果并无不当，应予维持。但原审法院适用法律不全面，本院予以补正。据此,依照《中华人民共和国民法通则》第一百四十条、《最高人民法院关于审理民事案件适用诉讼时效制度若干问题的规定》第十三条第九项、《中华人民共和国民事诉讼法》第一百七十条第一款第一项之规定,判决如下:

驳回上诉,维持原判。

本案二审案件受理费人民币13800元,由上诉人鲁某某负担。

本判决为终审判决。

审　判　长　　黎淑兰
审　判　员　　陈惠珍
审　判　员　　何　渊
二〇一五年四月九日
法　官　助　理　姜广瑞
书　记　员　　蔡　宇

附法律条文:

一、《中华人民共和国民法通则》

第一百四十条　诉讼时效因提起诉讼、当事人一方提出要求或者同意履行义务而中断。从中断时起,诉讼时效期间重新计算。

二、《最高人民法院关于审理民事案件适用诉讼时效制度若干问题的规定》

第十三条　下列事项之一,人民法院应当认定与提起诉讼具有同等诉讼时效中断的效力:

……

(九)其他与提起诉讼具有同等诉讼时效中断效力的事项。

三、《中华人民共和国民事诉讼法》

第一百七十条　第二审人民法院对上诉案件,经过审理,按照下列情形,分别处理:

(一)原判决、裁定认定事实清楚,适用法律正确的,以判决、裁定方式驳回上诉,维持原判决、裁定;

……

8. 江苏红蚂蚁装饰设计工程有限公司诉上海红蚂蚁装潢设计有限公司长宁分公司、上海红蚂蚁装潢设计有限公司侵害商标权纠纷上诉案

上 海 知 识 产 权 法 院
民 事 判 决 书

（2015）沪知民终字第 116 号

上诉人（原审被告）：上海红蚂蚁装潢设计有限公司长宁分公司。
负责人：王某某，经理。
委托代理人：周某某，北京市京大律师事务所上海分所律师。
被上诉人（原审原告）：江苏红蚂蚁装饰设计工程有限公司。
法定代表人：李某，董事长。
委托代理人：刘某某，北京市惠诚（苏州）律师事务所律师。
原审被告：上海红蚂蚁装潢设计有限公司。
法定代表人：王某某，总经理。
委托代理人：齐某某，该公司职员。

上诉人上海红蚂蚁装潢设计有限公司长宁分公司（以下简称"上海红蚂蚁长宁分公司"）因侵害商标权纠纷一案，不服上海市浦东新区人民法院（2014）浦民三（知）初字第 1067 号民事判决，向本院提起上诉。本院于 2015 年 4 月 16 日受理后，依法组成合议庭，于同年 5 月 19 日公开开庭审理了本案。上诉人的委托代理人周某某律师、被上诉人江苏红蚂蚁装饰设计工程有限公司（以下简称"江苏红蚂蚁公司"）的委托代理人刘某某律师、原审被告上海红蚂蚁装潢设计有限公司（以下简称"上海红蚂蚁公司"）的委托代理人齐某某均到庭参加诉讼。本案现已审理终结。

江苏红蚂蚁公司在原审中诉称：1. 江苏红蚂蚁公司于 1999 年成立，从事室内外装饰装潢等业务。江苏红蚂蚁公司于 2002 年 4 月 15 日申请注册第 3145605 号"红螞蟻 RED ANT 及图"商标，2003 年 10 月 28 日核准注册，核定使用在第 42 类室内装饰设计等服务项目上。江苏红蚂蚁公司自成立起一直

致力于打造"红蚂蚁"品牌,投入了大量人力、物力、资金。经十多年的苦心经营,江苏红蚂蚁公司的商标得到了市场认可,在行业中占据重要地位,获得"江苏省著名商标""苏州市知名商标"等大量荣誉称号。2. 由于上海红蚂蚁公司未经江苏红蚂蚁公司许可,擅自以"红蚂蚁"为字号进行工商登记并突出使用,故江苏红蚂蚁公司于2012年6月提起诉讼。上海市高级人民法院于2013年6月25日对该案作出终审判决,判决上海红蚂蚁公司立即停止侵害江苏红蚂蚁公司第3145605号注册商标专用权的行为。3. 江苏红蚂蚁公司在近期发现,上海红蚂蚁长宁分公司无视上述生效判决,并未立即停止其侵权行为、规范使用其企业名称。虽在上述判决后有所整改,但仍在其经营场所的户外广告牌、玻璃门、电子广告牌等处以及宣传册、网站上突出使用"红蚂蚁"字号,继续实施侵害江苏红蚂蚁公司商标权的行为,侵权行为的表现形式与已经判决处理的原侵权行为有所不同,属于新的侵权行为,侵权的主观恶意明显。因上海红蚂蚁长宁分公司系上海红蚂蚁公司的分公司,不能独立承担民事责任,故上海红蚂蚁公司对上海红蚂蚁长宁分公司的侵权行为应当承担连带责任。因此,请求判令:1. 上海红蚂蚁长宁分公司立即停止一切商标侵权行为,规范使用其企业名称;2. 上海红蚂蚁长宁分公司、上海红蚂蚁公司连带赔偿江苏红蚂蚁公司经济损失人民币10万元(以下币种相同);3. 上海红蚂蚁长宁分公司、上海红蚂蚁公司承担江苏红蚂蚁公司维权的合理开支7500元(含证据保全公证费1500元、律师费6000元)。

上海红蚂蚁长宁分公司、上海红蚂蚁公司在原审中共同辩称:1. 在程序上,本案被控侵权行为指向的是上海红蚂蚁长宁分公司突出使用"红蚂蚁"字样的行为。该行为系上海市高级人民法院终审判决认定的侵权行为的延续,两者在表现形式上基本一致、在实质上相同,故本案诉讼违反了"一事不再理"原则,应当驳回江苏红蚂蚁公司的起诉。江苏红蚂蚁公司如认为上海红蚂蚁长宁分公司未停止侵权行为,可以申请人民法院依法执行上述判决,但不得以相同事实重复起诉。2. 在实体上,上海红蚂蚁长宁分公司并不构成侵害江苏红蚂蚁公司注册商标专用权。主要理由是:上海红蚂蚁长宁分公司在经营活动中同时使用自己的注册商标和登记的"红蚂蚁"企业字号,从未突出使用"红蚂蚁"字样,故上海红蚂蚁长宁分公司对"红蚂蚁"字样的使用属于在核准登记的行政区域内正当使用企业字号的合法行为。江苏红蚂蚁公司商标中的"红螞蟻"系繁体字,上海红蚂蚁长宁分公司使用的"红蚂蚁"字号系简体字,两者在字形、颜色以及整体外观上存在明显差异;且江苏红蚂蚁公司商标中的蚂蚁图形在该商标中的面积占比大、视觉吸引力大,系江苏红蚂蚁公司商标的主要识别部分,而"红蚂蚁"一词又系显著性较低的通用词组。故江苏红蚂蚁公司商标与上海红蚂蚁长宁分公司的"红蚂蚁"字号既不相同,也不近似。上海红蚂蚁公司在成立时并不知道江苏红蚂蚁公司的存在,且上海红蚂蚁公司拥有自己的商标,"红蚂蚁"字号在江苏红蚂蚁公司商标注册前已经在先登记,上海红蚂蚁公司的品牌经过多年经营和宣传已在全国装饰行业和公众中具有广泛影响力和知名度,故上海红蚂蚁长宁分公司无须攀附江苏红蚂蚁公司商标,对实施被控侵权行为在主观上不存在过错。江苏红蚂蚁公司在江苏省经营,上海红蚂蚁长宁分公司、上海红蚂蚁公司在上海市经营,双方不存在直接的市场竞争关系,且江苏红蚂蚁公司商标的知名度系通过不正当手段取得,所谓知名度也仅及于江苏省苏州市,故上海红蚂蚁长宁分公司在上海市使用"红蚂蚁"字号不会与江苏红蚂蚁公司的经营活动产生混淆、误认。3. 上海红蚂蚁长宁分公司在前案终审判决后、本案被诉前已经自觉履行了该判决确定的义务,对判决指出的不规范使用企业名称的行为多次自觉进行了整改,现在已经规范了企业名称使用行为,故江苏红蚂蚁公司指控的侵权行为已经不复存在。4. 即使上海红蚂蚁长宁分公司构成侵权,江苏红蚂蚁公司要求上海红蚂蚁长宁分公司、上海红蚂蚁公司赔偿经济损失及维权费用也没有事实和法律依据。同时,上海红蚂蚁长宁分公司是上海红蚂蚁公司的分公司,无独立资金,不能对外独立承担民事责任。因此,请求裁定驳回江苏红蚂蚁公司的起诉或者判决驳回江苏红蚂蚁公司的诉讼请求。

原审法院经审理查明:江苏红蚂蚁公司于1999年3月20日注册成立,注册资本1210万元,经营范围为室内外装饰装潢等。2003年10月28日,经国家工商行政管理总局商标局核准,苏州市红蚂蚁装饰设计工程有限公司注册了第3145605号"🐜"商标(蚂蚁图形+英文"RED ANT"+繁体中文"紅螞蟻"的组合商标),该商标被核定使用在第42类室内装饰设计、建筑咨询等服务项目上,注册有效期经续展注册后自2003年10月28日起至2023年10月27日止。该商标申请注册日期为2002年4月15日,2010年5月13日核准变更注册人为江苏红蚂蚁公司。该商标在2005年、2008年、2012年被江苏省苏州市工商行政管理局先后认定为苏州市知名商标(每次认定的有效期均为3年),在2010年、2013年被江苏省工商行政管理局先后认定为江苏省著名商标。江苏红蚂蚁公司的"红蚂蚁"企业字号在2007年、2011年被江苏省苏州市工商行政管理局先后评为苏州市企业知名字号(每次认定的有效期均为3年)。在2003年至2013年,江苏红蚂蚁公司先后获得中国建筑装饰协会、江苏省建筑装饰协会、江苏省装饰装修行业协会、江苏省消费者协会等机构分别颁发的"全国住宅装饰装修行业知名品牌企业""改革开放30年全国住宅装饰装修行业最具影响力企业"中国家居业(09-10)双年总评榜十大家装品牌"

"全国住宅装饰装修优秀企业""全国住宅装饰装修行业百强企业""全国住宅装饰装修行业质量服务诚信企业""最具影响力设计机构""中国家居产业百强企业""全国住宅装饰装修行业质量服务诚信五星级企业""全国住宅装饰装修行业AAA级诚信企业""江苏省优秀家庭装饰示范企业""江苏省优秀装饰企业"等称号。中国建筑装饰协会于2012年10月向国家工商行政管理总局商标局推荐江苏红蚂蚁公司申请中国驰名商标,并称江苏红蚂蚁公司于2009年、2010年、2011年在住宅装饰装修行业的排名均在全国前5名,系家装行业的龙头企业之一。江苏红蚂蚁公司2013年的审计报告载明,其主营业务收入2.45亿余元,净利润321万余元。

上海红蚂蚁公司于2003年9月2日注册成立,注册资本550万元,经营范围为室内外装潢、设计等,其企业名称于2003年8月7日经上海市工商行政管理局预先核准。上海红蚂蚁长宁分公司于2007年8月27日成立,系隶属于上海红蚂蚁公司的分支机构,经营范围为室内外装潢、设计。上海红蚂蚁公司的法定代表人王某某于2006年1月14日经核准注册了第3739078号"～"商标,核定使用在第37类室内装璜服务项目上,注册有效期至2016年1月13日止。2004年起,上海红蚂蚁公司持续多年在《解放日报》《新民晚报》《新闻晨报》《青年报》等媒体上进行了大量的广告宣传。在2003年至2013年,上海红蚂蚁公司先后获得中国建筑装饰协会、上海市装饰装修行业协会、中国保护消费者基金会等机构分别颁发的"中国质量万里行诚信承诺成员单位""质量放心监督单位""无投诉示范单位""示范工程""知名品牌企业""百强企业""诚信企业""优秀企业""信得过企业""设计优秀奖""立功先进公司""公众满意度测评合格单位""诚信服务会员单位""上海市优秀装饰设计企业""上海市世博服务窗口优秀工程项目经理""上海市规范服务达标单位"等称号。在2005年8月《文汇报》向中共上海市委办公厅提供的情况反映材料中,有"红蚂蚁装潢公司积极倡导诚实经营、履行承诺、货真价实、规范操作"等内容。上海红蚂蚁公司现为中国建筑装饰协会的上海市建设安全协会会员及上海市装饰装修行业协会的常务理事单位、特约经销企业、家装分委会副主任单位。上海市装饰装修行业协会于2014年9月19日出具证明,称上海红蚂蚁公司自成立至今获得大量荣誉,承接装饰工程业务量名列上海家装行业前茅。2014年10月,上海市装饰装修行业协会评定上海红蚂蚁公司为上海家庭装潢行业五星级企业。

2012年6月4日,江苏红蚂蚁公司向上海市第二中级人民法院提起诉讼,要求判令上海红蚂蚁公司停止商标侵权及不正当竞争行为、刊登消除影响的声明、赔偿经济损失550万元及合理费用151311元。上海市第二中级人民法院一审判决驳回江苏红蚂蚁公司的全部诉讼请求。江苏红蚂蚁公司不服该判决，提起上诉。2013年6月25日，上海市高级人民法院对该案作出（2013）沪高民三（知）终字第7号民事判决，撤销一审判决，终审判决上海红蚂蚁公司立即停止侵害江苏红蚂蚁公司第3145605号注册商标专用权的行为、赔偿江苏红蚂蚁公司合理费用6万元、驳回江苏红蚂蚁公司的其余诉讼请求。该生效判决认定的商标侵权行为是指上海红蚂蚁公司及其包括上海红蚂蚁长宁分公司在内的多家分公司在经营活动中突出使用"红蚂蚁"字号的行为，即在店铺的店招、橱窗、户外广告以及宣传册、名片、袋子、车辆、媒体广告等上使用"红蚂蚁""红蚂蚁装潢""红蚂蚁装潢设计""红蚂蚁精品装潢""红蚂蚁装饰""红蚂蚁精品设计中心"等字样的行为构成侵权。该生效判决认定的上海红蚂蚁长宁分公司实施的侵权行为是指上海市东方公证处就2012年4月21日证据保全公证事项所作的（2012）沪东证经字第4453号公证书载明的相关行为，即上海红蚂蚁长宁分公司（地址为上海市长宁区天山西路78号）在店铺的门头、背景墙使用"红蚂蚁装潢"字样以及橱窗、玻璃门使用"红蚂蚁装潢设计"字样等行为构成侵权。该生效判决认定的存在侵权内容的宣传册是指上海市东方公证处就2012年4月23日证据保全公证事项所作的（2012）沪东证经字第4454号公证书载明的宣传册。

2014年7月8日，经江苏红蚂蚁公司申请，上海市东方公证处对上海红蚂蚁长宁分公司在上海市长宁区天山西路78号的店铺情况再次进行了证据保全公证，并出具（2014）沪东证经字第10960号公证书，江苏红蚂蚁公司为此支付公证费1500元。该公证书载明：上述店铺的门头使用了"上海红蚂蚁装潢设计有限公司"字样，其中，"上海"字样在左侧边缘位置、上下排列，"红蚂蚁装潢"及"设计有限公司"字样占据门头的主要位置，"红蚂蚁装潢"在上行，"设计有限公司"在下行，"红蚂蚁装潢"的字体明显大于"上海""设计有限公司"，玻璃门的两侧使用了"红蚂蚁装潢"字样，玻璃门的左门腰封上使用了"上海红蚂蚁装潢"字样，门口的电子广告牌上使用了"红蚂蚁装潢"字样，背景墙、玻璃门的右门腰封上的字样未清晰显示。

上海红蚂蚁长宁分公司于2014年9月拍摄的照片显示：其店铺的门头使用了"上海红蚂蚁装潢设计有限公司"字样，其中，"上海红蚂蚁装潢"在上行，"设计有限公司"在下行，两行的字体、大小基本相同，玻璃门的两侧使用了"上海红蚂蚁装潢设计有限公司"字样，玻璃门的左门腰封上使用了"上海红蚂蚁装潢"字样、右门腰封上使用了"设计有限公司"字样，两门上的腰封在同一水平线上、腰封上的字体大小基本相同。江苏红蚂蚁公司于2014年11月8日拍摄的照片显示：上述店铺的背景墙使用"上海红蚂蚁装潢设计"字样，其余情形与上述2014年9月拍摄的照片内容相同。

原审法院又查明：2013年9月5日，上海市第二中级人民法院对（2013）沪高民三（知）终字第7号案件执行完毕，案件的执行标的为合理费用赔偿金6万元。在一审诉讼的同期，江苏红蚂蚁公司以上海红蚂蚁公司的多家分公司实施了新的商标侵权行为为由，在原审法院以及上海市杨浦区、徐汇区、闵行区和江苏省昆山市等多家人民法院对上海红蚂蚁公司及其多家分公司提起了诉讼。为本案纠纷，江苏红蚂蚁公司委托律师代理诉讼，为此支付律师费6000元。

原审审理中，江苏红蚂蚁公司确认在本案中仅对上海红蚂蚁长宁分公司在2013年6月25日前案终审判决后实施的被控侵权行为主张权利，对上海红蚂蚁公司可能存在的侵权行为暂不主张权利。江苏红蚂蚁公司还举证上海市东方公证处（2014）沪东证经字第10959号公证书以及宣传册，称该宣传册系从上海红蚂蚁长宁分公司取得，与上述第10959号公证中取得的宣传册相同。上海红蚂蚁长宁分公司认为上述宣传册与其无关。经查，上述第10959号公证是对上海红蚂蚁公司的闵行分公司的店铺情况进行的证据保全，江苏红蚂蚁公司举证的涉案宣传册中有"红蚂蚁"等字样以及上海红蚂蚁公司及其包括上海红蚂蚁长宁分公司在内的多家分公司的信息，但涉案宣传册的封面等内容与（2013）沪高民三（知）终字第7号案件涉及的宣传册的内容不尽相同。

原审审理中，上海红蚂蚁长宁分公司、上海红蚂蚁公司举证上海市东方公证处于2014年9月22日出具的（2014）沪东证经字第15358号公证书，该公证系对上海红蚂蚁公司的网站（网址为http：//www.sh-hongmayi.com）所作的证据保全，该公证书载明：该网站介绍了上海红蚂蚁公司及其获得的荣誉、网点分布等情况，首页左上角处有显著的"上海红蚂蚁装潢"字样，栏目名称中有"品牌红蚂蚁"字样，网点分布信息涉及上海红蚂蚁长宁分公司等多家分公司。江苏红蚂蚁公司对该公证书的真实性无异议，并据此指控上海红蚂蚁长宁分公司还通过上述网站实施了突出使用"红蚂蚁"字样的行为，构成侵害江苏红蚂蚁公司商标权。

原审法院认为：根据本案案情，结合双方当事人的诉辩意见，本案争议焦点主要是，江苏红蚂蚁公司提起本案诉讼是否违反"一事不再理"原则；上海红蚂蚁长宁分公司是否构成侵害江苏红蚂蚁公司注册商标专用权；商标侵权构成前提下，上海红蚂蚁长宁分公司、上海红蚂蚁公司应当承担的民事责任。

一、本案诉讼是否违反"一事不再理"原则

原审法院认为，依据《中华人民共和国民事诉讼法》的规定，后诉与前诉的当事人相同、诉讼标的相同、诉讼请求相同等情形是构成重复起诉应当同时具备的条件；裁判发生法律效力后，如果发生新的事实，当事人再次提起诉讼的，人民法院应当依法受理。根据上述规定，结合本案案情，原审法院认定，本案诉讼未违反"一事不再理"原则，不构成重复起诉。主要理由如下：第一，前案被告为上海红蚂蚁公司，而本案被告为上海红蚂蚁公司、上海红蚂蚁长宁分公司，故两案的被告不完全相同。第二，前案裁判的侵权行为指向的是上海红蚂蚁公司及其包括上海红蚂蚁长宁分公司等在内的多家分公司实施的侵权行为，是对终审判决前已经发生的侵权行为的裁判，而本案被控侵权行为仅为上海红蚂蚁长宁分公司实施的行为，是对前案判决后发生的行为的指控，故两案所涉的被控侵权行为的实施主体、行为存在时间不同。第三，本案被控侵权行为指向的是上海红蚂蚁长宁分公司在其店铺门头、玻璃门、橱窗、背景墙、电子广告牌及宣传册、网站等处突出使用"红蚂蚁"的行为。由于本案被控侵权行为所涉及的涉案店铺的相关情形与前案中的涉案店铺的相关情形已经存在一定的区别，上海红蚂蚁长宁分公司也自认在前案判决后对涉案店铺进行了相关整改，又由于本案被控侵权行为所涉及的涉案网站被控侵权的情节在前案中并未涉及，本案被控构成侵权的宣传册与前案中的宣传册不尽相同，故本案被控侵权行为的组成内容超出了前案中的侵权行为的范围。虽然本案中的部分被控侵权行为在性质上亦指向突出使用"红蚂蚁"字样，但与前案中的侵权行为的具体表现形式并不完全相同，被控侵权行为并非前案中的侵权行为的自然延续，即因上海红蚂蚁长宁分公司的相关整改行为而发生了新的案件事实。第四，江苏红蚂蚁公司在本案中的诉讼请求包括了损害赔偿，而前案判决规制的是已经发生的侵权行为，对判决时尚未发生的侵权行为或者判决后延续发生的侵权行为不可能事先作出经济损失赔偿等方面的处理，且前案已经执行完毕，上海红蚂蚁长宁分公司是否实施了新的侵权行为以及经济损失等民事责任承担等案件争议问题也难以通过再次启动前案的执行程序进行解决。因此，江苏红蚂蚁公司有权提起本案诉讼。上海红蚂蚁长宁分公司、上海红蚂蚁公司关于本案诉讼违反"一事不再理"原则、应当驳回江苏红蚂蚁公司起诉的抗辩意见，没有事实和法律依据，依法不能成立。

二、上海红蚂蚁长宁分公司是否构成侵害江苏红蚂蚁公司商标权

原审法院认为：依据《中华人民共和国商标法》的规定，注册商标专用权受到保护；将与江苏红蚂蚁公司商标相同或者相近似的文字作为企业字号在相同或者类似服务上突出使用，易使相关公众产生误认的，构成侵害江苏红蚂蚁公司注册商标专用权。根据上述规定，结合本案案情，原审法院认定，上海红蚂蚁长宁分公司构成侵害江苏红蚂蚁公司注册商标专用权。主要理由如下：

第一，江苏红蚂蚁公司系涉案第 3145605 号注册商标的商标权人，该商标在注册有效期内，故江苏红蚂蚁公司对该商标享有的专用权受到法律保护。第二，依据涉案第 10960 号公证书，上海红蚂蚁长宁分公司在前案判决后，在其店铺门头上使用了"上海红蚂蚁装潢设计有限公司"字样，在玻璃门的两侧及电子广告牌上使用了"红蚂蚁装潢"字样。就玻璃门两侧、电子广告牌上的"红蚂蚁装潢"或者"上海红蚂蚁装潢"字样而言，由于"红蚂蚁"为上海红蚂蚁长宁分公司的字号，而"上海"属于行政区域名称，"装潢"属于行业分类，故上述字样的主要识别部分为"红蚂蚁"，可以认定上海红蚂蚁长宁分公司突出使用了其"红蚂蚁"字号；就门头使用"上海红蚂蚁装潢设计有限公司"字样而言，由于"上海"字样在左侧边缘位置、"设计有限公司"字样在下行，且上述字样的字体明显小于在门头主要位置处的"红蚂蚁装潢"字样，故上述门头字样突出使用了"红蚂蚁装潢"，亦构成突出使用"红蚂蚁"字号。第三，上海红蚂蚁长宁分公司的经营范围为室内外装潢、设计，且其在经营场所将"红蚂蚁"字号与"装潢"一起使用，故其行为属于将"红蚂蚁"字号突出使用在其装潢服务上。该服务项目与江苏红蚂蚁公司商标核定使用的服务项目基本相同，落入江苏红蚂蚁公司商标权的保护范围。第四，江苏红蚂蚁公司商标虽为图文组合商标，图形所占面积较大，但以我国家装行业的普通消费者的一般注意力、辨识习惯等而言，对江苏红蚂蚁公司商标的诵读、记忆及识别部分为其中的中文"紅螞蟻"，而上海红蚂蚁长宁分公司突出使用的"红蚂蚁"字样与江苏红蚂蚁公司商标中的"紅螞蟻"相比，两者的读音、含义相同，仅存在中文简繁体的不同，故上海红蚂蚁长宁分公司突出使用的"红蚂蚁"字号与江苏红蚂蚁公司商标构成近似，易使相关公众误认为其与江苏红蚂蚁公司存在特定联系。因此，上海红蚂蚁长宁分公司在前案判决后，将与江苏红蚂蚁公司商标相近似的文字作为企业字号在相同服务上突出使用的行为，易使相关公众产生混淆、误认，属于新的侵害江苏红蚂蚁公司注册商标专用权的行为。

上海红蚂蚁长宁分公司、上海红蚂蚁公司抗辩不构成商标侵权。原审法院认为，该项抗辩意见没有事实和法律依据，依法不能成立。主要理由如下：第一，经营者在经营活动中可以适当简化使用其经依法注册登记的企业名称，但简化使用应当以不侵害他人合法权益为前提。在江苏红蚂蚁公司享有涉案商标权、江苏红蚂蚁公司商标与上海红蚂蚁长宁分公司字号属于近似标识、双方服务项目基本相同的情况下，上海红蚂蚁长宁分公司应当依法规范使用其经核准登记的企业名称，以正确区分双方服务的来源，避免相关公众产生混淆、误认。上海红蚂蚁长宁分公司将与江苏红蚂蚁公司商标相近似的文字作为企业字号在相同服务上突出使用，易使相关公众产生混淆、误认，显属不当简化使用企业名称，不构成合理使用。第二，商标侵权的构成并不以行为人具有主观故意为前提，上海红蚂蚁长宁分公司是否知道江苏红蚂蚁公司及其商标的存在并不影响对其行为是否构成商标侵权的认定，且上海红蚂蚁长宁分公司在突出使用字号行为被生效判决认定构成侵权后，仍然实施相同类型的侵权行为，显然具有主观过错。第三，商标权人有权在全国范围内禁止他人在相同或者类似商品、服务上使用与其注册商标相同或者近似的标识，且商标侵权构成要件中的混淆包括了造成混淆的可能性，而对注册商标专用权的保护并不以商标必须具有知名度为条件。故江苏红蚂蚁公司未能举证证明其商标在上海地区具有知名度以及上海红蚂蚁长宁分公司行为已造成相关公众产生了实际混淆等情况，不影响对上海红蚂蚁长宁分公司行为构成侵权的认定。

江苏红蚂蚁公司指控上海红蚂蚁长宁分公司通过涉案宣传册、网站实施侵权行为。原审法院认为，上述指控没有事实和法律依据，依法不能成立。主要理由如下：第一，江苏红蚂蚁公司无证据证明其在对上海红蚂蚁长宁分公司的店铺进行证据保全公证时取得了涉案宣传册，故不能认定涉案宣传册由上海红蚂蚁长宁分公司制作、使用。江苏红蚂蚁公司举证的涉案（2014）沪东证经字第10959号公证书虽载明其在该次证据保全公证所涉及的案外人的店铺内取得了相关宣传册，但因江苏红蚂蚁公司举证的涉案宣传册系未经公证封存的宣传册，故两份宣传册是否相同存在疑问。即使相同，因案外人的店铺与上海红蚂蚁长宁分公司的店铺系由不同主体经营，故也不能依据上述公证书认定涉案宣传册由上海红蚂蚁长宁分公司制作、使用。第二，江苏红蚂蚁公司指控的实施侵权行为的网站由上海红蚂蚁公司开办，江苏红蚂蚁公司无证据证明上海红蚂蚁长宁分公司系该网站的实际经营者或者共同经营者，故难以认定上海红蚂蚁长宁分公司通过该网站实施了侵权行为。第三，从商业宣传的常理而言，由于上海红蚂蚁长宁分公司仅系隶属于上海红蚂蚁公司的众多分公司之一，而涉案宣传册、网站的宣传内容涉及上海红蚂蚁公司及其多家分公司，并非单独宣传上海红蚂蚁长宁分公司。故上海红蚂蚁长宁分公司的相关信息虽然出现在涉案宣传册、网站中，但其负责制作涉案宣传册、经营涉案网站的可能性较低。另外，鉴于江苏红蚂蚁公司在原审法院依法释明后确认在本案中对上海红蚂蚁公司暂不主张权利，故原审法院对涉案宣传册、网站可能涉及的侵权行为不作其他审理。

三、关于上海红蚂蚁长宁分公司、上海红蚂蚁公司应当承担的民事责任

原审法院认为：依据《中华人民共和国商标法》《中华人民共和国侵权责任法》的规定，侵害注册商标专用权的，应当依法承担停止侵权、赔偿损失等民事责任。上海红蚂蚁长宁分公司在前案判决后实施了新的商标侵权行为，

应当依法承担停止侵权、赔偿损失等民事责任。

关于停止侵权。原审法院认为，江苏红蚂蚁公司在本案起诉时指控并构成商标侵权的是2014年7月8日的涉案（2014）沪东证经字第10960号公证书载明的行为，即上海红蚂蚁长宁分公司在其店铺门头使用了突出"红蚂蚁装潢"的"上海红蚂蚁装潢设计有限公司"字样以及在玻璃门两侧、电子广告牌上使用"红蚂蚁装潢""上海红蚂蚁装潢"字样的行为构成侵权。上述情形在2014年9月发生了变化。就门头使用"上海红蚂蚁装潢设计有限公司"字样而言，该字样虽分上下两行排列，但字体、大小基本相同，结合涉案店铺门头的长宽形状与文字布置的整体结构等实际情况，可以认定已经规范使用企业名称，不构成侵权；就玻璃门两侧使用"上海红蚂蚁装潢设计有限公司"字样而言，可以直接认定已经规范使用企业名称，不构成侵权；就玻璃门的左门腰封上使用"上海红蚂蚁装潢"字样、右门腰封上使用"设计有限公司"字样而言，上述字样虽分布在两扇玻璃门上，但两门系紧密相连的整体、两门上的腰封在同一水平线上、腰封上的字体及其大小基本相同，可以认定已经规范使用企业名称，不构成侵权。但江苏红蚂蚁公司于2014年11月8日拍摄的照片显示涉案店铺的背景墙上使用了"红蚂蚁"字样，无证据证明电子广告牌上使用"红蚂蚁装潢"字样的情形已经不再存在，故上述情形仍构成侵权。因此，原审法院认定，上海红蚂蚁长宁分公司虽在前案判决后向规范使用企业名称的方面作了一定程度的整改，在江苏红蚂蚁公司2014年7月8日证据保全公证后再次作了一定的整改，但至今尚未全面规范使用其企业名称，新的侵权行为仍然存在，故应当承担停止侵权的民事责任，即在经营活动中应当规范使用其企业名称，不得突出使用"红蚂蚁"字样。

关于赔偿损失。原审法院认为：第一，虽然江苏红蚂蚁公司并无证据证明其在上海地区实际开展了经营活动，也无证据证明上海红蚂蚁长宁分公司的新的侵权行为已经造成相关公众产生实际混淆、误认并由此造成了江苏红蚂蚁公司经济损失，但在人民法院生效判决认定上海红蚂蚁公司及上海红蚂蚁长宁分公司等分公司的相关行为构成侵权并应当立即停止侵权的情况下，隶属于上海红蚂蚁公司的上海红蚂蚁长宁分公司仍然持续实施与原侵权行为较为类似的新的侵权行为。可见实施新的侵权行为能为其开展经营活动带来一定的利益，故上海红蚂蚁长宁分公司应当承担赔偿损失的民事责任。第二，江苏红蚂蚁公司要求参照商标许可使用费确定赔偿额，为此举证了其与案外人签订的商标使用许可合同。该合同约定的许可使用费为每年10万元，许可期限为自2010年1月1日起的三年。因商标许可使用费受被许可人经营规模、许可使用范围、许可使用方式、作出许可的时间等因素的影响，而江苏红蚂蚁公司举证的商标使用许可合同并未对被许可人使用江苏红蚂蚁公司商标的范围、店铺数量等进行限制，许可期限也早在2012年底已经到期，且上海红蚂蚁长宁分公司仅是上海红蚂蚁公司在上海地区的众多分公司之一，本案中的侵权行为发生在2013年6月25日之后。故涉案商标使用许可合同的相关约定与本案经济损失赔偿额的确定之间缺乏足够关联，江苏红蚂蚁公司要求按照上述合同直接确定经济损失赔偿额的依据不足，原审法院不予支持。但该合同约定的许可使用费可以作为酌定赔偿额的参考因素之一。第三，由于江苏红蚂蚁公司因侵权行为所遭受的实际损失和上海红蚂蚁长宁分公司因侵权行为所获得的经济利益均难以确定，按照江苏红蚂蚁公司举证的商标使用许可合同直接确定赔偿额的依据不足，故应当在法定赔偿限额内依法酌定赔偿额。具体数额由原审法院综合考虑上海红蚂蚁长宁分公司的经营规模、主观过错、侵权行为的持续期间、侵权行为发生的地域、向规范使用企业名称方面进行过多次整改以及涉案商标许可使用费等因素，依法酌定。上海红蚂蚁长宁分公司还应当赔偿江苏红蚂蚁公司为维权支出的合理费用。江苏红蚂蚁公司主张的公证费系为本案诉讼支出的合理费用，应予支持；江苏红蚂蚁公司主张的律师费也属合理费用，可予支持的具体数额由原审法院综合本案案情、律师工作量、律师服务业收费政府指导价标准、江苏红蚂蚁公司提起了多起类似诉讼等因素，依法酌定。

由于上海红蚂蚁长宁分公司系上海红蚂蚁公司设立的分支机构，且江苏红蚂蚁公司确认上海红蚂蚁长宁分公司不能独立承担民事责任，故依据《中华人民共和国公司法》关于分公司不具有法人资格、其民事责任由公司承担的规定，本案中的民事责任应由上海红蚂蚁公司承担。

综上所述，为保护商标权人合法权益，规范市场秩序，原审法院依照《中华人民共和国商标法》第三条第一款、第四条第二款、第五十六条、第五十七条第七项、第六十三条第一款和第三款，《中华人民共和国侵权责任法》第十五条第一款第一项、第六项、第二款，《中华人民共和国公司法》第十四条第一款，《最高人民法院关于审理商标民事纠纷案件适用法律若干问题的解释》第一条第一项、第九条第二款、第十条、第十六条第二款、第十七条的规定，判决：一、上海红蚂蚁公司立即停止上海红蚂蚁长宁分公司实施的侵害江苏红蚂蚁公司的第3145605号注册商标专用权的行为；二、上海红蚂蚁公司于判决生效之日起十日内赔偿江苏红蚂蚁公司经济损失15000元；三、上海红蚂蚁公司于判决生效之日起十日内赔偿江苏红蚂蚁公司为维权支出的合理费用5000元；四、驳回江苏红蚂蚁公司的其余诉讼请求。负有金钱给付义务的当事人，如果未按本判决指定的期间履行给付义务，应当依照《中华人民共和国民事诉讼法》第二百五十三条的规定，加倍支付迟延履行期间的债务利息。

一审案件受理费 2450 元，由江苏红蚂蚁公司负担 997 元，由上海红蚂蚁公司负担 1453 元。

原审判决后，上海红蚂蚁长宁分公司不服，向本院提起上诉，请求撤销原审判决第一项、第二项和第三项，改判驳回江苏红蚂蚁公司的原审诉讼请求。其主要上诉理由为：1. 本案所涉侵权事实已经由上海市高级人民法院生效判决所认定，原审法院未查明前案执行情况，武断判定不适用"一事不再理"原则，系不顾事实的裁判。2. 涉案商标中"紅螞蟻"文字依附于蚂蚁图案及艺术加工的"RED ANT"而成为商标的一部分，非涉案商标的主体部分，不具有较强识别性。江苏红蚂蚁公司在实际应用及宣传中，将企业名称中的字号"红蚂蚁"进行繁体处理。该表现形式亦证明"红蚂蚁"在商标中没有区分度，商标中的图案才是最能引起相关公众视觉注意的部分。上诉人上海红蚂蚁长宁分公司未将"红蚂蚁"作为商业标识使用，被上诉人江苏红蚂蚁公司则对涉案商标不正规使用，使相关公众关注的是"紅螞蟻"而非涉案商标。该行为淡化了注册商标，强化了企业字号，即使存在冲突，也是字号冲突，系不正当竞争范畴，故原审法院判决认定上诉人在经营中突出使用"红蚂蚁"文字易造成相关公众误认为与江苏红蚂蚁公司存在某种特定联系是错误的。3. 行业的经营者可以适当简化使用企业名称，上海红蚂蚁公司的字号在江苏红蚂蚁公司商标注册之前合法获得，并在上海市场具有较高知名度，现无证据证明已造成现实混淆，原审法院认定上海红蚂蚁长宁分公司侵权是主观认识错误。4. 因江苏红蚂蚁公司未能证明上海红蚂蚁长宁分公司的侵权行为已使相关消费者产生混淆和误认并给其造成实际损失，作为赔偿参考依据的备案许可合同已失效且无支付凭证，原审判决确定 15000 元经济损失缺乏事实依据。律师费发票不能证明律师费已实际发生，原审法院以推定发生的律师费数额作出判决不符合法律规定。原审判决确定上海红蚂蚁公司应承担的诉讼费过高，与江苏红蚂蚁公司诉讼请求获得支持比例不相符。5. 被上诉人江苏红蚂蚁公司先后向多家法院起诉上海红蚂蚁公司及其各分公司，所述侵权行为方式之一均为门头、店招、宣传册和网站等形式。如果每家法院均判令赔偿，则存在重复计算之虞。

被上诉人江苏红蚂蚁公司辩称：1. 上诉人的侵权行为属于再次侵权，不适用"一事不再理"原则。本案与上海市高级人民法院已判决并生效案件的诉讼主体、侵权时间段、侵权主观意志、侵权行为的表现形式等均存在差异。2. 江苏红蚂蚁公司的商标是国家工商行政管理总局商标局核准的注册商标，其显著性和识别性不容质疑，其主要识别部分为文字"紅螞蟻"，且江苏红蚂蚁公司注册商标的中、英文和图案三要素所表达的含义均为"红蚂蚁"。上海红蚂蚁长宁分公司突出使用的企业字号"红蚂蚁"与江苏红蚂蚁公司的商标构成近似。3. 上诉人上海红蚂蚁长宁分公司在玻璃门两侧、电子广告牌上使用"红蚂蚁装潢",以及在门头上将名称"上海""红蚂蚁装潢""设计有限公司"分段、分行、分字体大小排布使用,均属于突出使用其企业字号。整改后的门头显示上行为"上海红蚂蚁装潢",下行为"设计有限公司"。该门头有足够空间在同一行排布上诉人的企业全称,故该行为也属于突出使用,请求二审法院予以认定。4. 虽然原审法院认为宣传册并非从上诉人处获取,网站所有人亦非上诉人,从而未认定上诉人实施上述侵权行为。但宣传册以及网站系上诉人对外宣传的方式,在认定侵权主体时,不应拘泥于宣传册或网站的实际制作及运营主体是谁,而应依据宣传资料中体现的宣传主体来确定宣传行为主体,故请求二审法院依法认定上述侵权行为。5. 被上诉人虽然在多家法院提起商标侵权诉讼,但每个案件都是针对不同分公司的起诉。各分公司的侵权表现形式不同,且被上诉人是针对上诉人在上海市高级人民法院判决后经整改再次侵权提起的诉讼,故不存在重复诉讼。6. 上诉人应承担停止侵权、赔偿损失的责任,原审法院判决赔偿金额过低,上诉人属于恶意侵权,请求二审法院按照江苏红蚂蚁公司提交的经备案之商标许可使用费标准确定本案赔偿数额,并判决上诉人承担被上诉人的维权成本。综上,请求驳回上诉,维持原判。

原审被告上海红蚂蚁公司述称:同意上海红蚂蚁长宁分公司的上诉请求及其事实和理由。

本院经审理查明,原审法院事实认定属实,本院予以确认。

二审中,被上诉人江苏红蚂蚁公司向本院提供了由国家工商行政管理总局商标局于2014年9月4日向江苏省工商行政管理局出具的《关于认定"红蚂蚁RED ANT及图"商标为驰名商标的批复》,用以证明涉案注册商标属于驰名商标,应加大对该商标的保护力度。上诉人上海红蚂蚁长宁分公司和原审被告上海红蚂蚁公司认为该份证据材料不属于新的证据,且不是原件,故对真实性不予认可。本院对该证据材料的认证意见为,虽然被上诉人提交的证据材料上显示苏州市工商行政管理局于2015年4月21日加盖公章证明情况属实,但该证据材料形成于一审庭审结束之前,被上诉人又没有举证证明其实际获取该证据材料的时间,故不能作为二审程序中新的证据予以采纳。

本院认为:根据当事人的诉辩意见,本案的主要争议焦点在于,1. 本案是否适用"一事不再理"原则;2. 上诉人的被控侵权行为是否构成对被上诉人商标专用权的侵害;3. 原审法院对赔偿数额以及律师费的确定是否依法有据,对诉讼费的分摊是否合理;4. 被上诉人先后向多家法院起诉上海红蚂蚁公司及其各分公司，在赔偿上是否存在重复计算可能。

对于第一个争议焦点，上诉人上海红蚂蚁长宁分公司认为，原审法院未查明前案执行情况判定本案不适用"一事不再理"原则，系不顾事实的裁判；被上诉人江苏红蚂蚁公司认为，本案与上海市高级人民法院已生效判决案件的诉讼主体、侵权时间段、侵权主观意志、侵权行为的表现形式等均存在差异，本案被控侵权行为属于再次侵权。对此，本院认为：原审法院已查明之事实表明，在上海市高级人民法院（2013）沪高民三（知）终字第7号案件判决后，上海红蚂蚁长宁分公司重新制作了门头店招，且在玻璃门两侧、电子广告牌上使用"红蚂蚁装潢"字样。相对于前案而言，该被控侵权行为属于新发生的事实，加之江苏红蚂蚁公司在原审中主张的被控侵权网站在前案中并未涉及，被控侵权宣传册也有别于前案中的宣传册，原审法院据此认定上海红蚂蚁长宁分公司、上海红蚂蚁公司有关本案诉讼违反"一事不再理"原则的意见不能成立，并无不当。

对于第二个争议焦点，上诉人上海红蚂蚁长宁分公司认为，涉案商标中"红螞蟻"文字不是商标的主体部分，上海红蚂蚁长宁分公司也未将"红蚂蚁"作为商业标识使用，双方的冲突是字号冲突。由于上海红蚂蚁公司的企业字号取得在先，又具有一定知名度，上海红蚂蚁长宁分公司使用该字号，不会引起相关消费者的混淆和误认。被上诉人江苏红蚂蚁公司认为涉案商标构成三要素中文、英文和图案所表达的含义均为"红蚂蚁"，上海红蚂蚁长宁分公司使用"红蚂蚁装潢""上海红蚂蚁装潢"均属于突出使用企业字号，并且与涉案注册商标构成近似。对此，本院认为，《最高人民法院关于审理商标民事纠纷案件适用法律若干问题的解释》第一条规定，将与他人注册商标相同或者相近似的文字作为企业的字号在相同或者类似商品上突出使用，容易使相关公众产生误认的，属于侵害他人注册商标专用权的行为。本案中，首先，上海红蚂蚁长宁分公司的经营范围为室内外装潢设计，江苏红蚂蚁公司涉案商标的核定服务项目包括"室内装饰设计"，两者属于相同服务；其次，上海红蚂蚁长宁分公司在其店铺装饰中将企业名称简化为"红蚂蚁装潢""上海红蚂蚁装潢设计"加以使用，该使用形式可以认定为将企业字号突出使用；再次，涉案商标是由汉字"红螞蟻"英文"RED ANT"和蚂蚁图案组合而成的商标，位于中间部位的英文"RED ANT"从视觉效果上看比较模糊，消费者会将视觉注意力集中在汉字"红螞蟻"和蚂蚁图案上，并将汉字"红螞蟻"作为诵读和识别涉案商标的主要部分，而上海红蚂蚁长宁分公司突出使用的字号"红蚂蚁"在读音、含义上均与江苏红蚂蚁公司商标的文字部分"红螞蟻"相同，相关公众在不同场合分别看到涉案注册商标和上海红蚂蚁长宁分公司突出使用的企业字号时，容易产生两者相似的认识，亦可能产生两者经营主体有某种关联的认识，故原审法院认定两者构成近似，且易使相关公众误认为上海红蚂蚁长宁分公司与江苏红蚂蚁公司存在特定联系，于法有据，本院予以确认。就上海红蚂蚁长宁分公司提出行业经营者可以适当简化使用企业名称问题，本院认为，国家工商行政管理局公布的《企业名称登记管理规定》第二十条规定："企业的印章、银行账户、牌匾、信笺所使用的名称应当与登记注册的企业名称相同。从事商业、公共饮食、服务等行业的企业名称牌匾可适当简化，但应当报登记主管机关备案。"由此可见，企业名称一般应当规范使用，特定行业允许在牌匾上适当简化企业名称，但须报登记主管机关备案。上海红蚂蚁长宁分公司简化使用企业名称的行为并不符合上述法规规定，且在已因突出使用企业名称中的字号被判定构成商标侵权的情况下，仍未规范使用企业名称，其侵权主观过错明显。原审法院据此认定上海红蚂蚁长宁分公司的行为已构成侵权，应依法承担停止侵权、赔偿损失的民事责任，具有事实和法律依据。上诉人上海红蚂蚁长宁分公司有关不构成侵权的上诉理由不能成立，本院不予采纳。

不过，本院注意到，原审判决就江苏红蚂蚁公司于2014年11月8日拍摄照片相关事实所作的认定是，背景墙使用"上海红蚂蚁装潢设计"字样，而在对该行为是否构成侵权进行分析时将上述事实表述为"背景墙上使用了'红蚂蚁'字样"，该表述与事实不符，应予纠正。但上海红蚂蚁长宁分公司在店铺背景墙上使用"上海红蚂蚁装潢设计"字样仍属于对企业名称的不规范使用行为，亦需进一步整改。至于被上诉人江苏红蚂蚁公司在二审答辩时请求本院认定涉及网站和宣传册的侵权行为问题，本院认为，根据《最高人民法院关于适用〈中华人民共和国民事诉讼法〉的解释》第三百二十三条的规定，第二审人民法院应当围绕当事人的上诉请求进行审理。现江苏红蚂蚁公司对该节事实的认定并未提起上诉，本院不作进一步审理。此外，被上诉人江苏红蚂蚁公司还要求本院认定上海红蚂蚁长宁分公司于2014年9月对店铺门头所作的整改依然属于突出使用，构成侵权。对此，本院认为，原审法院结合店铺门头长宽形状与文字布置的整体结构、企业名称分两行排列的文字字体和字号基本相同等实际情况认定不构成侵权，并无不当，本院对被上诉人该主张不予采纳。

对于第三个争议焦点，上诉人上海红蚂蚁长宁分公司认为，江苏红蚂蚁公司未能提供证据证明其遭受了经济损失，也没有证据证明律师费已实际发生，原审法院判决确定的经济损失赔偿数额和律师费缺乏事实依据。被上诉人江苏红蚂蚁公司认为上诉人属于恶意侵权，原审法院判决赔偿的金额过低，且上诉人理应承担被上诉人的维权成本。对此，本院认为，江苏红蚂蚁公司虽未能举证证明其因上海红蚂蚁长宁分公司的侵权行为受到的实际损失以及上海红蚂蚁长宁分公司因实施侵权行为获得的利益，但基于上海红蚂蚁长宁分公司在明知上海红蚂蚁公司在前次诉讼中已经就突出使用"红蚂蚁""红蚂蚁装潢"等文字的行为被判定构成商标侵权的情况下，仍然持续实施与原侵权行为较为类似的新的侵权行为。原审法院综合考虑本案侵权行为的性质、情节，以及江苏红蚂蚁公司确已委托律师参加诉讼等因素，酌情确定的经济损失及合理费用赔偿数额并无不当。原审法院根据判决结果对诉讼费作出的分摊比例，亦属合理。

对于第四个争议焦点，本院认为，江苏红蚂蚁公司向不同法院提起的多起诉讼针对的是上海红蚂蚁公司下属不同分公司的被控侵权行为，现并无证据证明存在赔偿重复计算情形，故上诉人的该项上诉理由亦不能成立。

综上所述，原审法院认定事实清楚，适用法律正确，应予维持。上诉人的上诉请求及其理由缺乏事实和法律依据，应予驳回。据此，依照《中华人民共和国民事诉讼法》第一百七十条第一款第一项、第一百七十五条的规定，判决如下：

驳回上诉，维持原判。

二审案件受理费人民币300元，由原审被告上海红蚂蚁装潢设计有限公司负担。

本判决为终审判决。

审　判　长　　何　渊
审　判　员　　刘　静
代理审判员　　范静波
二〇一五年七月六日
书　记　员　　陈蕴智

附：相关的法律条文

《中华人民共和国民事诉讼法》

第一百七十条 第二审人民法院对上诉案件，经过审理，按照下列情形，分别处理：

（一）原判决、裁定认定事实清楚，适用法律正确的，以判决、裁定方式驳回上诉，维持原判决、裁定；

……

第一百七十五条 第二审人民法院的判决、裁定，是终审的判决、裁定。

9. 宝马股份公司诉上海创佳服饰有限公司、德马集团（国际）控股有限公司、周某某侵害商标权及不正当竞争纠纷案

上 海 知 识 产 权 法 院
民 事 判 决 书

（2015）沪知民初字第58号

原告：宝马股份公司（Bayerische Motoren Werke Aktiengesellschaft）。
代表人：史蒂芬和约亨，助理总法律顾问和商标部门主管。
委托诉讼代理人：马某，北京市君合律师事务所律师。
委托诉讼代理人：卢某，北京市君合律师事务所律师。
被告：上海创佳服饰有限公司。
法定代表人：郑某某，执行董事。
被告：德马集团（国际）控股有限公司［DEMA GROUP（INT'L）HOLDING LIMITED］。
被告：周某某。
委托诉讼代理人：沈某某。

原告宝马股份公司（以下简称"宝马公司"）与被告上海创佳服饰有限公司（以下简称"创佳公司"）、被告德马集团（国际）控股有限公司（以下简称"德马公司"）、被告周某某侵害商标权及不正当竞争纠纷一案，本院于2015年1月30日立案后，依法组成合议庭，适用普通程序，于2015年12月23日、2016年2月18日两次公开开庭进行了审理。原告委托诉讼代理人马某、卢某，被告周某某的委托诉讼代理人沈某某到庭参加诉讼。被告创佳公司、被告德马公司经本院合法传唤，无正当理由拒不到庭参加诉讼，本案现已审理终结。

原告宝马公司向本院提出诉讼请求：1. 被告创佳公司、被告德马公司、被告周某某立即停止对原告涉案注册商标专用权的侵害；2. 被告德马公司立即停止使用"德马集团（国际）控股有限公司"以及"德国宝马集团（国

际)控股有限公司"的企业名称；3. 被告创佳公司、被告德马公司、被告周某某连带赔偿宝马公司经济损失人民币 300 万元（包括律师费及合理支出）；4. 被告创佳公司、被告德马公司、被告周某某在《中国工商报》以显著位置刊登声明，消除侵权造成的不良影响。

事实和理由：

一、关于原告在本案中主张的相关权利

原告系世界知名的汽车制造商，成立于 1916 年。历经百余年的发展，原告的宝马品牌是目前世界上最成功的高档车品牌之一。原告宝马品牌进入中国大陆市场已有三十年的时间，原告在第 12 类"机动车辆"等商品上注册的商标在中国及全世界汽车消费者及普通消费者中享有极高的知名度和美誉度。其中原告享有的"⊛"图形商标（商标注册证第 282196 号）、"寶馬"文字商标（商标注册证第 784348 号）、"BMW"字母商标（商标注册证第 282195 号），早在 2000 年就已入选《全国重点商标保护名录》，更是多次被司法、商标行政机关认定为驰名商标。原告生产的进口宝马车、授权华晨宝马汽车有限公司（以下简称"华晨宝马"）生产的使用上述商标标识的国产华晨宝马汽车，在进口车市场和国产汽车市场均具有极高的知名度和市场占有率。原告的上述"⊛""BMW""寶馬"商标以及针对该品牌的宣传推广活动和所获得的荣誉一直为纸质报刊杂志和互联网媒体持续、广泛、大量地报道。综上，原告认为上述"⊛""BMW""寶馬"商标已经在相关公众中具有极高的知名度、美誉度和影响力，属于驰名商标。

此外，原告还在第 18 类皮革及人造皮革，第 25 类的服装、鞋、帽等商品上，注册了"⊛"图形商标（商标注册证第 G673219 号）、"⊛"图形商标（商标注册证第 G955419 号）、"BMW"字母商标（商标注册证第 G663925 号）。原告对该些商标均享有注册商标专用权，且原告早在 2001 年就与国际著名时装公司宝姿国际有限公司合作，通过设立"宝马生活方式"（BMW Lifestyle）专卖店等方式，在中国境内生产、销售、经营使用"⊛""BMW""寶馬"商标的衣服、鞋、帽、箱包等 BMW Lifestyle 系列商品。该等 BMW Lifestyle 系列商品亦具有一定的知名度和影响力。

二、关于三被告在本案中的侵权行为

本案中，三被告之间存在授权生产、销售的合作关系以及控股的关联关系，且三被告具有共同的主观故意。三被告使用如下被控侵权标识共同实施了如下被控侵权行为：

（一）被控侵权标识。本案中各被告的共同侵权行为中涉及如下被控侵权标识：1. 无着色"⊗"标识、蓝白色"⊛"标识、黑白色"⊛"标识（蓝白色"⊗"标识、黑白色"⊗"标识以下统称为"⊗"标识);2.无着色"⊕"标识、蓝白色"⊕"标识,黑白色"⊕"标识(蓝白色"⊕"标识,黑白色"⊕"标识以下统称为"⊕"标识);3.蓝白色"⊕"标识(以下简称"⊕"标识);4."BMN"文字标识。上述被控侵权标识中无着色"⊗"标识、"⊗"标识、无着色"⊗"标识、"⊕"标识与原告"⊗""⊕""⊕"商标构成相同或近似,"BMN"文字与原告"BMW"商标构成近似。

(二)被控侵权行为。1.关于商标侵权行为。(1)被告周某某系被告德马公司的唯一自然人股东和董事。被告德马公司、被告周某某抄袭模仿原告涉案驰名商标,在第25类、第18类商品上将上述部分被控侵权标识分别注册了第1661337号"BMN"商标、第1939365号"⊕"商标、第10101457号"BMN"商标、第11911185号"BMN"商标、第8014061号"⊗"商标、第10586231号"⊗"商标(蓝白色)、第10471262号"⊗"商标。被告德马公司并将其"⊕"商标和"BMN"商标授权被告创佳公司使用。被告周某某将其"⊗"商标和"⊗"商标授权被告创佳公司使用,其中"BMN""⊗"商标许可使用合同在中华人民共和国国家工商行政管理总局商标局(以下简称"国家商标局")进行了备案。(2)被告创佳公司在其生产、销售的服装、鞋、皮带等涉案商品上以及《品牌加盟手册》、经营场所、名片、网站等经营活动中分别使用了上述被控侵权标识。(3)被告创佳公司和被告德马公司共同设立了品牌加盟体系,授权经销商使用上述被控侵权标识以及"宝马"文字,销售使用上述被控侵权标识的涉案商品。(4)被告周某某在其名片上使用了被控侵权标识并销售标有被控侵权标识的涉案商品。原告认为,被告创佳公司、被告德马公司、被告周某某的上述行为共同侵害了原告"寶馬""⊗""⊕""⊕""BMW"注册商标专用权。2.关于商标侵权和不正当竞争。被告德马公司在其企业名称中使用"德马",并在经营中突出使用"德马""德国宝马"整体使用"德国宝马集团(国际)控股有限公司""德马集团(国际)控股有限公司"等名称对外活动。原告认为,被告德马公司的上述行为既侵犯了原告"寶馬"注册商标专用权,又对原告构成不正当竞争。

被告创佳公司辩称:1.被告创佳公司对于原告系涉案注册商标的专用权人并无异议。2.被告创佳公司并未实施原告在本案中的商标侵权行为。被告创佳公司已经合法取得了被告德马公司的相关商标授权,并依法授权第三方使用。现第三方使用行为超出了被告创佳公司的授权范围,与被告创佳公司无关。综上,被告创佳公司认为其不构成侵权,请求本院驳回原告的全部诉讼请求。

被告德马公司未向本院递交书面答辩意见。

被告周某某辩称：1. 被告周某某对于原告系涉案注册商标的专用权人并无异议；2. 被告周某某仅授权被告创佳公司使用"⊗"商标，该"⊗"商标与原告对应的涉案注册商标既不相同亦不近似，不构成对原告涉案注册商标的侵害，且本案中亦无显示被告创佳公司使用了"⊗"商标的证据；3. 无论被告创佳公司、被告德马公司是否使用除"⊗"商标之外的涉案其他被控侵权标识，均非来自被告周某某的授权，与被告周某某无关。4. 原告在本案中提供的证据，尚无法证明被告周某某存在直接使用被控侵权标识的行为。综上，被告周某某请求本院驳回原告的诉讼请求。

原告围绕其诉讼请求，依法向本院提供了如下证据：1.（2007）京证经字第12186号公证书及第282196号"BMW"商标注册证明；2. 第784348号"寶馬"商标注册证明；3.（2007）京证经字第12185号公证书及第282195号"BMW"商标注册证明；4. 第G921605号"宝马"商标注册信息。5. 第G955419号"⊗"商标注册证明及注册信息；6. 第G673219号"⊗"商标注册证明及注册信息（12类）。7. 第G955419号"⊗"商标注册证明及注册信息（18类、25类）；8. 第G673219号"⊗"商标的注册证明（18类、25类）；9. 第G663925号"BMW"商标注册证明（18类、25类）；10. 全国重点商标保护名录（2000年6月）；11.（2009）湘高法民三初字第1号民事判决书；12. 国家商标局关于认定"BMW"商标为驰名商标的批复（商标驰字〔2010〕第180号）；13.《关于第3254441号"宝马"商标异议复审裁定书》（商评字〔2011〕第14331号）；14.（2010）高行终字第887号行政判决书；15.《关于第3249546号"MBWL及图"商标争议裁定书》（商评字〔2009〕第11653号）；16.（2012）高民终字第918号民事判决书和民事制裁决定书；17.《最高人民法院公布八起知识产权司法保护典型案例》；18.（2013）鄂州证字第2067号公证书；19. 鄂州查处行动现场照片；20. 湖北省鄂州市工商行政管理局鄂城分局（以下简称"鄂城工商局"）实施行政强制措施决定书和行政处罚决定书；21. BMN品牌加盟手册；22. 涉案商品购买小票；23.（2015）京长安内经证字第6047号公证书；24. 国家图书馆查询的涉及"宝马"的报纸新闻和相关文章；25.（2011）京中信内经证字第07788号公证书；26. 国家图书馆2015-NLC-JSZM-0285号检索报告；27.《厦门宝姿服装有限公司和世纪宝姿（厦门）有限公司关于获得宝马股份公司许可生产、销售⊗商品的说明》及其附件；28. BMW Lifestyle实体店照片；29. 国家图书馆查询的涉及

"BMW Lifestyle"的报纸新闻和相关文章；30. 国家图书馆 2015－NLC－JSZM－0284 号检索报告；31. 锦州查处行动现场图片；32. 辽宁省锦州市工商行政管理局（以下简称"锦州工商局"）作出的实施行政强制措施通知书和行政处罚决定书；33. 河北省秦皇岛市卢龙县工商行政管理局（以下简称"卢龙工商局"）制作的 BMN 侵权服饰商品的细目以及实物照片；34. 卢龙工商局作出的行政处罚决定书；35. 原告在邳州购买的涉案商品实物和小票；36. 原告在菏泽购买的涉案商品实物和小票；37. 山东省菏泽市、江苏省邳州市、内蒙古自治区通辽市的侵权门店照片；38. 浙江省濮院被控侵权标识的大幅楼体宣传广告照片；39. 被告创佳公司住所地大楼外观和内部陈设照片；40. （2014）沪徐证经字第 4765 号公证书；41. 被告创佳公司总经理高某某和副总经理张某的名片；42. 被告周某某的名片；43. （2013）京长安内经证字第 20794 号公证书；44. （2014）京长安内经证字第 16388 号公证书；45. 世界知识产权组织仲裁及调解中心 www.germanbmw.com 域名争议案件的裁定以及翻译；46. （2015）京长安内经证字第 6048 号公证书；47. 被告德马公司的注册档案资料；48. 被告德马公司、被告周某某申请注册商标的相关信息；49. 律师费发票；50. 公证费、翻译费、资料费发票和涉案商品购买小票；51. 宝马（中国）汽车贸易有限公司（以下简称"宝马中国"）的部分工商档案材料；52. 华晨宝马的部分工商档案材料；53. （2015）京长安内经证字第 22014 号公证书；54. （2015）京长安内经证字第 17120 号公证书；55. 国家图书馆 2015－NLC－GCZM－0483 号文献复制证明及附件；56. 华晨宝马 2013 年可持续发展报告；57. BMW 中国企业社会责任年度报告（2010～2012）；58. 锦州工商局查处的案卷材料；59. 卢龙工商局查处的案卷材料；60. 山东省枣阳市工商行政管理局（以下简称"枣阳工商局"）委托鉴定书以及现场照片；61. 湖北省荆州市工商行政管理局沙市分局（以下简称"沙市工商局"）协助调查函以及现场照片；62. 辽宁省铁岭市工商行政管理局（以下简称"铁岭工商局"）协助调查函以及现场照片；63. 山东省日照市东港区工商行政管理局（以下简称"日照工商局"）协助调查函委托鉴定书以及现场照片；64. 国家图书馆 2015－NCL－GCZM－0624 文献复制证明；65. （2015）京长安内经证字第 23270 号公证书；66. 宝马集团 2010 年至 2013 年年报部分内容；67. 公证费、图书馆检索费发票；68. 鄂城工商局进行查处的案卷材料；69. 日照工商局进行查处的案卷材料；70. 2015－NLC－GCZM－0743 号文献复制证明；71. 证人杨某某证言。

被告创佳公司围绕其辩称意见，依法向本院提供了如下证据：1. 第 8014061 号商标信息；2. 第 1323 期商标公告第 5664 页；3. 第 1661337 号商标信息；4. 第 1351 期商标公告第 4899 页；5. 公司门头照片 1 张，窗帘照片 1 张；6. 标签、标牌、纽扣、包装袋照片 5 张。

被告周某某围绕其辩称意见，依法向本院提供了如下证据：1. 第 8014061 号商标档案信息；2. 第 10471262 号商标档案信息；3. 第 10586231 号商标档案信息；4. 第 1661337 号商标档案信息。

本院组织当事人进行了证据交换和质证。原告与被告周某某对被告创佳公司提供证据 1~6 的真实性均无异议。原告与被告创佳公司对被告周某某提供证据 1~4 的真实性均无异议。被告创佳公司对原告提供的证据 1~9、15、16、18、23~26、30、41、43~46、48 的真实性无异议，对原告证据 10~14、17、19~22、27~29、31~39、42、47、49、50 的真实性有异议，对原告证据 40 的取证方式有异议，对原告证据 51~71 未发表质证意见。被告周某某对原告提供证据 1~11、14~18、23~26、28、30、39~41、43~49、51~55、58、59、64~68 的真实性无异议，对证据 50 中的公证费发票、国家图书馆资料费发票、香港的查档费发票的真实性无异议，其余证据的真实性有异议，对证据 22、69、70 未表示异议。对原告提供证据 12、13、19、20、21、27、29、31~38、42、56、57 的真实性有异议。对证据 60~63 表示无法确认。对证据 71 证言内容真实性有异议。

对各方当事人递交的证据及其质证意见，本院认定如下：1. 被告创佳公司证据 1~6；被告周某某证据 1~4 各方当事人均无异议，本院对该些证据的真实性予以确认。2. 被告创佳公司、周某某对原告证据 1~9、15、16、18、23~26、30、41、43~46、48，被告周某某对原告证据 51~55、58、59、64~68，对原告证据 50 中的公证费发票、国家图书馆资料费发票、香港的查档费发票的真实性无异议，对原告证据 69、70 未表示异议，本院对该些证据的真实性予以认可。3. 原告就其证据 11、14、17、28 提供相应的网址链接，经本院核实属实，本院对该些证据的真实性予以确认。4. 原告就其证据 40 提供了原件。被告创佳公司对该证据的取证方式有异议，但并未指出不当之处，本院对该份证据的真实性、合法性予以确认。5. 原告就其证据 21、22、35、36、47、49、56、57 提供了原件，被告创佳公司、周某某虽有异议，并无相反证据予以证实，本院对该些证据的真实性予以确认。6. 原告证据 37、38 是使用被控侵权标识的照片，证据 60~62 是枣阳工商局、沙市工商局、铁岭工商局的相关函件。原告就上述证据提供了电子文档，该些电子文档可以印证证据 37、38、60~62 的真实性。被告创佳公司、周某某虽有异议，并无相反证据予以证实，基于证据高度盖然性的判断规则，本院对该些证据的真实性予以确认。7. 原告就其证据 42，申请了证人杨某某出庭作证（证据 71），证人杨某某描述了其获得该证据的过程。被告创佳公司、周某某虽有异议，但并无相反证据予以证实，基于证据高度盖然性的判断规则，本院对证据42、71的真实性予以确认。8. 原告虽未就其证据10、12、13、19、20、27、29、31、32、33、34、39、63提供原件，但证据10可与原告证据70互相印证，证据12、13、29可与原告证据16互相印证，证据19、20可与原告证据68互相印证，证据27可与原告证据28、60互相印证，证据31、32可与原告证据58互相印证，证据33、34可与原告证据59互相印证，证据39可与原告证据40互相印证，证据63可与原告证据69互相印证，故本院对该些证据的真实性予以确认。9. 原告未就其证据50中除公证费发票、国家图书馆资料费发票、香港的查档费发票的其余票据提供原件，故上述证据50中没有原件的相关票据不符合证据形式要件，本院对该些证据的真实性无法确认。对于上述本院已经确认真实性的证据，本院将根据该证据与本案之间的关联性，酌情予以采纳。

本院经审理查明：

一、关于原告主张的涉案商标的相关事实

原告系下列注册商标的专用权人。

1. "BMW"图形商标（详见附图一），商标注册证第282196号，核定使用商品第12类机动车辆、摩托车及其零件。该商标于1987年3月30日被核准注册，之后经多次续展有效期至2017年3月29日。

2. "寶馬"文字商标，商标注册证第784348号，核定使用商品第12类车辆、机动车辆及其零配件。该商标于1995年10月21日被核准注册，之后经多次续展有效期至2015年10月20日。

3. "BMW"字母商标，商标注册证第282195号，核定使用商品第12类机动车辆、摩托车及其零件。该商标于1987年3月30日被核准注册，之后经多次续展有效期至2017年3月29日。

4. "BMW"图形商标（详见附图二），商标注册证第G955419号，核定使用商品第18类皮革及人造皮革以及不属别类的皮革及人造皮革制品、箱子及旅行袋、毛皮、兽皮等，第25类服装、鞋、帽子。指定颜色蓝色（内圈左上、右下）、白色（内圈右上、左下）、黑色（外圈）。有效期自2007年11月20日至2017年11月20日。

5. "BMW"图形商标（详见附图三），商标注册证第G673219号，核定使用商品第18类皮革及人造皮革，属于该类的皮革制品、箱子及旅行袋、毛皮等，第25类服装、鞋、帽。该商标于1997年3月26日被核准注册，后经续展有效期至2017年3月26日。

6. "BMW"字母商标，商标注册证第G663925号，核定使用商品第18类皮革及人造皮革，皮革制品（属此类的）、箱子及旅行袋、兽皮等，第 25 类服装、鞋、帽。有效期自 1995 年 12 月 22 日至 2015 年 12 月 22 日。

二、关于原告主张的涉案商标属于驰名商标的相关事实

（一）使用"🅑""寶馬""BMW"的汽车商品在中国大陆地区的市场份额、销售区域、利税等相关事实

原告提供的证据显示："🅑""寶馬""BMW"等商标被使用于宝马汽车的生产、销售、宣传推广等商业活动。

2010 年宝马进口汽车销量为 68 036 辆，宝马国产汽车销量为 55 582 辆。宝马汽车在进口汽车品牌销售排名中位居第二。2009 年、2010 年宝马汽车的市场份额分别为 11.3%、10.5%。2011 年、2012 年、2013 年宝马汽车的进口数量排名均为第一，2011 年、2012 年宝马汽车的进口数量分别为 145 328 辆、181 454 辆。

在中国，宝马中国成立于 2005 年 9 月 29 日，其经营范围包括作为宝马集团 BMW（宝马）、MINI（迷你）和 Rolls-Royce（劳斯莱斯）品牌进口汽车在国内的总经销商等。宝马中国自成立以来，一直从事包括宝马汽车和摩托车的进口、销售、市场营销及服务。2010 年，宝马中国进口汽车 122 198 辆，销售额 5 534 010 642 美元。2011 年，宝马中国进口汽车 157 776 辆，销售额 7 922 631 500 美元。2012 年，宝马中国进口汽车 194 327 辆，销售额 8 299 570 790 美元。2013 年，宝马中国进口汽车 186 503 辆，销售额 9 105 671 778 美元。宝马中国的官方网站（www.bmw.com.cn）显示：1. 宝马中国使用"🅑""BMW""宝马"等商标销售、宣传宝马汽车，并提供售后服务；2. 宝马汽车包括新 BMW 1 系运动型两厢轿车、新 BMW 2 系双门轿跑车、创新 BMW 2 系运动旅行车等三十八款车型；3. 宝马中国建立了完善的二手车服务，组织举办了多地（上海、北京、济南、无锡、合肥）的尊选二手车鉴赏日等活动，业务范围辐射全国；4. 宝马中国建立了完善的售后服务网络，面向全国消费者提供包括融资租赁服务、保修服务、车主培训、旗舰店网络预约、原装配件附件更换修理、车主俱乐部等在内的客户服务，仅上海一地就设有 28 家授权经销商。宝马汽车车主俱乐部成员遍布全国各地。

华晨宝马成立于 2003 年 5 月，其经营范围包括生产宝马乘用车、发动机、零部件、配件，销售自己生产的商品，提供售后服务，批发零售 BMW LIFE-STYLE 用品等。2010 年至 2013 年，华晨宝马生产宝马汽车的数量分别为 55 582 辆、982 28 辆、150 052 辆、214 978 辆，销售宝马汽车的数量分别为 53 955 辆、95 444 辆、147 374 辆、207 430 辆。截至 2013 年底，华晨宝马在全国总共设有 2 个整车工厂和 1 个发动机工厂，420 个销售和服务网点，4 个

宝马零部件配送中心，3个宝马培训中心，15个培训基地和11个钣喷培训点。截至2013年底，本地供应商达到326家，年采购额达人民币179亿元。华晨宝马的官方网站（www.bmw-brilliance.cn）显示，1.华晨宝马使用"❀""BMW""宝马"等商标生产BMW 3系、BMW 5系Li和BMW X1等宝马汽车。2.2012年，华晨宝马生产的BMW 5系宝马汽车总销量达到107 844辆。3.华晨宝马持续拓展的本地零部件供应商体系在2014年达到了280家，年度采购额达人民币241.5亿元。4.华晨宝马自2003年10月第一辆宝马汽车上市至今已超过12年，至2011年5月19日，华晨宝马共生产25万辆宝马汽车。中国内地市场已经成为宝马集团在全球的第三大市场。

宝马公司的年报显示，2008年至2013年，宝马公司在中国地区营业收入分别为27.63亿欧元、40.39亿欧元、84.44亿欧元、115.91亿欧元、144.48亿欧元、153.48亿欧元，宝马公司在中国的汽车销量分别为6.59万辆、9.06万辆、16.96万辆、23.36万辆、32.73万辆、39.17万辆。

（二）"❀""寶馬""BMW"商标享有的市场声誉相关的事实

2004年至2014年，世界品牌实验室的世界品牌500强排行榜的排名，原告的"❀""BMW""宝马"品牌历年来排名分别为：2004年第10位、2005年第30位、2006年第25位、2007年第27位、2008年第26位、2009年第32位、2010年第29位、2012年第17位、2013年第15位、2014年第11位。

2007年至2014年，《财富》杂志公布的世界500强企业排行榜，宝马集团历年的排名、营业收入和利润情况分别为：2007年，第88名，营业收入61 476.7万美元，利润3 598.3万美元。2008年，第78名，营业收入76 675.3万美元，利润4 278.8万美元。2009年，第78名，营业收入77 863.7万美元，利润474.2万美元。2010年，第82名，营业收入70 444万美元，利润284万美元。2011年，第79名，营业收入80 099.4万美元，利润4 262.1万美元。2012年，第69名，营业收入95 692.3万美元，利润6 786.8万美元。2013年，第68名，营业收入98 759.5万美元，利润6 549万美元。2014年，第68名，营业收入100 971.7万美元，利润7 054.7万美元。

2013年1月，J.D. Power亚太公司公布的《2012年中国车辆可靠性研究》显示，在该项研究的54家品牌中，宝马汽车排名最高。宝马3系汽车被德国《汽车博览》评选为"最佳国产中级轿车"和"最佳中级轿车"；被美国《名车志》评选为连续22年领衔"十大最佳车型"；被中央电视台（CCTV）评选为"2013年度汽车模范"。宝马5系汽车获得德国《汽车博览》2011年"IF商品设计奖"；被新华网评选为"2014年度最佳汽车""2014年度最佳行政级轿车"；被腾讯汽车评选为"年度最佳合资豪华车"。BMW 530Li

型汽车获得北京国际车展组委会颁发的"2008中国消费者最喜爱的汽车"大奖。宝马X1型汽车获得中国新车质量研究2013年"豪华SUV奖";获得搜狐"2012年搜狐汽车SUV满意度冠军"。

(三)对""宝馬""BMW"商标宣传推广的相关事实

原告的证据显示,宝马中国、华晨宝马以及位于全国不同地区的宝马汽车授权经销商通过开展各种形式的商业宣传和推广活动等方式,宣传、使用""BMW""宝马"商标。1.相关媒体报导的宝马汽车品牌推广活动。如2010年7月8日《张家港报》"BMW宝马落户港城";2010年9月14日《厦门日报》"信达宝马开展女性专场BMW置换活动";2011年1月26日《生活新报》"云南凯德宝马8周年放飞BMW之悦";2011年6月10日《南方日报(全国版)》"宝马举办2011BMW尊享之夜";2011年12月1日《京华时报》"BMW售后钣喷大赛圆满落幕历时7个月,200家经销商参与";2012年8月14日《绵阳日报》"绵阳中达宝马BMW X6推出特惠计划";2013年1月3日《晋江经济报》"泉州星德宝宝马店开展悦暖新春2013BMW爱心行动";2013年1月17日《广西日报》"宝马新BMW7系正式登陆广西"等。2.积极参与各类车展。如参与日内瓦国际车展、巴黎国际车展、北美底特律车展国际车展、北京国际车展等,推荐宣传最新的商品。3.积极参与各类公益事业,获得多项荣誉。如举办的"BMW中国文化之旅"获得由中国公共关系网主办的第六届中国公关经理人年会"2010中国企业社会责任优秀案例"大奖、《公益时报》主办的"凝聚向上的力量——跨国公司企业社会责任优秀案例奖"、《中国汽车报》"2012优秀企业公益奖";并且被中国企业公民委员会评选为第九届企业公民优秀项目。宝马爱心基金"点亮希望"行动获得由《环球时报》举办的2010 Global Times年度大奖以及人民网举办的"2011年度最佳企业公益传播案例奖"。"BMW儿童交通安全训练营"获得中国公共关系网"2012最具公众影响力企业微博公益事件奖"以及获得《父母世界》"2012品牌之星'出行类'——超级品牌奖"。4.积极参与各项体育赛事。如冠名2012年度国际高尔夫中国区赛,宝马中国和华晨宝马与中国奥委会签约,成为2010~2016年汽车独家合作伙伴。

(四)关于涉案商标被司法保护和行政保护的相关事实

2000年6月,商标宝马BMW(使用商品为汽车)被国家工商行政管理总局录入《全国重点商标保护名录》。2009年5月4日,国家工商行政管理总局商标评审委员会(以下简称"国家商评委")在商评字〔2009〕第11653号《关于第3249546号"MBWL及图"争议裁定书》,以争议商标与涉案""图形商标(商标注册证第G673219号,核定使用商品第25类)相似,易使消费者产生混淆和误认为由,对争议商标在"皮鞋;服装;鞋帽"商品上予以撤销。嗣后,北京市高级人民法院作出(2010)高行终字第887号行政判决书,终审维持了国家商评委的上述争议裁定书。2009年12月15日,湖南省高级人民法院在(2009)湘高法民三初字第1号民事判决书中认定:"宝马公司系全球知名的汽车生产商,为世界500强企业,其2004年、2005年、2006年度全球营业收入分别为5514220万美元、5797310万美元、6147670万美元,全球营业利润分别为276360万美元、278210万美元、359830万美元。原告宝马公司在第12类'机动车辆、摩托车及其零件'商品上核准的'⊙'(BMW及图)'BMW''寶馬'注册商标经过长期使用,大量宣传,已广为中国相关公众所知晓,具有较高知名度,并享有较高声誉……原告宝马公司在第12类'机动车辆、摩托车及其零件'商品上核准使用的'⊙'(BMW及图)、'BMW''寶馬'商标已处于事实上的驰名状态,因此本院依法认定原告宝马公司注册号分别为282196、282195、784348的'⊙'(BMW及图)、'BMW''寶馬'注册商标为驰名商标。"2010年9月15日,国家商标局在商标驰字〔2010〕第180号《关于认定"BMW"商标为驰名商标的批复》中认定,"宝马股份公司注册并使用在商标注册用商品和服务国际分类第12类机动车辆、摩托车及其零件商品上的(BMW)注册商标为驰名商标"。2011年7月25日,国家商评委在商评字〔2011〕第14331号《关于第3254441号"宝马"商标异议复审裁定书》中认定,"第784348号'寶馬'商标(12类)为驰名商标"。2012年11月26日,北京市高级人民法院在(2012)高民终字第918号民事判决书中,对侵犯"⊙"图形商标(商标注册证第G955419号,核定使用商品第25类)的行为,判决赔偿原告经济损失及合理支出人民币200万元,并对该案被告采取了民事制裁措施。该案入选了最高人民法院2013年公布的八起知识产权司法保护典型案例。

(五)"⊙""BMW""宝马"等商标被媒体报道的相关事实

国家图书馆出具的查询报告显示,从2000年起至2007年,《国际商报》《中国汽车报》《汽车商报》《中国证券报》《中国物资报》《财经时报》《摩托天地》《中国企业报》《中国商报》《中国工业报》《汽车电子专刊》《经济导报》等近百家媒体对原告的"⊙""BMW""宝马"商标和商品进行了相关报道。

2008年至2010年,太平洋汽车网(pcauto.com)、人民网(people.com.cn)、车168(che168.com)、汽车之家(autohome.com.cn)、新浪网(sina.com)、凤凰网(ifeng.com)、新华网(xinhuanet.com)、易车网(bitauto.com)、21世纪网(21cbh.com)、中华网(china.com)、路透(reuters.com)、腾讯

（qq.com）、搜狐（sohu.com）、网易（163.com）等网络媒体对原告的"⊕""BMW""宝马"商标和商品进行了相关报道。

国家图书馆出具的检索报告和检索目录清单显示，以"BMW"和"宝马"为检索词在2008年1月1日至2015年3月25日进行检索，结果显示：慧科中文报纸数据库检索得出的新闻篇数为787篇，在中国期刊全文数据库检索得出文章篇数为487篇。

（六）其他相关事实

2001年12月28日，原告授权厦门宝姿服饰有限公司（以下简称"厦门宝姿"）和世纪宝姿服装（厦门）有限公司（以下简称"世纪宝姿"）在其生产和销售男式、女士和儿童服装、皮制品等商品上使用"BMW""BMW lifestyle""⊕"商标。嗣后，厦门宝姿和世纪宝姿以开设"BMW lifestyle"专卖店的方式，持续推广使用"BMW""BMW lifestyle""⊕"商标。2001年10月，第一家宝马服饰专卖店在北京东方广场设立，至2008年1月15日，厦门宝姿和世纪宝姿分别在北京、哈尔滨、大连、沈阳、青岛、天津、唐山、石家庄、太原、西安、重庆、长沙、乌鲁木齐、成都、武汉、贵阳、厦门、上海、南京、深圳、广州等城市开设"BMW lifestyle"专卖店37家。2001年至2007年，《世界都市》《人民日报》《新经济》等几十家报刊媒体对"BMW lifestyle"进行了相关报道。原告提供的照片显示，"BMW lifestyle"专卖店在其店内装潢等处使用了"⊕""BMW lifestyle"等标识。

三、原告在本案中主张的与侵权相关的事实

（一）被告创佳公司、被告德马公司的有关情况

2007年7月24日，被告创佳公司成立，经营范围服饰批发、零售。2008年7月11日，被告德马公司成立，原名"德国宝马集团（国际）控股有限公司"[German Bmw Group（Int'L）Holding Limited]。在2010年6月24日变更为现名"德马集团（国际）控股有限公司"。被告周某某系被告德马公司的唯一董事及股东。

（二）被告德马公司、周某某享有的与本案相关的注册商标的有关情况

1."BMW"图形商标（详见附图四），商标注册证第1661337号，核定使用商品第25类服装、裤子。该商标于2001年11月7日由沈阳市五爱波梦特针织精品商行注册获得，2008年8月11日商标转让待审，2009年12月20日转让至"德国宝马集团（国际）控股有限公司"名下，2011年8月13日商标注册人名称变更为被告德马公司现名，经续展该商标注册有效期至2021年11月6日。2013年3月13日，被告德马公司与被告创佳公司就该商标的商标使用许可备案合同经国家商标局公告，许可使用期限自2012年5月

21日至2021年11月6日。

2. "⊕"图形商标（详见附图五），商标注册证第1939365号，核定使用商品第25类袜、领带。该商标于2002年11月21日由广州市阿伦德隆皮具有限公司注册获得，2008年7月21日商标转让待审，2008年10月6日转让至"德国宝马集团（国际）控股有限公司"名下，2011年7月6日商标注册人名称变更为被告德马公司，经续展该商标注册有效期至2022年11月20日。2015年12月30日，国家商标局作出商标撤三字〔2015〕第W021350号《关于第1939365号第25类"LUDENY及图形"注册商标连续三年不使用撤销申请的决定》，以该商标连续三年不使用为由，撤销第1939365号第25类"LUDENY及图形"商标。

3. "BMN"图形商标（详见附图六），商标注册证第10101457号，核定使用商品第25类服装、皮衣、内衣等。该商标于2013年7月6日由被告德马公司注册获得，商标注册有效期至2023年7月6日。

4. "BMN"图形商标（详见附图七），商标注册申请号为第11911185号，核定使用商品第25类服装、皮衣、内衣等。该商标由被告德马公司于2012年12月18日申请注册，2015年1月6日初审公告。

5. "⊗"图形商标（详见附图八），商标注册证第8014061号，核定使用商品第25类服装、鞋、帽、袜等。该商标于2011年6月20日由石狮市珍贵鸟服饰有限公司注册获得，2011年12月7日商标转让待审，2012年5月27日转让至被告周某某名下，该商标注册有效期至2021年6月20日。2012年8月30日，周某某与创佳公司就该商标的商标使用许可备案合同经国家商标局公告，许可使用期限自2012年5月27日至2021年6月20日。

6. "⊗"图形商标，商标注册证第10471262号，核定使用商品第18类动物皮、仿皮革、旅行包、钱包等。该商标于2013年4月6日由被告周某某注册获得，注册有效期至2023年4月6日。

7. "⊗"图形商标（详见附图九），商标注册证第10586231号，核定使用商品第25类袜、手套、围巾、领带等。该商标由被告周某某于2012年3月8日申请注册，2014年8月13日被核准注册，有效期至2024年8月13日。

（三）涉及原告主张被控侵权行为的相关事实

2013年1月16日，枣阳工商局向世纪宝姿出具枣工商鉴〔2013〕2号委托鉴定书，委托世纪宝姿对其提供的服饰是否侵犯注册商标专用权进行鉴定，并注明所需鉴定的服饰吊牌上载有"商标持有人：德国宝马集团（国际）控股有限公司，生产厂家：上海创佳服饰有限公司"。枣阳工商局并要求世纪宝姿书面说明其与德国宝马集团（国际）控股有限公司之间的关系，德国宝马集团（国际）控股有限公司与创佳公司之间的关系。上述《委托鉴定书》的附件照片显示，一家服饰店内装潢使用了☒（上下排列的☒标识和"**BMN**"，在☒及**BMN**上均有标注或不标注®的现象，详见附图十），一个男夹克领标上使用了☒BMN（左右排列的☒标识和**BMN**，在☒标识及**BMN**上均有标注或不标注®的现象，详见附图十一），在商品标价签上标注的品名为"宝马"。

2013年3月7日，锦州工商局对锦州市新玛特购物广场有限公司三楼宝马服装店实施了行政强制措施，扣押了防寒服、男装、休闲服、夹克、西服等服装。现场笔录及照片显示，该宝马服装店内有"宝马新品上市"广告牌，店内装潢使用了☒，所扣押的服装上分别使用了"☒"标识（详见附图十二）、**BMN**以及☒BMN，在衣服吊牌上有"德马集团（国际）控股有限公司"和"上海创佳服饰有限公司"。宝马服装店的经营者蔡某某在锦州工商局的询问笔录中称，宝马服装店装潢使用的☒、"宝马新品上市"广告牌均系其制作，其经被告创佳公司授权销售被扣押的服装。蔡某某并向锦州工商局提供了《品牌加盟手册》该《品牌加盟手册》封面上有☒、"德国宝马集团（国际）控股有限公司［German Bmw Group（Int'L）Holding Limited］"以及"www.german-nbmw.com"网址，内页左上角为"德国宝马集团"，右上角为☒。《品牌加盟手册》中有：1.销售委托书。该委托书盖有被告创佳公司公章，其上记载：2012年4月26日，被告创佳公司授权蔡某某销售☒男装系列商品（有效期2012年5月1日至2013年12月31日）。2.授权书。该授权书盖有"德国宝马集团（国际）控股有限公司"公章，其上记载：2008年7月16日，德国宝马集团（国际）控股有限公司将第25类申请号第6849545号、第1661337号、第1939365号、第1791835号商标（使用商品服装）授权被告创佳公司在中国大陆地区独占使用，授权期间自行开展商品开发、生产、销售及标识制作等业务，授权期限2008年7月16日至2012年7月15日。3.第1661337号、第1939365号、第1791835号商标注册证及第6849545号商标注册申请受理通知书。4.创佳公司营业执照及税务登记证等。2013年7月5日，锦州工商局作出锦工商处字〔2013〕92号行政处罚决定书，以蔡某某销售的服装上使用的"BMN及☒图形"商标侵犯了"宝马及☒图形"商标为由，责令蔡某某停止销售侵权商品、没收侵权标识、罚款人民币5万元。

2013年3月12日，原告代理人从德国宝马菏泽服饰经销中心购入短袖衬衫一件。该件短袖衬衫外包装袋上使用了☒（上下排列的"☒"标识和**BMN**，在"☒"标识及**BMN**上均有标注或不标注®的现象，详见附图十三），短袖衬衫左胸处上使用了"⊕"标识，衣领处使用了**BMN**且底纹为"⊕"商标，吊牌上使用了▨[上下排列的"⊕"阴阳纹标识（该标识在"⊕"商标图案的基础上出现明显的凹凸痕迹，外圈明显凸出，内圈左下、右上两格相对称呈网格状微凸，内圈左上、右下两格相对称呈平面，详见附图十四）和**BMN**，在"⊕"阴阳纹标识及**BMN**上均有标注或不标注®的现象，详见附图十五]、**BMN**，吊牌上还标注了被告德马公司和被告创佳公司的企业名称。

2013年5月10日，卢龙工商局对卢龙县卢龙镇迎宾路东侧广缘超市三楼服装店实施了行政强制措施，扣押了T恤、裤子等服装。现场笔录显示，该服装店牌匾标有"德国宝马集团（国际）控股有限公司"字样，店内装潢使用了▨，在服装的左胸上使用了"⊕"标识，在衣领处使用了▨**BMN**（左右排列的"⊕"标识和**BMN**，在"⊕"标识及**BMN**上均有标注或不标注®的现象，详见附图十六），在外包装上使用了▨。该服装店的经营者许某某在卢龙工商局的询问笔录中称，服装店中标有"德国宝马集团（国际）控股有限公司"字样的牌匾及▨装潢，均为创佳公司提供。所售服装均为创佳公司生产。许某某并向卢龙工商局提供了《品牌加盟手册》（部分），该《品牌加盟手册》内页右上角为"**BMN**/企业品牌加盟手册"。《品牌加盟手册》中有：1. 销售委托书。该委托书盖有被告创佳公司公章，该上记载：2013年1月1日，被告创佳公司授权许某某销售⊗©**BMN**®系列商品（有效期2013年1月1日至2013年12月29日）。2. 授权书。该授权书盖有周某某私章，该授权书上记载：2012年7月16日，周某某将第25类第10586231号商标（使用商品服装）授权创佳公司在中国大陆地区独占使用，授权期间自行商品开发、生产、销售及标识制作等业务发展，授权期限2012年7月16日至2023年7月15日。3. 授权书。该授权书盖有"德马国际控股有限公司"公章，该上记载：2012年7月16日，德马公司将第25类、第24类、第14类、第3类，注册号分别为第1661337号、第7227544号、第9384503号、第9384488号商标（使用商品服装、床上用品、手表、香水）授权创佳公司在中国大陆地区独占使用，授权期间自行商品开发、生产、销售及标识制作等业务发展，授权期限2012年7月16日至2023年7月15日。4. 第8014061号商标注册证及商标使用许可合同备案通知书、第1661337号、第1939365号、第1791835号商标注册证及第6849545号商标注册申请受理通知书。5. 创佳公司营业执照及税务登记证等。2013年5月30日，卢龙工商局作出卢工商处字〔2013〕23号行政处罚决定书，以许某某在经营场所内灯箱上使用标识与宝马公司"BMW及⊕"注册商标近似，许某某销售使用与宝马公司"⊕"商标近似标识的服装为由，责令许某某停止侵权、没收侵权服装 46 件并罚款人民币 1 万元。

2013 年 6 月 25 日，湖北省鄂州市公证处出具（2013）鄂州证字第 2067 号公证书。该公证书记载了原告委托代理人购买涉案被控侵权商品的过程。公证书显示：2013 年 6 月 14 日，原告委托代理人在湖北省鄂州市万联购物广场四楼，标识 BMN® 的服装专柜购买了 T 恤一件。该 T 恤衣领上使用了 ⊙BMN，左下衣角处使用了"⊙"标识（详见附图十七），吊牌上使用了 ⊙［上下排列的"⊙"阴阳纹标识（该标识在"⊙"商标图案的基础上出现明显的凹凸痕迹，外圈明显突出，内圈左右两格相对称呈网格状微凸，内圈上下两格相对称呈平面，详见附图十八）和 BMN，在"⊙"阴阳纹标识及 BMN 上均有标注或不标注®的现象，详见附图十九]、⊙BMN ［左右排列的"⊙"阴阳纹标识和 BMN，在"⊙"阴阳纹标识及 BMN 上均有标注或不标注®的现象，详见附图二十］，吊牌上还有被告创佳公司的企业名称。原告代理人当场取得盖有"鄂州市嘉祥万联实业有限公司收款专用章"、发票号码为 00116555 的《万联购物广场（鄂州分店）时尚衣都销售发票》一张，金额为人民币 316 元。购物后，公证处工作人员对所购物品进行了拍照及封存，并将封存物交原告代理人保存。

2013 年 6 月 17 日，原告委托代理人就上述湖北省鄂州市万联购物广场四楼"BMN"服装专柜销售被控侵权商品的行为向鄂城工商局予以投诉。同日，鄂城工商局对该"BMN"服装专柜实施了行政强制措施，就地封存了该"BMN"服装专柜销售的男式厚夹克、长 T 恤、男式厚裤子、男士短袖。照片显示，现场封存的服装衣袖处使用了"⊙"标识，衣领处使用了 ⊙BMN，吊牌上使用了 ⊙、BMN，在商品标签、发票上使用了"宝马男装"。"BMN"服装专柜的经营者胡某在鄂城工商局的询问笔录中称："BMN"服装专柜销售的商品从被告创佳公司处购入，所购入的服装分别标注 BMN""⊙"标识或"⊙"阴阳纹标识，服装吊牌上标注的商标持有人系被告德马公司。其根据创佳公司要求进行"BMN"服装专柜装修，主要使用 BMN 和"⊙"标识。胡某并向鄂城工商局提供了《品牌加盟手册》、专柜经营合同、销售委托书（该销售委托书上盖有被告创佳公司公章，该销售委托书记载：2012 年 9 月 15 日，被告创佳公司授权胡某销售⊙®BMN®男装系列商品，有效期为 2012 年 9 月 15 日至 2013 年 9 月 15 日）。上述《品牌加盟手册》封面上有⊙、被告创佳公司企业名称、网址 www.germanbmw.com 以及"宝马男装 40019014（上下排列）"的印章，内页左上角有"德马集团"，右上角为品牌加盟手册/⊙。《品牌加盟手册》中有：1. 销售委托书。该委托书盖有被告创佳公司公章，其上记载：2011 年 9 月 16 日，被告创佳公司授权胡某销售 BMN 系列商品，有效期 2011 年 9 月 16 日至 2012 年 9 月 15 日。2. 授权书。该授权书盖有"德马集团（国际）控股有限公司"公章，其上记载：2008 年 7 月 16 日，周某某将第 8014061 号、第 1661337 号商标（使用商品服装）授权创佳公司在中国大陆地区独占使用，授权期间自行商品开发、生产、销售及标识制作等业务发展，授权期限为 2008 年 7 月 16 日至 2012 年 7 月 15 日止。3. 第 8014061 号商标注册证及商标使用许可合同备案通知书、第 1661337 号商标注册证。4. 创佳公司营业执照及税务登记证等。2013 年 9 月 4 日，鄂城工商局作出鄂城工商处字〔2013〕4135 号行政处罚决定书，以胡某利用店头标识、印章、购物袋、标价签、店内商品柜中陈列宝马汽车模型、对所售商品宣称为"宝马男装"等虚假宣传的不正当竞争行为，以及销售仿冒宝马公司" "商标的服装为由，责令胡某消除影响、停止侵权、没收侵权服装 116 件，并罚款人民币 1.8 万元。

2013 年 10 月 15 日，北京市长安公证处出具（2013）京长安内经证字第 20794 号公证书。该公证书记载了 2013 年 10 月 15 日原告委托代理人从互联网上下载所需文件的过程及所下载文件的内容。公证书显示：1. 登录网站 http://www.germanbmw.com，网站首页左上角显示 ，以及首页、公司介绍、品牌文化、招商加盟、新闻动态、商品中心、品牌网点、联系我们等栏目。2. 公司介绍网页中有"BMN 品牌创建于 2002 年初，……2008 年 BMN 品牌终于在中国大陆落户。……从北京辐射全国到 2012 年，BMN 在中国市场已经开店 400 多家……早在 08 年，我们就上京对服饰市场和新店地址进行初步考察。另外，在北京推出形象店，也是我们推行 09 年全国战略布局的重要一步，那就是以首都为据点，用形象店辐射全国市场版图，争取每年实现 100 家新店的增长目标"等陈述。3. 招商加盟网页中有"……加盟内容……指定区域内特许经营 BMN 品牌……"等陈述。4. 品牌网点网页中的照片显示：在服饰店装潢上有上中下排列的" "标识（详见附图二十一）、BMN 和"德国宝马"、 BMN、上下排列的" "标识和"德国宝马"。5. 联系我们网页中有"上海创佳服饰有限公司；网址 www.germanbmw.com；中国总代理地址：上海市奉贤区柘林镇黄沙三组"等信息。

2013 年 10 月 30 日，沙市工商局向厦门宝姿出具沙工商询字〔2013〕1030 号协助查询函称，因该局在市场巡查中发现在荆州市沙市区一家商场内销售的服装，使用蓝白相间的"蓝天白云"圆形图案标识及"BMN"商标，与厦门宝姿代理的原告相关服装注册商标相近似，故要求原告或厦门宝姿派人核实。上述协助查询函的附件照片显示：服饰店内装潢使用了 BMN、 、

BMN（左右排列的"◯"标识和BMN，在"◯"标识及BMN上均有标注或不标注®的现象，详见附图二十二），在服装领标、内衣袋口、衣领上使用了 BMN，在鞋盒上使用了 ，在鞋内底上使用了 。

2014年4月，铁岭工商局向原告出具铁市工商协字〔2014〕3号协助查询函称，该局在处理铁岭大商新玛特商场涉嫌销售侵犯原告注册商标专用权的"BMN"服饰商品一案中，需原告协助调查。上述协助查询函的附件照片显示：服饰店内装潢使用了BMN、 （上下排列的"◯"标识和BMN，在"◯"标识及BMN上均有标注或不标注®的现象，详见附图二十三），吊牌上使用了 ，服装左胸处分别使用了"◯"标识、" "标识，合格证上有"品牌：宝马"的标注。

2014年6月12日，上海市徐汇公证处出具（2014）沪徐证经字第4765号公证书。该公证书记载了申请人与公证人员于2014年6月8日至浙江省桐乡市濮院镇工贸大道2038号东大楼公司标识显示为"BMW"的公司，在该公司工作人员的陪同下，参观公司并进行拍照的过程。公证书所附照片显示：该公司外墙上使用了BMN、 ；室内装潢上使用了 、" "标识、BMN；在上衣、鞋、皮包上使用了 BMN、 、" "标识等，在衣架上使用了 ，在吊牌上使用了 、BMN。

2014年7月30日，北京市长安公证处出具（2014）京长安内经证字第16388号公证书，该公证书记载了2014年7月26日原告委托代理人从互联网上下载所需文件的过程及所下载文件的内容。该公证书显示：1.登录www.net.cn网站，查询germanbmw.com域名的注册信息。显示：注册日期2008年7月8日，注册人zhenhua Feng。2.登录www.germanbmw.com网站，显示内容与（2013）京长安内经证字第20794号公证书一致。

2014年8月14日，原告代理人在邳州市大唐街德国宝马服饰购买了短袖T恤一件。该件短袖T恤外包装袋上使用了 和"德国宝马国际（控股）有限公司"。短袖T恤左胸处使用了"◯"标识，衣领处使用了 BMN，吊牌上使用了 。

2014年10月3日，世界知识产权组织仲裁与调解中心，作出案件编号为D2014-1352"germanbmw.com"裁决通知书。在该裁决书中专家组认为，该争议域名"germanbmw.com"系以恶意注册并以恶意使用，专家组判令该争议域名"germanbmw.com"须移交给原告。

2015年4月1日，北京市长安公证处出具（2015）京长安内经证字第6048号公证书。该公证书记载了2015年3月25日原告委托代理人从互联网上下载所需文件的过程。该公证书显示：1. 淘宝论坛中有名称为"德国宝马BMW和这个德国宝马BMN谁真谁假可笑"的帖子，该贴中发表者叙述了其在淘宝商城潇洋鸿商贸购买BMN裤子的过程，贴中照片显示，该裤子吊牌上使用了▇、**BMN**。2.《绍兴晚报》网站有"BMN傍上BMW，港士龙变身七匹狼"的文章，文中称："市区解放南路金时代广场对面有一家新开的服饰商场——大昌祥服饰广场……记者多次来到商场暗访……柜台上赫然摆放着醒目的'宝马'经典商标，但凑近细看，会发现该商标上的英文字母与宝马的'BMW'不同，而是'BMN'……特许授权专卖的牌子上写着'BMN特许授权专卖'，右下方注明'德国宝马集团控股有限公司'。在其中一件服装的吊牌上写着'德马集团（国际）控股有限公司'授权，'上海创佳服饰有限公司'生产"。3. 南宁新闻网有"BMN+相似宝马图案＝正规宝马商标？一批'山寨版'宝马外套裤子皮鞋皮包被查扣"的新闻。该新闻中称"三个分别注册的商标、图案合起来却成了'似是而非'的'山寨版'宝马商标，不仔细看还蒙骗了不少的消费者。昨日，兴宁区工商局经过调查，判定盛世联邦一楼一家商铺销售的衣服侵犯了宝马的商标权"。该新闻所附照片显示，在衣领、鞋内底处分别使用了◉BMN、▇、◉BMN，照片中并有使用▇的《品牌加盟手册》。

2015年8月4日，日照工商局对日照市海曲东路凯德广场二楼宝马服饰店实施了行政强制措施，扣押该服饰店销售的上衣、男裤、男鞋等服饰。照片显示，该服饰店室内装潢使用了上下排列的"◉"标识和"德国宝马集团（国际）控股有限公司"、**BMN**、"◉"标识，在裤子上使用了▇，在服饰、衣领处分别使用了"▇"标识、◉BMN，鞋盒上使用了▇，在衣架上使用了▇，在吊牌上使用了▇、**BMN**，在外包装上使用了▇、▇。该服饰店的经营者申某在日照工商局的询问笔录中称："德国宝马集团（国际）控股有限公司"字样装潢系创佳公司的省级代理商铁某某提供，所售服饰、包装袋等亦从该处进货。同月28日，日照工商局向宝马中国出具日东工商协查字〔2015〕0101号协助查询函委托鉴定书称，其在处理申某涉嫌销售侵犯宝马注册商标专用权服装一案中，因需确定其所销售的是否为侵犯宝马注册商标专用权的商品，故要求宝马中国协助调查。上述协助查询函的附件照片显示，在服装上使用了"◉"标识，在吊牌上使用了▇，在鞋内底和裤子上使用了◉BMN，在包装袋上有上中下排列的"▇"标识、"BAOMA LIFEWAY"和"（商标持有人）宝马股份有限公司"，在吊牌上有"商标持有人：德马集团（国际）控股有限公司，生产厂商上海创佳服饰有限公司"的标注。2015年

11月16日，日照工商局作出日东工商行处字〔2015〕144号行政处罚决定书，以申某销售侵犯原告注册商标的商品为由，责令申某停止侵权、没收侵权上衣65件、裤子25条、鞋子24双，并罚款人民币33元。

审理中，原告向本院提供的证据21为《BMN品牌加盟手册》。上述《BMN品牌加盟手册》封面右上中部为BMN/品牌加盟手册，下部为被告创佳公司企业名称。《BMN品牌加盟手册》中有：1. 销售委托书（该销售委托书格式与上文中许某某、胡某提供的《品牌加盟手册》中的销售委托书的格式一致）。2. 授权书（该授权书格式与上文中许某某提供的《品牌加盟手册》中周某某的授权书一致）。3. 授权书（该授权书格式与上文中许某某提供的《品牌加盟手册》中被告德马公司的授权书一致）。4. 第8014061号商标注册证及商标使用许可合同备案通知书、第10586231号注册申请受理通知书（"●"商标显示为蓝白色），第1661337号商标注册证及商标使用许可合同备案通知书，第9384488号、第9384503号、第7227544号商标注册证。5. 创佳公司营业执照、税务登记证等。原告称该《品牌加盟手册》系从创佳公司总经理高某某处获得。

原告向本院提供的证据41为创佳公司总经理高某某和副总经理张某的名片，上述名片上均使用了●。高某某名片上有"地址：中国濮院工贸大道2038东大楼宝马家；电话0573-88836551转810"的信息。张某名片上有地址：中国濮院工贸大道2038号东大楼BMN服饰；电话0573-88836551-812"的信息。

原告向本院提供的证据42为周某某的名片，名片上使用了●以及"德国宝马集团（国际）控股有限公司中国总代理；电话86-573-38835113；www.germanbmw.com；朱某某、周某某银行账号"等信息。审理中，原告申请的证人杨某某作证称，其在濮院世贸商城名为德马集团商铺（墙面写着德国宝马），从一位30岁左右女子手中取得该张周某某名片。当本院问及周某某身份证上显示照片是否该女子时，证人称"发型不像，脸型像"……"看着面熟"。审理中，被告周某某向本院出具庭后说明称，上述名片周某某并未印制，名片上署名周某某的银行账户确系其所有，但相关账户从未提供他人使用，也未收取任何经营款项。

被告创佳公司向本院提供的证据6系被告创佳公司所使用的装潢、标签、纽扣、包装袋等照片。照片显示：被告创佳公司在其装潢中使用了横排及竖排的BMN，在皮带扣上使用了"●"标识，在标签、装饰件、包装袋中使用了BMN、●、●BMN、●、●BMN。

原告提供的证据显示，其为本案支付公证费人民币5120元、检索费人民币5794元，香港的查档费港币4965元。

以上事实由原告提供的证据1~36、39~49、51~71、50中的公证费发票、国家图书馆资料费发票、香港的查档费发票，被告创佳公司提供的证据1~6，被告周某某提供的证据1~4，本院审理笔录等证据证实，本院予以确认。

本院认为，本案中各方当事人的争议焦点在于：1. 原告的涉案商标是否可以被认定为驰名商标；2. 三被告是否实施了原告主张的侵权行为；3. 三被告在本案中应否承担民事责任。

一、关于第一个争议焦点

（一）本案中有认定"●""BMW""寶馬"商标为驰名商标的必要

本院认为，首先，人民法院对驰名商标的认定应当根据当事人的请求和案件的具体情况，对于符合《中华人民共和国商标法》（以下简称《商标法》）以及《最高人民法院关于审理涉及驰名商标保护的民事纠纷案件应用法律若干问题的解释》（以下简称《驰名商标司法解释》）规定的，确有必要认定为驰名商标的商标可以进行驰名商标认定。《商标法》第十三条第三款规定，就不相同或者不相类似商品申请注册的商标是复制、摹仿或者翻译他人已经在中国注册的驰名商标，误导公众，致使该驰名商标注册人的利益可能受到损害的，不予注册并禁止使用。在本案中，原告主张驰名商标的"●""寶馬""BMW"商标核定使用的商品为第12类机动车辆、摩托车及其零件，原告又使用相同或相近的"●""●""BMW"在第18类皮革制品、第25类服装等商品上申请了注册商标。而本案被控侵权商品属于第25类的服装以及第18类的皮革制品，且被控侵权标识中还涉及已经取得注册商标专用权的商标标识。因此，本案不仅涉及原告第25类、第18类上的商标与被控侵权标识的比对，还涉及被告德马公司、被告周某某已登记并使用在第25类、第18类商品上的商标是否侵犯原告主张的第12类上的驰名商标，且第12类机动车辆与第18类皮革制品、第25类服装，无论从相关公众对商品材质、销售渠道等方面的一般认知，还是根据《商标注册用商品和服务国际分类表》《类似商品和服务区分表》上的分类，三者属于既不相同也不相类似的商品。因此，根据当事人的请求和本案的具体情况，有必要对"●""寶馬""BMW"商标是否属于驰名商标及其形成作出认定，才可以对三被告在本案中是否构成商标侵权作出全面判断。故本院认为，本案中有必要认定"●""寶馬""BMW"商标是否属于驰名商标。

（二）原告的"●""BMW""寶馬"注册商标至少在2007年就已属驰名商标，并持续至今

《驰名商标司法解释》第五条规定，"当事人主张商标驰名的，应当根据

案件具体情况，提供下列证据，证明被诉侵犯商标权或者不正当竞争行为发生时，其商标已属驰名：（一）使用该商标的商品的市场份额、销售区域、利税等；（二）该商标的持续使用时间；（三）该商标的宣传或者促销活动的方式、持续时间、程度、资金投入和地域范围；（四）该商标曾被作为驰名商标受保护的记录；（五）该商标享有的市场声誉；（六）证明该商标已属驰名的其他事实……"。对于商标使用时间长短、行业排名、市场调查报告、市场价值评估报告、是否曾被认定为著名商标等证据，人民法院应当结合认定商标驰名的其他证据，客观、全面地进行审查。

本案中，1. "●""BMW"商标在1987年，"寶馬"商标在1995年已注册并使用至今，2000年6月，使用在汽车商品上的商标宝马BMW被国家工商行政管理总局录入《全国重点商标保护名录》。可见，自2000年起，"●""BMW"等商标已经具有较高的知名度。2. 2003年华晨宝马成立后就使用"●""BMW""宝马"等商标生产BMW 3系等宝马汽车。自2003年10月华晨宝马生产的第一辆宝马汽车上市至今已超过12年，仅至2011年5月19日，华晨宝马共生产25万辆宝马汽车。2010年至2013年，华晨宝马生产、销售宝马汽车的数量逐年上升，2013年的年产量、销售量均突破20万辆。华晨宝马并在全国设有2个整车工厂和1个发动机工厂、420个销售和服务网点、4个宝马零部件配送中心、3个宝马培训中心、15个培训基地和11个钣喷培训点。截至2013年底，本地供应商达到326家，年采购额达人民币179亿元。显然，华晨宝马在中国大陆地区生产、销售宝马汽车的行为，增加、扩张了"●""BMW""寶馬"商标在中国大陆地区的知名程度。3. 宝马中国自2005年9月成立后，一直从事包括宝马汽车和摩托车的进口、销售、市场营销及服务，使用"●""BMW""寶馬"商标的进口宝马汽车的销售额逐年上升，宝马中国并在全国范围内建立了完善的二手车服务体系、完善的售后服务网络，宝马汽车车主俱乐部成员遍布全国各地。宝马中国在中国大陆地区销售宝马进口汽车并提供售后服务的行为，同样增加、扩张了"●""BMW""寶馬"商标在中国大陆地区的知名程度。4. 2004年，原告的"●""BMW""宝马"商标就在世界品牌实验室的世界品牌500强排行榜中排名第10位，至2014年每年排名均在前32位内。宝马汽车亦在各国获得多项荣誉，并被新华网评选为"2014年度最佳汽车""2014年度最佳行政级轿车"；被腾讯汽车评选为"年度最佳合资豪华车"。宝马汽车所获得的上述奖项亦可充分说明"●""BMW""寶馬"商标在中国大陆地区的知名程度。5. 宝马中国、华晨宝马及其授权经销商通过各种形式的商业宣传和推广活动、参与车展、公益事业、体育赛事等方式,持续提高""""BMW""寳馬"商标在中国大陆地区的知名程度。6. 自2000年起,各类报刊、杂志、网络媒体对原告的""""BMW""寳馬"商标和商品进行了广泛、持续的报道。7. """"BMW""寳馬"商标还获得了各种形式的司法行政保护。2009年12月,""""BMW""寳馬"商标被湖南省高级人民法院以"宝马公司系全球知名的汽车生产商,为世界500强企业,其2004年、2005年、2006年度全球营业收入分别为5514220万美元、5797310万美元、6147670万美元,全球营业利润分别为276360万美元、278210万美元、359830万美元……原告宝马公司在第12类'机动车辆、摩托车及其零件'商品上核准使用的'"'(BMW及图)、'BMW''寳馬'商标已处于事实上的驰名状态"等事实认定原告宝马公司""""BMW""寳馬"注册商标为驰名商标。2010年9月,"BMW"商标被国家商标局认定为驰名商标。2011年7月"寳馬"商标被国家商评委认定为驰名商标。上述事实互相印证,足以证明原告的""""BMW""寳馬"商标至少在2007年就已为中国境内相关公众广为知晓,属于驰名商标。之后""""BMW""寳馬"商标在中国境内的知名程度亦随着其持续使用而不断增加、扩张,持续处于驰名状态。本院对于,被告创佳公司、被告周某某关于原告在本案中主张的涉案商标""""BMW""寳馬"商标并不属于驰名商标,亦无须认定为驰名商标的辩称意见,不予采信。

二、关于第二个争议焦点

本院认为,被告创佳公司、德马公司、周某某明知""""BMW""寳馬"商标属于驰名商标,仍共同建立BMN品牌加盟体系并通过生产、销售被控侵权商品,授权BMN品牌授权经销商、广告宣传等商业活动使用侵权标识,实施了涉案商标侵权及不正当竞争行为。

(一)被告创佳公司、被告德马公司、被告周某某共同设立、经营了BMN品牌加盟体系,并对该加盟体系中具体企业名称、标识的使用有明显的意思联络

1. 2008年7月,被告周某某在字号中使用"宝马"和"BMW",发起设立"德国宝马集团(国际)控股有限公司"[GERMAN BMW GROUP(INT'L)HOLDING LIMITED](即被告德马公司)。同月,"德国宝马集团(国际)控股有限公司"在""""BMN"商标尚处于商标转让待审程序阶段就已经授权被告创佳公司使用,且存有该份授权书的《品牌加盟手册》(蔡某某提供)上,标注了德国宝马集团(国际)控股有限公司[GERMAN BMW GROUP(INT'L)HOLDING LIMITED]、德国宝马集团等企业名称。2. 被告周

某某的"⊗"商标尚未进入商标转让待审程序,被告德马公司就已授权被告创佳公司使用"⊗"商标,且之后被告周某某确实与被告创佳公司办理了商标使用许可合同备案手续。3. 被告周某某申请"⊗"商标的注册申请受理通知书出现在《品牌加盟手册》中,被告周某某并将"⊗"商标授权被告创佳公司使用。4.《品牌加盟手册》中所授权销售的品牌根据上述商标授权情况进行了调整。上述事实,互相印证可以证明被告周某某设立德马公司,申请注册"⊕""⊗"商标授权被告创佳公司使用,被告德马公司申请注册"⊕""BMN"商标授权被告创佳公司使用,其目的是 BMN 品牌加盟体系的设立、经营。且鉴于在《品牌加盟手册》、涉案商品及其外包装、吊牌上均出现了被告德马公司的企业名称(或简称)及注册商标,被告创佳公司实际生产了涉案商品,故应当认为被告德马公司、被告创佳公司共同在《品牌加盟手册》、涉案商品及其外包装、吊牌上使用了被控侵权的企业名称和标识。被告周某某作为被告德马公司的唯一董事和股东显然掌握、决策了被告德马公司的经营活动。综上,本院认为,被告德马公司、被告周某某、被告创佳公司通过分工合作由被告周某某负责被告德马公司的设立,被告周某某、被告德马公司负责商标的注册并向被告创佳公司授权,被告德马公司、被告创佳公司负责 BMN 品牌加盟体系经营活动中被控侵权的企业名称和标识的具体使用。因此,系被告德马公司、被告周某某、被告创佳公司共同设立、经营了 BMN 品牌加盟体系,并对 BMN 品牌加盟体系中具体企业名称、标识的使用有明显的意思联络。本院对于被告周某某关于其仅授权被告创佳公司使用"⊗"商标、BMN 品牌加盟体系以及被控侵权标识、"德国宝马集团(国际)控股有限公司"[GERMAN BMW GROUP(INT'L)HOLDING LIMITED]的企业名称、德国宝马、德国宝马公司等,与其无关的辩称意见,不予采信。

对于被告周某某关于其未将"⊗"商标授权被告创佳公司使用的辩称意见,本院认为,被告周某某作为"⊗"商标的所有人,显然掌握了"⊗"商标的注册情况及其相关文件,现"⊗"商标的注册申请受理通知书,被告周某某授权被告创佳公司使用"⊗"商标的授权书,以及和"⊗"商标相同的"⊗"标识出现在《品牌加盟手册》中。对此,被告周某某虽有异议,但无相反证据予以证实,本院对于被告周某某的上述辩称意见,不予采纳。

(二)被告创佳公司、被告德马公司、被告周某某在设立并经营 BMN 品牌加盟体系过程中,具有故意造成 BMN 品牌与原告之间具有特定联系的混淆和误认的主观恶意

原告"⊗""BMW""寶馬"商标至少在 2007 年已经属于驰名商标并持续

至今。上述商标中"BMW"字母、"寶馬"文字以及"⊕"商标中内圈间隔色块设置、四片等分叶轮视觉效果的图形结构，其单独及其组合因原告的广泛使用，已经成为相关消费者识别原告及原告商品的主要标志。对此，三被告应当是明知的，但三被告仍实施了如下行为：

1. 被告周某某以"BMW""宝马"作为字号注册成立了被告德马公司，而被告德马公司一经成立，就与被告创佳公司在 BMN 品牌加盟体系的经营中使用德国宝马集团（国际）控股有限公司［GERMAN BMW GROUP（INT'L）HOLDING LIMITED］、德国宝马集团、德国宝马并授权 BMN 品牌授权销售商使用。即使在被告德马公司企业名称已经变更为现名的情况下，被告德马公司、被告创佳公司仍持续使用上述名称。

2. 被告德马公司、被告创佳公司未按核定使用的标识使用"⊕""⊗"商标，而是在两个商标的基础上，改变两个商标的图形结构与颜色，模仿"⊕"商标中内圈间隔色块设置、四片等分叶轮视觉效果的图形结构，使用易使相关公众对商品的来源产生误认或者认为其来源与原告"⊕"商标具有特定的联系的"⊕"标识、"⊗"标识、"⊕"阴阳纹标识、"⊗"阴阳纹标识、"⊕"标识并授权 BMN 品牌授权销售商使用。

3. 被告德马公司、被告创佳公司实际使用的 **BMN**、**BMN** 与原告"BMW"商标具有相同"BM"字母，以相关公众的一般注意力为标准，两者已经构成近似。

4. 上述实际使用于 BMN 品牌加盟体系中的企业名称及标识，显然与识别原告及原告商品的三个主要标志"BMW""寶馬"以及"⊕"商标中内圈间隔色块设置、四片等分叶轮视觉效果的图形结构具有一一对应关系。被告德马公司、被告创佳公司在上述单一标识的基础上，将其组合为 ⊕BMN、⊕BMW、⊕、⊕、⊕ BMN、⊕、⊕ BMN、⊕ BMN、⊕ 等图案，并与德国宝马集团（国际）控股有限公司［GERMAN BMW GROUP（INT'L）HOLDING LIMITED］、德国宝马集团、德国宝马等配合，广泛使用于《品牌加盟手册》、涉案服装、鞋、包等商品、广告宣传、经营场所装潢等 BMN 品牌加盟体系的各种商业活动中。被告德马公司、被告创佳公司的上述使用方式、范围，显然进一步加强了相关公众对 BMN 品牌的印象，加深了 BMN 品牌与原告之间具有特定联系的误认和混淆的程度。

5. 在经营 BMN 品牌加盟体系的过程中，被告周某某进一步注册了与"⊕""⊗"商标图形结构不同，而与原告"⊕"商标图形结构近似的"⊗"商标，并授权被告创佳公司使用。被告德马公司亦注册了与原告"BMW"商标近似的"BMN""**BMN**"商标并与被告创佳公司共同使用。被告周某某、被告德马公司、被告创佳公司上述行为的目的,显然是造成其合法使用商标的假象,掩盖其模仿、复制原告"⊙""BMW""寶馬"商标,误导公众BMN品牌与原告具有特定联系的侵权行为,逃避正常的行政监管。

本院认为,上述分析表明,被告创佳公司、被告德马公司、被告周某某在共同设立、经营BMN品牌加盟体系的过程中,全面复制、模仿识别原告及原告商品的主要标志,误导公众,其目的显然是使相关公众产生被告德马公司与原告之间有关联关系,以及BMN品牌加盟体系及其所售商品与原告具有特定联系的混淆和误认。综上,本院认为,被告创佳公司、被告德马公司、被告周某某对于侵权企业名称、侵权标识的注册、使用具有明显的主观恶意。

对于被告创佳公司关于其合法取得了被告德马公司的相关授权,并依法授权第三方使用,现第三方使用行为超出了被告创佳公司的授权范围,与被告创佳公司无关的辩称意见,本院认为:《品牌加盟手册》上标注有"德国宝马集团(国际)控股有限公司"[GERMAN BMW GROUP (INT'L) HOLDING LIMITED]、德国宝马集团等企业名称以及被控侵权标识,被告创佳公司在其http://www.germanbmw.com网站品牌网点网页的宣传照片中使用了"德国宝马"及被控侵权标识,被告创佳公司、被告德马公司在涉案商品上也实际使用了上述企业名称和被控侵权标识,故蔡某某、许某某、胡某等BMN品牌授权销售商在其新品上市广告牌、商品标签上使用"宝马",在其店铺装潢中使用"德国宝马集团(国际)控股有限公司"及被控侵权标识等行为,显然是基于被告德马公司、被告创佳公司的上述使用行为。因此,BMN品牌授权销售商的上述使用行为均应视为被告创佳公司、被告德马公司的授权使用行为,本院对于被告创佳公司的相关辩称意见,不予采纳。

(三)关于本案中不正当竞争行为的认定

本院认为,《商标法》第五十八条规定,将他人注册商标、未注册的驰名商标作为企业名称中的字号使用,误导公众,构成不正当竞争行为的,依照《中华人民共和国反不正当竞争法》处理。《中华人民共和国反不正当竞争法》第二条规定,经营者在市场交易中,应当遵循自愿、平等、公平、诚实信用的原则,遵守公认的商业道德。本案中,"BMW"与"寶馬"在2007年已经属于驰名商标,被告周某某使用"BMW"和"宝马"注册被告德马公司,被告德马公司、被告创佳公司在BMN品牌加盟体系中使用"德国宝马集团(国际)控股有限公司"具有明显的主观恶意。故被告德马公司在授权书,被告德马公司、被告创佳公司在《品牌加盟手册》、涉案商品吊牌、外包装使用"德国宝马集团(国际)控股有限公司"[GERMAN BMW GROUP (INT'L)

HOLDING LIMITED〕并授权 BMN 品牌授权销售商使用；被告周某某在其名片上使用"德国宝马集团（国际）控股有限公司中国总代理"的行为，属于在不相同、不相类似的商品上，复制并使用原告"寶馬"驰名商标，易使相关公众产生使用上述企业名称所进行的经营活动与原告宝马公司之间具有特定联系的混淆和误认，属于违反诚实信用原则和公认的商业道德的不正当竞争行为。综上，原告关于被告德马公司立即停止使用"德国宝马集团（国际）控股有限公司"企业名称的不正当竞争行为的诉讼请求，依法有据，本院予以支持。

对于被告周某某关于原告提供的证据 42 周某某名片并非其印制的辩称意见，本院认为，证人杨某某的证言证明了周某某名片的真实性及取得的合法性。被告周某某虽有异议，但并无相反证据予以证实，且被告周某某确认上述名片上署名周某某的银行账户系其所有。故本院对于被告周某某的相关辩称意见不予采信。但是，被告周某某上述在其印制名片中使用"德国宝马集团（国际）控股有限公司中国总代理"以及"■"标识的行为，尚不足以证明被告周某某实际销售了涉案商品，原告相关主张所依据的证据尚不充分，本院对于原告关于被告周某某销售标识有被控侵权标识的涉案商品的相关主张，不予采信。

（四）关于本案中商标侵权行为的认定

本院认为，《商标法》第五十七条第一项、第二项规定：未经商标注册人的许可，在同一种商品上使用与其注册商标相同的商标的；在同一种商品上使用与其注册商标近似的商标，或者在类似商品上使用与其注册商标相同或者近似的商标，容易导致混淆的，属于侵犯注册商标专用权的侵权行为。《最高人民法院关于审理商标民事纠纷案件适用法律若干问题的解释》（以下简称《商标法司法解释》）第一条第一项规定，将与他人注册商标相同或者相近似的文字作为企业的字号在相同或者类似商品上突出使用，容易使相关公众产生误认的属于给他人注册商标专用权造成其他损害的商标侵权行为。《商标法司法解释》第九条规定：商标法第五十二条第一项规定的商标相同，是指被控侵权的商标与原告的注册商标相比较，二者在视觉上基本无差别。商标法第五十二条第一项规定的商标近似，是指被控侵权的商标与原告的注册商标相比较，其文字的字形、读音、含义或者图形的构图及颜色，或者其各要素组合后的整体结构相似，或者其立体形状、颜色组合近似，易使相关公众对商品的来源产生误认或者认为其来源与原告注册商标的商品有特定的联系。"第十条规定：人民法院依据商标法第五十二条第一项的规定，认定商标相同或者近似按照以下原则进行：（一）以相关公众的一般注意力为标准；（二）既要进行对商标的整体比对，又要进行对商标主要部分的比对，比对应当在比对对象隔离的状态下分别进行；（三）判断商标是否近似，应当考虑请求保护注册商标的显著性和知名度。"

1. 关于德国宝马、德国宝马集团

首先，原告的"寶馬"注册商标至少在2007年已经属于驰名商标并延续至今，经原告长期使用已经成为区分原告及原告商品的主要标志之一。其次，"寶馬"和"宝马"除分属繁、简字体外，视觉上并无差异两者属于相同。再次，原告在第25类服装等、第18类皮革制品等商品上注册商标并授权第三方使用，因此，原告与被告德马公司、被告创佳公司在经营范围上有一定程度的重合。最后，被告德马公司、被告创佳公司在《品牌加盟手册》、涉案商品外包装、网络广告宣传等BMN品牌加盟体系的经营活动中使用德国宝马、德国宝马集团，并授权BMN品牌授权销售商使用，具有明显的主观恶意。上述使用行为，易使相关公众对使用德国宝马、德国宝马集团的商品，产生与原告之间具有特定联系的混淆和误认。故被告德马公司、被告创佳公司的上述行为属于在不相同或者不相类似商品上，复制、模仿原告已经在中国注册的"寶馬"驰名商标，并突出使用，误导公众，并致使原告的利益可能受到损害的商标侵权行为。本院认为，被告德马公司、被告创佳公司将德国宝马、德国宝马集团等使用于《品牌加盟手册》、网络的广告宣传中并授权BMN品牌授权经销商使用，侵害了原告"寶馬"注册商标（商标注册证第784348号）专用权，被告德马公司、被告创佳公司应当停止对德国宝马、德国宝马集团的使用。

2. 关于"⊗"注册商标（商标注册证第10586231号）以及使用在第25类服装、鞋等商品上的"⊗"标识

本院认为，首先，原告的"⊛"注册商标至少在2007年已经属于驰名商标并延续至今，且"⊛"商标中内圈间隔色块的设置、四片等分叶轮视觉效果的图形结构，属于"⊛"商标中的主要部分，成为相关消费者区别原告及原告商品的主要标志之一。其次，"⊗"商标同样使用了内圈间隔色块的设置、四片等分叶轮视觉效果的图形结构，与原告"⊛"驰名商标图形的构图及颜色相近似。再次，原告在第25类服装、鞋商品上注册商标并授权第三方使用，因此，原告与被告德马公司、被告创佳公司在经营范围上有一定程度的重合。最后，被告周某某注册并授权被告创佳公司使用"⊗"商标，被告创佳公司、被告德马公司在生产、销售的服装、鞋等商品上，在广告宣传、经营场所装潢等商业活动中使用以"⊗"商标，并授权BMN品牌授权销售商使用的行为，具有明显的主观恶意，易使相关公众对使用"⊗"商标的来源，

产生与原告之间具有特定联系的混淆和误认。故被告创佳公司、被告德马公司、被告周某某的行为，属于在不相同或者不相类似商品上，模仿原告已经在中国注册的"⊕"驰名商标，误导公众，并致使原告的利益可能受到损害的商标侵权行为。被告创佳公司、被告德马公司、被告周某某共同侵害了原告享有的"⊕"商标（商标注册证第 282196 号），根据《商标法》第十三条第三款的规定，被告创佳公司、被告德马公司、被告周某某应当停止对"⊗"注册商标（商标注册证第 10586231 号）及"⊗"标识的使用。

3. 关于"BMN"注册商标（商标注册证第 10101457 号）以及使用在第 25 类服装、鞋等商品上的"BMN""BMN"

本院认为，首先，原告的"BMW"注册商标至少在 2007 年已经属于驰名商标并延续至今，且"BMW"被原告广泛使用于商业活动中，已经成为相关消费者区别原告及原告商品的主要标志之一。其次，"BMN"商标中的"BM"字母与原告"BMW"驰名商标中的"BM"字母相同，以相关公众的一般注意力为标准两者构成近似。再次，原告在第 25 类服装、鞋等商品上注册商标并授权第三方使用，因此，原告与被告德马公司、被告创佳公司在经营范围上有一定程度的重合。最后，被告德马公司注册"BMN"商标，并与被告创佳公司在生产、销售的服装、鞋等商品上，在广告宣传、经营场所装潢等商业活动中以与"BMN"商标视觉效果相同的"BMN""BMN"使用，并授权 BMN 品牌授权销售商的行为，具有明显的主观恶意，易使相关公众对使用"BMN"商标商品的来源，产生与原告之间具有特定联系的混淆和误认。故被告创佳公司、被告德马公司、被告周某某的行为，属于在不相同或者不相类似商品上，复制、模仿原告已经在中国注册的"BMW"驰名商标，误导公众，并致使原告的利益可能受到损害的商标侵权行为。被告创佳公司、被告德马公司的行为共同侵害了原告享有的"BMW"商标（商标注册证第 282195 号），被告创佳公司、被告德马公司应当停止对"BMN"注册商标（商标注册证第 10101457 号）及"BMN""BMN"标识的使用。

4. 关于"⊕"标识、"⊕"阴阳纹标识、"⊗"阴阳纹标识、"⊕"标识在第 25 类服装、鞋等商品，第 18 类皮革制品等商品上的使用

本院认为，（1）"⊕"标识、"⊕"阴阳纹标识、"⊗"阴阳纹标识、"⊕"标识被使用于第 25 类服装、鞋等商品，第 18 类皮革制品等商品上，与原告"⊕""⊕"商标核定使用的商品属于相同商品。（2）"⊕"标识、"⊕"阴阳纹标识、"⊗"阴阳纹标识、"⊕"标识，与原告"⊕""⊕"商标均采用了内圈间隔色块的设置、四片等分叶轮视觉效果的图形结构，故

"▨"标识、"✪"阴阳纹标识、"✪"阴阳纹标识与原告"✪""✪"商标相近似,"✪"标识与"✪"商标相同。(3)以相关公众的一般注意力为标准,易使相关公众对标注有上述被控侵权标识的商品来源产生与原告"✪""✪"注册商标的商品有特定联系的混淆和误认。(4)"✪"标识、"✪"阴阳纹标识、"✪"阴阳纹标识、"✪"标识与被告德马公司的"✪"商标、被告周某某"✪"商标图形的结构和颜色完全不同,不属于对"✪""✪"商标的使用。故本院认为:被告创佳公司、被告德马公司在《品牌加盟手册》;生产、销售的第25类服装、鞋等商品上,第18类皮革制品等商品上;广告宣传、经营场所装潢等商业活动中使用;并授权 BMN 品牌授权销售商使用"✪"标识、"✪"阴阳纹标识、"✪"阴阳纹标识、"✪"标识的行为;被告周某某在其名片上使用"✪"标识的行为,侵害了原告在第25类服装、鞋等商品,第18类皮革制品等商品上享有的"✪"注册商标(商标注册证第G673219 号)、"✪"注册商标(商标注册证第 G955419 号)专用权。

5. 关于"✪"标识、BMN、**BMN**在第18类皮革制品等商品上的使用

本院认为:(1)上述"✪"标识及BMN、**BMN**被使用于第18类皮革制品等商品上,与原告"✪""✪""BMW"在第18类核准使用的商品属于相同商品。(2)"✪"标识与原告"✪""✪"商标的图形结构相近似,BMN、**BMN**中的"BM"字母与原告"BMW"商标中的"BM"字母相同,以相关公众的一般注意力为标准两者构成近似。(3)以相关公众的一般注意力为标准,易使相关公众对标注有上述"✪"标识及BMN、**BMN**商品来源产生与原告"✪""BMN""BMW"注册商标的商品有特定联系的混淆和误认。(4)"✪"标识及BMN、**BMN**被使用于第18类皮革制品等商品上,显然超出了被告周某某"✪"商标、被告德马公司"***BMN***""**BMN**"商标核定使用的商品范围。故本院认为:被告创佳公司、被告德马公司在生产、销售的第18类皮革制品等商品上,在相应的广告宣传、经营场所装潢等商业活动中使用,并授权 BMN 品牌授权经销商使用"✪"标识的行为,侵犯了原告注册在第18类商品上的"✪"注册商标(商标注册证第G673219 号)、"✪"注册商标(商标注册证第 G955419 号)专用权。被告创佳公司、被告德马公司在生产、销售的第18类皮革制品等商品上,在相应的广告宣传、经营场所装潢等商业活动中使用BMN、**BMN**,并授权 BMN 品牌授权经销商使用的行为,侵犯了原告注册在第18类商品上的"BMW"注册商标(商标注册证第 G663925 号)专用权。

（五）关于原告在本案中主张的其他行为

1. 关于"⊕"商标（商标注册证第 1939365 号）、"⊗"商标（商标注册证第 8014061 号、第 10471262 号）

本院认为：首先，商标侵权行为构成的要件之一是被控侵权标识与权利人的商标相同或近似。本案中，以相关公众的一般注意力为标准，在比对对象隔离的状态下，对"⊕""⊗"商标标识与原告"🅑""⊕""●"商标标识进行整体比对及主要部分的比对，两者之间的构图及颜色完全不同，不会让人产生相同或近似的视觉效果。其次，虽然被告周某某注册"⊕"商标，被告德马公司注册"⊕"商标的目的均是 BMN 品牌加盟体系的设立、经营，但根据本院查明的事实，被告创佳公司、被告德马公司在实际使用中明显改变了"⊕""⊕"商标的图形结构。因此，被告创佳公司、被告德马公司对于"✦"标识、"⊗"标识、"⊕"阴阳纹标识、"⊗"阴阳纹标识、"●"标识的使用不属于对"⊕""⊗"商标的使用。最后，在 BMN 品牌加盟体系中"⊕""⊗"商标被实际使用的情况极为罕见，其单独使用也不会造成相关消费者的混淆和误认。故被告德马公司注册并授权被告创佳公司使用"⊕"商标、被告周某某注册并授权被告创佳公司使用"⊗"商标的行为，尚不属于对"🅑"驰名商标的复制和模仿，本院对于原告的相关诉讼主张不予采纳。

2. 被告德马公司、创佳公司将德马公司、德马集团（国际）控股有限公司使用于《品牌加盟手册》、广告宣传、涉案商品中，并授权 BMN 品牌授权经销商使用，不构成对原告的不正当竞争和商标侵权

以相关公众的一般注意义务为标准，德马公司、德马集团（国际）控股有限公司与原告"寶馬"商标并不构成相同或近似，不会造成相关公众的混淆和误认。故被告德马公司、创佳公司将德马公司、德马集团（国际）控股有限公司使用于《品牌加盟手册》、广告宣传、涉案商品中，并授权 BMN 品牌授权经销商使用，并不构成对原告的不正当竞争和商标侵权。本院对于原告的相关诉讼主张不予采纳。

3. 关于"*BMN*"注册商标（商标注册证第 1661337 号）

本院认为，虽然在本案中被告德马公司授权被告创佳公司使用"*BMN*"商标，但被告德马公司、被告创佳公司在实际使用的过程中，并未按"*BMN*"商标核定使用的标识使用，而是使用了**BMN**、**BMN**。鉴于，"*BMN*"商标并无实际使用行为，故原告对被告德马公司注册"*BMN*"商标行为的异议，应当由相关行政管理部门依法予以处理，本院对原告的相关诉讼主张，不予处理。

三、关于第三个争议焦点

本院认为,《中华人民共和国侵权责任法》第八条规定,二人以上共同实施侵权行为,造成他人损害的,应当承担连带责任。本案中,被告创佳公司、被告德马公司、被告周某某共同设立和经营了 BMN 品牌加盟体系,并对 BMN 品牌加盟体系中具体企业名称、标识的使用有明显的意思联络。在经营 BMN 品牌加盟体系的过程中,被告创佳公司、被告德马公司、被告周某某通过上述商标侵权及不正当竞争行为,故意造成 BMN 品牌与原告之间具有特定联系的混淆和误认,具有共同的主观恶意,三被告上述分工合作的不同侵权行为产生了共同的侵权后果。故三被告应当就其侵权行为共同承担停止侵权、消除影响、赔偿损失的民事责任。

关于消除影响。本院认为,鉴于被告创佳公司、被告德马公司、被告周某某上述侵权行为已使相关公众产生涉案商品与原告和原告商标具有关联的混淆和误认,故本院对原告的相关诉讼请求予以支持。被告创佳公司、被告德马公司、被告周某某应在《中国工商报》刊登声明,消除因本案侵权行为造成的上述不良影响。

关于赔偿数额。《商标法》第六十三条规定,侵犯商标专用权的赔偿数额,按照权利人因被侵权所受到的实际损失确定;实际损失难以确定的,可以按照侵权人因侵权所获得的利益确定;权利人的损失或者侵权人获得的利益难以确定的,参照该商标许可使用费的倍数合理确定。对恶意侵犯商标专用权,情节严重的,可以在按照上述方法确定数额的一倍以上三倍以下确定赔偿数额。赔偿数额应当包括权利人为制止侵权行为所支付的合理开支。权利人因被侵权所受到的实际损失、侵权人因侵权所获得的利益、注册商标许可使用费难以确定的,由人民法院根据侵权行为的情节判决给予三百万元以下的赔偿。本案中,本院基于以下因素,确定被告创佳公司、被告德马公司、被告周某某在本案中所应承担的赔偿数额:1. 原告涉案注册商标的驰名程度及其显著性。2. 被告创佳公司、被告德马公司、被告周某某实施本案侵权行为具有明显的恶意。3. 被告创佳公司在其 www.germanbmw.com 网站上有"BMN 品牌创建于 2002 年初,……2008 年 BMN 品牌终于在中国大陆落户。……从北京辐射全国到 2012 年,BMN 在中国市场已经开店 400 多家……早在 08 年,我们就上京对服饰市场和新店地址进行初步考察。另外,在北京推出形象店,也是我们推行 09 年全国战略布局的重要一步,那就是以首都为据点,用形象店辐射全国市场版图,争取每年实现 100 家新店的增长目标"的陈述与本案中查明的被告周某某在 2008 年设立被告德马公司、被告德马公司在 2008 年受让获得"◉""BMN"商标,2015 年 8 月日照工商局查处涉案侵权商品等事实互相印证，可以证明被告创佳公司、被告德马公司、被告周某某于 2008 年建立 BMN 品牌加盟体系，并从 2009 年至今一直在实施涉案侵权行为，侵权行为持续时间长。4. 上述陈述中"到 2012 年，BMN 在中国市场已经开店 400 多家"与在广西壮族自治区南宁市、湖北省鄂州市、荆州市、辽宁省锦州市、铁岭市、河北省秦皇岛市、江苏省邳州市、山东省菏泽市、枣阳市、日照市、浙江省桐乡市、绍兴市等地发现侵权商品和侵权行为等事实，可以互相印证证明侵权行为所涉地域广泛、侵权规模极大。5. 侵权商品涉及服装、鞋、皮包等民生商品。6. 原告为本案已经支出的合理费用。

综上所述，依照《中华人民共和国侵权责任法》第八条，《中华人民共和国商标法》第十三条第一款、第三款、第十四条第一款、第五十七条第一项、第二项、第六十三条第一款、第三款，《最高人民法院关于审理商标民事纠纷案件适用法律若干问题的解释》第一条第二项、第九条、第十条，《最高人民法院关于审理涉及驰名商标保护的民事纠纷案件应用法律若干问题的解释》第一条、第二条第一项、第五条第一款、第三款、第十条之规定，判决如下：

一、被告上海创佳服饰有限公司、被告德马集团（国际）控股有限公司、被告周某某立即停止对原告宝马股份公司享有的""图形注册商标（商标注册证第 282196 号）、"寶馬"文字注册商标（商标注册证第 784348 号）、"BMW"字母注册商标（商标注册证第 282195 号）、""图形注册商标（商标注册证第 G955419 号）、""图形注册商标（商标注册证第 G673219 号）、"BMW"字母注册商标（商标注册证第 G663925 号）专用权的侵害；

二、被告德马集团（国际）控股有限公司立即停止使用"德国宝马集团（国际）控股有限公司"的不正当竞争行为；

三、被告上海创佳服饰有限公司、被告德马集团（国际）控股有限公司、被告周某某应于本判决生效之日起三十日内在《中国工商报》刊登声明，消除因侵权行为对原告宝马股份公司造成的影响（声明内容须经本院审核）；

四、被告上海创佳服饰有限公司、被告德马集团（国际）控股有限公司、被告周某某应于本判决生效之日起十日内，共同赔偿原告宝马股份公司包括合理费用在内的经济损失人民币 300 万元；

五、驳回原告宝马股份公司的其余诉讼请求。

如果未按本判决指定的期间履行给付金钱义务，应当依照《中华人民共和国民事诉讼法》第二百五十三条之规定，加倍支付迟延履行期间的债务利息。

本案案件受理费人民币 30800 元，财产保全申请费人民币 5000 元，由被告上海创佳服饰有限公司、被告德马集团（国际）控股有限公司、被告周某某共同负担。

如不服本判决，原告宝马股份公司可在判决书送达之日起三十日内，被告上海创佳服饰有限公司、被告德马集团（国际）控股有限公司、被告周某某可在判决书送达之日起十五日内，向本院递交上诉状，并按对方当事人的人数提出副本，上诉于上海市高级人民法院。

审　判　长　　何　渊
代理审判员　　范静波
代理审判员　　程　黎
二〇一六年九月三十日
书　记　员　　曾　旭

附：相关的法律条文
一、《中华人民共和国侵权责任法》
第八条　二人以上共同实施侵权行为，造成他人损害的，应当承担连带责任。
二、《中华人民共和国商标法》
第十三条　为相关公众所熟知的商标，持有人认为其权利受到侵害时，可以依照本法规定请求驰名商标保护。
……
就不相同或者不相类似商品申请注册的商标是复制、摹仿或者翻译他人已经在中国注册的驰名商标，误导公众，致使该驰名商标注册人的利益可能受到损害的，不予注册并禁止使用。
第十四条　驰名商标应当根据当事人的请求，作为处理涉及商标案件需要认定的事实进行认定。认定驰名商标应当考虑下列因素：
（一）相关公众对该商标的知晓程度；
（二）该商标使用的持续时间；
（三）该商标的任何宣传工作的持续时间、程度和地理范围；
（四）该商标作为驰名商标受保护的记录；
（五）该商标驰名的其他因素。
……

第五十七条　有下列行为之一的，均属侵犯注册商标专用权：

（一）未经商标注册人的许可，在同一种商品上使用与其注册商标相同的商标的；

（二）未经商标注册人的许可，在同一种商品上使用与其注册商标近似的商标，或者在类似商品上使用与其注册商标相同或者近似的商标，容易导致混淆的；

……

第六十三条　侵犯商标专用权的赔偿数额，按照权利人因被侵权所受到的实际损失确定；实际损失难以确定的，可以按照侵权人因侵权所获得的利益确定；权利人的损失或者侵权人获得的利益难以确定的，参照该商标许可使用费的倍数合理确定。对恶意侵犯商标专用权，情节严重的，可以在按照上述方法确定数额的一倍以上三倍以下确定赔偿数额。赔偿数额应当包括权利人为制止侵权行为所支付的合理开支。

……

权利人因被侵权所受到的实际损失、侵权人因侵权所获得的利益、注册商标许可使用费难以确定的，由人民法院根据侵权行为的情节判决给予三百万元以下的赔偿。

三、《最高人民法院关于审理商标民事纠纷案件适用法律若干问题的解释》

第一条　下列行为属于商标法第五十二条第（五）项规定的给他人注册商标专用权造成其他损害的行为：

……

（二）复制、摹仿、翻译他人注册的驰名商标或其主要部分在不相同或者不相类似商品上作为商标使用，误导公众，致使该驰名商标注册人的利益可能受到损害的；

……

第九条　商标法第五十二条第（一）项规定的商标相同，是指被控侵权的商标与原告的注册商标相比较，二者在视觉上基本无差别。

商标法第五十二条第（一）项规定的商标近似，是指被控侵权的商标与原告的注册商标相比较，其文字的字形、读音、含义或者图形的构图及颜色，或者其各要素组合后的整体结构相似，或者其立体形状、颜色组合近似，易使相关公众对商品的来源产生误认或者认为其来源与原告注册商标的商品有特定的联系。

第十条　人民法院依据商标法第五十二条第（一）项的规定，认定商标相同或者近似按照以下原则进行：

（一）以相关公众的一般注意力为标准；

（二）既要进行对商标的整体比对，又要进行对商标主要部分的比对，比对应当在比对对象隔离的状态下分别进行；

（三）判断商标是否近似，应当考虑请求保护注册商标的显著性和知名度。

四、《最高人民法院关于审理涉及驰名商标保护的民事纠纷案件应用法律若干问题的解释》

第一条　本解释所称驰名商标，是指在中国境内为相关公众广为知晓的商标。

第二条　在下列民事纠纷案件中，当事人以商标驰名作为事实根据，人民法院根据案件具体情况，认为确有必要的，对所涉商标是否驰名作出认定：

（一）以违反商标法第十三条的规定为由，提起的侵犯商标权诉讼；

……

第五条　当事人主张商标驰名的，应当根据案件具体情况，提供下列证据，证明被诉侵犯商标权或者不正当竞争行为发生时，其商标已属驰名：

（一）使用该商标的商品的市场份额、销售区域、利税等；

（二）该商标的持续使用时间；

（三）该商标的宣传或者促销活动的方式、持续时间、程度、资金投入和地域范围；

（四）该商标曾被作为驰名商标受保护的记录；

（五）该商标享有的市场声誉；

（六）证明该商标已属驰名的其他事实。

……

对于商标使用时间长短、行业排名、市场调查报告、市场价值评估报告、是否曾被认定为著名商标等证据，人民法院应当结合认定商标驰名的其他证据，客观、全面地进行审查。

第十条　原告请求禁止被告在不相类似商品上使用与原告驰名的注册商标相同或者近似的商标或者企业名称的，人民法院应当根据案件具体情况，综合考虑以下因素后作出裁判：

（一）该驰名商标的显著程度；

（二）该驰名商标在使用被诉商标或者企业名称的商品的相关公众中的知晓程度；

（三）使用驰名商标的商品与使用被诉商标或者企业名称的商品之间的关

联程度；

（四）其他相关因素。

附图一：原告"⊕"图形商标，商标注册证第282196号

附图二：原告"⊕"图形商标，商标注册证第G955419号

附图三：原告"⊕"图形商标，商标注册证第G673219号

附图四：被告德马公司"*BMN*"图形商标，商标注册证第1661337号

附图五：被告德马公司"⊕"图形商标，商标注册证第 1939365 号

附图六：被告德马公司"BMN"图形商标，商标注册证第 10101457 号

BMN

附图七：被告德马公司"BMN"图形商标，商标注册申请号第 11911185 号

BMN

附图八：被告周某某"⊗"图形商标，商标注册证第 8014061 号、第 10471262 号

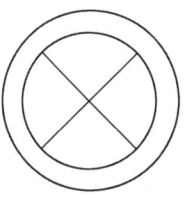

附图九：被告周某某"⊗"图形商标，商标注册证第 10586231 号

附图十：上下排列的⊛标识和**BMN**，在"⊛"及**BMN**上均有标注或不标注®的现象

附图十一：左右排列的⊛标识和**BMN**，在⊛标识及**BMN**上均有标注或不标注®的现象

附图十二："⊛"标识（有蓝白色和黑白色两种形式）

附图十三：上下排列的"⊗"标识和**BMN**，在"⊗"及**BMN**上均有标注或不标注®的现象

附图十四:"⊕"阴阳纹标识(该标识在"⊕"商标图案的基础上出现明显的凹凸痕迹,外圈明显突出,内圈左下、右上两格相对称呈网格状微凸,内圈左上、右下两格相对称呈平面)

附图十五:上下排列的"⊕"阴阳纹标识和**BMN**,在"⊕"阴阳纹标识及**BMN**上均有标注或不标注®的现象

附图十六:左右排列的"✦"标识和**BMN**,在"✦"标识及**BMN**上均有标注或不标注®的现象

附图十七:"⊗"标识

附图十八:"⊗"阴阳纹标识(该标识在"⊗"商标图案的基础上出现明显的凹凸痕迹,外圈明显突出,内圈左、右两格相对称呈网格状微凸,内圈上、下两格相对称呈平面)

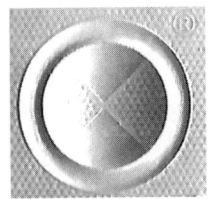

附图十九:上下排列的"⊗"阴阳纹标识和**BMN**,在"⊗"阴阳纹标识及**BMN**上均有标注或不标注®的现象

附图二十:左右排列的"⊗"阴阳纹标识和**BMN**,在"⊗"阴阳纹标识及**BMN**上均有标注或不标注®的现象

附图二十一："⊕"标识

附图二十二：左右排列的"⊕"标识和**BMN**，在"⊕"标识及**BMN**上均有标注或不标注®的现象

附图二十三：上下排列的"⊕"标识和**BMN**，在"⊕"标识及**BMN**上均有标注或不标注®的现象

10. 中国银联股份有限公司诉济南道诺信息科技有限公司、山东云泰铭德信息科技有限公司侵害商标权及不正当竞争纠纷案

上海知识产权法院
民事判决书

（2015）沪知民初字第339号

原告：中国银联股份有限公司。
法定代表人：时某某，总裁。
委托诉讼代理人：瞿某，北京市金杜律师事务所上海分所律师。
委托诉讼代理人：钱某某，北京市金杜律师事务所上海分所律师。
被告：济南道诺信息科技有限公司。
清算组负责人：袁某某。
被告：山东云泰铭德信息科技有限公司。
法定代表人：李某某，总经理。
上列两被告共同委托诉讼代理人齐某某，北京市隆安（济南）律师事务所律师。

原告中国银联股份有限公司（以下简称"银联公司"）与被告济南道诺信息科技有限公司（以下简称"道诺公司"）、山东云泰铭德信息科技有限公司（以下简称"云泰铭德公司"）侵害商标权、不正当竞争纠纷一案，本院于2015年6月1日立案，依法适用普通程序。审理中银联公司向本院申请财产保全，本院于2015年6月23日作出（2015）沪知民初字第339号民事裁定，分别冻结两被告银行存款人民币50万元（以下币种均为人民币）或者查封、扣押其他等值财产。本院分别于2015年12月23日和2016年3月7日公开开庭对本案进行了审理。银联公司的委托诉讼代理人瞿某、钱某某，道诺公司和云泰铭德公司的共同委托诉讼代理人齐某某到庭参加了诉讼。后银联公司向本院申请继续财产保全，本院于2016年6月3日作出（2015）沪知民初字第339号之一民事裁定，继续分别冻结两被告银行存款50万元或者查封、扣押

其他等值财产。本案经本院院长批准延长审限六个月并因调取新的证据延期审理四个月。本案现已审理终结。

银联公司向本院提出诉讼请求：1. 认定第4895750号注册商标"UnionPay"为驰名商标；2. 判令两被告立即停止侵害银联公司第4895750号"银联"、第1955091号"银联"、第3821045号"银联"、第3160637号"UNIONPAY"、第3821037号"UNIONPAY"、第4895727号"UnionPay"、第6161130号"UnionPay"、第3160347号"银联"注册商标专用权的行为；3. 判令两被告立即停止虚假宣传和擅自使用银联公司企业名称的不正当竞争行为；4. 判令两被告立即销毁所有使用银联公司注册商标、企业名称及/或与该等注册商标、企业名称相近似标识的产品包装、宣传资料、交易文书、员工名片、工牌等侵权物品，以及伪造的文书、公章及印有该等伪造公章的所有文件；立即撤换或销毁含有虚假宣传的网页、宣传资料等侵权内容；5. 判令两被告连带赔偿银联公司的经济损失及合理费用共计500万元；6. 判令两被告在新浪网财经板块（http://finance.sina.com.cn/）及/或报纸《21世纪经济报道》、期刊《中国金融》上就其侵权行为发表书面声明，消除影响。

事实和理由：银联公司成立于2002年3月8日，系经国务院同意、中国人民银行批准设立的中国银行卡联合组织。经过十余年的发展，已在国内建立了完善的跨行交易清算系统；并依托该清算系统，形成了银行卡交易网络，实现了银行卡跨行、跨地区和跨境的使用和交易。自成立之日起，银联公司即将"银联"作为企业字号用于企业名称，对该企业名称和字号享有合法权利，应受到我国法律的保护。作为中国银行卡产业的核心和枢纽，银联公司在国内以及国际市场上均享有极高的知名度和美誉度。银联公司已在第36类和第9类上就"银联""UNIONPAY""银联"及"UnionPay"申请注册了多个商标，依法应受《中华人民共和国商标法》（以下简称《商标法》）等法律的保护。2005年6月，银联公司的第1955091号"银联"商标在第36类"信用卡服务"上被国家工商行政管理总局商标局（以下简称"商标局"）认定为"中国驰名商标"。银联公司自2005年10月开始使用第4895750号"UnionPay"标识，该注册商标已经被使用于超过39亿张银行卡上。自2011年至2013年，累计完成超过380亿笔跨行交易，跨行交易总额超过70万亿元；经过银联公司多年持续的宣传与推广，该注册商标荣获了众多荣誉和奖项。在国内已为相关公众广泛知晓并享有极高的知名度和影响力，应予认定为驰名商标。

道诺公司成立于2013年4月17日，主要从事银行卡POS终端销售、商户拓展以及银行卡支付服务的推广等业务，并在济南、上海、武汉、重庆、成都、西安、南京等多地开展业务。道诺公司在其银行卡POS终端销售、商户拓展以及银行卡支付服务的推广等经营活动中单独实施了下列侵犯银联公司注册商标专用权的行为：1. 在经营场所的装潢中使用了"UnionPay""银联""中国银联""中国银联 China UnionPay"标识；2. 在银行卡相关服务的宣传推广中使用"UnionPay""银联""中国银联""中国银联 China UnionPay"等标识以及在官方网站（www.daonuopay.com）上使用"UnionPay"标识；3. 擅自制造与银联公司第4895750号"UnionPay"注册商标相同的"UnionPay"商标标识。与云泰铭德公司共同实施了下列侵犯银联公司注册商标专用权的行为：1. 在《商户注册登记表》等交易文书上使用"UnionPay""中国银联 China UnionPay"等商标标识；2. 销售或提供带有"UnionPay"或"中国银联"标识的POS机具；3. 未经许可，在提供及推广的银行卡服务上使用了与银联公司注册商标相同或近似的"银联""中国银联 China Unionpay"标识。

道诺公司单独实施了下列不正当竞争行为：1. 在其经营场所的装潢、服务的宣传活动、宣传资料等中使用银联公司的企业名称或字号；2. 对外虚假宣传其与银联公司之间存在合作或授权关系。与云泰铭德公司共同实施了下列不正当竞争行为：1. 在《特约商户POS服务协议》等交易文书上使用了银联公司的企业字号；2. 伪造并使用署名为银联公司上海分公司的印章和授权书；3. 提供和推广的非通过银联转接交易系统的结算服务中，违反诚实信用原则和商业道德，构成不正当竞争行为。根据银联公司的申请，上海、武汉等地工商部门曾对道诺公司进行过工商行政查处。但道诺公司及云泰铭德公司仍用类似方式继续从事侵犯银联公司注册商标专用权及不正当竞争的行为。两被告的行为不仅侵害银联公司的合法权益，还在一定程度上扰乱银行卡交易支付市场的正常经营秩序，危害商户和持卡者的资金和交易安全。由于云泰铭德公司自成立后，其接管了道诺公司的全部业务和商户，云泰铭德公司和道诺公司在人员、财务和业务等存在混同。因此，两被告应承担共同侵权的民事责任。在审理中，银联公司放弃主张两被告侵害其第35类注册商标，并据此撤回了证据4（证据名称及内容详见判决书所附银联公司证据目录）。银联公司还放弃"道诺公司和云泰铭德公司未经许可，在提供及推广的银行卡服务上使用与银联公司注册商标相同或近似的'银联''中国银联 China Unionpay'标识构成商标侵权"以及"提供和推广的非通过银联转接交易系统的结算服务中，违反诚实信用原则和商业道德，构成不正当竞争行为"的主张，并撤回了与之相关的证据31、证据32、证据33、证据34和证据48等。

道诺公司辩称：一、本案不涉及跨类保护，不需要对第4895750号

"![UnionPay]"注册商标是否为驰名商标作出判定。二、1. 其确在经营场所的装潢中使用"![UnionPay]""![银联]""中国银联""中国银联 China UnionPay"商标标识;在提供银行卡支付服务的宣传推广时,使用的员工名片上、工号牌上及宣传资料上使用过"![UnionPay]""![银联]""中国银联""中国银联 China UnionPay"标识,对上述行为构成商标侵权没有异议;2. 其确实在《商户注册登记表》《特约商户 POS 服务协议》等交易文书上使用"![UnionPay]""中国银联 China UnionPay"商标标识;布放、提供和推广带有"![UnionPay]"或"中国银联"标识的 POS 机具;但因所有跨行交易都通过银联公司清算,因此在相关交易文书、POS 机具、签购单等使用银联公司的标识是对银联公司特殊地位和作用的彰显,不会损害银联公司形象,也不会引起相关公众误解,因此上述行为没有侵害银联公司的商标专用权;道诺公司未在其网站上使用过银联公司的注册商标,道诺公司在其网站展示的是 POS 机具,POS 机具上的银联公司注册商标是机具本身带有的并非道诺公司印制,不构成对银联公司商标权的侵害。3. 道诺公司为了完成《银联卡业务运作规章》的要求,即商户要在经营场所的明显位置张贴或摆放要求而制作相关银联标识,并非擅自制作,因此上述行为不构成对银联公司注册商标专用权的侵害。三、其确在经营场所的装潢、服务的宣传活动和宣传资料中以及交易文书中使用了银联公司的企业名称和字号;在对外宣传中提到其得到银联公司上海分公司的授权以及签署战略合作协议,道诺公司对上述行为构成不正当竞争无异议。四、道诺公司在工商管理部门行政处罚后,已经停止相关侵权行为。五、银联公司主张的赔偿数额没有法律依据。

云泰铭德公司辩称:一、关于商标侵权。1. 云泰铭德公司确实提供和推广过带有银联公司注册商标的 POS 机具,但 POS 机具上的商标都是 POS 机具生产商自行放置的,与云泰铭德公司无关,云泰铭德公司不存在商标侵权行为。2. 云泰铭德公司没有在《商户注册登记表》等交易文书上使用过银联标识,银联公司主张没有事实依据。二、关于不正当竞争。云泰铭德公司没有制作使用虚假的《授权书》,也没有在《特约商户 POS 服务协议》中使用过银联公司上海分公司的名称和印章,银联公司不能仅以个别销售人员在销售过程中的部分陈述就推断云泰铭德公司在经营活动中进行了虚假宣传。三、道诺公司和云泰铭德公司是两个独立民事主体,不存在人员、业务和资金混同的情况,银联公司主张云泰铭德公司须对道诺公司的侵权行为承担连带责任,没有事实和法律依据。

银联公司和两被告围绕诉讼请求依法提交了证据,本院组织进行了证据交换和质证。银联公司对证据 4、31、32、33、34、43、48 予以撤回,本院予以准许。两被告对银联公司提交的证据 1、2、3 真实性没有异议,本院予以采信。证据5、6、7，两被告无异议，本院予以采信。证据8系银联公司自行制作，且无其他证据印证，故本院对该证据不予采信。关于证据9，两被告对其中没有合同原件的编号为13、33、34的真实性虽不予认可，但上述合同的实际履行有银联公司提交的证据71相佐证，故对编号为13、33、34的合同真实性，本院予以采信。编号39、41的合同虽有原件但无相应的支付凭证，故对上述编号的合同不予采信。关于证据10，两被告对真实性予以认可，本院予以采信。关于证据11，因无原件，真实性无法确认，本院不予采信。证据12中的银联－大师杯赛网络投放项目结案报告，两被告对真实性予以认可，本院对该证据予以采信。证据12中的中国银联网球大师赛投放媒体虽无原件，但所涉广告投放内容可从相关报刊上予以核实，故对该证据予以采信。证据12中的网络广告发布证明，因无原件，本院不予采信。

证据13，虽无原件，但所涉广告投放内容可从相关报刊上予以核实，故对该证据予以采信。

证据14、15、16因有证据72、73、74予以印证，故对上述证据予以采信。证据17中的2013年至2014年中国银联部分移动电视广告第三份报告、2014年1~2月网络广告投放项目结案报告因有原件，本院予以采信。但对无原件部分，无法确认真实性，本院不予采信。

证据18、19，两被告无异议，本院予以采信。

证据20、21、22、23、24、25、26，两被告对真实性无异议，本院予以采信。

证据27、28、29、30、35的真实性，道诺公司没有异议，故本院予以采信。对云泰铭德公司认为上述证据皆是在其成立前产生的，与其无关的质证意见，本院予以采信。

证据36，道诺公司对真实性虽不予认可，但该证据内容与银联公司提交的渝潼工商听告字[2014]1107号行政处罚听证告知书、委托鉴定书以及中国银联出具的鉴定书、李怀金、扎西偏初及蒋祥铭的询问（调查）笔录所载明的内容一致，故对该证据本院予以采信。对云泰铭德公司认为上述证据皆是在其成立前产生的，与其无关的质证意见，本院予以采信。

证据37、38、40，道诺公司认为与其无关。云泰铭德公司对真实性予以认可，但认为云泰铭德公司与道诺公司是两个独立主体，不存在云泰铭德公司收购道诺公司情况，两被告以各自名义对外经营产生的法律责任，应由各自独立承担。云泰铭德对外销售带有银联标识POS机行为与道诺公司无关，且该行为不构成对银联公司的商标侵权。本院认为，上述证据并不足以证明云泰铭德公司成立后承继了道诺公司的全部业务，云泰铭德公司须对道诺公司之前的侵权承担民事责任。但云泰铭德公司在销售 POS 机时，提供了道诺公司的银行账号作为收款账号，因此，上述证据能够证明该销售行为为两被告共同之销售行为。

证据 39，由于银联公司无法提供原始文件，且视频存在黑屏、无声的情况，故对该证据的真实性，本院不予采信。两被告对银联公司提交的证据 41、42 的真实性无异议，本院予以采信。对银联公司主张撤回证据 41 中的（2014）沪东证经字第 18361 号公证费发票，本院予以准许。两被告对证据 44 真实性予以确认，本院予以采信。

证据 45、46、47、49、50，道诺公司对真实性没有异议，但对证据 45、46 证明目的的第 3 点存有异议，认为根据中国人民银行的相关规定，自 2004 年 1 月 1 日起，银行卡受理市场中的各类终端机具和商户必须张贴"银联"标识。因此其制造并允许第三方商户使用银联标识的行为，不构成商标侵权。本院对上述证据真实性予以确认，对云泰铭德公司认为上述证据皆是在其成立前产生的，与其无关的辩解意见予以采信。对于道诺公司对证明目的的异议，本院在下文予以论述。对证据 51、52、53、54、55、56、57、58、59、60、61、62、63、64、65、66、67、68、69，道诺公司对真实性予以认可，但认为 POS 机上有银联标识是机具本身所有，且其有合法来源，故其销售、出租带有银联标识的 POS 机不构成侵权。本院对上述证据真实性予以采信，对云泰铭德公司认为上述证据皆是在其成立前产生的，与其无关的辩解意见予以采信。对道诺公司的抗辩意见的可采性问题，本院在下文予以论述。

证据 71、72、73、74，两被告均予以认可，本院予以采信。

证据 75、76，两被告对真实性无异议，本院予以采信，但上述证据并不足以证明两被告公司人格混同。

证据 70、77，两被告对证据来源真实性予以认可，但报道内容真实性不予认可，本院认为，新闻报道中相关人员身份无法确认，所作陈述真实性亦无法予以确认，只能证明两被告拖欠特约商户钱款，并不足以证明两被告之间具有承继关系以及两被告冒用银联公司名义展开经营。

证据 78、79，道诺公司对真实性无异议，但认为证据 78，属于重复调取工商资料产生的，证据 79 是针对证据 19 产生的，而本案不涉及驰名商标的认定，故上述费用不合理。云泰铭德公司认为上述证据与其无关。由于上述费用基于本案诉讼所产生，故本院予以采信。

证据 80，系委托调查取证产生之费用，故对该证据真实性予以采信。

证据 81，该证据能够证明道诺系统智能登录系统与云泰铭德登录系统使用同一后台具有较高的盖然性，两被告虽认为其各自拥有后台，但未提供证据证明，故对该证据本院予以采信。但具有同一后台并不足以证明两公司人格混同。

证据82，系证据81的公证费用，与本案具有关联性，故对该证据，本院予以采信。

证据83、84、85，由于其系银联公司制定的内部规范，不具有客观性，故对上述证据不予采信。

证据86，银联公司虽称来自于弘达上业（北京）科技有限公司（以下简称"弘达上业公司"），但并无弘达上业公司的印章，无法证明其来源，故对其真实性，本院不予采信。

证据87，因系打印件，无法证实其真实性，故对该证据本院不予采信。

两被告审理中提供了如下证据：1. 道诺公司工商查询信息；2. 云泰铭德公司工商查询信息；上述证据证明两被告是独立的法人主体。银联公司对真实性予以认可，本院予以采信。3. 福建升腾资讯有限公司（以下简称"升腾公司"）、福建联迪商用有限公司（以下简称"联迪公司"）、福建实达电脑设备有限公司官网网页，以证明道诺公司的"C930E" POS机由弘达上业公司提供，"C930E""WP-50""E330" POS机上的银联标识，皆是由生产商在生产时就加注，并非被告所加注。银联公司对真实性没有异议，但对证明内容的合法性不予认可。银联公司并未授权上述公司使用其商业标识，且"WP-50""E330" POS机上没有银联公司标识。本院对该证据的真实性予以采信，但商标侵权适用无过错责任，因此，该证据不能作为被告不侵权的依据。

道诺公司提供了《市场推广合作协议》以证明道诺公司的POS机来源于弘达上业公司，道诺公司从事的仅是POS机销售业务，终端控制权和特约商户数据上传等均不由道诺公司负责。银联公司经质证认为，真实性予以认可，但根据其证据63中的道诺公司相关人员的陈述，POS机销售是由道诺公司自行完成，且道诺公司没有提供其POS机来源于弘达上业公司的凭证，如合同、发票等，因此，该证据不能证明道诺公司仅从事了POS机销售，且销售的POS机来源于弘达上业公司。本院对该证据的真实性予以采信，该证据能够证明弘达上业公司与道诺公司之间存在合作关系。但根据银联公司提供的相关工商行政管理部门调取的证据证明，并非所有POS机皆来源于弘达上业公司。同时，根据道诺公司与特约商户签订的《特约商户POS服务协议》，道诺公司并非只从事销售POS机业务，还涉及负责银行卡交易资金清算等。故对道诺公司提供该证据的证明目的本院不予采信。

根据上述当事人提供的证据，本院经审理查明：银联公司成立于2002年3月8日，经营范围为建设和运营全国统一的银行卡跨行信息交换网络，提供先进的电子化支付技术和与银行卡跨行信息交换相关的专业化服务,管理和经营"银联"标识等。

2009年5月14日,银联公司取得了商标局出具的第4895750号" "商标注册证,核定服务项目为第36类:电子转账;借款卡服务;金融服务;信用卡服务等。注册有效期限自2009年5月14日至2019年5月13日止。

2002年11月28日,银联公司取得了商标局出具的第1955091" "商标注册证,核定服务项目为第36类:金融服务;信用卡服务;借款卡服务;电子转账等。注册有效期限自2002年11月28日至2012年11月27日止。经商标局核准,续展有效期限自2012年11月28日至2022年11月27日止。

2006年8月28日,银联公司取得了商标局出具的第3821045号"银联"商标注册证,核定服务项目为第36类:电子转账;金融服务;信用卡服务;借款卡服务等。注册有效期限自2006年8月28日至2016年8月27日止。经商标局核准,续展有效期限自2016年8月28日至2026年8月27日止。

2007年12月7日,银联公司取得了商标局出具的第3160637号"UNIONPAY"商标注册证,核定服务项目为第36类:保险;金融服务等。注册有效期限自2007年12月7日至2017年12月6日止。

2007年12月7日,银联公司取得了商标局出具的第3821037号"UNIONPAY"商标注册证,核定服务项目为第36类:信用卡服务;借款卡服务;电子转账等。注册有效期限自2007年12月7日至2017年12月6日止。

2008年9月7日,银联公司取得了商标局出具的第4895727号" "商标注册证,核定使用商品为第9类:现金收讫机等。注册有效期限自2008年9月7日至2018年9月6日止。

2010年2月28日,银联公司取得了商标局出具的第6161130号" "商标注册证,核定使用商品为第9类:数据处理设备等。注册有效期限自2010年2月28日至2020年2月27日止。

2003年6月14日,银联公司取得了商标局出具的第3160347号"银联"商标注册证,核定使用商品为第9类:假币检测器等。注册有效期限自2003年6月14日至2013年6月13日止。经商标局核准,续展有效期限自2013年6月14日至2023年6月13日。

银联公司在第16、37、38、39、40、41、42、43、44、45类服务上亦注册有" "商标。

银联公司在中国香港、中国澳门、中国台湾地区、阿拉伯联合酋长国、马来西亚、欧盟、瑞士、新西兰、墨西哥等国家和地区取得" "商标在第9、35、36、42类商品的注册商标专用权。

2005年6月22日,商标局出具商标驰字〔2005〕第55号《关于认定"银联"商标为驰名商标的批复》:认定银联公司使用在商标注册用商品和服务国际分类第36类信用卡服务上的"银联"注册商标为驰名商标。

银联公司的金融服务范围涉及国内外,全国设立有三十余家分公司,国际受理网络已延伸至140多个国家和地区。作为中国银行卡产业的核心和枢纽,银联公司享有极高的知名度。

2011年至2014年,银联公司与多家广告公司签订广告合同,通过平面广告、网络推广、地铁广告、机场户外广告等方式对其第4895750号""注册商标和银联卡进行宣传推广。

2005年10月至2014年5月,包括《人民日报》、中央电视台、凤凰网、搜狐网在内的多家媒体对银联公司的经营活动和""商标做了宣传和报道。

上海图书馆(上海科学技术情报研究所)文献服务部2015年3月19日出具检索证明:1.在《慧科报纸数据库》(公共版)中,以"银联"或"unionpay"为检索词进行全文检索和标题检索,在2002年1月1日至2015年3月19日期间内,分别检索到152122条和25403条记录,在2011年7月1日至2014年6月30日期间内,分别检索到57483条和7949条记录。2.在《中国学术期刊网络出版总库》中,以"银联"或"unionpay"为检索词进行全文和主题检索,在2002年至2014年期间内,分别检索到21239条和4625条记录,在2011年至2014年期间内,分别检索到9192条和1990条记录。经过人工筛选对37篇文章进行了复印,均涉及对银联公司的经营活动的介绍以及对"""unionpay"和""商标的宣传推广。

银联公司自2009年至2013年,获得"2008最佳企业公众形象奖""2009年度最佳支付卡组织""2009年影响中国品牌贡献大奖""2010十大影响力电子金融品牌奖""2011年度最佳信用卡组织""2011年度最佳合作奖""2011年度首选支付品牌奖""2013中国最佳国际品牌建设案例优秀奖"等多项大奖。

通过多年的经营,包括第4895750号""在内的注册商标以及银联公司均享有较高的知名度。

2011年7月至2013年12月,青海省、河南省、湖北省、辽宁省沈阳市等地工商行政管理局发文对名称中含有"银联"字样的企业进行清理或明确申请使用以"银联"作字号的企业名称,不得核准注册。

2011年4月至2012年7月,商标局出具商标异议裁定书,以初步审定的"银联 YIN LIAN 及图"商标、"迎联"商标、"赢联 YINGLIAN 及图"商标、"银联亿家"商标、"银联亿家 YINLIAN 及图"商标与银联公司"银联"驰名商标近似，易使相关公众产生混淆和误认为由，认为银联公司所提异议复审理由成立，裁定上述被异议商标不予核准注册。

上海市浦东新区人民法院（2009）浦民三（知）初字第 172 号民事判决，驳回了案外人请求确认其域名 unionpay.com 不侵害银联公司"UNIONPAY"注册商标专用权的诉讼请求。

道诺公司成立于 2013 年 4 月 17 日，注册资本为 50 万元。营业期限起始于 2013 年 4 月 17 日。经营范围为计算机技术推广服务；计算机系统服务；金融机具等。2014 年 5 月 30 日，道诺公司法定代表人由李某玲变更为李某某，股东为王某某（监事）、李某某。2014 年 9 月 1 日，道诺公司法定代表人、股东均变更为袁某某，王某某仍为该公司监事。2015 年 7 月 30 日，道诺公司进入清算，清算组负责人为袁某某，清算组成员为袁某某、王某某、张某。

云泰铭德公司成立于 2014 年 9 月 2 日，注册资本为 300 万元，法定代表人李某某，股东为李某某、王某某（监事），营业期限始于 2014 年 9 月 2 日，经营范围为计算机软件开发、计算机系统集成等。

弘达上业公司系收单机构的外包机构。2014 年 5 月 15 日，弘达上业公司天津分公司（甲方）与道诺公司（乙方）签订《市场推广合作协议》，双方约定："……乙方接受甲方委托，为甲方代办业务拓展，客户服务，甲方按本协议规定向乙方支付服务费。……甲方授权乙方的地域范围：四川省、山东省、江苏省和湖北省。……乙方承担签约商户的商户拓展服务。包括但不限于洽谈、签约、收集资料及协助解决问题等相关内容。……乙方可在甲方监督下自行安排拓展业务、提交订单、平台订购终端，且享有分润比例……。双方约定服务费费率为 0.5%。

2014 年 1 月起，道诺公司未经银联公司许可，在其上海分公司经营场所内张贴"银联随行 世界随心 ""DAONUO 中国银联 China Unionpay"，经营场所大门上张贴"、员工工号牌及工号牌吊绳上分别标注有"中国银联股份有限公司、、中国银联 China UnionPay"和"中国银联"，员工名片、宣传资料上标注有""""中国银联 CHINA UNIONPAY"；擅自制造提供给商户的带有的标识；《商户注册登记表》上标注有"中国银联 China Unionpay 上海分公司"、《特约商户 POS 服务协议》载明：乙方（特约商户）、丙方中国银联股份有限公司上海分公司。该分公司负责人承认并没有接受上游机构的委托推广它们的 POS 机，而是通过 QQ 上认识的人采购上游机构的 POS 机。

2014 年 9 月 28 日，上海市工商行政管理局检查总队作出了沪工商检处字〔2014〕第 320201410143 号行政处罚决定书认为：道诺公司在未经商标权利人许可的情况下,在招牌、员工的工号牌、名片、宣传资料和《特约商户 POS 服务协议》等载体上使用"银联"注册商标,侵犯了商标权利人的合法权益;其通过使用"银联"注册商标推广 POS 机收单业务,为上海地区商户安装 334 台 POS 机,收取了安装手续费 60120 元。道诺公司的行为导致相关公众对服务来源产生混淆误认,误认为其是银联公司的关联企业,侵犯了银联公司的注册商标专用权。对道诺公司作出了责令立即停止侵权行为;处违法经营额一倍的罚款,计 60120 元的行政处罚。

2014 年 6 月 13 日起,道诺公司未经银联公司许可,在其武汉分公司经营场所内张贴"[UnionPay]"标识、招牌为"[UnionPay]中国银联道诺信息科技有限公司华中事业处"、经营场所大门上张贴有"[UnionPay]"、员工工号牌吊绳上标注有"银联商务、China UMS"、员工名片上标注有"[银联]、中国银联 CHINA UNIONPAY、中国银联道诺信息科技有限公司武汉分公司"、宣传资料上标注有"[UnionPay]中国银联 China Unionpay"以及"中国银联道诺信息科技有限公司武汉分公司"、业务介绍宣传单的标题为"中国银联 2014 年 4 月特惠办理"、《商户注册登记表》上标注有"[UnionPay]中国银联 China Unionpay 上海分公司"、样品 POS 机具上有"[UnionPay]"标识、开机后屏幕显示有"[UnionPay]中国银联"。《特约商户 POS 服务协议》载明:甲方道诺公司、乙方(特约商户)、丙方中国银联股份有限公司上海分公司。在丙方处加盖有道诺公司合同专用章或者道诺公司武汉分公司公章及中国银联股份有限公司上海分公司公章。在该分公司查获到的话术资料表明,其员工以银联公司旗下直属的 POS 机销售公司或银联公司外包的第三方收单公司或银联公司认证授权公司的名义进行业务推介,并称其推销的 POS 机具为中国银联合约机。该分公司每个 POS 机都由总公司配送,都有"银联"标识。

2014 年 7 月 29 日,道诺公司武汉分公司向工商行政管理部门出具《情况说明》,承认侵权并愿意接受相关处罚。

2014 年 10 月 27 日,武汉市工商行政管理局作出武工商处〔2014〕45 号处罚决定书,认为道诺公司未经银联公司许可擅自使用其商标和企业名称。其共发展 POS 机用户 219 户,向每个使用 C930E 型号的 POS 机用户(共 127 户)收取 180 元/年的通信费,共收取通信费 22860 元。依据商标法第五十七条第一项以及第六十条第二款之规定,对道诺公司武汉分公司作出了责令立即停止侵权,并罚款 10 万元的行政处罚。

2014 年 2 月至 2014 年 7 月,道诺公司未经银联公司许可,在其重庆分公司经营场所内使用"[银联]中国银联"、经营场所门口使用"[银联]中国银联 POS

机"、宣传资料上标注"UnionPay银联 中国银联 China Unionpay"，内容提及"银联 POS 机"、员工工号牌、员工名片上标注"银联 银联 POS 机"、《商户注册登记表》上标注有"UnionPay银联 中国银联 China Unionpay 上海分公司"、《特约商户 POS 服务协议》载明：乙方（特约商户）、丙方中国银联股份有限公司上海分公司。该处查获的升腾 C930E POS 机具屏幕左上方有"UnionPay银联"标识、联迪 E330 POS 机具背面有银联认证字样，开机后屏幕均显示有"银联"。道诺公司重庆分公司处有伪造的授权书一份"兹授权济南道诺信息科技有限公司为我公司在北京、上海、重庆、四川、山东等地区的 POS 收单专业化推荐公司，负责该地区特约商户的 POS 机收单业务包含对 POS 机具与 ATM 机的维护 此授权书有效期：2013 年 12 月 27 日到 2016 年 12 月 31 日特此授权！中国银联股份有限公司上海分公司 2013 年 12 月 27 日"。授权书加盖有银联公司上海分公司的公章。该分公司销售的实达 WP-50 POS 机具并非来源于弘达上业公司，而系道诺公司自行进货。道诺公司重庆分公司将负责收集的用户资料做成电子件录入网址为 http：//pos.190ip.com 系统或是发邮件给总公司，审核通过后由总部通过 QQ 或公司邮箱发送名单，然后发货给用户。

重庆市工商行政管理局 2014 年 11 月 7 日出具行政处罚听证告知书认为，道诺公司在未取得"银联"商标所有人许可使用的情况下，使用了伪造的权利人授权书，并擅自印制和使用带有"银联"商标的宣传资料、员工工作证、名片，在经营场所门口、服务台背景墙等处使用"银联"商标，向客户出租未经商标权利人授权或委托生产的带有"银联"商标标识的 POS 机 299 台。构成《商标法》第五十七条第一项所指侵犯注册商标专用权的行为，拟对道诺公司处罚款 12 万元。但该听证告知书未送达到道诺公司。

在上述三地查获的《特约商户 POS 服务协议》载明：甲方（济南道诺）应当保证乙方（特约商户）受理的银联卡交易的转接和完成，投放在乙方的联网 POS 机具经过中国银联检测通过，并安装统一的终端受理程序。负责乙方受理的银行卡交易的资金清算和差错梳理，向乙方支付其受理银联卡扣除手续费之后的交易资金。在乙方入网手续审批通过后的 15 个工作日内，完成对乙方的银联卡受理业务培训和联网的 POS 机具安装。乙方同意按照甲方的交易数据进行清算，但若甲方与乙方的清算数据有争议时，甲、乙双方同意以丙方（中国银联股份有限公司上海分公司）转接的银联卡交易的电子数据为对账的最终标准。

道诺公司受罚后，弘达上业公司向银联公司出具《关于济南道诺公司违规违法开展业务的情况说明函》："道诺公司及其相关公司自今年三月份至关停所有业务之时，分别在济南、成都、武汉、重庆四个地区开展了业务，共计

651个商户/651台POS机具/交易金额共计6102万元……其相继在今年五六月份,分别向道诺公司汇入机具返款116756元和手续费高出部分佣金62622元。……当我公司在今年七月份初步确认,道诺公司一直以来盗用我公司名义私刻我公司公章,假冒我公司名义在各地开办分公司及办事处的机构,……我公司迅速地停止了与其的全部合作。……目前已经全部关停其所拓展的商户,共计651户。"

2014年6月30日,北京市金杜律师事务所上海分所向上海市东方公证处申请对相关网页进行证据保全。当天下午,申请人的委托代理人钱某某在该处通过该处的电脑上网进行了操作。打开IE浏览器用百度搜索济南道诺,显示济南道诺信息科技有限公司的链接,点击该链接进入www.daonuopay.com首页,解决方案栏目、POS机办理流程栏目、POS机具展示栏目下有实达WP-50、思创莱SCL8300、升腾C930E等POS机具的图片,部分POS机具上有"UnionPay 卡友版"标识。进入公司简介栏目,显示"诺支付于2013年成立于中国济南,目前在全国主要省会城市以及经济发达地区设有多家分公司……"发展历程栏目介绍"2013年4月至5月,与中国银联、中国联通、支付宝、易宝支付、弘达上业等具有第三方支付牌照线下收单牌照的公司及机构签订全国性总对总的战略合作协议……2013年6月,公司POS机台数突破60000台……2013年7月,公司POS机台数突破150000台……"2013年11月,公司POS机台数突破250000台……。在上述操作中,钱某某将相关内容予以截屏保存并打印,同时使用屏幕录像专家软件对浏览过程进行了录制,并通过该处设备将上述内容刻录制成光盘。上海市东方公证处对上述过程做了公证,并出具了(2014)沪东证经字第10506号公证书,银联公司为此支付公证费3000元。

2015年3月10日,受银联公司委托,申请人北京万慧达知识产权代理有限公司的委托代理人潘某某至北京市东方公证处申请证据保全。2015年3月11日,该处公证人员和申请人的委托代理人一起至山东省济南市市中区馆驿街馆驿新区8号楼2层,标识为"山东云泰铭德信息科技有限公司"的地点,申请人的代理人与自称为云泰铭德公司职员的男士进行了交谈,取得了名片一张,上印有:"山东云泰铭德信息科技有限公司山东济南分公司、Add山东省济南市市中区馆驿街馆驿新区8号、P.C 250000、QQ 1921263027、E-mail lijian@190ip.com.cn、全国客服热线400-9920-139、Mobile:15665795636 李某销售经理";宣传单一张,其上印有:云泰铭德公司济南分公司的地址、电话、POS机具图片、费率等信息;云泰铭德公司收据一张,其上标注:"入账日期2015年3月11日、NO.0002170、交款单位潘某某、收款方式现金、所属机型C930E、金额500元、收款事由定金/全款、收款人账号37001616338050153416

中国建设银行济南大观园支行 济南道诺信息科技有限公司、经办李某",该收据背面写有:"山东云泰铭德信息科技有限公司 15112101040003775 中国农业银行济南万达广场支行"以及云泰铭德公司营业执照复印件一份。申请人的委托代理人使用经公证人员检查的内存为空的录音设备对其与相关人员的交谈过程进行同步录音。申请人的委托代理人使用储存卡已经进行清洁度检查的设备对上述地点的现场、周边情况及上述取得的物品进行拍照。公证人员将上述取得物品装入纸袋密封,加贴公证处封条后,移交申请人保存,而且监督了拍摄照片的冲洗,将录音文件进行刻录,并出具了(2015)京东方内民证字第2619号公证书。云泰铭德公司工作人员在录音中陈述,云泰铭德公司与道诺公司为同一老板,云泰铭德公司是由道诺公司演变而来的。

  2015年3月10日,受银联公司委托,申请人北京万慧达知识产权代理有限公司的委托代理人潘某某至北京市东方公证处申请证据保全。2015年3月20日,该公证处公证人员和申请人的委托代理人一起至山东省济南市市中区馆驿街馆驿新区8号楼2层,标识为"山东云泰铭德信息科技有限公司"的地点,申请人的代理人与自称为云泰铭德公司职员的男士进行了交谈,取得了实达C930E无线POS终端一部,该机屏幕左上方标注有"UnionPay银联",并取得了名片一张,其上印有:"山东云泰铭德信息科技有限公司山东济南分公司、Add 山东省济南市市中区馆驿街馆驿新区8号、P.C 250000、QQ 289694264、E-mail liulin@190ip.com.cn、全国客服热线 400-9920-139、Mobile 18663771105 刘某销售经理";云泰铭德公司收据一张,其上标注:"入账日期2015年3月20日、NO.0000610、交款单位潘某某、收款方式转账+现金、所属机型C930E、金额2680元、收款事由打入对公2500、通信费180、经办刘某";中国建设银行现金交款单一张,其上载明:"51927356、收款人账号37001616338050153416、收款人户名济南道诺信息科技有限公司、缴款人名称潘某某、实收金额2500元、付款日期2015年3月20日";潘某某现场操作了上述无线POS终端,取得POS签购单一张。申请人的委托代理人使用经公证人员检查的内存为空的录音设备对其与相关人员的交谈过程进行同步录音。申请人的委托代理人使用储存卡已经进行清洁度检查的设备对上述地点的现场、周边情况及上述取得的物品进行拍照。公证人员将上述取得物品装入纸袋密封,加贴公证处封条后,移交申请人保存,而且监督了拍摄照片的冲洗,将录音文件进行刻录,并出具了(2015)京东方内民证字第2620号公证书。云泰铭德公司工作人员在录音中陈述,其为银联公司下属服务商,云泰铭德公司全盘接手了道诺公司的业务,钱款打至道诺公司账号没有问题。

  2015年4月15日,北京市金杜律师事务所上海分所向上海市东方公证处申请对相关网页进行证据保全。当天上午，申请人的委托代理人焦某某在该处电脑上网进行了如下操作：打开 IE 浏览器用百度搜索新网，显示新网·中国顶级域名注册服务商的链接，点击该链接进入 www.xinnet.com 首页，输入 yuntaimingde 查域名，显示"域名 yuntaimingde.com；注册商 ENAME TECHNOLOGY CO., LTD.；注册人 daonuo；注册人邮箱 5908011@qq.com；注册日期 2014 年 9 月 26 日；到期日期 2015 年 9 月 26 日。注册人名称 LiHuaijin、注册人所属机构 daonuo；注册人管理员、技术员身份名称 LiHuaijin；管理员、技术员所属机构 daonuo。"地址栏输入 www.yuntaimingde.com，显示页面为"云泰铭德公司网站，Copyright@ 2014 云泰铭德，All Rights Reserved，公司地址山东省济南市市中区馆驿街 8 号。"网站上展示有其销售的 POS 机具图片和介绍。公司简介称：云泰铭德公司成立于 2013 年 4 月，公司前身是由一支在团购行业辛勤耕耘的团队组成，本着致力于打造 O2O 行业与 P2P 行业的整合营销领导者的目的，目前公司作为全国最大的民营收单机构，涵盖餐饮、娱乐、电影、KTV、SPA、美容美发等近万家本地生活服务商家的合作资源，在全国已经设立近 20 家直属分公司……"在上述操作中，焦某某将相关内容予以截屏保存并打印，同时使用屏幕录像专家软件对浏览过程进行了录制，并通过该处设备将上述内容刻录制成光盘。上海市东方公证处对上述过程做了公证，并出具了（2015）沪东证经字第 5720 号公证书，银联公司为此支付公证费 3000 元。

2015 年 9 月 15 日，北京市金杜律师事务所上海分所的委托代理人张某向上海市静安公证处申请证据保全，当日张某使用该处已连接互联网的计算机在 IE 浏览器的首页地址栏中输入"www.miitbeian.gov.cn，"进入工业和信息化部 ICP/IP 地址/域名信息备案管理系统，进入公共查询系统页面，网站域名输入"190ip.com"，显示主办单位王某某、主办单位性质个人、网站备案/许可证号鲁 ICP 备 09081099 号-1、网站名称域名转让、网站首页网址 www.190ip.com、审核时间 2013-11-22。地址栏输入"www.190ip.com"，出现道诺科技-道诺科技智能系统登录页面。打开必应搜索，输入"pos.190ip.com"，页面显示"O2O 整合营销领导者 1 后台登录（弘达）2 商户后台（弘达）3 后台登录（star）4 后台登录（畅意汇）5 快易报件 6 快易商户 7 报件 8 商户平台 云泰铭德"。公证人员监督了张溢的上述操作及相应的截屏打印，并出具了（2015）沪静证经字第 4442 号公证书，银联公司为此支付了公证费 1000 元。

2014 年 9 月至 2015 年 8 月，多家媒体报道道诺公司和云泰铭德公司提供的 POS 机刷卡钱款结算不能到账以及押金难退问题。

银联公司为本案诉讼支付上海图书馆（上海科学技术情报研究所）资料费 3185 元、上海译协翻译咨询服务有限公司翻译费 600 元、支付北京万慧达（上海）律师事务所服务费 93425 元、北京市金杜律师事务所上海分所诉讼法律事务费 109397 元，商务查询费 1342 元。

另查明，升腾公司官网显示，C930E 手持无线 POS 终端上有"[UnionPay]"标识。福建联迪商用设备有限公司官网显示，联迪 E330 台式 POS 机具通过银联直联入网认证。

审理中，道诺公司虽认为 POS 机是从委托其从事 POS 机布放等业务的公司取得，但除与弘达上业公司之间的《市场推广合作协议》外，没有提供其他合同和进货凭证、发票等予以佐证。

本院认为，银联公司系第 4895750 号、第 4895727 号、第 6161130 号"[UnionPay]"注册商标，第 1955091"[银联]"注册商标，第 3821045 号、第 3160347 号"银联"注册商标，第 3160637 号、第 3821037 号"UNIONPAY"注册商标的专用权人，其享有的注册商标专用权应受到法律保护。同时，银联公司依法对其企业名称和字号享有的权利依法亦受法律保护。综合各方当事人的诉辩主张，本案的主要争议焦点在于以下几个方面：

一、银联公司的第 4895750 号"[UnionPay]"注册商标应否在本案中被认定为驰名商标

《商标法》第十四条规定，驰名商标应当根据当事人的请求，作为处理涉及商标案件需要认定的事实进行认定。《最高人民法院关于审理商标民事纠纷案件适用法律若干问题的解释》第一条第二项规定，复制、摹仿、翻译他人注册的驰名商标或其主要部分在不相同或者不相类似商品上作为商标使用，误导公众，致使该驰名商标注册人的利益可能受到损害的，属于侵犯注册商标专用权行为。《最高人民法院关于审理涉及驰名商标保护的民事纠纷案件应用法律若干问题的解释》第三条第一项规定，被诉侵犯商标权或者不正当竞争行为的成立不以商标驰名为事实根据的，人民法院对于所涉商标是否驰名不予审查。根据上述规定，在审理商标侵权案件中，如果在同一种服务或类似服务上使用与银联公司注册商标相同或近似的商标，银联公司可以依据《商标法》第五十七条的规定寻求救济的，法院对于银联公司所涉商标是否驰名不予审查。因此，判断本案是否需要认定第 4895750 号"[UnionPay]"注册商标为驰名商标的关键在于被控侵权服务与第 4895750 号"[UnionPay]"注册商标核定使用的服务是否相同或类似。《最高人民法院关于审理民事纠纷案件适用法律若干问题的解释》第十二条规定，认定商品或者服务是否类似，应当以相关公众对商品或者服务的一般认识综合判断。本案中，银联公司的第 4895750 号"[UnionPay]"注册

商标核定使用在第 36 类服务上，核定使用的服务包括电子转账；借款卡服务；金融服务；信用卡服务等。银联公司作为卡组织，其所提供的金融服务为为发卡机构和收单机构间交易的处理提供支持和协助。根据《银行卡收单业务管理办法》第二条规定，银行卡收单业务是指收单机构与特约商户签订银行卡受理协议，在特约商户按约定受理银行卡并与持卡人达成交易后，为特有商户提供交易资金结算服务的行为。第三十五条规定收单机构应当自主完成特约商户资质审核、受理协议签订、收单业务交易处理、资金结算、风险监测、受理终端主密钥生成和管理、差错和争议处理等业务活动。而两被告从事的服务包括对特约商户的资质审核、特约商户 POS 服务协议的签订、负责特约商户受理的银行卡交易资金清算等及向特约商户支付其受理银联卡扣除手续费之后的交易资金等，属于银行卡收单业务的范围。从相关公众对服务的一般认识综合判断，两被告从事的业务与第 4895750 号"▇"注册商标核定使用的电子转账、借款卡服务、金融服务、信用卡服务等为相同服务。尽管银联公司提供的证据足以证明第 4895750 号"▇"注册商标使用持续时间长、广告宣传投入程度深、存在受保护记录以及获奖情况，该注册商标在相关公众中享有极高的知名度，但因本案不涉及跨类保护问题，故无认定第 4895750 号"▇"注册商标为驰名商标的必要，本院对此不作审查。

二、两被告的行为是否侵害了银联公司的注册商标专用权

银联公司认为，道诺公司单独实施下列侵权行为：1. 在其经营场所的装潢、宣传材料、员工名片、工号牌等使用"▇""▇""中国银联""中国银联 China UnionPay"等标识，侵害了银联公司注册在第 36 类服务上的第 4895750 号"▇"、第 1955091 号"▇"、第 3821045 号"银联"、第 3160637 号、第 3821037 号"UNIONPAY"的注册商标专用权；2. 擅自制造与银联公司第 4895750 号"▇"注册商标相同的标识的行为以及在官方网站（www.daonuopay.com）上展示使用"▇"标识的 POS 机具图片，侵害了银联公司第 4895750 号"▇"注册商标专用权。

道诺公司与云泰铭德公司共同实施的侵权行为：1. 在《商户注册登记表》等交易文书上使用"▇""中国银联 China UnionPay"标识，侵害了银联公司注册在第 36 类服务上的第 4895750 号"▇"、第 3821045 号"银联"、第 3160637 号、第 3821037 号"UNIONPAY"注册商标专用权；2. 销售或提供带有"▇"、开机屏幕显示的"▇中国银联"标识的 POS 机具的行为，侵害了银联公司注册在第 36 类服务上的第 4895750 号"▇"、第 3821045 号"银联"以及注册在第 9 类商品上的第 4895727 号、第 6161130 号"▇"以及第

3160347号"银联"的注册商标专用权。

道诺公司承认其实施过银联公司指控其单独实施的侵权行为1,但认为官方网站上展示的是POS机具,并非"[UnionPay银联]"标识,且POS机具上的"[银联]"标识是机具本身就有的,并非道诺公司印制的,因此,该行为不构成商标侵权;根据《银联卡业务运作规章》,特约商户须在经营场所明显位置张贴或摆放"银联"受理标识,道诺公司制造"[UnionPay]"标识是为了完成上述要求,不构成商标侵权;在正常的银行卡收单过程中,所有跨行交易都应该通过银联公司进行信息转接和资金清算,在《商户注册登记表》等交易文书上使用是对银联公司地位的彰显,不会引起相关公众的误解,该行为不构成商标侵权;道诺公司销售或提供的POS机具均来自于弘达上业公司等上游公司,POS机具上的"[UnionPay]"或开机屏幕显示"[UnionPay]中国银联"均是POS机具生产商所为,且根据《中国人民银行关于统一启用"银联"标识及其全息防伪标志的通知》第五条规定,"自2004年1月1日起,银行卡受理市场中的各类终端机具和商户必须张贴银联标识",因此其销售或提供带有"[UnionPay]"标识、开机屏幕显示"[UnionPay]中国银联"的POS机具的行为,不构成商标侵权。云泰铭德公司认为,银联公司没有证据证明其在《商户注册登记表》等交易文书上使用过"[UnionPay]""中国银联 China UnionPay"等商标标识,因此,对银联公司该主张不予认可。云泰铭德公司成立后其销售或提供过带有"[UnionPay]"POS机具,但该行为不构成商标侵权,理由同道诺公司一致。

本院认为,银联公司系其主张权利的注册商标的权利人,其享有的注册商标专用权受法律保护。根据商标法相关规定,未经商标注册人的许可,在相同服务上使用与其注册商标近似的商标的,在同一种服务上使用与其注册商标相同或者近似的商标,容易导致混淆的,属于商标侵权行为。银联公司在第36类服务上的第4895750号"[UnionPay]"注册商标与道诺公司提供的被控侵权服务构成相同服务的理由在前已论述,而银联公司第1955091号"[银联]"、第3821045号"银联"、第3160637号、第3821037号"UNIONPAY"注册商标核定使用范围与之基本一致,因此两者亦构成相同服务。道诺公司未经银联公司许可,在经营场所的装潢、宣传材料、员工名片、工号牌等,使用与银联公司相同或近似的上述涉案标识,易导致相关公众对其服务来源产生混淆,侵犯了银联公司上述商标的注册商标专用权。

关于在《商户注册登记表》等交易文书上使用"[UnionPay]""中国银联 China UnionPay"等商标标识是否构成侵权的问题。首先,根据商标法第四十八条规定,商标的使用是指将商标用于商品、商品包装或者容器以及商品交易文书上，或者将商标用于广告宣传、展览以及其他商业活动中，用于识别商品来源的行为。道诺公司在《商户注册登记表》上使用"[UnionPay银联]""中国银联 China UnionPay"等标识的行为依法属于商标使用行为。其次，道诺公司提供的服务与银联公司第 4895750 号"[UnionPay]"、第 3160637 号、第 3821037 号"UNIONPAY"、第 3821045 号"银联"注册商标核定使用服务相同。道诺公司使用的"[UnionPay]"标识与银联公司第 4895750 号"[UnionPay]"注册商标相同，其使用的"中国银联 China UnionPay"标识与银联公司的第 3160637 号、第 3821037 号"UNIONPAY"、第 3821045 号"银联"注册商标构成近似，道诺公司未经银联公司的许可，使用上述标识的行为，易使相关公众对服务来源产生混淆，故对银联公司主张道诺公司该行为侵害了其第 4895750 号"[UnionPay]"、第 3160637 号、第 3821037 号"UNIONPAY"、第 3821045 号"银联"注册商标专用权的主张予以支持。再次，银联公司虽主张道诺公司和云泰铭德公司共同实施了在《商户注册登记表》等交易文书上使用"[UnionPay]""中国银联 China UnionPay"等商标标识的行为，但银联公司并未提供证据证明云泰铭德公司实施了该行为，故对云泰铭德公司提出的其未实施该行为的辩解意见，本院予以采信。

关于道诺公司制造"[UnionPay]"标识是否构成商标侵权问题，本院认为，《商标法》第五十七条第四项规定，擅自制造他人注册商标标识的行为，为侵犯注册商标专用权的行为。道诺公司制造"[UnionPay]"标识并未取得银联公司的许可，侵害了银联公司第 4895750 号"[UnionPay]"注册商标专用权。尽管《银联卡业务运作规章》中有要求商户在经营场所张贴或摆放银联标识，但这并不意味着道诺公司在未经银联公司许可的情况下，有权制造"[UnionPay]"标识，故对道诺公司认为其该行为不侵权的辩解意见，本院不予采信。

关于销售或提供带有"[UnionPay]"、开机屏幕显示"[UnionPay]中国银联"标识的 POS 机具、在官方网站上展示的带有"[UnionPay]"标识 POS 机具的行为是否构成商标侵权问题，本院认为，根据本案查明的事实，道诺公司在云泰铭德公司成立前，销售和提供的 POS 机机具上有"[UnionPay]"标识、开机屏幕上显示"[UnionPay]中国银联"标识。云泰铭德公司销售、提供的 POS 机机具上虽有"[UnionPay]"标识，但没有证据证明其开机屏幕上有"[UnionPay]中国银联"标识。由于云泰铭德公司销售 POS 机时，向商户同时提供了自己和道诺公司的账号，且其股东曾为道诺公司股东，两公司之间存在一定的联系，因此，可以认定云泰铭德公司的上述行为是与道诺公司共同实施的。关于 POS 机具上的标识是否构成侵权问题。商标法第五十七条第三项规定，销售侵犯注册商标专用权的商品的行为，为侵犯注册商标专用权。银联公司注册在第 9 类上的第 4895727 号、第 6161130 号

""、第 3160347 号"银联"商标核定使用范围分别为现金收讫机、数据处理设备和假币检测器,两被告销售或提供的是 POS 机,因此,是否构成侵权的关键是现金收讫机、数据处理设备、假币检测器与 POS 机是否为相同或类似商品。POS 机工作原理是通过读卡器读取银行卡上的持卡人磁条信息,由 POS 机操作人员输入交易金额,持卡人输入个人识别信息(即密码),POS 机把这些信息直接或通过银联中心,上送发卡银行系统,完成联机交易,给出成功与否的信息,并打印相应的票据的设备。因此,其属于数据处理设备的范围。《最高人民法院关于审理商标民事纠纷案件适用法律若干问题的解释》第十一条规定,类似商品是指在功能、用途、生产部门、销售渠道、消费对象等方面相同,或者相关公众一般认为其存在特定联系、容易造成混淆的商品。第十二条规定认定商品或服务是否类似,应以相关公众对商品或者服务的一般认识综合判断。现金收讫机、假币检测器与 POS 机在具体的用途上虽存在差异,但其生产部门、销售渠道和消费对象等方面相同,且在同一消费环境中,上述工具共存概率较大,以相关公众的一般认知,应为类似商品。因此,对银联公司主张现金收讫机、假币检测器与 POS 机构成类似商品的主张,本院予以支持。由于两被告共同销售的 POS 机上未经银联公司许可使用了与其第 4895727 号、第 6161130 号""注册商标相同的""标识,道诺公司单独销售或提供的 POS 机具上、开机屏幕上使用了与银联公司第 4895727 号、第 6161130 号""注册商标相同的""以及开机屏幕使用了与银联公司第 3160347 号"银联"注册商标近似的"中国银联",故对银联公司主张上述行为侵犯其第 4895727 号、第 6161130 号""和第 3160347 号"银联"注册商标专用权的诉请予以支持。

道诺公司在提供相关推广安装 POS 机等服务时,在其经营场所装潢、宣传推广活动、交易文书上使用与银联公司注册商标相同或近似的标识,甚至以银联公司上海分公司的名义,推广 POS 机开展其银行卡收单业务,提供带有银联标识的 POS 机具等一系列行为,会导致相关公众对其服务来源产生混淆,误认其为银联公司或银联公司关联公司,故对银联公司主张道诺公司销售或提供带有""、开机屏幕显示有"中国银联"标识的 POS 机具、在其官方网站上展示的带有""标识 POS 机具图片的行为亦侵害其第 36 类服务上的第 4895750 号、""、第 3821045 号"银联"注册商标专用权,本院予以支持。云泰铭德公司股东为道诺公司前股东,其知晓道诺公司工商查处的情况,但自其成立后,不仅和道诺公司共同销售带有""标识 POS 机且其工作人员仍以银联公司关联公司名义进行推广,主观上具有混淆其提供的服务为银联公司或其关联公司服务的故意,故对银联公司主张两被告侵犯其第 36 类服务上的第 4895750 号"UnionPay 银联"注册商标专用权,本院亦予支持。

两被告辩称,根据《中国人民银行关于统一启用"银联"标识及其全息防伪标志的通知》(银发〔2001〕37 号)第五条规定,各商业银行应认真做好"银联"标识的使用、受理等宣传,并逐步淡化本行发卡品牌在受理市场中的作用。自 2004 年 1 月 1 日起,银行卡受理市场中的各类终端机具和商户必须张贴银联标识,故 POS 机上使用银联标识的行为不构成侵权。本院认为,该规范性文件已于 2013 年 6 月 28 日被废止,而本案中所涉的被控侵权行为发生于 2014 年,不在该规范性文件有效期内。同时,对商标标识使用的正当性判断,属于商标法调整范围。判断对商标使用是否具有正当性的标准之一为对商标的使用是否善意且必要。如前所述,道诺公司并非银联公司下属公司或关联公司,其以银联公司上海分公司等名义对外经营,并无正当理由,具有主观恶意。云泰铭德公司的股东是道诺公司的原股东,其对银联公司商标的使用方式会导致相关公众对其服务来源产生混淆是知晓的,主观恶意更为明显。向消费者指示相关消费场所能使用银联卡,可以通过在场所中张贴和摆放银联受理标识的方式向消费者作出指示。从一般交易习惯看,银联卡特约商户也通常采用上述方式来表明其可以使用银联卡,因此,对两被告的该辩解意见,本院不予采信。

三、两被告的行为是否构成不正当竞争

银联公司认为,道诺公司在其经营场所的装潢、服务的宣传活动、宣传资料等处使用银联公司的企业名称,构成了擅自使用银联公司企业名称的不正当竞争行为。虚构与银联公司之间存在合作或授权关系,构成了虚假宣传的不正当竞争行为。道诺公司和云泰铭德公司在《特约商户 POS 服务协议》等交易文书上使用了银联公司的企业名称,构成了擅自使用银联公司企业名称的不正当竞争行为。伪造并使用署名银联公司上海分公司的印章和授权书构成了虚假宣传的不正当竞争行为。道诺公司对上述行为均无异议。云泰铭德公司认为银联公司并无证据证明其存在上述行为,故银联公司主张云泰铭德公司构成不正当竞争没有事实依据。

本院认为,《中华人民共和国反不正当竞争法》(以下简称《反不正当竞争法》)第五条第三项规定,擅自使用他人的企业名称,引人误认是他人商品的行为,为不正当竞争行为。《最高人民法院关于审理不正当竞争民事案件应用法律若干问题的解释》第六条规定,具有一定的市场知名度、为相关公众所知悉的企业名称中的字号,可以认定为《反不正当竞争法》第五条第三项规定的"企业名称"。银联公司在本案中提供的证据能够证明其在中国境内具有较高知名度，其企业字号银联为相关公众所普遍知悉，因此，其字号依法可作为企业名称予以保护。道诺公司在其经营场所的装潢、宣传资料、宣传活动、《特约商户POS服务协议》等交易文书以及伪造的授权文书等使用银联公司的企业名称或字号，会引起相关公众误以为道诺公司提供的相关服务为银联公司的服务或与之有关联，构成了擅自使用他人企业名称的不正当竞争行为。由于银联公司没有证据证明云泰铭德公司实施了上述行为，故银联公司认为云泰铭德公司实施擅自使用他人的企业名称不正当竞争行为的主张，本院不予支持。

《反不正当竞争法》第九条规定，引人误解的虚假宣传包括对商品的质量、制作成分、性能、用途、生产者、有效期限、产地等的虚假宣传。道诺公司与银联公司并无合作和授权关系，但其在官网上宣传与银联公司之间有战略合作，同时，道诺公司伪造并使用署名银联公司上海分公司的印章和授权书向其特约商户推广银行卡服务，构成了虚假宣传。由于银联公司并无证据证明云泰铭德公司实施了上述行为，故对银联公司认为云泰铭德公司实施了虚假宣传行为的主张，本院不予支持。

四、云泰铭德公司是否就道诺公司实施的侵权行为承担连带责任

银联公司认为，两被告作为受同一实际控制人李某某操纵和经营的主体主观上具有共同的意志，存在道诺公司拓展商户，云泰铭德公司提供后续服务并取得收益的合作模式，以实现侵权行为，取得侵权收益。两被告在销售和推广POS机具的经营活动中，云泰铭德公司通过展示伪造的银联公司上海分公司的授权书，发展商户并销售附有银联注册商标的POS机具，最终由道诺公司收取机具的价款。因此，两被告应承担共同侵权的责任。两被告认为道诺公司和云泰铭德公司系独立的公司，银联公司主张云泰铭德公司对道诺公司单独实施的侵权行为，承担共同侵权的民事责任，没有事实和法律依据。本院认为，根据查明的事实，银联公司并没有证据证明云泰铭德公司在成立后全面承接了道诺公司在先的权利义务，故对银联公司主张云泰铭德公司应就成立前道诺公司的侵权行为承担共同侵权的民事责任，缺乏事实和法律依据，本院不予支持。

银联公司还主张两被告存在公司人格混同，云泰铭德公司应对道诺公司实施的侵权行为承担连带责任。两被告认为，两被告系各自独立的主体，在人员、业务、财务上不存在交叉，不存在公司人格混同，银联公司要求两公司承担连带赔偿责任缺乏事实和法律依据。

本院认为，公司人格混同要从组织机构、财务和业务等因素综合予以判定。从本案看，首先，云泰铭德公司的股东与道诺公司的股东并不一致，银联

公司并没有证据证明两公司组织机构、公司财务人员、工作人员存在一致。其次，银联公司没有证据证明两被告的营业场所一致或者两被告对财产拥有完全同一的所有权。最后，银联公司没有证据证明两被告所从事的业务活动受同一控股股东的指挥、支配或组织，主观上具有共同的意志。因此，对银联公司主张两被告构成公司人格混同，本院不予支持。

五、两被告民事责任的承担

本院认为，《中华人民共和国侵权责任法》第二条规定，侵害姓名权、商标专用权等民事权益的，应当依照该法承担侵权责任。第十五条规定，承担侵权责任的方式包括停止侵权、赔偿损失和消除影响。由于两被告实施了侵害银联公司注册商标专用权的行为，道诺公司实施了擅自使用银联公司企业名称和虚假宣传的不正当竞争行为，故对银联公司主张两被告应承担停止侵害银联公司注册商标专用权的行为，道诺公司应停止实施不正当竞争行为的诉讼请求，本院予以支持。关于银联公司主张的要求两被告销毁使用银联公司注册商标、企业名称的侵权物品、伪造的文书、公章等以及撤换、销毁含有虚假宣传的网页、宣传资料等侵权内容的诉讼请求，由于停止侵权足以制止两被告继续使用上述侵权物品和提供虚假内容，且银联公司并无证据证明侵权物品、伪造文书、公章等现仍客观存在、放置场所以及具体数量，故对该诉讼请求，本院不予支持。

由于两被告的商标侵权行为和道诺公司的不正当竞争行为足以造成相关公众对两被告的服务来源产生混淆误认，影响到银联公司的声誉，故对银联公司要求两被告就其侵权行为刊登声明，消除影响的诉讼请求，本院予以支持。但消除影响的范围应与损害结果、影响范围相适应，本案被控侵权服务涉及银行卡收单业务和收单业务的外包业务，不仅侵害银联公司的合法权益，一定程度上还扰乱银行卡支付市场的正常经营秩序，故对银联公司要求两被告在新浪网财经板块（http：//finance.sina.com.cn）及《中国金融》期刊杂志上刊登声明的诉讼请求，本院予以支持。

关于损失赔偿问题，本院认为，根据商标法相关规定，侵犯商标专用权的赔偿数额，按照权利人因被侵权所受到的实际损失确定；实际损失难以确定的，可以按照侵权人因侵权所获得的利益确定；权利人的损失或侵权人获得的利益难以确定的，参照该商标许可使用费的倍数合理确定。权利人因被侵权所受的实际损失、侵权人因侵权所获得的利益、注册商标许可使用费难以确定的，由人民法院根据侵权行为的情节判决给予三百万元以下赔偿。根据反不正当竞争法的相关规定，确定《反不正当竞争法》第五条、第九条规定的不正当竞争行为的损害赔偿额，可以参照确定侵犯注册商标专用权的损害赔偿额的方法进行。银联公司主张根据侵权人的获利确定赔偿数额,并认为获利包括手续费提成、机具押金、通信费和商户拓展佣金。本院认为,道诺公司单独实施以及和云泰铭德公司共同实施的商标侵权行为、道诺公司单独实施的擅自使用银联公司企业名称的不正当竞争行为以及虚假宣传行为确给银联公司造成了损害,给自身带来了利益,银联公司提供的证据虽不具体全面,但可以作为本院酌定赔偿的参考,故本院根据具体受保护商标、企业名称的知名度、侵权行为的性质、期间和后果、两被告侵权的主观状态,结合工商查处的具体情况,酌情确定赔偿数额。关于合理费用,银联公司确为本案的诉讼支付了公证费、律师费和调查费等,对于银联公司支付的与诉讼相关的公证费、翻译费、资料费、商务咨询费,本院予以支持;对于服务费,由于银联公司未全面提供相关服务的明细,故对服务费,本院酌情予以支持;关于律师费,本院结合案件的难易程度以及上海市相关律师费收费标准酌情予以支持。

根据《中华人民共和国侵权责任法》第八条之规定,二人以上共同实施侵权行为,造成他人损害的,应当承担连带责任。道诺公司单独实施了商标侵权和不正当竞争行为,又与云泰铭德公司共同实施了商标侵权行为,故其对单独实施的侵权行为所产生损害由其独自承担责任,共同侵权所产生之损害由其与云泰铭德共同承担。

关于道诺公司认为其销售提供的POS机来源于弘达上业公司,该行为即便构成侵权,亦不应承担赔偿责任。本院认为,首先,道诺公司并没有提供证据证明POS机具有合法来源。其次,根据商标法相关规定,销售不知道是侵犯注册商标专用权的商品的,能证明是自己合法取得并说明提供者的,不应承担赔偿责任。从本案看,道诺公司、云泰铭德公司作为提供相关金融服务的公司,应当知道银联公司的业务范围,却销售提供带有银联公司注册商标的POS机,且不能提供证据证明POS机具有合法来源并说明提供者,因此,对该行为不能免除赔偿责任。

综上,由于道诺公司单独实施了侵害银联公司商标专用权的行为以及擅自使用银联公司企业名称和虚假宣传的不正当竞争行为,云泰铭德公司和道诺公司共同实施了侵害银联公司商标专用权的行为,依法应承担停止侵权、消除影响和赔偿损失的民事责任。依照《中华人民共和国侵权责任法》第八条、第十五条第一款第一项、第六项、第八项、第二款,《中华人民共和国商标法》第五十七条第一项、第二项、第三项、第四项、第六十三条第一款、第三款,《中华人民共和国反不正当竞争法》第五条第三项、第九条第一款、第二十条,《最高人民法院关于审理商标民事纠纷案件适用法律若干问题的解释》第十一条第一款、第十二条、第十六条第一款、第二款、第十七条,《最高人民法院关于审理涉及驰名商标保护的民事纠纷案件应用法律若干问题的解释》第三条第一款第一项,《最高人民法院关于审理不正当竞争民事案件应用法律若干问题的解释》第六条第一款、第十七条第一款规定,判决如下:

一、被告济南道诺信息科技有限公司自本判决生效之日起立即停止侵害原告中国银联股份有限公司第 4895750 号 "UnionPay"、第 1955091 号 "银联"、第 3821045 号 "银联"、第 3160637 号 "UNIONPAY"、第 3821037 号 "UNION-PAY"、第 4895727 号 "UnionPay"、第 6161130 号 "UnionPay"、第 3160347 号 "银联"注册商标专用权的行为;

二、被告山东云泰铭德信息科技有限公司自本判决生效之日起立即停止侵害原告中国银联股份有限公司第 4895750 号 "UnionPay"、第 4895727 号 "UnionPay"、第 6161130 号 "UnionPay"注册商标专用权的行为;

三、被告济南道诺信息科技有限公司自本判决生效之日起立即停止擅自使用原告中国银联股份有限公司企业名称的不正当竞争行为;

四、被告济南道诺信息科技有限公司自本判决生效之日起立即停止虚假宣传的不正当竞争行为;

五、被告济南道诺信息科技有限公司自本判决生效之日起十日内赔偿原告中国银联股份有限公司经济损失人民币 400000 元;

六、被告济南道诺信息科技有限公司和被告山东云泰铭德信息科技有限公司自本判决生效之日起十日内共同赔偿原告中国银联股份有限公司经济损失人民币 200000 元;

七、被告济南道诺信息科技有限公司自本判决生效之日起十日内赔偿原告中国银联股份有限公司合理费用人民币 69000 元;

八、被告济南道诺信息科技有限公司和被告山东云泰铭德信息科技有限公司自本判决生效之日起十日内共同赔偿原告中国银联股份有限公司合理费用人民币 33000 元;

九、被告济南道诺信息科技有限公司和被告山东云泰铭德信息科技有限公司自本判决生效之日起一个月内在新浪网财经板块首页(http://finance.sina.com.cn)就其侵权行为连续三天发表声明和在《中国金融》期刊上就其所侵权行为发表声明,消除影响(声明内容须经本院审核,若逾期不履行,本院将在新浪网财经板块首页和《中国金融》期刊上公布判决内容,相关费用由被告济南道诺信息科技有限公司和被告山东云泰铭德信息科技有限公司负担);

十、驳回原告中国银联股份有限公司其余诉讼请求。

如果未按判决指定的期间履行给付金钱义务,应当依照《中华人民共和国民事诉讼法》第二百五十三条规定,加倍支付迟延履行期间的债务利息。

案件受理费人民币 46800 元、财产保全费人民币 5000 元,由原告中国银联股份有限公司负担人民币 20000 元,被告济南道诺信息科技有限公司负担人民币 26500 元,被告山东云泰铭德信息科技有限公司负担人民币 5300 元。

如不服本判决,可以在判决书送达之日起十五日内,向本院递交上诉状,并按对方当事人的人数提出副本,上诉于上海市高级人民法院。

审　判　长　　陈惠珍
审　判　员　　刘　静
审　判　员　　杨　韡
二〇一六年九月二十九日
书　记　员　　陈蕴智

附:银联公司提供证据目录

序号	证据名称	证明目的
1	第 4895750 号注册商标"UnionPay 银联"的注册证	1)银联公司在第 36 类、第 9 类和第 35 类上均注册了若干商标,系该等涉案注册商标的专用权人; 2)该等注册商标目前均处于合法有效状态,依法应受到我国法律的保护
2	银联公司注册在第 36 类上的注册商标的注册证及续展证明	
3	银联公司注册在第 9 类上的注册商标的注册证及续展证明	
4	银联公司注册在第 35 类上的注册商标的注册证及续展注册证明	
5	商标驰字〔2005〕第 55 号《关于认定"银联"商标为驰名商标的批复》	第 1955091 号"银联"注册商标曾在第 36 类"信用卡服务"类别上被认定为驰名商标

续表

序号	证据名称	证明目的
6	银联公司组织结构图及分支结构介绍	1）银联公司自成立至今一直使用"中国银联"的企业简称和"银联"的商号； 2）银联公司的营业范围覆盖全国，体现其深远的影响力； 3）银联公司在银联卡发卡和受理业务方面的主要经济指标，如跨行成功交易笔数、清算交易金额、新增银联卡等呈逐年增长趋势，体现了良好的经营发展势头； 4）银联公司良好的经营状况体现了相关注册商标和银联的品牌在公众中的知名度和影响力
7	银联公司2011年至2013年年报中发展综述章节	
8	2011年至2014年度投入的广告费用统计表	1）银联公司投入了巨额的广告费用，对第4895750号"![UnionPay]"注册商标进行了大量、广泛、深入的宣传和推广； 2）银联公司通过平面广告、网络推广、地铁广告、机场户外广告等多种广告媒介对第4895750号"![UnionPay]"注册商标进行宣传，推广的地域范围覆盖全国，已经形成了巨大的市场知名度和影响力； 3）第4895750号"![UnionPay]"注册商标应作为驰名商标得以保护
9	2011年至2014年部分广告合同清单及部分广告合同（共计：42份）	
10	2011年至2014年部分广告发票	
11	2011年度中国银联部分广告宣传推广项目平面媒体投放成果总结	
12	2012年至2013年中国银联网球大师赛媒体、网络广告发布证明	
13	2013年中国银联IC闪付卡项目平面广告投放结案报告	
14	2014年度银联公司"62"节宣传推广的广告合同和广告发布监测报告（附：光盘）	
15	2011年至2014年中国银联部分地铁广告投放监测报告	
16	2012年至2014年中国银联铁路、机场广告投放效果评估报告	
17	2013年至2014年中国银联部分移动电视广告、网络广告投放监测报告	

续表

序号	证据名称	证明目的
18	《人民日报》、凤凰网、中央电视台等媒体对银联公司经营活动的报道以及对相关注册商标的宣传	第三方媒体对中国银联及其注册商标进行大量、广泛的报道,增强了银联注册商标的知名度和影响力
19	上海图书馆上海科技情报研究所文献服务部出具的检索证明及调阅的文献(共计:六十七篇)	
20	2011年至2014年银联公司所荣获的部分奖项和荣誉	1)证明银联公司及第4895750号"UnionPay银联"注册商标已经在国内获得广泛公众的认可并享有极高的社会评价,具备驰名商标所要求的知名度和影响力;
21	搜狐网、新浪网、腾讯网等登载的中国银联所荣获的若干奖项、荣誉的新闻报道	2)银联公司及其提供的银行卡服务具有良好的市场声誉,已经荣获了众多荣誉和奖项,具有极高的市场知名度
22	各地工商局处理的涉及侵犯银联公司驰名商标的执法记录	证明在商标行政程序和民事诉讼程序中,银联注册商标已经被多次作为驰名商标和知名商标受到保护
23	商标异议裁定书和商标异议复审裁定书(共计六份)	
24	(2009)浦民三(知)初字第172号民事判决书	
25	在国内银联公司注册的其他"UnionPay银联"注册商标的注册证	1)在银联公司的商标和品牌战略中,其将三色"UnionPay银联"标识作为经营活动中的主标识进行保护;
26	中国香港、中国澳门、中国台湾、泰国、印度尼西亚、马来西亚、欧盟、新西兰等国家和地区银联公司注册的"UnionPay银联"注册商标的注册证明及翻译件	2)在国内,银联公司在其他商品和服务上注册了多个"UnionPay银联"注册商标,将该商标的保护范围延伸至其他类别和领域。目前该等商标均处于有效状态; 3)在其他国家和地区,银联公司也注册了多个"UnionPay银联"注册商标,将该商标的保护范围延伸至国外

续表

序号	证据名称	证明目的
27	沪工商检处字〔2014〕第320201410143号行政处罚决定书	1）道诺公司未经许可，擅自在其经营活动中使用银联公司的注册商标，构成对银联公司注册商标专用权的侵犯； 2）道诺公司未经许可，擅自在其经营活动中使用银联公司的企业名称、知名商号，构成对银联公司企业名称、知名商号的侵犯
28	武工商检处〔2014〕45号行政处罚决定书	
29	道诺公司经营场所招牌、员工工号牌、员工名片、假冒银联标识、宣传折页的照片打印件	
30	道诺公司与特约商户天乐湘菜馆（上海地区）签署的《商户注册登记表》和《特约商户POS机具服务协议》	
31	天乐湘菜馆消费的银联POS签购单（持卡人存根和商户存根）	道诺公司未经许可，擅自在推广或参与提供的银行卡支付和清算服务商使用银联公司的注册商标，构成对银联公司注册商标专用权的侵犯
32	重庆迎豪酒店公寓消费的银联POS签购单（持卡人存根和商户存根）	
33	（2014）沪东证经字第18361号公证书	
34	中国银联跨行管理主中心系统历史交易查询打印页面	
35	（2014）沪东证经字第10506号公证书	道诺公司在其官方网站上发布虚假的陈述，构成不正当竞争行为
36	署名银联公司上海分公司的《授权书》	1）道诺公司从事了伪造中国银联上海分公司的印章及《授权书》的行为； 2）道诺公司实施了虚假宣传的行为，构成不正当竞争

续表

序号	证据名称	证明目的
37	（2015）京东方内民证字第2619号公证书及录音的文字记录	1）道诺公司和云泰铭德公司一同销售和推广带有银联公司第4895750号"UnionPay银联"商标的POS机终端机具，并从中谋取不当利益； 2）道诺公司和云泰铭德公司在经营活动中使用了伪造的银联公司上海分公司的印章和授权书，进行虚假宣传； 3）道诺公司和云泰铭德公司的行为已经构成对银联公司第4895750号"UnionPay银联"商标的侵犯，并构成不正当竞争
38	（2015）京东方内民证字第2620号公证书及录音的文字记录	
39	云泰铭德公司在经营行为中实施的侵权行为的录像及文字记录（共两段，见光盘）	
40	（2015）沪东证经字第5720号公证书及云泰铭德公司网站域名（yutaimingde.com）WHOIS信息的翻译	
41	上海市地方税务局通用机打发票三张	为制止道诺公司和云泰铭德公司的侵权行为，银联公司支出了必要公证费、翻译费、律师费等维权费用
42	翻译费发票一张	
43	调查费发票一张	
44	律师费发票一张	
45	上海市工商行政管理局检查总队针对道诺公司上海区域负责人李想的询问（调查）笔录	1）道诺公司在经营场所的招牌、员工工号牌、员工名片、宣传资料以及交易文件等处使用了银联公司的注册商标和企业字号； 2）道诺公司存在伪造银联公司上海分公司印章和授权书，并在与商户签署协议、宣传推广等经营活动中进行使用等行为； 3）道诺公司存在擅自制造并允许第三方商户使用银联公司注册商标标识的行为； 4）道诺公司存在虚假宣传其与银联公司建立合作或授权关系的行为； 5）道诺公司的上述行为构成商标侵权及不正当竞争
46	在道诺公司经营场所内取得的招牌、员工工号牌、员工名片、印制的假冒银联标识、宣传折页等涉嫌侵权的实物照片	

二、商标权权属、侵权纠纷

续表

序号	证据名称	证明目的
47	上海市工商行政管理局检查总队对上海天乐湘菜餐饮有限公司法定代表人欧阳林的询问（调查）笔录	1）道诺公司在商业推广和商户拓展等经营活动中使用银联公司的注册商标； 2）在道诺公司为天乐湘菜馆安装的POS机打印出的POS签购单上使用了银联公司的注册商标，证明道诺公司存在擅自在其推广或参与提供的银行卡支付和清算服务上使用银联公司注册商标的行为； 3）道诺公司的上述行为构成对银联公司注册商标专有权的侵犯
48	在上海天乐湘菜餐饮有限公司发生的POS交易的签购单（商户存根）	
49	道诺公司与特约商户签署的《商户注册登记表》和《特约商户POS服务协议》	1）道诺公司在交易文书等经营活动中使用了银联公司的注册商标和企业字号； 2）证明道诺公司在上海地区拓展的部分商户的数量及相应布放POS机具的数量； 3）证明道诺公司侵权行为已具有一定的规模，侵权性质较为恶劣
50	2014年1月至7月济南道诺在上海地区推广POS机情况一览表	
51	情况说明和委托授权书	证明道诺公司武汉分公司系道诺公司设立的分公司，武汉分公司的相关民事责任应由道诺公司承担
52	武汉市工商行政管理局针对道诺公司武汉分公司经理章王勇的询问（调查）笔录	1）道诺公司武汉分公司在其经营场所的招牌、员工工号牌、员工名片、宣传资料等处使用了银联公司的注册商标和企业字号； 2）道诺公司武汉分公司存在擅自提供和推广带有银联公司注册商标的POS机具等终端产品的行为； 3）道诺公司武汉分公司在进行商业推广和商户拓展过程中，存在冒用银联公司以及银联公司上海分公司的名义的行为
53	武汉市工商行政管理局现场笔录	
54	道诺公司武汉分公司与特约商户签署的《商户注册登记表》和《特约商户POS服务协议》	

续表

序号	证据名称	证明目的
55	道诺公司武汉分公司经营场所取得的招牌、POS 机具、员工名片、员工工牌、《商户注册登记表》、《特约商户 POS 服务协议》、宣传折页和宣传材料等涉嫌侵权的实物照片	4）道诺公司武汉分公司存在虚假宣传其与银联公司建立合作或授权关系的行为； 5）道诺公司武汉分公司的上述行为构成商标侵权及不正当竞争
56	道诺公司武汉分公司经营场所取得的有关话术材料	
57	道诺公司武汉分公司 POS 机推广情况列表	1）道诺公司武汉分公司在交易文书等经营活动中使用了银联公司的注册商标和企业字号； 2）证明道诺公司在武汉地区拓展的部分商户的数量及相应布放 POS 机具的数量； 3）证明道诺公司侵权行为已具有一定的规模，侵权情节严重
58	渝潼工商听告字〔2014〕1107 号行政处罚听证告知书	1）道诺公司未经许可，擅自在其经营场所、POS 机具、员工名片、宣传资料等处使用了银联公司的注册商标和企业字号； 2）上述行为涉嫌构成商标侵权及不正当竞争
59	重庆市工商行政管理局针对道诺公司重庆分公司的现场检查笔录	1）道诺公司未经许可，擅自在 POS 机机具、经营场所、员工工作证、员工名片、宣传资料等处使用了银联公司的注册商标和企业字号； 2）道诺公司存在伪造银联公司上海分公司授权书，并在与商户签署协议、宣传推广活动中使用等行为； 3）道诺公司存在虚假宣传其与银联公司建立合作或授权关系的行为； 4）道诺公司的上述行为构成商标侵权及不正当竞争
60	在道诺公司重庆分公司的经营场所内取得的宣传资料、员工工作证、名片等涉嫌侵权物品的复印件	
61	重庆市工商行政管理局委托鉴定书以及银联公司出具的鉴定书	

二、商标权权属、侵权纠纷

续表

序号	证据名称	证明目的
62	重庆市工商行政管理局行政执法人员针对对道诺公司法定代表人李怀金的询问（调查）笔录	1）道诺公司未经许可，擅自在POS机机具、经营场所、员工工作证、员工名片、宣传资料等处使用了银联公司的注册商标和企业字号； 2）道诺公司存在伪造银联公司上海分公司授权书，并在与商户签署协议、宣传推广活动中使用等行为； 3）道诺公司存在虚假宣传其与银联公司建立合作或授权关系的行为； 4）道诺公司的上述行为构成商标侵权及不正当竞争
63	重庆市工商行政管理局行政执法人员对道诺公司重庆分公司负责人扎西偏初的询问（调查）笔录	
64	重庆市工商行政管理局行政执法人员2014年8月20日对道诺公司重庆分公司负责人蒋祥铭的询问（调查）笔录	
65	重庆市工商行政管理局行政执法人员2014年8月11日对道诺公司重庆分公司负责人蒋祥铭的询问（调查）笔录	1）道诺公司在交易文书等经营活动中使用了银联公司的注册商标和企业字号； 2）道诺公司的上述行为构成商标侵权及不正当竞争
66	道诺公司与特约商户签署的《商户注册登记表》《特约商户POS服务协议》	
67	重庆市工商行政管理局行政执法人员2014年8月20日对道诺公司重庆分公司负责人蒋祥铭的询问（调查）笔录	1）证明道诺公司在重庆地区拓展的部分商户的数量及相应布放POS机具的数量； 2）证明道诺公司重庆分公司通过实施侵权行为获得了大量收入； 3）证明道诺公司重庆分公司的侵权行为已具有一定规模，侵权性质较为恶劣
68	弘达上业（北京）科技有限公司出具的《关于济南道诺违规违法开展业务的情况说明函》及重庆地区商户信息	
69	2014年道诺公司在重庆地区推广POS机统计表	

续表

序号	证据名称	证明目的
70	第三方媒体对两被告违反行为的新闻报道	1）道诺公司与云泰铭德公司存在拖欠机具返款和不及时清算刷卡资金的行为，使众多商户蒙受经济上的损失； 2）结合道诺公司和云泰铭德公司冒用银联公司的名义开展经营的行为，已经使得银联公司遭受重大声誉的损失； 3）众多商户均认为道诺公司和云泰铭德公司系具有承继关系的同一主体
71	（2015）沪浦证经字第1942号公证书	1）银联公司与第三方广告公司的广告合同已经履行，并为履行该等广告合同已经向广告公司支付了高额的广告费用； 2）该等广告费用可以印证银联公司对第4895750号注册商标宣传推广的深度和广度
72	银联公司收到广告公司发送的关于2014年度"62"节宣传推广项目相关报告的邮件打印件（电子原文件参见光盘）	1）第三方广告公司在广告项目完成后，将广告投放的检测报告发送给银联公司； 2）该等邮件或附件进一步证明了银联公司对第4895750号注册商标投入的宣传和推广是真实的
73	银联公司投放的2014年第二期上海地铁广告结项报告	
74	银联公司收到广告公司发送的关于铁路广告项目的监测报告及广告投放实地照片（电子原文件参见光盘）	

续表

序号	证据名称	证明目的
75	道诺公司的工商内档材料	1）道诺公司的原股东与云泰铭德公司的股东人选完全重合，均为李怀金和王善旭； 2）道诺公司和云泰铭德公司的董事、监事人选存在交叉； 3）道诺公司和云泰铭德公司系关联公司的关系； 4）道诺公司和云泰铭德公司的经营范围基本相同
76	云泰铭德公司的工商内档材料	
77	第三方媒体对两被告违法行为的新闻报道	1）道诺公司与云泰铭德公司存在拖欠机具返款和不及时清算刷卡资金的行为，使众多商户蒙受经济上的损失； 2）结合道诺公司和云泰铭德公司冒用银联公司的名义开展经营的行为，已经使得银联公司遭受重大声誉的损失； 3）众多商户均认为道诺公司和云泰铭德公司系具有承继关系的同一主体
78	北京市国家税务局通用机打发票一张	证明为制止道诺公司、云泰铭德公司的侵权行为，银联公司还支出了必要的查询费、调查费等合理支出
79	上海市服务业、娱乐业、文化体育业统一发票	
80	（2015）沪浦证经字第1899号公证书	
81	（2015）沪证经字第4442号公证书	1）被告道诺公司与云泰铭德公司共同使用了收单业务的后台系统pos.190ip.com，且该后台系统系由道诺公司的原监事、云泰铭德公司的股东王善旭管理，进一步证明道诺公司和云泰铭德公司系共同从事收单相关的经营行为； 2）道诺公司和云泰铭德公司在人员、业务方面存在混同

续表

序号	证据名称	证明目的
82	公证费发票一张	为制止道诺公司、云泰铭德公司的侵权行为,银联公司支出了合理的公证费1000元
83	银联卡业务运作规章第二卷《业务规则》(2012年2月)	1)银联公司的业务运作规章中从未强制要求非自助终端机具上必须使用银联公司的注册商标; 2)两被告销售和推广POS机具的行为构成商标侵权,应当依法承担民事责任
84	银联卡业务运作规章第三卷《卡片BIN号及标识规则》(2013年2月)	
85	银联卡业务运作规章第三卷《卡片BIN号及标识规则》(2013年2月)	
86	弘达上业出具的道诺公司拓展的武汉地区客户名单	这份客户名单和证据57工商查获的名单是不一致的,证明道诺公司的POS机和商户并不来源于弘达上业
87	银联公司向淘宝网发送的《关于立即采取措施制止淘宝商户侵权行为的函》以及与淘宝网邮件来往	银联公司曾多次就淘宝平台上商户生产销售使用银联标识POS机行为进行投诉,淘宝网进行了下架和删除处理

附:相关的法律条文
一、《中华人民共和国侵权责任法》
第八条 二人以上共同实施侵权行为,造成他人损害的,应当承担连带责任。
第十五条 承担侵权责任的方式主要有:
(一)停止侵害;
……
(六)赔偿损失;

......

（八）消除影响、恢复名誉。

以上承担侵权责任的方式，可以单独适用，也可以合并适用。

二、《中华人民共和国商标法》

第五十七条 有下列行为之一的，均属侵犯注册商标专用权：

（一）未经商标注册人的许可，在同一种商品上使用与其注册商标相同的商标的；

（二）未经商标注册人的许可，在同一种商品上使用与其注册商标近似的商标，或者在类似商品上使用与其注册商标相同或者近似的商标，容易导致混淆的；

（三）销售侵犯注册商标专用权的商品的；

（四）伪造、擅自制造他人注册商标标识或者销售伪造、擅自制造的注册商标标识的；

......

第六十三条 侵犯商标专用权的赔偿数额，按照权利人因被侵权所受到的实际损失确定；实际损失难以确定的，可以按照侵权人因侵权所获得的利益确定；权利人的损失或者侵权人获得的利益难以确定的，参照该商标许可使用费的倍数合理确定。对恶意侵犯商标专用权，情节严重的，可以在按照上述方法确定数额的一倍以上三倍以下确定赔偿数额。赔偿数额应当包括权利人为制止侵权行为所支付的合理开支。

......

权利人因被侵权所受到的实际损失、侵权人因侵权所获得的利益、注册商标许可使用费难以确定的，由人民法院根据侵权行为的情节判决给予三百万元以下的赔偿。

三、《中华人民共和国反不正当竞争法》

第五条 经营者不得采用下列不正当手段从事市场交易，损害竞争对手：

......

（三）擅自使用他人的企业名称或者姓名，引人误认为是他人的商品；

......

第九条 经营者不得利用广告或者其他方法，对商品的质量、制作成分、性能、用途、生产者、有效期限、产地等作引人误解的虚假宣传。

......

第二十条 经营者违反本法规定，给被侵害的经营者造成损害的，应当承担损害赔偿责任，被侵害的经营者的损失难以计算的，赔偿额为侵权人在侵权期间因侵权所获得的利润；并应当承担被侵害的经营者因调查该经营者侵害其合法权益的不正当竞争行为所支付的合理费用。

被侵害的经营者的合法权益受到不正当竞争行为损害的，可以向人民法院提起诉讼。

四、《最高人民法院关于审理商标民事纠纷案件适用法律若干问题的解释》

第十一条　商标法第五十二条第一项（2013年商标法第五十七条第二项）规定的类似商品，是指在功能、用途、生产部门、销售渠道、消费对象等方面，或者相关公众一般认为其存在特定联系、容易造成混淆的商品。

……

第十二条　人民法院依据商标法第五十二条第一项（2013年商标法第五十七条第二项）的规定，认定商品或者服务是否类似，应当以相关公众对商品或者服务的一般认识综合判断；《商标注册用商品和服务国际分类表》、《类似商品和服务区分表》可以作为判断类似商品或者服务的参考。

第十六条　侵权人因侵权所获得的利益或者被侵权人因被侵权所受到的损失均难以确定的，人民法院可以根据当事人的请求或者依职权适用商标法第五十六条第二款（2013年商标法第六十三条第三款）的规定确定赔偿数额。

人民法院在确定赔偿数额时，应当考虑侵权行为的性质、期间、后果，商标的声誉，商标使用许可费的数额，商标使用许可的种类、时间、范围及制止侵权行为的合理开支等因素综合确定。

……

第十七条　商标法第五十六条第一款（2013年商标法第六十三条第一款）规定的制止侵权行为所支付的合理开支，包括权利人或者委托代理人对侵权行为进行调查、取证的合理费用。

人民法院根据当事人的诉讼请求和案件具体情况，可以将符合国家有关部门规定的律师费用计算在赔偿范围内。

五、《最高人民法院关于审理涉及驰名商标保护的民事纠纷案件应用法律若干问题的解释》

第三条　在下列民事纠纷案件中，人民法院对于所涉商标是否驰名不予审查：

（一）被诉侵犯商标权或者不正当竞争行为的成立不以商标驰名为事实根据的；

……

六、《最高人民法院关于审理不正当竞争民事案件应用法律若干问题的解

释》

第六条 企业登记主管机关依法登记注册的企业名称，以及在中国境内进行商业使用的外国（地区）企业名称，应当认定为反不正当竞争法第五条第（三）项规定的"企业名称"。具有一定的市场知名度、为相关公众所知悉的企业名称中的字号，可以认定为反不正当竞争法第五条第（三）项规定的"企业名称"。

……

第十七条 确定反不正当竞争法第十条规定的侵犯商业秘密行为的损害赔偿额，可以参照确定侵犯专利权的损害赔偿额的方法进行；确定反不正当竞争法第五条、第九条、第十四条规定的不正当竞争行为的损害赔偿额，可以参照确定侵犯注册商标专用权的损害赔偿额的方法进行。

三、著作权权属、侵权纠纷

11. 上海美术电影制片厂诉浙江新影年代文化传播有限公司、华谊兄弟上海影院管理有限公司著作权侵权纠纷上诉案

上 海 知 识 产 权 法 院
民 事 判 决 书

（2015）沪知民终字第 730 号

上诉人（原审原告）：上海美术电影制片厂。
法定代表人：钱某某，该厂厂长。
委托代理人：柏某某，上海大邦律师事务所律师。
委托代理人：岳某某，上海大邦律师事务所律师。
被上诉人（原审被告）：浙江新影年代文化传播有限公司。
法定代表人：童某某，该公司总经理。
委托代理人：郎某某，浙江上林律师事务所律师。
被上诉人（原审被告）：华谊兄弟上海影院管理有限公司。
法定代表人：王某某，该公司总裁。
委托代理人：戎某，上海百悦律师事务所律师。

上诉人上海美术电影制片厂（以下简称"美影厂"）因著作权侵权纠纷一案，不服上海市普陀区人民法院（2014）普民三（知）初字第 258 号民事判决，向本院提起上诉。本院于 2015 年 11 月 30 日立案受理后，依法组成合议庭审理了本案。本案现已审理终结。

美影厂在原审中诉称，美影厂拥有动画片《葫芦兄弟》中"葫芦娃"角色形象美术作品的著作权，拥有动画片《黑猫警长》中"黑猫警长"角色形象美术作品的著作权。浙江新影年代文化传播有限公司（以下简称"新影年代公司"）制作的电影《80后的独立宣言》宣传海报上使用了美影厂拥有著作权的"葫芦娃"和"黑猫警长"角色形象美术作品，且有所变动。华谊兄弟上海影院管理有限公司（以下简称"华谊兄弟"）在其新浪官方微博上还发布了该电影的涉案海报。美影厂认为，新影年代公司未经许可，使用"葫芦娃"和"黑猫警长"角色形象美术作品，构成对其修改权、复制权、发行权、信息网络传播权的侵犯；华谊兄弟的行为，构成对其信息网络传播权的侵犯，并与新影年代公司构成共同侵权。故美影厂诉至法院，请求判令：1. 新影年代公司和华谊兄弟在《新闻晨报》或同级别纸质媒体显著位置公开赔礼道歉，消除影响；2. 新影年代公司和华谊兄弟停止侵犯美影厂拥有的"葫芦娃""黑猫警长"角色形象美术作品的著作权；3. 新影年代公司和华谊兄弟连带赔偿美影厂经济损失及维权费用合计人民币（以下币种同）531750元。

原审法院经审理查明：

一、关于涉案美术作品"葫芦娃""黑猫警长"的著作权归属

涉案美术作品"葫芦娃"的著作权归属问题，曾有过争议，并引起诉讼。2012年3月，上海市第二中级人民法院在（2011）沪二中民五（知）终字第62号判决中，就胡某某、吴某某与美影厂著作权权属纠纷一案作出过终审判决。上海市第二中级人民法院查明并认定，1985年年底，美影厂指派其员工胡某某、吴某某担任美术设计，二人绘制了"葫芦娃"角色造型稿。葫芦七兄弟造型一致，其共同特征是：四方的脸型、粗短的眉毛、明亮的大眼、敦实的身体、头顶葫芦冠、颈戴葫芦叶项圈、身穿坎肩短裤、腰围葫芦叶围裙，葫芦七兄弟的服饰颜色分别为赤、橙、黄、绿、青、蓝、紫。结合"葫芦娃"创作当时的时代背景、历史条件、当时法律法规的规定、单位的规章制度等，法院判决认定"葫芦娃"角色造型美术作品（即本案涉案作品）属于特定历史条件下胡某某、吴某某创作的职务作品，由美影厂享有除署名权之外的其他著作权。

2014年5月，福建省高级人民法院在（2014）闽民终字第223号判决书中，就美影厂与福建黑猫警长儿童用品有限公司、福建南华集团侵犯其他著作权纠纷一案作出过终审判决。福建省高级人民法院查明并认定，美影厂于二十世纪八十年代拍摄了《黑猫警长》动画片，片中"黑猫警长"角色造型美术作品（即涉案作品）的实际创作者为时任美影厂厂长的戴铁郎。"黑猫警长"形象为身着黑色制服，配有红色肩章，头部圆形，戴白色盖黑色鸭舌帽，两色中间有黄色底色蓝色箭头圆形图案，脸部上半部为黑色，黑色覆盖两个翘起的双耳，下半部为特有的白色，眼部外圈金黄内圈黑色，留有笔直的长胡须，白

色手套、腰挎一把手枪，背带为白色。法院判决，动画片《黑猫警长》由美影厂享有著作权，在当时计划经济体制下，参与拍摄制作该片的人员均是美影厂工作人员，因此在没有相反证据证明的情况下，美影厂享有"黑猫警长"美术作品（即本案涉案作品）的著作权。

二、美影厂主张新影年代公司和华谊兄弟侵权的相关情况

电影《80后的独立宣言》由新影年代公司投资制作，于2014年2月21日正式上映。涉案海报的内容为：上方三分之二的篇幅中突出部分为男女主角人物形象及主演姓名，背景则零散分布着诸多美术形象，包括身着白绿校服的少先队员参加升旗仪式、课堂活动、课余游戏等情景；黑白电视机、落地灯等家电用品；缝纫机、二八式自行车、热水瓶、痰盂等日用品；课桌、铅笔盒等文教用品；铁皮青蛙、陀螺、弹珠等玩具；无花果零食，以及涉案的"葫芦娃""黑猫警长"卡通形象，其中"葫芦娃""黑猫警长"分别居于男女主角的左右两侧。诸多背景图案与男女主角形象相较，比例显著较小，"葫芦娃""黑猫警长"美术形象与其他背景图案大小基本相同。海报下方三分之一的部分为突出的电影名称"80后的独立宣言"以及制片方、摄制公司和演职人员信息等，并标注有"2014. 2. 21温情巨献"字样。

2014年3月7日，美影厂向上海市东方公证处申请保全证据。公证显示："华谊兄弟上海影院"微博于2014年2月22日发布有关涉案电影海报的微博，内容为："电影《80后的独立宣言》讲述了当代80后年轻人在走出校门后，放弃了城市优越的生活环境，放弃了父母为其铺设好的平坦大路，而是选择去到条件相对艰苦的乡下打拼事业，自主创业的故事。影片中，'富一代'父母的教育方式也成为电影中的亮点之一"，微博下方配有涉案电影海报。其后，经www.baidu.com网址搜索"80后的独立宣言 海报"，对相关搜索内容进行链接，网页上显示电影网、新华网、搜狐娱乐、腾讯网、网易娱乐多家媒体网站上配有涉案海报。据此，上海市东方公证处出具了（2014）沪东证经字第3371号公证书。

经当庭比对，涉案海报中被控侵权形象与美影厂主张权利的"葫芦娃""黑猫警长"角色美术形象特征基本一致，美影厂主张新影年代公司涉嫌擅自修改的部分为：美影厂"黑猫警长"形象肩章上有两条白色横杠，"葫芦娃"形象头顶葫芦上的叶子有两片，项圈上也有两片树叶，而涉案海报"黑猫警长"形象肩章没有两条白色横杠；涉案海报"葫芦娃"形象头顶葫芦上的叶子只有一片，项圈上没有树叶。

三、其他相关事实

《80后的独立宣言》是经国家广电总局电影管理局审查通过并正式公映的

电影片，涉案影片中未有涉及"葫芦娃""黑猫警长"的情节或内容。

根据国家电影剧本（梗概）备案、电影片管理相关规定及电影故事片（胶片、数字）送审须知相关规定，电影片送审材料包括相关剧照若干或海报（1~2张）并附光盘，新影年代公司就该影片共制作了两张海报，除涉案海报外，另一张海报内容与"葫芦娃""黑猫警长"无涉。涉案海报系由新影年代公司提供给华谊兄弟，华谊兄弟为配合电影上映宣传，在其官方微博上使用了本案涉案海报。

另，美影厂为本案维权共支出公证费1750元。关于律师费部分，因美影厂无法提供相关发票，故律师费请求由法院酌情确定。

原审法院认为，本案的争议焦点在于：一是美影厂是否享有涉案美术形象作品的修改权、复制权、发行权、信息网络传播权等著作权；二是新影年代公司在电影海报中对涉案美术作品的使用是否构成合理使用；三是华谊兄弟涉案行为的定性。

一、美影厂是否享有涉案美术形象作品的修改权、复制权、发行权、信息网络传播权等著作权

原审法院认为，根据民事诉讼法相关规定，已为人民法院发生法律效力的裁判所确认的事实，当事人无须举证证明，但有相反证据足以推翻的除外。本案关于"葫芦娃"权属的问题，在相关权属确认诉讼中均有所提及，法院的生效判决也均予以了回应；关于"黑猫警长"权属的问题，在侵权纠纷中若被控侵权方就权属提出相反意见，法院结合在案证据就该争议焦点作出认定，并无不妥。本案中新影年代公司、华谊兄弟并未提出相反证据，实际也未发生直接涉及权属争议的诉讼，故原审法院确认，美影厂享有涉案"葫芦娃""黑猫警长"美术形象作品的修改权、复制权、发行权、信息网络传播权等著作权。

二、新影年代公司在电影海报中对涉案美术作品的使用是否构成合理使用

新影年代公司在审理中提出的主要抗辩理由是，涉案电影讲述的是80后青年创业故事，其对涉案作品的使用是为了说明电影主角的年龄特征，构成著作权法上的"合理使用"。

根据著作权法的相关规定，构成合理使用的一种情形是指"适当引用"，是指"为介绍、评论某一作品或者说明某一问题，在作品中适当引用他人已经发表的作品，可以不经著作权人许可，不向其支付报酬，但应当指明作者姓名、作品名称，并且不得侵犯著作权人依照本法享有的其他权利"；根据著作权法实施条例的相关规定"使用不经著作权人许可的已经发表的作品的，不得影响该作品的正常使用，也不得不合理地损害著作权人的合法利益"。

原审法院认为,判断对他人作品的使用是否属于合理使用,应当综合考虑被引用作品是否已经公开发表、引用他人作品的目的、被引用作品占整个作品的比例、是否会对原作品的正常使用或市场销售造成不良影响等因素予以认定。

从被引用作品的性质来看,"葫芦娃""黑猫警长"是动画片中的角色造型美术作品,动画片已于二十世纪八十年代播出,因此涉案被引用作品均属于已经发表的作品。

从引用他人作品的目的来看,新影年代公司认为,其在电影《80后的独立宣言》海报中使用"葫芦娃""黑猫警长"美术作品,并与出现在海报中的其他具有时代特征的形象相组合,是为了突出说明电影主角的身份和年龄层,体现80后群体生长年代的时代特征。原审法院认为,涉案影片讲述了一个当代80后年轻人自主创业的励志故事,影片名称也明确指向了这一年龄段群体。"葫芦娃""黑猫警长"形象均诞生于二十世纪八十年代,相关动画片播出的时间亦集中在二十世纪八九十年代。该时期恰是国产动画片繁荣鼎盛期,涌现出了大量经典的荧屏动画形象,《葫芦娃》《黑猫警长》更是其中代表之作,两部动画片多集系列的情节铺展,拟人手法的角色设计,充满童趣、想象力的故事内容,朗朗上口的主题歌曲等共同赋予了角色形象生动丰满的艺术生命力,再结合二十世纪八九十年代少儿文娱产品供给集中度较高、受众覆盖面较广、知晓度较高的特点,"葫芦娃""黑猫警长"形象确可称之为80后动漫明星,机智勇敢的葫芦娃、惩恶扬善的黑猫警长成为80后群体闪亮的童年记忆,与年代特征的结合度较高。新影年代公司制作的海报背景中,除了"葫芦娃""黑猫警长"形象外,还包括身着白绿校服的少先队员参加升旗仪式、课堂活动、课余游戏等情景;黑白电视机、落地灯等家电用品;缝纫机、二八式自行车、热水瓶、痰盂等日用品;课桌、铅笔盒等文教用品;铁皮青蛙、陀螺、弹珠等玩具;无花果零食等,皆属80后成长记忆中具有代表性的人、物、景,这些元素相组合后确具较强的时代代入感,符合新影年代公司所述为配合说明影片"80后"主题进行海报创作的创意构思,故法院认定新影年代公司使用被引用作品是为了说明某一问题,即涉案电影主角的年龄特征。

从被引用作品占整个作品的比例来看,被引用作品只是属于辅助、配角、从属的地位。从海报的外观来看,涉案海报突出的是电影男女主角,约占整个海报的二分之一,"葫芦娃""黑猫警长"两个形象与其他二十余个表明80后时代特征的元素均作为背景使用,占海报面积较小,且比例大致相同,"葫芦娃""黑猫警长"的形象并未突出显示。因此,原审法院认为属于适度的引用。

从引用是否会对美影厂作品的正常使用造成影响来看，涉案海报的使用未对美影厂作品的正常使用造成影响。涉案电影于 2014 年 2 月 21 日上映，公开上映时间为一至两周，电影内容中并没有出现任何有关"葫芦娃""黑猫警长"的内容，除了海报中的使用外，电影宣传文案中也未涉及"葫芦娃""黑猫警长"内容，不至于吸引对该两个美术作品有特定需求的受众，进而产生对两部作品具关联性的联想，因此，原审法院认为新影年代公司在海报中为辅助说明电影主角年龄特征使用"葫芦娃"和"黑猫警长"，与美影厂自身作品的正常使用没有冲突，在市场上未形成竞争关系。需要指出的是，《80 后的独立宣言》是新影年代公司的产品，从海报配合电影市场推广的功能属性来看，在海报中使用涉案美术作品，确属商业性使用，但原审法院认为，合理使用制度并不天然排斥商业性使用的可能，商业性使用只要符合法律规定的相关要件，仍然可以构成合理使用。

综合本案情况，新影年代公司在电影海报中为辅助说明电影主角年龄段特征，适度引用美影厂业经发表的上述作品，未影响到美影厂对其作品的正常使用。另，海报中虽未对"葫芦娃""黑猫警长"标注作者姓名，但未署名并不当然影响对作品合理使用的认定，仅可能涉及对作者署名权的侵犯，况且指明作者姓名、作品名称的情形，还要结合作品使用方式的特性予以综合判断，不能一概而论。例如，在文字作品中引用他人文章中的表述时，应该通过脚注或尾注等方式予以注明，但是，根据海报等宣传画的作品属性和创作特点，也基于海报画面完整性要求，未在画作中标注被引用形象作者的做法亦属正常且合理。综上，新影年代公司在电影海报中对"葫芦娃""黑猫警长"美术作品的使用属于著作权法所规定的合理使用。

本案中，新影年代公司和华谊兄弟抗辩，因动画片的制作为一秒多帧，涉案海报中形象与美影厂作品间出现差异可能源于不同场景，其只是选取了不同场景下的形象，并未对"葫芦娃""黑猫警长"美术作品作过修改。原审法院认为，动画片具动态性，同一角色造型在不同场景下出现细微变化属合理，但新影年代公司和华谊兄弟未能有效举证证明本案中的差异确因上述缘故所致。然而，根据著作权法相关修改权的规定，结合本案情形，两者所涉细节之处的差异尚未达到改变作品基本内容及形式，进而改变著作权人意志的程度，尚不足以导致美影厂声誉受到损害，况且美影厂亦未就其声誉遭受损害进行举证，故对美影厂主张新影年代公司侵害其作品修改权，难予支持。

三、华谊兄弟作为影片放映方涉案行为的性质认定

鉴于新影年代公司的涉案使用方式属于合理使用，且未侵害美影厂的修改权，故华谊兄弟在微博上发布涉案电影海报的行为也不具有侵权性。对美影厂

就华谊兄弟提出的侵权主张,不予支持。

综上所述,美影厂对新影年代公司、华谊兄弟的侵权主张不成立。依据《中华人民共和国著作权法》第二十二条第一款第二项,《中华人民共和国著作权法实施条例》第二十一条之规定,原审法院判决:驳回美影厂的诉讼请求。

原审判决后,美影厂不服,向本院提起上诉,请求本院撤销原审判决,依法改判:1.两被上诉人停止侵犯上诉人享有的"葫芦娃""黑猫警长"美术作品的著作权;2.两被上诉人连带赔偿上诉人经济损失及合理费用4万元。其上诉认为,一、两被上诉人对涉案作品的使用不符合著作权法关于合理使用的规定,理由如下:(一)原审认定被上诉人使用涉案作品是为了说明某一问题,即涉案电影主角的年龄特征,此认定不当。其一,年龄特征不需要通过涉案作品来说明,因为通过海报上的电影名称,电影主角的年龄特征就一目了然;其二,被上诉人也未实施"说明"的行为,被上诉人将涉案作品放置海报上,仅仅是为了契合电影主题丰富海报内容,不符合"为说明某一问题而使用"的定义。(二)原审认定涉案作品占海报面积小,并未突出显示,属于适度的引用,该认定与法律规定相悖。本案电影主角的年龄特征不需要引用涉案作品说明,且涉案作品知名度高于两主演,故不论涉案作品排版如何,都不能构成"适当引用"。(三)原审认为被上诉人使用涉案作品与上诉人自身使用在市场上没有竞争关系,对著作权人权利不构成不合理的影响,上诉人对此不认可。二、被上诉人使用涉案作品侵犯了上诉人的修改权。

被上诉人新影年代公司答辩称:一、是否不可避免地引用并非构成合理使用的要件。二、原审法院综合考虑涉案作品是否公开发表、引用目的、引用作品占整个作品比例、是否对原作品正常使用造成不良影响等因素认定本案构成合理使用,并非只考虑涉案作品在海报中的比例、位置。三、涉案作品和其他八十年代时代符号共同出现,并非独立使用,被上诉人并非通过涉案作品谋取利益,也并未与著作权人使用形成竞争,故未侵害上诉人利益。四、电影海报是在电影宣传期或上映期使用,目前电影已下档,不存在停止使用海报,停止侵权的问题。关于连带赔偿,合理使用不存在赔偿损失,被上诉人行为不会对上诉人作品正常使用和销售造成不良影响或损失。故被上诉人新影年代公司请求本院驳回上诉人上诉请求,维持原审判决。

被上诉人华谊兄弟答辩称:对原审事实认定、判决理由和适用法律均表示无异议。同时还认为,一、涉案作品这两个形象产生于二十世纪八十年代,具有社会意义,且已被广泛使用。二、被上诉人是在宣传电影时使用海报,符合为介绍、评论某一作品构成合理使用的规定。故被上诉人华谊兄弟请求本院驳回上诉人上诉请求,维持原审判决。

本案当事人在二审中未向本院提交新的证据材料。

本院经审理查明,原审法院认定事实属实,本院予以确认。

本院认为,本案二审中的主要争议焦点在于:被上诉人在电影海报上使用"葫芦娃""黑猫警长"美术作品是否构成合理使用。

就我国著作权法中的合理使用的审查判断标准以及如何认定适当引用的问题,本院赞同原审的观点,即合理使用的认定应当限于特殊情况且与作品的正常使用不相冲突,亦无不合理损害权利人的合法权益。同时,本案具体适用上述认定标准时综合考虑引用作品的目的、引用作品在新作品中的比例、是否影响权利人正常使用、是否对权利人造成不合理的损害等。原审法院从这几个方面所作的分析认定,本院予以认同。

本院还认为,根据我国著作权法规定,为介绍、评论某一作品或者说明某一问题,在作品中适当引用他人已经发表的作品,构成合理使用。其中,为说明某一问题,是指对作品的引用是为了说明其他问题,并不是为了纯粹展示被引用作品本身的艺术价值,而被引用作品在新作品中的被引用致使其原有的艺术价值和功能发生了转换;而该被引用作品在新作品中亦不是以必需为前提,即使在新作品中引用作品不是必需的,也会构成合理使用。

上诉人提出涉案电影海报中电影主角的年龄特征不需要通过使用"葫芦娃""黑猫警长"美术作品来进行说明,况且使用"葫芦娃""黑猫警长"美术作品也不具有说明电影主角的年龄特征的目的。本案中,正如原审判决所分析认定的,"葫芦娃""黑猫警长"是二十世纪八十年代家喻户晓的少儿动画形象,对于经历二十世纪八十年代少年儿童期的人们可谓深入人心,因此,"葫芦娃""黑猫警长"动画形象自然亦是二十世纪八十年代少年儿童的部分成长记忆。涉案电影海报中不仅引用了"葫芦娃""黑猫警长"美术作品,还引用了诸多二十世纪八十年代少年儿童经历的具有代表性的人、景、物,如:黑白电视机、落地灯、缝纫机、二八式自行车、热水瓶、痰盂、课桌、铅笔盒、铁皮青蛙、陀螺、弹珠、无花果及着白绿校服的少先队员升旗仪式、课堂活动、课余游戏等时代元素,涵盖了二十世纪八十年代少年儿童日用品、文教用品、玩具、零食以及生活学习场景等多个方面,整个电影海报内容呈现给受众的是关于二十世纪八十年代少年儿童日常生活经历的信息。因此,电影海报中引用"葫芦娃""黑猫警长"美术作品不再是单纯地再现"葫芦娃""黑猫警长"美术作品的艺术美感和功能,而是反映一代共同经历二十世纪八十年代少年儿童期,曾经经历"葫芦娃""黑猫警长"动画片盛播的时代年龄特征,亦符合电影主角的年龄特征。因此,"葫芦娃""黑猫警长"美术作品被引用在电影海报中具有了新的价值、意义和功能，其原有的艺术价值功能发生了转换，而且转换性程度较高，属于我国著作权法规定的为了说明某一问题的情形。上诉人关于涉案电影海报不需要通过引用"葫芦娃""黑猫警长"美术作品说明电影主角的年龄特征，因而不构成合理使用的上诉理由，因合理使用的审查认定并不以是否需要引用作品为要件，故该上诉理由缺乏法律依据，本院不予采信。上诉人关于涉案电影海报引用"葫芦娃""黑猫警长"美术作品并不能说明电影主角年龄特征这一主题之上诉理由，因"葫芦娃""黑猫警长"美术作品与其他背景图案综合反映了涉案电影海报的主题，故该上诉理由亦与事实不符，本院不予采信。

上诉人提出涉案电影海报完整展示了"葫芦娃""黑猫警长"美术作品，原审认定适度引用不当。至于引用适度性的问题，本院认为，对此还应审查不得影响被引用作品的正常使用、不得不合理地损害权利人合法利益之合理使用之构成要件。本院认为，如前所述，涉案电影海报中所使用的包括"葫芦娃""黑猫警长"美术作品在内的时代元素均构成电影主角的背景图案，"葫芦娃""黑猫警长"美术作品与其他背景图案比例协调，并不存在相对于其他背景图案突出呈现且比例过大的情况，而相对于突出呈现的电影主角来看，"葫芦娃""黑猫警长"美术作品的比例是较小的，符合背景图案的功能。"葫芦娃""黑猫警长"是二十世纪八十年代代表性少儿动画形象，其如今以美术作品单纯的欣赏性使用作为正常使用的情况不多，因此，相关公众对该作品的使用需求通常情况下不太可能通过观赏涉案电影海报就能满足，从而放弃对原有作品的选择使用。因此，涉案电影海报中作为背景图案引用"葫芦娃""黑猫警长"美术作品不会产生替代性使用，亦不会影响权利人的正常使用。同时，涉案电影海报引用"葫芦娃""黑猫警长"美术作品旨在说明80后这一代少年儿童的年代特征，此创作应属特殊情况，不具有普遍性，而且涉案电影海报的发行期短暂，随着电影播映期的消逝，该电影海报的影响也会逐步减小，因此不会不合理地损害权利人的合法利益。本院认为，对此应当认定为适当引用。上诉人关于引用不适当的上诉理由，本院不予采信。

综上所述，涉案电影海报为说明二十世纪八十年代少年儿童的年代特征这一特殊情况，适当引用当时具有代表性的少儿动画形象"葫芦娃""黑猫警长"之美术作品，与其他具有当年年代特征的元素一起作为电影海报背景图案，构成合理使用。

上诉人还提出被上诉人侵犯其修改权之上诉理由，本院认为，在案证据尚不足以证明被上诉人对"葫芦娃""黑猫警长"美术作品实施修改行为，且动画形象由于场景不同会导致细微差异，对此原审判决已作详述，本院予以认同，不再赘述。

据此，原审判决认定事实清楚，适用法律正确，审判程序合法，裁判结果并无不当，本院予以维持。上诉人的上诉请求，本院不予支持。依照《中华人民共和国民事诉讼法》第一百七十条第一款第一项之规定，判决如下：

驳回上诉，维持原判。

二审案件受理费人民币800元，由上诉人上海美术电影制片厂负担。

本判决为终审判决。

审　判　长　陆凤玉
审　判　员　徐燕华
审　判　员　杨馥宇
二〇一六年四月二十五日
书　记　员　沈晓玲

附：相关法律条文
《中华人民共和国民事诉讼法》

第一百七十条　第二审人民法院对上诉案件，经过审理，按照下列情形，分别处理：

（一）原判决、裁定认定事实清楚，适用法律正确的，以判决、裁定方式驳回上诉，维持原判决、裁定；

……

12. 杭州派娱科技有限公司诉上海幻萌网络科技有限公司计算机软件著作权权属纠纷案

上海知识产权法院
民事判决书

（2015）沪知民初字第633号

原告：杭州派娱科技有限公司。
法定代表人：周某，总经理。
委托代理人：佘某某，上海市方达律师事务所律师。
委托代理人：邵某，上海市方达律师事务所律师。
被告上海幻萌网络科技有限公司。
法定代表人：丁某某，总经理。
委托代理人：游某，上海大邦律师事务所律师。
委托代理人：骆某某，上海大邦律师事务所律师。
第三人：陆某。
委托代理人：钟某某，上海源泰律师事务所律师。
委托代理人：谷某，上海源泰律师事务所律师。

原告杭州派娱科技有限公司（以下简称"派娱公司"）诉被告上海幻萌网络科技有限公司（以下简称"幻萌公司"）计算机软件著作权权属纠纷一案，本院于2015年9月28日受理后，依法组成合议庭进行审理。2015年12月24日，根据案件审理需要，本院依法追加陆某作为第三人参加诉讼。2016年2月19日，根据派娱公司不公开审理的请求，本院依法不公开开庭审理了本案。原告派娱公司的委托代理人邵某、被告幻萌公司的法定代表人丁某某及其委托代理人游某、骆某某、第三人陆某的委托代理人钟某某到庭参加诉讼。本案现已审理终结。

原告派娱公司诉称：根据原告与被告签署的《游戏代理及运营合同》，被告保证拥有《战舰少女》手机游戏（以下简称"涉案游戏"）在中国地区的"版权"，并授予原告涉案游戏所有版本的"全球独家代理运营权"。但原告在运营中发现，涉案游戏计算机软件程序的作者系第三人，被告从未受让取得涉案游戏计算机软件程序的著作权。为确保涉案游戏的正常运营，原告与第三人签订《〈战舰少女〉代码赠与协议》，由此获得涉案游戏计算机软件程序的著作权。然而，被告多次以涉案游戏计算机软件程序著作权人的名义向各游戏发行渠道和应用平台发函，妨碍涉案游戏的正常运营。此外，被告于2014年9月以《战舰少女手机游戏软件：简称：战舰少女V1.0》的名称在中国版权保护中心进行了著作权登记，给原告的合法权益造成了严重损害。为维护自身的合法权益，原告向法院起诉，请求判令：1. 确认涉案游戏计算机软件程序的著作权归原告所有；2. 被告立即撤销其就涉案游戏计算机软件程序进行的著作权登记；3. 被告承担本案的全部诉讼费用。审理中，原告明确诉讼请求1是指确认涉案游戏客户端计算机软件程序（以下简称"客户端程序"）著作权归原告所有，不包括图片等素材。

被告幻萌公司辩称：首先，涉案游戏计算机软件程序系被告的法人作品。1. 该游戏系由服务器端程序、客户端程序、策划案、用户界面设计、美术作品、音乐作品等多个元素组成的综合性作品，由多名人员共同开发完成，开发成本由被告承担，亦由被告对外授权；2. 第三人作为幻萌公司的员工，并非独立开发涉案游戏的客户端程序，需要结合策划人员的策划、用户界面设计人员的设计并配合服务器端程序的运行进行开发。其次，第三人开发的客户端程序必须配合服务器端程序、用户界面、美术作品、音乐作品等一起才能运行，无法独立构成一个作品。再次，第三人无权向原告赠与涉案游戏客户端程序代码的著作权。被告与第三人于2015年2月28日签订的《合作合同》约定的是涉案游戏客户端源代码的所有权归第三人所有，但所有权是物权概念，并非著作权概念，因此，上述约定并未改变涉案游戏客户端程序源代码为法人作品的事实。综上，原告无权从第三人处受让取得涉案游戏客户端程序的著作权，请求法院驳回原告的诉讼请求。

第三人陆某称：涉案游戏的服务器端和客户端程序是两个独立的软件，第三人独立完成客户端程序的编写，享有客户端程序的著作权，有权将涉案游戏客户端程序赠与原告。

原告为证明其主张，向本院提交如下证据材料：

证据1：《游戏代理及运营合同》，证明被告将涉案游戏的全球独家代理运营权授予原告，并保证拥有涉案游戏在中国地区的"版权"。

证据2：《〈战舰少女〉代码赠与协议》，证明原告由第三人处受赠取得涉案游戏客户端程序源代码的著作权。

证据3：《中华人民共和国国家版权局计算机软件著作权登记证书》，证明被告擅自将涉案游戏的计算机软件程序著作权登记在其名下。

证据4：《合作合同》，证明被告与第三人约定涉案游戏客户端程序源代码归第三人所有。

证据 5：被告向本院另案起诉的材料，证明被告起诉要求解除其与原告签订的《游戏代理和运营合同》。

证据 6：被告要求渠道商下架涉案游戏的电子邮件、律师函及附件，证明被告声称其为涉案游戏的著作权人，并要求腾讯公司下架涉案游戏。

证据 7：苏州派趣网络科技有限公司与上海慕卡信息技术有限公司签订的《游戏代理及运营合同》，证明上述两家公司亦享有涉案游戏的著作权。

证据 8：上海慕卡信息技术有限公司的工商注册信息，证明该公司是独立于被告的主体。

证据 9：上海慕卡信息技术有限公司 2014 年企业年报，证明该公司处于实际运行状态。

经质证，被告对原告提交的证据 1 的真实性无异议，但认为该证据证明的内容与本案没有关联性；对证据 2 的真实性有异议，认为该证据是否由第三人签署无法确认；对证据 3、证据 4、证据 5、证据 6 没有异议，认为证据 4 中的"代码"仅指第三人编写的源代码，不包括涉案游戏中的音乐、图片等素材；对证据 7、证据 8、证据 9 的真实性无异议，但认为与本案没有关联性。

第三人对原告提交的证据 1、证据 3 真实性没有异议，但认为被告的行为侵害了第三人的权益；对证据 2、证据 4 无异议；对证据 5、证据 6 的真实性不认可，认为该两份证据与其无关。对证据 7 的真实性没有异议，但认为被告的行为侵害了第三人的权益；对证据 8、证据 9 的真实性认可，但认为与本案没有关联性。

被告为证明其主张，向本院提交如下证据材料：

证据 1《前期开发说明》、证据 2《确认书》、证据 3《工资付款证明》、证据 4《上海市人力资源和社会保障平台查询证明》，共同证明第三人系被告员工，仅参与了客户端代码的撰写，涉案游戏计算机软件程序为法人作品。

证据 5（2016）沪东证经字第 619 号公证书，证明原告对外宣称第三人为涉案游戏的真正开发者。

证据 6（2016）沪东证经字第 620 号公证书，证明原告抢注"战舰少女"商标。

证据 7《合作合同》、证据 8《游戏代理合同及运营合同补充协议》，共同证明原告知道被告与第三人之间有关客户端程序代码所有权的约定，且明知第三人不得将代码转让。

证据 9《天舟文化股份有限公司关于对外投资的补充公告》，证明苏州派趣网络科技有限公司与原告主体混同。

证据 10 被告法定代表人向第三人的支付宝汇款证明，证明在涉案游戏开发期间，被告向第三人支付了工资和生活费用以及开发引擎插件费用。

证据 11 第三人于 2014 年 9 月 21 日发给被告法定代表人的邮件、证据 12 王家乐的信用卡账单，共同证明购买涉案游戏开发引擎系被告公司行为。

证据 13 原告、被告及第三人签署的《联合声明》，证明原告认可被告对涉案游戏进行著作权登记，并承认第三人享有分红权。

证据 14《解除协议》，证明苏州派趣网络科技有限公司与上海慕卡信息技术有限公司的代理协议已经终止，该协议与涉案游戏源代码的著作权归属无关。

证据 15 证人毛某某、王某某、薛某、周某及李某某的证人证言及 PPT（上述证人均到庭作证），证明涉案游戏计算机软件程序的著作权归被告享有。

经质证，原告对被告提交的证据 1、证据 2 的真实性有异议，认为该两份证据反映的涉案游戏开发时间相互矛盾；对证据 3 的形式真实性无异议，但认为不能证明其中的"陆某"即为本案第三人，而且系被告法定代表人个人支付，并非被告公司支付，故与本案无关联性；对证据 4 的形式真实性无异议，但认为无法证明被告与第三人形成劳动关系，也无法证明第三人为被告实际工作；对证据 5、证据 6 的真实性无异议，但认为与本案没有关联；对证据 7 无异议；对证据 8 的真实性无异议，但认为苏州派趣网络科技有限公司不知道涉案游戏计算机软件程序的真正著作权人为第三人；对证据 9 的真实性无异议，但认为不能证明苏州派趣网络科技有限公司与原告主体存在混同；对证据 10 的真实性有异议，认为支付宝付款名目均可以自行设置，而且该证据与本案没有关联性；对证据 11、证据 12 的真实性、关联性有异议，认为证据的形成时间均晚于涉案游戏的开发时间；对证据 13 的真实性无异议，但认为该证据无法证明原告对被告关于涉案游戏著作权的认可；对证据 14 的真实性无异议，但认为苏州派趣网络科技有限公司与上海慕卡信息技术有限公司之间的合同是否履行完毕与本案无关联性；对证据 15 的真实性有异议，认为所有证人的陈述与被告在庭审中的陈述有矛盾。

第三人对被告提交的证据 1、证据 2 的真实性有异议，认为缺少第三人的签字，而且该两份证据无法证明第三人系被告的员工；对证据 3 的真实性无异议，但认为相关支付款项不属于工资，系第三人向被告法定代表人的借款；对证据 4 的真实性无异议，但认为社保缴纳时间晚于涉案游戏开发时间；对证据 5、证据 6 的真实性无异议，但认为与第三人无关；对证据 7 的真实性无异议，认为该证据证明涉案游戏客户端程序代码所有权属于第三人；对证据 8 的真实性无异议，但认为与本案没有关联性；对证据 9 的真实性无异议，但认为不能证明苏州派趣网络科技有限公司与原告主体存在混同；对证据10的真实性无异议，但认为与本案没有关联性；对证据11的真实性无异议，但认为不能证明购买涉案游戏开发引擎系被告公司行为；对证据12真实性有异议，亦不能证明购买涉案游戏开发引擎系被告公司行为；证据13、证据14并非第三人签署，真实性不认可；对证据15真实性有异议，认为证人并不清楚第三人与被告之间关于涉案游戏客户端程序权属的约定，且证人之间的证言相互矛盾。

第三人为证明其主张，向本院提交了如下证据材料：

证据1：第三人在软件开发过程中的原始备份日志，证明第三人系涉案游戏客户端程序的作者及创作过程。

证据2：第三人的U3D账户信息及账户历史记录，证明第三人系账户030lutian@gmail.com的被许可人。

证据3：Unity官方软件许可条款及有关法律声明，证明第三人系涉案游戏开发引擎的唯一被许可人。

证据4：第三人所购Unity Pro引擎付款发票。

证据5：第三人购买的其他工具、素材的付款发票，证明第三人为涉案游戏开发提供了开发引擎及不可或缺的各类资源。

证据6：第三人所购工具、素材在涉案游戏中的实例，证明第三人所购工具以技术性脚本和素材性资源等形式使用于涉案游戏源代码中。

证据7：iTween代码示例及在源代码中的位置，证明第三人编入涉案游戏源代码的开源代码示例。

证据8：源代码中图片的表现形式。

证据9：源代码中图片的调整结果示例。

证据10：源代码中真实存在的"图片"示例。

证据11：源代码中动画作品示例，共同证明源代码中没有原始图片，第三人进行了选择、编辑、切割、调整等工作。

证据12：开发引擎打开的涉案作品源代码结构图，证明涉案作品的源代码范围。

经质证，原告对第三人提交的所有证据无异议。被告对第三人提交的证据1真实性无异议，但认为不能证明第三人享有涉案游戏客户端程序的著作权；对证据2、证据3、证据4、证据5、证据6、证据7的真实性无异议，但认为第三人取得涉案游戏研发工具，并不能证明其取得涉案游戏计算机软件程序的著作权；而且2013年11月之后的插件、开发引擎系被告出资购买；即使第三人享有部分软件源代码所有权，但并不意味着其享有整个游戏的著作权；对证据8、证据9、证据10、证据11、证据12的真实性不认可，认为第三人仅从事源代码编写,并不负责图片处理、设计等工作。

根据原告、被告及第三人的举证、质证意见和庭审陈述,本院对各方提交的证据材料认证如下:

被告、第三人对原告提交的证据3、证据4没有异议,第三人对原告提交的证据2没有异议,被告提交的证据7与原告提交的证据4相同,上述证据符合证据的形式要求,与本案具有关联性,故本院对于上述证据予以采纳。原告、第三人对被告提供的证人证言虽有异议,但本院认为证人之间有关涉案游戏开发过程和人员分工的陈述能够相互印证,对于该部分证人证言本院予以采纳。对各方当事人提交的其他证据,本院认为与本案争议的客户端程序著作权权属没有关联,本院不予采纳。

本院经审理查明:

2013年11月起,丁某某、陆某、李某某、毛某某、周某、王某某、薛某等组成涉案游戏开发团队。丁某某是团队负责人,负责整体协调、策划、组织等工作。王某某负责涉案游戏的总体策划,薛某负责数值策划,毛某某负责提供美术、音乐等资源,周某负责游戏界面设计,李某某负责服务器端程序开发,陆某负责客户端程序开发。2014年5月27日,被告注册成立。

2014年9月18日,被告获得《中华人民共和国国家版权局计算机软件著作权登记证书》,软件名称为战舰少女手机游戏软件(简称:战舰少女)V1.0,著作权人为上海幻萌网络科技有限公司,开发完成日期为2014年8月25日,权利取得方式为原始取得,权利范围为全部权利。

2015年2月28日,被告(甲方)与第三人(乙方)签订《合作合同》,该合同约定:"第一条 甲方确认乙方拥有《战舰少女》手机游戏的客户端源代码所有权。甲方不得以任何形式干涉乙方对此客户端代码的所有权。客户端代码为不属于甲方职务作品,其所有权不归甲方。第二条 甲乙双方确认将维护此游戏的代码安全,尽量维持此游戏的生命周期与口碑,未经甲方同意,不得将此代码出售或毁损。第三条 乙方享有甲方《战舰少女》项目所有流水的20%分成,不受任何其他条件限制。双方各自负责相关的税费。分成在甲方流水到账后且乙方提供发票后10日内汇至乙方指定公司。第四条 如果甲方以同样的游戏素材制作《战舰少女》的替代版本,乙方自动获得替代版本的同样分成。第五条 如果甲方因转让、出售或其他方式处理《战舰少女》版权而获利,乙方拥有甲方获利20%的分成,不受任何其他条件限制……"

第三人(甲方)与原告(乙方)签署的《〈战舰少女〉代码赠与协议》约定:鉴于甲方合法拥有《战舰少女》手机游戏客户端源代码的权利及其相关知识产权(以下简称"代码权"),自2014年9月23日《战舰少女》手机游戏上线以来一直由甲方负责更新维护和代码管理,甲方为该游戏代码唯一合法的权利人。……由于健康原因,并出于对项目利益最大化的考量,甲方自愿将代码权赠与给乙方公司,乙方同意接受该赠与。乙方作为《战舰少女》手机游戏源代码的唯一权利人,有权对《战舰少女》手机游戏客户端进行更新维护并进行代码管理,乙方有义务尽力维持此游戏的生命周期与口碑,并对任何侵权行为予以打击。除代码权转移给乙方之外,其他由《合作协议》确认的甲方与幻萌公司的合作条件保持不变,相应甲方享有的与幻萌公司的合作收益按比例仍直接由乙方支付给甲方……

庭审中,原告确认其知道被告与第三人签订的《合作合同》存在"未经甲方同意,不得将此代码出售或毁损"的约定,故采取赠与的方式获得客户端程序的著作权。

以上事实,由原告提交的《合作合同》《代码赠与协议》《著作权登记证书》、被告提交的王家乐等人的证人证言以及本院审理笔录等证据佐证。

本院认为,本案的争议焦点为:1. 涉案游戏的作品性质;2. 客户端程序是否属于独立于游戏单独使用的作品;3. 客户端程序著作权的原始归属;4. 原告能否受赠取得客户端程序的著作权。

一、涉案游戏的作品性质

本院认为,《中华人民共和国著作权法》(以下简称《著作权法》)第三条规定:"本法所称的作品,包括以下列形式创作的文学、艺术和自然科学、社会科学、工程技术等作品:(一)文字作品;(二)口述作品;(三)音乐、戏剧、曲艺、舞蹈、杂技艺术作品;(四)美术、建筑作品;(五)摄影作品;(六)电影作品和以类似摄制电影的方法创作的作品;(七)工程设计图、产品设计图、地图、示意图等图形作品和模型作品;(八)计算机软件;(九)法律、行政法规规定的其他作品。

从涉案游戏的制作过程看,《战舰少女》手机游戏是通过计算机编程的方式将人物形象、音乐、特效等资源,按照事先设定的故事情节、界面设计等创作的,由一系列有伴音或无伴音画面组成的作品。涉案游戏包含了不同的可能受到著作权法保护的元素。首先,计算机编程形成的计算机程序及相关文档可以作为计算机软件受到保护。其次,涉案游戏中涉及的故事情节、形象、图片、音乐等资源如果具有独创性可以作为文字作品、美术作品、音乐作品等受到保护。再次,游戏运行后形成的一系列有伴音或无伴音的画面如果体现了一定的故事情节和设计,具有独创性,亦可以受到保护。

因此,涉案游戏是集合不同作品要素形成的作品,并不能简单地将涉案游戏整体按照《著作权法》第三条规定的作品类型进行归类,而是要根据涉及的具体元素或内容进行判断。本案中,当事人争议的是涉案游戏中包含的计算机软件中客户端程序的权属,与手机游戏整体的归属并非同一概念,也与手机游戏中的美术、音乐等作品不同。本案仅对涉案游戏客户端程序的权属进行分析,客户端程序的权属认定并不影响涉案游戏整体的著作权归属。

二、客户端程序是否属于独立于涉案游戏单独使用的作品

本院认为,《计算机软件保护条例》第二条规定:"本条例所称计算机软件,是指计算机程序及其有关文档。"《计算机软件保护条例》第三条第一项规定:"计算机程序,是指为了得到某种结果而可以由计算机等具有信息处理能力的装置执行的代码化指令序列,或者可以被自动转换成代码化指令序列的符号化指令序列或者符号化语句序列。同一计算机程序的源程序和目标程序为同一作品。"因此,受到著作权法保护的计算机程序应是能够由计算机等装置执行且能实现某种结果的代码化指令序列、符号化指令序列或者语句序列。

本案中,涉案游戏的客户端程序系由第三人独立编写完成,可以由计算机、手机等装置执行且能实现某种结果的代码化指令序列。虽然涉案游戏的计算机软件程序包括服务器端和客户端程序两部分,客户端程序的运行需要与服务器端程序进行对接,但这仅意味着客户端程序要实现事先设定的功能或结果需要服务器端程序的配合,并不影响客户端程序作为代码化指令序列的相对独立性。而且,《计算机软件保护条例》关于计算机程序的规定并不要求其必须独立实现某种结果。综上,涉案游戏计算机软件中的客户端程序属于可以独立使用的作品。本院对于被告认为客户端程序不可以独立使用的意见,不予采信。

三、客户端程序著作权的原始归属

本院认为,首先,客户端程序不属于法人作品。《著作权法》第十一条第三款规定:"由法人或者其他组织主持,代表法人或者其他组织意志创作,并由法人或者其他组织承担责任的作品,法人或者其他组织视为作者。"本案中,涉案游戏的客户端程序由第三人独立编写完成,并不体现法人或者其他组织的意志,故不属于法人作品。本院对于被告有关客户端程序属于法人作品的意见,不予采信。

其次,客户端程序的著作权根据约定属于第三人所有。根据被告与第三人签订的《合作合同》约定,"幻萌公司确认陆田拥有《战舰少女》手机游戏的客户端源代码所有权。幻萌公司不得以任何形式干涉陆田对此客户端代码的所有权。客户端代码为不属于幻萌公司职务作品,其所有权不归幻萌公司。"本院认为,作品创作作为一种民事活动,应当遵循自愿的原则。对于作品的著作权归属,有约定的,应当优先按照约定。在被告没有证据证明上述《合作合

同》系违背其意愿的情况下，涉案游戏客户端程序的归属应当依照《合作合同》的约定确定。虽然被告辩称《合作合同》约定的是"所有权"，并非"著作权"，但本院认为，所有权与著作权仅是不同法律规范中的概念差异，本质上均指涉特定对象或客体的归属。《合作合同》上述约定的实质在于明确客户端程序归第三人所有，由于客户端程序属于计算机软件的范畴，应由《著作权法》调整，故上述约定中的"所有权"应指客户端程序的著作权归第三人享有。

四、派娱公司能否受赠取得客户端程序著作权

根据《中华人民共和国合同法》第五十一条的规定，无处分权的人处分他人财产，经权利人追认或者无处分权的人订立合同后取得处分权的，该合同有效。本院认为，该规定中的"无处分权人"包括对归属于他人的财产没有权利进行处分或者虽对财产拥有所有权，但由于所有权受到限制而不能对该财产进行自由处分的人。本案中，第三人虽然享有客户端程序的著作权，但该权利受到"不得出售或毁损"的限制，未经被告许可，将客户端程序向原告赠与的行为属于无权处分，在被告未予追认，且原告主观上知道第三人的著作权受到限制的情况下，原告无法受赠取得客户端程序的著作权。

首先，第三人对客户端程序享有的著作权受到"不得出售或毁损"的限制。根据被告与第三人签订《合作合同》第二条的约定，双方确认将维护涉案游戏的代码安全，尽量维持此游戏的生命周期与口碑。未经被告同意，不得将客户端代码出售或毁损。本院认为，鉴于客户端程序是涉案游戏计算机软件程序的重要组成部分，虽然客户端程序可以分割使用，第三人亦享有客户端程序的著作权，但为了确保涉案游戏计算机程序整体的有序运行，确保涉案游戏的代码安全，在涉案游戏客户端程序约定归第三人所有的情况下，被告对第三人享有的客户端程序著作权进行限制，并无不当。第三人在行使客户端程序著作权时，应当遵守上述限制。

其次，赠与行为属于《合作合同》有关"不得出售或毁损"的限制。根据《中华人民共和国合同法》第一百二十五条第一款的规定，当事人对合同条款的理解有争议的，应当按照合同所使用的词句、合同的有关条款、合同的目的、交易习惯以及诚实信用原则，确定该条款的真实意思。因此，对于客户端程序"不得出售或毁损"的约定应当结合该约定的目的进行理解。本院认为，客户端程序属于涉案游戏中计算机软件的重要部分，第三人作为涉案游戏创作团队的一员，确保客户端程序的权利人不发生变更，有利于涉案游戏运行过程中客户端程序的维护和更新以及双方的沟通。"不得出售或毁损"限制的目的在于防止客户端程序毁损或者权利人变更，影响涉案游戏的正常运行。赠

与将导致客户端程序的著作权人发生变更,故赠与行为亦应受到《合作合同》有关"不得出售或毁损"的限制。

最后,原告主观上并非善意。原告与第三人签订客户端程序赠与协议前,知道第三人享有的客户端程序受到"不得出售或毁损"的限制。但原告并未进一步与被告沟通,确认上述限制的范围,了解被告对第三人赠与客户端程序的意见,故原告主观上存在过错,并非善意,无法受赠取得涉案游戏客户端程序的著作权。

综上所述,涉案游戏的客户端程序属于可以独立使用的作品,但客户端程序的著作权受到《合作合同》有关"不得出售或毁损"的限制。第三人向原告赠与的行为属于无权处分,在被告未追认且原告明知存在上述限制的情况下,无法受赠取得涉案游戏客户端程序的著作权,亦无权要求撤销被告就涉案游戏计算机软件程序进行的著作权登记。依照《中华人民共和国合同法》第五十一条、第一百二十五条第一款,《中华人民共和国著作权法》第三条、第十一条第三款,《计算机软件保护条例》第二条、第三条第一项之规定,判决如下:

驳回原告杭州派娱科技有限公司的诉讼请求。

本案案件受理费人民币800元,由原告杭州派娱科技有限公司负担。

如不服本判决,当事人可在判决书送达之日起十五日内,向本院递交上诉状,并按对方当事人的人数提出副本,上诉于上海市高级人民法院。

审　判　长　　吴盈喆
代理审判员　　程　黎
代理审判员　　凌宗亮
二〇一六年四月二十五日
书　记　员　　陈蕴智
书　记　员　　李冰雪

附：相关法律条文

一、《中华人民共和国著作权法》

第三条 本法所称的作品,包括以下列形式创作的文学、艺术和自然科学、社会科学、工程技术等作品:

(一) 文字作品;

(二) 口述作品;

(三) 音乐、戏剧、曲艺、舞蹈、杂技艺术作品;

(四) 美术、建筑作品;

(五) 摄影作品;

(六) 电影作品和以类似摄制电影的方法创作的作品;

(七) 工程设计图、产品设计图、地图、示意图等图形作品和模型作品;

(八) 计算机软件;

(九) 法律、行政法规规定的其他作品。

第十一条 ……

由法人或者其他组织主持,代表法人或者其他组织意志创作,并由法人或者其他组织承担责任的作品,法人或者其他组织视为作者。

……

二、《中华人民共和国合同法》

第五十一条 无处分权的人处分他人财产,经权利人追认或者无处分权的人订立合同后取得处分权的,该合同有效。

第一百二十五条 当事人对合同条款的理解有争议的,应当按照合同所使用的词句、合同的有关条款、合同的目的、交易习惯以及诚实信用原则,确定该条款的真实意思。

……

三、《计算机软件保护条例》

第二条 本条例所称计算机软件(以下简称"软件"),是指计算机程序及其有关文档。

第三条 本条例下列用语的含义:

(一) 计算机程序,是指为了得到某种结果而可以由计算机等具有信息处理能力的装置执行的代码化指令序列,或者可以被自动转换成代码化指令序列的符号化指令序列或者符号化语句序列。同一计算机程序的源程序和目标程序为同一作品。

……

13. 飞狐信息技术（天津）有限公司诉上海幻电信息科技有限公司侵害作品信息网络传播权纠纷上诉案

上 海 知 识 产 权 法 院
民 事 判 决 书

（2015）沪知民终字第 276 号

上诉人（原审被告）：上海幻电信息科技有限公司。
法定代表人：徐某，该公司总经理。
委托代理人：李某，上海市恒泰律师事务所律师。
委托代理人：俞某某，上海市恒泰律师事务所律师。
被上诉人（原审原告）：飞狐信息技术（天津）有限公司。
法定代表人：邓某，该公司董事长。
委托代理人：方某，浙江亿维律师事务所律师。

上诉人上海幻电信息科技有限公司（以下简称"幻电公司"）因与被上诉人飞狐信息技术（天津）有限公司（以下简称"飞狐公司"）侵害作品信息网络传播权纠纷一案，不服上海市浦东新区人民法院（2015）浦民三（知）初字第 507 号民事判决，向本院提起上诉。本院受理后，依法组成合议庭进行了审理。本案现已审理终结。

原审原告飞狐公司在原审中诉称：其是电视剧《张小五的春天》《幸福请你等等我》（又名《离婚后再战江湖》）的权利人，发现幻电公司未经授权，在其网站"哔哩哔哩弹幕网"（网址为 http://www.bilibili.com）上提供了上述两部电视剧的在线播放服务，给飞狐公司造成了极其重大的经济损失。故诉至法院，请求判令幻电公司：1. 立即停止侵权，即在 http://www.bilibili.com 网站上删除涉案影视作品；2. 赔偿飞狐公司经济损失共计人民币（以下币种同）20 万元；3. 承担飞狐公司为制止侵权行为支出的合理费用 1 万元（其中包含了公证费 2400 元、差旅费及购买音像制品费用 1600 元及律师费 6000 元）。原审审理中，飞狐公司以幻电公司网站已经停止播放为由申请撤回第一项诉请。

原审被告幻电公司在原审中辩称：1. 两部电视剧均未存储于其网站服务

器，分别来源于乐视网和腾讯视频网站，幻电公司网站仅仅是通过网友上传的链接播放了电视剧。因上传视频的行为由其他网站完成，故幻电公司不构成直接侵权；飞狐公司应当证明乐视网和腾讯视频网是否有两部电视剧的合法授权，如果这两个网站有合法授权则幻电公司也不构成帮助侵权。2. 因为视频链接投稿人是网络用户，腾讯视频网站和乐视网都有简便的分享按钮，导致了幻电公司无法核实原网站的视频是否侵权，因此幻电公司不明知视频是否侵权；同时根据避风港原则，幻电公司提供的是链接网络服务商的服务行为，现已经及时将视频链接删除，故应当免除赔偿责任。3. 电视剧《幸福请你等等我》在幻电公司网站播放时可以点击后跳转到其来源网站腾讯视频，证明幻电公司仅仅提供了链接服务。4. 两部电视剧在播放之日起就在电视等渠道免费播放，并不收费，且两部电视剧首播时间较早，距今都超过3年以上，在幻电公司网站上点击次数较少，也并非热门电视剧，故飞狐公司不存在重大损失；幻电公司播放视频时没有弹出广告，因此也没有获得直接收益。

原审法院经审理查明：

一、关于《张小五的春天》授权情况

涉案电视剧光盘片尾显示"本电视剧所有版权归属单位 中视影视制作有限公司 上海君薇文化传播有限公司 上海国亭文化艺术发展有限公司 上海泓海文化传播有限公司　陕西中视文化传播有限公司""制作许可证号 甲第005号"。

2010年2月，上海君薇文化传播有限公司、上海国亭文化艺术发展有限公司及上海泓海文化传播有限公司分别出具授权书，将《张小五的春天》信息网络传播权的独占许可权、单独进行法律维权行动的权利及转授权权利授予中视影视制作有限公司，期限为2010年2月20日开始满6年截止。

2010年4月，陕西中视文化传播有限公司出具版权证明，称不拥有《张小五的春天》的信息网络传播权，关于该剧的信息网络传播权的约定和安排，由中视影视制作有限公司自行处理，其不予干涉。

2010年，中视影视制作有限公司出具授权书，将《张小五的春天》信息网络传播权的独占许可权、单独进行法律维权行动的权利及转授权权利授予北京搜狐新媒体信息技术有限公司，期限为2010年3月10日开始至授权节目在乙方平台开始使用之日起满5年截止。随后北京搜狐新媒体信息技术有限公司将《张小五的春天》信息网络传播权的独占性专有使用权和维权权利授予飞狐公司，期限为2010年3月10日开始至授权节目在飞狐公司平台开始之日起满5年截止。原审审理中，飞狐公司确认截至2015年3月30日，该授权书已经超过授权期限。该剧于2010年3月首播。

二、关于《幸福请你等等我》授权情况

涉案电视剧光盘片头显示"发行许可证号：（桂）剧审字（2014）第002号"，片尾显示"本作品所有版权归 东阳青雨影视文化股份有限公司拥有"。

2012年12月13日，东阳青雨影视文化股份有限公司（以下简称"东阳青雨公司"）将《离婚后再战江湖》（即《幸福请你等等我》）的信息网络传播权的独占性专有使用权、维权权利及转授权授予飞狐公司及北京搜狐互联网信息服务有限公司。授权期限为协议签署生效之日起至本节目在播出平台上线使用满5年止。随后，北京搜狐互联网信息服务有限公司将《幸福请你等等我》的信息网络传播权独占性专有使用权和单独进行法律维权权利及转授权授予飞狐公司，授权期限同授权单位享有的权利期限。

后东阳青雨公司向飞狐公司出具上线通知书，授权飞狐公司于2014年8月21日开始在其网站上传播电视剧《幸福请你等等我》，上线时间为首轮卫视播出后次日零点上线。该剧于2014年8月21日在电视台首播。

三、侵权公证情况

2014年9月2日，浙江省杭州市钱塘公证处进行了以下证据保全公证：进入工信部ICP/IP地址/域名信息备案管理系统，查询首页网址www.bilibili.com的网站，其主办单位为幻电公司，名称为哔哩哔哩弹幕网，随后点击进入www.bilibili.com网站，在首页搜索框中输入"张小五的春天"，显示搜索结果"国产 张小五的春天【高清1080P】央视版25集全"，下方显示网友信息"shuang0524"，点播量"816"。点击该搜索结果进入第一集的播放页面，在播放框上方显示相应剧集和"……"标记，右上方显示网友头像及网名等信息。第一集播放完成后点击"……"图标，显示全部25集的播放按钮。随机选择第11、19、23集，均可正常播放。随后在首页搜索框中输入"幸福请你等等我"，显示搜索结果"【都市轻喜】幸福请你等等我"各集的结果，下方显示网友信息"牛奶来回晃荡"，每项结果的点播量从880人次到3281人次不等。点击该搜索结果进入1~3集的播放页面，在播放框上方显示相应剧集，右上方显示网友头像及网名等信息。第一集播放完成后随机选择第9~10集、第20~22集、第26~29集，均可正常播放。该公证处为此出具了（2014）浙杭钱证内字第21079号公证书，该公证书共计公证了10部影视剧的播放事实，飞狐公司支付了公证费4500元。

四、幻电公司情况

幻电公司系上述"哔哩哔哩"（www.bilibili.com）网站的经营者。该网站为弹幕视频网站。注册用户可以将新浪、优酷、腾讯网上的视频投稿到幻电公司网站，供他人观看和评论。具体过程为：用户将该视频所在播放页面的网络

地址复制或填写到网站的投稿页面，并填写标题、标签等信息，网站内部软件根据该地址提取视频在其所在网站的代码。用户亦可直接提供代码。随后，网站根据该代码向视频所在网站服务器发送请求，并根据视频所在网站服务器的回复，提取视频文件数据在网站的播放器中进行播放。网站用户可以对视频内容进行评论。网友观看视频时，可以选择将评论内容在视频播放界面上以弹幕的形式滚动显示，亦可选择将评论在视频播放界面的旁边显示。通过 Live HTTP headers 插件查看网站所播放的投稿视频的访问地址，显示为视频源地址，而非幻电公司网站地址。

根据幻电公司网站管理系统记录显示，本案《张小五的春天》的视频来自乐视网。涉案电视剧视频在乐视网上播放页面的网络地址由网站用户"shuang0524"提供，其于 2014 年 6 月 10 日上传该链接。幻电公司于 2014 年 9 月 9 日在其网站删除该链接。飞狐公司确认，就该电视剧，曾经授权过乐视网，但在 2013 年时已过授权期限，涉案侵权公证取证时，乐视网已经无权播放。

本案《幸福请你等等我》的视频来自腾讯视频。涉案电视剧视频在腾讯视频网上播放页面的网络地址由网站用户"牛奶来回晃荡"提供，其于 2014 年 8 月 22 日上传该链接。播放过程中，播放框右上角显示腾讯视频字样。在播放框右击鼠标，可以选择前往视频源站点选项跳转至腾讯视频播放该视频，但对该操作功能，幻电公司并未在其网页及播放框界面明示。幻电公司于 2014 年 9 月 9 日在其网站删除该链接。飞狐公司确认，就该电视剧授权过腾讯视频网站，涉案侵权公证取证时，尚在授权期内。

原审审理中，飞狐公司确认幻电公司已在其网站上删除涉案电视剧视频，因此申请撤回第 1 项诉讼请求。

飞狐公司为本案支出音像制品购买费用 144.80 元。

原审法院认为，综合双方的诉、辩称意见，本案的争议焦点在于：飞狐公司是否是本案适格主体；幻电公司是否构成侵权；赔偿数额如何确定。

一、飞狐公司是否是本案适格主体

根据涉案电视剧正式出版物中的署名以及飞狐公司提交的《声明》《授权书》等证据，可以证明飞狐公司经授权独占享有涉案两部电视剧的独占性信息网络传播权及维权权利，因此有权提起本案诉讼。

幻电公司辩称，关于《张小五的春天》，飞狐公司的授权书显示关于 IPTV 的授权期限为 3 年，权利已过期；关于《幸福请你等等我》，联合出品单位有 9 家，飞狐公司未获得所有权利人的授权，因此飞狐公司诉讼主体不适格。对此原审法院认为，本案系侵害作品信息网络传播权纠纷，飞狐公司主张的系信息网络传播权，IPTV 授权期限与本案无关。在《幸福请你等等我》的署名中业已明确东阳青雨公司享有所有版权，且飞狐公司提交的其他证据亦可印证该事实。而幻电公司并无相反证据推翻东阳青雨公司享有该剧所有版权的事实，因此对幻电公司的该抗辩理由不予采信。

二、幻电公司是否构成侵权

幻电公司实施的行为，实质上分为两步，第一步，注册用户将视频所在播放页面的网络地址复制或填写到其网站的投稿页面，并填写标题、标签等信息，网站制作该内容目录，网站内部软件则根据该地址提取视频在其所在网站的代码；第二步，当网站用户通过搜索或其他方式取得该内容目录并点击播放视频时，网站根据该代码向视频所在网站服务器发送请求，并根据视频所在网站服务器的回复，提取视频文件数据在网站播放器中播放。在上述行为过程中，幻电公司以积极的技术手段使用其注册用户提供的链接地址，确定所要获取信息所在的位置，并由用户填写相关信息，幻电公司制作节目列表，因此在该定位服务中存在人工干预，即对其用户在其网站中的搜索结果进行了人工选择。当网站用户在节目列表中点击播放相关视频时，幻电公司就会通过技术手段定向抓取被链接网站的视频文件数据在其网站播放器中播放，此时不显示被链接网站的任何信息以及广告。幻电公司人为地使用了加框技术使用户认为该视频直接来源于幻电公司，对其用户而言，呈现出来的仅仅是幻电公司网站所提供的网络服务，在此幻电公司亦实施了人工干预。因此，幻电公司所提供的服务，从其性质、目的分析，均已经远远超出了传统的类似搜索引擎的链接服务。其已经不再是或者说不仅仅是为了帮助用户定位信息，而是为了有选择性地使用户在其网站上能够直接观看相关视频内容，但在事实上却从未取得视频权利人的授权；从结果来看，用户通过幻电公司网站可以不经由被链接网站的界面直接观看该视频，被链接网站存储该视频的服务器在此阶段已形同幻电公司所控制的远程服务器，且为幻电公司所免费使用，其网站已经在实质上替代了被链网站向公众传播作品。虽然幻电公司未直接上传涉案电视剧视频到其服务器，但其对链接服务实施了人工干预，并使其用户具有了在个人选定的时间或地点获得涉案电视剧的可能性，故应当认定幻电公司实施了提供作品的行为，已侵害权利人对作品所享有的信息网络传播权。在电视剧《幸福请你等等我》播放时，虽然可以在播放框右击鼠标选择跳转至被链网站播放该视频，但该功能并没有明示，而是隐藏在操作中，因此幻电公司并没有采取主动的技术措施指引或提供选择使网络用户跳转至被链接网站播放视频。同时，即便存在这样的功能设置，亦不能否定对幻电公司之前行为的判断认定。

本案中所涉作品系影视作品，较之其他链接服务所指向的网页、音乐作品等，创作影视作品往往需要投入大量的人力物力，其成本不菲，必须有相应的商业运作方能收回成本直至盈利。基于此，从权利人利益角度考虑，权利人通常会自己独家使用或通过授权他人使用并收取许可费用以收回成本乃至盈利。而幻电公司的该行为使其以获得作品相关合法授权网站的形式出现，该作品内容在幻电公司网站中播放所带来的收益由其独享，不与权利人作任何分配，这当然是不公平的。该行为势必造成权利人利益的损失。如其他网站皆以此传播方式传播作品，将使权利人通过授权许可盈利的模式难以为继。

从网络服务提供者的利益考虑，作为网络服务提供者的幻电公司，利用自己的技术手段无须支付任何版权许可费用、服务器及带宽费用等视频网站最大部分的成本，并以自己提供作品的形式向公众传播作品，以获得经济利益，这种经营模式不符合市场经济公平以及等价有偿的基本原则。该行为损害支付了大量成本的被链接网站利益，因此不具有正当性，也不利于建立健康的互联网生态。

对社会公众而言，该行为实际替代了被链接网站提供作品，使社会公众难以知晓作品真正的权利人。虽然幻电公司的行为在一定程度上扩大了涉案作品在互联网上的传播，但这种传播方式是建立在损害权利人以及其他通过合法授权取得作品信息网络传播权的网络服务提供者利益基础上的。长此以往，最终将会危及优秀作品在社会公众中的传播。

综上，幻电公司的行为没有法律依据，已经实质影响了飞狐公司对涉案电视剧的正常使用，同时严重损害了飞狐公司作为涉案电视剧权利人的合法权益。幻电公司网站在未经飞狐公司许可、亦未支付报酬的情况下，通过人工干预手段实质替代被链接网站向公众提供涉案电视剧，侵犯了飞狐公司对涉案电视剧所享有的信息网络传播权，应当承担停止侵权、赔偿损失等民事责任。

三、本案赔偿数额的确定

由于飞狐公司因侵权所遭受的经济损失、幻电公司因侵权所获的经济利益均难以确定，故原审法院依据本案的具体案情，综合考量侵权行为的性质、后果等因素酌情确定赔偿数额。尤其考虑到以下情节：1. 被控侵权视频链接系分别于2014年6月10日、2014年8月22日上传，幻电公司于2014年9月9日在网站删除该链接，侵权行为持续时间较短；2. 涉案电视剧分别为25集、29集，主要演员具有一定知名度；3.《张小五的春天》于2010年3月首播，距热播期已有较长时间；4.《幸福请你等等我》于2014年8月21日在电视台首播，侵权行为发生时间为8月22日即电视剧热播期内；5. 网站中两部电视剧的播放次数不高。故幻电公司应就《张小五的春天》赔偿飞狐公司12000

元,《幸福请你等等我》赔偿飞狐公司 18000 元。

关于合理费用,其中包含为本案支出的音像制品购买费用 144.80 元,因该费用实际发生且属合理支出,故予以支持。关于飞狐公司主张的其余差旅费及购买音像制品费用,因未提供证据证明,故不予支持。关于公证费 2400 元,考虑到飞狐公司虽支付了公证费 4500 元,但该公证书中所作公证事项的影视剧有多部,因此该公证费依据影视剧数量酌定。关于律师费 6000 元,飞狐公司未提供证据证明,但考虑飞狐公司为本案诉讼的确聘请了律师并进行了证据保全公证,结合本案的诉讼标的、律师的工作量、案件难易程度及相关律师费收费标准等,酌定幻电公司所需承担的合理费用。

飞狐公司鉴于已无法在幻电公司网站上观看被控侵权视频,故申请撤回停止侵权的诉讼请求,于法不悖,予以准许。

据此,原审法院依据《中华人民共和国著作权法》第十条第一款第十二项、第四十八条第一项、第四十九条,《最高人民法院关于审理著作权民事纠纷案件适用法律若干问题的解释》第二十五条第一款、第二款、第二十六条的规定,判决:一、幻电公司于判决生效之日起十日内赔偿飞狐公司经济损失 30000 元;二、幻电公司于判决生效之日起十日内赔偿飞狐公司因制止侵权所支出的合理费用 5000 元。

判决后,幻电公司不服,向本院提起上诉,请求本院将本案发回重审或依法改判,驳回被上诉人飞狐公司的原审诉请。其上诉理由为:1. 被控侵权视频的链接地址由网络用户上传,上诉人并未对用户投稿进行人工干预和人工选择,提供的仅仅是网络链接服务,并未提供侵权作品,没有直接实施侵权行为,不构成直接侵权;2. 原审判决认为上诉人的行为势必造成权利人利益的损失系主观臆断,没有充分的事实依据,赔偿金额过高。

被上诉人飞狐公司辩称:原审判决认定事实清楚,适用法律正确,请求驳回上诉,维持原判。

二审审理中,各方当事人均未向本院提交新的证据材料。

本院经审理查明,原审判决认定的事实属实,本院予以确认。

另查明,(2014)浙杭钱证内字第 21079 号公证书显示,哔哩哔哩网首页上方设动画、音乐舞蹈、游戏、科学技术、娱乐、影视剧等菜单栏,每个菜单栏下设小的选项,菜单栏下方分别为强力推荐、推广内容等栏目,右侧显示在线人数、正在观看人数、最热门栏目。搜索具体视频显示的搜索结果均显示有视频的缩略图、简介、播放次数等信息,点击播放过程中,播放框右侧显示用户评论,评论内容也在视频播放界面上以弹幕形式显示。

本院认为,结合双方当事人的诉辩意见,本案争议焦点在于上诉人幻电公司是否构成侵权，以及原审判赔金额是否合理。

根据原审查明的事实，哔哩哔哩网为弹幕类的视频网站，其注册用户可将相关视频所在播放页面的网络地址投稿到哔哩哔哩网，哔哩哔哩网通过其内部软件根据上述地址提取视频在其所在网站的代码，根据该代码向视频所在网站服务器发送请求，根据视频所在网站服务器的回复，提取视频文件数据在哔哩哔哩网的播放器中进行播放。本案中，涉案两部作品均由用户投稿，各作品搜索结果页面显示了投稿人信息，其中《幸福请你等等我》搜索结果页面剧情简介内容前还标有"腾讯"字样，播放界面播放框右侧显示"视频来源QQ视频"，在播放框右击鼠标，可以选择前往视频源站点选项跳转至腾讯视频播放该视频，而上诉人提供的哔哩哔哩网管理系统显示的投稿人信息与上述公证信息能够相互印证，哔哩哔哩网管理系统还显示涉案两部电视剧远程资源信息中分别标有"letv"和"qq"字样。结合上述证据，可以认定涉案电视剧《张小五的春天》来源于乐视网，电视剧《幸福请你等等我》来源于腾讯视频，由用户将乐视网、腾讯视频上的相关链接地址投稿到哔哩哔哩网，哔哩哔哩网通过技术手段将案外网站上的视频文件链接到其网站上并实现在线播放，播放过程中网页未跳转至存储涉案作品的案外网站，播放页面也未提示涉案作品来源于案外网站。在此过程中，哔哩哔哩网提供的服务实质上相当于深层链接服务。

首先，哔哩哔哩网提供的深层链接服务属于网络服务提供行为，不构成作品提供行为。《著作权法》第十条第一款第十二项规定，"信息网络传播权，即以有线或者无线方式向公众提供作品，使公众可以在其个人选定的时间和地点获得作品的权利"。该规定将信息网络传播行为特征限定于"提供行为"，但至于何种行为属于"提供行为"并未涉及。2013年1月1日施行的《最高人民法院关于审理侵害信息网络传播权民事纠纷案件适用法律若干问题的规定》第三条规定，"网络用户、网络服务提供者未经许可，通过信息网络提供权利人享有信息网络传播权的作品、表演、录音录像制品，除法律、行政法规另有规定外，人民法院应当认定其构成侵害信息网络传播权行为。通过上传到网络服务器、设置共享文件或者利用文件分享软件等方式，将作品、表演、录音录像制品置于信息网络中，使公众能够在个人选定的时间和地点以下载、浏览或者其他方式获得的，人民法院应当认定其实施了前款规定的提供行为"。该条对提供行为作了列举加概括式规定，明确提供行为是指将作品、表演、录音录像制品置于信息网络中的行为。综上，著作权法所限定的提供行为指的是内容提供行为，与其相对的是其他信息网络传播行为，对应的责任是直接侵权责任，其判定的标准系是否将作品置于信息网络中，使公众能够在个人选定的时间和地点以下载、浏览或者其他方式获得。而"置于信息网络中"系事实认定问题，结合司法解释的列举式规定可知，其指最初将作品置于网络中的行为。

本案中，哔哩哔哩网通过技术手段将案外网站上的视频文件链接到其网站上实现在线播放，其提供的是网络链接服务，并不存在将作品置于网络中的行为，故不构成作品提供行为，亦不涉及直接侵权责任问题。原审法院认定哔哩哔哩网的行为已经在实质上替代了被链接网站向公众传播作品，构成作品提供行为的观点，本院不予认同。本院注意到原审法院从权利人利益角度、网络服务提供者的利益角度以及社会公众角度充分阐述了幻电公司涉案行为对权利人、互联网生态以及社会公众的损害和不正当性。对此，本院认为，根据知识产权权利法定原则，在判定信息网络传播权侵权与否时应当审查判断被诉行为是否属于信息网络传播权所控制的行为，而被诉行为从权利人利益角度、网络服务提供者的利益角度以及社会公众角度是否具有不正当性并不在信息网络传播权侵权案件的审理范围之内。

其次，哔哩哔哩网虽不构成直接侵犯信息网络传播权的行为，但因其客观上对被链接网站内容的传播起到了帮助作用，一定情况下亦可能构成共同侵权，承担间接侵权责任。《侵权责任法》第三十六条规定："网络服务提供者知道网络用户利用其网络服务侵害他人民事权益，未采取必要措施的，与该网络用户承担连带责任。"《最高人民法院关于审理侵害信息网络传播权民事纠纷案件适用法律若干问题的规定》第七条规定："网络服务提供者在提供网络服务时教唆或者帮助网络用户实施侵害信息网络传播权行为的，人民法院应当判令其承担侵权责任。网络服务提供者以言语、推介技术支持、奖励积分等方式诱导、鼓励网络用户实施侵害信息网络传播权行为的，人民法院应当认定其构成教唆侵权行为。网络服务提供者明知或者应知网络用户利用网络服务侵害信息网络传播权，未采取删除、屏蔽、断开链接等必要措施，或者提供技术支持等帮助行为的，人民法院应当认定其构成帮助侵权行为。"综上可知，网络服务提供者面临的侵权责任系教唆侵权责任或者帮助侵权责任，网络用户实施了侵害信息网络传播权行为是网络服务提供者承担责任的前提，对于链接服务提供者来说，即存在被链接网站的传播行为属于未经权利人许可进行的传播行为。

本案中，对于电视剧《幸福请你等等我》，鉴于被上诉人确认就该电视剧授权过腾讯视频网站，涉案侵权公证取证时，尚在授权期内，即被链接网站的传播行为属于合法传播，在此情况下，哔哩哔哩网自然不会因链接到腾讯视频上合法传播的视频文件而被认定构成间接侵权，飞狐公司指控幻电公司侵犯其信息网络传播权的主张不能成立，原审相应诉请应予驳回。

对于电视剧《张小五的春天》，鉴于被上诉人飞狐公司确认就该电视剧曾授权过乐视网，但在2013年时已过授权期限，涉案侵权公证取证时，乐视网已经无权播放，上诉人对此亦未提交证据证明乐视网存在授权，故基于在案证据，本院认定被链接网站对于被诉内容的传播系未经许可的传播行为，在此情况下，判断幻电公司是否构成间接侵权在于幻电公司是否"明知"或"应知"被链接网站提供的内容未经权利人许可。

首先，从整体网站来看，根据原审公证证据显示，哔哩哔哩网对其网站页面进行了编辑、加工，首页上方设置动画、音乐舞蹈、游戏、科学技术、娱乐、影视剧等菜单栏，每个菜单栏下设小的选项，菜单栏下方分别为强力推荐、推广内容等，网站对在线人数、正在观看人数进行了实时统计、显示，整个页面并未显示其提供的是链接服务。就涉案影视剧，在哔哩哔哩网站内搜索，搜索结果均显示视频的缩略图、简介、播放次数等信息，点击播放视频，播放过程中不存在网页的跳转，播放页面也未提示涉案作品链接于案外网站，播放框右侧及播放界面显示有哔哩哔哩网的用户评论。可见，哔哩哔哩网基于网络用户的体验考虑而设置相应网站内容，被链接的第三方网站内容实际上已达到丰富哔哩哔哩网内容、服务哔哩网用户的效果，这种链接方式一方面为网络用户提供更有针对性的指引，使得搜索、链接网站具有更大的用户黏性，进而为其带来更多的经济利益；另一方面也会在被链接网站行为构成侵权的情况下，对权利人造成更大的损害。

其次，哔哩哔哩网在投稿要求设置中，要求用户填写视频的标题、标签、简介、缩略图、视频出处等信息，基于上述投稿信息通过内部软件生成包括影视剧的片名、剧照和简介的数据库，当用户在搜索框中输入关键词时，即自动在数据库中进行匹配，如果发现数据库中的影视剧片名含有相同的关键词，系统就会显示相应的影视剧信息。由此可见，哔哩哔哩网对于投稿信息的设置是有选择的，也可以通过技术手段进行控制调整，且幻电公司庭审中亦承认其所选择的用户投稿内容仅系指向有限几家网站的链接，因此，哔哩哔哩网提供的是定向链接服务，而非被动全网链接服务。

最后，对于被链接内容，影视类作品与其他类型的作品有所不同，权利人虽会授权网站予以传播，但被授权的正版网站的数量通常较为有限，因此即便要求定向链接服务提供者应对于上述作品的正版网站有所认知，并尽量做到仅提供针对正版网站的链接，亦不会为其带来过重的负担。

综上可见，幻电公司提供的链接服务具有高度的用户黏性且对被链接对象具有较高的编辑控制能力，基于该种链接方式，应当可以幻电公司对于被链接内容是否属于合法传播承担较高的注意义务。涉案被链接内容属于影视作品，幻电公司在提供定向链接的情况下，应对于被链接内容是否属于合法授权有所了解。鉴于现有证据无法证明幻电公司实施了上述行为，故本院认定其未尽到应有的注意义务，主观上构成应知，应承担共同侵权责任。

关于赔偿金额，鉴于被上诉人因侵权所受的经济损失、上诉人因侵权所获的经济利益均难以确定，原审法院综合考虑涉案被控侵权视频《张小五的春天》的类型、知名度、上诉人的主观过错程度、侵权行为的性质、后果等因素酌情确定为12000元并无不妥。上诉人认为其链接被控侵权视频时该视频已在网上广泛传播，故权利人的利益必然受损属主观臆断，对此，本院认为，上诉人通过网站传播涉案作品，应取得权利人的许可并支付许可使用费，未经许可而传播，权利人应当收取许可使用费而未收取，即权利人的损失，故上诉人的该项上诉理由，本院不予支持。

综上所述，依照《中华人民共和国侵权责任法》第八条、第三十六条第三款，《中华人民共和国著作权法》第十条第一款第十二项、第四十八条第一项、第四十九条，《最高人民法院关于审理侵害信息网络传播权民事纠纷案件适用法律若干问题的规定》第三条、第七条，《中华人民共和国民事诉讼法》第一百七十条第一款第二项之规定，判决如下：

一、撤销上海市浦东新区人民法院（2015）浦民三（知）初字第507号民事判决第一项、第二项；

二、上诉人（原审被告）上海幻电信息科技有限公司于本判决生效之日起十日内赔偿被上诉人（原审原告）飞狐信息技术（天津）有限公司经济损失人民币12000元；

三、上诉人（原审被告）上海幻电信息科技有限公司于本判决生效之日起十日内赔偿被上诉人（原审原告）飞狐信息技术（天津）有限公司因制止侵权所支出的合理费用人民币4000元；

四、驳回上诉人（原审被告）上海幻电信息科技有限公司其余上诉请求。

本案一审案件受理费人民币4450元，由上诉人上海幻电信息科技有限公司负担人民币2395元，被上诉人飞狐信息技术（天津）有限公司负担人民币2055元；二审案件受理费人民币675元，由上诉人上海幻电信息科技有限公司负担人民币363元，被上诉人飞狐信息技术（天津）有限公司负担人民币312元。

本判决为终审判决。

审　判　长　　陆凤玉
审　判　员　　徐燕华
代理审判员　　陈瑶瑶
二〇一六年三月二十五日
书　记　员　　沈晓玲

附：相关法律条文
一、《中华人民共和国侵权责任法》
第八条　二人以上共同实施侵权行为，造成他人损害的，应当承担连带责任。

第三十六条……
网络服务提供者知道网络用户利用其网络服务侵害他人民事权益，未采取必要措施的，与该网络用户承担连带责任。

二、《中华人民共和国著作权法》
第十条　著作权包括下列人身权和财产权：
……
（十二）信息网络传播权，即以有线或者无线方式向公众提供作品，使公众可以在其个人选定的时间和地点获得作品的权利；
……

第四十八条　有下列侵权行为的，应当根据情况，承担停止侵害、消除影响、赔礼道歉、赔偿损失等民事责任；同时损害公共利益的，可以由著作权行政管理部门责令停止侵权行为，没收违法所得，没收、销毁侵权复制品，并可处以罚款；情节严重的，著作权行政管理部门还可以没收主要用于制作侵权复制品的材料、工具、设备等；构成犯罪的，依法追究刑事责任：

（一）未经著作权人许可，复制、发行、表演、放映、广播、汇编、通过信息网络向公众传播其作品的，本法另有规定的除外；
……

第四十九条　侵犯著作权或者与著作权有关的权利的，侵权人应当按照权利人的实际损失给予赔偿；实际损失难以计算的，可以按照侵权人的违法所得给予赔偿。赔偿数额还应当包括权利人为制止侵权行为所支付的合理开支。

权利人的实际损失或者侵权人的违法所得不能确定的，由人民法院根据侵权行为的情节，判决给予五十万元以下的赔偿。

三、《最高人民法院关于审理侵害信息网络传播权民事纠纷案件适用法律若干问题的规定》

第三条 网络用户、网络服务提供者未经许可，通过信息网络提供权利人享有信息网络传播权的作品、表演、录音录像制品，除法律、行政法规另有规定外，人民法院应当认定其构成侵害信息网络传播权行为。

通过上传到网络服务器、设置共享文件或者利用文件分享软件等方式，将作品、表演、录音录像制品置于信息网络中，使公众能够在个人选定的时间和地点以下载、浏览或者其他方式获得的，人民法院应当认定其实施了前款规定的提供行为。

第七条 网络服务提供者在提供网络服务时教唆或者帮助网络用户实施侵害信息网络传播权行为的，人民法院应当判令其承担侵权责任。

网络服务提供者以言语、推介技术支持、奖励积分等方式诱导、鼓励网络用户实施侵害信息网络传播权行为的，人民法院应当认定其构成教唆侵权行为。

网络服务提供者明知或者应知网络用户利用网络服务侵害信息网络传播权，未采取删除、屏蔽、断开链接等必要措施，或者提供技术支持等帮助行为的，人民法院应当认定其构成帮助侵权行为。

四、《中华人民共和国民事诉讼法》

第一百七十条 第二审人民法院对上诉案件，经过审理，按照下列情形，分别处理：

……

（二）原判决、裁定认定事实错误或者适用法律错误的，以判决、裁定方式依法改判、撤销或者变更；

……

四、不正当竞争纠纷

14. 韩国泰迪熊协会诉天络行（上海）品牌管理有限公司擅自使用他人企业名称纠纷上诉案

上海知识产权法院
民事判决书

(2016) 沪73民终289号

上诉人（原审原告）：韩国泰迪熊协会（한국테디베어협회）。
法定代表人：林某某董事长。
委托诉讼代理人：俞某，上海君拓律师事务所律师。
委托诉讼代理人：高某某，上海君拓律师事务所律师。
被上诉人（原审被告）：天络行（上海）品牌管理有限公司。
法定代表人：张某某，总经理。
委托诉讼代理人：徐某某，远闻（上海）律师事务所律师。

上诉人韩国泰迪熊协会因与被上诉人天络行（上海）品牌管理有限公司（以下简称"天络行公司"）擅自使用他人企业名称纠纷一案，不服上海市杨浦区人民法院（2015）杨民三（知）初字第609号民事判决，向本院提起上诉。本院于2016年9月20日立案后，依法组成合议庭，于同年10月27日公开开庭进行了审理。韩国泰迪熊协会的委托诉讼代理人俞某、天络行公司的委托诉讼代理人徐某某均到庭参加诉讼。本案现已审理终结。

上诉人韩国泰迪熊协会上诉请求：撤销一审判决，改判支持韩国泰迪熊协会的一审全部诉讼请求。事实和理由：一、被上诉人天络行公司实施了擅自使用和侵犯上诉人韩国泰迪熊协会企业名称的不正当竞争行为。天络行公司所称与其合作的（社）韩国泰迪熊协会的名称、登记机构等与上诉人的名称、登记机构等均不一致，两者是不同的主体，但天络行公司在宣传使用过程中使用的却是上诉人韩国泰迪熊协会的名称。二、以高某某为代表的（社）韩国泰迪熊协会无权且无权授予他人使用上诉人韩国泰迪熊协会的企业名称。（社）韩国泰迪熊协会为非营利性法人，如从事营利事业时，应申请营业执照或申请开始营利事业。天络行公司与（社）韩国泰迪熊协会之间的合作关系是无效的，天络行公司擅自使用上诉人韩国泰迪熊协会的名称进行商业宣传的行为侵犯了上诉人的企业名称权。三、上诉人韩国泰迪熊协会的名称已经在中国境内进行了商业使用。上诉人提供的2015年有关商业宣传的公证书显示上诉人是商业宣传的主体，一审法院以到场宣传的是元某某而非会长林某某为由，认定上诉人韩国泰迪熊协会无法证明其企业名称在中国境内进行商业使用是错误的。元某某是上诉人前身的会长且现在仍为上诉人的员工，并且是现任会长林某某的母亲，元某某受托代表上诉人韩国泰迪熊协会进行商业宣传的行为已表明上诉人在中国境内以自己的名义进行了商业活动。

被上诉人天络行公司辩称：一、上诉人主张保护的中、英文名称与其韩文名称不具有对应性，且韩国泰迪熊协会及其英文翻译所涉都是没有独创性和识别性的单词，不应受到《中华人民共和国反不正当竞争法》（以下简称《反不正当竞争法》）保护。上诉人本身不具有协会的性质，而以高某某为代表的韩国泰迪熊协会是与政府合作的，是名副其实的协会，上诉人举证的一审证据中亦提到上诉人韩文名称对应的中文名称是"韩国泰迪协会"，与韩国泰迪熊协会存在差异。二、以林某某为代表和以元某某为代表的韩国泰迪熊协会是两个不同的主体，从营业执照注册号、经营范围等都可以看出以林某某为代表的韩国泰迪熊协会是新设的，其企业名称在我国没有进行过商业使用。三、被上诉人2013年就与以高某某为代表的韩国泰迪熊协会建立了合作关系，该协会是唯一一家社团法人主体，其名称中的"（社）"仅是标注该主体的性质，使用韩国泰迪熊协会这一名称是合情合理的，同时被上诉人有"泰迪珍藏"完整的知识产权体系，没必要去侵犯他人权利，故被上诉人没有使用上诉人名称的主观意图和必要性。四、上诉人的证据都是指向案外人发布的信息，与被上诉人没有关系。综上，一审判决事实认定清楚，适用法律正确，请求本院维持一审判决。

韩国泰迪熊协会向一审法院起诉请求：1. 天络行公司停止使用韩国泰迪熊协会（英文名为Korea Teddybear Association）企业名称的不正当竞争行为；2. 天络行公司赔偿韩国泰迪熊协会损失人民币100000元（以下币种均为人民币）；3. 天络行公司在《解放日报》上向韩国泰迪熊协会赔礼道歉；4. 天络行公司赔偿韩国泰迪熊协会公证费3000元。一审审理中，韩国泰迪熊协会明确其主张保护的企业名称是中文"韩国泰迪熊协会"、英文名称"Korea Teddybear Association"和英文名称缩写"K.T.A"。

一审法院认定的事实：

一、韩国泰迪熊协会主张的有关主体及企业名称商业使用的情况

2000年1月1日，韩国首尔麻浦税务署出具营业执照，载明注册号为105-03-62374，商号为韩国泰迪熊协会，代表姓名Won Moung Hee，开业日期1999年3月2日，身份证号630528-2006513，经营地址：首尔市麻浦区西桥372-6 202，经营商地址：首尔市麻浦区望远洞384-66乐园VillaB-101 2/8，经营范围：行业：零售；项目：手工艺品。

2015年5月13日，韩国首尔麻浦税务署出具营业执照，载明注册号为807-61-00023，商号为韩国泰迪熊协会，代表姓名Lim Suyeon，开业日期2015年6月1日，经营地址：首尔特别市麻浦区独幕路7道64，1楼（西桥洞，草花大厦），营业范围：行业：批发零售服务；项目：玩具娃娃、玩具动物，讲师。发照事由：新注册。

2015年12月7日，韩国首尔麻浦税务署出具公司注册证明，载明商号（法人名称）为韩国泰迪熊协会（Korea Teddybear Association），营业执照注册号码807-61-00023，姓名（代表法人）Lim Suyeon（林某某），开业日期2015年6月1日，营业注册日期2015年5月13日，经营地址首尔特别市麻浦区独幕路（音译）7道64，1楼（西桥洞，草花大厦），行业：批发、零售/服务，项目：玩具娃娃、玩具动物，讲师。

一审审理中，一审法院注意到韩国泰迪熊协会提供的两个营业执照中，注册号、开业时间、代表姓名、经营地址和营业范围均不一致，要求韩国泰迪熊协会解释如何可以看出注册号分别为105-03-62374和807-61-00023的韩国泰迪熊协会是同一主体的延续。韩国泰迪熊协会表示在韩国换发营业执照后会更换注册号，且韩国并无类似中国的工商内档资料，无法出具相关证明材料。

2014年12月15日，韩国泰迪熊协会（甲方）与上海幽绒品牌管理有限公司（乙方，以下简称"幽绒公司"）签订《中国境内泰迪熊License合约》，约定"本合约是规定甲方拥有的商标授予乙方的使用及泰迪熊商品供应和在中国地区进行的有关泰迪熊商品交易有关的条件，以相互协助和信赖为基础共同发展各项事业。"合同有效期为2014年12月8日至2017年12月31日。合同签字栏上韩国泰迪熊协会的法定代表人署名为Won Moung Hee。

2016年3月23日，幽绒公司向上海市徐汇公证处申请保全证据公证，在公证员杜宁、朱燕明的监督下，幽绒公司的委托代理人张艳操作公证处的计算机浏览网页并进行截屏打印。上海市徐汇公证处对此出具（2016）沪徐证经

字第 1938 号公证书。公证书显示，2015 年 10 月 19 日，新浪地产网发布题为"韩国泰迪熊正式进入中国'TEDDY Star Show'即将开始"的报道，内容为"2015 年 10 月 18 日，韩国泰迪熊协会与其中国独家合作方上海幽绒品牌管理公司和国内指定唯一授权策展方上海炎睿文化传播有限公司在悦荟·上海购物中心举办了新闻发布会，宣布韩国泰迪熊 WON TEDDY 品牌将正式进入中国，并在 2015 年至 2017 年举办大型'泰迪明星秀'全国巡展……韩国泰迪熊创始人及泰迪协会会长元明姬女士更是亲临发布会现场……"娱乐广播网、腾讯网、赢商网、网易网等就相同题材也做了类似报道。2015 年 12 月 12 日，上海热线发布题为"戚薇助阵泰迪明星秀　中韩萌熊齐聚申城"的报道，内容为"2015 年 12 月 12 日，'泰迪明星秀'在上海南京东路悦荟·上海购物中心举行盛大的开幕仪式。韩国泰迪熊协会元明姬会长、知名艺人戚薇、韩国驻上海领事馆领事、韩国驻中国文化部官员以及中国对外交流协会代表等嘉宾共同为开幕式剪彩，一场史上最萌的泰迪明星展正式拉开序幕……"2015 年 12 月 14 日，网易新闻就同一题材发布了类似报道。

二、天络行公司基本情况及其被授权的相关事实

天络行公司成立于 2006 年 9 月 7 日，注册资本 1646569 元，经营范围包括品牌管理、咨询服务；企业管理咨询；投资咨询；商务咨询；企业形象策划等。

2006 年 2 月 15 日，韩国产业通商资源部出具法人设立许可证，编号第 2006-7 号，法人名称：社团法人韩国泰迪熊协会，所在地：首尔特别市麻浦区东桥洞 147-7，法人代表：高某某，事业内容：泰迪熊的产业化，设计及产品开发，促进全国公募展及学士研讨会，海外机构之间的交流等。

2015 年 9 月 4 日，韩国产业通商资源部出具法人设立许可证，编号第 2006-7 号（重新签发），法人名称：社团法人韩国泰迪熊协会，所在地：京畿道南杨州市和道邑北汉江路 1376 路 50-16，法人代表：高某某，事业内容：开展相关展览会，海外作家交流活动，发刊信息杂志及扩大提供内容等献身于泰迪熊产业的振兴。

2006 年 3 月 17 日，韩国首尔麻浦税务署出具社团法人证（非营利性非营利法人及国家机关等），编号：105-82-65696，社团名称：（社）韩国泰迪熊协会，代表人姓名：高某某，所在地：首尔特别市麻浦区东桥洞 147-7。注意事项：由于该社团法人证的赋予，并非根据民法其他特殊法赋予法人资格。从事营利事业时，应申请营业执照或者申请开始营利事业。

高某某作为代表的韩国泰迪熊协会（Teddy Bear Korea Organization）出具合作证明书，载明，天络行公司为韩国泰迪熊协会全球范围泰迪熊商品和推广

的独家合作伙伴,合作内容为泰迪珍藏系列卡通人物全球推广、泰迪熊文化全球推广,合作性质是独家合作伙伴关系,合作区域是全球范围,合作期限自2013年11月15日至2020年12月31日。

三、与韩国泰迪熊协会指控的侵权行为有关的事实

2015年9月14日,幽绒公司向上海市徐汇公证处申请保全证据公证,在公证员杜某、朱某某的监督下,幽绒公司的委托代理人张某操作公证处的计算机浏览网页并进行截屏打印。上海市徐汇公证处对此出具(2015)沪徐证经字第6755号公证书。韩国泰迪熊协会指控公证书中下列发布于2014年12月之后(即签订《中国境内泰迪熊License合约》之后)的内容侵权:1. 2015年5月29日,搜狐媒体平台发布来自美通社的稿件《泰迪珍藏品牌入驻中国两周年》,内容为"天络行(上海)品牌管理有限公司和全球著名韩国泰迪熊协会(K.T.A)于13年确认独家合作伙伴关系。韩国泰迪熊协会是韩国政府唯一认证并扶持的泰迪熊协会,13年携手天络行进中国市场以来,凭借韩国文化在中国的热潮,正确的品牌拓展策略,二年时间成功打开中国市场,带给消费者全新的360度的消费体验……泰迪珍藏将于8月在上海隆重举行二周年庆功发布会……"该报道后附有韩国泰迪熊协会(Teddy Bear Korea Organization)的《合作证明书》。2. 2015年1月21日,美通社发布题为《高露洁携手卡通品牌泰迪珍藏推出全新升级礼盒装》的报道,内容为"近日,高露洁携手知名卡通品牌泰迪珍藏推出冰爽劲白茉莉白茶和冰爽薄荷两款(120克2支装)全新升级包装组合……泰迪珍藏品牌全球版权所属于天络行(上海)品牌管理有限公司,该品牌是天络行与韩国泰迪熊协会合作并引进中国的卡通动漫品牌,目前在国内市场发展已经一年多……",文末显示消息来源:天络行。3. 2015年8月24日,微信公众号"救熊团"发布题为《开奖啦!!韩国Teddy Bear Collection定制的泰迪熊公仔,有你的份儿吗?》的报道,内容为"还记得之前2015公益影像大赛投票的转发抽奖吗?今天获奖名单终于要公布了,看看是哪位小伙伴这么幸运,能拿到韩国Teddy Bear Collection定制泰迪月熊公仔吧!……全球著名的韩国泰迪熊协会(K.T.A)下属的Teddy Bear Collection是泰迪熊的消费品牌,运用Teddy小熊和Angel小天使经典、可爱、高端的形象,设计出各款各具特色的衍生产品并深受世界各地人们的热爱。……最后衷心感谢大家的参与投票,也感谢Teddy Bear Collection的中国品牌管理与运营方天络行品牌管理有限公司。" 4. 2015年8月18日,微信公众号"授权中国"发布题为《【资讯】去广州与泰迪一起喝咖啡》的报道,内容为"中国首家正版泰迪咖啡馆于2015年8月16日在广州花城汇开业了!该咖啡馆是由佛山三友策划管理有限公司及天络行品牌管理有限公司斥巨资倾情投入。

打造咖啡馆的团队来自日本著名空间及平面设计师与韩国泰迪熊协会。……在韩国享有盛名的韩国泰迪熊协会高会长更是亲手制作了价值百万元的一组迷你咖啡馆手工泰迪熊及真人大小的泰迪熊,作为咖啡馆的镇店之宝……"文末显示投稿单位:天络行品牌管理。5. 2015年8月19日,微信公众号"Teddy Coffee泰迪咖啡"发布题为《【Teddy Coffee泰迪咖啡】》的报道,内容为"Teddy Coffee泰迪咖啡是由佛山三友策划管理有限公司及天络行品牌管理有限公司斥巨资倾情投入。打造咖啡馆的团队来自日本著名空间及平面设计师与韩国泰迪熊协会。中国首家正版泰迪咖啡馆于2015年8月16日在广州花城汇试营运了!……在韩国享有盛名的韩国泰迪熊协会高会长更是亲手制作了价值数十万元的一组迷你咖啡馆手工泰迪熊及真人大小的泰迪熊,作为咖啡馆的镇店之宝。"

一审法院另查明,韩国泰迪熊协会为本案支出公证费3000元。

一审法院认为,本案的争议焦点是:1. 韩国泰迪熊协会的中文和英文企业名称(包括英文企业名称简称)是否属于我国《反不正当竞争法》保护的企业名称;2. 天络行公司是否实施了擅自使用韩国泰迪熊协会企业名称的侵权行为;3. 天络行公司是否应当承担责任。

一审法院认为,现有证据不能证明韩国泰迪熊协会的企业名称已在中国进行商业使用,韩国泰迪熊协会的企业名称不能得到我国《反不正当竞争法》的保护。

首先,根据韩国泰迪熊协会提供的证据,在韩国首尔麻浦税务署登记的名为"韩国泰迪熊协会"的企业有两个,一个开业日期为1999年3月2日,注册号为105-03-62374,代表姓名Won Moung Hee,另一个开业日期为2015年6月1日,注册号为807-61-00023,代表姓名Lim Suyeon。虽然韩国泰迪熊协会陈述这两个企业实际为同一企业,只是换发了营业执照,可是从韩国泰迪熊协会提供的证据来看,两者的注册号、开业日期、代表姓名、营业场所、事业种类均不相同。

其次,韩国泰迪熊协会的营业执照中发照事由写明是新注册,韩国首尔麻浦税务署出具的公司注册证明中,代表法人为Lim Suyeon(林某某)的韩国泰迪熊协会(即原审原告)开业日期为2015年6月1日,注册日期为2015年5月13日,并未提及韩国泰迪熊协会曾经有过注册事宜变更的情况,韩国泰迪熊协会也不能提供其他类似公司注册变更事宜的证据证明两个企业之间主体的连续性。

再次,《最高人民法院关于审理不正当竞争民事案件应用法律若干问题的解释》第六条规定,在中国境内进行商业使用的外国(地区)企业名称,应当认定为反不正当竞争法第五条第三项规定的"企业名称"。因此，韩国泰迪熊协会的企业名称能否得到我国反不正当竞争法的保护，取决于其是否在中国境内进行商业使用：1. 韩国泰迪熊协会未提供证据证明其就英文名称缩写K. T. A 在中国境内进行了商业使用；2. 韩国泰迪熊协会提供的 2014 年 12 月 15 日签订的《中国境内泰迪熊 License 合约》，该合同相对人是幽绒公司与 Won Moung Hee（元某某）为代表的韩国泰迪熊协会，如前所述，此时以 Lim Suyeon（林某某）为代表的韩国泰迪熊协会（即原审原告）尚未成立；3. 韩国泰迪熊协会提供的有关商业宣传的公证书中，均记载进行商业宣传时到场的韩国泰迪熊协会会长是元某某，无法看出商业宣传中的主体是 Lim Suyeon（林某某）为代表的韩国泰迪熊协会（即原审原告）。故韩国泰迪熊协会无法证明其企业名称已在中国境内进行商业使用。

最后，韩国泰迪熊协会现在指控天络行公司侵权的网页公证内容均系案外人发布于 2014 年 12 月之后，而非天络行公司自行宣传。且根据天络行公司提供的证据，确实存在另一在韩国首尔麻浦税务署登记的，名为韩国泰迪熊协会的社团法人，其事业范围包括开展相关展览会、海外作家交流活动、发刊信息杂志及扩大提供内容等献身于泰迪熊产业的振兴。而天络行公司在 2013 年即与该社团法人韩国泰迪熊协会合作开发推广泰迪熊商品。故，即使韩国泰迪熊协会企业名称已经在中国境内进行商业使用，天络行公司也不构成擅自使用韩国泰迪熊协会企业名称。

综上，一审法院依照《中华人民共和国反不正当竞争法》第五条第三项、《中华人民共和国民事诉讼法》第六十四条第一款、《最高人民法院关于审理不正当竞争民事案件应用法律若干问题的解释》第六条第一款之规定，判决：驳回韩国泰迪熊协会的诉讼请求。一审案件受理费 2500 元，由韩国泰迪熊协会负担。

本院二审期间，韩国泰迪熊协会围绕上诉请求向本院提交了如下证据：1. 韩国泰迪熊协会元某某与天络行公司签订的《备忘录》，拟证明韩国泰迪熊协会在 2012 年 12 月 12 日开始在中国境内进行商业活动，曾与天络行公司合作过项目。2. 上海亚泽实业股份有限公司对天络行公司的反诉状及证据清单；(2016) 沪东证经字第 9141、9148 号《公证书》。拟证明 2012 年底上诉人在中国有商业活动，同时拟证明天络行公司以韩国泰迪熊协会的名称进行对外商业宣传与合作，存在侵犯韩国泰迪熊协会名称权情形，有案外人受到了天络行公司的商业欺诈。本院组织当事人进行了证据交换和质证。经质证，被上诉人认为上诉人提交的证据不属于二审程序中的新证据，但对《备忘录》、反诉状和《公证书》的真实性不持异议，被上诉人同时指出《备忘录》中提到双方跨界合作，所以 2012 年新闻媒体对此进行了报道；（2016）沪东证经字第 9148 号《公证书》的内容则是第三方对被上诉人与以元某某为代表的韩国泰迪熊协会的合作进行的阐述，也有提及被上诉人与以高某某为代表的韩国泰迪熊协会的合作；反诉状与（2016）沪东证经字第 9141 号《公证书》均与本案无关。本院的认证意见是：鉴于被上诉人认可《备忘录》和（2016）沪东证经字第 9148 号《公证书》的真实性，且该两份证据涉及与双方当事人争议焦点有关的事实，本院可予采纳；反诉状与（2016）沪东证经字第 9141 号《公证书》与本案无直接的关联性，故不作为定案证据予以采纳。

本院经审理查明：一审法院所认定的事实属实，本院予以确认。

另查明，2012 年 12 月 12 日，以 Won Moung Hee（元某某）为代表的韩国泰迪熊协会与被上诉人天络行公司签订了一份中英文版的《备忘录》，其中提及"中国明星与泰迪熊跨界合作""泰迪熊品牌大中国区推广合作"等，首部甲方处显示的英文和中文名称为 Korea Teddybear Association 和韩国泰迪熊协会。

腾讯网财经资讯频道于 2013 年 1 月 15 日发布来源于东方网的题为《正版 Teddy Bear Collection 进驻中国 已网络预售》一文，文中介绍"全球著名的韩国泰迪熊协会（K.T.A）及其营销伙伴天络行（上海）品牌管理有限公司今日宣布正式启动正版 Teddy Bear Collection 的网络销售……韩国泰迪熊协会会长、韩国泰迪之母元明姬女士说……"

再查明，上诉人韩国泰迪熊协会在一审时提交的由韩国首尔麻浦税务署于 2015 年 5 月 13 日出具的韩文版营业执照载明的代表姓名为임수연，其向一审法院同时提交的林某某护照上所显示的英文姓名为 Lim Suyoun，该英文姓名与上诉人提交的韩英文对照版注册证明原件上载明的英文姓名 Lim Suyeon 不一致，鉴于上述营业执照与注册证明上载明的韩国泰迪熊协会（한국테디베어협회）之代表韩文姓名相同，且两者载明的注册号相同，本院据此可以判断，上诉人在一审中提交的证据中出现的代表姓名임수연存在两种英文翻译 Lim Suyoun 和 Lim Suyeon，其对应的中文姓名均为林某某，即上诉人法定代表人。

经查阅一审案卷，上诉人韩国泰迪熊协会的一审起诉状诉讼请求数额为 10 万元损失和 1 万元公证费，一审法院据此预收了 2500 元一审案件受理费；上诉人于 2015 年 12 月 7 日一审法院组织的证据交换过程中，明确将原主张的 1 万元公证费变更为 3000 元。

本院认为，上诉人韩国泰迪熊协会系在韩国设立的主体，我国与韩国同为《保护工业产权巴黎公约》成员国，该公约第十条之二规定"本联盟各国必须对各该国国民保证给予取缔不正当竞争的有效保护"，故上诉人有权依照我国反不正当竞争法主张保护其企业名称。

根据双方当事人在二审中的诉辩意见,本案的主要争议焦点在于:一、现有证据能否证明上诉人主张的企业名称已在中国境内进行商业使用并应得到保护;二、被上诉人是否实施了擅自使用上诉人企业名称的不正当竞争行为,上诉人要求被上诉人承担相应侵权责任的诉请能否获得支持。

关于第一项争议焦点,本院认为,根据我国《反不正当竞争法》第五条第三项的规定,经营者不得擅自使用他人的企业名称,引人误认为是他人的商品;根据《最高人民法院关于审理不正当竞争民事案件应用法律若干问题的解释》第六条第一款的规定,在中国境内进行商业使用的外国企业名称,应当认定为反不正当竞争法第五条第三项规定的"企业名称"。因此,上诉人应对其主张保护的企业名称是否已在中国境内进行商业使用承担举证义务。纵观上诉人在本案中提交的证据,首先,上诉人分别提交了以元某某为代表的韩国泰迪熊协会和以林某某为代表的韩国泰迪熊协会的营业执照,并称两者系同一主体的延续,但上诉人并未举证证明以元某某为代表的韩国泰迪熊协会从设立开始至目前为止的登记状态,以及两者之间确实存在延续关系,亦未举证证明其对两者关系的陈述与韩国的主体登记规定相一致,本院据此难以采信上诉人有关两者系同一主体延续之主张,故在两者关系之证据尚不充分的情况下,以元某某为代表的韩国泰迪熊协会所进行的商业活动不能视作以林某某为代表的韩国泰迪熊协会的商业行为。其次,上诉人就企业名称在中国境内商业使用所提交的证据显示的宣传主体均为以元某某为会长的韩国泰迪熊协会,尽管上诉人在上诉理由中提出元某某现在仍为上诉人员工,是受托代表上诉人进行商业宣传,但一审已查明的事实表明,与幽绒公司签约的主体是以元某某为代表的韩国泰迪熊协会,而新浪地产网于2015年10月19日发布题为"韩国泰迪熊正式进入中国'TEDDY Star Show'即将开始"报道中未提及林某某,且介绍元某某的身份为"泰迪协会会长",但就该商业宣传,未能看出与上诉人的关系,且时间也晚于被控侵权行为的时间,另上诉人在二审中补充提交的证据所显示的2013年期间有关以元某某为代表的韩国泰迪熊协会所做的宣传,亦无法作为2015年5月13日才注册的上诉人对其企业名称进行商业使用的证据。可见,现有证据尚不足以证明以林某某为代表的上诉人主张的企业名称已在中国境内进行商业使用。

关于第二项争议焦点,本院认为,部分被控侵权报道后附有以高某某为代表的社团法人韩国泰迪熊协会的《合作证明书》,部分被控侵权报道提及"韩国泰迪熊协会高会长",由此可判断报道中所称韩国泰迪熊协会有别于以林某某为代表的韩国泰迪熊协会。需要指出的是,上诉人在二审中提交的《备忘录》表明,被上诉人天络行公司与以元某某为代表的韩国泰迪熊协会曾于

2012年洽谈过合作事宜，被上诉人应当知道在韩国存在不止一家韩国泰迪熊协会，故被上诉人应对涉及其与韩国泰迪熊协会合作相关的报道持谨慎态度，避免可能出现的侵权情形。本院注意到，在被控侵权报道中与韩国泰迪熊协会对应出现的英文简称是K.T.A，该英文简称明显与以高某某为代表的社团法人韩国泰迪熊协会的英文名称之简称不完全对应，而与有证据证明的以元某某为代表的韩国泰迪熊协会的英文简称相一致。尽管被上诉人辩称被控侵权报道非其自行发布，但对关于自己商业活动的宣传报道不作审核有悖常理，被上诉人天络行公司显然对报道中有关K.T.A的使用未尽到审慎的审查义务。但基于前述对于权利主体的分析，即便该行为可能构成不正当竞争，也应由有证据证明企业名称在中国境内已进行商业使用的以元某某为代表的韩国泰迪熊协会主张相关权利，上诉人要求被上诉人承担相应侵权责任的诉请，因缺乏权利基础难以获得支持。

此外，鉴于上诉人韩国泰迪熊协会在一审证据交换时已变更一审诉讼请求，根据《诉讼费用交纳办法》第二十一条第二项"当事人在法庭调查终结前提出减少诉讼请求数额的，按照减少后的诉讼请求计算退还"的规定，本院对一审案件受理费作相应调整。

综上所述，上诉人韩国泰迪熊协会的上诉请求不能成立，应予驳回；一审判决认定事实清楚，适用法律正确，应予维持。依照《中华人民共和国民事诉讼法》第一百七十条第一款第一项规定，判决如下：

驳回上诉，维持原判。

一审案件受理费人民币2360元、二审案件受理费人民币2360元，均由上诉人韩国泰迪熊协会负担。

本判决为终审判决。

审　判　长　王秋良
审　判　员　陈惠珍
审　判　员　刘　静
二〇一六年十月二十七日
书　记　员　曾　旭

附：相关的法律条文

《中华人民共和国民事诉讼法》

第一百七十条 第二审人民法院对上诉案件，经过审理，按照下列情形，分别处理：

（一）原判决、裁定认定事实清楚，适用法律正确的，以判决、裁定方式驳回上诉，维持原判决、裁定；

……

15. 上海聚力传媒技术有限公司诉上海大摩网络科技有限公司其他不正当竞争纠纷上诉案

上海知识产权法院
民事判决书

（2016）沪73民终34号

上诉人（原审被告）：上海大摩网络科技有限公司。
法定代表人：石某某，总经理。
委托代理人：龚某某，上海环绮律师事务所律师。
被上诉人（原审原告）：上海聚力传媒技术有限公司。
法定代表人：范某某，董事长。
委托代理人：杨某，浙江秉格律师事务所律师。
委托代理人：唐某某，浙江秉格律师事务所律师。

上诉人上海大摩网络科技有限公司（以下简称"大摩公司"）为与被上诉人上海聚力传媒技术有限公司（以下简称"聚力公司"）其他不正当竞争纠纷一案，不服上海市闵行区人民法院（2015）闵民三（知）初字第637号民事判决，向本院提出上诉。本院受理后，依法组成合议庭，于2016年3月4日公开开庭进行了审理，上诉人大摩公司的委托代理人龚某某，被上诉人聚力公司委托代理人杨某、唐某某到庭参加了诉讼。本案现已审理终结。

聚力公司原审诉称：2014年9月23日，聚力公司通过公证方式固定证据，证明大摩公司经营的应用"Adsafe"净网大师软件通过技术手段恶意拦截聚力公司所经营PPTV聚力网站的合法广告，包括网页广告和视频节目前播放的视频广告，侵害了聚力公司及其广告客户的正当权益。同时，大摩公司利用前述拦截广告的手段吸引了海量用户进行下载使用，获得不法收益。大摩公司主观恶意，积极、持续地诱导用户使用该拦截功能，破坏了业内通用的商业模式，已经构成了不正当竞争。聚力公司对其网站的资源整合及客户广告的投放都花费了巨大的人力、物力，同时，大摩公司经营的"Adsafe"净网大师软件的传播影响范围广、持续时间长，大摩公司的行为已严重破坏了行业模式，也严重侵害了聚力公司的合法权益。故聚力公司提起诉讼，要求大摩公司：

1. 立即停止不正当竞争行为,即立即停止通过"Adsafe"净网大师软件跳过聚力公司经营的PPTV聚力网站上投放的网页广告和播放的视频广告的行为;
2. 赔偿聚力公司经济损失17万元(以下币种均为人民币)及合理费用3万元。

大摩公司原审辩称:不同意聚力公司的所有诉讼请求。大摩公司研发、运行、管理维护和向用户提供安装使用的"Adsafe"净网大师软件,并非针对聚力公司开发,均非以损害他人权益和谋求不正当商业利益为目的,而是提供尽可能便利消费者选择和更好地满足消费者需求的中立性技术工具,至于是否安装、如何使用,最终均由用户决定,其运行是基于用户选择的结果,所以大摩公司仅提供涉诉软件,未实施屏蔽网页广告和跳过视频广告的行为。即使聚力公司因用户使用涉诉软件而产生收益的下降,但聚力公司"免费+广告"的经营模式仅为一种商业模式,不属于受法律保护的法定利益,而是市场发展、用户自行选择的结果。另外,用户也有拒绝看广告的权利。因此,大摩公司向用户提供涉诉软件不构成不正当竞争的行为。另外,聚力公司未提供证据证明其损失及大摩公司的获利,聚力公司亦未提供合理开支的相应证据,结合涉诉软件上线时间短、影响力小,且实际上并未对聚力公司的广告收益造成影响,因此不同意承担赔偿责任。

原审法院经审理查明:聚力公司成立于2005年,经营范围主要为:开发、销售信息网络传媒应用软件,计算机网络领域内的技术开发、技术转让、技术咨询、技术服务及相关产品、办公用品、日用百货的销售,设计、制作各类广告,利用自有媒体发布广告等。(涉及行政许可的,凭许可证经营)

PPTV聚力网站,首页网址www.pptv.com,网站备案号沪ICP备09010723号-6,由聚力公司经营,并取得了0908250号网络视听许可证、(沪)B2-20070038号和B2-20120294网络文化经营许可证、沪网文(2013)0361-037号营业执照。其主要向网络用户提供视频播放服务,网站列有直播、电影、电视剧、动画、综艺、热点、体育等栏目,在业内取得了较好的业绩。

大摩公司成立于2012年,经营范围主要为计算机软硬件设计、开发、安装、维修(除计算机信息系统安全专用产品),计算机信息系统集成,计算机网络工程施工等。大摩公司注册登记了一家网站(首页网址www.ad-safe.com),并研发了一款"广告管家"软件,大摩公司运营该网站,并向用户提供免费下载该软件的服务。后大摩公司将"广告管家"软件更名为"AD-Safe"净网大师软件,该软件著作权归大摩公司所有。

原审庭审中,大摩公司陈述,涉诉软件最初仅具有"过滤不良信息"和"逛网站无骚扰"两项功能,后开发升级了"看视频不等待"的功能。大摩公司电脑版具有"看视频不等待"功能的软件是在2014年8月15日上线的。大摩公司不时升级涉诉软件版本,但主要功能没有改变。

2014年9月23日,聚力公司的转代理人胡某某向浙江省杭州市钱塘公证处申请办理保全证据公证。公证申请受理后,在公证员潘伟珠与该处工作人员郑凌监督下,聚力公司的转代理人胡某某于2014年9月23日在公证处使用公证处所有的电脑和网络进行相关保全证据的操作,由公证员使用公证处刻录设备刻录光盘一份。

首先下载安装了"360杀毒"软件(勾选"从不拦截"项),后进入聚力公司PPTV聚力网站(网址www.pptv.com)页面。网站首页投放了"蚕丝棒""安居客"等广告。聚力公司转代理人点击"电视剧",进入相关页面后分别点击播放"热播电视剧"下的"势不两立""最爱你""爱的保镖"图标后,先播放了一段约60秒的视频广告,其后播放相关电视剧的视频节目。聚力公司转代理人分别点击播放"热播电视剧"下"憨妻的都市日记""国务卿女士""马向阳下乡记""油菜花香""当家大掌柜"图标,点击视频广告播放框右上角的"跳过广告",跳出"无广告才能看得爽"框,框内有两个选项:一是加入尊贵VIP(每月9.80元);二是开通去广告(每月7元)。分别点击"立即开通"通过支付宝支付相关款项后(有每月、季度、半年和年度等选择),直接播放视频节目,不再播放视频广告。

其后,聚力公司转代理人点击"电影",进入相关页面后分别点击播放"最近热播"下的"心咒""我的大旧横财""猫:看见死亡的双眼"图标后,点击视频广告播放框右上角的"跳过广告",跳出"无广告才能看得爽"框,框内有两个选项:一是加入尊贵VIP(每月9.80元);二是开通去广告(每月7元)。对两个选项分别点击"立即开通"通过支付宝支付相关款项后(有每月、季度、半年和年度等选择),直接播放视频节目,不再播放视频广告。聚力公司转代理人分别点击播放"最近热播"下的"胡萝卜小姐""诗""第36个故事"图标后,先播放了一段约60秒的视频广告,其后播放相关电影的视频节目。然后,聚力公司代理人进入www.ad-safe.com网站,从网站上下载安装了"adsafe.v3.5.1.910-16.exe"净网大师软件。安装过程中,"不良信息过滤"功能自动默认勾选,"看视频不等待""逛网站无骚扰"功能由用户决定是否勾选使用。聚力公司代理人同时勾选开启了"逛网站无骚扰"和"看视频不等待"功能,再次访问了聚力公司PPTV聚力网站,网站首页上相关的商业广告已不再显示。点击"电视剧",进入相关页面后点击播放"热播电视剧",分别点击播放与上述相同的"势不两立""憨妻的都市日记""国务卿女士""马向阳下乡记""油菜花香""当家大掌柜""最爱你""爱的保镖"

图标后,直接播放相关视频节目,而在先播放的时长约60秒的相关视频广告予以跳过,不再播放。接着,聚力公司转代理人点击"电影",进入相关页面后分别点击播放"最近热播"下的与上述相同的"心咒""我的大旧横财""猫:看见死亡的双眼""胡萝卜小姐""诗"和"第36个故事"图标后,直接播放相关视频节目,而在先播放的时长约60秒的相关视频广告予以跳过,不再播放。

原审法院另查明,大摩公司涉诉软件是一款全方位智能广告拦截软件,该软件拥有超强的软件广告位、窗体广告、网页广告拦截功能,能屏蔽视频片头广告、拦截恶意广告、广告代码等,营造清静安全的上网空间。大摩公司网站首页,左上方显示:ADSafe 净网大师。右上方显示:"ADSafe 广告管家正式更名 ADSafe 净网大师",并提供"ADSafe"净网大师软件下载。下载安装该软件时,页面显示:"使用本软件请遵守互联网使用道德,请勿侵犯他人知识产权或其他一切权利。"用户可自主下载使用该软件。

"ADSafe"净网大师软件的宣传语为"干净的感觉真好",www.ad-safe.com 网站首页介绍了软件的三大内容:"不良信息过滤""逛网站无骚扰"和"看视频不等待"。"不良信息过滤"的功能:开启独有的过滤功能后,通过浏览器上网,一切钓鱼、木马、欺诈信息以及不适合青少年浏览的内容都会被过滤掉,防止用户信息泄露,保护网络安全。"逛网站无骚扰"的功能:能够清除常见的对联、软件恶意弹窗等顽固骚扰的屏蔽,保护上网隐私,让用户轻松拥有清爽页面。"看视频不等待"的功能:可以跳过30秒、60秒、90秒的视频等待,杜绝一切干扰。为了照顾高级用户的需求,"ADSafe"净网大师软件还提供详细的自定义过滤设置(添加规则源),支持 Win8.1 系统和全平台 IE11 浏览器广告过滤。

聚力公司经营其视频分享网站,为电影、电视剧等视频节目购买版权,为此花费大量资金,并为带宽、推广宣传等项目支出费用。经营收入来源模式主要有两种:一是在网站页面投放商业广告和在播放视频节目之前设置播放商业广告,收取广告费用;二是用户付费观看无视频广告的视频节目,即用户支付费用加入聚力公司尊贵 VIP(每月9.80元)或开通去广告(每月7元)观看无视频广告的视频节目。

聚力公司原审庭审中陈述其 PPTV 聚力网站视频节目及视频广告的播放机制:当用户点击视频播放页面时,页面中会加载一个主播放器,该主播放器分为两个部分,一为视频广告播放器,另一为视频节目播放器;具体过程为用户点击播放视频节目后浏览器加载页面中的主播放器,主播放器加载广告播放器后,广告播放器向服务器请求广告数据,广告播放器获得广告数据后,根据获取的数据链接广告内容开始播放广告,广告播放完毕后向主播放器发送播放完毕的信号,主播放器收到广告播放完毕的信号后加载视频节目播放器开始播放视频节目。

大摩公司原审庭审中陈述"ADSafe"净网大师软件"看视频不等待"功能的运行原理如下:用户点击视频后会产生网络数据处理层,由于用户安装了大摩公司软件并且选择使用了"看视频不等待"的功能,就会对相关视频节目请求中的广告数据请求阻止答复,从而实现了跳过视频广告,在用户设备上不呈现广告,而对视频节目播放请求予以答复,从而令相关视频在用户设备上予以展示。

原审法院认为,本案双方当事人争议的焦点在于:一是聚力公司主要通过"免费+广告"、付费看无广告视频节目的经营模式是否正当,是否具有法定利益应给予法律保护;二是大摩公司运营的"Adsafe"净网大师软件,是否系大摩公司基于公共利益研发的中立性技术工具,若不是,则是否构成侵权。

原审法院认为,聚力公司运营其 PPTV 聚力视频分享网站的经营模式,未有悖法律规定之处,虽无法定利益,但相对于消费者,产生约定利益。聚力公司网站主要是视频分享网站,经营模式为:聚力公司购买影视剧版权后,主要通过两种方式向用户提供影视剧视频服务,一是付费点播观看无视频广告的视频节目;二是简称的"免费+广告"的播放方式,即在用户观看影视剧视频节目前先播放一段时长一般约 60 秒的用户不能关闭也不能快进的广告。相关影视剧视频知名度越高,聚力公司购买版权的费用越高,其播放点击量越大,聚力公司向广告主收取的广告费用越高。既然聚力公司运营其网站系商业营利性质,则其花大量资金购买影视剧版权在其网站上播放,则以经营为基础,网络用户相对聚力公司来说是消费者,聚力公司不可能给予其消费者无限量的"免费午餐"。聚力公司向用户提供的付费和"免费+广告"两种点播视频节目的选择,用户实际上都是需要付出对价的,前者对价是金钱,而后者是观看视频广告的时间,用户选择后者对于聚力公司来说也将产生收益,即向广告主收取广告费用。聚力公司提供的两种选择,实际上是向不特定的用户发出的两种不同内容的要约,用户一旦选择其一进行点播,实际为承诺,双方达成一致意思表示,用户点播后即对双方产生约束力。其间,聚力公司遵循意思自治原则,用户完全可自主选择,当然用户也可以不选择。《互联网终端软件服务行业自律公约》第十九条规定:除恶意广告外,不得针对特定信息服务提供商拦截、屏蔽其合法信息内容及页面;恶意广告包括频繁弹出的对用户造成干扰的广告类信息以及不提供关闭方式的漂浮广告、弹窗广告、视窗广告等。聚力公司投放的商业广告,明显有别于恶意广告等非法内容,大摩公司亦未举证证明其具有黄、赌、暴等不合法情况。聚力公司向用户推出"免费+广告"观看视频节目，仅是聚力公司一种营销手段，是聚力公司与消费者之间为适应网络环境而逐渐形成的提供服务和消费的有效便捷办法，聚力公司这种经营模式没有法律规定要明确加以保护，非聚力公司所独享，确实没有法定利益。但是它也没有违背法律规定，用户一旦选择"免费+广告"方式观看视频节目，实应视为用户与聚力公司达成了一份观看视频节目的协议，双方当受约束，基于该模式聚力公司与用户产生的约定利益，他人不得损害。

"Adsafe"净网大师软件功能跳过PPTV聚力网视频广告是否具有不当性的问题，大摩公司确认涉诉软件具有跳过视频广告的功能，但认为，涉诉软件最终由用户决定安装使用，其运行是基于用户选择的结果，故大摩公司仅提供涉诉软件，未实施跳过视频广告的行为。大摩公司也并非针对聚力公司开发涉诉软件，非以损害他人权益和谋求不正当商业利益为目的，目的是尽可能向网络用户提供更好的满足消费需求的中立性技术工具，故不构成不正当竞争行为。原审法院认为，不正当竞争是指经营者违反《中华人民共和国反不正当竞争法》（以下简称《反不正当竞争法》）规定，损害其他经营者的合法权益，扰乱社会经济秩序的行为。从事商品经营或者营利性服务的经营者在市场交易中，应当遵循自愿、平等、公平、诚实信用的原则，遵守公认的商业道德。因此，构成不正当竞争行为，首先，其主体是具有竞争关系的从事商品经营和营利性服务的经营者。其次，其为一种市场竞争行为，其竞争目的是意图获取竞争优势或破坏他人竞争优势，并为此实施了相关的行为。再次，行为人的竞争行为具有不当性，违反了自愿、平等、公平和诚实信用的原则和公认的商业道德。最后，这种不正当竞争行为损害了其他经营者的合法权益，扰乱了经济秩序。

本案中，第一，聚力公司与大摩公司具有竞争关系。聚力公司、大摩公司都是市场经营主体，经营公司当然具有营利性。大摩公司关于其基于公益研发运营涉诉软件，免费提供给用户下载使用的辩称，原审法院认为，本案涉诉软件，跳过的是聚力公司正常经营的视频广告，大摩公司亦未提供证据证明其视频广告的非法性，故大摩公司此辩称原审法院不予采纳。营利的方式多种多样，有直观的眼前的利益，也有长远的利益。大摩公司投入人力物力研发涉诉软件，运营网站先期投入资金，免费向用户提供，目的就是吸引用户下载，集聚人气、提高网站知名度来提升网站价值。因此，大摩公司研发运营涉诉软件，当然具有营利性。营利不等于赢利，故大摩公司辩称的其经营涉诉软件没有获利的意见，原审法院不予采纳。另外，聚力公司、大摩公司经营的业务具有利用和被利用关系。聚力公司、大摩公司都是通过网络运营，向用户提供不同的网络服务内容，聚力公司经营视频分享网站，大摩公司通过网络运营其研发的涉诉软件，但大摩公司涉诉软件"看视频不等待"功能针对的目标对象是不特定的落入其运行原理的视频分享网站，大摩公司利用如聚力公司的视频分享网站运营涉诉软件，如果没有如聚力公司的视频分享网站，则大摩公司运营的涉诉软件"看视频不等待"功能成为无本之木、无源之水，不存在运营的基础和价值意义。因此，聚力公司、大摩公司虽然向用户提供的服务不相同，但两者相关联，大摩公司运营的涉诉软件势必影响聚力公司网站的经营，且聚力公司、大摩公司对此未提出异议，故原审法院认定聚力公司、大摩公司之间的竞争关系。

第二，大摩公司主观上明知或应知研发运营涉诉软件必然影响他人视频分享网站的正常经营。大摩公司研发的涉诉软件"看视频不等待"功能，该功能主要是跳过播放视频节目之前的视频广告，因此，各视频网站包括目前各家知名的大型视频分享网站，只要视频节目和视频广告的播放原理落入大摩公司涉诉软件"看视频不等待"运行原理，用户均可下载大摩公司涉诉软件跳过相关视频网站的视频广告。大摩公司研发涉诉软件功能时应当知道用户下载使用涉诉软件"看视频不等待"功能将对各大视频分享网站造成的影响。大摩公司研发的软件，不排除其过滤不良信息、恶意广告等内容，但"看视频不等待"功能，主要针对的是视频分享网站的正常播放的商业视频广告，大摩公司在研发推出该功能时应当预见到。

第三，大摩公司研发运营的涉诉软件具有不当性，违背了公平竞争和诚实信用的商业道德，损害了不特定的与聚力公司一样播放视频节目和视频广告的视频分享网站。聚力公司"免费+广告"的经营方式，是聚力公司正常的经营活动，如果正如大摩公司所称聚力公司的视频广告时间长或广告质量不高，则应由优胜劣汰的市场竞争机制来调节，但大摩公司无权干涉聚力公司正当的经营行为。同时，聚力公司向用户提供两种方案选择，有利于不同层面用户的需求，愿付费的，直接付费观看无广告的视频节目，愿以时间为对价的，则观看一段视频广告来获取观看视频节目的机会。大摩公司通过"看视频不等待"功能，使大摩公司涉诉软件受到网络用户的青睐，但影响了聚力公司PPTV聚力网站的视频广告播放量。同时因使用了涉诉软件可直接观看视频节目，用户若知道该软件，一般不会再选择付费观看无广告的视频节目。因此，用户下载使用涉诉软件后将严重损害聚力公司的合法利益。另外，涉诉软件的"看视频不等待"功能，将损害消费者利益和公共利益。涉诉软件"看视频不等待"功能，貌似对用户有利，用户可不用付费直接观看在之前不带有视频广告的视频节目，但从长远来看，视频分享网站因收益受到严重影响，将无法承受购买播放视频节目版权费用，在无利可赚的情况下，将无人去经营视频分享网站，最终损害了视频分享网站和广大视频消费者的利益。因此，大摩公司研发运营涉诉软件的"看视频不等待"功能，违背了诚实信用原则，为利己采取不正当手段而损他人之利。

关于大摩公司提出的涉诉软件仅向不特定用户提供中立性技术工具之辩称，原审法院认为，互联网技术蓬勃发展，日新月异，竞争激烈。任何事物都有正反两面性，技术也不例外，其本身并无善恶之分。任何一项技术均可能被用于合法的、不受争议的用途，但也可能用于非法之途，侵犯他人权益。但技术有别于一般的自然物，它是人类利用自然规律的成果，某种程度上体现了技术开发者或技术提供者的意图。技术开发者或技术提供者在开发时或提供时知道或者应当知道其产品可能被用于侵权，但不会因为该技术可能或实际上被用作侵权工具而直接被要求承担侵权责任，只有能够证明其为了自身的利益，教唆他人并为他人实施侵权行为提供便利的，才应承担侵权责任，除非他能够证明其主观上没有教唆或引诱他人侵权的故意。

不仅聚力公司，也有其他使用与聚力公司网站相同原理进行运营的视频网站，大摩公司研发运营涉诉软件不一定针对聚力公司网站。使用了涉诉软件"看视频不等待"功能，不仅使聚力公司也使其他运用与聚力公司网站相同原理的网站的视频广告被跳过。但聚力公司的网络用户一旦下载使用了涉诉软件，则涉诉软件将聚力公司与大摩公司形成了特定的、具体的关系，且是损害与被损害的侵权关系，因此，聚力公司提起本诉，要求大摩公司赔偿损害，是适格的诉讼主体。

教唆、帮助他人实施侵权行为的，应当与行为人承担连带责任。教唆是指利用言语对他人进行开导、说服或通过刺激、利诱、怂恿等行为，最终促使被教唆人接受教唆人的意图，进而实施某种加害行为。帮助是指通过提供、指示目标或以言语激励等方式从物质上或精神上帮助实施加害行为。本案中，大摩公司研发了"ADSafe"净网大师软件，并进行商业化经营，如果下载使用的用户越多，其商业价值越高。大摩公司通过其网站仅向用户提供下载服务，而真正发挥该软件功能必须有用户的下载使用行为。通常情况下，视频分享网站由用户付出播放视频广告的时间或支付金钱作为对价来观看视频节目，而对用户来说，其付出时间或金钱的对价当然越少越好，甚至不付出对价。大摩公司正是抓住了用户的如此心态研发推出了涉诉软件"看视频不等待"的功能。为了引诱用户，大摩公司对该功能作了"可以跳过30秒、60秒、90秒的视频等待，杜绝一切干扰"的广告宣传，并通过免费下载、用户可添加规则源等手段利诱用户下载使用。用户既不愿等待播放视频广告的时间，也不愿付费，而直接欲观看视频节目的，聚力公司通常不会接受。现大摩公司帮助用户强行实现其该意图，直接违背了聚力公司的意愿。因此，大摩公司为了自身利益，利用用户的侵权意图，利诱用户下载使用涉诉软件，帮助用户为了一己之利，实施了损害聚力公司合法利益的行为，应当承担侵权责任。关于大摩公司主张的涉诉软件页面显示："使用本软件请遵守互联网使用道德，请勿侵犯他人知识产权或其他一切权利"，其已尽到向用户提醒义务的辩称，原审法院认为，大摩公司明知一旦用户下载使用了其涉诉软件，必然有损他人的合法权益，其如此之举显属欲盖弥彰，其辩称原审法院不予采纳。

综上，大摩公司违背公认的商业道德，损害聚力公司之合法利益而为自己获益，属不正当竞争行为。大摩公司通过其网站向用户提供下载服务，用户下载使用后致使聚力公司网页广告被屏蔽和视频广告被跳过，侵权行为持续至今，应当立即停止。

关于赔偿金额，聚力公司、大摩公司未提供其实际受损或大摩公司实际获益的证据，聚力公司要求大摩公司赔偿经济损失20万元，缺乏依据，原审法院难以支持。原审法院综合考虑大摩公司主观过错、侵权行为严重程度、侵权行为持续时间、双方市场地位等因素酌定10万元。聚力公司主张合理费用，但未提供相应的证据，但考虑聚力公司确实进行了证据保全公证，为诉讼维权聘请了律师，故原审法院参考公证收费标准、律师服务相关收费标准及聚力公司律师工作量、案件难易程度等因素酌定2万元。据此，原审法院依照《中华人民共和国反不正当竞争法》第二条、第二十条、《中华人民共和国侵权责任法》第九条第一款、第十五条第一款第一、六项之规定，作出如下判决：一、大摩公司于判决生效之日起立即停止不正当竞争行为，即立即停止通过运营"Adsafe"净网大师软件屏蔽聚力公司在PPTV聚力网站上投放的网页广告和跳过聚力公司在PPTV聚力网站上播放的视频广告的行为；二、大摩公司于判决生效之日起十日内赔偿聚力公司经济损失100000元及合理开支20000元。一审案件受理费4300元，由大摩公司负担。

原审判决后，大摩公司不服判决，向本院提起上诉。

上诉人大摩公司上诉称：一、聚力公司以"广告+免费视频"的商业模式运营视频分享网站，虽有其存在的合理性，但商业模式并非法律所保护的法定和约定权益。网络用户选择"ADsafe"净网大师软件达到不看广告的目的，是一种正常的市场行为，不应通过法律手段予以干涉。二、大摩公司研发运营的"ADsafe"净网大师软件，是一种中立的技术工具，不针对任何一家特定的视频网站，并未破坏或阻却网站向不特定用户发布广告，只是基于用户自主选择实现不看广告的合法目的。虽然存在使聚力公司相关广告收益下降的可能，但不能以此反推大摩公司违反商业道德，进而认定构成不正当竞争行为。

三、在聚力公司未提供证据证明其存在损失，亦未提供证据证明大摩公司获利的情况下，原审判决大摩公司承担经济损失100000元和合理费用20000元，缺乏依据。据此，请求本院撤销原审判决，依法改判驳回聚力公司在原审的全部诉讼请求。

被上诉人聚力公司辩称：一、聚力公司采取的"广告+免费视频"的经营模式，符合目前法律规定，应受到《反不正当竞争法》的保护。二、大摩公司经营的涉案软件所涉及的去广告功能侵害了聚力公司的正常经营模式，构成了不正当竞争。三、原审法院综合案件具体情况和合理费用支出的情况，确定赔偿数额合法有据。请求本院驳回大摩公司的上诉请求，维持原审判决。

经审理查明，原审法院认定事实属实，本院予以确认。

本院认为，综合当事人的诉辩主张和本院查明的事实，本案的争议焦点为：一、大摩公司运营提供具有屏蔽跳过聚力公司网站广告的涉案软件的行为是否构成不正当竞争；二、原审判决的赔偿数额是否恰当。

一、大摩公司运营提供具有屏蔽跳过聚力公司网站广告的涉案软件的行为是否构成不正当竞争

大摩公司认为，涉案软件是一种中立的技术工具，并不针对特定的视频网站而开发，而是根据用户的选择才实现不看广告的目的。其对"逛网站无骚扰"和"看视频不等待"功能的描述，属于客观陈述，并未诋毁聚力公司网站或扩大收看广告的不利面，原审法院将此认定为"利诱""教唆"用户实施"侵权行为"错误。虽然，上述去广告功能存在使聚力公司广告收益下降的可能，但不能反推大摩公司违反诚实信用原则和商业道德，构成不正当竞争。聚力公司商业模式的存在虽具有合理性，但商业模式并非《反不正当竞争法》保护的法定权益，不应通过扩大适用《反不正当竞争法》予以保护。

聚力公司认为，技术虽然是中立的，但基于技术的行为不一定是中立的。大摩公司不仅开发了涉案软件的去广告功能，还向用户推广该功能，诱使帮助聚力公司用户下载使用该功能，给聚力公司造成了经济损失，破坏聚力公司的正常经营，构成了不正当竞争。聚力公司采取的"广告+免费视频"以及在其网站上投放网页广告的商业模式，符合目前法律规定，应受到《反不正当竞争法》的保护。大摩公司涉案软件去广告功能的实现违背诚实信用原则和公认的商业道德，破坏了聚力公司的正常经营活动，构成不正当竞争。

本院认为，《反不正当竞争法》第二条规定，经营者在市场交易中，应当遵循自愿、平等、公平、诚实信用原则，遵守公认的商业道德。违反本法规定，损害其他经营者的合法权益，扰乱社会经济秩序的行为属于不正当竞争。该条规定是判定竞争行为是否正当的基本原则，在被诉行为不属于《反不正

当竞争法》第二章规定的具体不正当竞争行为又违反诚实信用原则和公认的商业道德,损害其他经营者合法权益时,被侵权人可以请求依据该原则条款予以救济。本案中被诉行为不属于《反不正当竞争法》第二章列举的具体的不正当竞争行为,也不是其他法律可以救济的侵权行为,认定大摩公司的行为是否构成不正当竞争行为的关键在于其是否违反了诚实信用原则和公认的商业道德,并损害了聚力公司的合法权益。

市场经济是在公平有序基础上的多元化经济,经营者有自由选择商业模式的权利。本案中,聚力公司在综合用户需求和谋求自身商业利益的情况下,依托"广告+免费视频"为主的商业模式展开经营活动,即用户通过观看片前广告获得免费视频的观看,聚力公司则通过广告点击量等获取商业利益。同时,聚力公司还在其网站上投放网页广告谋取商业利益。聚力公司的上述商业模式并不违反《反不正当竞争法》的基本原则和法律禁止性的规定,其采用上述商业模式谋求商业利益的行为,应受到《反不正当竞争法》的保护。需要指出的是,依据《反不正当竞争法》所保护的是聚力公司依托上述商业模式进行经营活动所获取的合法权益,并非商业模式本身。

市场经济鼓励自由竞争,但竞争必须是经营者通过付出自己的劳动而进行的正当的竞争。如果经营者不当利用他人已经取得的市场成果来谋求自身竞争优势,则为不正当竞争。本案中,聚力公司依托"广告+免费视频"和提供网页广告的商业模式,通过多年的经营活动,拥有了一定数量的用户。用户数量影响广告投放量,用户数量决定广告播放量,而广告的播放量直接影响聚力公司的商业利益。因此,用户是聚力公司谋求竞争优势的基石。根据本案查明的事实,涉案软件的"逛网站无骚扰""看视频不等待"功能针对的是落入其运行原理的包括聚力公司在内的视频分享网站,当用户下载涉案软件使用其"逛网站无骚扰""看视频不等待"功能浏览网页或观看视频时,涉案软件会屏蔽聚力公司的网页广告或跳过视频前广告直接播放视频,用户在得到聚力公司提供的服务时,聚力公司却不能取得相应的收益。涉案软件"逛网站无骚扰""看视频不等待"功能的目标用户包括聚力公司用户,作为涉案软件的运营提供商大摩公司,明知涉案软件的上述功能会直接损害聚力公司的商业利益,仍通过宣传涉案软件的上述功能,利用用户存在的既不愿支付时间成本也不愿支付金钱成本的消费心理,推销涉案软件,目的在于依托聚力公司多年经营所取得的用户群,为大摩公司增加市场交易机会,取得市场竞争的优势,其行为本质属于不当利用他人市场成果、损害他人合法权益来谋求自身竞争优势,因此,原审法院认定大摩公司违反诚实信用原则和公认商业道德,构成不正当竞争并无不当。

关于大摩公司提出的技术中立的上诉理由，本院认为，技术本身是中立的，但中立的技术仍可以成为不正当竞争的工具。本案并不对被诉行为所涉的技术原理做法律评判，评价的是大摩公司对技术的使用是否具有正当性，是否构成不正当竞争。故对大摩公司提出的技术中立的上诉意见不予采信。

关于大摩公司提出其没有教唆、帮助聚力公司用户实施下载使用涉案软件"逛网站无骚扰""看视频不等待"功能，不构成侵权的上诉理由，本院认为，涉案软件"逛网站无骚扰""看视频不等待"功能，确需聚力公司用户下载安装并运行才能实现，但由于大摩公司系不当利用用户消费心理，通过对上述功能的宣传，唆使、帮助聚力公司用户违背与聚力公司达成的观看一定时长的广告即可免费观看视频的约定，为自己谋取商业机会从而取得竞争优势，因此，原审法院认定大摩公司引诱、帮助用户实施侵权行为，并无不当，故对大摩公司的上诉理由，不予采纳。

二、原审判决赔偿数额是否恰当

大摩公司认为，在聚力公司未提供证据证明其存在损失，亦未提供证据证明涉案软件的获利，原审判决大摩公司承担的经济损失和合理费用过高，缺乏事实和法律依据。

聚力公司认为，大摩公司涉案软件具有的去广告功能，使其广告收益遭受了损失。其为维权聘请律师参与了诉讼，也为取证支付了公证费，大摩公司对其经济损失应承担赔偿责任，原审判决并无不当。

本院认为，聚力公司依托广告投放来谋取商业利益，大摩公司运营并供用户下载运行的涉案软件的"逛网站无骚扰""看视频不等待"功能，损害了聚力公司的商业利益。同时，聚力公司为本案诉讼亦实际支付了律师费、公证费等合理费用，由于聚力公司未提供证据证明其所受损失以及大摩公司的获利，原审法院综合考虑大摩公司主观过错、侵权行为的严重程度、持续时间、双方市场地位、律师工作量、案件难易程度、律师服务相关收费标准和公证费用等因素，酌情判决大摩公司赔偿聚力公司经济损失和合理费用，并无不当。故对大摩公司提出的赔偿数额过高的上诉理由，本院不予采信。原审法院对赔偿数额的判定，并无不当，本院予以维持。

综上，原审法院认定事实清楚，适用法律正确，原审判决应予维持。上诉人的上诉请求及其理由缺乏事实和法律依据，应予驳回。据此，依照《中华人民共和国民事诉讼法》第一百七十条第一款第一项、第一百七十五条之规定，判决如下：

驳回上诉，维持原判。

二审案件受理费人民币2700元，由上诉人上海大摩网络科技有限公司负担。

本判决为终审判决。

审 判 长　陈惠珍
审 判 员　吴盈喆
审 判 员　杨 韡
二〇一六年七月十五日
书 记 员　曾 旭

附：相关的法律条文

《中华人民共和国民事诉讼法》

第一百七十条　第二审人民法院对上诉案件，经过审理，按照下列情形，分别处理：

（一）原判决、裁定认定事实清楚，适用法律正确的，以判决、裁定方式驳回上诉，维持原判决、裁定；

……

第一百七十五条　第二审人民法院的判决、裁定，是终审的判决、裁定。

16. 厦门中鲁石油有限公司诉露西润滑油（上海）有限公司不正当竞争纠纷上诉案

上海知识产权法院
民事判决书

（2015）沪知民终字第304号

上诉人（原审被告）：露西润滑油（上海）有限公司。
法定代表人：桑某某，执行董事。
委托代理人：马某某，上海市协力律师事务所律师。
委托代理人：李某，上海市协力律师事务所律师。
被上诉人（原审原告）：厦门中鲁石油有限公司。
法定代表人：林某某，董事长。
委托代理人：黄某某，福建翔轩律师事务所律师。
委托代理人：郑某某，福建翔轩律师事务所律师。

上诉人露西润滑油（上海）有限公司（以下简称"露西公司"）因商业诋毁纠纷一案，不服上海市闵行区人民法院（2014）闵民三（知）初字第889号民事判决，向本院提起上诉。本院受理后，依法组成合议庭，于2015年9月17日公开开庭进行了审理。上诉人露西公司的委托代理人马某某，被上诉人厦门中鲁石油有限公司（以下简称"中鲁公司"）的委托代理人郑某某到庭参加诉讼。本案现已审理终结。

中鲁公司在原审中诉称，2012年2月24日，福建省南安市进出口公司（以下简称"南安公司"）与俄罗斯LLK-International（中文译名"鲁克润滑油国际有限公司"，以下简称"鲁克公司"）在莫斯科签订了1份交货合同，合同号为12L0078，约定南安公司向鲁克公司购买润滑油，双方对购买"LUKOIL"牌润滑油包装油的数量、价格、质量等进行了约定。南安公司签订以上合同后，指定中鲁公司作为其国内的总经销商，销售以上合同项下的进口润滑油。

2013年5月28日，南安公司与鲁克公司在罗马尼亚的分公司LUKOIL LUBRICANTS EAST EUROPE S.R.L.（中文名为"鲁克润滑油东欧有限公司"，以下简称"鲁克东欧公司")签订合同号13/081的合同,在该合同项下,鲁克东欧公司向中鲁公司出售了18L的"LUKOIL"圆桶装的柴油润滑油,该产品瓶身上标示了制造商/分装商为鲁克东欧公司、经销商为中鲁公司。鲁克东欧公司将圆形桶装的柴油润滑油产品从罗马尼亚运给中鲁公司,中鲁公司收货后即在中国市场上进行销售。

2013年11月2日,露西公司在WTCC世界房车锦标赛上海赛场VIP贵宾室举行新闻发布会,该发布会云集了数百位业界名流和知名媒体,露西公司还邀请了许多润滑油行业的大经销商和业界精英们,在发布会上,露西公司总经理王朝光作为代表接受记者现场采访时发言称:"卢克伊尔的柴油润滑油包装桶也是由设计大师设计完成的,它分为方形塑料桶和方形铁桶两种。据悉,目前中国市场上出现了一种圆形的柴油润滑油包装桶,我可以肯定地说,这并不是卢克伊尔生产的。在这里也要再次提醒大家注意,卢克伊尔在欧洲销售的润滑油包装桶和在中国区销售的润滑油包装桶是一样的,只有方形塑料桶和方形铁桶两种。"

露西公司作为同样经营润滑油产品的企业,不惜误导润滑油行业的大经销商和业界精英,在WTCC世界最顶级房车锦标赛事上广为邀请业界名流和知名媒体,采取新闻发布会的形式发布捏造"LUKOIL"牌柴油润滑油产品在中国市场没有圆形的包装桶存在,系假冒产品的虚假事实,且经车讯网、搜狐网站、露西公司官方网站等参加新闻发布会的媒体对以上新闻发布会的内容登载、转载而广为散布,造成了极其恶劣的影响,导致广大柴油润滑油用户和消费者、经销商对中鲁公司在中国市场销售的"LUKOIL"牌18L圆形桶装柴油润滑油产品是否原装进口产生质疑,同时还造成了对中鲁公司所进口销售的"LUKOIL"牌非柴油润滑油产品的品质及来源被质疑,并进而造成中鲁公司方经销商及用户的不信任,造成经销商客户流失、产品经销困难等严重后果。

露西公司不仅长期在官网放置新闻发布会上的报道,而且还于2014年4月21日,在其官网上发布了汽车之家(www.autohome.com.cn)编辑任博原创的标题为《来自俄罗斯卢克伊尔机油正式登录中国》的报道,该篇文章报道了:中鲁公司仿制了露西公司的官网,混淆视听,还在中国销售了多年假冒的卢克伊尔润滑油,对消费者的利益造成了极大的损害;去露西公司天猫旗舰店可以买到正品保障的卢克伊尔润滑油;卢克伊尔润滑油的正确名称不是所谓的"鲁克",而是"卢克伊尔";卢克伊尔在欧洲销售的润滑油及在中国地区销售的润滑油,包装桶的设计施行的统一标准,只有方形塑料桶和方形铁桶两种形式,其他任何样式的卢克伊尔润滑油均为假冒产品。鉴于该报道主要是正面赞颂露西公司是正品经营者,反面捏造中鲁公司系假冒产品经营者,中鲁公司仿制露西公司网站等相关内容，露西公司作为与中鲁公司经营"LUKOIL"润滑油的同性质产品竞争者，露西公司在明知该报道的内容系严重失实的情形下，还在其官网（http：//www.syn-lube.com.cn）上进行登载发布行为，其损害诋毁竞争对手的目的主观故意明显，行为恶劣。

露西公司作为同样经营润滑油产品的企业，其以新闻发布会、登载报道的形式进行商业诋毁的行为严重侵害了中鲁公司的名誉，也严重损害了中鲁公司所销售的商品声誉，破坏和干扰了正常的市场竞争秩序，给中鲁公司带来了巨大的经济损失，直至起诉日，露西公司仍在坚持以上的侵权行为，其行为违反了《中华人民共和国反不正当竞争法》（以下简称《反不正当竞争法》）的规定，构成不正当竞争的商业诋毁行为。为维护中鲁公司的合法权益，中鲁公司提起诉讼，要求判令露西公司：1. 立即停止商业诋毁行为，删除其网站商业诋毁报道内容，并判决露西公司在车讯网网站、智联招聘网站、汽车之家网站、搜狐网站、凤凰网站、露西公司网站、露西公司微博、露西公司微信公众平台、露西公司企业QQ群及在WTCC世界房车锦标赛上发布新闻所影响的范围内书面公开向中鲁公司赔礼道歉、恢复名誉、消除不良影响；2. 赔偿中鲁公司经济损失人民币（以下币种均为人民币）55万元（实际以审计评估鉴定的金额为准），并承担中鲁公司为维权和调查等所支出的合理费用33560元；3. 承担本案诉讼费、鉴定费。

在原审法院审理本案过程中，中鲁公司明确其撤回评估鉴定的申请，主张法定赔偿535334.7元，合理费用变更为48225.3元，包括律师费20000元、公证费13120元、翻译费5510元、差旅费9595.3元。赔偿费用加合理费用总计主张583560元，具体由法院酌定。

露西公司在原审中辩称，不同意中鲁公司的诉讼请求，中鲁公司所指的三个商业诋毁行为均不存在。理由为：1."LUKOIL"牌润滑油的确没有圆桶包装，中鲁公司确实销售了假冒"LUKOIL"牌的润滑油；2. 中鲁公司确实抄袭了卢克伊尔国际润滑材料公司（以下简称"卢克伊尔公司"）的官方网站，但是媒体在编辑报道文章时误把卢克伊尔公司的官方网站写成了露西公司的官网，卢克伊尔公司官网已经将中鲁公司列为黑名单，非合作伙伴，但中鲁公司篡改了该官网，将自己列为"LUKOIL"牌产品的经销商，中鲁公司有假冒产品侵权的故意；3. 露西公司和卢克伊尔公司的安德烈均未发表过中鲁公司仿冒露西公司官网的言论，露西公司向社会揭发了中鲁公司仿冒卢克伊尔公司官网的事实，汽车之家的记者误将卢克伊尔公司的官网写成了露西公司的官网；4. 涉案文章中称中鲁公司销售的圆桶润滑油不是卢克伊尔公司生产，此话的出处是卢克伊尔公司的代表安德烈，记者根据安德烈的陈述作了相应的报道，露西公司仅是转述了安德烈的陈述,安德烈是卢克伊尔公司的官方商务代表,无论媒体记者还是露西公司,都有理由相信原厂商代表所作的陈述,若安德烈陈述有误,中鲁公司应该去追究安德烈的相应法律责任,而不应该追究媒体和露西公司的责任;5. 中鲁公司提供的南安公司进口"LUKOIL"牌圆桶柴油润滑油的证据有很多问题,如公章和公证认证的问题,中鲁公司对此没有解释和补强证据,故对于南安公司是否真的进口了涉案润滑油,中鲁公司应承担举证不能的法律后果。假设中鲁公司提供的南安公司的进出口合同是真实的,圆桶是南安公司定制的,无论是中鲁公司还是卢克伊尔东欧公司,都未将此事向卢克伊尔公司披露,有可能使得卢克伊尔公司和安德烈产生误判,中鲁公司基于此要求露西公司承担侵权责任是不合理的。

原审法院经审理查明:

一、关于中鲁公司主张的涉案商业诋毁行为及双方之争议

(一)在 WTCC 世界房车锦标赛上进行商业诋毁的事实及争议

卢克伊尔公司的副总经理 A. V. Strelchenko 签署文件,证明 Savin Andrey Vasilevich 自 2013 年 6 月 24 日在 "LLK-International" 以经理职位工作。在 Savin 的工作职责中包括有限责任公司 "LLK-International" 与中华人民共和国公司的商务联系发展。Savin 全权代表 "LLK-International" 公司进行商务会谈。该文件经莫斯科市公证员公证并经我国驻俄罗斯联邦大使馆认证。

2014 年 1 月 16 日,南安公司及中鲁公司的委托代理人至厦门市鹭江公证处申请证据保全公证,公证处为此次公证出具了(2014)厦鹭证内字第 02351 号公证书。根据该公证书载明的内容,在车讯网(shanghai.chexun.com)上刊有一篇文章,题为《首届中国区卢克伊尔润滑油发布会现场问答》,并注明:2013 年 11 月 08 日 14:46 来源:车讯网 作者:综合报道 我要评论(0)。该文章主要内容:2013 年 11 月 2 日,首届中国区卢克伊尔润滑油新闻发布会在 WTCC 世界房车锦标赛上海赛场的 VIP 贵宾室内落下帷幕。本次新闻发布会上,俄罗斯主办方卢克伊尔公司与中国方露西公司的负责人就卢克伊尔润滑油于 2013 年登陆中国市场这一热点事件回答了记者问题。发布会上,卢克伊尔公司还现场授予了中国市场唯一合法运营代理商露西公司以代理证书。卢克伊尔是来自俄罗斯的国际品牌……在 2005 年时,为了更好地管理润滑材料方面的资源以及商业发展,卢克伊尔石油集团成立了全资控股公司卢克伊尔公司(LLK-INTERNATIONAL),主要负责卢克伊尔石油集团国内外的润滑材料研发、生产及销售工作。此次与露西公司共同举办发布会的就是卢克伊尔公司……卢克伊尔公司中国区销售经理萨温·安德烈先生在发布会现场亲自为露西公司授予了代理证书…… 二 …… 记者:卢克伊尔与 WTCC 有着怎样的关系?俄方代

表：……四……记者：请说一下卢克伊尔润滑油产品的包装特点和与世界其他市场的区别？中方代表：……卢克伊尔的柴油润滑油包装桶也是由设计大师设计完成的，它分为方形塑料桶和方形铁桶两种。据悉，目前中国市场上出现了一种圆形的柴油润滑油包装桶，我可以肯定地说，这并不是卢克伊尔生产的。卢克伊尔中国区销售负责人安德烈先生刚刚也重点强调了这一点，在这里也要再次提醒大家注意，卢克伊尔在欧洲销售的润滑油包装桶和在中国区销售的润滑油包装桶是一样的，只有方形塑料桶和方形铁桶两种样式。另外在本次新闻发布会上，卢克伊尔公司与露西公司双方联合声明，卢克伊尔润滑油的正确名称不是所谓的"鲁克"，而应该是"卢克伊尔"。在中国市场上，只有露西公司拥有该注册商标的唯一合法使用权……该文章还配有卢克伊尔机油在国内销售的产品包装图片。

在 WTCC 世界房车锦标赛上的上述首届中国区卢克伊尔润滑油新闻发布会内容被多家媒体予以报道、转载：

2013 年 11 月 11 日，在中国润滑油网（www.chinalubricant.com）上刊登了题目为《首届中国区卢克伊尔润滑油新闻发布会圆满落幕 中方代表露西公司获业界肯定》的报道，并注明"来源：卢克伊尔 作者：中国润滑油网 浏览次数：197"。在该文章中有一段文字与前述（2014）厦鹭证内字第 02351 号公证书公证的车讯网上刊登的《首届中国区卢克伊尔润滑油发布会现场问答》中的内容相同，即记者问答的内容，中方代表："……目前中国市场上出现了一种圆形的柴油润滑油包装桶，我可以肯定地说，这并不是卢克伊尔生产的……""……卢克伊尔润滑油的正确名称不是所谓的'鲁克'，而应该是'卢克伊尔'……"。

2014 年 5 月 4 日，露西公司以"俄罗斯卢克伊尔润滑油销售代表"的名义在智联招聘网（jobs.zhaopin.com）上发布企业招聘信息，招聘销售经理若干名，工作地点：哈尔滨—南岗区。在招聘信息的公司介绍下方注有"登录：部分主流网络媒体链接 http：//www.autohome.com.cn/news/201311/650919.html 汽车之家 http：//shanghai.auto.ifeng.com/shangqing/2013/1104/6822.html 凤凰汽车 http：//shanghai.auto.sohu.com./20131108/n389831104.shtml? qq－pf－to＝pcqq.c2c 搜狐汽车""上海第一财经天下汽车栏目专题报道：http：//www.soku.com/search_ video/q_ ……""公司主页：www.syn－lube.com.cn"。点击露西公司官网上的链接，可以看到在汽车之家网站载有报道《中国区俄罗斯卢克伊尔润滑油新闻发布会》、在凤凰汽车网站载有报道《首届中国区俄罗斯卢克伊尔润滑油新闻发布会》、在搜狐汽车网载有报道《卢克伊尔润滑油—中国区新闻发布会落幕！》。

在原审法院庭审中,中鲁公司和露西公司确认中鲁公司称的"鲁克公司"与露西公司称的"卢克伊尔公司"实为同一家公司,即LLK-INTERNATIONAL。

中鲁公司认为在上述文章中,露西公司答记者问时表述为"目前中国市场上出现了一种圆形的柴油润滑油包装桶,我可以肯定地说,这并不是卢克伊尔生产的""卢克伊尔润滑油的正确名称不是所谓的'鲁克',而应该是'卢克伊尔'",此为商业诋毁的行为。露西公司如此表述,意在说明中鲁公司在中国销售的圆形桶装的"LUKOIL"牌润滑油是假冒的。

露西公司认为其作为卢克伊尔公司中国唯一的销售代理,相信卢克伊尔公司的授权代表萨温·安德烈的话,露西公司仅是转述其陈述内容。中鲁公司将"卢克伊尔公司"称为"鲁克公司",并非出自卢克伊尔公司的官方表述。卢克伊尔公司对自己公司的中文名称的翻译表达形式有自己的权利。露西公司转述安德烈的话,不属于商业诋毁,若中鲁公司要追究责任,也应追究卢克伊尔公司的责任。

原审法院另查明:2007年9月10日,在中国石油新闻中心网站(news.cnpc.com)上刊有新闻报道《中石油与俄鲁克石油公司签署战略合作协议》(图)、2013年10月29日刊有新闻报道《鲁克石油:深化与中国伙伴合作》、2013年10月17日刊有新闻报道《周吉平会见俄罗斯鲁克石油公司总裁》。

中鲁公司认为,中鲁公司自2012年2月起就合法销售鲁克公司的鲁克润滑油,而将LLK-INTERNATIONAL翻译成"鲁克公司"并非中鲁公司自行翻译,石油业界早已如此翻译,称"鲁克公司"已为习惯。露西公司于2013年9月25日才成立,现硬将"鲁克公司"改成"卢克伊尔公司",是LLK-INTERNATIONAL不诚信的表现,会导致消费者对中鲁公司销售的产品质疑,而上述WTCC世界房车锦标赛上的新闻发布会系露西公司和卢克伊尔公司共同发布,故露西公司应承担责任。

露西公司认为中国石油新闻中心不具有代表性,非卢克伊尔公司的官方平台,无论中国方的媒体如何表述LLK-INTERNATIONAL的中文译名,LLK-INTERNATIONAL均有权纠正自己公司的中文译名。

(二)在汽车之家网站上进行商业诋毁的事实及争议

2014年4月21日,在中国润滑油网(www.chinalubricant.com)上刊登了一篇报道,题目为《来自俄罗斯卢克伊尔机油正式登陆中国》,题目下注明"来源:汽车之家作者:中国润滑油网 浏览次数:88"。该报道的主要内容为:"2014年4月17日,卢克伊尔润滑油正式在北京召开品牌发布会……去哪儿可以买到正品的卢克伊尔润滑油？卢克伊尔润滑油在中国的授权运营机构是露西润滑油（上海）有限公司，官方的网络销售商，卢克伊尔天猫旗舰店即将在近期（2014年4月19日）正式上线，大家可以通过天猫旗舰店购买到正品保障的卢克伊尔润滑油。品牌之前存在的问题 虽然目前卢克伊尔润滑油在中国的保有量并不是很大，但在中国地区却早已出现了卢克伊尔润滑油的假冒品牌：厦门中鲁石油有限公司所属的鲁克润滑油，该公司不仅仿制了'露西公司'的官网，混淆视听，还在中国销售了多年假冒的卢克伊尔润滑油，对消费者的利益造成了极大的损害……卢克伊尔中国区销售负责人安德烈先生也重点强调了关于将会严厉打击假冒产品的行为，在这里也要再次提醒大家注意：卢克伊尔在欧洲销售的润滑油及在中国地区销售的润滑油，包装桶的设计施行的统一标准：只有方形塑料桶和方形铁桶两种样式，其他任何样式的卢克伊尔润滑油均为假冒产品。"

露西公司在其官网（www.syn-lube.com.cn）上转载了上述报道《来自俄罗斯卢克伊尔机油正式登陆中国》，并注明"媒体报道""汽车之家对卢克伊尔专题报道"。

中鲁公司认为上述报道《来自俄罗斯卢克伊尔机油正式登陆中国》的标题属于商业诋毁，因为该报道发表于2014年4月21日，而中鲁公司的产品已于2012年就在中国市场销售了，该标题给人的感觉是中鲁公司在2014年4月21日以前销售的都是假冒的润滑油；报道正文中的"去哪儿可以买到正品的卢克伊尔润滑油"项下的内容明示只有在露西公司处才有正品的润滑油，暗示中鲁公司处的润滑油是假冒的；"品牌之前存在的问题"项下的内容直接指出中鲁公司仿制露西公司的官网、销售假冒的润滑油；"在这里也要再次提醒大家注意：卢克伊尔在欧洲销售的润滑油及在中国地区销售的润滑油，包装桶的设计施行的统一标准：只有方形塑料桶和方形铁桶两种样式，其他任何样式的卢克伊尔润滑油均为假冒产品"，表明中鲁公司的圆桶润滑油是假冒的，因此，前述内容均属于商业诋毁。中鲁公司认为《来自俄罗斯卢克伊尔机油正式登陆中国》的报道材料是露西公司提供给汽车之家的，报道发表后，露西公司马上转载，说明露西公司确认这些内容，故是露西公司实施了商业诋毁的行为。

露西公司认为"正式登陆"或"非正式登陆"均是中性词，不构成商业诋毁；"中鲁公司仿制露西公司的官网"这句话不是露西公司表述的，可能是记者混淆了露西公司的官网和卢克伊尔公司的官网，而中鲁公司确实仿制了卢克伊尔公司的官网；关于圆桶润滑油的内容是卢克伊尔公司的安德烈说的；露西公司有证据证明中鲁公司在郑州销售了假冒的润滑油，因此，上述报道内容基本属实。

原审法院另查明：中鲁公司曾以名誉权纠纷为由向福建省厦门市思明区人民法院（以下简称"思明区法院"）提起诉讼，要求北京车之家信息技术有限公司（以下简称"车之家公司"）、露西公司、上海乾坤网络科技有限公司（以下简称"乾坤公司"）立即停止侵权，删除网站上的侵权内容（注：指汽车之家上发布的《来自俄罗斯卢克伊尔机油正式登陆中国》）等。之后，中鲁公司以将该案的相关事实在本案中向露西公司主张为由，向思明区法院申请撤回了对露西公司的起诉，又因中鲁公司与乾坤公司达成和解，撤回了对乾坤公司的起诉。2014年12月15日，思明区法院作出（2014）思民初字第7349号民事判决，思明区法院认为：车之家公司在尚未取得确切证据以证明中鲁公司所出售的鲁克润滑油是所谓卢克伊尔润滑油的假冒商品时，就在其主办的网站上刊登了其网站编辑原创的文章，文章中写道："厦门中鲁石油有限公司所属的鲁克润滑油，该公司不仅仿制了'露西公司'的官网，混淆视听，还在中国销售了多年假冒的卢克伊尔润滑油，对消费者的利益造成了极大的损害"。思明区法院认为该文章足以误导读者，使读者相信车之家公司的报道是在其有明确证据之后作出的新闻性报道，侵害了中鲁公司的名誉权。思明区法院据此依法判决车之家公司在"汽车之家"网站上删除《来自俄罗斯卢克伊尔机油正式登陆中国》一文，向中鲁公司赔礼道歉、恢复名誉并消除不良影响；赔偿中鲁公司经济损失29960元；驳回中鲁公司的其他诉讼请求。

（三）关于"中鲁公司仿制露西公司的官网"是否属于商业诋毁的事实及争议

2014年4月17日，汽车之家网站刊登了一篇文章《来自俄罗斯卢克伊尔机油正式登陆中国》，其中有如下内容："虽然目前卢克伊尔润滑油在中国的保有量并不是很大，但在中国地区却早已出现了卢克伊尔润滑油的假冒品牌：厦门中鲁石油有限公司所属的鲁克润滑油，该公司不仅仿制了'露西公司'的官网，混淆视听，还在中国销售了多年假冒的卢克伊尔润滑油，对消费者的利益造成了极大的损害……"

露西公司在其官网上转载了该文章。

原审法院另查明：露西公司成立于2013年9月26日，露西公司的官网（www.syn-lube.com.cn）审核通过时间为2014年4月2日。

中鲁公司于2012年6月设立官网（www.sinolkoil.com），在中鲁公司的官网上有卢克伊尔公司的商标标识，并有"LLK-INTERNATIONAL""LUKOIL Group sites""公司简介鲁克石油公司是全球著名的十大石油公司之一……""鲁克润滑油俄罗斯总部官方网站"等内容。

露西公司举证称卢克伊尔公司的官网为www.lukoil-lubriants.com，经当庭比对中鲁公司官网和卢克伊尔公司官网的内容，两者的首页基本相同，网页结构相同，使用的图片和图片介绍的内容相同，而且，中鲁公司在其官网上擅自称自己是卢克伊尔公司在中国的零售商，卢克伊尔公司在其官网上将中鲁公司列为黑名单。露西公司认为中鲁公司系仿制了卢克伊尔公司的官网。

在原审法院庭审中，中鲁公司主张露西公司将上述内容提供给汽车之家网站，又在其官网上转载上述汽车之家网站上的文章，露西公司的行为构成商业诋毁。

露西公司认为其未提供内容给汽车之家网站，应该是中鲁公司仿制了卢克伊尔公司的官网，记者写成仿制了"露西公司"的官网，是笔误。

二、中鲁公司销售的涉案圆桶柴油润滑油的来源及双方之争议

2012年2月24日，南安公司与鲁克公司在莫斯科签订了合同号为12L0078的《交货合同》1份，约定南安公司向鲁克公司购买润滑油，主要约定：生产商："鲁克-Volgogradneftepererabotka"，货物数量和名称：包装油数量达100000公吨；生产商："鲁克-Permnefteorgsintez"，货物数量和名称：包装油数量达100000公吨；生产商："鲁克-Nizhegorodnefteorgsintez"，货物数量和名称：包装油数量达10000公吨；炼油厂："鲁克润滑油国际有限公司"秋明分公司，货物数量和名称：包装油数量达25000公吨。原产国：俄罗斯。合同总价290000000美元，交货周期自合同签订之日起至2013年1月31日。货物的质量应符合标准组织（俄罗斯国家标准、STO、TU）的要求。

同日，南安公司出具给中鲁公司《授权书》1份，内容：兹授权厦门中鲁石油有限公司为福建省南安市进出口公司负责1220078号合同项下鲁克润滑油系列产品（LUKOIL）在中国的总经销。

2014年5月14日，南安公司出具《声明》称上述《授权书》中有笔误，合同号应为12L0078。

2013年5月28日，鲁克东欧公司与南安公司签订13/081号交货合同，约定鲁克东欧公司出售给南安公司货物名称和数量为：罗马尼亚生产的LUKOIL润滑油，以买方提供的20升塑料桶盛装，详见1号补充文件。1号补充文件还规定了货物的规格、数量及单价，1号补充文件是本合同不可分割的一部分。交货条款依据2号补充文件规定，2号补充文件是本合同不可分割的一部分。货物质量应符合货物制造商出具的SDS（安全数据表）及检验公司出具的质量证书。SDS的语言应采用英语。买方应向卖方提供20升（公称容积）塑料桶，每桶盛装的货物以18升为限。该塑料桶为买方财产。买方应分三批向卖方交付共计20900个公称容积为20升的塑料桶。交货合同还对塑料桶的

颜色及每批交货数量等内容作了约定。

嗣后,南安公司陆续从罗马尼亚海关进口润滑油给中鲁公司。

鲁克东欧公司于2014年1月28日出具了用中文书写的文件1份,内容:我们 LUKOIL 润滑油东欧公司是 LUKOIL 公司在罗马尼亚的分公司,专业生产 LUKOIL 润滑油,现确认在合同号 13/081 日期 2013.05.28 发票号 LLKPLEL nr. 13-0143、LLKPLEL nr. 13-0147、LLKPLEL nr. 13-0150、LLKPLEL nr. 13-0151、LLKPLEL nr. 13-0152 项下的圆桶润滑油包装是我司在罗马尼亚生产的货物,符合法律法规及双方合同的要求。此货物从罗马尼亚海运给:厦门中鲁石油有限公司(进口商福建南安进出口公司)。

上述南安公司进口给中鲁公司,中鲁公司在中国销售的圆桶润滑油桶身上标有中文和外文书写的内容,其中外文的内容有"LUKOIL""LUKOIL AVANTGARDE""SAE 20W-50 API CF-4/SG""MINERAL"等;中文的内容有"柴油发动机润滑油""满足规范要求:美国石油学会(API) CA-4/SG""制造商/分装商:鲁克润滑油东欧有限公司""网站:www.lukoil-lubricants.ro.""经销商:厦门中鲁石油有限公司"等。

原审法院另查明:卢克伊尔公司的副总经理 A. V. Strelchenko 于 2014 年 6 月 5 日签署文件。主要内容:2014 年 3 月 4~5 日在中国市场上在城市重庆、辽宁省和城市长春、海南省,卢克伊尔公司的工作人员发现以下假冒伪劣产品:1. 发动机油"Lukoil-特级 先锋"SAE 10W-40 API CH-4/CG-4/SJ, 18 升;2. 发动机油"Lukoil-LUXE SAE 10W-40 API SM/CF 4L"。我们将上述"Lukoil-LUXE SAE 10W-40 API SM/CF 4L"产品在卢克伊尔公司的实验室里进行研究。不符合卢克伊尔公司制定的相关标准。除此之外,卢克伊尔公司从未发行过"Lukoil-LUXE SAE 10W-40 API SM/CF"品牌的产品。产品的生产和包装未经卢克伊尔公司的同意,非法生产的燃料桶样式,产权属于开放式股份有限公司"Lukoil",非法使用商品商标,相似度达到混淆开放式股份有限公司"Lukoil"商标的程度。

露西公司在原审法院庭审中提供了国家石油产品质量监督检验中心(以下简称"石油检验中心")分别于 2014 年 10 月 14 日、16 日出具的《检验报告》各 1 份,委托单位均为中国贸促会专利商标事务所,受检单位均为中鲁公司,样品批号/原编号分别为"20W-50 CH-4/CG-4/SJ""10W-40 API CH-4/CG-4/SJ",检验结论均为不合格。

露西公司委托中国贸促会专利商标事务所通过公证的方式向中鲁公司的经销商郑州合盛润滑油有限公司(以下简称"郑州合盛公司")购买了4升方形桶包装的"Lukoil"牌润滑油,经卢克伊尔公司实验室数据分析,结论:所研究的油是由其他的"Lukoil"原产品的添加剂的混合物制成。

因中鲁公司对上述由中国贸促会专利商标事务所单方面送检的润滑油是否为中鲁公司经销不认可,对卢克伊尔公司实验分析的润滑油是否就是从中鲁公司的经销商郑州合盛公司处购得不认可,露西公司又补充提供了石油检验中心于2015年1月4日出具的《检验报告》1份,石油检验中心对露西公司委托送检,受检单位为中鲁公司,样品批号/原编号为"鲁克克雷姆高性能合成柴机油(10W-40)CH-4/CG-4/SJ"的产品进行了检验,检验依据"GB11122—2006",检验方法"GB/T6538—2010",检验结论为"低温动力黏度(-25℃)不合格,其质量指标未达到GB11122—2006产品标准。所检项目不合格。本结果仅对来样负责,所检样品由委托单位送达本检验机构"。同日,石油检验中心又出具《检验报告》1份,对露西公司委托送检,受检单位为中鲁公司,样品批号/原编号为"鲁克石油公司柴油发动机润滑油(20W-50)CH-4/CG-4/SJ"的产品进行了检验,检验依据"GB11122—2006",检验方法"GB/T6538—2010",检验结论为"低温动力黏度(-15℃)不合格,其质量指标未达到GB11122—2006产品标准。所检项目不合格。本结果仅对来样负责,所检样品由委托单位送达本检验机构"。

露西公司在原审法院庭审中称,其在上述两份石油检验中心于2015年1月4日出具的《检验报告》中送检的样品来源于内蒙古自治区呼和浩特市青城公证处于2014年12月12日出具的(2014)呼青证内字第10311号公证书中公证封存之产品。该第10311号公证书载明:露西公司法定代表人桑媛玮的委托代理人耿天华于2014年12月12日来公证处,申请领取该公证处于2014年7月28日在公证处公证人员的监督下,在呼和浩特市玉泉区南二环华美汽配城D-20胜东瀛商贸购买的鲁克克雷姆高性能合成柴机油[(10W-40)4L,制造商/灌装:鲁克石油公司 S.C.LLK 调配厂]一桶、柴油发动机润滑油[(20W-50)18L]一桶,公证处对上述物品加密封条。公证处将上述物品交给耿天华,耿天华确认物品后用尼龙袋装好放入纸箱,用胶条将纸箱口缠住,公证员根据当事人的申请,用封条将纸箱密封。公证处对公证过程全程录像并制作《现场工作记录》1份。内蒙古自治区呼和浩特市青城公证处于2014年7月28日出具的(2014)呼青证内字第5611号公证书则记载了上述第10311号公证书中记载的交给耿天华的物品的具体购买过程。

露西公司对中鲁公司提供的上述证据及需证明的事实提出异议,主要意见如下:1.上述合同均在境外形成,发票等外文件是复印件,虽进行了翻译,但均未依法进行公证、认证,故对该些证据真实性不予认可;2.合同号为12L0078的《交货合同》装订处有多次拆封的痕迹,骑缝章看不出完整内容,不知内页是否被更换过；3. 南安公司的章出现不同的形式，信用证显示的合同编号和主合同编号 13/081 不一致，报关单编号与信用证编号也不一致；4. 鲁克东欧公司出具的证明未经翻译，也未经公证、认证，原件上没有公章，上面签字的人身份不清，是否能代表鲁克东欧公司不清楚，但在复印件上却盖了公章；5. 照片本身无法看出圆桶润滑油的生产方，圆桶润滑油桶身上贴的中、外文说明是中鲁公司自行贴上的，无法证明桶内的产品是卢克伊尔公司生产的。

中鲁公司对露西公司提供的上述证据及需证明的事实提出异议，主要意见如下：1. 郑州合盛公司确系中鲁公司的经销商，但露西公司自行委托检验及卢克伊尔公司实验室数据分析的润滑油不是中鲁公司销售的，露西公司的证据无法看出送检物品与中鲁公司销售之物品的关联性；2. 石油检验中心出具的四份《检验报告》中注明的润滑油与中鲁公司销售的润滑油型号相同，但不能证明是中鲁公司进口并销售的，中鲁公司在本案预备庭审理时对前两份《检验报告》提出异议，若露西公司有公证购买的实物，应在预备庭审时申请鉴定；3. 退一步讲，即使《检验报告》内容属实，那检验结论也是产品本身不合格，而不是产品品牌假冒；4. 卢克伊尔公司副总经理 A. V. Strelchenko 签署的文件与中鲁公司及本案均无关。

三、中鲁公司主张的合理费用及相应证据

2014 年 3 月 5 日，中鲁公司与福建翔轩律师事务所（以下简称"翔轩律所"）签订《委托代理合同》，约定因商业信誉、商品声誉纠纷一案，中鲁公司委托翔轩律所的律师担任一审案件诉讼代理人，中鲁公司应在合同签订之日起 3 日内支付代理费 20000 元。2014 年 3 月 6 日，翔轩律所出具给中鲁公司发票 1 张，开具项目明细为法律服务，金额 20000 元。

2014 年 2 月 14 日、4 月 30 日、2015 年 1 月 6 日，厦门市鹭江公证处分别出具给中鲁公司发票各 1 张，开具项目均为公证费，金额分别为 2000 元、9000 元、2000 元；2014 年 5 月 29 日，厦门市鹭江公证处出具给中鲁公司发票 2 张，开具项目均为公证费，金额分别为 100 元、20 元。

2014 年 1 月 23 日、3 月 19 日、7 月 7 日、7 月 31 日、2015 年 2 月 28 日，厦门精艺达翻译服务有限公司分别出具给中鲁公司发票各 1 张，开具项目均为翻译费，金额分别为 700 元、1860 元、2300 元、400 元、250 元。

至原审法院立案时，中鲁公司共支出差旅费 1762 元，包括中鲁公司代理人乘飞机、出租车、公交车等费用；中鲁公司为代理人参加原审法院预备庭审支出差旅费 3558.3 元，包括中鲁公司代理人乘飞机和高铁、乘出租车、公交车及住宿等费用；中鲁公司为代理人参加原审法院庭审支出差旅费 4275 元，包括中鲁公司代理人乘飞机、出租车、公交车及住宿等费用。

原审法院庭审中，中鲁公司明确其中9000元的公证费系针对前述第02351、02352、02353、02354号公证书，2014年2月14日的2000元公证费是针对第08997号公证书的，2015年1月6日2000元公证费是针对第00268号公证书的；翻译费系中鲁公司提供的证据商业发票、信用证和12L0078、13/081合同的翻译费。

露西公司认为中鲁公司聘请律师提起本案及思明区法院的诉讼共两起，现将律师费均放在本案中主张不合理，且律师收费过高；公证费发票中未载明公证书的编号，故对关联性有异议；中鲁公司的住所在厦门，但差旅费中有北京至上海的票据不合理，且根据开庭的时间，没必要住宿，住宿费也过高。

原审法院认为，商业诋毁行为是指经营者以捏造、散布虚伪事实，损害竞争对手的商业信誉、商品声誉的行为。本案中鲁公司和露西公司双方均从事润滑油的销售业务，属于经营活动相同的企业，具有直接的竞争关系。

一、关于中鲁公司主张的露西公司在WTCC世界房车锦标赛上的行为。原审法院认为，根据记者的报道可知，卢克伊尔公司与露西公司在WTCC世界房车锦标赛上召开首届中国区卢克伊尔润滑油发布会，露西公司代表和卢克伊尔公司代表安德烈共同在现场，现场问答时，露西公司代表陈述"目前中国市场上出现了一种圆形的柴油润滑油包装桶，我可以肯定地说，这并不是卢克伊尔生产的""卢克伊尔润滑油的正确名称不是所谓的'鲁克'，而应该是'卢克伊尔'"。露西公司作此陈述时，卢克伊尔公司的代表安德烈在场，并未提出异议，而且，露西公司提供的证据及媒体报道可证明卢克伊尔公司授予露西公司为卢克伊尔润滑油中国市场的唯一合法运营代理商，卢克伊尔公司授予露西公司在中国市场销售的卢克伊尔润滑油只有方形塑料桶和方形铁桶两种，并没有圆形桶包装。因此，露西公司称"目前中国市场上出现了一种圆形的柴油润滑油包装桶，我可以肯定地说，这并不是卢克伊尔生产的"，露西公司基于其是卢克伊尔润滑油中国市场唯一合法运营代理商的身份，陈述圆形的柴油润滑油包装桶不是卢克伊尔生产的，这是对其被授权事项的陈述，并非捏造、散布虚伪事实，不属于故意诋毁中鲁公司商誉、商品声誉的行为。至于将"LLK-INTERNATIONAL"翻译成"鲁克公司"还是"卢克伊尔公司"，将"LUKOIL"润滑油称为"鲁克"润滑油还是"卢克伊尔"润滑油，这是"LUKOIL"润滑油的权利人"LLK-INTERNATIONAL"的自由，"LLK-INTERNATIONAL"愿意将名称翻译为"卢克伊尔公司"，将润滑油称为"卢克伊尔"润滑油，他人无权干涉。露西公司作为卢克伊尔润滑油中国市场唯一合法运营代理商，在卢克伊尔公司的代表在现场的情况下，陈述"卢克伊尔润滑油的正确名称不是所谓的'鲁克',而应该是'卢克伊尔'",显然是得到了卢克伊尔公司的认可,而且,露西公司是"LUKOIL"润滑油的中国市场唯一合法运营代理商,其也有权为其代理的产品正名。因此,露西公司陈述"卢克伊尔润滑油的正确名称不是所谓的'鲁克',而应该是'卢克伊尔'",不属于捏造、散布虚伪事实,不构成商业诋毁。

中鲁公司虽举证其曾通过南安公司从俄罗斯的鲁克公司及鲁克东欧公司进口了"LUKOIL"润滑油,圆桶包装系南安公司定制,但是中鲁公司提供的证据形式上存在瑕疵,该些证据均为外文件,不能证明系在中国境内形成,且中鲁公司未能提供经公证、认证的证据原件,也不能让"LLK-INTERNATIONAL"出具事后追认的补强证据,故真实性难以认定。在中鲁公司的证据不能有效证明中鲁公司销售的圆桶包装的柴油润滑油系卢克伊尔公司生产的情况下,中鲁公司主张露西公司陈述"圆形的柴油润滑油包装桶,我可以肯定地说,这并不是卢克伊尔生产的"属商业诋毁,原审法院不予采信。中鲁公司虽又举证早在2007年时,媒体已报道"鲁克公司",因此"鲁克公司"不是中鲁公司自行翻译。中鲁公司提供的该些证据,与本案无关,一方面,尚无证据证明媒体之前对卢克伊尔公司译名的使用得到了卢克伊尔公司的认可或授权;另一方面,无论媒体如何称呼一家公司,均不能阻碍该公司及公司的代理商对自己公司译名的正名。

二、关于中鲁公司主张的在汽车之家网站上的行为。因卢克伊尔公司授权露西公司为中国市场唯一合法运营代理商,故汽车之家的记者在发表报道文章《来自俄罗斯卢克伊尔机油正式登陆中国》时,在文章标题中使用了"正式"两字。"正式"相对于"非正式"而言,系对卢克伊尔公司的润滑油产品进入中国市场已具有正规合法途径的描述,不存在捏造、散布虚伪事实,进行商业诋毁的意思,故中鲁公司主张该文章题目系商业诋毁,原审法院不予支持。在该报道文章正文中,有关"去哪儿可以买到正品的卢克伊尔润滑油"项下的内容明示只有在露西公司处才有正品的润滑油;"品牌之前存在的问题"项下的内容直接指出中鲁公司销售假冒的润滑油;"在这里也要再次提醒大家注意:卢克伊尔在欧洲销售的润滑油及在中国地区销售的润滑油,包装桶的设计施行的统一标准:只有方形塑料桶和方形铁桶两种样式,其他任何样式的卢克伊尔润滑油均为假冒产品"的内容,由于目前在中国市场,只有露西公司是唯一合法的卢克伊尔润滑油的运营代理商,而露西公司代理销售的卢克伊尔润滑油确实只有方形塑料桶和方形铁桶两种样式,露西公司提供的证据还显示在此篇报道发表前,卢克伊尔公司已发现在中国市场有假冒伪劣的卢克伊尔润滑油存在,因此,记者作如此报道,不属于捏造、散布虚伪事实的商业诋毁行为。中鲁公司主张露西公司将相关报道材料提供给了汽车之家，无证据证明，思明区法院的判决也已查明系记者撰写。因前述报道题目和正文内容不构成商业诋毁，故露西公司在其官网上转载此文的行为也不构成商业诋毁。

三、关于"中鲁公司仿制露西公司官网"的内容。此言论的出处在前述汽车之家的报道文章《来自俄罗斯卢克伊尔机油正式登录中国》一文中的如下内容："在中国地区却早已出现了卢克伊尔润滑油的假冒品牌：厦门中鲁石油有限公司所属的鲁克润滑油，该公司不仅仿制了'露西公司'的官网……"中鲁公司主张此报道材料由露西公司提供给了汽车之家，无证据证明，思明区法院的判决也已查明系记者撰写，故中鲁公司主张露西公司陈述"中鲁公司仿制露西公司官网"，构成商业诋毁不成立，原审法院不予支持。但原审法院注意到，虽然露西公司举证称中鲁公司仿制了卢克伊尔公司的官网，但该些证据与本案并无关联。现没有证据证明中鲁公司仿制了露西公司的官网，因此，汽车之家的记者在报道中称"中鲁公司仿制了露西公司的官网"，确系属于散布虚假事实的行为，该虚假的事实一经网络传播，定会给中鲁公司的商业信誉造成负面的影响。露西公司作为与中鲁公司有着相同的从事销售类业务的企业，在双方具有竞争关系的情况下，明知中鲁公司并未仿制露西公司的官网，汽车之家的报道系记者误写，却仍在自己的官网上予以转载发布，露西公司的转载行为属于散布虚伪事实，损害竞争对手的商业信誉的不正当竞争行为，应承担相应的民事责任，中鲁公司要求露西公司删除涉及商业诋毁的报道内容，并赔礼道歉、恢复名誉、消除影响、赔偿损失，于法有据，原审法院予以支持。

关于中鲁公司主张的赔礼道歉、恢复名誉、消除影响的方式和范围，原审法院结合露西公司的商业诋毁行为仅是在其官网上转载汽车之家报道文章的性质和影响范围，以及思明区法院已判决汽车之家删除该报道文章等因素予以确定。关于中鲁公司主张的赔偿金额，因中鲁公司未能举证证明其因露西公司的商业诋毁行为给中鲁公司造成的实际损失额，也未能举证证明露西公司因诋毁中鲁公司商誉而产生的获利额，故原审法院结合露西公司商业诋毁行为的性质、露西公司的过错程度、露西公司实施的商业诋毁行为的影响范围等案情予以酌定。关于中鲁公司主张的各项合理费用，原审法院认为中鲁公司为调查露西公司的不正当竞争行为，进行证据保全公证、聘请律师出庭，因此，对于产生的公证费、律师费、差旅费中的合理部分，原审法院予以支持。翻译费系中鲁公司为举证其销售的圆桶润滑油的来源而产生的材料翻译费，由于该些材料不符合证据的形式要件，未被采信，故翻译费应由中鲁公司自行承担。因中鲁公司提交的公证涉及多项内容，中鲁公司主张露西公司商业诋毁的行为并未全部成立,故原审法院综合律师工作量、律师收费标准、律师工作的难易程度、支持中鲁公司诉请部分在公证中所占的比例等本案案情,酌情确定支持中鲁公司的合理支出数额。

综上,原审法院依照《反不正当竞争法》第十四条、第二十条,《中华人民共和国民法通则》第一百三十四条第一、七、九、十项,以及《最高人民法院关于民事诉讼证据的若干规定》第二条之规定,判决:一、露西公司立即删除在其官网(www.syn-lube.com.cn)上转载的《来自俄罗斯卢克伊尔机油正式登陆中国》一文中关于仿制了"露西公司"的官网的内容,并于判决生效之日起十日内连续三日在其官网(www.syn-lube.com.cn)的网站首页刊登声明,向中鲁公司赔礼道歉,以消除因其商业诋毁行为给中鲁公司造成的影响、恢复其商业信誉(声明内容须经原审法院审核,如逾期不履行,原审法院将在《新民晚报》上公布判决的主要内容,费用由露西公司承担);二、露西公司于判决生效之日起十日内赔偿中鲁公司经济损失20000元、合理费用12000元;三、驳回中鲁公司的其余诉讼请求。如果露西公司未按判决指定的期间履行上述给付金钱的义务,则露西公司还应当依照《中华人民共和国民事诉讼法》第二百五十三条之规定,加倍支付迟延履行期间的债务利息。一审案件受理费9635.60元,由中鲁公司负担9035.60元,露西公司负担600元。

原审法院判决后,露西公司不服,向本院提起上诉称:一、原审法院关于"露西公司的转载行为属于散布虚假事实,损害竞争对手的商业信誉的不正当竞争行为"的认定有误。首先,露西公司系转载了汽车之家记者的《来自俄罗斯卢克伊尔机油正式登陆中国》一文,因此,露西公司对上述文章的注意义务和审查义务应当与其转载者的身份相符。其次,中鲁公司在本案起诉前,并未通知露西公司上述文章中的错误,露西公司也不知道上述文章中存在错误。再次,虽然中鲁公司并未仿制露西公司官网,但中鲁公司实际上仿制了卢克伊尔公司官网,因此,上述文章中的陈述并未不公正地降低、贬损中鲁公司的商誉。最后,《来自俄罗斯卢克伊尔机油正式登陆中国》一文的内容基本属实,不应认定为散布虚假事实。二、原审法院判决露西公司赔礼道歉属于适用法律错误。三、原审法院所确定的露西公司承担的赔偿金额和诉讼费用过高。综上,露西公司请求本院依法改判驳回中鲁公司的原审诉讼请求。二审中,经本院释明,露西公司向本院递交了2013年11月2日露西公司在WTCC世界房车锦标赛上海赛场VIP贵宾室举行新闻发布会的录像(以下简称"新闻发布会录像")。

中鲁公司辩称:露西公司转载的《来自俄罗斯卢克伊尔机油正式登陆中

国》一文中"中鲁公司仿制露西公司官网"的内容,显然与客观事实不符,且在思明区法院作出(2014)思民初字第7349号民事判决,确认车之家公司在上述文章中的陈述,侵犯了中鲁公司名誉权之后。福建省厦门市中级人民法院(以下简称"厦门中院")亦作出了维持思明区法院上述判决的二审终审判决。故中鲁公司请求本院驳回上诉,维持原判。中鲁公司并表示其对原审判决中,原审法院对于"一、关于中鲁公司主张的露西公司在WTCC世界房车锦标赛上的行为",以及"二、关于中鲁公司主张的在汽车之家网站上的行为"中有关露西公司不构成商业诋毁的认定有异议,请求本院重新认定。二审中,中鲁公司向本院提供了厦门中院作出的(2015)厦民终字第846号民事判决书。中鲁公司对于露西公司递交的新闻发布会录像的真实性、合法性、关联性均有异议,中鲁公司并认为上述新闻发布会录像中并未提及中鲁公司,也没有关于仿制网站的言论。故露西公司关于"记者误将卢克伊尔官网错写成露西官网"的陈述并不成立。中鲁公司认为,《来自俄罗斯卢克伊尔机油正式登陆中国》一文中中鲁公司销售假冒产品、仿制露西公司官网的虚假内容是故意为之,露西公司对该虚假事实的转载行为属于故意散布虚假事实,损害竞争对手商业信誉的不正当竞争行为。

露西公司对于中鲁公司二审中递交的厦门中院(2015)厦民终字第846号民事判决书的真实性并无异议,露西公司认为上述判决表明车之家公司未在上述案件中积极举证,而本案中的证据已足以证明中鲁公司销售了假冒的卢克伊尔润滑油。

本院认为,露西公司递交的新闻发布会录像确实反映了2013年11月2日露西公司在WTCC世界房车锦标赛上海赛场VIP贵宾室举行新闻发布会的情况,且录像中的相关内容可以与原审法院查明事实中的相关报道内容相印证,故本院对于上述新闻发布会录像的真实性予以确认。且鉴于上述新闻发布会录像、厦门中院(2015)厦民终字第846号民事判决书与本案事实具有关联性,故本院对该两份证据予以采纳,并根据上述证据对本案的相关事实作补充认定。

本院经审理查明,原审法院查明的事实属实,本院予以确认。

本院另查明,2015年6月2日,厦门中院作出(2015)厦民终字第846号民事判决,驳回了车之家公司的上诉,维持了思明区法院(2014)思民初字第7349号民事判决。

二审中,露西公司向本院递交的新闻发布会录像显示,露西公司所举办的新闻发布会中并未提及中鲁公司,也没有关于中鲁公司的网站系仿制露西公司官网或卢克伊尔公司官网的内容。

本院认为,《反不正当竞争法》第十四条规定,经营者不得捏造、散布虚伪事实,损害竞争对手的商业信誉、商品声誉。上述法律规定表明,构成商业诋毁的不正当竞争行为,应当具有如下构成要件:1. 当事人之间具有竞争关系;2. 行为人具有捏造、散布虚伪事实的行为;3. 行为人的行为已经或者可能造成相对人商业信誉的损害;4. 行为人主观上具有故意或者过失。

本案中:

一、关于中鲁公司与露西公司之间是否存在竞争关系的问题

本院认为,在本案中中鲁公司主张其从鲁克公司、鲁克东欧公司处进口了涉案"LUKOIL"牌润滑油,中鲁公司系上述"LUKOIL"牌润滑油在国内的经销商。而露西公司经卢克伊尔公司授权,系"LUKOIL"牌润滑油在中国市场的唯一合法运营代理商。显然,中鲁公司与露西公司就涉案"LUKOIL"牌润滑油的销售,已经形成了直接的竞争关系。

二、关于露西公司是否具有捏造、散布虚伪事实,造成中鲁公司商业信誉、商品声誉受损的商业诋毁行为的问题

在本案中,中鲁公司主张了露西公司多节捏造、散布虚伪事实的行为,包括:1. 露西公司在WTCC世界房车锦标赛上作"目前中国市场上出现了一种圆形的柴油润滑油包装桶,我可以肯定地说,这并不是卢克伊尔生产的""卢克伊尔润滑油的正确名称不是所谓的'鲁克',而应该是'卢克伊尔'"等不实陈述(以下简称"第一节事实");2. 露西公司转载的汽车之家的记者《来自俄罗斯卢克伊尔机油正式登录中国》文章中,存在:(1)在文章标题中使用了"正式"两字。(2)文章正文中有关"去哪儿可以买到正品的卢克伊尔润滑油"项下的内容明示只有在露西公司处才有正品的润滑油;(3)文章正文中"品牌之前存在的问题"项下的内容直接指出中鲁公司销售假冒的润滑油;(4)文章正文中有"在这里也要再次提醒大家注意:卢克伊尔在欧洲销售的润滑油及在中国地区销售的润滑油,包装桶的设计施行的统一标准:只有方形塑料桶和方形铁桶两种样式,其他任何样式的卢克伊尔润滑油均为假冒产品"等不实内容(以下简称"第二节事实")。3. 露西公司转载的汽车之家的记者《来自俄罗斯卢克伊尔机油正式登录中国》文章中,存在"中鲁公司仿制露西公司官网"的不实内容(以下简称"第三节事实")。

对于中鲁公司在原审中所主张的事实,原审法院以露西公司对上述第一节事实的陈述、汽车之家的记者《来自俄罗斯卢克伊尔机油正式登陆中国》文章中第二节事实的报道,均具有一定的事实依据不属于虚伪事实为由,认为露西公司的上述陈述或转载,不属于捏造、散布虚伪事实,不构成商业诋毁。原审法院的上述认定,具有事实和法律的依据,本院完全予以认同,在此不再赘

述。对于中鲁公司关于原审法院上述认定有误,请求本院重新认定的辩称意见,本院认为,中鲁公司的上述辩称意见,既不符合《最高人民法院关于适用〈中华人民共和国民事诉讼法〉的解释》第三百二十三条之规定,亦无事实和法律之依据,本院不予采纳。对于原审法院涉及上述第一节事实、第二节事实的相关判决内容,依法予以维持。

对于汽车之家的记者《来自俄罗斯卢克伊尔机油正式登陆中国》文章中第三节事实报道,原审法院以没有证据证明中鲁公司仿制了露西公司的官网,因此上述文章中"中鲁公司仿制了露西公司的官网",属于虚假事实为由,认为露西公司对上述文章的转载行为属于散布虚伪事实的商业诋毁行为。对此,露西公司不服原审法院的上述认定提起了上诉,露西公司并认为虽然中鲁公司并未仿制露西公司官网,但中鲁公司实际上仿制了卢克伊尔公司官网,故上述表述尚不属于虚伪事实。而中鲁公司则认为"中鲁公司仿制露西公司官网"的内容,显然与客观事实不符,故属于虚伪事实。

对此,本院认为,捏造一般指无中生有,在审判实践中构成商业诋毁的虚伪事实既存在全部捏造的无中生有的虚假事实,也存在部分捏造或者虽然属于真实情况,但是由于其表述不完整、不确切、不客观,而是歪曲了真实情况足以引起他人误解的情形,但是无论是虚假事实,还是其他引人误解的事实,只要该事实足以引起当事人的社会评价减损以致当事人商业信誉、商品声誉受到损害的,都属于《反不正当竞争法》第十四条所规制的对象。反之,虽然表述上存在不确切、不完整的情况,但所表述的事实本身并未偏离真实的事实,亦未引起他人误解,不会对当事人的社会评价造成不公平的减损,没有损害当事人正常的、应有的商业信誉、商品声誉的,则不构成《反不正当竞争法》第十四条所规定的商业诋毁行为。

本案中"中鲁公司仿制了露西公司的官网"的表述是否属于《反不正当竞争法》第十四条所规定的虚伪事实,露西公司的转载行为是否构成商业诋毁,则应当根据上述表述在《来自俄罗斯卢克伊尔机油正式登陆中国》一文中的原意,有无相关证据对该表述予以印证,上述表述是否实质损害了中鲁公司正常的商业信誉、商品声誉等因素,予以综合判断。对此,《来自俄罗斯卢克伊尔机油正式登陆中国》的原文是如此表述的:"……虽然目前卢克伊尔润滑油在中国的保有量并不是很大,但在中国地区却早已出现了卢克伊尔润滑油的假冒品牌:厦门中鲁石油有限公司所属的鲁克润滑油,该公司不仅仿制了'露西公司'的官网,混淆视听,还在中国销售了多年假冒的卢克伊尔润滑油,对消费者的利益造成了极大的损害……"上述原文结合《来自俄罗斯卢克伊尔机油正式登陆中国》一文中的其他内容,可以明显地看出,其实质上是表达了中鲁公司销售假冒的卢克伊尔润滑油,并将自己的官网与卢克伊尔品牌相关联,造成相关消费者混淆的内容。而原审法院对于上述第二节事实的认定表明中鲁公司确实销售了假冒的卢克伊尔润滑油,同样原审法院关于"中鲁公司官网和卢克伊尔公司官网的内容,两者的首页基本相同,网页结构相同,使用的图片和图片介绍的内容相同,而且,中鲁公司在其官网上擅自称自己是卢克伊尔公司在中国的零售商,卢克伊尔公司在其官网上将中鲁公司列为黑名单"的事实查明,足以印证上述原文中所表达的中鲁公司将自己的官网与卢克伊尔品牌相关联,造成相关消费者混淆的内容。鉴于露西公司经卢克伊尔公司授权,系"LUKOIL"牌润滑油在中国市场的唯一合法运营代理商。因此,《来自俄罗斯卢克伊尔机油正式登陆中国》一文中"中鲁公司仿制了露西公司的官网"的表述虽然不确切,但上述表述所表达的内容本身并未偏离真实的事实,亦不会使相关公众对中鲁公司的行为作出不恰当的评价,不会损害中鲁公司正常的、应有的商业信誉和商品声誉。因此,《来自俄罗斯卢克伊尔机油正式登陆中国》一文中"中鲁公司仿制了露西公司的官网"的表述并不属于《反不正当竞争法》第十四条所规制的虚伪事实。原审法院关于露西公司转载《来自俄罗斯卢克伊尔机油正式登陆中国》一文中"中鲁公司仿制了露西公司的官网"的事实,属于散布虚伪事实,使中鲁公司商业信誉、商品声誉受损,构成商业诋毁行为的认定有误,适用法律不当,本院予以纠正。

综上,本院认为,《来自俄罗斯卢克伊尔机油正式登陆中国》一文中"中鲁公司仿制了露西公司的官网"的表述,既不属于捏造、散布的虚伪事实,亦未损害中鲁公司的商业信誉、商品声誉。故本院对于中鲁公司在原审中的相关诉讼请求难以支持,对于原审法院的相关判决内容,本院依法予以改判。对于中鲁公司关于厦门中院(2015)厦民终字第846号民事判决,确认车之家公司在《来自俄罗斯卢克伊尔机油正式登陆中国》一文中的相关表述,侵犯了中鲁公司名誉权的辩称意见。本院认为,《最高人民法院关于适用〈中华人民共和国民事诉讼法〉的解释》第九十三条规定,已为人民法院发生法律效力的裁判所确认的事实,当事人无须举证证明,但有相反证据足以推翻的除外。本案中,露西公司提供的经公证认证的卢克伊尔公司的副总经理 A. V. Strelchenko 签署的有关证明 Savin Andrey Vasilevich 身份的文件以及在中国市场上发现假冒"Lukoil"产品的文件,显示中鲁公司官网以及卢克伊尔公司官网的证据、有关《检验报告》等;中鲁公司提供的未经公证认证的合同号为12L0078的《交货合同》、13/081号交货合同、鲁克东欧公司出具的证明等证据,足以构成厦门中院(2015)厦民终字第846号民事判决所认定事实的相反证据。故本院对于中鲁公司的相关辩称意见,不予采信。

综上所述，本院认为，原审法院查明事实清楚，但法律适用有所不当，本院依法予以改判。据此，依据《中华人民共和国民事诉讼法》第一百七十条第一款第二项、第一百七十五条之规定，判决如下：

一、撤销上海市闵行区人民法院（2014）闵民三（知）初字第889号民事判决；

二、驳回被上诉人（原审原告）厦门中鲁石油有限公司的原审诉讼请求。

本案一审案件受理费人民币9635.60元，二审案件受理费人民币600元，由厦门中鲁石油有限公司负担。

本判决为终审判决。

审　判　长　　何　渊
审　判　员　　刘　静
代理审判员　　范静波
二〇一五年十一月二日
书　记　员　　陈蕴智

附：相关的法律条文

《中华人民共和国民事诉讼法》

第一百七十条　第二审人民法院对上诉案件，经过审理，按照下列情形，分别处理：

……

（二）原判决、裁定认定事实错误或者适用法律错误的，以判决、裁定方式依法改判、撤销或者变更；

……

第一百七十五条　第二审人民法院的判决、裁定，是终审的判决、裁定。

五、知识产权合同纠纷

17. 上海希瑞恺萨国际贸易有限公司诉上海勤拙网络科技有限公司服务合同纠纷上诉案

上 海 知 识 产 权 法 院
民 事 判 决 书

(2015) 沪知民终字第 163 号

上诉人（原审原告）：上海希瑞恺萨国际贸易有限公司。
法定代表人：陈某（CHEN），总经理。
委托代理人：王某，上海市友林律师事务所律师。
委托代理人：范某某，上海市友林律师事务所律师。
被上诉人（原审被告）：上海勤拙网络科技有限公司。
法定代表人：曾某，经理。
委托代理人：罗某某，上海先诚律师事务所律师。
委托代理人：刘某某，上海先诚律师事务所律师。

上诉人上海希瑞恺萨国际贸易有限公司（以下简称"希瑞恺萨公司"）因服务合同纠纷一案，不服上海市闵行区人民法院（2014）闵民三（知）初字第 760 号民事判决，向本院提起上诉。本院受理后，依法组成合议庭，公开开庭审理了本案。上诉人希瑞恺萨公司委托代理人范某某，被上诉人上海勤拙网络科技有限公司（以下简称"勤拙公司"）委托代理人刘某某到庭参加诉讼。本案现已审理终结。

希瑞恺萨公司在原审中诉称，2013 年 12 月，勤拙公司致电希瑞恺萨公司，谎称希瑞恺萨公司的网络域名到期需要续费，希瑞恺萨公司得知后信以为真，于 2013 年 12 月 17 日与勤拙公司签署了《中国互联网应用服务协议》

(以下简称"涉案协议"),并向勤拙公司支付人民币56 000元(以下币种均为人民币)。然希瑞恺萨公司在付费后发现涉案协议约定的项目类型为"网络品牌",且勤拙公司向希瑞恺萨公司提供的并非之前所称的"网络域名续费",而是以"网络域名续费"为借口,欺骗并误导希瑞恺萨公司购买了与网络域名毫不相干且希瑞恺萨公司毫无需求的通用网址注册证书和无线网址注册证书。为此,2014年1月10日,勤拙公司经理潘某某、业务员邹某到希瑞恺萨公司处会谈。会谈期间,勤拙公司又以所谓的"网络品牌到期需要续费为由"企图掩盖勤拙公司非法获利的事实。事实上,勤拙公司所称希瑞恺萨公司"网络品牌"及"网络品牌到期需要续费"一事完全不存在。希瑞恺萨公司认为,勤拙公司采取欺骗手段,假借"网络域名到期需要续费"的名义,使希瑞恺萨公司在违背真实意思的情况下订立涉案协议并支付款项,违反《中华人民共和国合同法》第五十四条的规定,构成民事欺诈,造成希瑞恺萨公司严重经济损失。为维护自身合法权益,希瑞恺萨公司诉至法院,请求判令:一、依法撤销希瑞恺萨公司与勤拙公司签订的《中国互联网应用服务协议》;二、勤拙公司向希瑞恺萨公司返还56000元。

勤拙公司在原审中辩称,涉案协议是双方当事人的真实意思表示,在签约过程中勤拙公司并无欺诈、胁迫等行为,对该协议勤拙公司已履行完毕,故请求驳回希瑞恺萨公司全部诉请。

原审法院经审理查明,希瑞恺萨公司与勤拙公司于2013年12月17日签订涉案协议,落款处由希瑞恺萨公司授权代表高某某、勤拙公司授权代表邹某签字,希瑞恺萨公司、勤拙公司盖章。协议的主要内容为:一、用户信息,包括希瑞恺萨公司单位名称、联系人、通信地址、网址、电话等,其中网址为www.caesarstonecn.cn;二、服务项目,包括项目类型、内容、对应参数、年限、服务开始时间、注册费用,其中内容为"恺萨金石""caesarstone"两项,项目类型均为网络品牌,对应参数均为www.caesarstonecn.cn,年限均为10,服务开始时间均为2013-12-17,注册费用均为28000元;三、希瑞恺萨公司签章处上方有"用户阅读并认可本表内容及背面条款《网络应用服务协议条款》《邮局服务条款》约定的一切权利和义务"的文字。勤拙公司签章处上方有"中国互联网络信息中心认证服务机构上海勤拙网络科技有限公司"的文字。涉案协议背面为《网络应用服务协议条款》,主要内容包括:1. 勤拙公司提供的产品及服务,包括但不限于:域名系列,空间租用,WEB及WAP网站系列相关服务等。用户可选择一项或几项服务,本协议与正面所载服务项目共同构成用户和服务方之间合约的完整且唯一的协议;2. 双方签订本协议后,由任何一方提出作废本协议,一切法律责任和经济损失由提出方承担;3. 用户同意按照服务方所公布的网站、网址、网络名片和域名注册收费标准和缴费时间向服务方缴纳相关费用，网址、网络名片和域名注册成功后，用户支付的相关费用，服务方将不予退还，用户可持续使用至相关费用扣完为止。如用户在注册成功前提出中止申请，服务方将视实际情况退还部分或全部款项；4. 网址、网络名片、域名注册不成功的，可全额退款。

2013年12月17日，勤拙公司向希瑞恺萨公司开具了金额为56 000元的发票一张，其上显示两行相同内容：项目"网络品牌"，单位"年"，数量"10"，单价"2 800"，金额"28 000"。2013年12月19日12时11分，邹某向希瑞恺萨公司员工高某某发送电子邮件称："我是之前跟您联系的上海勤拙的邹某，关于我司受中国互联网信息中心授权证书电子档发给您"，邮件附件为题为"2013-通用-无线授权证书"的jpg文件。希瑞恺萨公司于2013年12月19日15时20分，通过银行向勤拙公司汇款56 000元，银行业务回单显示其汇款时附加信息及用途为"恺萨金石"及"caesarstone"网络品牌10年。

希瑞恺萨公司支付上述款项后，勤拙公司向希瑞恺萨公司提供无线网址注册证书、通用网址注册证书各两份。无线网址注册证书分别为编号：201312190319862996、无线网址：caesarstone，编号：201312196045231339、无线网址：恺萨金石；通用网址注册证书分别为编号：20131219141204258、通用网址：恺萨金石，编号：20131219141204259、通用网址：caesarstone。上述四份证书显示：注册者为希瑞恺萨公司，所属注册服务机构为勤拙公司，有效期自2013年12月19日至2023年12月19日，落款北龙中网（北京）科技有限责任公司（以下简称"北龙中网公司"），落款日期2014年1月3日。各证书均加盖北龙中网公司及中国互联网络信息中心（以下简称"互联网中心"）印章。各证书下方均有备注，主要内容为：1. 以下说明与本证书主文一起构成本证书统一整体，不可分割；2. 本证书主文信息由所属注册服务机构提供，请到北龙中网公司网站（www.knet.cn）或互联网中心网站（www.cnnic.cn）核对此信息，如有问题请与上述注册服务机构联系；3. 本注册证书上所列注册信息为打印证书时互联网中心提供的WHOIS显示信息，该信息可由用户申请变更，变更后的注册信息以互联网中心网站WHOIS查询结果为准；4. 本服务由互联网中心研发推出，并提供系统运行和技术研发支持。

登录互联网中心网站（www.cnnic.cn）打印的电子证书显示，国家网络目录数据库收录信息与上述四份证书的主要内容一致，网址类型均为普通。庭审中，希瑞恺萨公司确认上述无线网址及通用网址均已注册成功，但其认为注册上述网址并非其真实意思表示。

2014年6月27日，希瑞恺萨公司向上海市东方公证处申请办理保全证据公证。当日，该处公证员及公证人员与希瑞恺萨公司委托代理人一同在公证处，由希瑞恺萨公司委托代理人将一支录音笔连接公证处计算机，使用该计算机将录音笔中的"RNC005. MP3"文件刻录制成光盘，操作过程中，公证员对计算机屏幕显示进行拍摄。上海市东方公证处就上述过程出具（2014）沪东证经字第 10269 号公证书。查看该录音光盘属性，显示创建时间为 2014 年 1 月 10 日 15 时 13 分，播放该光盘，内容为希瑞恺萨公司与勤拙公司就涉案事宜会谈的过程。会谈中，希瑞恺萨公司授权代表高某某陈述："最早在 12 月 15 日左右，小邹打电话给我们，说我们公司的一个网络域名到期，说是前期我们在做，现在到期了，需要续费，要给我们做这个服务。因为我一听是域名啊商标之类的东西，我就蛮敏感的。因为公司确实是存在商标的东西的，我就问他是什么东西，让他给我介绍一下。然后后来做出来的就是这样一个东西。但是我不太明白你们这个东西和我们域名到期有什么关系。所以想让你们讲一下。"勤拙公司授权代表邹某随即回答："不是域名到期，之前没跟您说域名，说的是一个网络商标。"高某某回复："对，网络商标，但是你提到了有域名在内的……"会谈中，勤拙公司管理部经理潘文文陈述，希瑞恺萨公司到期的是网络品牌类别，通用网址和无线网址统称互联网品牌，希瑞恺萨公司 2008 年注册无线网址及通用网址。因邹某称到期的资料签约时未提供给希瑞恺萨公司，潘某某表示如果后台有保留其可将资料发给希瑞恺萨公司，如果没有其也会到总部直接调取。

2014 年 3 月 6 日，希瑞恺萨公司委托上海市友林律师事务所王某律师就涉案事宜向勤拙公司寄发律师函，函中表示，2014 年 1 月 10 日，勤拙公司经理潘文文、业务员邹雷至希瑞恺萨公司处会谈，会谈当时勤拙公司表示会在 2014 年 1 月 20 日前将希瑞恺萨公司曾注册通用网址、无线网址等相应的书面依据送达希瑞恺萨公司，但勤拙公司却在 2014 年 1 月 16 日致电希瑞恺萨公司表示无法提供书面信息，希瑞恺萨公司认为勤拙公司通过欺诈手段骗取钱款，要求勤拙公司在收到律师函后 7 日内退还费用 56 000 元。勤拙公司确认收到该律师函。

在原审法院庭审中，就签约过程，希瑞恺萨公司陈述，2013 年 12 月 14 日邹雷通过电话与希瑞恺萨公司财务沟通，当时希瑞恺萨公司以为公司域名到期，故非常重视，希瑞恺萨公司于 2013 年 12 月 17 日收到勤拙公司寄来的协议文本，签字后寄回勤拙公司，勤拙公司在营销过程中未就网络品牌等专业术语的定义及服务内容进行详细解释。就签约过程及希瑞恺萨公司网络商标到期事宜，勤拙公司陈述，根据其内部业务流程，2013 年 12 月，由北龙中网公司向其反馈了即将到期的网络品牌信息，其中包含了涉案网络品牌，勤拙公司业务员通过各种渠道联系希瑞恺萨公司进行电话营销,在营销过程中向希瑞恺萨公司宣传了网络品牌的重要性,并进一步沟通确定价格、对应参数、注册年限,最终于2013年12月17日签订涉案协议;然因为重新注册成功,之前的网络品牌信息已被覆盖,故无法明确涉案协议签订前希瑞恺萨公司具体哪个网络品牌到期,该网络品牌之前也可能是第三方注册的,业务员也记不清了。同时,勤拙公司确认涉案协议未对网络品牌、参数等作出具体定义或解释,但表示其业务员与希瑞恺萨公司经办人有过口头解释。

原审法院另查明,2008年12月2日,希瑞恺萨公司注册域名caesarstone-cn.cn,注册服务机构为北京新网数码信息技术有限公司,到期时间为2014年12月2日。原审法院庭审中,希瑞恺萨公司表示2008年起一直由案外人对希瑞恺萨公司网站进行建设维护,2013年案外人更名为上海顺峻网络科技有限公司(以下简称"顺峻公司"),故双方重新签订网站建设服务合同,合同对域名事宜未具体约定,希瑞恺萨公司每年11~12月支付网站服务费。2013年12月10日,希瑞恺萨公司向顺峻公司支付了800元网站服务费,涉案纠纷发生后经询问,才知道顺峻公司的服务内容包括域名续费,800元费用中已包括了希瑞恺萨公司域名续期的费用。

原审法院又查明,百度百科中有"网络品牌"的相关词条。北龙中网公司网站(www.knet.cn)对通用网址、无线网址有如下介绍:通用网址是基于国家标准的互联网地址资源,是企事业单位专属的网络品牌标识,是企业在互联网络上的重要标志,具有商业标识的功能和意义,是企业品牌资产不可或缺的一部分;无线网址是基于国家标准的移动互联网地址资源,是企事业单位在移动互联网上专属的品牌标识,企事业单位还可以获得基于无线网址的全程移动营销解决方案。通用网址、无线网址的价格分别为:普通通用网址,1000元/年/个;普通无线网址,1800元/年/个。该网站另提供国家网络目录数据库收录信息查询,搜索选项包括通用网址、无线网址、可信网站验证、可信APP等,搜索选项下方标注"国家最高层次网络目录数据库,由互联网中心建立并维护"。

原审法院再查明,勤拙公司提供了其与美敦力(上海)管理有限公司等案外人分别签订的《中国互联网络应用服务协议》四份,在该些协议中,一份注明服务项目类型为网络品牌,其余三份均明确服务项目类型为无线网址、普通通用词或普通通用网址。上述协议的签订日期为2013年3月至2014年3月期间,勤拙公司在各协议上的授权代表均不同,且均非邹雷。

原审法院认为,根据《中华人民共和国合同法》之规定,一方以欺诈、胁迫的手段或者乘人之危,使对方在违背真实意思的情况下订立的合同,受损害方有权请求人民法院或者仲裁机构变更或者撤销。欺诈是指以使他人陷于错误并由此作出意思表示为目的，故意陈述虚伪事实或隐瞒真实情况的行为，认定某一行为构成欺诈，应同时具备欺诈行为、欺诈故意、欺诈行为与相对人错误意思表示具有因果关系等构成要件。

希瑞恺萨公司在本案中明确主张因勤拙公司在签约过程中使用欺诈手段，故涉案协议应予撤销，勤拙公司的欺诈手段体现为利用希瑞恺萨公司对互联网了解有限，编造希瑞恺萨公司网络品牌到期的事实，导致希瑞恺萨公司以为域名到期，勤拙公司存在隐瞒真相和虚构事实的行为；勤拙公司则主张涉案协议是双方真实意思表示，其不存在隐瞒真实情况、诱使希瑞恺萨公司产生错误认识的行为，勤拙公司从未告知希瑞恺萨公司其域名即将到期，而是向希瑞恺萨公司宣传网络品牌的重要性，域名和网络品牌并非同一概念，价格和服务差异巨大，希瑞恺萨公司的域名本来由第三方服务，对此希瑞恺萨公司是明知的，通过传真、发票、付款记录可见，希瑞恺萨公司明知付费的是 10 年网络品牌。故本案的争议焦点在于勤拙公司在涉案协议的签订过程中是否使用了欺诈手段。

原审法院注意到涉案协议的项目类型为网络品牌，内容为"恺萨金石""caesarstone"，合同未就"网络品牌"作出定义及解释，且勤拙公司至今未提供希瑞恺萨公司相关网络品牌到期的书面材料，但勤拙公司并不因此构成欺诈，理由如下：首先，希瑞恺萨公司、勤拙公司经办人员电话沟通的具体细节已无法还原，然从双方事后会谈的录音可知，邹某称希瑞恺萨公司到期并进一步开展营销的对象是网络商标，且无论涉案协议及发票，均明确勤拙公司的服务内容系网络品牌而非域名，虽然合同未就网络品牌与无线网址、通用网址的关系及各自定义作具体解释，然并无证据证明勤拙公司有明知希瑞恺萨公司域名即将到期而故意混淆网络品牌与域名的意图或行为。其次，勤拙公司虽至今未提供其所称希瑞恺萨公司网络品牌到期的材料，但希瑞恺萨公司并非因其网络品牌到期而与勤拙公司签约，根据希瑞恺萨公司陈述，其系将网络商标注册误以为域名续费而签约，故勤拙公司相关陈述虽缺乏依据，然与希瑞恺萨公司的错误意思表示并无因果关系。最后，如希瑞恺萨公司所述，勤拙公司业务员 2013 年 12 月 14 日与希瑞恺萨公司经办人沟通，涉案协议的签署日期为 2013 年 12 月 17 日，希瑞恺萨公司的付款日期为 2013 年 12 月 19 日下午，前后有数天时间；希瑞恺萨公司域名自 2008 年 12 月起注册，域名续费仅数百元，与涉案标的有明显差异，希瑞恺萨公司付款前勤拙公司经办人向其发送了通用网址、无线网址授权证书的相关邮件，希瑞恺萨公司汇款时亦注明款项用途为网络品牌，故即使勤拙公司业务员在电话沟通时确有表述含糊、不实的情况，如希瑞恺萨公司认真阅读涉案协议并稍作查询或向顺峻公司简单核实，即可区分两者，根据涉案协议约定，如用户在注册成功前提出中止申请，服务方将视实际情况退还部分或全部款项。综上，希瑞恺萨公司关于勤拙公司构成欺诈而要求撤销涉案协议的主张，不符合《中华人民共和国合同法》第五十四条第二款之规定，其以此要求勤拙公司承担相应民事责任的诉请缺乏事实及法律依据，原审法院不予支持。据此，依照上述法律规定，原审法院判决：驳回希瑞恺萨公司的诉讼请求。一审案件受理费1200元，由希瑞恺萨公司负担。

原审判决后，希瑞恺萨公司不服，向本院提出上诉称：1. 勤拙公司在涉案协议的签订过程中存在欺诈故意并实施了欺诈行为，致使希瑞恺萨公司对于合同的标的物发生重大误解。（1）勤拙公司在涉案协议的签订过程中，仅宣传"网络商标域名"而从未提及涉案协议的标的物"无线网址"和"通用网址"，涉案协议中亦完全没有"无线网址"和"通用网址"的任何表述。勤拙公司的上述行为属于故意隐瞒系争协议所涉标的的欺诈行为。（2）在涉案协议的签订过程中，勤拙公司以"网络商标域名到期续费"等虚假陈述，将涉案协议实质提供的"注册服务"歪曲为"续费服务"，勤拙公司的上述行为属于故意歪曲系争协议所涉应用服务类型的欺诈行为。（3）勤拙公司的上述欺诈行为，使希瑞恺萨公司作出勤拙公司系为其办理"网络域名续费"的错误判断，致使希瑞恺萨公司在对涉案协议的标的物产生重大误解的情况下签订了涉案协议。2. 原审法院无视涉案协议为勤拙公司提供的单方格式合同，以"如希瑞恺萨公司认真阅读涉案协议并稍加查询，即可区分两者"为由，过分加重希瑞恺萨公司的责任。综上，希瑞恺萨公司认为原审法院认定事实有误，涉案协议应当予以撤销，请求本院依法改判，支持希瑞恺萨公司一审诉讼请求。

勤拙公司辩称：1. 希瑞恺萨公司在原审中提供的秘密录音证据因证人未出庭作证等原因于法有悖应为无效。2. 希瑞恺萨公司在原审中仅主张勤拙公司构成欺诈，并未主张希瑞恺萨公司构成重大误解，故二审法院对其重大误解主张，不应予以采信。3. 相关证据表明，涉案协议词句明确，希瑞恺萨公司已清楚知晓，交易过程亦符合正常交易习惯，故勤拙公司行为不构成欺诈，希瑞恺萨公司亦不存在重大误解。本案系希瑞恺萨公司事后反悔寻找借口毁约。综上，勤拙公司请求本院驳回上诉，维持原判。

本院经审理查明，原审法院查明的事实属实，本院予以确认。

本案中各方当事人的争议焦点在于勤拙公司在涉案协议的签订过程中是否使用欺诈手段，勤拙公司的行为是否造成希瑞恺萨公司的误解，以致希瑞恺萨公司在违背其真实意思的情况下签订了涉案协议，涉案协议可否撤销。

对此，本院认为，《中华人民共和国合同法》第五十四条第二款规定，一方以欺诈、胁迫的手段或者乘人之危，使对方在违背真实意思的情况下订立的合同，受损害方有权请求人民法院或者仲裁机构变更或者撤销。欺诈是指故意隐瞒真实情况或者故意告知对方虚假的情况，欺骗对方，诱使对方作出错误的意思表示而与之订立合同。欺诈一般具有以下构成要件：1. 具有欺诈故意。欺诈方明知告知对方的情况是虚假的，并且会使对方当事人陷于错误而仍为之。欺诈的故意既包括欺诈人有使自己因此获得利益的目的，同样也包括使第三人因此获得利益而使对方当事人受到损失。2. 具有欺诈行为。欺诈行为是指欺诈方将其欺诈故意表示于外部的行为，欺诈行为既包括了故意陈述虚假事实的欺诈，同时也包括了故意隐瞒真实情况使他人陷入错误的欺诈。3. 欺诈行为与相对人错误意思表示具有因果关系。只有当欺诈行为使他人陷于错误，而他人由于此错误在违背真实意愿的情况下与之签订了合同，才能构成受欺诈的合同。

本案中，1. 勤拙公司存在告知希瑞恺萨公司虚假情况的行为。虽然希瑞恺萨公司、勤拙公司经办人员电话沟通的具体细节已无法还原，然而从双方事后会谈的录音可知，勤拙公司经办人员邹雷称希瑞恺萨公司存在到期的"网络商标"，并以该"网络商标"向希瑞恺萨公司进一步开展营销，但在本案的审理过程中，勤拙公司并未举证证明希瑞恺萨公司确实存在即将到期的"网络商标"。因此，基于上述事实应当认定勤拙公司存在告知希瑞恺萨公司存在即将到期的"网络商标"的虚假情况的行为。对于勤拙公司关于希瑞恺萨公司在原审中提供的录音证据因证人未出庭作证等原因于法有悖应为无效的辩称意见，本院认为，在原审审理过程中，勤拙公司对于希瑞恺萨公司所提供的上述录音证据内容的真实性并无异议，而希瑞恺萨公司上述录音证据的取证过程并未违反法律的禁止性规定，因此，本院对于勤拙公司的上述辩称意见不予采信。本院认同原审法院的观点，对于希瑞恺萨公司提供的涉案录音证据予以采纳。

2. 勤拙公司存在隐瞒真实情况的行为。首先，涉案协议约定的项目类型为"网络品牌"，内容为"恺萨金石""caesarstone"，涉案协议的上述表述并未对涉案协议约定的"网络品牌"的具体内容作出定义及解释。而且作为双方履行主要依据的涉案协议中所表述的勤拙公司所提供的产品及服务中，存在了域名系列、空间租用、WEB 及 WAP 网站系列相关服务、网站、网址、网络名片、域名等多个服务项目。因此，涉案协议显然未对勤拙公司提供服务的"网络品牌"的具体内容是"无线网址""通用网址"进行定义和解释。其次，虽然在涉案协议的签订过程中，勤拙公司向希瑞恺萨公司提供了勤拙公司具有代理注册"无线网址"和"通用网址"的资格证书,但仅凭该节事实尚无法证明勤拙公司已经向希瑞恺萨公司明确勤拙公司向希瑞恺萨公司营销的"网络商标"系"无线网址""通用网址"。因此,本案中尚无证据表明在希瑞恺萨公司和勤拙公司的整个交易过程中,勤拙公司曾对其所提供服务的具体内容系"无线网址""通用网址"进行定义及解释。再次,虽然北龙中网公司网站(www.knet.cn)对通用网址、无线网址的介绍中称,通用网址是企事业单位专属的网络品牌标识;无线网址是企事业单位在移动互联网上专属的品牌标识。但是,在百度百科所解释的"网络品牌"的定义中称,"网络品牌"又称"网络商标"是指公司名称,产品或者线下品牌在互联网上的延伸和保护。在百度百科所解释的"网络品牌"的组成中称,"网络品牌"包括了网络名片(包括网站名称、网站 logo、网站域名、无线网站等);商标域名;网站 PR 值;网络上关于公司的软文等多项内容。因此,本案中并无证据表明"网络商标""网络品牌"与"无线网址""通用网址"具有唯一的对应关系,"网络商标""网络品牌"是"无线网址""通用网址"的通用名词。综上,本院认为,勤拙公司存在隐瞒涉案协议提供注册服务的具体内容是"无线网址""通用网址"的真实情况的行为。

3. 勤拙公司上述告知希瑞恺萨公司虚假情况和隐瞒真实情况的行为,致使希瑞恺萨公司作出了错误的意思表示。正是由于勤拙公司上述告知希瑞恺萨公司存在即将到期的"网络商标"的虚假情况的行为,以及勤拙公司隐瞒涉案协议提供服务的具体内容是"无线网址""通用网址"的真实情况,而是使用了"网络商标""网络品牌"等模糊概念的行为,致使希瑞恺萨公司误以为勤拙公司所提供的"网络商标"续费服务是域名续费服务,而在违背希瑞恺萨公司真实意思的情况下签订了涉案协议。需要特别指出的是,希瑞恺萨公司作为涉案协议的服务接受方显然有核实涉案协议服务内容的义务。然而从涉案协议的签订、履行情况来看,希瑞恺萨公司确实没有对勤拙公司使用的"网络商标""网络品牌"等模糊概念进行进一步核实,而是直接理解为域名。上述事实表明希瑞恺萨公司在履行核实涉案协议具体服务内容的义务时确实存在一定的过错。但是,希瑞恺萨公司的上述过错并不能就此免除勤拙公司作为涉案协议中的服务提供方向希瑞恺萨公司具体、确定、完整地说明其所提供服务的具体内容的义务,也不能就此改变勤拙公司违背诚实信用原则,实施告知希瑞恺萨公司虚假情况、隐瞒涉案协议真实情况行为的性质。

4. 勤拙公司上述告知希瑞恺萨公司虚假情况和隐瞒真实情况的行为具有故意。本院认为,勤拙公司明知希瑞恺萨公司并不存在即将到期的"网络商标"。勤拙公司作为从事"无线网址""通用网址"注册服务的公司,其也应当知道"网络商标""网络品牌"并非单一指"无线网址""通用网址"。但勤拙公司在与希瑞恺萨公司签订涉案协议的过程中向希瑞恺萨公司隐瞒了其所提供服务的真实情况，而是使用了"网络商标""网络品牌"等较为模糊的概念。勤拙公司应当知道其告知希瑞恺萨公司虚假情况和隐瞒真实情况的行为，违背了诚实信用原则，可能使希瑞恺萨公司对于涉案协议所提供服务的具体内容产生误解。勤拙公司仍然实施了上述行为，并且放任希瑞恺萨公司陷于错误，其目的显然是使自己因涉案协议的签订而获得利益。因此，本院认为，勤拙公司上述告知希瑞恺萨公司虚假情况和隐瞒真实情况的行为具有故意。

综上，本院认为，勤拙公司故意告知希瑞恺萨公司存在即将到期的"网络商标"的虚假情况，故意隐瞒涉案协议提供注册服务的具体内容是"无线网址""通用网址"的真实情况，诱使希瑞恺萨公司作出了签订涉案协议的错误意思表示，故应当认定勤拙公司的上述行为构成欺诈，故本院采纳希瑞恺萨公司的上诉意见，根据《中华人民共和国合同法》第五十四条第二款的规定，对涉案协议予以撤销。原审法院查明事实清楚，但适用法律有误，本院依法予以纠正。勤拙公司的相关辩称意见不成立，本院不予采纳。

对于涉案协议撤销后的处理，本院认为，《中华人民共和国合同法》第五十八条规定，"合同无效或者被撤销后，因该合同取得的财产，应当予以返还；不能返还或者没有必要返还的，应当折价补偿。有过错的一方应当赔偿对方因此所受到的损失，双方都有过错的，应当各自承担相应的责任"。本案中，首先，涉案协议撤销后，勤拙公司因涉案协议取得的协议款 56 000 元应当返还希瑞恺萨公司。其次，希瑞恺萨公司因涉案协议取得的无线网址：caesarstone（无线网址注册证书编号：201312190319862996）、无线网址：恺萨金石（无线网址注册证书编号：201312196045231339）、通用网址：恺萨金石（通用网址注册证书编号：20131219141204258）、通用网址：caesarstone（通用网址注册证书编号：20131219141204259），本应返还或办理相关注销手续，但鉴于在本案审理中并未涉及上述无线网址、通用网址的处理及如何处理，故本院在本案中对此不予处理，双方可就上述无线网址、通用网址的处理，另行予以解决。最后，关于涉案协议撤销后是否产生损失，以及损失的处理问题，本院认为，勤拙公司在涉案协议的签订中存在欺诈，希瑞恺萨公司未尽核实涉案协议具体内容之义务，故涉案协议的撤销，双方均有一定的过错，应当各自承担相应的责任。但是，鉴于本案的审理并未涉及涉案协议撤销后是否产生损失，以及损失的多寡。故若涉案协议撤销后确实产生损失的，可根据双方的过错程度另行予以处理。

综上所述，依照《中华人民共和国合同法》第五十四条第二款、第五十

八条,《中华人民共和国民事诉讼法》第一百七十条第一款第二项、第一百七十五条之规定,判决如下:

一、撤销上海市闵行区人民法院(2014)闵民三(知)初字第760号民事判决;

二、撤销上海希瑞恺萨国际贸易有限公司与上海勤拙网络科技有限公司于2013年12月17日签订的《中国互联网应用服务协议》;

三、上海勤拙网络科技有限公司应于本判决生效之日起十日内返还上海希瑞恺萨国际贸易有限公司协议款人民币56 000元;

本案一审案件受理费人民币1 200元,由上海勤拙网络科技有限公司负担。本案二审案件受理费人民币1 200元,由上海勤拙网络科技有限公司负担。

本判决为终审判决。

审 判 长　何　渊
审 判 员　刘　静
代理审判员　范静波
二〇一五年八月十一日
书 记 员　陈蕴智

附:相关的法律条文
一、《中华人民共和国合同法》

第五十四条　下列合同,当事人一方有权请求人民法院或者仲裁机构变更或者撤销:

......

一方以欺诈、胁迫的手段或者乘人之危,使对方在违背真实意思的情况下订立的合同,受损害方有权请求人民法院或者仲裁机构变更或者撤销。

......。

第五十八条　合同无效或者被撤销后,因该合同取得的财产,应当予以返还;不能返还或者没有必要返还的,应当折价补偿。有过错的一方应当赔偿对方因此所受到的损失,双方都有过错的,应当各自承担相应的责任。

二、《中华人民共和国民事诉讼法》

第一百七十条 第二审人民法院对上诉案件，经过审理，按照下列情形，分别处理：

……

（二）原判决、裁定认定事实错误或者适用法律错误的，以判决、裁定方式依法改判、撤销或者变更；

……

第一百七十五条 第二审人民法院的判决、裁定，是终审的判决、裁定。

18. 昆山艾迪达斯电气科技有限公司诉高某某、上海艾地艾电器有限公司、昆山思科达管理咨询有限公司商标权转让合同纠纷上诉案

上 海 知 识 产 权 法 院
民 事 判 决 书

（2015）沪知民终字第731号

上诉人（原审原告）：昆山艾迪达斯电气科技有限公司。
法定代表人：陈某某，总经理。
委托代理人：常某，江苏六典律师事务所律师。
委托代理人：张某某，江苏六典律师事务所实习律师。
被上诉人（原审被告）：高某某。
被上诉人（原审被告）：上海艾地艾电器有限公司。
法定代表人：高某某。
上述两被上诉人共同委托代理人：王某某，北京市惠诚（昆山）律师事务所律师。
原审第三人：昆山思科达管理咨询有限公司。
法定代表人徐某某。

上诉人昆山艾迪达斯电气科技有限公司（以下简称"艾迪达斯公司"）为与被上诉人高某某、上海艾地艾电器有限公司（以下简称"艾地艾公司"）、原审第三人昆山思科达管理咨询有限公司（以下简称"思科达公司"）商标权转让合同纠纷一案，不服上海市普陀区人民法院（2014）普民三（知）初字第264号民事判决，向本院提起上诉。本院于2015年11月30日受理后，依法组成合议庭，于同年12月24日公开开庭进行了审理。上诉人艾迪达斯公司的委托代理人常某、张某某、被上诉人高某某、艾地艾公司的共同委托代理人王某某到庭参加了诉讼，原审第三人思科达公司经本院合法传唤，无正当理由拒不到庭参加诉讼，不影响案件的审理。本案现已审理终结。

艾迪达斯公司在原审中诉称：艾迪达斯公司原名称为四川艾达电器有限责任公司。2010年10月，四川艾达电器有限责任公司经工商部门核准，注册地

迁移至昆山市陆家镇杨家路9号，公司名称变更为昆山艾迪达斯电气科技有限公司，公司名下的"ADA""艾达"注册商标亦变更为艾迪达斯公司所有。艾迪达斯公司与艾地艾公司，均为陈某某与高某某两人合办的有限公司，两人各占50%的股份，由陈某某担任艾迪达斯公司的法定代表人，高某某担任艾地艾公司的法定代表人，两公司的财务均由高某某实际控制。2012年11月，高某某背着陈某某在昆山市陆家镇杨家路9号，设立昆山艾迪电气科技有限公司，该公司系高某某个人设立的独资公司，其经营范围与艾迪达斯公司相似。高某某还背着陈某某将艾迪达斯公司员工转移到昆山艾迪电气科技有限公司。为将艾迪达斯公司名下"ADA""艾达"注册商标最终非法转移给昆山艾迪电气科技有限公司，高某某与艾地艾公司恶意串通，违反法律规定的诚实信用原则，私自加盖艾迪达斯公司公章，签订所谓的商标转让合同，严重损害艾迪达斯公司的合法权益。思科达公司违反《商标法》的有关规定，对高某某背着陈某某转让"ADA""艾达"注册商标的行为，未尽到依法审查的义务，存在明显的过错。艾迪达斯公司起诉要求：1. 判令高某某与艾地艾公司签订的注册号1351308注册商标"ADA"和注册号7383109注册商标"艾达"转让合同无效。2. 诉讼费由高某某负担。原审审理中，艾迪达斯公司变更诉讼请求，要求：1. 判令高某某与艾地艾公司签订的注册号1351308注册商标"ADA"和注册号7383109注册商标"艾达"转让合同无效。2. 判令注册号1351308注册商标"ADA"和注册号7383109注册商标"艾达"所有权仍归艾迪达斯公司所有。3. 诉讼费由高某某负担。

高某某、艾地艾公司原审中未作答辩。

思科达公司原审中述称：思科达公司是经国家工商行政管理总局商标局（以下简称"商标局"）依法备案的商标代理机构，在代理艾迪达斯公司与艾地艾公司商标转让的过程中，完全按照商标局的要求，向商标局提供了委托书、商标转让合同及转让双方的主体资格证明文件，商标局也受理了转让申请，因此思科达公司无任何责任。

原审经审理查明：艾迪达斯公司原企业名称为四川艾达电器有限责任公司，原住所在四川省成都市高新区创业西路3号，注册资本人民币（以下币种相同）50万元，法定代表人陈某某，公司成立于1996年7月31日，公司股东为陈某某、高某某，各出资25万元，各占50%股份。2010年10月26日，经苏州市昆山工商行政管理局核准登记，四川艾达电器有限责任公司变更企业名称为昆山艾迪达斯电气科技有限公司，变更住所为昆山市陆家镇杨家路9号。

艾地艾公司成立于2004年6月18日，注册资本50万元，法定代表人高某某，公司股东为高某某、陈某某，各出资人民币25万元，各占50%股份。

2000年1月，四川三达电器有限责任公司注册了第1351308号"ADA"商标，核定使用商品第9类"电站自动化装置"，注册有效期自2000年1月7日至2010年1月6日止。2008年11月20日，四川艾达电器有限责任公司受让了该注册商标，之后该商标变更至艾迪达斯公司名下。该注册商标经核准续展注册有效期至2020年1月6日止。

2009年5月8日，四川艾达电器有限责任公司申请注册了第7383109号"艾达"商标，核定使用商品第9类"信号灯，电动调节设备，电开关，断路器，闸盒（电），接线盒（电），配电箱（电），铁道岔遥控电力设备，高低压开关板"，注册有效期自2011年1月28日至2021年1月27日止。之后该商标变更至艾迪达斯公司名下。

2012年12月30日，艾迪达斯公司与艾地艾公司签订一份《商标转让合同》，合同内容为，"转让方：昆山艾迪达斯电气科技有限公司，受让方：上海艾地艾电器有限公司。经转让方、受让方双方协商一致，因转让方无生产经营，为避免商标被第三人申请撤销，对商标权的转让达成如下协议：一、转让的商标名称：'ADA'和'艾达'商标各一枚。二、商标图样：／（贴商标图样，并由转让方盖骑缝章）。三、商标注册号：1351308、7383109；国别：中华人民共和国。四、该商标下次应续展的时间：／。五、该商标取得注册所包括的商品或服务的类别及商品或服务的具体名称：以商标证书记载为准。六、转让方的保证：1.转让方保证该权利无任何瑕疵，包括未曾许可他人使用或作为抵押。2.转让方保证在国际分类第0914、0913类以及在其他类别的与第0914、0913类有关商品类似的商品上、转让方没有任何与该权利相同的或近似的商标获得注册或提出申请注册。3.转让方保证在本合同生效后，将不以任何方式谋求对该权利或与其类似的商标的包括所有权、使用权、收益权、处分权在内的任何权益，且上述所有权利均将由受让方行使。4.转让方在签署本合同时，签署该权利的商标专用权的注册商标转让申请书，并同时将该商标注册证正本交受让方或受让方的代理人。5.如果该商标转让申请被商标局驳回，转让方应退回已付的全部商标转让费用。七、商标权转让后，受让方的权限：1.可以使用该商标的商品种类（或服务的类别及名称）：商标证书核准为准。2.可以使用该商标的地域范围：中国。八、商标权转让的性质：2（可在下列项目中作出选择）。1.永久性的商标权转让。2.非永久性的商标权转让。九、商标权转让的时间：自本合同生效之日起，或办妥商标转让变更注册手续后，该商标权正式转归受让方。但如果转让注册商标申请未经商标局核准的，本合同自然失效；责任由双方自负。十、商标转让合同生效后的变更手续：由受让方在商标权转让合同生效后，办理变更注册人的手续，变更注册人所需费用由受让方承担。十一、商品质量的保证：商标权转让方要求受让方保证该商标所标示的产品质量不低于转让方原有水平，转让方应向受让方提供商品的样品，提供制造该类商品的技术指导或技术诀窍（可另外签订技术转让合同）；还可提供商品说明书、商品包装、商品维修方法，在必要时还应提供经常购买该商品的客户名单。属非永久性转让的，转让方可以监督受让方的生产，并有权检查受让方生产情况和产品质量。十二、转让方应保证被转让的商标为有效商标，并保证没有第三方拥有该商标所有权。十三、商标权转让的转让费与付款方式：1. 转让费按转让的权限计算共 60 万元（每个商标 30 万元，如甲方商标被第三人申请撤销，则不需要支付）。2. 付款方式及时间：银行汇款，在商标局核准同意变更后一次性支付。十四、转让方保证在合同有效期内，不在该商标的注册有效地域内经营带有相同或相似商标的商品，也不得从事其他与该商品的产、销相竞争的活动。十五、双方的违约责任：1. 转让方在本合同生效后，违反合同规定，仍在生产的商品上继续使用本商标，除应停止使用本商标外，还应承担赔偿责任，承担合同 20% 的违约金。2. 受让方在合同约定的时间内，未交付商标转让费的，转让方有权拒绝交付商标的所有权，并可以通知受让方解除合同。十六、争议的处理：1. 本合同受中华人民共和国法律管辖并按其进行解释。2. 本合同在履行过程中发生的争议，由双方当事人协商解决，也可由有关部门调解；协商或调解不成的，按下列第 2 种方式解决：（1）提交仲裁委员会仲裁；（2）依法向受让方所在地即合同履行地上海市嘉定区人民法院起诉。十七、解释：本合同的理解与解释应依据合同目的和文本原义进行，本合同的标题仅是为了阅读方便而设，不应影响本合同的解释。十八、补充及附件：本合同未尽事宜，依照有关法律、法规执行，法律、法规未作规定的，甲乙双方可以达成书面补充协议。本合同的附件和补充协议均为本合同不可分割的组成部分，与本合同具有同等的法律效力。十九、合同效力：本合同自双方加盖公章之日起生效。有效期自合同签订之日至商标变更完成、款项付清之日至终止。本合同正本一式二份，双方各执一份，具有同等法律效力"。合同落款处盖有艾迪达斯公司与艾地艾公司的公章。

2013 年 3 月 22 日，思科达公司代理艾地艾公司向商标局提出 1351308 号"ADA"商标和 7383109 号"艾达"商标的转让申请。

2013 年 10 月，陈某某得知艾迪达斯公司名下的"ADA""艾达"商标处于转让状态。2013 年 11 月 1 日，陈某某以艾迪达斯公司法定代表人名义向商标局提出《注册商标（注册号 1351308、注册号 7383109）转让异议通知书》，主要内容为："ADA""艾达"商标属于艾迪达斯公司的财产，高某某背着陈某某转让商标的行为侵害了艾迪达斯公司和陈某某的合法权益，高某某个人的转让行为应属无效，故向商标局提出转让异议，请求商标局终止"ADA""艾达"商标的转让程序。

2013年11月11日，商标局向艾地艾公司发出两份《转让申请补正通知书》，内容为：商标局已受理第1351308号、第7383109号商标的转让申请。受让人营业执照复印件不清晰，请重新提供受让人经年检有效的营业执照副本复印件，或工商机关关于受让人有效存续的证明。请在收到通知书之日起三十日内，按上述要求补正。对补正要求有不同意见的，请在通知书背面予以说明。未在规定期限内补正的，商标局将视为申请人放弃补正。

2013年11月14日，艾迪达斯公司法定代表人陈某某以艾迪达斯公司名义向法院提起诉讼。

原审审理中，艾迪达斯公司提出：1.艾迪达斯公司的公章一直由公司职能部门保管，2013年1月11日起高某某藏匿了艾迪达斯公司公章及证照。2.2013年4月23日陈某某在《昆山日报》上授权律师公开声明，"凡与昆山艾迪达斯电气科技有限公司业务往来的合同、函件，如只加盖公司公章，而无陈某某本人亲笔签名的无效"。3.艾迪达斯公司曾向昆山市人民法院起诉高某某，要求返还公司印章和证照，昆山市人民法院已经作出一审判决，但未支持艾迪达斯公司的诉讼请求。

原审法院认为，本案系商标权转让合同纠纷，艾迪达斯公司诉请涉案的商标转让合同无效。所谓无效合同就是不具有法律约束力和不发生履行效力的合同。一般情况下，合同一旦依法成立，就具有法律拘束力，但是无效合同却由于违反法律、行政法规的强制性规定或者损害国家、社会公共利益，因此，即使其成立，也不具有法律拘束力。我国《合同法》第五十二条规定，"有下列情形之一的，合同无效：（一）一方以欺诈、胁迫的手段订立合同，损害国家利益；（二）恶意串通，损害国家、集体或者第三人利益；（三）以合法形式掩盖非法目的；（四）损害社会公共利益；（五）违反法律、行政法规的强制性规定"。本案中，艾迪达斯公司主张高某某与艾地艾公司恶意串通，损害了艾迪达斯公司和法定代表人陈某某的合法权益。所谓恶意串通是指合同当事人在订立合同过程中，为牟取不法利益合谋实施的违法行为。恶意串通的合同，就是合同的双方当事人非法勾结，为牟取私利，而共同订立的损害国家、集体或者第三人利益的合同。恶意串通的合同具有当事人双方出于故意以及为牟取非法利益的特征。从涉案的商标转让合同形式看，签约双方均加盖公司印章，符合一般商事交易习惯，且艾迪达斯公司未能举证证明高某某擅自加盖艾迪达斯公司公章。从涉案的商标转让合同内容看，商标受让人为艾地艾公司，该公司股东为高某某、陈某某，各占50%股份；商标系有偿转让，艾迪达斯公司可获得对价60万元。因此，涉案的商标转让合同未损害艾迪达斯公司和陈某某的利益。另外，思科达公司只是代理艾地艾公司办理相关商标转让手续，艾迪达斯公司并无证据证明思科达公司参与签订商标转让合同或存在其他过错。艾迪达斯公司主张高某某与艾地艾公司恶意串通签订商标转让合同，缺乏事实依据和法律依据，故对于艾迪达斯公司提出的第一项诉讼请求即要求判令涉案商标转让合同无效，原审法院不予支持。原审法院认为，艾迪达斯公司提出的第二项诉讼请求即要求判令涉案的"ADA""艾达"商标所有权仍归艾迪达斯公司所有，属于商标权权属纠纷，与本案商标权转让合同纠纷属不同法律关系，故在本案中不予处理。据此，原审法院依照《中华人民共和国合同法》第八条、《中华人民共和国民事诉讼法》第一百四十四条、《最高人民法院关于民事诉讼证据的若干规定》第二条的规定，作出如下判决：对艾迪达斯公司的诉讼请求不予支持。一审案件受理费800元，由艾迪达斯公司负担。

原审判决后，艾迪达斯公司不服判决，向本院提起上诉。

上诉人艾迪达斯公司上诉称：艾迪达斯公司由两名股东陈某某和高某某控股，法定代表人为陈某某，但高某某通过长期控制艾迪达斯公司印章的方式负责公司经营管理。由于涉案商标转让合同是高某某私自加盖公章，与其为法定代表人的艾地艾公司签订的，因此，并非艾迪达斯公司的真实意思表示，高某某签订合同系无权代理。涉案合同是高某某与艾地艾公司恶意串通所为，损害了艾迪达斯公司的合法权益。故请求本院撤销原审判决，依法改判支持艾迪达斯公司在原审中的诉讼请求。在审理中，艾迪达斯公司撤回了原审第二项诉讼请求，仅要求判令高某某与艾地艾公司签订的注册号1351308注册商标"ADA"和注册号7383109注册商标"艾达"转让合同无效。

艾迪达斯公司在二审中提交了江苏省苏州市中级人民法院（2015）苏中商终字第01131号民事判决，以证明涉案合同上加盖的印章由高某某掌控和持有，艾迪达斯公司的两名股东陈某某和高某某存有纠纷，涉案合同上加盖印章的行为并非陈某某和艾迪达斯公司的真实意思表示，而是高某某的个人行为。

高某某和艾地艾公司对上述证据经质证认为，对真实性无异议，但该判决只影响判决生效之后的公章加盖行为，之前的加盖公章行为仍然合法有效。且判决所作的返还公章的效力，只存在艾迪达斯公司内部和两股东之间，不影响与第三人之间的权利义务关系。

被上诉人艾地艾公司辩称：涉案合同的签订不存在恶意串通。艾迪达斯公司一直未使用涉案合同所涉的"ADA"注册商标，是艾地艾公司一直使用该商标的，为了保护"ADA"注册商标不被商标局撤销，才订立涉案合同的。

也因为涉案合同，"ADA"注册商标才未被商标局撤销。艾迪达斯公司一直由高某某实际经营，高某某在涉案合同上加盖艾迪达斯公司公章不存在恶意。而艾地艾公司的股东之一也是陈某某，所以涉案合同没有损害他人利益。据此，请求驳回艾迪达斯公司的上诉请求，维持原审判决。

艾地艾公司在二审中提交了如下证据：

1. 编号为撤201102980的商标局《关于第1351308号"ADA"注册商标连续三年停止使用撤销申请的决定》，以证明由于2011年6月商标局受理了案外人商标撤销申请，"ADA"注册商标面临被撤销的风险，艾地艾公司和高某某才于2012年12月签订了涉案合同以保护"ADA"注册商标；

2. 《商标评审申请材料目录》《商标评审代理委托书》《商标撤销复审申请理由书》；

3. （2013）沪嘉证经字第1446号《公证书》。

上述证据2~3证明艾地艾公司为保护商标提供了一系列使用的证据，使得"ADA"商标未被撤销，以进一步证明商标转让行为不具有恶意，是为了保护商标。

艾迪达斯公司对上述证据经质证认为，证据1商标局的撤销决定是2013年8月作出的，但涉案合同签订于2012年12月，从上述时间节点看，涉案合同的订立并非为了保护商标。证据2的内容能证明高某某也掌控艾地艾公司的公章及相关材料，虽然涉案合同的签订主体为两个，但等同于艾地艾公司和自己签订合同。对证据3的真实性予以认可，但对证明力不予认可。"ADA"注册商标和"艾达"注册商标都是艾迪达斯公司许可给苏州艾达电器有限公司使用的，苏州艾达电器有限公司生产产品后，由艾地艾公司负责销售。艾迪达斯公司、艾地艾公司和苏州艾达电器有限公司股东同一，为关联公司。

高某某对上述证据均予以认可。

被上诉人高某某辩称：同意艾地艾公司的答辩意见。高某某一直负责艾迪达斯公司的经营，为了保护公司利益而签订涉案合同，高某某没有损害公司的利益。同时，2014年5月，经股东大会决定，艾迪达斯公司的法定代表人已经由陈克忠变更为高某某，高某某在涉案合同上盖章行为合法有效。请求驳回艾迪达斯公司的上诉请求，维持原审判决。

高某某在二审中提交了《股东会决议》，以证明陈某某已经不是艾迪达斯公司的法定代表人。

艾迪达斯公司经质证认为，艾迪达斯公司在册股东只有陈某某和高某某，不存在很多小股东。目前工商登记载明的法定代表人仍然是陈某某。

艾地艾公司对上述证据予以认可。

第三人思科达公司未作述称。

本院认为，艾地艾公司、高某某对艾迪达斯公司提交的（2015）苏中商终字第01131号民事判决的真实性未表异议，且该判决中所涉事实与本案有关联，故对艾迪达斯公司的证据予以采信。对艾地艾公司提交的证据1~3的真实性本院予以认可，但艾地艾公司的证据只能证明涉案合同所涉的"ADA"商标曾被商标局予以撤销，艾迪达斯公司曾申请复审以及艾地艾公司销售由苏州艾达电器有限公司生产，标注"ADA"注册商标转换开关的事实，并不能证明因为涉案合同存在使得"ADA"注册商标得到了保护。关于高某某提交的《股东会决议》，由于艾迪达斯公司工商登记资料载明公司股东为陈某某和高某某，并没有《股东会决议》上载明的其他人员，故对该证据真实性本院不予采信。

本院经审理查明，原审法院查明事实属实，本院予以确认。

另查明，江苏省苏州市中级人民法院（2015）苏中商终字第01131号民事判决认定：自四川艾达电器有限责任公司更名为艾迪达斯公司并搬迁至昆山市以来，高某某即实际控制艾迪达斯公司。……在控制和管理艾迪达斯公司的过程中，高某某控制并使用了公司公章。2013年4月26日，陈某某在《昆山日报》登报，声明艾迪达斯公司公章为他人持有，单独加盖公司公章并无效力。该判决认为：公司公章是公司人格的象征，具有证明和确定公司主体资格和能力的法律效果，属于公司专有的重要财产。艾迪达斯公司的法定代表人为陈某某，在公司章程或股东会决议未对公司印章具体保管人作出特别规定的情况下，陈某某有权代表公司提起诉讼，要求非法持有人归还公章及合同专用章等。高某某长期以控制公司的方式控制公司公章，并在公司法定代表人向其提出要求后，仍拒不归还，其行为已侵害公司利益，阻碍公司正常经营活动。现陈某某以法定代表人的身份，以公司名义起诉高某某要求其归还公司公章的诉讼请求，法院依法予以支持。据此判决高某某归还艾迪达斯公司公章。

2011年6月27日，商标局受理了案外人ABB·阿西亚·布朗·勃法瑞有限公司以连续三年停止使用为由，要求撤销第1351308号"ADA"商标的申请。商标局于2013年8月12日出具了编号为撤201102980《关于第1351308号"ADA"注册商标连续三年停止使用撤销申请的决定》，撤销了第1351308号"ADA"商标。艾迪达斯公司不服上述决定，向国家工商行政管理总局商标评审委员会申请复审，第1351308号"ADA"注册商标最终未被撤销。

2013年10月24日，艾地艾公司委托代理人朱某某到昆山市花桥国际商务中心商达广场1号楼2202室购买了供货单位为艾地艾公司的"ADA" 9A349-5L/F特产品一个，该产品生产商为苏州艾达电器有限公司。上海市嘉定公证处对上述购物过程进行了保全公证，并出具了（2013）沪嘉证经字第1446号公证书。

以上事实，由江苏省苏州市中级人民法院（2015）苏中商终字第01131号民事判决、编号为撤201102980《关于第1351308号"ADA"注册商标连续三年停止使用撤销申请的决定》《商标评审申请材料目录》《商标评审代理委托书》《商标撤销复审申请理由书》、（2013）沪嘉证经字第1446号《公证书》等证据证实。

本院认为，根据艾迪达斯公司与高某某、艾地艾公司的诉辩主张，本案的主要争议焦点是涉案合同是否为无效合同。

艾迪达斯公司认为，涉案合同系高某某私自加盖艾迪达斯公司公章与其为法定代表人的艾地艾公司签订的，转让商标并非艾迪达斯公司的真实意思表示，系高某某与艾地艾公司恶意串通所为，损害了艾迪达斯公司的利益，应为无效合同。被上诉人艾地艾公司、高某某认为，涉案合同签订不存在恶意串通的事实。由于艾迪达斯公司未使用"ADA"注册商标，为了保护商标不被商标局撤销，才签订了涉案合同。也由于涉案合同，"ADA"注册商标才未被撤销。高某某是艾迪达斯公司的实际经营人，其在涉案合同上的盖章行为未侵犯艾迪达斯公司利益。同时艾地艾公司的股东之一亦为艾迪达斯公司法定代表人陈某某，所以涉案合同没有损害他人利益，不应为无效合同。本院认为，合同是平等主体的自然人、法人、其他组织之间设立、变更、终止民事权利义务关系的协议。法律赋予合同当事人享有自愿订立合同的权利，但该权利的行使应以合同当事人遵循诚实信用原则为前提。如果合同为恶意串通，损害国家、集体或者第三人利益的，则依法为无效合同。涉案合同为商标转让合同，从交易主体看，形式上虽为艾迪达斯公司和艾地艾公司，但代表艾迪达斯公司在涉案合同上加盖公章的为艾迪达斯公司监事高某某，而高某某同时亦为艾地艾公司的法定代表人，高某某与艾地艾公司之间存在密切的关联关系，艾地艾公司是明知高某某利用其所掌控的艾迪达斯公司公章签订涉案合同的，因此，双方为恶意串通。从交易标的看，涉案合同转让的是艾迪达斯公司的注册商标，注册商标承载着公司的商誉，系商事主体较重要的无形资产。从所转让的商标之一"ADA"注册商标曾在商标局被案外人申请撤销的情况，也印证了涉案商标作为无形资产的价值。从交易程序看，高某某虽实际控制管理艾迪达斯公司，但其只是公司监事，公司另一股东为法定代表人陈某某，高某某在作出将公司重要资产转让决定前并未告知和征求陈克忠意见，形成股东会决议，且陈某某在得知涉案合同后，以艾迪达斯公司法定代表人名义向商标局提出了对商标转让的异议，高某某无权代表公司处分涉案商标。从交易结果看，高某某将商标转让给艾地艾公司直接导致艾迪达斯公司丧失了该无形资产，损害了艾迪达斯公司的利益。关于高某某提出的其一直负责艾迪达斯公司的经营，为了保护涉案商标免受三年未使用被撤销而签订涉案合同，其并未损害艾迪达斯公司利益而是保护艾迪达斯公司利益的辩解意见，本院认为，案外人提出撤销商标申请的时间是2011年6月，提出撤销理由为连续三年停止使用，但涉案合同是在2012年12月30日签订的，其对签订之前商标是否使用问题并不具有证明力。艾地艾公司二审提供的公证书亦证明艾地艾公司只是标注有"ADA"注册商标产品的销售商，高某某提出的保护商标而签订涉案合同的理由不具有合理性，因此，对高某某的辩解意见，本院不予采信。关于艾地艾公司所作的其股东之一亦为陈某某，转让行为并未损害他人利益的辩解意见，本院认为，虽然合同当事人的股东之一均为陈某某，但陈某某、高某某因公司经营存在纠纷，且在涉案合同签订中，陈某某对艾迪达斯公司商标转让情况以及对艾地艾公司受让商标情况均不知晓，涉案商标的转让使得艾迪达斯公司丧失对无形资产的所有权，存在对艾迪达斯公司利益的损害，故对艾地艾公司辩解理由，本院不予采信。

综上，由于涉案合同是高某某利用其所掌控的艾迪达斯公司公章与其担任法定代表人的艾地艾公司恶意串通所签订的，涉案商标的转让行为并非艾迪达斯公司的真实意思表示，使得艾迪达斯公司丧失无形资产，损害了艾迪达斯公司的利益，故对艾迪达斯公司主张涉案合同无效的诉讼请求，本院予以支持。无效的合同自始没有法律约束力。由于涉案商标尚在商标局进行商标转让审查，商标权利人仍为艾迪达斯公司，并未转让至艾地艾公司名下，因此，涉案合同无效后，合同中所涉商标转让权利义务，对合同当事人自始没有法律约束力。

综上，依照《中华人民共和国合同法》第五十二条第二项、第五十六条，《中华人民共和国公司法》第二十一条第一款、第一百四十八条第一款，《中华人民共和国民事诉讼法》第一百七十条第一款第二项、第一百七十四条、第一百七十五条，《最高人民法院关于适用〈中华人民共和国民事诉讼法〉的解释》第二百四十条之规定，判决如下：

一、撤销上海市普陀区人民法院（2014）普民三（知）初字第264号民事判决；

二、昆山艾迪达斯电气科技有限公司与上海艾地艾电器有限公司之间签订的转让第1351308号"ADA"注册商标和第7383109号"艾达"注册商标的《商标转让合同》无效。

本案一审案件受理费人民币800元、二审案件受理费人民币800元，均由上诉人高某某、上海艾地艾电器有限公司负担。

本判决为终审判决。

审　判　长　杨　韡
审　判　员　吴盈喆
代理审判员　程　黎
二〇一六年二月二十九日
书　记　员　李冰雪

附：相关的法律条文

一、《中华人民共和国合同法》

第五十二条　有下列情形之一的，合同无效：

......

(二) 恶意串通，损害国家、集体或者第三人利益；

......

第五十六条　无效的合同或者被撤销的合同自始没有法律约束力。合同部分无效，不影响其他部分效力的，其他部分仍然有效。

二、《中华人民共和国公司法》

第二十一条　公司的控股股东、实际控制人、董事、监事、高级管理人员不得利用其关联关系损害公司利益。

......

第一百四十八条　董事、监事、高级管理人员应当遵守法律、行政法规和公司章程，对公司负有忠实义务和勤勉义务。

......

三、《中华人民共和国民事诉讼法》

第一百七十条　第二审人民法院对上诉案件，经过审理，按照下列情形，分别处理：

......

(二) 原判决、裁定认定事实错误或者适用法律错误的，以判决、裁定方式依法改判、撤销或者变更；

......

第一百七十四条　第二审人民法院审理上诉案件，除依照本章规定外，适用第一审普通程序。

第一百七十五条　第二审人民法院的判决、裁定，是终审的判决、裁定。

四、《最高人民法院关于适用〈中华人民共和国民事诉讼法〉的解释》

第二百四十条　无独立请求权的第三人经人民法院传票传唤，无正当理由拒不到庭，或者未经法庭许可中途退庭的，不影响案件的审理。

I. Dispute over Confirmation of Ownership and Infringement of Patent Right

1. Dispute over Invention Patent Infringement between IRO (Wuxi) Technology Co., Ltd. v. Ji and Wujiang Zhenyu Textiles Electrical Equipment Factory

Shanghai Intellectual Property Court
Civil Judgment

(2015) HZMCZ No. 113

Plaintiff: IRO (Wuxi) Technology Co., Ltd.
Legal Representative: SAMUELSSON OLA MAGNUS, President & General Manager of the Company.
Entrusted agent: Zheng, a lawyer from Jiangsu Jincheng Law Firm.
Defendant: Wujiang Zhenyu Textiles Electrical Equipment Factory.
Investor: Ji, manager of the Factory.
Entrusted agent: Tao A, a patent agent of Suzhou Chuangyuan Patent and Trademark Agency Co., Ltd.
Entrusted agent: Tao B, a lawyer from Shanghai Sunhold Law Firm (Shanghai).
Defendant: Ji.
Entrusted agent: Chen, a lawyer from Shanghai Sunhold Law Firm (Shanghai).

The Plaintiff IRO (Wuxi) Technology Co., Ltd. filed a lawsuit against the Defendants Wujiang Zhenyu Textiles Electrical Equipment Factory (hereinafter referred to as the "Zhenyu Factory" excepct in the text of judgment) and Ji for the dispute over infringement of patent for invention on February 9, 2015. After accepting the case, this court formed a collegiate bench according to law and conducted the trial respectively on April 20, 2015 and June 29, 2015. The Plaintiff's entrusted agent Zheng, the Defendant Zhenyu Factory's entrusted agent Tao A and Tao B and the Defendant Ji's entrusted agent Chen appeared in court in the two trials. Six-month extension was endorsed by the chief judge for this case and now the trial of this case has been concluded.

The Plaintiff IRO (Wuxi) Technology Co., Ltd. claimed that Nova Roy Electronics Company applied to the State Intellectual Property Office for an invention patent named "yarn brake for weaving machine" on June 26, 1997 and was awarded the patent on December 18, 2002. The patent number is ZL97195882. 3. Nova Roy Electronics Company granted the exclusive right to exploit such patent to the Plaintiff and filed the recording of the Patent License Contract on July 7, 2008. On June 16, 2014, the Plaintiff found that the Defendant Zhenyu Factory exhibited the alleged infringing product at China Textile Machinery Exhibition-International and ITMA Asia held in Shanghai New International Expo Centre. After making comparison, the Plaintiff believed that the technical feature of the alleged infringing product was the same as that recorded in the involved patent claim 1, and believed that the alleged infringing product fell within the protection scope of the involved patent right, and therefore Zhenyu Factory's act constituted patent infringement; Zhenyu Factory is an individual proprietorship enterprise of the Defendant Ji, who should bear joint and several liability for the infringement act of Zhenyu Factory. Therefore, the Plaintiff requested this court to rule that: 1. the Defendants stop the manufacturing, using, selling and offering for the sale of the infringing product, and destroy the infringing products and mold; 2. the Defendants pay the Plaintiff RMB 116 800, covering the economic losses of RMB 100 000 (the same currency below) and reasonable expenses of RMB 16 800 incurred by the Plaintiff to investigate and stop the Defendants' infringement act.

The Defendant Zhenyu Factory argued that: 1. it only used the alleged infringing product at the exhibition, and did not conduct manufacture, sale, offering for sale or any other acts specified in the *Patent Law*; 2. the alleged infringing product shown at the exhibition was from Shengzhou Boji Chemical Fiber Machine Parts Plant (hereinafter referred to as the "Boji Plant") and had legal origin; 3. the words "extrude" "angle route" and "control apparatus" in the involved patent claim 1 were functional descriptions which were ill-defined and uncertain, with respect to which the alleged

I. Dispute over Confirmation of Ownership and Infringement of Patent Right

infringing product was not the same as or identical to the involved patent. Accordingly, the Defendants requested this court to reject all the claims of the Plaintiff according to law.

The Defendant Ji agreed with the defense made by the Defendant Zhenyu Factory and argued that the alleged infringing product was used by Zhenyu Factory to show the client that the weft accumulator produced by the Defendant could be installed with the alleged infringing product, which did not constitute the act of use as defined in the *Patent Law* and was not for the purpose of production or business operation.

Through trial, this court found that Nova Roy Electronics Company applied to the State Intellectual Property Office for an invention patent named "yarn brake for weaving machine" on June 26, 1997 and was awarded the patent on December 18, 2002. The patent number is ZL97195882.3, and the publication date of such patent is July 21, 1999. The contents recorded in claim 1 of the involved patent for which the Plaintiff asked for protection are as follows: a yarn brake, including: a fixed holder (1); fixed yarn guidance components set apart at regular intervals (2, 3, 22) which should limit a straight yarn access (C) passing the yarn brake (B); a swing driving device (D); at least one braking element (E) should extrude from the swing driving device (D) to the straight yarn access (C), and the braking element (E) should be controlled by the swing driving device (D), to form an angle route (10), an axis of rotation (X) should be wrapped between an initial position at one side of the yarn access (C) and at least one braking position (E1) at the other side of the yarn access (C), the axes of rotation should be generally parallel to the straight yarn access and there should be a distance between the axes of rotation and the straight yarn access (C); a control apparatus (A) which would be used to change the deflection degree of the yarn (Y) at the braking position (E1) of the braking element (E), characterized in that the distance (L) between the axis of rotation (X) of the braking element (E) and the straight yarn access (C) is changeable.

As recorded in the involved patent specifications, as a favorable example of the yarn brake of the invention, the swing driving device is composed of a swing magnet including a shell and a drive shaft. The axis of rotation of the swing driving device is generally parallel to the straight yarn access. The braking element is composed of a common u-shaped holder, and the front end of the holder's arm is fixed on the drive shaft so that the flexion of the u-shaped part could be extended towards the straight yarn access. The backstop device is supported by the shell abovementioned. The shell or its supporting mass could slide into the opening position of the holder, and the opening position is a litter larger than the shell in its slide direction. ... as another example of this invention, the u-shaped holder is parallel to the location of the straight yarn access. The upper arm of the holder is longer than its lower arm, and each of the free end of the arm has the same distance from the straight yarn access. The flexion of the u-shaped holder is composed of a straight cross-bar which is connected with such two arms. The cross-bar extends obliquely to the lower arm from the longer upper arm. ... a simple supporting structure design and an easy adjustment of the yarn's deflection degree may be realized based on the following yarn brake of the invention. In the yarn brake, the opening position is constituted by two side walls set apart with each other with certain distance, which will together form a sliding guidance part for the shell. The shell has an external rectangular outline which could be slid and installed between the side walls. At least one of the side walls is equipped with the device which would be used to fix and locate the shell. There will be several holes in at least one side wall of the holder which will be used to contain the dismountable fixed device.

Different positions of the structural unit may be preset in the holder, and such different positions represent different deflection degrees of the yarn. ... in the example shown in figure 1, ... in this example, at least one regulating screw 7 could shift the unit U upward or downward, and could fix the unit U at the designated position. Screw 7 will rip into holder 1 and will be screwed into flange 8 in the swing driving device. ... a compact-structure yarn brake is shown in the brief example from figure 2 to figure 5. Such yarn brake includes a common u-shaped holder 1 which will be used to fix yarn brake B at a structure bearing element 21. For example, such structure bearing element 21 will carry the upstream yarn guidance element 2 of the yarn brake. As gripped by fixed bolt 31 (figure 5), holder 1 is fixed on element 21. Holder 1 carries a u-shaped supporting mass 11 which encircles the lower part of yarn guide eye 3 through enveloping part 12 so as to support yarn guide eye 3. Enveloping part 12 has a filleted or glazed connection with supporting mass 11, and yarn guide eye 3 is a circinate and ceramic one. The third yarn guidance element 22 is set between yarn guidance elements 2 and 3 and is aligned with elements 2 and 3. Element 22 is supported by the protrusive column 32 in supporting mass 11. ... at least one side wall 14 of holder 1 has several holes 28 to contain fixed screw 29 which

I. Dispute over Confirmation of Ownership and Infringement of Patent Right

will be screwed into shell 13 of driving device D. Swing the screw 29 out of hole 30 of shell 13 and move up the swing driving device D at the opening position 16 from the lowest position (figure 2) to a higher position (figure 3), and then screw the fixed screw 29 into the another hole 28 of side wall 14 Then, distance L is decreased to L1 to get a smaller yarn deflection degree.

On May 8, 2008, the patenteeNova Roy Electronics Company and the Plaintiff entered into a Patent License Contract, according to which the patentee granted the Plaintiff the exclusive right to develop four patents (including the involved patent) free of charge. On July 7, 2008, the Patent License Contract above was filed with the State Intellectual Property Office for record, and the contract term recorded in the filing announcement is from May 8, 2008 to July 18, 2017.

On June 20, 2014, according to the Plaintiff's application for pretrial evidence preservation, Shanghai No. 1 Intermediate People's Court detained one set of weft accumulator of the Defendant Zhenyu Factory exhibited at China Textile Machinery Exhibition-International and ITMA Asia held in Shanghai New International Expo Centre. The weft accumulator is connected with a yarn brake (i. e. the alleged infringing product involved). A bar code was posted on the side of the weft accumulator's body and such words as "Zhenyu" "ZYS electronic weft storage controller" "201402011244" and "Wujiang Zhenyu Textiles Electrical Equipment Factory" were marked on the machine body. A nameplate of "Zhenyu®" was installed at the front end of the weft accumulator.

The alleged infringing product includes a like-L-shaped fixed support. There is a porcelain eye at the center of the main body of the fixed support and a slotted hole on the outside to contain screws. Two long-waist-shaped holes are on the side wall of the fixed support which are used to contain screws; the fixed support is encompassing a swing driving device and screw the fixed screw into the shell of the swing driving device through the holes on the side wall of the fixed support; on one side of the mainbody of the fixed support and one end of the wing drive device there is a rubber backstop respectively; a u-shaped supporting mass is installed at the other side of the mainbody of the fixed support, and both arms of such supporting mass have a porcelain eye respectively. Two porcelain eyes are in the same perpendicular line with the porcelain on the mainbody of the fixed support; there is another u-shaped support, and the frond ends of such support's two arms are fixed on the drive shaft of the swing driving device, and the flexion of the u-shaped support extended outwards and exceed the position of three porcelain eyes; one end of the u-shaped supporting mass's upper arm is fixed on the rubber backstop installed at the main body of the fixed support, and the lower arm passes through the two arms of the u-shaped support.

The Defendant Zhenyu Factory is an individual proprietorship enterprise established on May 10, 2002 and was invested by the Defendant Ji. The business scope of Zhenyu Factory covers the production and sale of textile appliance and machine, novel energy-saving electrical machine, LED light and the sale of chemical fiber materials and chemical fabric.

It is further ascertained that the attorney's fee of this case agreed by the Plaintiff with Jiangsu Jincheng Law Firm was RMB 16 800, which shall be paid off within 7 days upon the receipt by the Plaintiff of the written judgment of first instance or the mediation document or upon the conclusion of the trial of first instance.

The above facts are supported by the copy of patent register, the filing certificate of Patent License Contract, the Patent License Contract and the patent invention specification submitted by the Plaintiff, the letter sent to the Plaintiff by Jiangsu Jincheng Law Firm, the related preservation materials of Case (2014) HYZMBZ No. 19, the alleged infringing product and other evidences. The evidences above have been cross-examined in the trial, and the two Defendants raised no objection to the authenticity thereof, thus are affirmed by this court.

To prove that the alleged infringing product was bought from Boji Plant for the purpose of product research and development, the two Defendants submitted the following evidences: 1. Zhejiang VAT special invoice (invoice number: 0753784) indicating the invoice date of January 15, 2010, description of goods (including carded yarn and electromagnetic acupuncture, etc.) . There were 20 sets of carded yarn products at unit price (tax inclusive) of RMB 380. 2. Certificate issued by Boji Plant, indicating that the carded yarn product (yarn brake for weaving machine) exhibited at China Textile Machinery Exhibition-International and ITMA Asia held in Shanghai New International Expo Centre by the Defendant Zhenyu Factory on June 16, 2014 was provided by Boji Plant on January 15, 2010 who was willing to bear the liability therefrom. The business license and Organization Code Certificate of Boji Plant, identity certificate of the principal and identity card of Gong were attached to such certificate. 3. Product publicity manual of Boji Plant including photos of carded yarn and carded yarn shelf and other products. The structure of the carded yarn prod-

I. Dispute over Confirmation of Ownership and Infringement of Patent Right

uct was the same as that of the alleged infringing product. 4. The witness Gong appeared in court to testify that: He was the sales person of Boji Plant from August 2009 to June 2011; the alleged infringing products were sold to the Defendant Zhenyu Factory by Boji Plant in January 2010, and that transaction was handled by Gong. He remembered the transaction time clearly because this transaction was his first concluded business and the business volume was small. There was no mark on the alleged infringing products sold by him; Boji Plant only sold the alleged infringing products to the Defendant for that once. The quantity of the alleged infringing products sold were more than 20 with unit price of around RMB 400. In addition to the alleged infringing products, Boji Plant also sold conversion valves and other three or four types of products to the Defendant, but he could not remember the total transaction amount. During the transaction, Gong visited the Defendant for product promotion with the product publicity manual, and they did not sign any contract. He could not remember the responsible person and the goods delivery mode; Boji Plant did not produce the alleged infringing products any more after the litigation between it and the Plaintiff was concluded in 2011; the alleged infringing products were used as model machines.

After cross-examination, the Plaintiff confirmed the authenticity of evidence 1 submitted by the Defendant and refused to recognize the authenticity of other evidences. The Plaintiff held that such evidences could only prove that Boji Plant had sold carded yarn products to the Defendant once but could not prove that the products sold by Boji Plant were the alleged infringing products involved in this case.

This court affirms the authenticity of the attachments of evidence 1 and evidence 2 and that of evidence 3 submitted by the Defendants. With regard to the certificate in evidence 2 and evidence 4, although the witness said that he clearly remembered the transaction time and the transaction number of carded yarn products because the transaction between Boji Plant and Zhenyu Factory was his first concluded business, he could not remember the essential transaction mode and transaction amount, therefore, the testimonies were contradictory, thus are not affirmed by this court. Based on the evidences submitted by the Defendants, this court will not recognize the probative force of such evidences on the following grounds: the time when Zhenyu Factory bought the carded yarn products indicated in evidence 1 was January 15, 2010 and the transaction number was only 20. The evidence obtaining time of the alleged infringing product was June 20, 2014, more than 4 years after the product was purchased, which was obviously repugnant to common sense, and there was no evidence to prove the Defendant's defense that the alleged infringing products were purchased for the purpose of research and development of weft accumulator. Therefore, although this court can confirm that the 20 sets of carded yarn products were bought by Zhenyu Factory from Boji Pant on January 15, 2010, it could not be affirmed that the alleged infringing products exhibited by the Defendant were such products as purchased by it on January 15, 2010.

This court holds that, according to Article 11 of the *Patent Law of the People's Republic of China*, after a patent for invention is granted, unless otherwise provided for in this Law, no entity or individual may exploit the patent (i. e. manufacture, use, offer to sell, sell or import the patented product for the purpose of production and operation) without the permission of the patentee. The patentee Nova Roy Electronics Company granted the exclusive right to exploit the pant of invention named "yarn brake for weaving machine" to the Plaintiff, thus the Plaintiff is entitled to file a lawsuit with the people's court against the infringement of the involved patent right by others within the authorization period. The main focuses of dispute of this case lie in: i. whether the alleged infringing product falls into the protection scope of the involved patent right; ii. whether the Defendant Zhenyu Factory had manufactured, sold, offered to sell or used the alleged infringing product; iii. the civil liability to be borne by the Defendants.

Ⅰ. Whether the alleged infringing product falls into the scope of protection of the involved patent right

Article 7 of the *Interpretation by the Supreme People's Court on Several Issues Concerning the Application of Laws to the Trial of Patent Infringement Disputes* stipulates that: where a people's court decides whether an alleged infringing technical solution falls into the scope of protection of a patent right, the people's court shall examine all technical features defined in the claims asserted by the patentee. Where the alleged infringing technical solution includes the features that are identical or equivalent with all the technical features defined in a claim, the people's court shall determine that the alleged infringing technical solution falls into the scope of protection of the patent right; where compared with all the technical features of a claim, the alleged infringing technical solution lacks one or more technical features of the claim, or one or more technical features in the technical solution and the asserted claim are neither identical nor equivalent, the people's court shall determine that the alleged in-

I. Dispute over Confirmation of Ownership and Infringement of Patent Right

fringing technical solution doesn't fall into the scope of protection of the patent right. According to Paragraph 1, Article 59 of the *Patent Law of the People's Republic of China*, the protection scope of the invention patent right shall be subject to the claims, and the specification and attachments may be used to explain the claims.

As recorded in claim 1 of the involved patent: the subject matter of involved patent is a tarn brake which has the following technical features: 1. a fixed holder; 2. several yarn guidance elements set apart at regular intervals which should limit a straight yarn access passing the yarn brake; 3. a swing driving device; 4. at least one braking element, which should extrude from the swing driving device to the straight yarn access, and the braking element should be controlled by the swing driving device, to form an angle route, an axis of rotation should be wrapped between an initial position at one side of the yarn access and at least one braking position at the other side of the yarn access, the axes of rotation should be generally parallel to the straight yarn access and there should be a distance between the axes of rotation and the straight yarn access; 5. a control apparatus which would be used to change the deflection degree of the yarn at the braking position of the braking element; 6. the distance between the axis of rotation of the braking element and the straight yarn access is changeable.

As to the defense made by the Defendant that the words "extrude" "angle route" and "control apparatus" in the involved patent claim 1 were functional description which were ill-defined and uncertain, this court holds that: 1. with regard to the sentence "at least one braking element should extrude from the swing driving device to the straight yarn access", the extrusion is not a functional feature. Extrusion refers to a structural appearance feature of mechanical parts (i.e. higher than or exceeding other mechanical parts). Any general technician in this field could understand that the technical feature of the involved patent is that the braking element stretches out the straight yarn access or extends towards the straight yarn access, or extends from the fixed end and exceeds the straight yarn access. Such technical feature is clear. 2. Angle route is not a functional feature. Although angle route is not a terminology in this field, based on figures 1, 2 and 3 in the involved patent specification, any general technician in this field could understand that angle route refers to the range of rotation or swing degree of the braking element. Therefore, this technical feature is also clear. 3. With regard to control apparatus, claim 1 of the involved patent only recorded the function of the control apparatus to be realized, i.e. to change the deflection degree of the yarn at the braking position of the braking element. However, the specific structure of the apparatus used to realize such function had not been recorded. Thus such technical feature may be deemed as a functional feature. Article 4 of the *Interpretation by the Supreme People's Court on Several Issues Concerning the Application of Laws to the Trial of Patent Infringement Disputes* stipulates that: Where a technical feature in claims is expressed in way of functions or effects, the people's court shall determine the content of the technical feature in consideration of the detailed embodiments of the functions or effects described in the specification and drawings and equivalents thereof.

According to the description in the involved patent specifications of "there will be several holes in at least one side wall of the holder which will be used to contain the dismountable fixed device screwed in the shell, different positions of the structural unit may be preset in the holder, and such different positions represent different deflection degrees of the yarn", the example description in figure 1 of "Screw 7 will rip into holder 1 and will be screwed into flange 8 in the swing driving device D", the example descriptions from figures 2 to 5 of "At least one side wall 14 of holder 1 has several holes 28 to contain fixed screw 29 which will be screwed into shell 13 of driving device D. Swing the screw 29 out of hole 30 of shell 13 and move up the swing driving device D at the opening position 16 from the lowest position (figure 2) to a higher position (figure 3), and then screw the fixed screw 29 into the another hole 28 of side wall 14 Then, distance L is decreased to L1 to realize a smaller yarn deflection degree", the concrete structure of the control apparatus composed of holes and screws and its installation position could be clearly understood. Therefore, such technical feature is also clear. In conclusion, the defense made by the Defendant that the claims of involved patent are unclear and uncertain is unfounded and thus is rejected by this court.

Upon comparison with the involved patent, the alleged infringing product had the following features: 1. a fixed support, and this technical feature was the same as that of the involved patent. 2. two porcelain eyes on the fixed supporting mass and one porcelain eye on the fixed support, any general technician in this field with basic knowledge could understand that such three porcelain eyes are yarn guidance elements (structure of yarn guidance element was also described in the involved patent specification). Such three porcelain eyes were vertically set and were set apart at a certain distance so as to limit a straight yarn access passing the yarn

I. Dispute over Confirmation of Ownership and Infringement of Patent Right

brake. Therefore, such technical feature is identical with technical feature 2 of involved patent. 3. a swing driving device, and such technical feature is identical with technical feature 3 of involved patent. 4. a u-shaped holder. According to the involved patent specification and its figures, the u-shaped holder of the alleged infringing product was the braking element of the involved patent. Because the flexion of such braking element exceeds three porcelain eyes, the technical feature of the involved patent of "extruding from the swing driving device to the straight yarn access" was met; meanwhile, because the front ends of such braking element's two arms were fixed on the drive shaft, the braking element was controlled by the swing driving device, encompassed the drive shaft and swing between the two stoppers, which met the technical feature in the involved patent of "To form an angle route, an axis of rotation should be wrapped between an initial position at one side of the yarn access and at least one braking position at the other side of the yarn access". Therefore, such technical feature was identical with technical feature 4 of the involved patent. 5. There were holes and screws on the fixed support, and such structure was the same as the concrete structure of control apparatus disclosed in the involved patent specification. Such holes and screws may shift and adjust the swing driving device and the braking elements on the rack so as to change the distance between the axis of rotation of braking element and the straight yarn access. Because the distance is changed, the yarn's deflection degree will be changed inevitably even if the position of two rubber stoppers is unchanged. Therefore, the technical features of the alleged infringing product above were the same as technical features 5 and 6 of the involved patent.

Therefore, the technical features of the alleged infringing products are the same as all of the technical features recorded in claim 1 of the involved patent and fall into the protection scope of the involved patent right.

II. Whether the Defendant Zhenyu Factory manufactured, sold, offered to sell or used the alleged infringing product

1. Whether the alleged infringing products were produced by the Defendant Zhenyu Factory. The alleged infringing product and the weft accumulator obtained by evidence preservation were connected with each other. The company name and trademark of Zhenyu Factory were marked on the weft accumulator, so Zhenyu Factory could be identified as the manufacturer of the weft accumulator. However, as to the issue whether the alleged infringing product was produced by the Defendant, because such kind of product was only an accessory of the weft accumulator which may be sold sep-

arately, the identity of the alleged infringing product's manufacturer could not be directly determined only according to the manufacturer information on the weft accumulator product. According to the evidences provided by the Defendant Zhenyu Factory, Zhenyu Factory had indeed bought carded yarn products from the third party Boji Plant, so it is unlikely that Zhenyu Factory produced such product by itself. There is no evidence proving that the Defendant exhibited the alleged infringing products as the producer thereof. Therefore, the claim made by the Plaintiff that the alleged infringing product was produced by the Defendant Zhenyu Factory cannot be supported by this court for lack of sufficient grounds.

2. Nature of the exhibition by the Defendant Zhenyu Factory of the alleged infringing products. Article 24 of *Several Provisions of the Supreme People's Court on Certain Issues Concerning the Application of Laws to the Trial of Patent Disputes* provides that offering for sale means the expression of will for sale by way of advertisement, shop window display or exhibition. Firstly, the Defendant Zhenyu Factory participated into the exhibition and exhibited the alleged infringing product on its stand. Because the purpose of an exhibition was to sell the goods exhibited, the participant would think that the alleged infringing product exhibited by the Defendant would be sold with the weft accumulator. Secondly, the Defendant Zhenyu Factory exhibited the alleged infringing product as an accessory of the weft accumulator in order to make the participants pay attention to the effect of cooperative use of the alleged infringing product and the weft accumulator. After seeing the products exhibited by the Defendant, the participants are very likely to be interested in buying the alleged infringing products. The alleged infringing products are not general goods or common products in the market, so participants who are willing to buy the alleged infringing product would inquire about the price of or buy the alleged infringing product from the Defendant Zhenyu Factory. Therefore, this court believes that the act of the Defendant Zhenyu Factory should be offering for sale for the purpose of production and operation, rather than simple using.

In addition, the Plaintiff accused the Defendant of conducting sales act, and such claim should not be supported by this court because the Plaintiff failed to provide any evidence.

Ⅲ. Civil liabilities that shall be borne by the two Defendants

According to the provisions of Article 70 of the *Patent Law of the People's Republic of China*, those who exploit, offer to sell or sell patent infringing products

I. Dispute over Confirmation of Ownership and Infringement of Patent Right

manufactured and sell without the authorization of the patentee for production or business purposes and can prove the legal source of the products shall not be held liable for the damages. The Defendant Zhenyu Factory offered for the sale of the alleged infringing product. Although Zhenyu Factory submitted relevant evidences to prove that the alleged infringing product has legal origin, as stated earlier by the court, the evidences provided by Zhenyu Factory could not prove that the alleged infringing product offered for sale by it was the product bought by it from Boji Plant on January 15, 2010. Therefore, the defense of legal origin made by the Defendant is untenable, and the Defendant should stop its infringement act and bear the civil liability for damages. With regard to the economic losses and reasonable right protection expenses claimed by the Plaintiff, the existing evidences in this case could only prove that the Defendant Zhenyu Factory conducted the offering for the sale of the alleged infringing product, and there is no evidence to prove that the offering for the sale of the alleged infringing product by the Defendant caused any losses to the Plaintiff or that the Defendant obtained any profit from the offering for the sale of the alleged infringing product, thus the claim of economic losses made by the Plaintiff is rejected by this court. With regard to the reasonable expenses, the attorney's fee of RMB 16 800 claimed by the Plaintiff, after giving overall consideration to the complexity of this case, the workload of the attorney in this case and the supporting degree of the Plaintiff's appeal, this court confirms that the attorney's fee should be RMB 10 000 according to the specific circumstances.

The Defendant Ji is the investor of Zhenyu Factory. According to Article 31 of the *Law on Individual Proprietorship Enterprise of the People's Republic of China*, where the assets of the Defendant Zhenyu Factory are insufficient to fulfill the monetary payment obligation abovementioned, the Defendant Ji shall use his other personal property to perform such payment obligation. As to the claim made by the Plaintiff that the Defendant Ji shall bear the civil liability to desist from infringement, this court holds that the civil liability to desist from infringement is exclusive and may not be transferred to any third party or performed by any third party as an agent. The involved sales act was conducted by the Defendant Zhenyu Factory, therefore, the civil liability to desist from infringement should be borne by the Defendant Zhenyu Factory who committed the involved infringement act. According to the *Law on Individual Proprietorship Enterprises of the People's Republic of China*, the investor's liability for *individual proprietorship enterprise* is limited to monetary payment obligation and does not include the civil liability to desist from infringement. Therefore, the claim made by the Plaintiff that the Defendant Ji shall bear the civil liability to desist from infringement jointly with Zhenyu Factory has no legal basis and thus is rejected by this court.

In conclusion, in accordance with the provisions of Paragraph 1, Article 11 and Article 65 of the *Patent law of the People's Republic of China*, Article 22 *of the Several Provisions of the Supreme People's Court on Certain Issues Concerning the Application of Laws to the Trial of Patent Disputes* and Article 31 of the *Law on Individual Proprietorship Enterprise of the People's Republic of China*, the ruling is made as follows:

I. The Defendant Wujiang Zhenyu Textiles Electrical Equipment Factory shall desist from its infringement against the patent for invention called "yarn brake for weaving machine" (patent number: ZL97195882.3) since the date on which this Judgment comes into force.

II. The Defendant Wujiang Zhenyu Textiles Electrical Equipment Factory shall pay the Plaintiff IRO (Wuxi) Technology Co., Ltd. RMB 10 000 for the reasonable expenses paid by the Plaintiff for this case within 10 days after this Judgment comes into effect.

III. Where the assets of the Defendant Wujiang Zhenyu Textiles Electrical Equipment Factory are insufficient to fulfill the monetary payment obligation abovementioned, the Defendant Ji shall use his other personal property to perform such payment obligation.

IV. The other claims made by the Plaintiff IRO (Wuxi) Technology Co., Ltd. are rejected.

In case that the Defendant fails to make payment within the period specified in the Judgment, the amount of interest arising therefrom during such delay period should be doubled in accordance with the provisions of Article 253 of the *Civil Procedure Law of the People's Republic of China*.

The court fee is RMB 2 636, of which the Plaintiff IRO (Wuxi) Technology Co., Ltd. shall bear RMB 1 206 and the Defendant Wujiang Zhenyu Textiles Electrical Equipment Factory shall bear RMB 1 430.

Either party that refuses to accept this ruling as final may, within fifteen days after service of this Judgment, appeal to Shanghai High People's Court by submitting

I. Dispute over Confirmation of Ownership and Infringement of Patent Right

an appeal petition to the court and the copies thereof shall be provided according to the number of persons of the opposing party.

           Chief Judge Liu Junhua
             Judge Ling Song
             Judge Xu Yanhua
            March 10, 2016
          Law Clerk Tang Jingqian

Attachment: Relevant laws

I. *Patent Law of the People's Republic of China*

Article 11 After the patent right for an invention or a utility model is granted, except otherwise provided in this Law, no entity or individual may, without the authorization of the patentee, exploit the patent, that is, to manufacture, use, offer to sell, sell or import the patented product, or use the patented process, and use, offer to sell, sell or import the product directly obtained from the patented process for production or business purposes.

...

Article 65 The amount of compensation for a patent infringement shall be determined on the basis of the actual losses incurred to the patentee as a result of the infringement. If it is difficult to determine the actual losses, the actual losses may be determined on the basis of the gains which the infringer has obtained from the infringement. If it is difficult to determine the losses incurred to the patentee or the gains obtained by the infringer, the amount shall be reasonably determined by reference to the multiple of the royalties for this patent. In addition, the compensation shall include the reasonable expenses that the patentee has paid for stopping the infringement.

If it is difficult to determine the losses incurred to the patentee, the gains obtained by the infringer as well as the royalty obtained for the patent, the people's court may, by taking into account such factors as the type of patent, nature and particulars of the infringement, etc., decide a compensation in the sum of not less than 10

000 yuan but not more than 1 000 000 yuan.

II. *Several Provisions of the Supreme People's Court on Certain Issues Concerning the Application of Laws to the Trial of Patent Disputes*

Article 22 Where the patentee claims reasonable expenses paid for putting an end to the infringement, the people's court may calculate the expenses separately from the compensation amount determined according to Article 65 of the *Patent Law*.

III. *Law on Individual Proprietorship Enterprise of the People's Republic of China*

Article 31 Where the assets of a individual proprietorship enterprise are not sufficient to repay its debts in full, the individual proprietor shall contribute his other personal assets to cover the difference.

I. Dispute over Confirmation of Ownership and Infringement of Patent Right

2. Dispute over Design Patent Infringement between Shanghai M&G Stationery Inc. v. Deli Group and Jinan Kunsen Trading Co., Ltd.

Shanghai Intellectual Property Court
Civil Judgment

(2016) H73 MC No. 113

Plaintiff: Shanghai M&G Stationery Inc.

Legal Representative: Chen, President of the company.

Entrusted agent: He, a lawyer from Shanghai Office of King & Wood Mallesons.

Entrusted agent: Wang A, a lawyer from Shanghai Office of King & Wood Mallesons.

Defendant 1: Deli Group.

Legal Representative: Lou, President of the company.

Entrusted agent: Zhang, a lawyer from Beijing Shiguang Law Office.

Entrusted agent: Xu, patent agent of Ningbo Tianyi Patent Agency Co., Ltd.

Defendant 2: Jinan Kunsen Trading Co., Ltd.

Legal Representative: Wang B.

Shanghai M&G Stationery Inc. (the Plaintiff, hereinafter referred to as the "M&G" except in the text of judgment) brought an action against Deli Group (Defendant 1, hereinafter referred to as the "Deli" except in the text of judgment) and Jinan Kunsen Trading Co., Ltd. (Defendant 2, hereinafter referred to as the "Kunsen" except in the text of judgment) concerning the dispute over design patent infringement. After accepting the case on January 21, 2016, this court held trial under ordinary procedure with assistance from the technical investigation officer, Yang. Deli's objection to jurisdiction raised in the defense period was rejected by this court according to law. Delifiled an appeal aftwards. On June 29, 2016, Shanghai High People's Court ruled to dismiss the appeal and affirm the original judgment. On October 26, 2016, this court heard the case in public in the attendance of M&G's

entrusted agents, He and Wang A, and Deli's entrusted agents, Zhang and Xu. Kunsen did not appear in court without justifiable reasons after receiving this court summon. Therefore, this court tried the case at the absence of Kunsen. The trial of this case has been concluded.

M&G requested this court to rule that: 1. The two Defendants stop the infringement of ZL200930231150.3 design patent immediately, i.e. Deli stops making and selling the product immediately, while Kunsen stops selling and offering to sell the product immediately; 2. two Defendants destroy all infringing products in stock and the special equipment and molds used to make those products; and 3. Deli compensates for the Plaintiff's economic losses totaling RMB 1 800 000 and pays reasonable expenses of RMB 200 000 as incurred by the Plaintiff for stopping the infringement based on the following facts and grounds: the Plaintiff applied to the State Intellectual Property Office of the P.R.C (hereinafter referred to as the "SIPO") for ZL200930231150.3 design patent on November 26, 2009, which was awarded on July 21, 2010 and is still within its valid period now. In November 2015, it's discovered that Deli made and sold Deli Pop Star Fashion A32160 gel pens, which were also sold and offered to be sold by Kunsen on Tmall. The Plaintiff deemed them identical to its patented product and similar to such product in design. Therefore, the two Defendants were brought to court for infringement of design patent.

Defendant Deli argued that the alleged infringing product made and sold by it was neither identical nor similar to the Plaintiff's patented product in design, which, therefore, should not be deemed to infringe upon the Plaintiff's patent. Even if there's an infringement, the compensation and reasonable expenses claimed by the Plaintiff were too high and lacked factual and legal basis. Therefore, Deli requested this court to dismiss all of the Plaintiff's claims.

Defendant Kunsen did not submit any defense.

The parties submitted evidences for their claims respectively according to law, which was exchanged and cross-examined in court. This court affirmed and adopted as supporting materials filed to this case the Plaintiff's business license, disclosed enterprise information, design patent certificate, patent royalties receipt, design patent evaluation report, notarial deed ([2015] HHZJZ No. 21465) and attached exhibits, written decision on the examination of request for declaring patent invalidation and search page on Chinese Trademark Website as well as Deli's CN300885158 patent gazette and statement of opinions in the patent review and invalidation procedures as

Ⅰ. Dispute over Confirmation of Ownership and Infringement of Patent Right

provided by the Plaintiff, to which the parties had no objection. Based on the above evidences and statements of the parties, this court ascertained the following facts:

The Plaintiff is the owner of the design patent (Patent No.: ZL200930231150.3) of the pen (AGP67101), for which application was filed on November 26, 2009 and authorization was proclaimed on July 21, 2010. It remains valid now.

The authorized design involved a pen holder and a pen cap with apenclip on it. The pen holder was an evenly elongated rounded cylinder having a square frustum with central hole protruded on top; it's slightly smaller inside near the conical nib and four surfaces around were gibbous at the center. The pen cap was an evenly rounded cylinder about 1/4 long of the former, with a square frustum protruded on top. The pen clip was flat and rectangular with undulated ridges inside, whose head was connected archwise to the top frustum of pen cap and bottom was cambered. The Pen clip was slightly longer than the Pen cap by 1/10 of the entire Pen clip. According to the brief description of the patent, the key design element focused on the whole pen shape, which was best reflected in the top view.

On August 14, 2015, the SIPO issued an evaluation report on the patent involved at the Plaintiff's request, making a preliminary conclusion that the whole design was free of defects specified in the conditions for the grant of patent rights. According to the report, 11 articles on the existing design were retrieved based on the design features of the patent involved. Upon comparison, the patent involved was found significantly different from the control design 1 (Chinese design patent with publication patent No. CN3229363) in shapes of pen holder, cap, clip and the connection between pen cap and clip. Moreover, it was not found "the circumstance that this patent was not significantly different from the control design 1-11 and/or design feature combinations incorporating the control design 1-11".

On March 18, 2016, Deli made a request to the Patent Reexamination Board of SIPO for patent invalidation as it deemed that the patent involved was similar to the Chinese design patent with publication patent No. CN3229363 and thus failed to meet the conditions for granting the patent right. On August 8, 2016, the Patent Reexamination Board of SIPO made a decision that the authorized design was not identical to the control design substantially and the patent involved should remain valid.

On November 30, 2015, it was discovered that the entry of Deli A32160 in the "item" search box of Taobao led to the search result of "7 items in total", priced from RMB 1.0 /Piece to RMB 26.90 /Box (12 pieces). The entrusted agents of

Shanghai Office of King & Wood Mallesons bought 4 boxes of Deli Pop Star Fashion A32160 gel pens at a price of RMB 26.90 /Box from deliks. tmall. com, which was notarized by Shanghai Huangpu Public Notary Office.

The operator of above-mentioned deliks. tmall. com, Defendant Kunsen, acknowledged that it made and sold the alleged infringing product.

The alleged infringing product consisted of a pen holder and a pen cap with a pen clip on it. The pen holder was an evenly rounded cylinder with an annular concave line at approximately 1/3 away from the nib; a square frustum with central hole was protruded on top; the pen holder was slightly smaller inside near the conical nib, and four surfaces around were gibbous at the center. The pen cap was an evenly rounded cylinder about 1/4 long of the former, with a square frustum protruded on top. The pen clip was rectangular with rectangular frustum protruded outside and smooth surface inside. Its head was connected archwise to the top frustum of pen cap and bottom was straight. The pen clip was slightly longer than the pen cap by 1/10 of the entire pen clip.

Through comparison (see the Figures), the alleged infringing design was found basically identical to the authorized design in terms of basic structure, overall shape of pen holder and pen cap, shapes of pen holder top and pen cap top, length of pen cap against pen holder, connection between pen clip and pen cap, length of pen clip extending out the pen cap, etc., especially as follows: 1. both of them consisted of a pen holder and a pen cap with a pen clip on it; 2. their pen holders and pen caps were evenly rounded cylinders; 3. their pen holders and pen caps had square frustums on top and the square frustums on pen holder top had central holes; 4. both pen caps were about 1/4 of the pen holders; 5. both clip heads were connected archwise to the top frustums of pen caps; 6. both pen clips were slightly longer than the caps by 1/10 of the entire clips; 7. both pen holders were slightly smaller inside near the conical nibs, and four surfaces around were gibbous at the center. They were different in that: 1. unlike authorized design, the alleged infringing design had an annular concave line at approximately 1/3 away from the nib; 2. the pen clip of the alleged infringing design had a rectangular frustum protruded outside, which was not found in the authorized design; 3. the alleged infringing design had smooth surface inside while the authorized design had undulated ridges inside; 4. the pen clip of the alleged infringing design was straight, while that of the authorized design was cambered.

With regard to the disputed evidence and facts, this court ascertained as fol-

I. Dispute over Confirmation of Ownership and Infringement of Patent Right

lows:

I. Regarding the profits obtained by the Defendant Deli

The Plaintiff submitted such evidences as the article *Case Concerning Deli's Internet Application* from the network of *National Pnblic Information Platform for Transportation & Logistics (LOGINK)*, article *Listing Overview of Office Stationery Giants under the Listing Context* from 21wenju.com, relevant product category pages on Deli's official website, its own annual report in 2015, sales page of Deli A32160 gel pens from Hua Bin Stationery Shop on 1688.com and the cost statistics of its patented product to prove that Defendant Deli reaped huge profits by making and selling the alleged infringing product, which were calculated in two ways: 1. according to the *Listing Overview of Office Stationery Giants under the Listing Context*, M&G realized a net profit rate of 11.7% while Ture Color Stationery realized 3.89% in 2013, from which it could be concluded that the average profit rate was 7.79% for stationery products. According to the *Case Concerning Deli's Internet Application*, Deli achieved annual sales of more than RMB 6 billion in 2013 by selling 4 390 kinds of products available on its official website, from which the sales of each kind of product could be derived. Subject to the above sales and average profit rate, it could be inferred that the annual average profit of each product was RMB 10 600 000; 2. given the alleged infringing product was sold by Hua Bin Stationery Shop at a wholesale price of RMB 1.06/Piece and the Plaintiff's patented product involved was manufactured at a direct cost of RMB 0.5051/Piece, thus the profit rate of the alleged infringing product should be 52.35%. As Deli was similar sized with the Plaintiff, who produced 1 870 000 000 pieces of writing instruments for 1 100 models (i.e. 1 700 000 for each model) in 2015, it could be inferred that 1 700 000 alleged infringing products were made annually. Subject to the above wholesale price, annual production and profit rate, it could be calculated that the annual profit of the alleged infringing product should be RMB 940 000 and Deli should gain a profit of RMB 1 880 000 over the past two years. However, Deli did not accept the authenticity and relevance of these evidences nor deem the calculation methods reasonable.

Deli submitted the sales and profit statistics of the alleged infringing product to prove that it was launched on April 10, 2014 and distributed from Deli's headquarter in October and November 2014; Deli made a profit of RMB 3 677.24 merely by manufacturing and selling such product. However, the Plaintiff didn't accept the authenticity of these statistics.

This court holds that Defendant Deli's profits couldn't be proved by Plaintiff's calculations in two ways. Regarding the first method, first of all, Deli offered printers, papers, safes and other products rather than pens merely, as shown on Deli's official website submitted by the Plaintiff. In view of the large price gap and different sales volumes of products, it's apparently unobjective and irrational to calculate the sales of the alleged infringing product through dividing the total sales revenue of all products by number of product varieties. Secondly, samples for calculating the average profit rate should be taken on the basis of broad representation. It's unobjective for the Plaintiff to calculate the average profit rate based on the profit rates of two companies merely. Thirdly, even through the Plaintiff's method be followed, the annual profit of each product would be RMB 100 000+ obtained from non-infringement instead of RMB 10 600 000. Regarding the second method, first of all, the Plaintiff claimed previously that Ture Color Stationery's profit rate was 3.89% and its own profit rate was 11.7%, quite different from that of the alleged infringing product, 52.35%, as claimed in the second method, therefore, the profit rate should not be adopted. Secondly, based on our daily experience, product output often varied with enterprises and models. It's unobjective and irrational for the Plaintiff to calculate the output of the alleged infringing product with reference to that of the patented product derived from the total output and number of models of all its writing instruments. Therefore, these two methods couldn't be used to prove Deli's profits, and the relevant statistics furnished by Deli wasn't adopted, either, as they were counted by Deli itself without supporting evidences. To sum up, the above evidences submitted by the Plaintiff and Defendant couldn't prove Deli's illicit profits and therefore shouldn't be accepted, nor Should the Profit claimed by both parties based on their own evdience.

II. Regarding the attorney fees paid by the Plaintiff

The Plaintiff submitted such evidences as the agency agreement, invoices for litigation and legal affair costs and bank payment receipt vouchers to prove the reasonable expenses incurred in this case. Deli raised no objection to the authenticity of invoices, but maintained that the agency agreement was signed for the dispute between the Plaintiff v. Shanghai Deli Stationery Co., Ltd rather than the Defendant, therefore, it's unable to prove the attorney fees incurred for the case. In this respect, the Plaintiff made it clear in the agreement that it's was signed for this case although it's not sure which party was the infringement subject when signing thereof. This court

I. Dispute over Confirmation of Ownership and Infringement of Patent Right

held that the Plaintiff did pay attorney fees of RMB 200 000 for the case pursuant to the above evidence and statement without disproof.

The court held that: after the grant of patent right for a design, either unit's or individual's exploitation of the patent without authorization of the patentee, that was, to manufacture, offer to sell, sell or import the design patent products for production or business purposes, should be deemed as an infringement of the patent right. The infringer should bear such civil liabilities as stopping the infringement and compensating for the losses, etc. according to law. In this case, the patent right for design of ZL200930231150.3 pen (AGP67101) was legally authorized by SIPO, which remains valid currently. Therefore, the Plaintiff's patent right should be protected by law. Defendant Deli's act of manufacturing and selling the design patent product and Defendant Kunsen's act of offering to sell and selling the design patent product without authorization of the patentee infringed upon the Plaintiff's patent right. They should bear such civil liabilities as stopping the infringement and compensating for the losses for the following reasons:

I. The alleged infringing design fell into the scope of protection of the Plaintiff's design patent and the Defendants'acts infringed upon its design patent

According to Article 8 and Article 11 of *Interpretation by the Supreme People's Court on Several Issues Concerning the Application of Laws to the Trial of Patent Infringement Disputes*, "where a design identical or similar to a design patent is applied to a type of products identical or similar to the products carrying the design patent, the people's court shall determine that the alleged infringing design falls into the scope of protection of the design patent; where there is no difference in the overall visual effect between the alleged infringing design and a patented design, the people's court shall determine that the two designs are identical; or if there is no substantive difference in the overall visual effect between them, the people's court shall determine that they are similar." In this case, the alleged infringing product and the patented product were pens of the same type. They were different in the overall visual effect and design. Therefore, the dispute in this case lied in whether the alleged infringing design was similar to the patented design, that was, whether they were substantially different in the overall visual effect.

According to Article 10 and Article 11 of the *Interpretation by the Supreme People's Court on Several Issues Concerning the Application of Laws to the Trial of Patent Infringement Disputes*, "the people's court should determine whether designs are identical or similar based on a regular consumer's knowledge and cognitive ability as to a product carrying a design patent; it shall consider the design features of the patented design and the alleged infringing design and the overall visual effect of the design to draw an integrative conclusion; in the following circumstances, the overall visual effect of a design is usually more affected: i) the part of a product which can be easily viewed directly in the normal use of the product as opposed to other parts; or ii) technical features of a patented design which are distinct from those of the existing designs as opposed to other design features of the patented design. " Therefore, when determining whether the alleged infringing design and patented design were substantially different in the overall visual effect, both of their similarities and differences should be considered. The impact of their identical and distinctive design features on the overall visual effect should be observed integrally to draw an integrative conclusion.

Regarding the identical design features, the style of patented design was determined by such design features as the shapes of pen holder body and top, pen cap body and top, length of pen cap against pen holder, connection between pen clip and pen cap and their relative length, etc., where were also found in the alleged infringing design. Therefore, it could be recognized that the designs were similar in overall design style and main design features.

As to the impact of their distinctive design features on the overall visual effect, this court held that: 1. smooth design inside the pen clips was commonly seen and less easy to be observed by regular consumers, which had extremely limited impact on the overall visual effect; 2. cambers on the lower part of pen clips were different slightly and locally from the perspective of whole pen and even clip, which didn't affect the overall visual effect; 3. although the rectangular frustum protruded outside the pen clip occupied a large area on the clip, its impact on the overall visual effect of the whole pen was limited and should not result in substantial difference if such elements as the pen clip's overall shape, size, connection with pen cap and length against pen cap, which largely affected the overall visual effect of the pen, were the same. 4. concave line at about 1/3 away from the nib, was a local design feature that had limited impact on the overall visual effect, as it was just intertwined around the pen holder in small area. In summary, the four distinctive design features between the alleged infringing design and patented design were insufficient to result in a substantial difference of the overall visual effect.

I. Dispute over Confirmation of Ownership and Infringement of Patent Right

Deli argued that the alleged infringing design and patented design were different in color and pattern, which had significant impact on the overall visual effect. Therefore, they shouldn't be deemed as similar. This court held that the scope of protection of the patent right for design shall be determined by the patented design of the product as shown in the drawings or photographs. Shape, pattern and color were three basic design elements of product design. According to Article 28 of *Rules for Implementation of the Patent Law of the People's Republic of China*, "colors of design for which protection is sought shall be specified in the brief description." As such protection wasn't explicitly stated in the summary of the patented design, the color should not be considered when determining its scope of protection and infringement thereupon. Besides, as shown in the drawings or photographs, the patented design had no patterns formed due to shape-based shades and hues, therefore, the pattern should not be considered either when establishing a judgment of infringement. Colors and patterns, etc. added to the alleged infringing design when adopting a shape similar to that of the patented design were additional design elements that had no substantial impact on the infringement judgment. Or else, patent infringement could be easily evaded by simply adding patterns and colors to the patented design, which undoubtedly went against the intention of the *Patent Law*, that was, to encourage invention-creations and to promote scientific and technological progress and innovations. Therefore, Deli's argument was not adopted.

In summary, this court held that according to the principles of overall observation and integrated conclusion, the alleged infringing design adopted a style similar to that of the patented design and features that affected the overall visual effect of the latter. Their distinctions were insufficient to substantially affect the overall visual effect, i.e. result in substantial difference, therefore, the alleged infringing design was similar to the patented design and it fell within the scope of protection of the Plaintiff's design patent. Deli's act of manufacturing and selling the alleged infringing product and Kunsen's act of offering to sell and selling the alleged infringing product without authorization of the Plaintiff infringed upon the Plaintiff's design patent.

II. Two Defendants should assume the civil liability of stopping the infringement and Deli should compensate for the losses additionally

According to Article 118 of *General Principles of the Civil Law of the People's Republic of China*, "if the patent rights of citizens or legal persons are infringed upon, they shall have the right to demand that the infringement should be stopped, its ill effects should be eliminated and the damages should be compensated for."

In this case, the two Defendants should bear the civil liability of stopping the infringement since Deli manufactured and sold the alleged infringing product whileKunsen sold and offered to sell the alleged infringing product.

As to the Plaintiff's claim that two Defendants should destroy all infringing products in stock and the special equipment and molds used to make them, this court holds that since the Plaintiff failed to submit evidence proving the existence of such inventories, special equipment and molds and the Defendants were ordered to stop the infringement to prevent re-occurrence thereof, its claim was not supported.

Regarding the amount of compensation, the Plaintiff claimed for RMB 1 800 000 as illicitly obtained by Defendant Deli. If it's difficult to figure out Deli's illicit profits, the statutory compensation should be applied. However, Deli argued that its illicit profits were RMB 3 677.24 definitely and this court should calculate the compensation accordingly rather than apply the statutory compensation.

This court holds that according to Article 65 of the *Patent Law of the People's Republic of China*, "the amount of compensation for a patent infringement shall be determined on the basis of the actual losses incurred by the patentee as a result of the infringement. If it is difficult to determine the actual losses, the actual losses may be determined on the basis of the gains which the infringer has obtained from the infringement. If it is difficult to determine the losses incurred by the patentee or the gains obtained by the infringer, the amount shall be reasonably determined by reference to the multiple of the royalties for this patent. If it is difficult to determine the losses incurred by the patentee, the gains obtained by the infringer as well as the royalty obtained for the patent, the people's court may, by taking into account such factors as the type of patent, nature and particulars of the infringement, etc., decide a compensation in the sum of not less than 10 000 but not more than 1 000 000." Pursuant to Article 27 of *Interpretation* (Ⅱ) *by the Supreme People's Court on Several Issues Concerning the Application of Laws to the Trial of Patent Infringement Disputes*, "where it is difficult to determine the actual losses incurred by the patentee, the people's court shall require the patentee to furnish evidence to prove the gains obtained by the infringer from the infringement in accordance with Paragraph 1 of Article 65 of the *Patent Law*; where the patentee has provided the prima facie evidence proving the gains obtained by the infringer but the account books and materials related to the pa-

I. Dispute over Confirmation of Ownership and Infringement of Patent Right

tent infringing activities are mainly controlled by the infringer, the competent people's court may order the infringer to submit such account books and materials; where the infringer refuses to provide such account books and materials without justification or provides false account books and materials, the people's court may determine the gains obtained by the infringer from the infringement based on the claims of the patentee and the evidence furnished thereby."

In this case, the Plaintiff requested to calculate the compensation based on Deli's illicit profits but failed to provide sufficient evidences to prove such illicit profits; on the other hand, Deli submitted statistics on its sales cost and profits but there's no evidence to prove their authenticity and objectivity, which thus should not be adopted. Under this circumstance, this court may, according to laws, regulations and the Plaintiff's claims, determine the amount of compensation with reference to statutory compensation by taking into account such factors as the type of patent, nature and particulars of the infringement, etc.

When determining the statutory compensation, this court mainly considered the following facts: 1. the Plaintiff's patent was a design patent; 2. the patent was valid from November 26, 2009 and the infringement occurred when nearly half of the protection period had passed; 3. pen profits were limited; 4. when purchasing a pen, a consumer would consider the pen brand, refill quality, appearance design, color, etc. in addition to its shape, which meant Deli's illicit profits obtained by using the shape of the patented design were just part of the profits of the alleged infringing product, all of which should not be taken as the profits obtained from the infringement in this case. Subject to the above facts and other particulars of the case, this court recognized that Deli should compensate for the Plaintiff's economic losses totaling RMB 50 000.

For reasonable expenses incurred by the Plaintiff to stop the infringement, the Plaintiff identified them as attorney fees of RMB 200 000 in court hearing. This court holds that according to Article 65 of the *Patent Law of the People's Republic of China*, the compensation shall include the reasonable expenses that the patentee has paid for stopping the infringement. In this case, the Plaintiff did entrust lawyers to participate in the proceedings and paid a legal service fee of RMB 200 000. This court respects all the efforts made by all litigation participants, including lawyers, in fact-finding and distinction of responsibility in this case and never intervenes in the attorney fees, which arose from the autonomy of will between the parties concerned and layers. However, the Plaintiff's expenses to be borne by the infringer according to law should be controlled within reasonable limits and amount beyond such limits shall not be borne by the infringer. Therefore, this court, by taking into account of the case complexity, lawyers'workload, actual amount of compensation and claimed compensation, ruled that Deli should pay the Plaintiff attorney fees of RMB 50 000 with reference to the charging standards of judicial administrative departments.

The Plaintiff and Defendant Deli were influential stationery manufacturers in China, who should put more effort into the independent research and development of new products and have professional knowledge of the legal risks involved therein. Defendant Deli infringed upon the Plaintiff's design patent as it, without expenditure of its creative labor, exploited such patent by simply changing or adding non-substantially different design elements, patterns and colors based on the Plaintiff's patented design. Defendant Kunsen also infringed upon the Plaintiff's design patent by selling and offering to sell the alleged infringing product. They both should bear corresponding civil liabilities.

In conclusion, pursuant to Article 118 of the *General Principles of the Civil Law of the People's Republic of China*, Paragraph 2, Article 11 and Article 65 of the *Patent Law of the People's Republic of China*, Article 144 of the *Civil Procedure Law of the People's Republic of China* and Article 241 of *Interpretation by the Supreme People's Court on Several Issues Concerning the Application of Laws to the Trial of Patent Infringement Disputes*, this court renders a Judgment as follows:

I. After the Judgment takes effect, the Defendant Deli Group should immediately stop manufacturing and selling the product that infringed the Plaintiff Shanghai M&G Stationery Inc.'s ZL200930231150.3 design patent.

II. After the Judgment takes effect, the Defendant Jinan Kunsen Trading Co., Ltd. should immediately stop offering to sell and selling the product that infringed upon the Plaintiff Shanghai M&G Stationery Inc.'s ZL200930231150.3 design patent.

III. Within ten days after the Judgment takes effect, the Defendant Deli Group should compensate for Plaintiff Shanghai M&G Stationery Inc.'s economic losses totaling RMB 50 000 and pay reasonable expenses of RMB 50 000 incurred for stopping the infringement.

IV. All other claims of the Plaintiff Shanghai M&G Stationery Inc. are dismissed.

If a party fails to fulfill his obligations with respect to pecuniary payment within

I. Dispute over Confirmation of Ownership and Infringement of Patent Right

the period specified by this Judgment, it shall pay double interest for the period of late payment in accordance with Article 253 of the *Civil Procedure Law of the People's Republic of China*.

The court fee is RMB 22 800, of which RMB 10 830 shall be borne by Plaintiff Shanghai M&G Stationery Inc. and RMB 11 970 by the Defendant Deli Group.

Either party that refuses to accept this ruling as final may, within 15 (fifteen) days after service of this Judgment, appeal to Shanghai High People's Court by submitting an appeal petition to the court and the copies thereof shall be provided according to the number of persons of the opposing party.

Presiding Judge　Wang Qiuliang
Judge　Liu Junhua
Judge　Xu Fei
December 12, 2016
Law Clerk　Shen Xiaoling

Attachment: Relevant Laws

I. *General Principles of the Civil Law of the People's Republic of China*

Article 118 If the rights of authorship (copyrights), patent rights, rights to exclusive use of trademarks, rights of discovery, rights of invention or rights for scientific and technological research achievements of citizens or legal persons are infringed upon by such means as plagiarism, alteration or imitation, they shall have the right to demand that the infringement be stopped, its ill effects be eliminated and the damages be compensated for.

II. *Patent Law of the People's Republic of China*

Article 11 ...

After the granting of a patent for a design, no entity or individual shall, without permission of the patentee, exploit the patent, that is to say, they shall not manufacture, offer to sell, sell, or import the product incorporating its or his patented design, for production and business purposes.

Article 59 ...

The scope of protection of the patent right for design shall be determined by the product incorporating the patented design as shown in the drawings or photographs. The brief description may be used for interpreting the patented design as shown in the pictures or photos.

Article 65 The amount of compensation for a patent infringement shall be determined on the basis of the actual losses incurred to the patentee as a result of the infringement. If it is difficult to determine the actual losses, the actual losses may be determined on the basis of the gains which the infringer has obtained from the infringement. If it is difficult to determine the losses incurred to the patentee or the gains obtained by the infringer, the amount shall be reasonably determined by reference to the multiple of the royalties for this patent. In addition, the compensation shall include the reasonable expenses that the patentee has paid for stopping the infringement.

If it is difficult to determine the losses incurred to the patentee, the gains obtained by the infringer as well as the royalty obtained for the patent, the people's court may, by taking into account such factors as the type of patent, nature and particulars of the infringement, etc., decide a compensation in the sum of not less than 10 000 yuan but not more than 1 000 000 yuan.

Ⅲ. *Rules for Implementation of the Patent Law of the People's Republic of China*

Article 28 The brief description of a design shall contain the name and uses of the design and the design essentials and specify a drawing or photograph which best demonstrates the design essentials. The omission of the view and the colors for which protection is sought shall be specified in the brief description .

...

Ⅳ. *Interpretation by the Supreme People's Court on Several Issues Concerning the Application of Laws to the Trial of Patent Infringement Disputes*

Article 8 Where a design identical or similar to a design patent is applied to a type of products identical or similar to the products carrying the design patent, the people's court shall determine that the alleged infringing design falls into the scope of protection of a design patent as provided for in Paragraph 2 of Article 59 of the *Patent Law*.

Article 10 The people's court shall determine whether designs are identical or similar based on a regular consumer's knowledge and cognitive ability as to a product carrying a design patent.

I. *Dispute over Confirmation of Ownership and Infringement of Patent Right*

Article 11 When determining whether designs are identical or similar, the people's court shall consider the design features of the patented design and the alleged infringing design and the overall visual effect of the design to draw an integrative conclusion; and the people's court shall not consider design features which depend on technical functions and material, internal structure and other features of a product which have no effect on the overall visual effect.

In the following circumstances, the overall visual effect of a design is usually more affected:

(i) The part of a product which can be easily viewed directly in the normal use of the product as opposed to other parts. or

(ii) Technical features of a patented design that are distinct from those of the existing designs as opposed to other design features of the patented design.

Where there is no difference in the overall visual effect between the alleged infringing design and a patented design, the people's court shall determine that the two designs are identical; or if there is no substantive difference in the overall visual effect between them, the people's court shall determine that they are similar.

V. *Civil Procedure Law of the People's Republic of China*

Article 144 If a defendant, having been served with a summons, refuses to appear in court without justified reasons, or if he withdraws during a court session without the permission of the court, the court may make a judgment by default.

Article 253 If the person subjected to execution fails to fulfill his obligations with respect to pecuniary payment within the period specified by a judgment or written order or any other legal document, he shall pay double interest on the debt for the belated payment. If the person subjected to execution fails to fulfill his other obligations within the period specified in the judgment or written order or any other legal document, he shall pay a charge for the dilatory fulfillment.

VI. *Interpretation by the Supreme People's Court on the Application of the Civil Procedure Law of the People's Republic of China*

Article 241 Where the defendant to a lawsuit unjustifiably refuses to appear in court after being served with summons, or leaves the courtroom during litigation proceedings without court permission, the competent people's court shall commence court hearing as scheduled or continue with court hearings, and may render a default judgment in accordance with the law after hearing the claims of the parties concerned who are present in court, based on the claims and defenses by both sides, the evidence already submitted and other litigation materials.

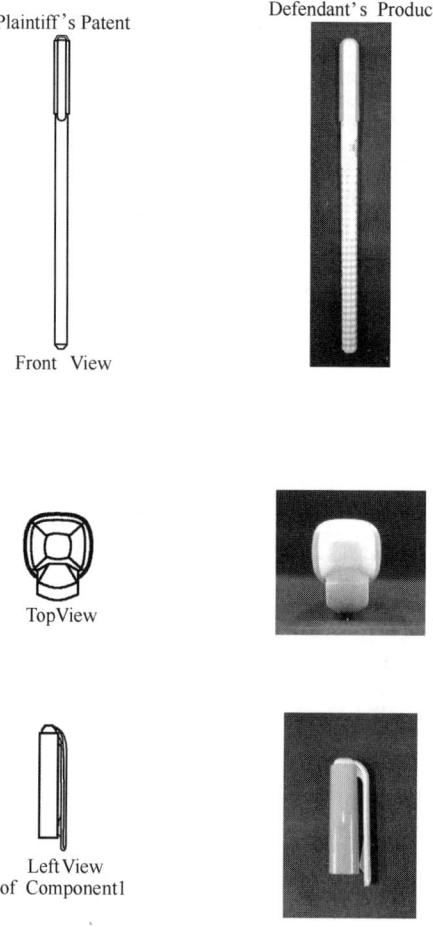

Plaintiff's Patent

Front View

TopView

LeftView
of Component1

Defendant's Product

I. Dispute over Confirmation of Ownership and Infringement of Patent Right

3. Dispute over Design Patent Infringement between Liu v. Shanghai Jingduo Trading Co., Ltd. and Shanghai Boost Even Technology Limited

Shanghai Intellectual Property Court
Civil Judgment

(2015) HZMCZ No. 236

Plaintiff: Liu.
Entrusted agent: Ren, a lawyer from Beijing Guokai Law Firm.
Entrusted agent: Cai, a lawyer from Promise-U Law Firm of Guangdong.
Defendant: Shanghai Jingduo Commerce Co., Ltd.
Legal Representative: Wang A.
Defendant: Shanghai Boost Even Technology Limited.
Legal Representative: Zheng, General Manager of the Company.
Entrusted agent: Wang B, an employee of the Company.
Entrusted agent: Huang, a lawyer from Tianjin Yuping Law Office.

  The Plaintiff Liu filed a lawsuit against the Defendants Shanghai Jingduo Commerce Co., Ltd. (hereinafter referred to as the "Jingduo Company" exceptin thetext of judgment) and Shanghai Boost Even Technology Limited (hereinafter referred to as the "Boost Even" exceptin thetext of judgment) for the dispute over infringement of design patent right. After accepting the case on April 14, 2015, this court legally formed a collegiate bench and held public trial on October 12, 2015. The Plaintiff's entrusted agent Cai, Boost Even's entrusted agent Wang B and Huang appeared in court. The Defendant Jingduo Company failed to appear in court after receiving the summon from this court, this court thus heard the case in the absence of the Defendant Jingduo Company according to the law. Now, the trial of this case has been concluded.

  The Plaintiff Liu claimed that he became the patentee of the design patent named "Audio (diamond and portable XWAY-M5)" awarded by the State Intellectual Property Office on September 21, 2011, which is now still in its valid period. After appearing on the market, the Plaintiff's patented product was favored by consumers for its unique and novel design, and was the best-selling product in the industry of portable speakers. The Plaintiff bought the alleged infringing products from Boost Even's shop on jd. com, Gome. com. cn, Amazon. cn, Suning. com and other websites, and the registered trademark of the Defendant Jingduo Company was posted on the packages of such products. After comparing such products with the Plaintiff's patented product, the Plaintiff found that the appearance of such products was similar to that of the Plaintiff's patented products, which fell into the protection scope of the Plaintiff's patent right. The Plaintiff claimed that the two Defendants manufactured the products infringing the Plaintiff's patent right and sold a large amount of such infringing products in the market withont permission, causing heavy losses to the Plaintiff, and that the two Defendants should bear the relevant civil liability according to the law. Therefore, the Plaintiff requested this court to rule that: 1. the two Defendants should desist from the infringement, delete the information of the infringing product on the websites, and destroy the inventory of the infringing products and the special manufacturer mold of the infringing products; 2. the two Defendants should compensate the Plaintiff for economic losses and reasonable expense in an amount of RMB 150 000 (the same currency below).

The Defendant Jingduo Company made no defense.

The Defendant Boost Even argued that: i . The alleged infringing product had the following differences with the involved patent and the appearance of the alleged infringing product is neither identical to nor similar to the involved patents: 1. The densities of the top mesh enclosures are not the same. The alleged infringing product has a high-density top mesh enclosure through which the inside loudspeaker could be not seen clearly while the gap of the Plaintiff's patented top mesh enclosure is large. 2. There are transverse on-off key, LED display lamp, MIC microphone hold sealing, TF storage card socket and USD power interface on the scape of the alleged infringing product with silk-screen marks and highlighted characters and symbols, and the alleged infringing product has a strong visual effect. There are not components or marks above on the Plaintiff's patent. 3. The volume keys or track adjustment keys on the scape of the alleged infringing product are toggle-type raised switches while the Plaintiff's patented product has an oblong and plane-sliding design. 4. There are audio input/output jacks on the Plaintiff's patented product but the alleged infringing

I. Dispute over Confirmation of Ownership and Infringement of Patent Right

product has no audio input/output jacks. 5. The alleged infringing product has a lower brunet area composed of two circular rings with narrow top and wide bottom, and there is an obvious circular arc design at the middle of the product; however, the brunet area in the Plaintiff's patented product has a higher proportion in the entire column and is an integrated design. 6. The circinate groove on the upside of the scape of the alleged infringing product is close to the top surface while the upper part of the Plaintiff's patented product's scape is farther from the top surface. 7. The center of the bottom of the alleged infringing product is the labeling position while the upper part of the center of the bottom of the Plaintiff's patented product is the sliding power switch. ii. The Plaintiff's patent is similar to several prior applications, therefore the Plaintiff's patent have lost its inventiveness. iii. The cylinder, mesh design and annular design of the Plaintiff's patent belong to common designs. iv. The alleged infringing product is not manufactured by the Defendant, and has legal origin. Therefore, the Defendant shall not bear the liability for damage. v. The compensation claim made by the Plaintiff lack actual and legal bases.

After the trial, this court found that:

I. Facts concerning the claims made by the Plaintiff

On April 21, 2011, the Plaintiff applied to the State Intellectual Property Office for a design patent named "Audio (diamond and portable XWAY-M5)" and obtained the patent with the patent number ZL201130083928.8 on September 21, 2011. The brief description of the patent stated that: the design features of this design: overall outline, buttons and line layout, the picture or photograph most indicating the design features: space diagram. Based on the views published in the Plaintiff's patent licensing notice, the involved patent product is a cylindrical portable audio, and the proportion of diameter to height is about 6 : 5; the top surface has a mesh design; there is a quadrate frame on the bottom and an elliptic power switch is installed in the quadrate frame; linear volume or track play adjustment bottoms are on the right side (front view) of the lower and brunet area of the scape, while memory card socket, audio input/output jacks, data/power sockets are installed on the back (rear view); above the brunet area is a light-colored bank area and an annular groove is set near the top of such area.

On August 31, 2012, the involved Patent License Contract signed by the Plaintiff and Shenzhen Abramtek Technology Co., LTD (hereinafter referred to as the "Abramtek Company") was filed with the State Intellectual Property Office by the

Plaintiff. The license recorded in the filing certificate was common license, the license period was from May 25, 2012 to May 24, 2013 and the royalty was RMB 300 000.

Invalidation Petitions were ever made against the involved patent on February 28, 2014 and March 21, 2014. The Patent Reexamination Board of the State Intellectual Property Office made No. 24180 and No. 24593 Examination Decisions on Invalidation Petition on September 29, 2014 and December 5, 2014 respectively, stating that the involved patent should remain in force.

II. Relevant facts concerning the alleged infringement

It was notarized that the entrusted agent of the Plaintiff bought "Youwin UDN7 Weiwu Xiaogangpao Wireless Bluetooth Loudspeaker Box Blue" (hereinafter referred to as the "alleged infringing product 1") and "Youwin UDN7 Weiwu Xiaogangpao Wireless Bluetooth Loudspeaker Box Silver" (hereinafter referred to as the "alleged infringing product 2") at "Shanghai Boost Even Boutique" runnd by the Defendant Boost Even on the website of www.jd.com (Jingdong Mall) on November 24, 2014 and March 12, 2015 and paid RMB 89 and RMB 49 therefor respectively.

It was notarized that the entrusted agent of the Plaintiff bought "Youwin UDN7 Weiwu Xiaogangpao Wireless Bluetooth Loudspeaker Box Blue" (hereinafter referred to as the "alleged infringing product 3"), "Youwin UDN7 Weiwu Xiaogangpao Wireless Bluetooth Loudspeaker Box Red" (hereinafter referred to as the "alleged infringing product 4") and "Youwin UDN7 Weiwu Xiaogangpao Wireless Bluetooth Loudspeaker Box Silver" (hereinafter referred to as the "alleged infringing product 5") on www.suning.com (Suning.com), www.amazon.cn (Amazon.cn) and www.gome.com.cn (Gome.com.cn) on March 10, 2015, March 12, 2015 and May 11, 2015 and paid RMB 49, RMB 49 and RMB 39 therefor respectively.

The packing boxes of such five alleged infringing products bought were posted with the company name, address, contact number and website information of Boost Even and "Youwin" trademark. "Youwin 友多闻" was a trademark registered by the Defendant Jingduo Company. Among such 5 products, the appearance of alleged infringing product 1 is identical with that of alleged infringing product 4 (irrespective of color), such two products are cylindrical portable audios, and the proportion of diameter to height is about 6 : 5; the top surface is of mesh design; there is a quadrate groove frame at the center of the bottom and product information is posted in the quadrate frame; there is a cutting line in the lower and brunet area of the scape, and

I. Dispute over Confirmation of Ownership and Infringement of Patent Right

TF memory card socket, data/power socket, circular swing volume or track adjustment keys, power switch, indicator light and MIC microphone socket are set in the area in proper order, and letter symbol marks are carved below each key with the same color with the brunet area; above the brunet area is a light-colored bank area and an annular groove is set near the top of such area. The mesh enclosures on the top of the alleged infringing products 2 and 3 protrude a bit from the top of the cylinder, and there is no letter symbol mark on the lower and brunet area of the cylinder. Marks are engraved on the periphery of the bottom and the quasi-cuboid frame on the centre of the bottom is blank, while the other appearances of the alleged infringing products 2 and 3 are identical with those of alleged infringing products 1 and 4. The letter symbol marks below the keys in the lower and brunet area of the scape of the alleged infringing product 5 are in white and the quasi-cuboid product information frame on the center of the bottom is slightly extruded. A mark identical with the white mark at the half bottom of the scape is engraved on the periphery of the bottom while the other appearances of the alleged infringing products 5 are identical with those of alleged infringing products 1 and 4.

III. Facts concerning the existing design defense made by the Defendant Boost Even

A third party Apollo (Zhuhai) Electronics Co., Ltd. applied to the State Intellectual Property Office for a design patent named "mini audio" on January 24, 2011 and was awarded the patent with the patent number ZL201130012292.8 on January 18, 2012. Such patented product is cylindrical, and the proportion of diameter to height is about 5 : 6; the top surface has a mesh enclosure which protrudes from the top surface. The diameter of the mesh enclosure is about 3/4 of the diameter of the top surface; one line is set on both the upper part and the lower part of the scape dividing the cape into the upper part, the middle part and the lower part. The area of the upper part is the same as that of the lower part, and a rounded power socket, a rounded bottom and a USB socket are installed at the junction between the middle part and the lower part; there are several annuluses at the bottom and an on-off key is set on the center.

IV. Facts concerning the claim made by the Defendant Boost Even that the alleged infringing products had legal origin

On January 28, 2015, Shenzhen Dongfang Hongyun Technology Co., Ltd. issued two VAT special invoices to the Defendant Boost Even, stating that the quantity of "Youwin UDN7 Weiwu Xiaogangpao Wireless Bluetooth Loudspeaker Box" was 344 and 186, and the payments were RMB 9 976 and 5 394 respectively.

V. Other facts

The Defendant Jingduo Company was incorporated on August 14, 2012, with the registered capital of RMB 500 000, and the business scope covers sales of computer, software, auxiliary equipment and communication device, network technology, technological development, etc.

The Defendant Boost Even was incorporated on April 8, 2014, with the registered capital of RMB 5 million, the business scope covers the technological development of electronic products, computer and information technology, and sales of non-ferrous metals and electronic products.

The notarial fee of RMB 3 000 had been paid by the Plaintiff.

The above facts are supported by the design patent certificate, patent license contract registration certificate, the receipt of patent fee, Notarization (2014) JHCNMZZ No. 12348, Notarization (2015) JHCNMZZ No. 03354, Notarization (2015) JHCNMZZ No. 05096, Notarization (2015) JHCNMZZ No. 05097, Notarization (2015) JHCNMZZ No. 06229, the alleged infringing product, notarial fee invoice and trademark inquiry information provided by the Plaintiff, and design patent with the application number: 201130012292.8, special invoices for value added tax of Shenzhen, No. 24180 and No. 24593 Examination Decisions on Invalidation Petition provided by the Defendant Boost Even and the statements of the parties. The above evidences have been cross-examined, and are affirmed by this court.

In addition, the Plaintiff has submitted to this court: 1. advertisement color pages and awards materials of brand products of "Abramtek", proving that the patented product has certain popularity. 2. the Notarization (2014) JFZNMZZ No. 40929 and Notarization (2014) JFZNMZZ No. 39946, proving the price of the patented product. 3. tnvoices issued by Shenzhen Commercial Insurance Intellectual Property Services Co., Ltd., proving the service charges for rights protection under this case it has paid. The above Evidence 1 provided by the Plaintiff fails to show the correspondence to the patented product; there is a difference between the product involved in Evidence 2 and the patented product of the Plaintiff, so the product involved in Evidence 2 could not objectively reflect the value of the patented product; Evidence 3 fails to show its relation with the case, so this court will not adopt the above evidences provided by the Plaintiff.

I. Dispute over Confirmation of Ownership and Infringement of Patent Right

The Defendant Boost Even also submitted the following evidences to this court: 1. design patents with the application number: 201130045972. X, 201030695716. 0, 201030184815. 2, 201030502581. 1, 201230571666. 4, 201430402817. 2, proving that the patented product of the Plaintiff is not novel and the cylindrical design, mesh design and loop line design are existing designs which are common designs in this field and are not original. 2. Civil Judgment (2014) YGFMSZZ No. 174, proving that there are obvious differences between the alleged infringing product and the patented product of the Plaintiff and it did not commit infringement. Evidence 1 provided by the Defendant proving that the patented product of the Plaintiff is lack of novelty and creativity, and denying the validity of the patent of the Plaintiff is the question that shall be solved by the invalidation Petition procedure not by the trial of infringement dispute in this case. Moreover, No. 24180 and No. 24593 Examination Decisions on Invalidation Petition provided by the Defendant have proved that the involved patent of the Plaintiff remains valid after several invalidation Petition procedures. Therefore, this court will not adopt these evidences. The product and infringement involved in Evidence 2 provided by the Defendant are different from those involved in this case and each court shall make independent judgment based on the actual circumstance, so the evidence is not related to this case and this court will not adopt it.

This court holds that the Plaintiff is the patentee of the design patent of "stereo speaker (King Kong portable XWAY-M5)" and the patent is still valid, so no entity or individual may, without the authorization of the Plaintiff, exploit the patent, that is, to manufactare, offer to sell, sell or import the patented product for production or business purposes. Focuses of dispute in this case are: 1. whether the alleged infringing product falls into the scope of protection of the involved patent right of the Plaintiff; 2. whether the existing design defense of the Defendant Boost Even is established; 3. whether the legal source defense of the Defendant Boost Even is established; 4. the civil liability that the two defendants shall assume.

I. Whether the alleged infringing product falls into the scope of protection of the involved patent right of the Plaintiff

According to the provisions of Paragraph 2, Article 59 of the *Patent Law of the People's Republic of China*, the scope of protection of the design patent right shall be determined by the design of the product shown in the picture or the photograph. Brief description may be made to explain the design of the product as shown in the picture or the photograph. According to the provisions of Article 11 of the *Interpretation by the*

Supreme People's Court on Several Issues Concerning the Application of Laws to the Trial of Patent Infringement Disputes, the court shall make a comprehensive judgment in view of the overall visual effect of the design based on the design features of the alleged infringing design and the patented design when determining the identity or similarity of designs. Generally, parts that are easily observed in the ordinary use state of the products and design features of the patented design different from the existing designs have greater influence on the overall visual effects of a design.

In this case, five alleged infringing products and the patented product are all portable audio, so are like products. Through comparison, it can be found that the alleged infringing products 1, 4 and the patented product of the Plaintiff have the following similarities: both are in cylinder modeling, the diameter and height of the main body is in a proportion of 6 to 5; the surface is of mesh design; the body of the cylinder is divided into two areas, one light and the other dark from top to bottom; the dark area has storage card jacks, data/power socket the light area has a annular groove near the bottom. The two products have the following differences: 1. their volume or song keys (buttons) in the dark area of the body of the cylinder are in different shapes, the alleged infringing product has a power button, indicator light, MIC microphone hole sealing but no audio input/output jack in the dark area; 2. the alleged infringing product has a dividing line in the dark area but the patented product of the Plaintiff does not; 3. the bottom designs of the two products are different. Parts of the products that are easily observed by consumers in the ordinary use state are the top and the body of the cylinder, and generally the bottom is not easily noticed, so main considerations shall be the designs of the top and the body of the cylinder in the overall comparison. Now the cylindrical shape, mesh design of the top, the design of dark and light areas on the body of the cylinder, the design of annular groove of the two products are similar, and the differences of the density of the mesh and the distance between the annular groove and the top as claimed by the Defendant Boost Even are so slight that they are hard to be noticed by the consumers. The letter symbols in the dark area of the alleged infringing products are illustrative not decorative words, which have a weak impact on the overall visual effect during the comparison; the dividing line in the dark area is fine and its color is the same as that of the dark area, so it also has a weak impact on the overall visual effect. Moreover, the MIC microphone hole sealing in the dark area can hardly be seen. Although other button switches in the dark area of the two products are different, the ordinary consumers

I. Dispute over Confirmation of Ownership and Infringement of Patent Right

pay more attention to the function not appearance of the button switches and the above differences do not a significant impact on the overall visual effect, so this court recognizes the similarity of the alleged infringing products 1, 4 and the patented product of the Plaintiff.

Similarly, although the mesh enclosures on the top of the alleged infringing products 2 and 3 protrude a bit from the top of the cylinder, the difference is so slight that it cannot be easily observed by the consumers; the comparison result of other design features is the same as that of the alleged infringing products 1 and 4, and thus will not be repeated by this court. The comparison result of the alleged infringing product 5 is the same as that of the alleged infringing products 1 and 4. Therefore, this court also recognizes the similarity of the alleged infringing products 2, 3, 5 and the patented product of the Plaintiff.

In conclusion, all the five alleged infringing products fall into the scope of protection of the involved patent right of the Plaintiff.

II. Whether the existing design defense of the Defendant Boost Even is established

According to the provisions of Paragraph 4, Article 23 of the *Patent Law of the People's Republic of China*, the existing design refers to the design that is known to the public in or abroad before the date of application. Upon the investigation, it is found that the patent No. 201130012292.8 quoted by the Defendant to support the existing design defense was applied on January 24, 2011, prior to the patent application date of the Plaintiff, but its date of authorization proclamation is January 18, 2012, so its publication date is posterior to the patent application date of the Plaintiff. According to the above provisions of the *Patent Law of the People's Republic of China*, the patent is not an existing design but a conflicting application, so it is improper for the Defendant Boost Even to quote the patent to support the existing design defense.

In addition, through comparison, it is found that the patent and the alleged infringing products have the following differences: 1. their proportions of the top and the body of the cylinder are different. 2. the whole top of the alleged infringing products is of the flat mesh design; only part of the top of the patent is of mesh design and the mesh enclosure protrudes from the top. 3. the patent is divided into three parts: the upper, the middle and the lower, of which the upper and the lower have same areas; the alleged infringing products are divided into two areas: the light and the dark, and the area between the annular groove and the top is clearly smaller than that of the dark area. 4. the power socket, storage card jacks and buttons of the patent are in the junction of the middle and the lower of the cylinder and cut off the dividing line; the relevant buttons of the alleged infringing products are in the dark area. As there are obvious differences between the alleged infringing product and patented product quoting conflicting application in the design of the top and the body, the defense of the Defendant Boost Even is not established even the conflicting application is quoted to support the existing design defense.

III. Whether the legal source defense of the Defendant Boost Even is established

According to the provisions of Article 70 of the *Patent Law of the People's Republic of China*, those who exploit, offer to sell or sell patent infringing products manufactured and sold without the authorization of the patentee for production or business purposes and can prove the legal source of the products, shall not be liable for the damages. According to the above provisions, the legal source defense can only be applied to cases concerning the exploitation, offering to sell and sale of the infringing products but the production of the infringing products. In this case, the external packing of the alleged infringing product carries the enterprise name, address, contact information of the Defendant Boost Even, and the Defendant Boost Even argues that the above information is only served to show its status as the retailer of the products. In this regard, this court holds that the *Product Quality Law of the People's Republic of China* stipulates that the products shall indicate the name and address of the manufacturer not the information of the retailer; understood from perspectives of the indicating habit of the product information and the consumers' perception, the enterprise information on the products are the information of the manufacturer rather than the retailer unless the enterprise is clearly identified as the retailer. Therefore, the above argument of the Defendant Boost Even is unreasonable and will not be adopted by this court. As the Defendant Boost Even is the manufacturer of the alleged infringing products to the public not just the retailer, it shall assume the civil liability of the manufacturer regardless of the actual source of the products. According to the above provisions of Article 70 of the *Patent Law of the People's Republic of China*, the legal source defense shall not apply to this case, so this court will not support the legal source defense of the Defendant Boost Even.

IV. Civil liabilities that the two defendants shall assume

The DefendantBoost Even produced, sold and offered to sell the alleged

I. Dispute over Confirmation of Ownership and Infringement of Patent Right

infringing products without the authorization of the Plaintiff, which had infringed the involved patent of the Plaintiff, so the Defendant shall assume the civil liability of ceasing the infringement and compensating for economic loss. The trademark labeled on the external packing of the alleged infringing products is applied by the Defendant Jingduo Company, which serves to identify the source of the trademark. Therefore, in absence of defense and contrary evidence of the Defendant, this court affirms that both Jingduo Company and the Defendant Boost Even are the manufacturers of the products and their act has committed joint infringement.

The scope of ceasing infringement by the two Defendants includes ceasing the production, sale, offering to sell the infringing products and destroying the stock of the infringing products. With respect to the Plaintiff's claim of destroying the mold and equipment of the Defendant, in absence of substantial evidence proving that the two defendants have special mold and equipment to produce the infringing products, this court will not support the claim of the Plaintiff.

With respect to the amount of the compensation for economic losses, the Plaintiff failed to provide evidences to prove the losses it suffered from the infringement by the defendants and the profit that the two defendants gained from the infringement; although the Plaintiff provided patent license contract registration certificate, it failed to provide the certificate of paid royalty involved in the contract and made it clear that the economic losses shall not be calculated on the basis of the royalty of the patent and requested the court to apply legal compensation. Therefore, at the request of the Plaintiff and taking into consideration the value proportion of the involved patent in earned product profits, the price of the alleged infringing products and possible profits, the sale status of the infringing products on websites like jd. com, Suning. com, Amazon. cn and GOME. com. cn, the notarial fee the Plaintiff paid for this case and the costs for purchasing the alleged infringing products, this court decides that the amount of compensation of this case shall be RMB 40 000.

In conclusion, this court made the following ruling according to the provisions of Paragraph 2, Article 11 and Article 65 of *Patent Law of the People's Republic of China* and Article 144 of *Civil Procedure Law of the People's Republic of China*:

I. The Defendants Shanghai Jingduo Commerce Co., Ltd. and Shanghai Boost Even Technology Limited. shall cease the infringement on the design patent right (Patent number: ZL201130083928. 8) of "stereo speaker (King Kong portable XWAY-M5)" enjoyed by the Plaintiff Liu from the date the Judgment comes into force.

Ⅱ. The Defendants Shanghai Jingduo Commerce Co., Ltd. and Shanghai Boost Even Technology Limited shall compensate the Plaintiff Liu a total amount of RMB 40 000 for economic losses and reasonable expenses within ten days from the date the Judgment comes into force.

Ⅲ. Other claims of the Plaintiff Liu are rejected.

If the two Defendants fail to make payment within the period specified in the Judgment, they shall pay doubled interest accrued for the delay period in accordance with the provision of Article 253 of the *Civil Procedure Law of the People's Republic of China*.

The court fee is RMB 3 300, of which RMB 1 200 shall be borne by the Plaintiff Liu, RMB 1 050 by the Defendant Shanghai Jingduo Commerce Co., Ltd. and RMB 1 050 by Shanghai Boost Even Technology Limited.

Either party that refuses to accept this ruling as final may, within 15 (fifteen) days after service of this Judgment, appeal to Shanghai High People's Court by submitting an appeal petition to this court and the copies thereof shall be provided according to the number of persons of the opposing party.

Chief Judge   Liu Junhua
Judge   Hu Mi
Judge   Xu Yanhua
December 14, 2015
Law Clerk Tang Jingqian

Attachment: Relevant laws

I. *Patent Law of the People's Republic of China*

Article 11...

After the granting of a patent for a design, no entity or individual shall, without permission of the patentee, exploit the patent, that is to say, they shall not manufature, offer to sell, sell, or import the product incorporating its or his patented design, for production or business purposes.

Article 65 The amount of compensation for a patent infringement shall be determined on the basis of the actual losses incurred to the patentee as a result of the infringement. If it is difficult to determine the actual losses, the actual losses may be determined on the basis of the gains which the infringer has obtained from the infringement. If it is difficult to determine the losses incurred to the patentee or the gains obtained by the infringer, the amount shall be reasonably determined by reference to the multiple of the royalties for this patent. In addition, the compensation shall include the reasonable expenses that the patentee has paid for stopping the infringement.

If it is difficult to determine the losses incurred to the patentee, the gains obtained by the infringer as well as the royalty obtained for the patent, the people's court may, by taking into account such factors as the type of patent, nature and particulars of the infringement, etc., decide a compensation in the sum of not less than 10 000 yuan but not more than 1 000 000 yuan.

II. *Civil Procedure Law of the People's Republic of China*

Article 144 If a defendant, having been served with a summons, refuses to appear in court without justified reasons, or if he withdraws during a court session without the permission of the court, the court may make a judgment by default.

4. Dispute over Design Patent Infringement between Opple Lighting (China) Co., Ltd. v. Shanghai Wanhe Light Fixture Co., Ltd.

Shanghai Intellectual Property Court
Civil Judgment

(2015) HZMCZ No. 386

Plaintiff: OPPLE Lighting (China) Co., Ltd.

Legal representative: Wang, President of the company.

Entrusted agent: Wu, a lawyer from JiangsuXingwu Law Firm.

Entrusted agent: Hua, a lawyer from Jiangsu Xingwu Law Firm.

Defendant: Shanghai Wanhe Light Fixture Co., Ltd.

Legal representative: Xiao.

After accepting the case on dispute between the Plaintiff OPPLE Lighting (China) Co., Ltd. and the Defendant Shanghai Wanhe Light Fixture Co., Ltd. over design patent infringement on June 9, 2015, this court formed a collegiate bench and held public trial on August 7, 2015 in the attendance of Wu, the entrusted agent for and on behalf of the Plaintiff. The Defendant Shanghai Wanhe Light Fixture Co., Ltd. did not appear in court without justifiable reasons after receiving the court summon. Therefore, this court tried the case at the absence of the Defendant. The trial of this case has been concluded.

The Plaintiff OPPLE Lighting (China) Co., Ltd. claimed that: Patent ZL200530076221.9 for "Ceiling Lamp (Langyue)" (hereinafter referred to as "the Patent") was transferred to the Plaintiff by the Chairman of Board Wang in 2012. The patent product involved is popular with consumers with huge sales volume for its unique shape and appearance. As to the Patent, a third party had ever applied to the Patent Reexamination Board of the State Intellectual Property Office (hereinafter referred to as the "Patent Reexamination Board") for invalidation of the Patent, but was rejected by the Patent Reexamination Board on the ground that the patent

I. Dispute over Confirmation of Ownership and Infringement of Patent Right

right was valid. After investigation, the Plaintiff found that the Defendant manufactured and sold ceiling products that infringe the Patent, which materially damaged the legal interests of the Plaintiff. Therefore, the Plaintiff requested the court to rule that: 1. the Defendant shall immediately stop its infringing act and destroy all of its infringing products; 2. the Defendant shall compensate the Plaintiff for economic losses in the amount of RMB 50 000 (RMB is adopted as the currency, the same below) including the reasonable expenses.

The Defendant Shanghai Wanhe Light Fixture Co., Ltd. made no defense, nor did it provide other evidences to the court.

After the trial, the court found that:

On October 23, 2012, the Plaintiff was granted by the Third Party Wang the Patent of "Ceiling Lamp (Langyue)" with patent application date of November 9, 2005, patent grant date of September 13, 2006 and Patent No. ZL200530076221.9. There is brief description of the Patent: "rear view is identical to front view, right view is identical to left view, and rear view and right review are omitted." The Patent is a ceiling lamp that has two stair-stepping truncated cone-shaped steps. The inner step has lower convex than the outer step, with transitional area between the two steps. In the inner step, there is a convex cambered surface lampshade. On the back of the lampshade, there is a level ceiling lamp base with several concentric annuluses. Several bolts and holes are uniformly distributed among the annuluses, with a mounting bar in the middle bottom.

On January 8, 2015, Feng, the entrusted agent for and on behalf of the Plaintiff, applied to Xuhui Shanghai Notary Office for notarization of evidence preservation. On the same day, Feng purchased a "ceiling light" at the store named Wanhe Light Fixture at 2/F, Building 24, Xingdong Road, Jiuxing Light Fixture Market, Shanghai and obtained a "name card" and a "sales slip" in the witness of the Notary Public of Xuhui Shanghai Notary Office. The Notary Public took photos for the purchased commodity and its outer packaging as well as the "name card" and "sales slip", and issued (2015) HXZJZ No. 151 Notary Certificate for certification. The said sales slip indicates the quantity "one" and unit price "95".

After the packing box of the alleged infringing product was opened in the court, it showed that there was a ceiling lamp that is alleged infringing, with the words "Zhenpu Family" on the tube, "Zhenpu Family" and "Zhongshan Guzhen Zhenpu Lighting Factory" on the electronic ballast, and "Zhenpu Family" and "Zhongshan

Guzhen Zhenpu Lighting Factory" on the packing box.

In the trial, the Plaintiff expressed its claim for reasonable expenses incurred for stopping the infringing act, including attorney's fee RMB 5 000, notary fee RMB 2 000, travel expenses RMB 1 000 and purchasing price of the alleged infringing product RMB 95, but indicated that, except for the purchasing price of the alleged infringingproduct as involved in the Notarial Certificate, all other expenses cannot be evidenced, thus requested the court to decide the same at its discretion.

The facts above are certified by the patent license, copy of patent roll, notarial certificate and attached sales slip and the real product, as well as the statement of the Plaintiff and others.

This court holds that, according to relevant provisions of the *Patent Law of the People's Republic of China* and the judicial interpretations thereof, the scope of protection of the design patent right shall be determined by the design of the product shown in the picture or the photograph. Brief description may be made to explain the design of the product as shown in the picture or the photograph. When deciding whether the designs are identical or similar, the people's court shall make comprehensive judgment according to the general vision of the design based on design characteristics of the authorized design and the alleged infringing design. The design characteristics determined by technical functions and the product materials, interior structure and other characteristics which have no influence on the general vision shall not be considered. Generally speaking, the part directly observed when it is used has greater influence on the general vision of the design than any other part. The comparison of the front view and space diagram of the alleged infringing product and the Patent shows that both of them have two stair-stepping truncated cone-shaped steps in appearance and cambered surface lampshades, and there is no difference in visual effect; the alleged infringing product is different from the Patent only at the sight of top view. The alleged infringing product does not have a crossband for fixing but has a snap joint with different installation holes. As the top view is invisible in actual use, consumers generally pay no attention to that part when selecting and purchasing the alleged infringing product. Hence, according to the standards of general attentions of general consumers, the difference said above is minor as to the general appearance of the alleged infringing product. Therefore, the court considered, the alleged infringing product is similar to the design patent of the Plaintiff, and the alleged infringing product falls in the protection scope of the design patent of the Plaintiff.

I. Dispute over Confirmation of Ownership and Infringement of Patent Right

Whereas the Defendant did not appear in court and failed to evidence the legal source of the alleged infringing product sold by it, therefore based on the existing evidence provided by the Plaintiff, this court holds that the sale by the Defendant of the product that infringes the design patent of the Plaintiff has constituted the infringement of the Plaintiff's patent, so the Defendant shall bear civil liabilities of desisting from the infringing act and compensating for economic losses. Desisting from the infringing act includes stopping selling alleged infringing products in inventory and destroying the same. The Plaintiff stated that the Defendant was still engaged in manufacturing infringing products. However, the alleged infringing products purchased for notarization and submitted to the court and the information indicated in the packing box are not relevant to the Defendant, and the Plaintiff failed to prove with other evidences that the manufacturer of the alleged infringing product was the Defendant. Therefore, such claim is not supported by the court. As to the amount of compensation, as the Plaintiff failed to evidence the losses suffered by it due to the infringing act or the illegal profits gained by the Defendant from the infringing act, and there was no patent license fee for reference, this court will determine the amount of compensation based on the type of the Patent infringed and the Defendant's act of selling the infringing products by taking into consideration of the sales scale of and profits gained from the infringing products sold by the Defendant and other facts. In this case, the Plaintiff claimed for compensation for the reasonable expenses incurred to stop the infringing act, except for the sales slip attached to the Notarial Certificate on the price of the alleged infringing product purchased to conduct notarization, the Plaintiff failed to evidence other expenses. As the Plaintiff indeed engaged attorneys and conducted notarization for investigation and evidence collection, travel expenses was indeed incurred, the court will determine the amount of reasonable expenses on the principle of fairness and impartiality.

In summary, in accordance with Article 144 of the *Civil Procedure Law of the People's Republic of China*, Article 118 *of General Principles of the Civil Law of the People's Republic of China*, Paragraph 2 of Articles 11, Paragraph 2 of Article 59 and Article 65 of *Patent Law of the People's Republic of China* and Article 8 of *Interpretation by the Supreme People's Court on Several Issues Concerning the Application of Laws to the Trial of Patent Infringement Disputes*, the court makes the following judgment:

I. The Defendant Shanghai Wanhe Light Fixture Co., Ltd. shall desist from its act of infringing the design patent (Patent No. ZL200530076221.9) of "Ceiling

Lamp (Langyue)" of the Plaintiff OPPLE Lighting (China) Co., Ltd. immediately from the effective date of the Judgment.

II. The Defendant Shanghai Wanhe Light Fixture Co., Ltd. shall compensate the Plaintiff OPPLE Lighting (China) Co., Ltd. for economic losses in the amount of RMB 10 000, including reasonable expenses, within ten days after the effective date of the Judgment.

III. Other claims made by the Plaintiff OPPLE Lighting (China) Co., Ltd. are hereby rejected.

In case the Defendant Shanghai Wanhe Light Fixture Co., Ltd. fails to fulfill the liability of payment within the time limit specified in this Judgment, the Defendant shall pay double the interest accrued thereon during the delay period pursuant to Article 253 of *the Civil Procedural Law of the People's Republic of China*.

The court fee is RMB 1 050, of which RMB 420 shall be paid by the Plaintiff OPPLE Lighting (China) Co., Ltd. and RMB 630 by the Defendant Shanghai Wanhe Light Fixture Co., Ltd..

Either party that refuses to accept this ruling as final may, within fifteen days after service of this Judgment, appeal to Shanghai High People's Court by submitting an appeal petition to this courtand the copies thereof shall be provided according to the number of persons of the opposing party.

Chief Judge   Liu Junhua
Judge   Hu Mi
Judge   Ling Song
August 7, 2015
Law Clerk   Shen Xiaoling

Attachment: Relevant laws

I. *Civil Procedure Law of the People's Republic of China*

Article 144 If a defendant, having been served with a summons, refuses to appear in court without justified reasons, or if he withdraws during a court session without the permission of the court, the court may make a judgment by default.

I. *Dispute over Confirmation of Ownership and Infringement of Patent Right*

II. *General Principles of the Civil Law of the People's Republic of China*

Article 118 If the rights of authorship (copyrights), patent rights, rights to exclusive use of trademarks, rights of discovery, rights of invention or rights for scientific and technological research achievements of citizens or legal persons are infringed upon by such means as plagiarism, alteration or imitation, they shall have the right to demand that the infringement be stopped, its ill effects be eliminated and the damages be compensated for.

III. *Patent Law of the People's Republic of China*

Article 11...

After the grant of the patent for a design, no entity or individual may, without authorization of the patentee, exploit the patent, that is, manufacture, offer to sell, sell, or import the product incorporating its or his patented design, for production or business purposes.

Article 59...

The extent of protection of the patent right for design shall be determined by the design of the product as shown in the drawings or photographs. The brief explanation may be used to interpret the design of the product as shown in the drawings or photographs.

Article 65 The amount of compensation for a patent infringement shall be determined on the basis of the actual losses incurred to the patentee as a result of the infringement. If it is difficult to determine the actual losses, the actual losses may be determined on the basis of the gains which the infringer has obtained from the infringement. If it is difficult to determine the losses incurred to the patentee or the gains obtained by the infringer, the amount shall be reasonably determined by reference to the multiple of the royalties for this patent. In addition, the compensation shall include the reasonable expenses that the patentee has paid for stopping the infringement.

If it is difficult to determine the losses incurred to the patentee, the gains obtained by the infringer as well as the royalty obtained for the patent, the people's court may, by taking into account such factors as the type of patent, nature and particulars of the infringement, etc., decide a compensation in the sum of not less than 10 000 yuan but not more than 1 000 000 yuan.

IV. *Interpretation by the Supreme People's Court on Several Issues Concerning the Application of Laws to the Trial of Patent Infringement Disputes*

Article 8 Where a design identical or similar to a design patent is applied to a type of products identical or similar to the products carrying the design patent, the people's court shall determine that the alleged infringing design falls into the scope of protection of a design patent as provided for in Paragraph 2 of Article 59 of the *Patent Law*.

I. Dispute over Confirmation of Ownership and Infringement of Patent Right

5. Dispute over Design Patent Infringement between Seikilife (Shanghai) Housewares Co., Ltd. v. Shanghai President Coffee Corporation and Zengcheng Zenghao Stainless Steel Products Co., Ltd.

Shanghai Intellectual Property Court
Civil Judgment

(2015) HZMCZ No. 504

Plaintiff: Seikilife (Shanghai) Housewares Co., Ltd.
Legal Representative: Ke, General Manager of the Company.
Entrusted agent: Zhao, a lawyer from Shanghai Minglun Law Firm.
Defendant: Shanghai President Coffee Corporation.
Legal representative: Chen, President of the Company.
Entrusted agent: Gong, a lawyer from East & Concord Partners.
Entrusted agent: Dong employee of the Company.
Defendant: Zengcheng Zenghao Stainless Steel Products Co., Ltd.
Legal representative: Zheng, President of the Company.
Entrusted agent: Yang, a lawyer from East & Concord Partners (Wuhan).

The Plaintiff Seikilife (Shanghai) Housewares Co., Ltd. (hereinafter referred to as the "Seikilife Company" except in the text of Judgment) filed a lawsuit against the Defendants Shanghai President Coffee Corporation (hereinafter referred to as the "Starbucks Company" except in the text of Judgment) and Zengcheng Zenghao Stainless Steel Co., Ltd. (hereinafter referred to as the "Zenghao Company" except in the text of Judgment) on a dispute over design patent right infringement. After accepting the case on July 17, 2015, this court legally formed a collegiate bench and conducted the trial. The Defendant Zenghao Company raised jurisdiction objection within the defense period. This court rendered the Civil Ruling (2015) HZMCZ NO. 504 on August 20, 2015, rejecting the jurisdiction objection raised by the Defendant Zenghao Company. The Defendant refused to accept such Ruling and appealed to Shanghai High People's Court. Shanghai High People's Court rendered the Civil Ruling (2015) HGMS (Z) ZZ No. 82 on October 21, 2015, rejecting the appeal made by Zenghao Company. On January 27, 2016, this court held public trial in the attendance of the entrusted agent Ke and the entrusted agent Zhao for and on behalf of the Plaintiff, the entrusted agent Gong and the entrusted agent Dong for and on behalf of the Defendant Starbucks Company, as well as the entrusted agent Yang for and on behalf of the Defendant Zenghao Company. Now the trial of this case has been concluded.

The Plaintiff Seikilife Company claimed that it is the patentee of the design patent of "drinking cup (0506-2)", with the patent application date of May 26, 2014, the date of announcement of granting the patent October 1, 2014 and the patent number of ZL201430149475.8. The patent protection period of that patent has not expired. Through investigation, the Plaintiff found that the design of the Starbucks stainless steel vacuum cup manufactured by the Defendant Zenghao Company and sold by the Defendant Starbucks Company was the same as the involved design patent, and was within the protection scope of its patent. The Plaintiff believed that the Defendants infringed its patent right and caused significant economic losses to the Plaintiff. Therefore, the Plaintiff filed a lawsuit and requested the court to rule that: 1. the Defendant Starbucks Company stop selling the infringing products, and the Defendant Zenghao Company stop manufacturing and selling the infringing products; 2. the Defendants compensate the Plaintiff for the economic losses of RMB 200 000 (using the same currency below) and reasonable expense of RMB 12 200; 3. the Defendants undertake the litigation costs of this case.

The Defendant Starbucks Company argued that: 1. the alleged infringing products were neither the same as with nor similar to the involved patent and were not within the protection scope of the involved patent; 2. the alleged infringing products used existing design and did not constitute infringement; 3. the alleged infringing products had been manufactured before the patent application date, and constituted prior use, thus did not infringe the patent right; 4. the alleged infringing products had legitimate source, and shall not be subject to any liability for damages even they constituted any infringement.

The Defendant Zenghao Company argued that: 1. the alleged infringing products were neither the same with nor similar with the involved patent and were not within the protection scope of the involved patent; 2. the alleged infringing products used ex-

I. Dispute over Confirmation of Ownership and Infringement of Patent Right

isting design and did not constitute infringement; 3. the alleged infringing products had been manufactured before the patent application date, and constituted prior use, thus did not infringe the patent right.

The Plaintiff Seikilife Company submitted the following evidences to this court:

1. Design patent certificate, copy of patent register and design patent right evaluation report, proving that the Plaintiff is the patentee of the involved patent, and the patent right is in force and indicating the protection scope of the involved patent.

2. Notarial Certificate (2015) HMZJZ No. 4704 evidencing that the cup manufactured by the Defendant Zenghao Company and sold by the Defendant Starbucks Company fell in the protection scope of the involved patent and infringed the Plaintiff's patent right.

3. The attorney engagement contract, attorney fee invoice, notarial fee invoice and purchasing invoice evidencing that the Plaintiff paid attorney fee of RMB 10 000, notarial fee of RMB 2 000 and purchasing price of the alleged infringing product of RMB 200 in order to safeguard its right.

The Defendants raised no objection to the authenticity and legitimacy of the evidences above, but denied the infringement act of the Defendants claimed by the Plaintiff based on such evidences.

The Defendant Starbucks Company submitted the following evidences to this court:

Group 1: Existing design evidence proving that the alleged infringing products used the existing design. The specific evidences were as follows:

1. Printout of the product sale webpage of Jinhua Jiate Metal Products Co., Ltd. on Alibaba website.

2. Printout of product sale webpage on China Hong Kong ebay website.

3. Printout of the sale webpages of the same product on the websites of Japan Amazon and UK Amazon websites.

4. Printout of the sale webpage of one stainless mug on Lotte website of Japan.

5. Printout of the webpage of one beverage container on the website of kirin company of Japan.

Group 2: Evidences on prior use right

1. Notarial Certificate (2015) HDZJZ No. 20088 and the translation version of some mails in such Notarial Certificate, evidencing that the design of the alleged infringing products was finished in 2013 and that the Defendant Zenghao Company had

accepted the order and began to manufacture the alleged infringing products before the patent application date of the Plaintiff.

2. The inquiry record from the ICP/IP address/domain name information recording management system of Ministry of Industry and Information Technology, evidencing that mail. spcc. com. cn was hosted by the Defendant Starbucks Company.

3. The sale confirmation, packing details and invoices, the customs export goods declaration issued by the Defendant Zenghao Company, and the packing details and invoices issued by Fulian Trading Co., Ltd. (hereinafter referred to as the "Fulian Company"), as well as the invoices and packing list issued by WOODMAX KY INDUSTRIES CORPORATION (hereinafter referred to as the "WOODMAX Company"), evidencing that the alleged infringing products in the mail of Notarial Certificate (2015) HDZJZ No. 20088 had been manufactured by the Defendant Zenghao Company and were delivered in June, 2014.

4. The statement issued by the Defendant Zenghao Company, the business license of the Defendant Zenghao Company, the printout of business registration information webpage, and the annual return of Fulian Company, evidencing that Fulian Company was the affiliated company of the Defendant Zenghao Company and had the same legal representative and that as for the products in the mail orders above, the Defendant Zenghao Company delivered the products to Fulian Company, and then Fulian Company would deliver such products to WOODMAX Company.

Group 3: Legal origin evidences

1. Sales and purchase contract signed by the Defendant Starbucks Company and Dongguan Womeishi Trading Co., Ltd. (hereinafter referred to as the "Dongguan Womeishi"), evidencing that the Defendant Starbucks Company signed a sales and purchase contract with Dongguan Womeishi, according to which Dongguan Womeishi shall sell goods to the Defendant Starbucks Company based on the orders.

2. Notarial Certificate (2015) HDZJZ No. 20640, being the notarization of the product mail order between the Defendant Starbucks Company and Dongguan Womeishi and the product mail order between Dongguan Womeishi and the Defendant Zenghao Company, evidencing that the alleged infringing products sold by the Defendant Starbucks Company had legal origin.

3. The receiving note, acceptance certificates and payment vouchers of the Defendant Starbucks Company, the supplier invoice acceptance and remittance form, the VAT special invoice issued by Dongguan Womeishi, evidencing that the mail

I. Dispute over Confirmation of Ownership and Infringement of Patent Right

order transaction abovementioned had been finished.

After cross-examining the evidences, the Plaintiff Shengji Company held that the group 1 evidences could easily be modified as they came from the Internet, and thus rejected to accept the authenticity and proof purpose of such evidences. Meanwhile, the appearances of the products in Evidences 2, 3 and 4 were neither the same as nor similar to the appearance of the alleged infringing products, and the appearance and category of the product in Evidence 5 were not the same as those of the alleged infringing products. Therefore, the Plaintiff refused to accept the defense made by the Defendant on existing design. As for the group 2 evidences the Plaintiff refused to accept the authenticity, relevance and proof purpose of the contents of mails in Evidence 1 and recognized Evidences 2 and 4; as some evidences in Evidence 3 had no originals and even those with originals may be produced unilaterally, the Plaintiff refused to accept the authenticity, relevance and proof purpose of such evidences. The Plaintiff accepted the authenticity and relevance of group 3 evidences. The Defendant Zenghao Company confirmed all of the evidences above.

The Defendant Zenghao Company submitted four groups of evidences to this court. Group 1, group 3 and group 4 evidences submitted by Zenghao Company were the same with 3 groups evidences provided by Starbucks Company with the same proof purpose; the group 2 of evidences submitted by Zenghao Company were as follows: notification of accepting the patent invalidation petition, invalidation application payment receipt and application of patent invalidation petition, evidencing that the involved patents were invalid and that Zenghao Company had separately instituted the procedure for invalidation announcement.

The Plaintiff's cross-examination opinions on the group 1, group 3 and group 4 evidences above were the same as its cross-examination opinions on the evidences provided by Starbucks Company. The Plaintiff accepted the authenticity of group 2 evidences and confirmed that Zenghao Company had applied for patent invalidation petition against the involved patent. The Defendant Starbucks Company recognized all of the evidences above.

Based on the evidences and cross-examination opinions by the Plaintiff and the Defendants on the evidences above, this court affirms that:

The Defendants raised no objection to the authenticity and legality of Evidences 1, 2 and 3 provided by the Plaintiff, which thus are affirmed by this court. With regard to Evidence 1 included in group 1 evidences provided by Starbucks Company, although the marketing time of the products shown on the product sale webpage was in the summer of 2013, the electronic evidence can be easily modified and the modification can be disguised. Therefore, without any other evidences, it can not be proved only based on such evidence that the marketing time of the involved products was prior to the application date of the involved patent of the Plaintiff. The earliest webpage modification time shown in Evidence 2 of group 1 was May 31, 2014, which is later than the application date of the involved patent; Evidences 3 and 4 in group 1 were made in foreign language without any translation and were electronic ones that can be easily modified. Therefore, it cannot be proved only based on such evidence that the announcement time of the involved products was prior to the involved patent application date. Meanwhile, the appearance of such product is largely different from that of the alleged infringing product; Evidence 5 in group 1 is a beverage can, whose category is different from that of the alleged infringing product and whose appearance is largely different from the appearance of the alleged infringing product. To sum up, the defense made by Starbucks Company by taking group 1 evidences as the existing design defense shall not be supported by this court for lack of grounds. Evidence 1 in group 2 provided by Starbucks Company is the notarization of email correspondence, and the contents of such mails can be mutually corroborated, therefore this evidence is affirmed by this court; Evidences 2 and 4 are accepted by the Plaintiff, so are affirmed by this court; except for the packing details and invoices issued by Fulian Company, the other documents in Evidence 3 are copies which can be mutually corroborated, and the mail orders in Evidence 1 can be mutually corroborated, thus Evidence 3 is affirmed by this court. The authenticity and relevance of group 3 evidences provided by Starbucks Company are accepted by the Plaintiff, thus group 3 evidences are affirmed by this court. This court provides the same opinions as above on the groups 1, 3 and 4 evidences provided by Zenghao Company. Group 2 evidences provided by Zenghao Company are the relevant materials in the patent invalidation petition procedure which have no inevitable relevance with the patent infringement litigation in this case, thus are rejected by this court.

Based on the certification evidences above and through trial, this court as certains that:

The application date of the design "drinking cup (0506-2)" is May, 26, 2014, the date of announcement of granting the patent is October 1, 2014 and the patent number is ZL201430149475.8. The patentee is the Plaintiff Seikilife

I. Dispute over Confirmation of Ownership and Infringement of Patent Right

Company, and the patent protection period thereof has not expired. As shown in the design picture of such patent, the drinking cup has no cover, and has a big-end-up cup body. Triangular faceted pebbles spread all over the cup body and on the top of the cup body is a rounded and flaky skirt. A round of embossment is formed at the joint of the cup body and the skirt, while there is a groove at the bottom of the body. The brief description of such patent indicates that the key design point is the combination of shape and pattern. On March 25, 2015, State Intellectual Property Office issued the Evaluation Report on Design Patent Right, and concluded that the design of the entire design had no defect and met the conditions for granting of patent right.

On June 29, 2015, the Plaintiff applied to Shanghai Minhang Notary Public Office for notarization of evidence preservation, and the attorney of the Plaintiff bought a "12oz orange light stainless steel Tumbler" at the Starbucks coffee shop located at No. 1161, Wuzhong Road, Minhang District, Shanghai and paid RMB 200.

The alleged infringing product is a stainless mug which has a big-end-up cup body. Diamond pattern spreads all over the cup body and there is a longitudinal, long and even surface on the cup body printed with a STARBUCKS logo in bold. There is a rounded cutting line at the half bottom of the body, and below the cutting line is a smooth surface while the cover has a shape of circular slope and there is a groove at the bottom of the body. As shown on the marks pasted on body and bottom, the product article number is 435180, the dealer is Starbucks Company and the manufacturer is Zenghao Company.

After comparing the alleged infringing product with the design of the involved design patent, this court found that they had the following differences: i. the corner angle shown on the diamond pattern of the alleged infringing product is rounded so that the adjacent diamond patterns could be mutually connected, and the radial length of the diamond patterns from top to bottom is decreased progressively. However, the corner angle on the diamond pattern of the patent design patent is spiculate and the diamond patterns are mutually independent, and all of the diamond patterns have the same radial length; ii. There is a rounded cutting line at the half bottom of the body of the alleged infringing product, and below the cutting line is a smooth surface. The cup body has not been entirely covered by diamond patterns. There is a longitudinal and even surface on the cup body printed with a STARBUCKS logo in bold. However, there is no cutting line between the diamond patterns shown on the half bottom and the even surface of the design product of the involved patent, and the cup body is entirely covered by diamond patterns. iii. The alleged infringing product has a smooth top and the cover has a shape of circular slope. However, the involved patent design product has no cover and on the top of the cup body is a rounded and flaky skirt. A round of embossment is formed at the joint of the cup body and the skirt. The shapes of the grooves of such two cups are not the same.

The Plaintiff paid attorney fee of RMB 10 000, notarial fee of RMB 2 000 and purchasing price of alleged infringing product of RMB 200.

It is further found that from November 2013 to February 2014, an employee of Strabucks COFFEE Company called LORI and an employee of WOODMAX company called NELSON, two employees of WOODMAX company called NELSON and WINNIE, and an employee of WOODMAX company called WINNIE and an employee of Zenghao Company called LILY exchanged many mails, all of which related to the design and die sinking of a type of Starbucks cup (including the design of seam crossing, color, LOGO, and problems of the sample), and the design picture of the cup was attached in the mails. After comparison, it is found that the design picture was basically consistent with the appearance of the alleged infringing product.

On February 24, 2014, Strabucks Coffee Company sent orders to WOODMAX company (order number: 80251466 and 80251465) for DIAMAND PHINNY Tumbler green 12 ounce and red 12 ounce. The quantity of the cups was respectively 10680 and 10008 with product identification of 011038992 and 011038991. As shown in the orders, the supplier was WOODMAX Company, the consigner was Zenghao Company and the date of shipment readiness was June 27, 2014.

On February 25, 2014, WOODMAX Company sent orders to Zenghao Company and the order number, product article number and color were the same with those indicated in the orders abovementioned. The picture of cup was shown in the orders and it was required in the orders that STARBUCKS LOGO should be printed on the cup body. Upon comparison, it is found that the cup picture was basically consistent with the appearance of the alleged infringing product.

Zenghao Company provided the sale confirmation with the buyer being Fulian Company. On June 14, 2014, Zenghao Company issued the packing details, invoices and custom export goods declaration while Fulian Company issued the packing details and invoices on June 14, 2014. WOODMAX Company submitted invoices and packing list to Strabucks COFFEE Company on June 17, 2014. The order numbers,

I. Dispute over Confirmation of Ownership and Infringement of Patent Right

article numbers, colors and quantities shown in the receipts above were consistent with each other and were consistent with the contents of the orders sent on February 24, 2014.

Fulian Company is a shareholder of Zenghao Company and the legal representative of Zenghao Company is Zheng. Zheng is also a director of Fulian Company.

It was also found that Starbucks Company signed two sales and purchase contracts with Dongguan Womeishi. According to the order method specified in the contract, Dongguan Womeishi should deliver the goods to the place designated by Starbucks Company based on the written orders and within a specified period after its receipt of the written orders. The contract duration of such two contracts was respectively from January 1, 2014 to December 31, 2014 and from May 1, 2015 to December 31, 2015.

As indicated by the ICP/IP address/domain name information recording management system, mail. spcc. com. cn was hosted by the Defendant Starbucks Company. On February 2, 2015, Starbucks Company sent orders to Dongguan Womeishi through its website email and ordered 1 248 12oz orange stainless steel accompanied cups with commodity code of 435180 and order number of 2015023083. On February 7, 2015, Dongguan Womeishi sent email orders to Zenghao Company to order 1 248 12PD orange stainless mugs (article number: 435180, order number: 2015023083). The picture of cup attached to the order was basically consistent with the appearance of the alleged infringing product bought by the Plaintiff which has been notarized, and the article number and name of such cup were the same with those of the alleged infringing product. On April 9, 2015, Starbucks Company received the above goods delivered by Dongguan Womeishi. On June 9, 2015, Dongguan Womeishi issued the VAT special invoice to Starbucks Company indicating two batches of 1 260 "435180 12oz orange stainless steel accompanied cups" with the order numbers of 2015023083 and 2015040461.

This court holds that: the Plaintiff Seikilife Company is the patentee of the design patent of the involved No. ZL201430149475. 8 "drinking cup (0506-2)", and the patent is still in valid. Without the permission of the patentee, no entity or individual shall not exploit the patent (i. e. any entity or individual shall not manufacture, offer to sell, sell or import the patented product for the purpose of production and operation), otherwise such entity or individual would be held to have infringed the design patent right and shall undertake the relevant civil liability according to the law.

Based on the opinions of the parties involved, this court holds that the focuses of dispute in this case lie in: i. whether the alleged infringing product within is the protection scope of the involved design patent right of the Plaintiff; ii. whether the defense on existing design made by the Defendants is grounded; iii. whether the defense made by the Defendants for prior use right is grounded.

With regard to the first focus of dispute, according to the provisions of the *Patent Law of the People's Republic of China*, the protection scope of the design patent right shall be subject to the design of the product shown in the picture or the photograph. Brief description may be made to explain the design of the product as shown in the picture or the photograph. Where the design of the identical or similar product is the same as or similar to the authorized design, the alleged infringing design shall be deemed to be within the protection scope of the involved design patent right and constitute patent infringement. After comparing the alleged infringing product with the involved appearance patent design of the Plaintiff, this court finds that such two types of products are slender drinking cups having a big-end-up cup body with diamond patterns spreading all over the cup body. The diamond patterns are in the vertical direction and each of the diamond patterns is composed of two concave-convex gore, and there is a round of blank space on the lower end of the cup body. The basic design elements and design styles of such two cups are the same. The main distinction is that the corner angle shown on the diamond pattern of the alleged infringing product is rounded so that the adjacent diamond patterns could be mutually connected, and the radial length of the diamond patterns from top to bottom is decreased progressively. However, the corner angle on the diamond pattern of the design patent is spiculate and the diamond patterns are mutually independent, and all of the diamond patterns have the same radial length. Firstly, the points of distinctions abovementioned are not obvious; secondly, considering the elongated diamond patterns composed of two concave-convex gores on the cup body, the overall visual effect would not be materially influenced, and the alleged infringing product could not be distinguished from the involved patent as a result. Meanwhile, although the involved design patent does not include any cup cover, the different top designs of such two products (whether there is a cutting line between the diamond patterns at the bottom of the cup body and the blank area, whether there is a longitudinal, long, narrow and blank area, as well as the difference of the groove shape at the bottom of the cup body) are secondary parts in

I. Dispute over Confirmation of Ownership and Infringement of Patent Right

the entire design with tiny differences to which general consumers may not pay attention, and based on which it is not sufficient to distinguish the alleged infringing product from the involved patent of the Plaintiff. In conclusion, it may be affirmed that there is no material difference between the overall visual effect of the alleged infringing design and that of the authorized design, which are approximate designs, and that the alleged infringing product falls in the protection scope of the Plaintiff's involved design patent right.

With regard to the second focus of dispute, because this court rejected the evidences provided by the two Defendants for the existing design defense, and this court has given full explanation in the process of evidence certification, the existing design defense made by the two Defendants could not be established and shall not be adopted.

With regard to the third focus of dispute, according to provisions of Article 69 of the *Patent Law of the People's Republic of China* and Article 15 of *the Interpretation by the Supreme People's Court on Several Issues Concerning the Application of Laws to the Trial of Patent Infringement Disputes*, to judgment whether the defense of prior use right could be established, the following conditions should be considered: i. whether the holder of prior use right has made the relevant product before the patent application date; ii. whether the related product is a like product; iii. whether the related design is developed by the holder of prior use right independently or obtained by it through other legal means; iv. whether the holder of prior use right continues to manufacture the product within the original scope.

As to this case, firstly, emails exchanged among Strabucks Coffee Company, WOODMAX Company and Zenghao Company from November 2013 to February 2014 involved the design, die sinking, problems of samples delivered and other issues of a Starbucks cup, and the design picture of such cup was attached in the mails. Secondly, the orders sent by Strabucks Coffee Coffee Company to WOODMAX Company on February 24, 2014, the orders sent by WOODMAX Company to Zenghao Company on February 25, 2014, the sale confirmation, packing details and invoices issued by Zenghao Company, the customs export goods declaration, the packing details an invoices issued by Fulian Company and the invoices and packing lists issued by WOODMAX Company could be corroborated with each other, evidencing that Zenghao Company received the orders on February 25, 2014 and delivered 20 688 pieces of the product ordered to Strabucks Coffee Company on June 14,

2014. Thirdly, the appearance of the ordered product was basically the same as that of the cup design picture included in the mails from November 2013 to February 2014. Based on the evidences above, it may be affirmed that the related ordered products were designed and manufactured through the coordination and cooperation of Strabucks Coffee Company, WOODMAX Company and Zenghao Company. Zenghao Company had finished the manufacture, packing and declaration of the first batch of ordered products on June 14, 2014. Thus, it may be ascertained that Zenghao Company was ready for producing the related ordered products before May 26, 2014 and had finished such products.

As to whether the relevant product is a like product. Like product refers to the alleged infringement product which is the same as the relevant product manufactured before the patent application date, including the circumstance where the two products are identical products or the two products are materially identical with the relevant part of the involved patent. After comparison, this court found that the appearance of the alleged infringing product was basically the same as the cup design picture attached in the mails sent from November 2013 to February, 2014 and the cup picture attached in the order sent by WOODMAX Company to Zenghao Company on February 25, 2014. In other words, the appearance of the alleged infringing product is basically the same as the appearance of the first batch of ordered products manufactured by Zenghao Company before the patent application date, except that their colors are different. The color of product is not within the protection scope of the involved patent, which does not affect the determination on whether the two products and the relevant design part of the involved patent are identical designs. Therefore, this court holds that the alleged infringing product is the same as the relevant products manufactured by Zenghao Company prior to the patent application date.

As to whether the products were further manufactured within the original scope. According to the law, the original scope shall cover the existing production scale before the patent application date and the production scale which may be realized using or based on the existing production equipment, i. e. defining "original scope" by production scale. In this case, there is no evidence proving the production scale of Zenghao Company. This court found that Zenghao Company delivered 20 688 products to Strabucks Coffee Company COMPANY in June 2014 according to the orders sent before February 2014 (i. e. the patent application date). However, the quantity of products delivered to Starbucks Coffee Company based on the VAT special

I. Dispute over Confirmation of Ownership and Infringement of Patent Right

invoice issued on June 9, 2015 was only 1 260. Therefore, this court holds the opinion that the manufacturing of Zenghao Company exceeded the original scope is ungrounded. The claims made by the Plaintiff that the color of the alleged infringing products is different from that of the previous products and that the production of products by Zenghao Company according to new order is not within the original scope are rejected by this court for lack of grounds.

In conclusion, Zenghao Company had already manufactured the same products before the application date of the involved patent, and only further manufactured the products within the original scope with the prior use right. Thus, the prior use right defense made by Zenghao Company should be established. The holder of prior use right shall not be deemed to conduct infringement if the holder of prior use right continues to manufacture the same products within the original scope, and the follow-up selling of the same products manufactured shall not constitute any infringement either. The Defendant Starbucks Company was the retailer of the alleged infringing products, and provided evidence to prove that the products sold by it were from Zenghao Company which has the prior use right. A claim may also be made that the sale of products manufactured by Zenghao Company which has the prior use right shall not constitute infringement. Considering that the grounds for prior use right defense made by the two Defendants are tenable, and the act of the two Defendants shall not constitute infringement according to the law, the claims made by the Plaintiff are lack of factual and legal basis, thus are rejected by this court. In accordance with provisions of Paragraph 2 of Article 59 and Item (2) of Article 69 of the *Patent law of the People's Republic of China* and Article 8 and Article 15 of the *Interpretation by the Supreme People's Court on Several Issues Concerning the Application of Laws to the Trial of Patent Infringement Disputes*, this court makes the ruling as follows:

The claims made by Seikilife (Shanghai) Housewares Co., Ltd. shall be rejected.

The court fee is RMB 4 483, which shall be borne by the Plaintiff Seikilife (Shanghai) Housewares Co., Ltd.

Either party that refuses to accept this ruling as final may, within 15 (fifteen) days after service of this judgment, appeal to Shanghai High People's Court by submitting an appeal petition to the court and the copies thereof shall be provided according to the number of persons of the opposing party.

Chief Judge   Li Shulan
Acting Judge   Chen Yaoyao
Judge   Liu Junhua
April 15, 2016
Law Clerk Shen Xiaoling

Attachment: Relevant laws

I. *Patent Law of the People's Republic of China*

Article 59...

The scope of protection of the patent right for design shall be determined by the product incorporating the patented design as shown in the drawings or photographs, brief description may be made to explain the design of the product as shown in the picture or the photograph.

Article 69 The following shall not be deemed to be patent right infringement:

(1) After a patented product or a product directly obtained by using the patented method is sold by the patentee or sold by any unit or individual with the permission of the patentee, any other person uses, offers to sell, sells or imports that product.

(2) Before the patent application date, any other person has already manufactured identical products, used identical method or has made necessary preparations for the manufacture or use and continues to manufacture the products or use the method within the original scope.

...

II. *Interpretation by the Supreme People's Court on Several Issues Concerning the Application of Laws to the Trial of Patent Infringement Disputes*

Article 8 Where a design identical or similar to a design patent is applied to a type of products identical or similar to the products carrying the design patent, the people's court shall determine that the alleged infringing design falls into the scope of protection of a design patent as provided for in Paragraph 2 of Article 59 of the *Patent Law*.

Article 15 Where an accused infringer raises a prior-use defense with technology or design acquired illegally, the people's court shall not allow.

The people's court shall determine any of the following acts as necessary preparations for making or using as prescribed in Item (2) of Article 69 of the *Patent Law*:

(1) Main technical drawings or process documents necessary for exploiting the invention-creation have been made ready.

(2) Main equipment or raw materials necessary for exploiting the invention-creation have been manufactured or purchased.

The original scope as prescribed in Item (2) of Article 69 of the *Patent Law* includes the production scale before the filing date of the patent, and the production scale that could be achieved by using the then-existing manufacturing equipment or based on then-existing manufacturing preparations.

Where, after the filing date of the patent, the prior-use right holder transfers or licenses the technology or design that he has been exploiting or has made necessary preparations to exploit, to another party to exploit the technology or design, and the accused infringer asserts that the exploitation is continuing exploitation within the original scope, the People's Court shall not allow unless the technology or design is acquired or inherited together with the original business as a whole.

II. Dispute over Confirmation of Ownership and Infringement of Trademark Right

6. Dispute over Trademark Infringement between Honeywell International Inc. v. Shanghai Yuxun Auto Parts Co., Ltd. and Zhang

Shanghai Intellectual Property Court
Civil Judgment

(2016) H73MZ No. 101

Appellant (Plaintiff of original trial): Honeywell International Inc.

Legal representative: David, Assistant Secretary of Board and Corporate Assistant Chief Legal officer.

Entrusted agent: Tao, a lawyer from Shanghai Guotai Law Firm.

Entrusted agent: Cao, a lawyer from Shanghai Guotai Law Firm.

Appellee (Defendant of original trial): Shanghai Yuxun Auto Parts Co., Ltd.

Legal representative: Zhang.

Appellee (Defendant in original trial): Zhang.

In the matter of the trademark infringement, the Appellant Honeywell International Inc. (hereinafter referred to as the "Honeywell" except in the text of Judgment) refused to accept the Civil Judgment (2015) MMS (Z) CZ No. 1065 rendered by Minhang District People's Court of Shanghai and appealed to this court. This court, after accepting the appeal, formed a collegiate bench according to law and held public trial on April 18, 2016 in the attendance of Cao, the entrusted agent of the Appellant Honeywell, and Zhang, the legal representative of the Appellee Shanghai Yuxun Auto Parts Co., Ltd. (hereinafter referred to as the "Yuxun" except in the text of Judgment), i. e. the other Appellee. The trial of the case has

II. Dispute over Confirmation of Ownership and Infringement of Trademark Right

been concluded now.

The claim made by Honeywell in the original trial included that: Honeywell, as one of Global Top 500, was established in 1885. It began to produce turbochargers inLos Angeles in 1936, and has become the largest and most well-known turbocharger manufacturer in the world over 70 years of development. To protect its own trademarks, Honeywell registered trademarks "GARRETT" "Garrett" "Garret 盖瑞特" and "盖瑞特" of Classes 12 and 7 since 1990. Honeywell applied for registering a figurative mark " " of Class 7 on January 8, 2009 and was approved on July 21, 2010. The above registered trademarks have been enjoying high reputation in the country. To promote and advertise its trademarks, Honeywell has increased advertising expenses by years, while its amount of sales in China saw substantial increase. Thus, it is the largest turbocharger supplier for domestic engine companies and automotive companies.

Established on September 7, 2011, Yuxun has been devoted to production and sales of auto parts and turbochargers. Zhang is the sole shareholder and legal representative of Yuxun. For a long time, Yuxun manufactured turbochargers and highlighted the figure " " on the products and their packaging. specific infringement facts are as follows on September 12, 2013, Hetang Office of Zhuzhou Municipal Administration of Industry and Commerce (hereinafter referred to as the "Hetang Office") checked and detained 112 infringing turbochargers sold by Zhuzhou Hetang District Shunxing Turbocharger Part Store at No. 11, Building 11, Area A, Motor City, Hetang District, Zhuzhou City; on February 8, 2014, Wujin Administration of Industry and Commerce of Changzhou (hereinafter referred to as the "Wujin Administration") checked and detained 40 infringing turbocharger products and 1 320 empty packing cases for infringing turbochargers at No. 21, Hengyao Road, Henglin Town, Wujin District, Changzhou, Jiangsu; on April 15, 2014, Huaihai Office of Xuzhou Municipal Administration of Industry and Commerce of Jiangsu (hereinafter referred to as the "Huaihai Office") checked and detained 38 infringing turbochargers sold by the owner of B3-1 in Xuzhou Auto Parts City; on November 13, 2013, Honeywell (China) Co., Ltd., a Subsidiary of Honeywell, purchased 4 turbochargers from Yuxun with payment made to Zhang. All the products above were manufactured by Yuxun.

As Honeywell's mark " " has very high visibility, Yuxun's act constituted trademark infringement on the following grounds: i since its establishment, Yuxun has been engaged in production of turbochargers with packaging marked with " ![logo] ", which misled the public that the products were made by Honeywell or it was otherwise affiliated to Honeywell; ii Yuxun is a limited sole proprietorship, Zhang is the sole shareholder of the company, and his personal account is used to receive the payments of the company. Therefore, it should be ascertained here that corporate properties are mixed with the shareholder's personal properties. Thus, Zhang shall be jointly liable for Yuxun's debts. Yuxun has been infringing Honeywell's trademark for two years with a large number of products involved. Despite of the repeated crack downs by the administration of industry and commerce, Yuxun turned a deaf ear and continued its act of infringement, causing great economic losses to Honeywell and adverse effect on Honeywell's reputation. In addition, Honeywell expended a lot to safeguard its legal rights and stop such infringement. To safeguard its legal rights from infringement, Honeywell lodged a lawsuit and requested the court to order that: i. Yuxun stop its infringement upon Honeywell's registered trademark; ii. Yuxun compensate Honeywell for its economic loss (including reasonable expenses) in the amount of RMB 500 000 (hereinafter any amount is designated in RMB); iii. Yuxun publish a statement on Oriental Morning Post or any other newspaper of the same level to make clarifications and eliminate infringement impact; iv. Zhang should be jointly liable for Yuxun's debts.

In the original trial, Honeywell stated that: Claim 1 requested that Yuxun stop its production and selling acts that infringe the exclusive right of Honeywell to use No. 7155198 and No. 7155199 registered trademarks; Claim 2 requested for legal compensation for economic losses, including the reasonable expenses for notarization of the purchased infringing commodities, the expenses incurred in assisting the administration for industry and commerce in the investigation of Yuxun's infringing acts and attorney fee, but the amount thereof cannot be determined; Claim 3 only requested for publishing a statement at a visible place for one time; pursuant to Claim 4, Zhang's joint liability for Yuxun's debts refers to the joint liability for the debts provided for in the above three claims. Where Yuxun failed to publish the statement pursuant to Claim 3, Honeywell or the court will publish the statement at the costs of Yuxun and Zhang.

Yuxun argued in the original trial that it only manufactured and sold turbochargers for ground vehicles, and ceased to manufacture or sell Honeywell's products after the check and detainment made by the administration for industry and commerce in

II. Dispute over Confirmation of Ownership and Infringement of Trademark Right

2013. The compensation amount asserted by Honeywell was too high.

Zhang argued in the original trial that the compensation amount asserted by Honeywell was too high.

The court of original trial found that: in July 2010, with the approval of Trademark Office of the State Administration for Industry and Commerce of the People's Republic of China (hereinafter referred to as the "Trademark Office"), Honeywell registered No. 7155198 "✑" Trademark of Class 12 turbochargers for ground vehicles and superchargers for ground vehicles, and registered No. 7155199 "✑" Trademark of Class 7 turbochargers and superchargers. The valid term of the above two registered trademarks is from July 21, 2010 until July 20, 2020.

Yuxun, established on September 7, 2011 and with registered capital of RMB 100 000, is a one-person limited liability company (sole proprietorship of natural person), whose business scope covers wholesale and retail of auto parts, machine parts and turbochargers. Zhang is the legal representative and sole shareholder of Yuxun.

On September 25, 2013, Hetang Office issued Determination on Administrative Penalty ZHGSXCZ (2013) No. 25, providing that the third party Hu purchased 112 "Liling Ruite" turbochargers for automobiles in Changzhou, Jiangsu (name: Liling Ruite, specification: TB28K18, quantity: 68, unit price: RMB 260; specification: GT25K18, quantity: 44, unit price: RMB 350, manufacturer: Shanghai Yuxun Auto Parts Co., Ltd.) The outer packagings of these turbochargers for automobiles were marked with the figure "❀" which is similar with the registered figure of Garrett "✑". According to Hu's statement, these turbochargers had not been further sold out, and the value of the 112 "Liling Ruite" turbochargers for automobiles in storage was RMB 33 080. On these grounds, the Office ordered Hu to stop the infringing act and imposed punishments: i. all the turbochargers for automobiles which are marked with "❀" (name: Liling Ruite, specification: TB28K18) in total of 20 sets should be confiscated; ii. penalty of RMB 4 000 should be paid to the national treasury.

On November 18, 2013, Xuhui Shanghai Notary Office issued Notarial Certificate (2013) HXZJZ No. 8984, stating that the Applicant Honeywell (China) Co., Ltd. entrusted Guangzhou Quanhua Intellectual Property Agency to take. measures on its behalf to stop any act that may infringe the Applicant's intellectual property rights. Under the supervision of Li B as Notary Public and Tang as Notary Staff from that notary office, on November 13, 2013, Li , the entrusted agent from

Guangzhou Quanhua Intellectual Property Agency, purchased 4 turbochargers in the name of an ordinary consumer at the factory (beside Ouhui Lighting) in Wujin District, Changzhou, Jiangsu, and obtained the "Delivery Note of Shanghai Yuxun Auto Parts Co., Ltd." and a piece of paper containing the "account number for payment" written by the head of the factory. The Notary Public took photos and sealed the purchased product and their packaging and appearance, and reproduced the "Delivery Note of Shanghai Yuxun Auto Parts Co., Ltd." and the paper containing the "account number for payment". The pictures attached to the Notarial Certificate show that the outer packaging of the purchased turbochargers is marked with "⚙". The Delivery Note attached to the Notarial Certificate shows that the purchased turbochargers belong to 4 in different specifications and RMB 1 700 is paid therefor. The copy of Agriculture C Bank of China (ABC) account number for payment attached to the Notarial Certificate shows that the payee is Zhang Lihui.

On April 15, 2014, Huaihai Office received the complaint and made investigation on the owner of B3-1 in Xuzhou Auto Parts City who was suspected of selling the commodities that infringed the exclusive right to others' registered trademarks, and imposed the following punishments on the third party Hu Kaili: i. 38 infringing turbochargers whose outer packaging was marked with "fan shaped" figure should be confiscated; ii. a penalty of RMB 5 000 was imposed. The list of properties issued by the Office indicated that the confiscated superchargers include 29 ones in TB28K18, 4 ones in HX40W, 4 ones in TBP4 and 1 in GJ90B. The pictures provided by Honeywell indicated that the outer packaging of the confiscated turbochargers is marked with "⚙".

On May 8, 2014, Wujin Administration issued Notification of Administrative Penalty WGSHXGZ (2014) No. 050801, stating that the Administration, after investigating the infringing turbochargers produced and operated by Yuxun after receiving the compliant, decided to order Yuxun to stop its infringing act and imposed the following punishments on February 8, 2014: i. 12 infringing turbochargers in Hx50 high, 8 turbochargers in 4108, 8 turbochargers in gt25, 6 turbochargers in K260, 3 turbochargers in 6df, and 1 turbocharger in p4210 should be confiscated; ii. 1 320 empty packing boxes for infringing turbochargers should be confiscated; iii. A penalty of RMB 19 000 was imposed, which shall be paid to the national treasury. The pictures provided by Honeywell indicated that the outer packagings of the confiscated turbochargers are marked with "⚙". Yuxun claimed that as to the empty packing

II. Dispute over Confirmation of Ownership and Infringement of Trademark Right

boxes, the turbochargers had not been manufactured, and these turbochargers would be manufactured and packed in the packing boxes when anyone ordered them.

In the original trial, Yuxun stated that the infringing turbochargers checked and detained by Huaihai Office, Hetang Office and Wujin Administration and purchased by Xuhui Shanghai Notary Office were manufactured and sold by Yuxun, but Yuxun did not manufacture turbocharger parts but purchased and assembled them into turbochargers. The mark shown on the outer packaging of the turbochargers involved was different from the two registered trademarks of Honeywell in three places. Firstly, the bottom blade in the shown mark is complete, while the bottom blade is incomplete in the registered trademark of Honeywell. Secondly, the bottom blade in the shown trademark does not have corner angles, while the registered trademark of Honeywell has outstanding corner angles. Thirdly, the bottom in the shown mark turns right, but that in the registered trademark of Honeywell turns left. Notwithstanding, Yuxun admitted the mark used by it was similar with the registered trademark of Honeywell.

In the original trial, Zhang admitted that his properties were mixed with corporate properties of Yuxun, and he was willing to be liable for Yuxun's debts.

In the original trial, Honeywell asserted that Yuxun's factory covers an area of several thousands of square meters but Yuxunargued that it is only about 40 square meters. According to the pictures provided by Honeywell, Yuxun's factory does not cover an area of several thousands of square meters. In addition, the evidences provided by Honeywell show that its products enjoy a large share and high reputation in domestic market, and provide the selling prices thereof from 2012 to 2014. Neither Yuxun nor Zhang gave dissenting opinions on such evidences.

The court of original trial held that the exclusive right to registered trademarks is protected by law. Without the consent of the trademark registrant, using a trademark that is similar to a registered trademark on identical goods, or using a trademark that is identical with or similar to a registered trademark on similar goods may create confusion, and constitutes an act of infringement upon the exclusive right to registered trademarks. Selling any commodity that infringes the exclusive right to registered trademarks also constitutes an act of infringement upon the exclusive right to registered trademarks. Honeywell is the owner of the exclusive right to No. 7155198 and No. 7155199 Registered Trademarks, and is entitled to lodge a lawsuit against the act of infringement upon the exclusive right to registered trademarks.

According to the provisions of relevant law, in the proceedings, if one party admits any statements concerning the case made by the other party, then the other party is not required to prove such statements, which shall not apply to cases involving personal relationship. In the original trial, Yuxun admitted that the said infringing turbochargers were manufactured and sold by it, and as indicated in the Determination on Administrative Penalty issued by Hetang Office, the manufacturer of the turbochargers checked and detained therein was Yuxun. Notwithstanding the allegation that Yuxun did not manufacture turbocharger parts butpurchased and assembled them into turbochargers, the court of original trial held that the assembling act was also a kind of manufacturing, thus determined that the turbochargers involved were manufactured and sold by Yuxun.

The focus of dispute in this case is how many registered trademarks of Honeywell were infringed by Yuxun. Honeywell believed that two of its registered trademarks were infringed by Yuxun as Yuxun used a trademark similar to the two registered trademarks of Honeywell on identical products. Yuxun argued that it only manufactured and sold turbochargers for ground vehicles. According to the specifications of the turbochargers checked and detained, there were only turbochargers for ground vehicles. The court of original trial held that "turbochargers for ground vehicles" of Class 12 are different from "turbochargers" of Class 7, as indicated in trademark registration license. If Honeywell insisted that Yuxun used a trademark that is similar to its two registered trademarks in relation to identical products, Honeywell should prove with evidence that the turbochargers manufactured and sold by Yuxun include "turbochargers for ground vehicles" and "turbochargers". In this case, both Honeywell and Yuxun acknowledged that what the Notary Office purchased and Hetang Office checked and detained were turbochargers for ground vehicles. As to the turbochargers checked and detained by Huaihai Office and Wujin Administration, Honeywell did not present sufficient evidences to prove that these turbochargers are identical to the "turbochargers" of Class 7 as verified in No. 7155199 Registered Trademark of Honeywell. According to the specifications of the turbochargers checked and detained, the court of original trial cannot determine the type of the turbocharger.

However, from the comparison of the Honeywell-provided pictures of the outer packaging of the turbochargers detained by Huaihai Office and Wujin Administration and those of the turbochargers for ground vehicles purchased by Notary Office, it can be found that these outer packing boxes are the same in size and appearance. In addition, in view of the premises located at "Xuzhou Auto Parts City" where Huaihai Of-

II. Dispute over Confirmation of Ownership and Infringement of Trademark Right

fice checked and detained the turbochargers and corporate name of Yuxun, the turbochargers checked and detained by Huaihai Office and Wujin Administration were very likely to be the turbochargers for ground vehicles. Therefore, all the turbochargers involved are turbochargers for ground vehicles, and are identical to "turbochargers for ground vehicles" of Class 12 as verified in No. 7155198 Trademark of Honeywell. In addition, from the comparison of the turbochargers for ground vehicles involved and the "turbochargers" of Class 7 as verified for No. 7155199 Trademark of Honeywell, it can be seen that they are related in terms of function, purpose and consumers, and thus are easy to be considered by the public to have certain relation with each other and cause confusion. Therefore, they should be similar commodities.

Moreover, from the comparison of the figure " ❦ " marked on the outer packing of the turbochargers involved and the two registered trademarks " ❦ " of Honeywell, it can see that the three differences are minor and cannot be easily noticed by the public, and their shapes and general structures are similar. The figure shown on the outer packaging of the turbochargers involved may cause confusion and mislead the public about the source of the products. On these grounds, the court of original trial held that Yuxun used a trademark that is similar to No. 7155198 Registered Trademark of Honeywell on identical commodities and used a trademark that is similar to No. 7155199 Registered Trademark of Honeywell on similar commodities.

Yuxun, as an auto part operator, who should have complied with the laws and normal market operation order, manufactured and sold infringing products with subjective fault in violation of relevant provisions of the *Trademark Law of the People's Republic of China*, whose act has infringed the exclusive right to the registered trademarks of another person. Therefore, Yuxun shall bear civil liabilities of desisting from the act of infringement, eliminating adverse effect and compensating for the losses caused by it.

As to the claim made by Honeywell for stopping the infringing act, the court of original trial held that, notwithstanding the punishment made by the administration for industry and commerce upon Yuxun and the detainment of the commodities involved, according to relevant provisions in *Tort Liability Law of the People's Republic of China*, if an infringer should be held liable for administrative or criminal liability due to the same act, the tort liability prescribed by law shall not be affected thereby. Stopping the infringement is one way of bearing tort liability. Even though Yuxun was imposed with administrative penalty for its act of production and selling such products, Honeywell shall not be prevented from exercising his civil right to require that Yuxun stop the infringement. Therefore, the court of original trial supported Honeywell's claim for stopping the infringement.

As to the claim made by Honeywell to eliminate adverse effect, the court of original trial held that the commodity involved is auto part, which may give rise to safety risk if it is unqualified. The commodity involved in this case as manufactured and sold by Yuxun use a trademark that is similar to the two registered trademarks of Honeywell in its outer packaging. Yuxun produced and sold a large number of commodities in many regions. This may mislead the users and confuse them about the manufacturer and source of the commodities. The consequence therefrom not only damaged the reputation of the two registered trademarks of Honeywell, but disturbed the market order and fair competition. In this regard, it is necessary to make statement and clarification. Therefore, the court of original trial supported Honeywell's claim of requesting Yuxun to eliminate adverse effect. The specific way to eliminate adverse effect would be determined by the court of original trial based on the specific situations of the case.

With respect to the claim made by Honeywell for economic losses, Honeywell neither proved the amount of losses suffered due to Yuxun's infringement, nor proved Yuxun's proceeds gained from his infringement, so what it claimed was legal compensation. Considering the reputation of the registered trademarks involved, nature of Yuxun's infringement, degree of mistake, operation scale, quantity of infringing commodities, selling price and other factors, the court of original trial determined an appropriate compensation amount at its discretion. As to the claim made by Honeywell for the expenses for purchasing the infringing commodities to conduct notarization, although failed to provide relevant evidences, Honeywell did provide the Notarial Certificate, therefore, the court of original trial determined at its discretion that these expenses were necessary, and thus supported such claim. As to the claim made by Honeywell for the expenses incurred in assisting the administration for industry and commerce in investigating Yuxun's infringing act, Honeywell failed to provide relevant evidences and the expenses were not necessary and appropriate. Therefore, the court of original trial did not support such claim. As to the claim made by Honeywell for attorney fee, although Honeywell failed to provide relevant evidences, the attendance of entrusted agent in these proceedings gave the justified ground for these

II. Dispute over Confirmation of Ownership and Infringement of Trademark Right

expenses. Therefore, the court of original trial determined the amount based on the complexity of the case and specific work done by the attorneys.

As to the claim made by Honeywell that Zhang should bear the joint liability, the court of original trial held that, according to relevant *provisions of the Company Law of the People's Republic of China*, if the shareholder of a one-person limited liability company cannot prove that the properties of the company are independent from his or her own properties, the shareholder shall be jointly liable for the company's debts. Yuxun was a one-person limited liability company established by Zhang. The proceeds from sale of the infringing commodities in Yuxun were paid to the personal bank account of Zhang, and Zhang admitted that he cannot distinguish his own properties from the corporate properties. Thus, Zhang shall be jointly liable for Yuxun's debts. In the Claim 2 for economic losses (including reasonable expenses) and Claim 3 made by Honeywell against Zhang, the claim of Honeywell that if Yuxun fails to eliminate the adverse effect, the expenses of publishing the statement by Honeywell or the court should be borne by Zhang jointly was supported by the court of original trial. However, the court of original trial held that the joint liabilities shall only apply to the bearing of compensation, therefore, Honeywell's claim that Zhang shall be jointly liable for stopping the act of infringement was ungrounded and was not supported by the court.

To sum up, in accordance with Paragraph 1, Article 4 of the *Tort Liability Law of the People's Republic of China*, Articles 56, Items (2)(3) of Article 57 and Paragraph 2 and Paragraph 3 of Article 63 of *Trademark Law of the People's Republic of China*, Article 63 of *Company Law of the People's Republic of China*, Paragraph 2 of Article 9, Paragraph 1 of Article 11, Article 16, Article 17 and Article 21 of *Interpretation by the Supreme People's Court on Several Issues Concerning Application of Laws to the Trail of Civil Trademark Disputes*, and Article 2 and Paragraph 1 of Article 8 of *Several Provisions of Supreme People's Court on Evidence in Civil Proceedings*, the court of original trial ruled that: Ⅰ. Yuxun shall stop the act of producing and selling the commodities that infringe No. 7155198 and No. 7155199 Registered Trademarks of Honeywell from the effective date of the Judgment; Ⅱ. Yuxun shall pay the economic losses and reasonable expenses of RMB 80 000 to Honeywell within ten days after the effective date of the Judgment; Ⅲ. Yuxun shall publish a statement on *Oriental Morning Post* to make clarification and eliminate the infringement effect within ten days after the effective date of the Judgment (the contents of the statement shall be reviewed by the court of original trial); otherwise, the court of original trial will publish the main contents of the judgment on *Oriental Morning Post* at the cost of Yuxun; V. Zhang shall be jointly liable for the compensation pursuant to II and relevant expenses (if any) pursuant to III above. If any party being liable for any payment fails to perform the payment obligation within the period specified in the Judgment, then in accordance with the provision of Article 253 of the *Civil Procedure Law of the People's Republic of China*, the interest of such payment for such delay period shall be doubled. The original trail court fee was RMB 8 800, of Which RMB 7 392 shall be paid by Honeywell and RMB 1 408 by Yuxun and Zhang. The property preservation fee was RMB 3 020, of which RMB 2 536.8 shall be paid by Honeywell and RMB 483.2 by Yuxun and Zhang.

Honeywell refused to accept the Judgment and filed an appeal to this court.

In its appeal, Honeywell claimed that the amount of compensation for infringement decided in the original judgment was too low and the sharing of court fee was inappropriate, thus requested this court to overturn Decision II in the original judgment and support all the claims made by Honeywell *in the original trial* and re-provide the bearing of the court fee in the trial of first instance. It presented the following grounds: 1. Yuxun was established in September 2011 with its main business being production and sales of turbochargers. It has been using the infringing trademark on the outer packaging of the products made by it. Its infringing act began from its establishment and continued for more than five years. Only the ascertained fact shows that from September 2013 to April 2014 Yuxun manufactured and sold nearly 200 turbochargers, and more than 1 300 packing boxes were checked and detained in the sales network of various provinces and cities. Yuxun and its distributors have been investigated and punished three times by the administrations for industry and commerce in different regions because of the infringing commodities involved in this case. It is very aggressive to commit the infringement for long term in a wide network, causing adverse effect. The amount of compensation determined by the court of original trial is not appropriate to the subjective venom of Yuxun or the seriousness of the infringing act, and the amount is obviously low. 2. The infringing commodities involved are an important part of automobiles, which causes quality safety risk, and even endangers the consumer' vehicle even life. The commodity may lead to very serious consequences. The amount of compensation determined by the court of original trial is obviously low. Such determination cannot prohibit the repetition of the infrin-

II. Dispute over Confirmation of Ownership and Infringement of Trademark Right

ging act but instead will encourage the infringing act due to low costs. 3. For Garrett turbochargers, the registered trademarks of Honeywell as involved in this case enjoy great reputation and fame, and are known by more than 90% of the public. The products bearing such trademarks enjoy a large share and high reputation in domestic market, with annual output value of more than 1 billion. Yuxun's infringing act has caused material losses and adverse influence on the products, brands and goodwill of Honeywell, and Honeywell expended at least RMB 200 000 to stop such infringing act. The amount of compensation determined by the court of original trial is far from covering the losses of Honeywell and eliminating the influence on the brand of Honeywell, and goes against China's tendency to enhance the protection for intellectual properties. 4. Now that Honeywell won the original lawsuit, it is obviously improper for the court of original trial to decide that Honeywell pay the vast majority of the court fee.

The Appellees Yuxun and Zhang jointly argued that: 1. Yuxun is a company registered only in Shanghai which does not have production premises, and the actual production base is located in Wujin District, Changzhou, Jiangsu and is registered as Wujin District Henglin Yuxun Supercharger Factory (hereinafter referred to as the "Yuxun Supercharger Factory") with the administration for industry and commerce, where the infringing commodities were checked and detained by the administration and purchased by the Notary Office for Honeywell. Yuxun Supercharger Factory is a one-person factory established by Zhang. 2. After being punished by the administration for industry and commerce which imposed the decision of detainment in 2013, Yuxun did not manufacture or sell the infringing commodity. The Factory had been winded up prior to June 2014, and an agency was entrusted for the wind-up of Yuxun. The license, official seal and other documents have been submitted to the agency. 3. The outer packaging of the alleged infringing products was accepted together with the subcontract of the premises and was not used until 2013. Before that, the outer packaging of the products was not marked with the alleged infringing figure. Besides, the figure is similar with but not identical to the trademark of Honeywell. For all above, both Yuxun and Zhang disagreed with the claims of Honeywell in the appeal and can not accept any hig her amount of compensation. They requested to reject the appeal and maintain the original judgment.

After the trial, this court found that the facts ascertained by the court of original trial are true and thus are affirmed by this court.

It is also found out by this court that Honeywell is the registrant for No. 541689 "GARRETT" Trademark registered of Class 12 (including the spare parts for ground vehicles and control launch vehicles) and No. 994384 "Garrett 盖瑞特" Trademark registered of Class 12 (including turbochargers, etc.).

The upside places of the four sides of the outer packing boxes for turbochargers made by Honeywell are marked with "Garrett®" and "盖瑞特", and the lower right corners are marked with "⌀".

According to the *Research Report on Public Awareness of Garrett* issued by Beijing Hanwei Boyan Market Consultation Co., Ltd. in August 2012, the Garrett enjoys public awareness of 86.7% in the main domestic auto turbocharger manufacturers, 92.5% in the domestic supercharger deals and retailers, 80% in domestic enterprise consumers, and 90.7% in domestic public consumers.

The evidence of 2012-2014 prices provided by Honeywell (China) Co., Ltd. indicates that the lowest prices of Garrett turbochargers in 2012, 2013 and 2014 were RMB 1 400, RMB 1 250 and RMB 1 100, respectively.

The pictures attached to Notarial Certificate (2013) HXZJZ No. 8984 issued by Xuhui Shanghai Notary Office indicate, the outer packing box of the alleged infringing commodity purchased by the Notary Office indicates that the manufactureris Yuxun, and the product quality certificate and instruction also indicates that the manufacturer is Yuxun.

As of April 18, 2016, the "notified information of industry and commerce" of Yuxun in the National Enterprise Credit Information Publicity System indicated that, its "status of registration" was "existing" (under operation, open for business and in registration).

In addition, in the trial of second instance, Yuxun and Zhang admitted that the number of alleged infringing commodities sold byYuxu every month was over 200, with wholesales price from RMB 200 to RMB 300 and retail price RMB 400.

All the facts above are supported by the Civil Judgment (2009) HMS (Z) CZ No. 73, pictures of products taken by Honeywell, *Research Report on Public Awareness of Garrett*, price evidence, pictures attached to the Notarial Certificate (2013) HXZJZ No. 8984, rendered by the court of original trial as provided by Honeywell, corporate information of Yuxun provided by Honeywell in the trial of second instance, court trial records and other documents, and are affirmed by the court.

This court holds that the dispute of this case lies in whether the amount of com-

II. Dispute over Confirmation of Ownership and Infringement of Trademark Right

pensation for infringement determined by the court of original trial is appropriate. It is stipulated inParagraph 1, Article 63 of the *Trademark Law of the People's Republic of China* that "the amount of damages for infringement upon the right to exclusively use a registered trademark shall be determined based on the actual loss suffered by the right holder from the infringement; where it is difficult to determine the actual loss, the amount of damages may be determined according to the profits gained therefrom by the infringer; where it is difficult to determine the loss of the right holder or the profits gained by the infringer, the amount of damages may be reasonably determined in reference to the multiples of the trademark for royalties. Where an infringer maliciously infringes another party's exclusive right to use a trademark and falls under serious circumstances, the amount of damages shall be determined as not less than one time but not more than three times the amount that is determined according to the aforesaid methods. The amount of damages shall cover the reasonable expenses paid by the right holder for stopping the infringing act." Paragraph 3, Article 63 provides that "where it is difficult to determine the actual loss suffered by the right holder from the infringement, the profits gained by the infringer from the infringement or the royalties of the registered trademark concerned, the people's court shall render a judgment awarding damages in an amount not more than three million yuan based on the circumstances of the infringing acts."

In this case, Honeywell did not prove with evidence the actual losses it suffered from the infringing act and it is difficult to determine the proceeds gained by Yuxun from its infringing act, so the provisions of Paragraph 3, Article 63 of *Trademark Law of the People's Republic of China* shall be applied to determine the amount of compensation, taking account of the followings: i. As to the reputation of the trademark involved, Honeywell used the trademark involved and its "Garrett" and "盖瑞特" trademarks on the outer packaging of its turbochargers. According to the *Research Report on Public Awareness of Garrett*, the brand has high awareness rates among domestic manufacturers, distributors, retailers, corporate users and public consumers of turbochargers. Thus, the trademark involved has high profile. ii. Based on the facts ascertained in this case only, the products manufactured and sold by Yuxun have been checked and detained by the administration for commerce and industry three times in Hunan Province and Jiangsu Province over a span of years, including 188 turbochargers and 1 320 empty packing boxes. In the trial of second instance, Yuxun admitted that the number of commodities sold by Yuxu every month was over 200, indicating the wide circulation, large scale and serious nature of the infringement. iii. As to the consequences caused by Yuxun's infringement, the production and sales of infringing commodities by Yuxun would reduce the sales of Honeywell's products; the infringing commodity involved is an auto part, and its selling price is far below that of Honeywell's product. The product quality is unknown and may endanger the safety of drivers and the public. iv. Honeywell's reasonable expenses incurred for stopping the infringing act. The reasonable expenses claimed by Honeywell in this case include expenses for purchasing infringing commodities to conduct notarization, expenses for investigation and assistance with the administration for industry and commerce in checking and punishing Yuxun's infringing act and the court fee of this case. Notwithstanding the failure of Honeywell to prove with evidence the specific amount of the expenses above, based on the facts ascertained in this case, the notarization is necessary, so is the expense for notarization. The administration for industry and commerce checked and punished the infringing act upon the entrustment of Honeywell, and would take administrative measures after making investigations and ascertaining the basic facts, therefore, the expenses accrued therefrom should be necessary and reasonable. In light of the attendance of the attorney for and on behalf of Honeywell in the trial, the reasonable attorney fee should be necessary expenses.

In summary, by taking consideration of the factors above, this court determined at its discretion that Yuxun shall bear RMB 300 000 as the compensation for the infringing act, including the reasonable expenses. Zhang admitted that he was unable to distinguish his own properties from corporate properties of Yuxun, so shall be jointly liable for the compensation. The amount of compensation determined by the court of original trial is too low, and the rejection of the reasonable claim made by Honeywell for the expenses incurred in assisting the administration for industry and commerce in checking and punishing Yuxun's infringing act is unreasonable, which will be corrected by this court according to law. This court supports the appealing claim made by Honeywell on the amount of compensation.

In the trial of second instance, Yuxun and Zhang mentioned that the actual production base is located inWujin District, Changzhou, Jiangsu and the factory is registered with the administration for industry and commerce as Yuxun Supercharger Factory. In this regard, this court holds that: firstly, the outer packing box of the alleged infringing commodity indicate that the manufacturer is Yuxun, and the product quality certificate and instruction also indicate that the manufacturer is Yuxun,

II. Dispute over Confirmation of Ownership and Infringement of Trademark Right

without information about Yuxun's Turbocharger Factory; secondly, Wujin Administration, after checking and detaining the products there, confirmed the manufacturer of the infringing products is Yuxun and imposed punishments upon Yuxun, for which Yuxun did not raise any objection; thirdly, the Notary Office for and on behalf of Honeywell purchased the infringing commodities there and the delivery note was issued by Yuxun; finally, both Yuxun and Yuxun Turbocharger Factory were established by the same person, Zhang. Therefore, this court holds that the alleged infringing commodities were produced and sold by Yuxun.

In addition, as to the objection raised by Honeywell against the bearing of the first-instance court fee, This court holdsthat it is improper for the court of original trial to rule that the vast majority of the first-instance court fee be borne by Honeywell while supporting the claims made by Honeywell against Yuxun for stopping the infringing act and eliminating the adverse effect and partially supporting the claim made by Honeywell for compensation of economic losses. This court will re-determine the court fee of the trial of first instance according to the trial of second instance.

In accordance with provisions of Items (1) (2) of Paragraph 1 of Article 170 and Article 175 of *Civil Procedure Law of the People's Republic of China*, the Judgment is made as follows:

I. This court upholds Items I and III of Civil Judgment (2015) MMS (Z) CZ No. 1065 rendered by Minhang District People's Court in Shanghai.

II. This court overturns Items II and IV of Civil Judgment (2015) MMS (Z) CZ No. 1065 rendered by Minhang District People's Court in Shanghai.

III. The Appellee Shanghai Yuxun Auto Parts Co., Ltd. shall, within ten days after the effective date of the Judgment, compensate the Appellant Honeywell International Inc. for economic losses in the amount of RMB 300 000, including the reasonable expenses.

IV. The Appellee Zhang shall be jointly liable for the payment of the compensation pursuant to Item III above and relevant expenses (if any) that may incur pursuant to Item III of (2015) MMS (Z) CZ No. 1065 rendered by Minhang District People's Court of Shanghai.

In case the liable party fails to fulfill the obligation to make payment within the period specified in this Judgment, in accordance with the provisions of Article 253 of the *Civil Procedure Law of the People's Republic of China*, the amount of any interests accrued during such delay period shall be doubled.

The first-instance court fee is RMB 8 800, of which RMB 1 760 shall be paid by the Appellant Honeywell International Inc. and RMB 7 040 shall be jointly paid by theAppellees Shanghai Yuxun Auto Parts Co., Ltd. and Zhang Lihui. The property preservation fee is RMB 3 020, of which RMB 604 shall be paid by the Appellant Honeywell International Inc. and RMB 2 416 shall be jointly paid by the Appellees Shanghai Yuxun Auto Parts Co., Ltd. and Zhang. The second-instance court fee is RMB 7 600, of which RMB 1 520 shall be paid by the Appellant Honeywell International Inc. and RMB 6 080 shall be jointly paid by the Appellees Shanghai Yuxun Auto Parts Co., Ltd. and Zhang.

This Judgment is the ruling of the final instance.

Chief Judge　Chen Huizhen
Judge　Liu Jing
Judge　Wu Yingzhe
April 18, 2016
Law Clerk　Chen Yunzhi

Attachment: Relevant laws

Civil Procedure Law of the People's Republic of China

Article 170 After trail, the people's court of second instance shall handle appeal cases according to the following different circumstances:

(1) If the facts were clearly ascertained and the law was correctly applied in the original judgment or adjudication, the appeal shall be rejected in the form of a judgment or ruling and the original judgment or ruling shall be affirmed.

(2) If there is error in the facts as ascertained in the original judgment or verdict or in the application of laws, change, revoke or modify the original judgment in the manner of judgment or verdict according to law.

...

Article 175 Any judgment or ruling made by the court of second instance shall be final and conclusive.

II. Dispute over Confirmation of Ownership and Infringement of Trademark Right

7. Dispute over Trademark Infringement between Burberry Limited v. Lu and Chen

Shanghai Intellectual Property Court
Civil Judgment

(2015) HZMZZ No. 6

Appellant (Defendant of the original trial): Lu.

Entrusted agent: Fan, a lawyer from Shanghai Zhenya Law Firm.

Appellee (Plaintiff of the original trial): Burberry Limited.

Authorized representative: Stuart, the company's attorney, the head of the Intellectual Property Department and a director of the company.

Entrusted agent: Wang, a lawyer from Beijing Lawjay Partners.

Entrusted agent: Sun, a lawyer from Beijing Lawjay Partners.

Defendant of the original trial: Chen.

The Appellant Lu refused to accept the Civil Judgment (2014) YMS (Z) CZ No. 381 as rendered by Shanghai Yangpu District People's Court on the dispute over trademark infringement and filed an appeal to this court. This court, after accepting the appeal, set up a collegiate bench and held public trial on April 9, 2015 in the attendance of the Appellant Lu and her entrusted agent Fan, the entrusted agent Sun of the Appellee BURBERRY LIMITED and the Defendant of the original trial Chen. The trial of the case has now been concluded.

BURBERRY LIMITED claimed in the trial of first instance that it was the holder of No. 75130 registered trademark "BURBERRY" and No. G733385 registered trademark "BURBERRY". Since October 2009, Chen and Lu have been selling all kinds of clothes bearing counterfeit said registered trademark at their business places through their online stores without authorization. On August 24, 2012, Chen and Lu were sentenced to a fixed-term imprisonment by Shanghai Yangpu District People's Court on the ground of selling the commodities bearing counterfeit registered trademark. It is believed that the act of Chen and Lu has infringed the exclusive right to registered trademark of BURBERRY LIMITED, and both of them should assume the corresponding civil liability, thus requested this court to rule that Chen and Lu 1. cease to infringe the exclusive right to registered trademark of BURBERRY LIMITED; 2. jointly compensate BURBERRY LIMITED for economic losses and reasonable expenses with a total amount of RMB 1 000 000 (the following currencies refer to RMB).

Both Chen and Lu argued in the trial of first instance that they had no objection to the facts ascertained in the Criminal Judgment, and had refunded illegal gains in full and paid the penalty. BURBERRY LIMITED had already known the infringement acts when the Public Security Organ required them for issuing the expertise report on the detained clothes, and the limitation of action, even commencing from May 21, 2012, i. e. the issuing date of the indictment made by Shanghai Zhabei District People's Procuratorate, had been expired, and thus, they requested this court to reject the claims of BURBERRY LIMITED.

After the trial, the court of first instance found that BURBERRY LIMITED is the holder of No. 75130 registered trademark "BURBERRY" and No. G733385 registered trademark "BURBERRY". With the approval of Trademark Office of the State Administration for Industry and Commerce of the People's Republic of China (hereinafter referred to as the "Trademark Office"), BURBERRY LIMITED registered No. 75130 and No. G733385 trademarks, and the former was approved for commodities of clothes of Class 25, with the term of validity from May 6, 2005 to May 5, 2015; the latter was approved for commodities of Class 25, including coats, raincoats, smock, casual coats, clothing, etc. with the renewal term of validity from April 25, 2010 to April 25, 2020. On March 4, 2014, the Trademark Review and Adjustment Board of the State Administration for Industry & Commerce made Ruling SMZ [2014] No. 027803, affirming that Trademark No. G733385 was a well-known trademark used on clothing commodities.

On May 31, 2012, ShanghaiZhabei District People's Procuratorate initiated a public prosecution against Chen and Lu with the indictment (HZJXS [2012] No. 359) on the ground of selling the commodities bearing counterfeit registered trademark. On August 24 of that year, Shanghai Yangpu District People's Court rendered a Criminal Judgment (2012) YXCZ No. 41, affirming that since October 2009, with the business place at Room 904, No. 50, Nanxing Road, Zhabei District, Shanghai, Chen in collusion with Lu has been selling the clothing with counterfeit

II. Dispute over Confirmation of Ownership and Infringement of Trademark Right

registered trademark of "BURBERRY" at a low price through Taobao Online Shop registered by others with the name of "LIFE STYLE (格调生活) 2006". Chen was responsible for stocking, selling and customer service, while Lu assisted Chen to take photos of the commodities. On March 20, 2012, the Public Security Organ detained 329 pieces of clothing with the trademark "BURBERRY" marked at the said place. With the confirmation of the right holder, the said clothing was the commodities bearing counterfeit registered trademark. According to the audit, from October 2009 to the date on which the crime was exposed, Chen's and Lu's sales amount for selling the clothing with counterfeit registered trademark of "BURBERRY" totaled RMB 1 934 433. 01 (after deducting the bogus transaction and transportation fees). The value of detained clothing with counterfeit registered trademark of "BURBERRY" amounted to RMB 64 832. Chen and Lu truthfully confessed the criminal facts of selling commodities bearing counterfeit registered trademark of "BURBERRY" and refunded the illegal gains of RMB 150 000 during the process of the trial. For the sake of seeking unlawful interests, Chen and Lu sold the commodities bearing knowingly counterfeit registered trademark, whose act has constituted the crime of selling commodities bearing counterfeit registered trademarks, thus Chen was sentenced to three years imprisonment with four years of probation and fined RMB 150 000, while Lu was sentenced to two years and six months imprisonment with two years and six months of probation and fined RMB 50 000.

During the original trial, Chen and Lu confirmed that they are acouple; the graphic trademark and word trademark of "BURBERRY" used in the clothing sold are respectively identical to the ones in the Trademark Registration Certificates (No. 75130 and No. G733385) as claimed by BURBERRY LIMITED. BURBERRY LIMITED recognized that Chen and Lu had ceased the act of infringement as affirmed in the Criminal Judgment (2012) YXCZ No. 41 since March 20, 2012, but stated that it could not confirm that whether they committed other acts of infringing its exclusive right to the involved registered trademark or not. On March 21, 2012, BURBERRY LIMITED was aware of that the Public Security Organ filed a case against and investigated Chen and Lu who were suspected of selling commodities bearing counterfeit registered trademark.

On August 15, 2014, the entrusted agent of Burberry Limited sent by mail the first-instance civil indictment on the case, the application for property preservation and other case filing materials to the court of first instance, with the express delivery number of 1030500428509.

The court of first instance held that although, on March 21, 2012, BURBERRY LIMITED learned that the Public Security Organ had filed a case against and investigated Chen and Lu for suspected crime, it could not be determined whether these two persons could be confirmed as the infringers and relevant evidences for infringements before the Criminal Judgment took effect. BURBERRY LIMITED deemed the criminal facts of Chen and Lu as affirmed in the Criminal Judgment (2012) YXCZ No. 41 as the specific infringement committed by such two persons in this case, therefore, the limitation of action of the case shall be calculated from the date on which the Criminal Judgment takes effect. The limitation of action applicable for infringement of the exclusive right to the registered trademark is two years, counting from the date on which the trademark registrant or the interested right holder knows or should know the infringement. The involved Criminal Judgment was made on August 24, 2012, and the time of indictment presented by BURBERRY LIMITED to the court of first instance fell into the limitation of action, therefore, such lawsuit did not exceed the limitation of action. The clothing sold by Chen and Lu is identical to the category of commodities approved by the two involved trademarks as claimed by BURBERRY LIMITED; the trademark used in the clothing is also the same as the two involved trademarks, and according to the executed Criminal Judgment (2012) YXCZ No. 41, Chen and Lu knew that the commodities sold infringe another person's right to registered trademark, therefore, the sales act of the two persons constituted an infringement upon the trademark right of BURBERRY LIMITED, and they shall assume the corresponding civil liability. As regard to the amount of compensation, the executed Criminal Judgment (2012) YXCZ No. 41 specified that the illegal gains of Chen and Lu are RMB 150 000, which has been confirmed by them in court, therefore, the amount shall be deemed as the earned profits from the infringement. As regard to the reasonable expenses of RMB 104 107 that BURBERRY LIMITED requests Chen and Lu to compensate, as the transportation fee is necessary for filing the lawsuit in fact, thus shall be supported; as regard to the attorney fee, the court of first instance shall reasonably determine same according to the workload of the entrusted agent of the Plaintiff of the original trial, complexity of the case and the charging standard of the related attorneys. Accordingly, the court of first instance, in accordance with Article 8 of *the Tort Liability Law of the People's Republic of China*, Items (1) (2) of Articles 52 and Paragraph 1 of Article 56 of the *Trademark Law of the People's Republic of China* (*as*

II. Dispute over Confirmation of Ownership and Infringement of Trademark Right

amended in 2001), and Paragraph 1 of Article 9, Article 10, Article 17, Article 18 and Paragraph 1 of Article 21 of the *Interpretation by the Supreme People's Court on Several Issues Concerning the Application of Laws to the Trail of Civil Trademark Disputes*, rendered a judgment ruling that: I. Chen and Lu jointly compensate BURBERRY LIMITED for economic losses of RMB 150 000 and reasonable expenses of RMB 15 000; II. The remaining claims of BURBERRY LIMITED shall be rejected. For the first-instance court fee of RMB 13 800, RMB 5 761.50 shall be borne by BURBERRY LIMITED and RMB 8 038.50 shall be borne by Chen and Lu ; for the property preservation fee of RMB 3 020, RMB 1 012 shall be borne by BURBERRY LIMITED and RMB 2 008 shall be borne by Chen and Lu.

Lu refused to accept the Judgment and hence filed an appeal to this court.

Lu claimed in the appeal that the commencement time of the limitation of action as confirmed by the court of first instance was wrongly counted. BURBERRY LIMITED had known that Lu and Chen infringed its trademark right no later than March 20, 2012, and should file a lawsuit before March 20, 2014. The lawsuit was filed on August 15, 2014, when the limitation of action had expired. The court of first instance failed to apply the law correctly. The court of first instance had confirmed that Lu and Chen had stopped the infringements in the Criminal Judgment rendered on March 20, 2012, and they committed no other infringement upon the Appellee BURBERRY LIMITED, according to Article 18 of the *Interpretation by the Supreme People's Court on Several Issues Concerning the Application of Laws to the Trail of Civil Trademark Disputes*, the compensation amount for infringement shall be calculated based on the earned profits preceding two years from the date on which BURBERRY LIMITED files a lawsuit to the people's court. And after March 20, 2012, Lu and Chen already committed no infringements upon the trademark right of the Appellee, therefore, from the date of filing a lawsuit (i. e. August 15, 2014) to the same date of the preceding two years (i. e. August 15, 2012), there was no such fact as making profit from infringement, and thus no compensation for loss should be required. To sum up, Lu requested this court to revoke the original judgment and make a new judgment according to law.

The Appellee BURBERRY LIMITED argued that the lawsuit in the trial of first instance was made within the limitation of action. After it learned of the infringement on March 21, 2012 and provided the relevant materials to the Public Security Organ, based on the reliance on the criminal justice and common practice of criminal procedure prior to civil procedure in practice, it did not file a civil lawsuit at that time. But as the criminal procedure had started at that time, the limitation of action shall be discontinued, and be recounted after the criminal procedure was concluded. The effective date of the involved Criminal Judgment was September 3, 2012, therefore, the lawsuit filed on August 15, 2014 did not filed beyond the limitation of action.

The Defendant of the original trial Chen A stated that he had no objection to the original Judgment.

In the process of trial, the said parties failed to present evidences and supporting materials.

After the trial, this court found that the facts ascertained by the court of first instance are true, and thus are affirmed by this court.

This court holds that the trademarks applied for registration by the Appellee BURBERRY LIMITED in China are protected by the *Trademark Law of the People's Republic of China*. Without its permission, any act of using such trademarks shall constitute an infringement upon the exclusive right to the registered trademarks of BURBERRY LIMITED. This case is about the dispute over infringement arising from the criminal offence by selling the commodities bearing counterfeit registered trademark, the parties involved in the case have no objection to the Criminal Judgment and facts as affirmed by the court of first instance, and the only disagreement is about that the Appellant holds that the lawsuit filed by the Appellee to the court of first instance was not within the limitation of action, therefore its civil rights shall not be protected by the law any longer, while the Appellee holds that the limitation of action shall be counted from the effective date of the Criminal Judgment, therefore, the lawsuit filed in the trial of first instance was actually filed within the limitation of action. Thus, the focus of dispute to the case is about the determination of the starting point of the limitation of action in connection with the trademark infringement lawsuit filed by the trademark right holder in the case, i. e. the Appellee, and the essence of dispute is about the issue that whether the criminal prosecution procedure against the Appellant and the Defendant of the original trial constitutes a cause for discontinuance of the limitation of action.

The limitation of action refers to a system providing that the effectiveness of the right of the right holder will be impaired if he fails to exercise that right within a consecutive period. Namely, the right holder will lose the right to request this court to protect his right due to the expiry of the limitation of action when the obligor exercises

II. Dispute over Confirmation of Ownership and Infringement of Trademark Right

the right of defense on the limitation of action. According to Article 135 of the *General Principles of the Civil Law of the People's Republic of China*, "The period of limitation of action that the litigant requests the people's court to protect the civil rights is two years, except otherwise agreed according to law." Article 18 of the *Interpretation by the Supreme People's Court on Several Issues Concerning the Application of Laws to the Trail of Civil Trademark Disputes* stipulates that: "the period of limitation of action for infringing the exclusive right to the registered trademark is two years, counting from the date on which the trademark registrant or the interested right holder knows or should know the infringements. ..." Therefore, the period of limitation of action for infringing trademark right is two years. The limitation of action is a system to restrict the time of the right holder exercising the rights, the establishment of which aims at supervising and urging the right holders to exercise their rights and maintaining the stability of the transaction relations. Upon the expiration of the limitation of action, the right holder loses the right to get the enforcement protection from the court but does not loss its substantive rights. To balance the interests of the parties involved, a barrier system on the limitation of action is also established according to law, namely, the discontinuance of the limitation of action is the barrier system on the limitation of action. Article 140 of the *General Principles of the Civil Law of the People's Republic of China* stipulates that: "the limitation of action is discontinued due to the filing of lawsuit, requirements proposed by either party involved or the consent of performing the obligation, and from the date of discontinuance, the limitation of action shall be recounted." Article 13 of the *Interpretation by the Supreme People's Court on Several Issues Concerning the Applicable Action Limitation to the Trail of Civil Cases* stipulates the matters which can be deemed as the same discontinuance force of the limitation of action as that of the filing of lawsuit.

In this case, the criminal act of the Appellant and the Defendant of the original trial for infringing the exclusive right to the registered trademark was not found by the Appellee to initiate the criminal protection procedure, instead, it was the Public Security Organ that actively made the criminal investigation after finding such illegal act, and the Appellee did not know the fact of infringement of its right until the Public Security Organ requested it to issue the price certificate as the trademark right holder and identify whether the goods is fake. By this time, the criminal investigation had been made against the Appellant and the defendant of the original trial, and the Appellee, as the right holder, has reasonable grounds to believe that the criminal investigation protect its civil rights. At the same time, with the progress of the criminal investigation, prosecution and trial, the specific act of infringement, extent, consequence of infringement, etc. of the Appellant and the defendant of the original trial will be necessarily determined based on the final affirmation of the Criminal Judgment. The result of the criminal proceedings also related to the extent to which the civil rights of the Appellee can be protected and the ascertainment of specific facts of the trademark infringement committed by the Appellant and the defendant of the original trial. Therefore, the lasting of criminal process is a matter with the same discontinuance effect as that of discontinuance of the limitation of action. The Appellee was aware of the infringement when receiving the requirement of the Public Security Organ to issue the price certificate and identify Whether the goods is fake, at which time the limitation of action shall be commence, but at the same time, it was aware that the criminal investigation procedure was made against the act of the twoinfringers; based on the above grounds, the limitation of action shall be discontinued accordingly. With the end of the criminal procedure, the cause on the discontinuance of the limitation of action shall be excluded and the limitation of action shall be recounted, therefore, the lawsuit was filed by the Appellee within the limitation of action and the infringers shall assume the civil liability with respect to their infringement according to law. As to the Appellant's allegation that the amount of compensation for losses shall be counted based on the profits gained from infringement backward two years from the filing date of lawsuit, and during such period, no compensation should be made due to no infringement and earned profits, this court holds that the provision quoted by the Appellant is a part of Article 18 of the *Interpretation by the Supreme People's Court on Several Issues Concerning the Application of Laws to the Trail of Civil Trademark Disputes*, i. e. "... the registrant or the interested party files a lawsuit two years thereafter, and if the infringements still continue during such period of filing the lawsuit, within the effective period of the exclusive right to the registered trademark, the people's court shall rule that the Defendant should cease to infringe and the amount of compensation for infringement damage shall be calculated backward two years from the date on which the right holder files a lawsuit to the people's court." Thus, it can be seen that such provision is applicable to the situation that the act of infringement continues and if the right holder files a lawsuit more than two years after being aware of the infringement, the amount of compensation shall be calculated backward two years from the date on which the lawsuit is filed. And this

II. Dispute over Confirmation of Ownership and Infringement of Trademark Right

case does not apply to the said provided situation due to the discontinuance of action limitation and the right holder filing a lawsuit within the limitation of action.

To sum up, it is not improper for the court of first instance to affirm that the limitation of action of this case shall be recounted when the Criminal Judgment takes effect; the Appellee filed a lawsuit in the trial of first instance within the limitation of action and its legal rights shall be protected by law, and the grounds of appeal of the Appellant are not established, thus are not supported by this court. The facts affirmed by the court of first instance are clear; the trial procedure is legal and the result of judgment is proper, therefore the original judgment shall be affirmed. But the law applied by the court of first instance is incomplete, thus will be supplemented by this court. Accordingly, based on Article 140 of the *General Principles of the Civil Law of the People's Republic of China*, Item (9) of Article 13 of *Interpretation by the Supreme People's Court on Several Issues Concerning the Applicable Action Limitation to the Trail of Civil Cases* and Item (1) of Paragraph 1 of Article 170 of the *Civil Procedure Law of the People's Republic of China*, the judgment is made as follows:

The appeal is rejected and the original judgment shall be affirmed.

The second-instance court fee is RMB 13 800, which shall be borne by the Appellant Lu.

This judgment is the ruling of the final instance.

Chief Judge   Li Shulan
Judge   Chen Huizhen
Judge   He Yuan
April 9, 2015
Judge Assistant   Jiang Guangrui
Law Clerk   Cai Yu

Attachment: Relevant Laws

I . *General Principles of the Civil Law of the People's Republic of China*

Article 140 the limitation of action is discontinued due to the filing of lawsuit, requirements proposed by either party involved or the consent of performing the obligation, and from the date of discontinuance, the limitation of action shall be recounted.

II. *Interpretation of the Supreme People's Court on Several Issues Concerning the Applicable Action Limitation to the Trail of Civil Cases*

Article 13 Under any one of the following matters, the people's court shall confirm the same effect of discontinuance of the limitation of action as that of filing a lawsuit:

...

(9) other matters which have the same effect of discontinuance of the limitation of action as that of filing a lawsuit.

III. *Civil Procedure Law of the People's Republic of China*

Article 170 After trying a case on appeal, the people's court of second trial shall, in the light of the following situations, dispose of the same respectively:

(1) If the original judgment and the facts as affirmed are clear and the law is correctly applied in the original judgment or adjudication, the appeal shall be rejected in the form of a judgment or adjudication and the original judgment or adjudication shall be affirmed;

...

II. *Dispute over Confirmation of Ownership and Infringement of Trademark Right*

8. Dispute over Trademark Infringement between Jiangsu Red Ant Design Decoration Engineering Limited Company v. Shanghai Red Ant Decoration Design Co., Ltd., Changning Branch and Shanghai Red Ant Decoration Design Co., Ltd.

Shanghai Intellectual Property Court
Civil Judgment

(2015) HZMZZ No. 116

Appellant (Defendant of the original trial): Shanghai Red Ant Decoration Design Co., Ltd.

Principal: Wang, Manager.

Entrusted agent: Zhou, a lawyer from Beijing Jingda Law Firm Shanghai Office.

Appellee (Plaintiff of the original trial): Jiangsu Red Ant Design Decoration Engineering Limited Company.

Legal representative: Li, Chairman of the Board.

Entrusted agent: Liu, a lawyer from Beijing Huicheng (Suzhou) Law Firm.

Defendant of the original trial: Shanghai Red Ant Decoration Design Co., Ltd., residing at No. 6, Room 202, No. 10, East Yongchun Road, Datuan Town, Pudong New Area, Shanghai.

Legal representative: Wang, General Manager.

Entrusted agent: Qi, employee of the Company.

The Appellant Shanghai Red Ant Decoration Design Co., Ltd., Changning Branch (hereinafter referred to as the "SRACB") refused to accept the Civil Judgment (2014) PMS (Z) CZ No. 1067 rendered by Shanghai Pudong New Area People's Court on case over the dispute on trademark infringement and filed an appeal to this court. This court, after accepting the appeal on April 16, 2015, formed a collegiate bench bylaw and held an public trial on May 19 in the same year in the attendance of the Appellant's entrusted agent Zhou, the entrusted agent Liu of the Appellee Jiangsu Red Ant Design Decoration Engineering Co., Ltd. (hereinafter referred to as the "Jiangsu Red Ant") and the entrusted agent Qi of the defendant of the original trial Shanghai Red Ant Decoration Design Co., Ltd. (hereinafter referred to as the "Shanghai Red Ant"). The trial of this case has been concluded.

Jiangsu Red Ant claimed in the original trial that: i. Jiangsu Red Ant was founded in 1999, engaging in the businesses including indoor and outdoor decoration. Jiangsu Red Ant applied for registering the trademark "红螞蟻 RED ANT and Pattern" (No. 3145605) on April 15, 2002, which was approved for registration on October 28, 2003, and was used in the service items of Class 42 including indoor decoration and design. Since its establishment, Jiangsu Red Ant has been committed to building the brand "红蚂蚁 Red Ant" by investing lots of manpower, material resources and capital; with painstaking operation for decades, the trademark of Jiangsu Red Ant has gained recognition in the market, occupying an important place in the industry and has been granted many honorary titles including "Famous Trademark in Jiangsu Province" and "Well-known Trademark in Suzhou City". ii. Shanghai Red Ant made an industrial and commercial registration in the name of "红蚂蚁 Red Ant" without the permission of Jiangsu Red Ant and used the name "Red Ant" in a highlighted way, therefore, Jiangsu Red Ant filed a lawsuit in June 2012. Shanghai High People's Court made the final judgment on June 25, 2013, ruling that Shanghai Red Ant immediately stopped infringing the exclusive right to the registered trademark (No. 3145605) of Jiangsu Red Ant. iii. Jiangsu Red Ant recently found that SRACB did not stop its infringement and use its company name in a standard way by ignoring the said effective Judgment. Although some rectifications were made after the said Judgment, it continued infringing the trademark right of Jiangsu Red Ant by using the name "红蚂蚁 Red Ant" in a highlighted way on the outdoor billboards, glass doors, electronic billboards and other positions of its business place as well as in the brochures and website. The tort forms were different from that of the original infringement as already determined in the Judgment, which should be a new infringement with clear subjective malice. As SRACB is a branch of Shanghai Red Ant, it cannot independently assume the civil liability, Shanghai Red Ant shall assume the joint and several liabilities on the act of infringement of SRACB. Thus, it requested this court to rule that: i. SRACB shall immediately stop all acts of infringement of the trademark and use its company name in a standard way; ii. SRACB and Shanghai

II. Dispute over Confirmation of Ownership and Infringement of Trademark Right

Red Ant shall jointly and severally compensate Jiangsu Red Ant for economic losses of RMB 100 000 (in the same currency hereinafter); iii. SRACB and Shanghai Red Ant shall assume the reasonable expenses spent by Jiangsu Red Ant for right protection, i. e. RMB 7 500 (including RMB 1 500 of notarial fee of evidence preservation and RMB 6 000 of attorney fee).

SRACB and Shanghai Red Ant argued in the trial of first instance that: i. procedurally, the act of infringement as claimed in this case shall refer to the act of SRACB for using the characters "红蚂蚁" in a highlighted way. Such act is the extension of the infringement act ascertained in the final Judgment rendered by Shanghai High People's Court as they basically take the same pattern of manifestation and are substantially the same. Hence, the litigation filed by Jiangsu Red Ant shall be rejected as such litigation violates the principle of "non bis in idem". If Jiangsu Red Ant believes that the infringement act of SRACB continues, it may apply to the people's court for enforcement of the above-said Judgment according to the law, but may not file a repeated litigation over the same facts. ii. In terms of entity, SRACB does not infringe the exclusive right of Jiangsu Red Ant to the registered trademark. Main grounds areas follows: as SRACB uses its own registered trademark and the registered company name "Red Ant" in the business activities and has never used the characters of "红蚂蚁" in a highlighted way, the use of the characters of "红蚂蚁" by SRACB shall be lawful act, i. e. legal use of the company name within the approved and registered administrative region; the characters of "紅螞蟻" used by Jiangsu Red Ant in its company logo are Traditional Chinese and the characters of "红蚂蚁" used by SRACB are simplified Chinese characters. Both kinds of characters are apparently different in the character pattern, color and overall appearance. The image of "ant" used in the company logo of Jiangsu Red Ant covers a large area of the trademark, with strong anesthetic appeal, and is the main part for identification of the trademark of Jiangsu Red Ant. And the word "Red Ant" is a general phrase structure, low in conspicuousness. As a result, the trademark of Jiangsu Red Ant is neither same as nor similar to the company name "Red Ant" of SRACB. Shanghai Red Ant did not know Jiangsu Red Ant at the time of establishment and Shanghai Red Ant has its own trademark. The company name "Red Ant" has been registered before the registration of the company logo of Jiangsu Red Ant. After years of operation and advertising, the brand of Shanghai Red Ant has exerted extensive impact and gained popularity. Thus, it is not necessary for SRACB to attach itself to the company logo of Jiangsu Red Ant. As a result, there is no subjective fault on the part of SRACB with respect to the infringement act. As Jiangsu Red Ant operates in Jiangsu Province and SRACB and Shanghai Red Ant operate in Shanghai, they are not involved in any direct market competition relation. Besides, the company logo publicity of Jiangsu Red Ant was obtained by improper means and is only limited to Suzhou, Jiangsu. As a result, the company name "Red Ant" used by SRACB in Shanghai will not be confused or mistaken with the business activities of Jiangsu Red Ant. iii. SRACB had performed its obligation provided in that Judgment after the final Judgment of the former case was made and before the appeal was filed in this case, and consciously and repeatedly rectified the act of improper use of company name as stated in the Judgment. The use of company name has been normalized. Hence, the infringement act as claimed by Jiangsu Red Ant does not exist any longer. iv. Even though the act of SRACB has constituted infringement, there is no factual and legal basis for the claim of Jiangsu Red Ant that SRACB and Shanghai Red Ant shall compensate the economic losses and the costs for right protection. Meanwhile, SRACB is the branch office of Shanghai Red Ant without independent capital and the right to assume civil liabilities independently. Therefore, they hereby applied for making an adjudication to reject the litigation filed by Jiangsu Red Ant or making a judgment to reject the claim submitted by Jiangsu Red Ant.

After the trial, the court of first instance found that: Jiangsu Red Ant was incorporated on March 20, 1999, with RMB 12.1 million of registered capital, and the business scope covered indoor and outdoor decoration, etc. On October 28, 2003, upon approval by the Trademark Office of the State Administration for Industry and Commerce, Suzhou Red Ant Design Decoration Engineering Limited Company registered No. 3145605 trademark, i.e. "🐜" (an associated trademark consisting of the image of ant, the English character "RED ANT" and the Traditional Chinese "紅螞蟻"). The trademark is approved to be used in services such as Class 42 indoor decoration design and architectural consultation, etc. The term of validity of the trademark is from October 28, 2003 to October 27, 2023 after renewal of registration. The trademark was applied to be registered on April 15, 2002 and the registrant was approved on May 13, 2010 to be changed to Jiangsu Red Ant. The trademark was recognized by Suzhou Administration Bureau for Industry and Commerce of Jiangsu as Suzhou famous trademark respectively in 2005, 2008 and 2012 (the term of validity for each recognition is 3 years) and was recognized by Jiangsu Administrative Bureau

II. Dispute over Confirmation of Ownership and Infringement of Trademark Right

for Industry and Commerce as Jiangsu famous trademark in 2010 and 2013. The company name "Red Ant" of Jiangsu Red Ant was rated by Suzhou Administration Bureau for Industry and Commerce of Jiangsu as Suzhou famous company name respectively in 2007 and 2011 (the term of validity for each recognition is 3 years). From 2003 to 2013, Jiangsu Red Ant obtained the titles awarded by China Building Decoration Association, Jiangsu Building Decoration Association, Jiangsu Decoration Association, Jiangsu Consumers Association and other organizations, including Well-known Brand in National House Decoration Industry, the Most Influential Enterprise in National House Decoration Industry within 30 Years after Reform and Opening Up, Top Ten Home Decoration Brand in the Biennial (2009 – 2010) Evaluation List of China's household industry, Outstanding Enterprise in National House Decoration Industry, Top Hundred Enterprise in National House Decoration Industry, Enterprise with High Quality, Service and Integrity in National House Decoration Industry, the Most Influential Design Company, Top Hundred Enterprise in China's household industry, Five-star Enterprise in Quality, Service and Integrity in National House Decoration Industry, AAA Integrity Enterprise in National House Decoration Industry, Jiangsu Model Enterprise in Outstanding Home Decoration and Jiangsu Excellent Home Decoration Enterprise. In October 2012, China Building Decoration Association recommended Jiangsu Red Ant to the Trademark Office of the State Administration for Industry and Commerce for application of China Famous Brand and said that, in 2009, 2010 and 2011, Jiangsu Red Ant, ranking in top 5 in national house decoration industry, was one of the leading enterprises in home decoration industry. It is stated in the audit report of Jiangsu Red Ant for 2013 that its revenues from main businesses reached over RMB 245 million and the net profit amounted to over RMB 3.21 million.

Shanghai Red Ant was incorporated on September 2, 2003, with RMB 5.5 million of registered capital, whose business scope covered indoor and outdoor decoration, design, etc. The company name was pre-approved by Shanghai Municipal Administration for Industry and Commerce on August 7, 2003. SRACB, incorporated on August 27, 2007, is a branch office of Shanghai Red Ant, with its business scope covering indoor and outdoor decoration and design. Wang, the legal representative of Shanghai Red Ant was approved to register No. 3739078 trademark " " on January 14, 2006. The trademark is approved to be used on Class 37 indoor decoration and is valid until January 13, 2016. From 2004, Shanghai Red Ant has been advertising for consecutive years on such media as *Jiefang Daily*, *Xinmin Evening News*, *Morning Post and Youth Daily*. From 2003 to 2013, Shanghai Red Ant was ever awarded by China Building Decoration Association, Shanghai Decorators Decoration Association, China Foundation for Consumer Protection and other organizations, such titles as Integrity-Committed Member of China Association for Quality Promotion, Quality-assured Supervised Enterprise, Complaint-free Demonstration Enterprise, Demonstration Project, Well-known Brand Enterprise, Top Hundred Enterprise, Integrity Enterprise, Excellent Enterprise, Trustworthy Enterprise, Design Excellence Awards, Advanced Enterprise with Meritorious Performance, Qualified Enterprise for Public Satisfaction Index Assessment, Integrity Service Member Unit, Shanghai Excellent Decoration Enterprise, Excellent Project Manager of Shanghai Expo Service Window and Standard Unit for Shanghai Standardized Service. As stated in the materials reflecting actual information presented to the Office of CPC Shanghai Municipal Committee in *Wenhui Daily* (August 2005), it was stated that "Red Ant actively promotes the concept of operation with honesty, delivering commitments, genuine goods of fair prices upon standard operation", etc. Shanghai Red Ant is a member of the Construction Safety Association of Shanghai of China Building Decoration Association, the standing member and special distributing enterprise of Shanghai Decorators Decoration Association as well as the deputy-director unit of the Home Decoration Sub-committee of Shanghai Decorators Decoration Association. According to a certificate issued by Shanghai Decorators Decoration Association on September 19, 2014, Shanghai Red Ant has won a lot of honor from its foundation and is among the best in Shanghai home decoration industry in the volume of decoration projects undertaken by it. In October 2014, Shanghai Decorators Decoration Association awarded Shanghai Red Ant the title of Five-star Enterprise in Shanghai home decoration industry.

On June 4, 2012, Jiangsu Red Ant filed a lawsuit to Shanghai No. 2 Intermediate People's Court, claiming that Shanghai Red Ant shall be ordered to desist from the trademark infringement and improper competition, publish a statement to eliminate relevant influence and compensate the economic losses of RMB 5.5 million and reasonable costs of RMB 151 311. According to the Judgment rendered by Shanghai No. 2 Intermediate People's Court in the first instance, all claims of Jiangsu Red Ant were rejected. Jiangsu Red Ant refused to accept such Judgment and filed an appeal. On June 25, 2013, Shanghai High People's Court rendered the Civil Judgment (2013) HGMS (Z) ZZ No. 7, ruling that the Judgment made by the

II. Dispute over Confirmation of Ownership and Infringement of Trademark Right

court of first instance shall be overturned. The final Judgment ruled that Shanghai Red Ant shall immediately desist from the act of infringing the exclusive right of Jiangsu Red Ant to No. 3145605 registered trademark and compensate Jiangsu Red Ant for the reasonable costs of RMB 60 000 and other claims by Jiangsu Red Ant were rejected. The trademark infringement act confirmed in the above-said effective Judgment shall refer to the act of Shanghai Red Ant and its subsidiaries (including SRACB) of using the company name "Red Ant" in a highlighted way in their business activities, in other words, the use of such words as "Red Ant" "Red Ant Decoration" "Red Ant Decoration Design" "Red Ant Exquisite Decoration" "Red Ant Exquisite Design Center" in the signage, shop window, outdoor advertisement, brochure, business card, bags, vehicles and media advertisement, etc. constitutes an act of infringement. The infringement act of SRACB which is confirmed in the above-said effective Judgment refers to relevant acts stated in Notary Certificate (2012) HDZJZ No. 4453 as issued by Shanghai Oriental Notary Public Office with respect to the issue under notarization of evidence preservation on April 21, 2012, i. e. the act of SRACB (located at No. 78, *Tianshan West Road*, *Changning* District, Shanghai) using "Red Ant Decoration" on the door head and back wall of its shop and using "Red Ant Decoration Design" on the shop window and glass door shall constitute infringement. The brochure containing infringing contents confirmed in such effective Judgment refers to the brochure stated in Notary Certificate (2012) HDZJZ No. 4454 issued by Shanghai Oriental Notary Public Office with respect to the issue under notarization of evidence preservation on April 23, 2012.

On July 8, 2014, at the request of Jiangsu Red Ant, Shanghai Oriental Notary Public Office notarized the evidence preservation on the condition of the shop of SRACB located at No. 78, Tianshan West Road, Changning District, Shanghai and issued Notary Certificate (2014) HDZJZ No. 10960. Jiangsu Red Ant shall pay notarial fee of RMB 1 500. It is stated in the Notary Certificate that: the door head of the above-said shop is labeled with "Shanghai Red Ant Decoration Design Co., Ltd.", wherein, "Shanghai" is placed at the left edge in the top-to-bottom form and the words of "Red Ant Decoration" and "Design Co., Ltd." occupy the main position of the door head, "Red Ant Decoration" at the upper line and "Design Co., Ltd." at the lower line. The font size of "Red Ant Decoration" is obviously larger than that of "Shanghai" and "Design Co., Ltd.". Two sides of the glass door are marked with "Red Ant Decoration", the waist sealing of the left door is marked with

"Shanghai Red Ant Decoration", the electronic advertising board at the doorway bears the words "Red Ant Decoration" and the words on the back wall and the waist sealing of the right glass door are not clear.

As shown in the photo taken by SRACB in September 2014: "Shanghai Red Ant Decoration Design Co., Ltd." is used in the door head of its shop, wherein, "Shanghai Red Ant Decoration" is placed at the upper line, "Design Co., Ltd." is placed at the lower line, the font and size of which are basically the same. Two sides of the glass door are marked with "Shanghai Red Ant Decoration Design Co., Ltd.", the waist sealing of the left glass door is marked with "Shanghai Red Ant Decoration" and the waist sealing of the right glass door is marked with "Design Co., Ltd.". The waist sealing of both sides is at the same level and the font size of the words on the waist sealing are basically the same. As shown in the photo taken by Jiangsu Red Ant on November 8, 2014, the back wall of the above-said shop is marked with "Shanghai Red Ant Decoration Design", and other details are the same as that shown in the photo taken in September 2014.

It is further found by the court of first instance that: Shanghai No. 2 Intermediate People's Court completed the execution of Case (2013) HGMS (Z) ZZ No. 7 on September 5, 2013, the subject matter of enforcement for which is the compensation for reasonable costs in an amount of RMB 60 000. During the litigation period of the trial of first instance, Jiangsu Red Ant filed lawsuits against Shanghai Red Ant and its subsidiaries to the court of first instance and the people's courts of Yangpu District, Xuhui District, Minhang District of Shanghai andKunshan City of Jiangsu on the grounds that Shanghai Red Ant and its subsidiaries committed new act of trademark infringement. For the purpose of disputes in this case, Jiangsu Red Ant entrusted lawyers to handle the litigation on its behalf and paid the attorney fee of RMB 6 000.

In the original trial, Jiangsu Red Ant confirmed that, in this case, it would only claim rights against the infringement act committed by SRACB after the final Judgment of the former case was rendered on June 25, 2013 and would not claim for any rights against the potential infringement act of Shanghai Red Ant. Jiangsu Red Ant submitted Notary Certificate (2014) HDZJZ No. 10959 issued by Shanghai Oriental Notary Public Office and the brochure as evidences and said that the brochure was obtained from SRACB, which is the same as that shown in Notary Certificate No. 10959. SRACB held that it was irrelevant to the above-said brochure. After investigation, the above-said Notary Certificate No. 10959 was the evidence preservation

II. Dispute over Confirmation of Ownership and Infringement of Trademark Right

made on the shop condition of Shanghai Red Ant Minhang Branch. The involved brochure presented by Jiangsu Red Ant contains the word of "Red Ant" and information of Shanghai Red Ant and its subsidiaries including SRACB. However, the cover of the involved brochure and other contents are different from those of the brochure involved in this case (2013) HGMS (Z) ZZ No. 7.

In the original trial, SRACB and Shanghai Red Ant submitted Notary Certificate (2014) HDZJZ No. 15358 issued by Shanghai Oriental Notary Public Office on September 22, 2014. The Notary Certificate is evidence preservation for the website (website address: www.sh-hongmayi.com) of Shanghai Red Ant. It is stated in the Notary Certificate that: the website introduces Shanghai Red Ant and other information such as honors gained by Shanghai Red Ant and branch distribution. The top left side of the homepage is visibly labeled with "Shanghai Red Ant Decoration". The column name has the words "Red Ant Brand". And the branch distribution information involves SRACB and many other subsidiaries. Jiangsu Red Ant had no objection to the authenticity of the Notary Certificate and claimed therefore that SRACB committed the act of using the characters of "红蚂蚁" in a highlighted way through the above-said website, which constituted the infringement of the trademark right of Jiangsu Red Ant.

The court of first instance holds that: according to details of this case and inlight of the plea of both parties involved, the dispute focuses of this case shall be: whether or not the litigation filed by Jiangsu Red Ant violates the principle of "non bis in idem"; whether or not SRACB has infringed the exclusive right of Jiangsu Red Ant to the registered trademark; the civil liabilities that SRACB and Shanghai Red Ant shall assume if they are held to have committed trademark infringement.

I. Whether or not the litigation involved in this case violates the principle of "non bis in idem"

The court of first instance held that, according to provisions of the *Civil Procedure Law of the People's Republic of China*, for the conditions for the establishment of a repeated litigation, the parties, object of litigation and claims involved in the latter and former litigations should be the same; after the Judgment becomes legally effective, where the parties involved file a lawsuit based on any new facts, the people's court shall accept the case according to the law. According to the above-said provisions and based on the fact of this case, the court of first instance confirmed that the litigation in this case does not violate the principle of "non bis in idem", hence, the same shall not constitute a repeated litigation. Main grounds are as follows: Firstly, the Defendant of the former case is Shanghai Red Ant while Shanghai Red Ant and SRACB are Defendants of this case, so the Defendants of the two cases are different. Secondly, the infringement act judged in the former case refers to the infringement act committed by Shanghai Red Ant and its subsidiaries (including SRACB) and the infringement act charged in this case refers to the act committed by SRACB (a charge filed against the act arising after Judgment of the former case was rendered), so the subject of the charged infringement acts involved in the two cases and the existing time thereof are different. Thirdly, the infringement act charged in this case refers to the act committed by SRACB of using the characters "红蚂蚁" in a highlighted way in the door head of the shop, glass door, shop window, back wall, electronic advertisement board, brochure and website, etc. As relevant conditions of the shop involved in the infringement act charged in this case are somewhat different from that of the shop involved in the former case, SRACB acknowledged that it rectified the shop involved after the Judgment of the former case was rendered, the scenarios charged against the website involved in the infringement act which is charged in this case are not covered in the former case, and the brochure charged to constitute infringement in this case is different from that involved in the former case, the infringement act charged in this case involves more information than the infringement act charged in the former case. Although, in nature, part of the infringement act charged in this case also refers to the use of the characters "红蚂蚁" in a highlighted way, it is different from the infringement act involved in the former case. Hence, the infringement act charged in this case is not a natural continuation of that involved in the former case, in other words, new facts arise from relevant rectification of SRACB. Fourthly, claims of Jiangsu Red Ant in this case include the compensation for damages while the Judgment of the former case is applied to the infringement act which has been committed, disposals such as compensation for economic loss shall not be made previously to the infringement act that has not committed or that arises after the judgment is rendered. Moreover, the former case has been concluded, it is impossible to resolve such disputes as whether or not SRACB commits new infringement act and the bearing of civil liabilities such as economic losses by restarting the enforcement procedure applied in the former case. As a result, Jiangsu Red Ant has the right to institute the litigation involved in this case. There is no factual and legal basis for the plea of SRACB and Shanghai Red Ant in the defense opinions that the

II. Dispute over Confirmation of Ownership and Infringement of Trademark Right

litigation involved in this case violates the principle of "non bis in idem" and the appeal of Jiangsu Red Ant shall be rejected. Such opinions thus shall not be adopted according to the law.

II. Whether or not SRACB infringed the trademark right of Jiangsu Red Ant

The court of first instance held that, according to provisions of the *Trademark Law of the People's Republic of China*, the exclusive right to the registered trademark shall be protected. It is easy for relevant public to be misled by the words same as or similar to the trademark of Jiangsu Red Ant which are used as company name in the same or similar services in a highlighted way. Such act shall constitute infringement of the exclusive right to the registered trademark of Jiangsu Red Ant. According to the above-said provisions and based on the facts ascertained in this case, the court of first instance confirmed that SRACB infringed the exclusive right to the registered trademark of Jiangsu Red Ant. Main grounds are as follows: Firstly, Jiangsu Red Ant is the proprietor of No. 3145605 registered trademark involved, which is still within the term of validity, so the exclusive right of Jiangsu Red Ant to such trademark shall be under legal protection. Secondly, according to Notary Certificate No. 10960 involved, after Judgment of the former case was rendered, SRACB used the words "Shanghai Red Ant Decoration Design Co., Ltd." on the door head of its shop and the words "Red Ant Decoration" at both sides of the glass door and the electronic advertisement board. With respect to the words "Red Ant Decoration" or "Shanghai Red Ant Decoration" on both sides of the glass door and the electronic advertisement board, as "Red Ant" is the company name of SRACB, "Shanghai" is an administrative region name and "Decoration" indicates the classification of industry, the main identification part of the above-said words is "Red Ant". Therefore, it can be confirmed that SRACB used the company name "Red Ant" in a highlighted way. With respect to the words "Shanghai Red Ant Decoration Design Co., Ltd." on the door head, "Shanghai" is placed at the left edge, "Design Co., Ltd." at the second line, and the font size of such words is obviously smaller than the words "Red Ant Decoration" on the main position of the door head, so the words "Red Ant Decoration" are used in a highlighted way, which shall also be deemed to have constituted highlighted use of "Red Ant".

Thirdly, the business scope of SRACB covers indoor and outdoor decoration and design and SRACB uses the company name "Red Ant" together with "Decoration" in the operating premises, as a result, the act of SRACB shall be deemed as highlighted use of the company name "Red Ant" in its decoration service. Such service is basically the same as that in which the trademark of Jiangsu Red Ant is approved to be used, which is within the scope of protection of the trademark right of Jiangsu Red Ant. Fourthly, although the trademark of Jiangsu Red Ant is a combination of image and words, the image takes a larger part. Based on the general attention and the habit of the common consumers in our country's home decoration industry, the part of the trademark of Jiangsu Red Ant red, remembered and identified by them is the Chinese characters "紅螞蟻". Apart from that, the characters "红蚂蚁" used by SRACB in a highlighted way is the same as "紅螞蟻" used in the trademark of Jiangsu Red Ant in pronunciation and meaning, and only different in that the former one takes the form of simplified Chinese characters and the latter one takes the form of Traditional Chinese character. Therefore, the characters "红蚂蚁" used by SRACB in a highlighted way is similar to the trademark of Jiangsu Red Ant, which means relevant public are likely to be confused that SRACB has certain relationship with Jiangsu Red Ant. As a result, after Judgment of the former case was rendered, the act that SRACB used the words similar to the trademark of Jiangsu Red Ant as its company name in the same service is likely to confuse or mislead relevant public, this act is a new act of infringing the exclusive right of Jiangsu Red Ant to the registered trademark.

SRACB and Shanghai Red Ant argued that they did not commit trademark infringement. The court of first instance held that the defense opinion is lack of factual and legal basis. The same shall not be adopted according to the law. Main grounds are as follows: Firstly, the operator may properly simplify the company name registered by it according to the law in the business activities on condition that the simplified name shall not damage the legal rights and interests of other persons. In the case that Jiangsu Red Ant has the right to the trademark involved, the trademark of Jiangsu Red Ant is similar with that of SRACB and the services of both parties are basically the same, SRACB shall regulate the use of the company name approved to be registered by it according to the law, so as to correctly differentiate the source of both parties' services and avoid confusion or misunderstanding to relevant public. The act that SRACB uses words similar to the trademark of Jiangsu Red Ant in the same service as its company name in a highlighted way is easy to cause confusion or misunderstanding to relevant public. Such act is apparently improper simplified use of the company name, which is not a kind of reasonable use. Secondly, trademark infringe-

II. Dispute over Confirmation of Ownership and Infringement of Trademark Right

ment is not necessarily based on the subjective intention of the doer, so whether or not SRACB is aware that the existence of Jiangsu Red Ant and its trademark has no impact on affirmation whether or not the act of SRACB constitutes trademark infringement. Besides, SRACB continued the same type of infringement act after the highlighted use of such company name was affirmed as infringement byan effective judgment. SRACB apparently made a subjective fault. Thirdly, the proprietor of the trademark shall be entitled to prohibit others from nationwide using any mark same as or similar to its registered trademark in the same or similar products or services. And the "confusion" provided for trademark infringement includes the possibility of causing confusion. The protection of exclusive right to registered trademarks is not necessarily based on the condition that the trademark must be well-known. Therefore, the affirmation of whether or not the act of SRACB constitutes infringement shall not affected by the fact that Jiangsu Red Ant failed to present any evidence to prove the publicity of its trademark in Shanghai and the act of SRACB has actually caused confusion to relevant public, etc.

Jiangsu Red Ant claimed that SRACB committed an infringement by using the brochure and website involved. The court of first instance held that such claim lacks factual and legal basis, thus shall not be adopted according to the law. Main grounds are as follows: Firstly, as Jiangsu Red Ant does not have any evidence to prove that it has obtained the brochure involved at the time of notarizing the evidence preservation for the shop of SRACB, the brochure involved shall not be judged to be produced and used by SRACB. Although it was stated in Notary Certificate (2014) HDZJZ No. 10959 submitted by Jiangsu Red Ant that it obtained relevant brochure from the shop of the outsider involved in the notarization of such evidence preservation, the brochure involved as presented by Jiangsu Red Ant was not notarized and sealed. Therefore, it was not clear whether or not the two brochures were the same. Even if the two brochures were the same, the shop of the outsider and the shop of SRACB were operated by different entities. Therefore, the brochure involved shall not be judged to be produced and used by SRACB based on the above-said Notary Certificate. Secondly, the website involved in the infringement act charged by Jiangsu Red Ant was established by Shanghai Red Ant, and Jiangsu Red Ant has no evidence to prove that SRACB is the actual or common operator of the website, therefore, it is hard to confirm that SRACB committed infringement through the website. Thirdly, from the common sense of business promotion, as SRACB is only one of the subsidiaries affiliated to Shanghai Red Ant while Shanghai Red Ant and many of its subsidiaries are involved in the brochure and website, which are not designed to promote SRACB, it is scarcely possible that SRACB took charge of producing the brochure involved or operating the website involved in spite of the fact that relevant information of SRACB appeared in the brochure and website involved. In addition, in view that, after the court of first instance made explanation according to the law, Jiangsu Red Ant confirmed that it would not claim any right against Shanghai Red Ant in this case, so the court of first instance would not investigate the potential infringement act involved in the brochure and website.

Ⅲ. Civil liabilities which shall be undertaken by SRACB and Shanghai Red Ant

The court of first instance held that, according to provisions of the *Trademark Law of the People's Republic of China and the Tort Law of the People's Republic of China*, any person infringing the exclusive right to registered trademark shall assume civil liabilities according to the law including desisting from infringement and compensating for losses. After Judgment of the former case was rendered, SRACB committed new act of trademark infringement, for which it shall assume civil liabilities according to the law including desisting from infringement and compensating for losses.

With respect to desisting from infringement, The court of first instance held that it is the act stated in Notary Certificate (2014) HDZJZ No. 10960 issued on July 8, 2014 that was charged by Jiangsu Red Ant in the case to constitute trademark infringement, in other words, the act of SRACB of using in a highlighted way the words "Shanghai Red Ant Decoration Design Co., Ltd." on the door head of its shop and the words "Red Ant Decoration" and "Shanghai Red Ant Decoration" on both sides of the glass door and the electronic advertisement board constituted an infringement. Things changed in September 2014 as the words "Shanghai Red Ant Decoration Design Co., Ltd." on the door head is arranged in two lines (upper and bottom lines), with the basically same font and size. According to the length, width and shape of the door head of the shop involved and the overall arrangement of the words, it may be confirmed that the use of company name has been regulated, which shall not constitute infringement; with respect to the words "Shanghai Red Ant Decoration Design Co., Ltd." on both sides of the glass door, it may be directly confirmed that the use of company name has been regulated, which shall not constitute an infringement; with respect to the words "Shanghai Red Ant Decoration" on the waist sealings of the

II. Dispute over Confirmation of Ownership and Infringement of Trademark Right

left glass door and "Design Co., Ltd." on the waist sealing of the right glass door, it may be directly confirmed that the use of company name has been regulated, which shall not constitute an infringement as the two doors are an integral whole, the waist sealings of both doors are at the same level and the font and size of the words on the waist sealing are basically the same in spite that the afore-said words are arranged in two separate glass doors. However, as shown in the photo taken on November 8, 2014 by Jiangsu Red Ant, the back wall of the shop involved was marked with "Red Ant" and there was no evidence to prove that the words "Red Ant Decoration" were not used on the electronic advertisement board any longer, therefore, the above-said situation shall constitute infringement. Therefore, the court of first instance held that, although SRACB rectified the regulated use of company name to some extent after Judgment of the former case was rendered and made some rectification after the notarization made by Jiangsu Red Ant on evidence preservation was presented on July 8, 2014, the use of company name had not yet been totally regulated up to then and new infringement act was still committed. Therefore, SRACB shall assume the civil liability of desisting from the infringement act, in other words, the use of company name in the business activities shall be regulated and the words "Red Ant" shall not be used in a highlighted way.

With respect to the compensation for losses, the court of first instance held that, Firstly, from the fact that although Jiangsu Red Ant has no evidence to prove that it actually operated in Shanghai or the new infringement act committed by SRACB had caused confusion or misunderstanding among relevant public, thus causing economic losses to Jiangsu Red Ant, SRACB, as a subsidiary of Shanghai Red Ant, continued to commit new infringement act similar to previous one under the circumstance that the people's court had ruled that relevant acts of Shanghai Red Ant and its subsidiaries including SRACB constituted infringement and they shall immediately desist from the infringement. It may be inferred that new infringement act can bring certain interests to its business. Therefore, SRACB shall assume the civil liability of compensating for losses. Secondly, Jiangsu Red Ant required to determine the amount of compensation by reference to the trademark license fee and presented the trademark license contract signed with the outsider, which agreed that the license fee should be RMB 100 000/year and the license period be three years starting from January 1, 2010. As the trademark license fee may be affected by factors including business scale of the licensee, license scope, usage mode of the license and time of license, and the trademark license contract presented by Jiangsu Red Ant failed to limit the scope and number of shop in which the trademark of Jiangsu Red Ant may be used by the licensee. The license period had expired at the end of 2012. SRACB is only one of the subsidiaries of Shanghai Red Ant inShanghai and the infringement act involved in this case took place after June 25, 2013. As a result, relevant agreements in the license contract for the trademark involved are not fully associated with the determination of the compensation amount for economic losses in this case. The request of Jiangsu Red Ant that the compensation amount for economic losses should be directly determined according to the above-said contract is lack of grounds, which shall not be adopted by the court of first instance, but the license fee agreed in the contract may serve as one of the considerations for determining the compensation amount. Thirdly, as it is hard to ascertain the actual losses suffered by Jiangsu Red Ant due to the infringement act and the economic interests gained by SRACB from the infringement act, and the request that the compensation amount should be directly determined according to the trademark license contract presented by Jiangsu Red Ant is lack of grounds, the compensation amount shall be determined according to the law, but shall be subject to the statutory compensation limit. The specific amount shall be determined by the court of first instance according to the law by taking overall consideration of the following factors: the business scale of SRACB, subjective fault, lasting period of the infringement act, the place where the infringement act occurs, multiple rectifications made against the regulated use of company name, etc. SRACB shall also compensate Jiangsu Red Ant for the reasonable costs incurred from right protection. The notarial fee claimed by Jiangsu Red Ant is the reasonable costs paid for the litigation instituted in this case, which shall be adopted; the attorney fee claimed by Jiangsu Red Ant is also reasonable costs, specific amount of which shall be determined by the court of first instance according to the law and in combination of the facts ascertained in this case, the workload of the lawyers, the government guidance standard on charging of attorney fee, and the fact that Jiangsu Red Ant had instituted similar litigations for many times, etc.

As SRACB is a branch office established by Shanghai Red Ant and Jiangsu Red Ant had confirmed that SRACB was unable to assume civil liabilities independently, according to provisions of the *Company Law of the People's Republic of China* that the civil liabilities shall be borne by the parent company in the case the branch does not have corporate capacity, the civil liabilities involved in this case shall be borne by

II. Dispute over Confirmation of Ownership and Infringement of Trademark Right

Shanghai Red Ant.

In conclusion, in order to protect the legal rights and interests of the trademark proprietor and regulate the market order, the court of first instance renders the Judgment as follows according to provisions of Paragraph 1 of Articles 3, Paragraph 2 of Article 4, Article 56, Item (7) of Article 57, Paragraph 1 and Paragragh 3 of Article 63 of the *Trademark Law of the People's Republic of China*, Items (1) (6) of Paragragh 1 of Article 15 and Paragraph 2 of Article 15 of the *Tort Law of the People's Republic of China*, Paragraph 1 of Article 14 of the *Company Law of the People's Republic of China*, Item (1) of Paragraph 1 of Article 1, Paragraph 2 of Article 9, Article 10, Paragragh 2 of Article 16 and Article 17 of the *Interpretation by the Supreme People's Court on Several Issues Concerning the Application of Laws to the Trial of Cases of Civil Trademark* Disputes: I. Shanghai Red Ant shall immediately cease SRACB's act of infringing the exclusive rights of Jiangsu Red Ant to No. 3145605 registered trademark; II. Shanghai Red Ant shall pay compensation for the economic losses to Jiangsu Red Ant in an amount of RMB 15 000 within ten days after this Judgment takes effect; III. Shanghai Red Ant shall compensate Jiangsu Red Ant for the reasonable costs incurred from right protection in an amount of RMB 5 000 within ten days after this Judgment takes effect; IV. Other claims of Jiangsu Red Ant are rejected. In case the liable party fails to fulfill the obligation to make payment within the period specified in this Judgment, in accordance with the provisions of Article 253 of the *Civil Procedure Law of the People's Republic of China*, the amount of any interests arising therefrom during such delay period shall be doubled. For the court fee of the first instance totaling RMB 2 450, RMB 997 shall be borne by Jiangsu Red Ant, and RMB 1 453 shall be borne by Shanghai Red Ant.

SRACB refused to accept the original Judgment and filed an appeal to this court, requesting for revocation of Items I, II and III of the original Judgment and that the claims of Jiangsu Red Ant shall be rejected. The main grounds for appeal are as follows: i. the infringement act involved in this case has been ascertained by Shanghai High People's Court through the effective judgment and the court of first instance failed to notice the enforcement of the former case and made an arbitrary judgment by violating the principle of "non bis in idem". ii. The characters "紅螞蟻" in the trademark involved are attached to the image of ant and the artificially processed "RED ANT" to forma a part of the trademark instead of the main body of the trademark, which is not conspicuous. Jiangsu Red Ant changed the characters "红蚂蚁"

of the company name into Traditional Chinese Characters when they are used in actual application and promotion. The different manifestations of the characters indicate that the characters "红蚂蚁" are lack of differentiation. The image of the trademark is the part which can best draw the visual attention of relevant public; the Appellant SRACB does not use "红蚂蚁" as the commercial logo. The Appellee Jiangsu Red Ant used the trademark involved in an irregular manner, drawing the attention of relevant public to "紅螞蟻" rather than the trademark involved. Such act of Jiangsu Red Ant weakened the identifiability of the registered trademark, but highlighted the trade name of the company. Therefore, even though there was a conflict, it was a conflict on the company name, which shall fall into unfair competition. As a result, it was wrong for the court of first instance to decide that the highlighted use of "红蚂蚁" in operation by the Appellant is likely to make relevant public think that SRACB has certain relation with Jiangsu Red Ant.

iii. The operators in the industry may properly simplify the company name. The company name of Shanghai Red Ant was legally obtained before the trademark registration of Jiangsu Red Ant and had gained popularity in Shanghai market. Now, there is no evidence to prove that there has been real confusion, so the court of first instance committed a fault in subjective cognition by deciding that SRACB committed an infringement. iv. As Jiangsu Red Ant failed to prove that the infringement act of SRACB had caused confusion and misunderstanding among relevant consumers and real losses to them, the filed license contract provided as the compensation reference had expired and there was no payment certificate, the original Judgment on compensation for economic losses of RMB 15 000 lacked factual basis; the invoice of attorney fee Cannot prove that there was actual attorney fee incurred, so it was not in line with legal provisions for the court of first instance to make the judgment on the basis of the inferred amount of attorney fee; the court fee ruled by the court of first instance that shall be borne by Shanghai Red Ant was too high, and was inconsistent with the extent to which Jiangsu Red Ant's claims were supported. v. Considering that the Appellee Jiangsu Red Ant filed many lawsuits to several courts against Shanghai Red Ant and its subsidiaries by claiming against the same forms of infringement, including door head, signage, color brochure and website, if each court makes ruling on compensation, the calculation of compensation would definitely be repeated.

The Appellee Jiangsu Red Ant argued that: ⅰ. the infringement act of the Appellant was repeated infringement, to which the principle of "non bis in idem" shall

II. Dispute over Confirmation of Ownership and Infringement of Trademark Right

not apply. This Case is different from the case which has been judged by Shanghai High People's Court and taken force in aspect of the subject of litigation, the infringement period, the subjective will of infringement and the manifestation pattern of the infringement act. ii. The trademark of Jiangsu Red Ant is a registered trademark approved by the Trademark Office of the State Administration for Industry and Commerce, the conspicuousness and recognition of which is beyond all doubt. The main identification part is the characters "红蚂蚁" and three elements of the registered trademark of Jiangsu Red Ant, Chinese characters, English words and the image, mean the same thing, i. e. "Red Ant". The company name used by SRACB in a highlighted way is similar to the trademark of Jiangsu Red Ant. iii. the Appellant SRACB used words "Red Ant Decoration" on both sides of the glass door and the electronic advertisement board, and the words "Shanghai" "Red Ant Decoration" and "Design Co., Ltd." are arranged separately in separate lines and based on the font size. The afore-said acts shall all be deemed as highlighted use of the company name. After rectification, the words on the door head are "Shanghai Red Ant Decoration" at the upper line and "Design Co., Ltd." at the lower line. The door head has enough room for the arrangement of the full company name of the Appellant in just one line. Therefore, such act shall also be the highlighted use, which should be affirmed by this court.

iv. Although the court of first instance did not affirm that the Appellant had committed above-said infringement act on the ground that the brochure was not obtained from the Appellant and the owner of the website was not the Appellant, the brochure and website were the promotion methods of the Appellant, besides, when identifying the subject of infringement, we shall not only identify who is the real subject of producing and operating the color brochure and website, but also makeclear the subject of promotion reflected in the promotion materials. It thus requested this court to affirm the above-said infringement act according to law. v. Although the Appellee filed trademark infringement litigations to several courts, each case was filed against a different subsidiary and the manifestation pattern of infringement committed by each subsidiary was different. Besides, the Appellee filed the litigation against the infringement committed by the Appellant repeatedly after rectification which was made by the Appellant according to the Judgment rendered by Shanghai High People's Court. Therefore, these litigations were not repeated. vi. the Appellant shall undertake to immediately desist from the infringement and compensate for the losses.

The compensation amount decided by the court of first instance is too low and the Appellant was committing willful infringement, so it requested this court to determine the compensation amount involved in this case according to the standard on charging of filed trademark license fee as submitted by Jiangsu Red Ant and rule that the Appellant should bear the right protection costs incurred by the Appellee. In conclusion, the appeal shall be rejected and the original Judgment shall be upheld.

The defendant of the original trial, Shanghai Red Ant agreed the claims of SRACB and relevant facts and grounds.

After the trial, facts ascertained by the court of first instance are true, thus are confirmed by this court.

In the trial of second instance, the Appellee Jiangsu Red Ant provided this court with the *Approval Concerning the Confirmation of the Trademark* "红蚂蚁 *RED ANT and the Image*" *to be Famous Trademark* issued by the Trademark Office of the State Administration for Industry and Commerce on September 4, 2014, evidencing that the registered trademark involved was a famous trademark. The protection for such trademark should be strengthened. The Appellant SRACB and the defendant of the original trial Shanghai Red Ant held that the evidence material was not a new and original copy, so the authenticity thereof should not be adopted. According to the opinion of this court on the evidence materials, although, as shown in the evidence materials submitted by the Appellee, it is true that Suzhou Administration Bureau for Industry and Commerce affixed the common seal on April 21, 2015 to prove the truthfulness of relevant facts, such evidence materials were produced before completion of the court hearing of the first instance and the Appellee did not provide any evidence on the time when such evidence material were obtained. Therefore, such evidence materials can not be adopted as new evidence in the procedure of second instance.

This court held that: based on the plea of the parties involved, main dispute focuses of this case lie in: ⅰ. whether the principle of "non bis in idem" is applicable to this case; ⅱ. whether the infringement act charged against the Appellant has infringed the exclusive trademark right of the Appellee; ⅲ. whether the compensation amount and the attorney fee determined by the court of first instance have sound legal and factual basis and whether the sharing of litigation costs is reasonable; ⅳ. whether the compensation was calculated repeatedly under the circumstance that the Appellee filed lawsuits against Shanghai Red Ant and its subsidiaries

II. Dispute over Confirmation of Ownership and Infringement of Trademark Right

to several courts.

With respect to the first dispute focus, the Appellant SRACB held that the court of first instance decided that the principle of "non bis in idem" is not applicable to this case without considering the enforcement status of the Judgment of the former case, thus made such judgment regardless of the facts. The Appellee Jiangsu Red Ant held that, this case is different from the case on which Shanghai High People's Court had made an effective judgment in respects of the subject of litigation, the infringement period, the subjective will of infringement and the manifestation pattern of the infringement act, etc., so the infringement act charged in this case is a repeated infringement. In this regard, this court holds that, as indicated by the facts which have been ascertained by the court of first instance, after the Judgment (2013) HGMS (Z) ZZ No. 7 was rendered by Shanghai High People's Court, SRACB reproduced the signage on the door head and the words "Red Ant Decoration" were used on both sides of the glass door and the electronic advertisement board. Compared to the former case, the infringement act charged in this case is a new act, the website against which Jiangsu Red Ant made claim for infringement in the original trial was not involved in the former case and the alleged infringing brochure charged in this case is different from that involved in the former case. Therefore, it is right for the court of first instance to decide that it did not adopt the opinion of SRACB and Shanghai Red Ant that this case was against the principle of "non bis in idem".

With respect to the second dispute focus, the Appellant SRACB held that, the characters "紅螞蟻" are not the main part of the trademark and SRACB does not use "红蚂蚁" as the commercial logo. The conflict between the two parties lies on the company name. As Shanghai Red Ant obtained the company name first and gained popularity, the use by SRACB of such company name will not cause confusion and misunderstanding among relevant consumers. The Appellee Jiangsu Red Ant held that, the three elements of the trademark involved, Chinese characters, English words and the image, mean the same thing, i.e. "Red Ant". The use by SRACB of "Red Ant Decoration" and "Shanghai Red Ant Decoration" shall be deemed as highlighted use of the company name. The characters used are similar to the registered trademark involved. In this regard, this court holds that, as specified by Article 1 of the *Interpretation by the Supreme People's Court on Several Issues Concerning the Application of Laws to the Trial of Civil Trademark Disputes*, it is easy to make relevant public to be misled by using the words same as or similar to the trademark of other persons as the company name in the same or similar products in a highlighted way. Such act shall constitute an act of infringing the exclusive right of other persons to the registered trademark. In this case, first of all, SRACB and Jiangsu Red Ant provide the same service as the business scope of SRACB covers indoor and outdoor decoration and design and the approved service items of Jiangsu Red Ant related to the trademark involved in this case include "indoor decoration and design"; secondly, SRACB used the simplified form of the company name, "Red Ant Decoration" and "Shanghai Red Ant Decoration Design" in the shop decoration. Such type of use may be deemed as highlighted use of the company name; thirdly, the trademark involved consists of Chinese characters "紅螞蟻", English words "RED ANT" and the image of ant, in which "RED ANT", placed at the middle position, seems to be visually obscure. The visual attention of consumers will be drawn to the Chinese characters "紅螞蟻" and the image of ant, and the Chinese characters "紅螞蟻" will be regarded as the main part for reading and identifying the trademark involved.

In addition, as the characters "红蚂蚁" used by SRACB in a highlighted way are the same as the Chinese characters "紅螞蟻" of the trademark of Jiangsu Red Ant in pronunciation and meaning, the relevant public is likely to think that the two words are similar and that there is certain relation between the operators of the two companies when they see the registered trademark involved and the company name used by SRACB in a highlighted way on different occasions. As a result, this court affirmed the Judgment rendered by the court of first instance that the afore-said two words are similar and likely to mislead relevant public to think that there is certain relation between SRACB and Jiangsu Red Ant, which is legally grounded.

With respect to the opinion of SRACB that operators of the industry may properly simplify the company name, this court holds that, the provisions of Article 20 of the *Provisions on Administration of Enterprise Name Registration* issued by the State Administration for Industry and Commerce stipulate: "the name used for seal, bank account, signboard and correspondence papers of an enterprise shall be identical with the registered enterprise name. The enterprise name signboard of commerce, public catering or service trade may be duly simplified, only if the simplified name shall be reported to the competent registration authority for record." In general, the company name shall be used in a regulated manner and the enterprise name signboard of certain industry may be duly simplified, only if the simplified name has been reported to the competent registration authority for record. It is inconsistent with the above-said legal provisions for SRACB to simplify the company name. Besides, SRACB did not regulate the use of company name even after it had been judged to have committed trademark infringement for the act of using the company name in a highlighted way. It is clear that SRACB had subjective fault. Therefore, it is legally and factually grounded for the court of first instance to make the judgment that the act of SRACB constituted an infringement and it shall assume the civil liabilities of desisting from the infringement and compensating for losses. This court does not adopt the ground for appeal submitted by the Appellant SRACB that the infringement is non-existent.

However, this court notes that, with respect to one of the facts shown in the photo taken by Jiangsu Red Ant on November 8, 2014 that there were the words "Shanghai Red Ant Decoration Design" on the back wall, but it was described in the original Judgment that there were the words "Red Ant" on the back wall when the court of first instance analyzed whether or not the act constituted an infringement, which is inconsistent with the fact and shall be corrected. However, the use by SRACB of "Shanghai Red Ant Decoration Design" is still an act of noncompliant use of company name, which shall be further rectified. With respect to the request proposed by the Appellee Jiangsu Red Ant in the defense in the trial of second instance that this court should determine the issue on the infringement act related to the website and brochure involved, this court holds that, according to Article 323 of the *Interpretation by the Supreme People's Court on the Application of the Civil Procedure Law of the People's Republic of China*, the people's court of second instance shall hear the case based on the appeal of the party involved. This court will not conduct any further trial as Jiangsu Red Ant did not file any appeal against the facts aforesaid. In addition, the Appellee Jiangsu Red Ant requested this court to affirm that the rectification made by SRACB to the door head of the shop in September 2014 constituted an act of highlighted use and infringement. In this regard, this court holds that, it was not improper for the court of first instance to decide that the infringement was non-existent based upon the actual situations such as the length, width and shape of the door head of the shop, the overall structure of the words arrangement and basically the same font and size of company name arranged intwolines, thus such claim of the Appellee is not adopted by this court.

With respect to the third dispute focus, the Appellant SRACB held that, Jiangsu Red Ant did not provide any evidence to prove that it had suffered the economic loss and there was actual attorney fee, so the compensation amount and attorney fee confirmed in the Judgment renderedby the court of first instance are lack of factual basis. The Appellee Jiangsu Red Ant held that the Appellant commits a willful infringement, the compensation amount confirmed by the court of first instance is too low and the Appellant shall bear the costs for rights protection incurred by the Appellee. In this regard, this court holds that, although Jiangsu Red Ant did not provide any evidence to prove the actual loss suffered by it due to the infringement act of SRACB and the interests obtained by SRACB due to the same, in consideration that SRACB continues to commit new infringement act similar to the original one under the circumstance that it was aware that the act (i. e. use the words "Red Ant" and "Red Ant Decoration" in a highlighted way) of Shanghai Red Ant has been judged to constitute a trademark infringement in the former case, there was nothing inappropriate for the court of first instance in deciding the amount of compensation for the economic losses and reasonable costs by taking overall consideration of the factors including the nature and situation of the infringement act involved in this case and the fact that Jiangsu Red Ant has entrusted an attorney to attend the litigation. It is reasonable for the court of first instance to determine the bearing of the litigation costs according to the result of the judgment.

With respect to the fourth dispute focus, this court holds that, Jiangsu Red Ant instituted lawsuits to different courts against the infringement acts committed by different subsidiaries of Shanghai Red Ant and there was no evidence to prove the compensation was calculated repeatedly, so the appeal filed by the Appellant is ungrounded.

To sum up, the facts ascertained by the court of first instance are clear and the application of laws are correct, therefore the original Judgment shall be affirmed. The appeal of the Appellant and the grounds for appeal lack factual and legal basis, thus shall be rejected. Therefore, the following ruling is made in accordance with the provisions of Item (1) of Paragraph 1 of Article 170 and Article 175 of the *Civil Procedure Law of the People's Republic of China*:

The appeal is rejected and the Judgment rendered by the court of first instance shall be affirmed.

The second-instance court fee is RMB 300, which shall be borne by the defendant of the original trial, Shanghai Red Ant Decoration Design Co., Ltd.

This judgment is the ruling of the final instance.

II. Dispute over Confirmation of Ownership and Infringement of Trademark Right

Chief Judge　He Yuan
Judge　Liu Jing
Acting Judge　Fan Jingbo
July 6, 2015
Law Clerk　Chen Yunzhi

Attachment: Relevant laws

Civil Procedure Law of the People's Republic of China

Article 170 After trail, the people's court of second instance shall handle appeal cases according to the following different circumstances:

(1) If the facts were clearly ascertained and the law was correctly applied in the original judgment or adjudication, the appeal shall be rejected in the form of a judgment or adjudication and the original judgment or adjudication shall be affirmed;

...

Article 175 Any judgment or ruling made by the court of second instance shall be final and conclusive.

9. Dispute over Trademark Infringement and Unfair Competition between BMW AG v. Shanghai Chuangjia Garments Co., Ltd., Dema Group (Int'L) Holding Limited and Zhou

Shanghai Intellectual Property Court
Civil Judgment

(2015) HZMCZ No. 58

Plaintiff: Bayerische Motoren Werke Aktiengesellschaft.

Representatives: Stefan and Jochen, Assistant General Counsel and Head of Trademark Department.

Entrusted agent: Ma, a lawyer from JunHe LLP.

Entrusted agent: Lu, a lawyer from JunHe LLP.

Defendant: Shanghai Chuangjia Garment Co., Ltd.

Legal representative: Zheng, Executive Director.

Defendant: DEMA GROUP (INT'L) HOLDING LIMITED.

Defendant: Zhou.

Entrusted agent: Shen.

On January 30, 2015, Bayerische Motoren Werke Aktiengesellschaft (the Plaintiff, hereinafter referred to as the "BMW AG") brought a lawsuit to this court against the Defendants, Shanghai Chuangjia Garment Co., Ltd. (hereinafter referred to as the "Shanghai Chuangjia"), DEMA GROUP (INT'L) HOLDING LIMITED (hereinafter referred to as the "DEMA GROUP") and Zhou, for the dispute over trademark infringement and unfair competition. After accepting the case, this court set up a collegiate bench according to the law, and heard the case twice in public on December 23, 2015 and February 18, 2016. During the hearing, the summary proceeding was used. Ma and Lu, entrusted agents of the Plaintiff, and Shen, entrusted agent of one of the Defendants, Zhou, appeared in court. The Defendants, Shanghai Chuangjia and DEMA GROUP, refused to appear in court without justifiable reasons

II. Dispute over Confirmation of Ownership and Infringement of Trademark Right

after receiving the court summon. The trial of this case has now been concluded.

BMW AG requested this court to rule that: 1. all the Defendants, Shanghai-Chuangjia, DEMA GROUP and Zhou, stop immediately infringement of its exclusive right to use the registered trademarks involved; 2. DEMA GROUP shall stop immediately using the corporate names, "DEMA GROUP (INT'L) HOLDING LIMITED" and "GERMAN BMW GROUP (INT'L) HOLDING LIMITED"; 3. Shanghai Chuangjia, DEMA GROUP and Zhou shall compensate BMW AG for its economic losses amounting to RMB 3 million (including attorney fee and reasonable costs and expenses); and 4. Shanghai Chuangjia, DEMA GROUP and Zhou shall publish a statement on *China Industry & Commerce News* in a prominent position to eliminate bad effects caused by the infringement.

Facts and grounds:

I. With respect to claims made by the Plaintiff in this case

BMW AG is a world-renowned automobile manufacturer founded in 1916. After more than 100 years of development, its BMW brand has been one of most successful brands for sedans in the world. BMW brand has been access to Chinese mainland market for thirty years. The Plaintiff's trademarks registered with Class 12 "Vehicles" enjoy high popularity and brand reputation among automobile consumers and other ordinary consumers in China and elsewhere in the world. The figurative mark " ● " (Trademark Registration Certificate No. 282196), the word mark "寶馬" (Trademark Registration Certificate No. 784348) and the letter mark "BMW" (Trademark Registration Certificate No. 282195) owned by the Plaintiff have been included in the *List of National Key Trademarks under Protection* since 2000, and also have been recognized as well-known trademarks for several times by judicial and trademark administrative bodies. The imported BMW sedans as manufactured by the Plaintiff, and BMW Brilliance sedans which are manufactured by BMW Brilliance Automotive Ltd. (hereinafter referred to as the "BMW Brilliance") under authorization and use the said trademarks and marks, have high reputation and market share in China in both imported automobile and domestic vehicle markets. The said trademarks " ● " "BMW" and "寶馬" owned by the Plaintiff, and relevant publicity and promotional events in respect of this brand as well as its honors have always been continuously, widely and massively reported on newspapers, magazines and internet media. So the Plaintiff believed that the said trademarks " ● " "BMW" and "寶馬" enjoyed high recognition, reputation and influence among relevant public and belonged to well-known trademarks.

Furthermore, the Plaintiff also registered the figurative mark " " (Trademark Registration Certificate No. G673219), the figurative mark " " (Trademark Registration Certificate No. G955419) and the letter mark "BMW" (Trademark Registration Certificate No. G663925) with Class 18 "Leather and imitations of leather" and Class 25 "Clothing, footwear, headgear". The Plaintiff owns the exclusive right to use the said registered trademarks. The Plaintiff cooperated with PORTS International, a famous clothing company, as early as 2001 in manufacturing, selling and operation of a series of products bearing " " "BMW" and "寶馬" within the territory of China, such as clothes, footwear, headgear, bags and suitcases, by establishing "BMW Lifestyle" franchised stores. The "BMW Lifestyle" series products also enjoy some fame and influence.

Ⅱ. With respect to infringement acts of three Defendants in this case

In this case, three Defendants were associated with each other by cooperation in authorizing, manufacturing and selling as well as shareholding. Three Defendants also had joint subjective intention to use the following alleged marks and jointly perform the following alleged infringement acts:

(Ⅰ) Alleged marks. The alleged marks involved in joint acts of infringement by each Defendant in this case include: 1. uncolored mark " ", blue and white mark " ", and black and white mark " " (blue and white mark " " and black and white mark " ", hereinafter collectively referred to as mark " "); 2. uncolored mark " ", blue and white mark " ", and black and white mark " " (blue and white mark " " and black and white mark " ", hereinafter collectively referred to as mark " "); 3. blue and white mark " " (hereinafter referred to as mark " "); and 4. the letter mark "BMN". Among the alleged marks above, uncolored mark " ", mark " ", uncolored mark " " and mark " " are identical or similar to the Plaintiff's trademarks " " " " and " "; the letter mark "BMN" is similar to the Plaintiff's "BMW".

(Ⅱ) Alleged infringement acts. 1. In respect of trademark infringement acts, (1) Zhou is the sole natural person shareholder and director of DEMA GROUP. DEMA GROUP and Zhou registered some of the alleged marks above as trademarks No. 1661337 "**BMN**", No. 1939365 " ", No. 10101457 "**BMN**", No. 11911185 "**BMN**", No. 8014061 " ", No. 10586231 " " (blue and white) and

II. Dispute over Confirmation of Ownership and Infringement of Trademark Right

No. 10471262 "⊗" with Class 25 and Class 18, by copying or imitating the Plaintiff's well-known trademarks involved. DEMA GROUP licensed Shanghai Chuangjia to use its trademarks "⊕" and "BMN", and Zhou licensed Shanghai Chuangjia to use her trademarks "⊗" and "⊗". The license contracts for trademarks "BMN" and "⊗" have been filed with the Trademark Office of State Administration for Industry and Commerce of the People's Republic of China (hereinafter referred to as the Trademark Office); (2) Shanghai Chuangjia used the alleged marks above in manufacturing and selling its clothes, footwear, leather belts and other products involved and in its business operations such as *Franchising Manual*, business premises, business card and website; (3) Shanghai Chuangjia and DEMA GROUP jointly established a brand franchising system under which the distributors were licensed to use the alleged marks above and the word "宝马", and sell the products involved using the alleged marks above; and (4) Zhou used the alleged marks on her business card, and sold the products involved using the alleged marks. The Plaintiff believed that the Defendants have jointly infringed upon its exclusive right to use its registered trademarks "寶馬" "⊕" "⊕" "⊕" and "BMW". 2. In respect of trademark infringement and unfair competition, DEMA GROUP used "德马" in its enterprise name, highlighted "德马" and "德国宝马" in its business operations, and also used "德国宝马集团（国际）控股有限公司" (GERMAN BMW GROUP (INT'L) HOLDING LIMITED) and "德马集团（国际）控股有限公司" (DEMA GROUP (INT'L) HOLDING LIMITED) as a whole in its external activities. The Plaintiff believed that DEMA GROUP has infringed upon its exclusive right to use the registered trademark "寶馬" and has constituted unfair competition.

Shanghai Chuangjia argued that: 1. It had no objection to the claim that the Plaintiff is the owner of exclusive right to use the registered trademarks involved; and 2. It did not perform the trademark infringement acts claimed by the Plaintiff in this case. Shanghai Chuangjia has legally obtained the licensing of relevant trademarks of DEMA GROUP, and lawfully licensed to a third party to use. The third party's act of using the licensed trademarks now is outside the scope of license, and has nothing to do with Shanghai Chuangjia. Therefore, Shanghai Chuangjia believed that its act did not constitute infringement and requested this court to dismiss the claims of the Plaintiff.

DEMA GROUP did not submit written defense opinions to this court.

Zhou argued that: 1. She had no objection to the claim that the Plaintiff is the owner of exclusive right to use the registered trademarks involved; 2. She only licensed Shanghai Chuangjia to use the trademark "⊗" which is neither identical nor similar to the Plaintiff's registered trademark involved, and constituted no infringement upon the Plaintiff's registered trademark involved; there is no evidence showing that Shanghai Chuangjia used the trademark "⊗"; 3. Whether or not Shanghai Chuangjia or DEMA GROUP used any of alleged marks involved other than the trademark "⊗" was not licensed by Zhou and had nothing to do with her; and 4. The evidences submitted by the Plaintiff in this case cannot prove that Zhou directly used the alleged marks. Therefore, Zhou requested this court to dismiss the claims of the Plaintiff.

In respect of the claims, the Plaintiff produced the following evidences to this court according to law.

1. Notarial Certificate (2007) JZJZ No. 12186 and No. 282196 "●" Trademark Registration Certificate.

2. No. 784348 "寶馬" Trademark Registration Certificate.

3. Notarial Certificate (2007) JZJZ No. 12185 and No. 282195 "BMW" Trademark Registration Certificate.

4. No. G921605 "宝马" trademark registration information.

5. No. G955419 "●" Trademark Registration Certificate and registration information.

6. No. G673219 "●" Trademark Registration Certificate and registration information (Class 12).

7. No. G955419 "●" Trademark Registration Certificate and registration information (Class 18 and Class 25).

8. No. G673219 "●" Trademark Registration Certificate (Class 18 and Class 25).

9. No. G663925 "BMW" Trademark Registration Certificate (Class 18 and Class 25).

10. List of National Key Trademarks under Protection (June 2000).

11. Civil Judgment (2009) XGFMSCZ No. 1.

12. *Reply of the Trademark Office concerning Recognition of "BMW" Trademark as Well-known Trademark* (SBCZ [2010] No. 180).

13. *Decision on Review of Opposition to No. 3254441 "宝马" Trademark* (SPZ

〔2011〕 No. 14331).

14. Administrative Judgment (2010) GHZZ No. 887.

15. *Decision on Dispute over No. 3249546 "MBWL 及图" Trademark* (SPZ 〔2009〕 No. 11653).

16. Civil Judgment (2012) GMZZ No. 918 and Decision on Civil Sanctions.

17. *Supreme People's Court Announced Eight Typical IPR Cases.*

18. Notarial Certificate (2013) EZZZ No. 2067.

19. Site photos for investigation in Ezhou City.

20. Decision on Enforcement of Administrative Compulsory Measures and Decision on Administrative Penalty released by Echeng Branch of Ezhou Administration for Industry and Commerce of Hubei Province (hereinafter referred to as the "Echeng Administration").

21. *Franchising Manual* for BMN.

22. Shopping receipts of products involved.

23. Notarial Certificate (2015) JCANJZZ No. 6047.

24. Paper news and related articles involving "宝马" queried at the National Library.

25. Notarial Certificate (2011) JZXNJZZ No. 07788.

26. Search Report of National Library No. 2015-NLC-JSZM-0285.

27. *Statement of XIAMEN PORTS CO., LTD. and PORTS* 1961 *(XIAMEN) CO., LTD. concerning Licensing by BMW AG to Manufacturing and Selling* ● *Products* and annexes attached thereto.

28. Photos of BMW Lifestyle store.

29. Paper news and related articles involving "BMW Lifestyle" queried at the National Library.

30. Search Report of National Library No. 2015-NLC-JSZM-0284.

31. Site photos for investigation in Jinzhou City.

32. Decision on Enforcement of Administrative Compulsory Measures and Decision on Administrative Penalty released by Jinzhou Administration for Industry and Commerce of Liaoning Province (hereinafter referred to as the "Jinzhou Administration").

33. Catalogue and photos of clothing and products being infringed upon by BMN, prepared by Lulong Administration for Industry and Commerce of Qinhuangdao City of Hebei Province (hereinafter referred to as the "Lulong Administration").

34. Decision on Administrative Penalty released by Lulong Administration.

35. Products involved purchased by the Plaintiff in Pizhou City, and shopping receipts.

36. Products involved purchased by the Plaintiff in Heze City, and shopping receipts.

37. Photos of the alleged stores in Heze (Shandong), Pizhou (Jiangsu), and Tongliao (Inner Mongolia).

38. Photos of the alleged marks on large-size advertisement in Puyuan (Zhejiang).

39. Photos of exterior and interior of the building at the business premises of Shanghai Chuangjia.

40. Notarial Certificate (2014) HXZJZ No. 4765.

41. Business cards of Gao, General Manager of Shanghai Chuangjia, and Zhang, Deputy General Manager.

42. Business card of Zhou, one of the Defendants.

43. Notarial Certificate (2013) JCANJZZ No. 20794.

44. Notarial Certificate (2014) JCANJZZ No. 16388.

45. The award of WIPO Arbitration and Mediation Center on dispute over domain name "www.germanbmw.com" and its translation.

46. Notarial Certificate (2015) JCANJZZ No. 6048.

47. Registration files of DEMA GROUP.

48. Relevant information on application for trademark registration by DEMA GROUP and Zhou.

49. Invoices of attorney's fees.

50. Invoices of notarial fees, translation fees and information fees, and shopping receipts of products involved.

51. Partial business archives of BMW China Automotive Trading Ltd. (hereinafter referred to as the "BMW China").

52. Partial business archives of BMW Brilliance.

53. Notarial Certificate (2015) JCANJZZ No. 22014.

54. Notarial Certificate (2015) JCANJZZ No. 17120.

55. Certificate of Documentary Reproduction No. 2015-NLC-GCZM-0483 and annexes provided by the National Library.

56. BMW Brilliance Sustainability Report 2013.

II. Dispute over Confirmation of Ownership and Infringement of Trademark Right

57. BMW China Annual Corporate Social Responsibility Report (2010-2012).
58. Materials of cases investigated by Jinzhou Administration.
59. Materials of cases investigated by Lulong Administration.
60. Letter of Entrustment for Identification provided by Zaoyang Administration for Industry and Commerce of Shandong Province (hereinafter referred to as the "Zaoyang Administration") and site photos.
61. Letter for Assisting Investigation issued by Shashi Branch of Jingzhou Administration for Industry and Commerce of Hubei Province (hereinafter referred to as the "Shashi Administration") and site photos.
62. Letter for Assisting Investigation issued by Tieling Administration for Industry and Commerce of Liaoning Province (hereinafter referred to as the "Tieling Administration") and site photos.
63. Letter for Assisting Investigation and Letter of Entrustment for Identification issued by Rizhao Donggang Administration for Industry and Commerce of Shandong Province (hereinafter referred to as the "Rizhao Administration") and site photos.
64. Certificate of Documentary Reproduction No. 2015-NCL-GCZM-0624 provided by the National Library.
65. Notarial Certificate (2015) JCANJZZ No. 23270.
66. Parts of annual reports of BMW AG in 2010 to 2013.
67. Invoices of notarial fees and library search fees.
68. Materials of cases investigated by Echeng Administration.
69. Materials of cases investigated by Rizhao Administration.
70. Certificate of Documentary Reproduction No. 2015-NLC-GCZM-0743.
71. Testimony of witness Yang.

In respect of its arguments, Shanghai Chuangjia produced the following evidences to this court according to law: 1. Information of No. 8014061 trademark; 2. Trademark Gazette No. 1323, page 5664; 3. Information of No. 1661337 trademark; 4. Trademark Gazette No. 1351, page 4899; 5. One photo of company door, one photo of window curtain; 6. Five photos of label, name plate, button and packing bag.

To support her arguments, Zhou produced the following evidences to this court according to law: 1. Archival information of No. 8014061 trademark; 2. Archival information of No. 10471262 trademark; 3. Archival information of No. 10586231 trademark; 4. Archival information of No. 1661337 trademark.

This court arranged evidence exchange and cross-examination among the parties involved. The Plaintiff and Zhou raised no objection to the authenticity of Exhibits 1-6 as provided by Shanghai Chuangjia. The Plaintiff and Shanghai Chuangjia raised no objection to the authenticity of Exhibits 1-4 provided by Zhou. Shanghai Chuangjia had no objection to the authenticity of Exhibits 1-9, 15, 16, 18, 23-26, 30, 41, 43-46 and 48 provided by the Plaintiff, raised an objection to the authenticity of Exhibits 10-14, 17, 19-22, 27-29, 31-39, 42, 47, 49 and 50, raised an objection to the means of obtaining Exhibit 40, and did not provide any cross-examination opinions on Exhibits 51-71. Zhou raised no objection to the authenticity of Exhibits 1-11, 14-18, 23-26, 28, 30, 39-41, 43-49, 51-55, 58, 59 and 64-68 as provided by the Plaintiff. She had no objection to the authenticity of invoices of notarial fee, the National Library information fee and Hong Kong file consulting fee contained in Exhibit 50, and raised an objection to the authenticity of other evidence. She did not express an objection to Exhibits 22, 69 and 70, but raised an objection to the authenticity of Exhibits 12, 13, 19, 20, 21, 27, 29, 31-38, 42, 56 and 57. She also expressed that she cannot validate Exhibits 60-63, and raised an objection to the authenticity of testimony in Exhibit 71.

According to the evidences submitted by the parties and their cross-examination opinions, this court held that: 1. As each party raised no objection to Shanghai-Chuangjia's Exhibits 1-6 and Zhou's Exhibits 1-4, this court affirmed the authenticity of the said Exhibits. 2. Shanghai Chuangjia and Zhou had no objection to the authenticity of the Plaintiff's Exhibits 1-9, 15, 16, 18, 23-26, 30, 41, 43-46 and 48; Zhou had no objection to the authenticity of the Plaintiff's Exhibits 51-55, 58, 59 and 64-68, raised no objection the authenticity of invoices of notarial fee, the National Library information fee and Hong Kong file consulting fee in Exhibit 50, and did not express an objection to Exhibits 69 and 70. This court affirmed the authenticity of the said Exhibits. 3. This court affirmed the authenticity of the Plaintiff's Exhibits 11, 14, 17 and 28 after verifying relevant website links in respect of the said Exhibits. 4. The Plaintiff produced the original copy of Exhibit 40. Shanghai Chuangjia raised an objection to the means of evidence collection but did not show specific improper points. This court affirmed the authenticity and legality of the said Exhibit. 5. The Plaintiff produced the original copies of Exhibits 21, 22, 35, 36, 47, 49, 56 and 57. Shanghai Chuangjia and Zhou raised an objection but did not produce proof to the contrary. This court affirmed the authenticity of the said Exhibits. 6. Exhibits

II. Dispute over Confirmation of Ownership and Infringement of Trademark Right

37 and 38 showed photos of the alleged marks; Exhibits 60-62 showed letters from Zaoyang Administration, Shashi Administration and Tieling Administration. The Plaintiff provided electronic version of the said Exhibits, which could be used to verify the authenticity of Exhibits 37, 38 and 60-62. Shanghai Chuangjia and Zhou raised an objection but did not produce proof to the contrary. This court affirmed the authenticity of the said Exhibits based on the high degree of probability. 7. In respect of Exhibit 42, the Plaintiff applied for a witness Yang (Exhibit 71). The witness described the process of obtaining evidence. Shanghai Chuangjia and Zhou raised an objection but did not produce proof to the contrary. This court affirmed the authenticity of the said Exhibits 42 and 71 based on the high degree of probability. 8. Although the Plaintiff did not provide original copies in respect of Exhibits 10, 12, 13, 19, 20, 27, 29, 31, 32, 33, 34, 39 and 63, Exhibit 10 can be verified by Exhibit 70; Exhibits 12, 13 and 29 can be verified by Exhibit 16; Exhibits 19 and 20 can be verified by Exhibit 68; Exhibit 27 can be verified by Exhibits 28 and 60; Exhibits 31 and 32 can be verified by Exhibit 58; Exhibits 33 and 34 can be verified by Exhibit 59; Exhibit 39 can be verified by Exhibit 40; and Exhibit 63 can be verified by Exhibit 69. Therefore, this court affirmed the authenticity of the said Exhibits. 9. The Plaintiff did not provide original copies of receipts in Exhibit 50 other than invoices of notarial fee, the National Library information fee and Hong Kong file consulting fee. Relevant receipts without original copies in the said Exhibit 50 were not complied with formal requirements of evidence. This court cannot confirm the authenticity of such evidence. In respect of the evidence affirmed above, this court accepted the same in light of its relevance to this case.

Through the trial, this court found that:

I. With respect to the facts about the alleged trademarks claimed by the Plaintiff

The Plaintiff is the owner of exclusive right to use the following registered trademarks.

1. The figurative mark " ● " (see Drawing 1), Trademark Registration Certificate No. 282196, approved use range: Class 12 "motor vehicles, motorcycles and their parts". This trademark was approved for registration on March 30, 1987, and renewed for many times and valid until March 29, 2017.

2. The word mark "寶馬", Trademark Registration Certificate No. 784348, approved use range: Class 12 "motor vehicles, motorcycles and their parts". This

trademark was approved for registration on October 21, 1995, and renewed for many times and valid until October 20, 2015.

3. The letter mark "BMW", Trademark Registration Certificate No. 282195, approved use range: Class 12 "motor vehicles, motorcycles and their parts". This trademark was approved for registration on March 30, 1987, and renewed for many times and valid until March 29, 2017.

4. The figurative mark "◉" (see Drawing 2), Trademark Registration Certificate No. G955419, approved use range: Class 18 "Leather and imitations of leather, and goods made of these materials and not included in other classes; animal skins, hides; trunks and traveling bags, etc." and Class 25 "Clothing, footwear, headgear", Designated color: blue (upper left, lower right in inner ring), white (upper right, lower left in inner ring), and black (outer ring). This trademark is valid from November 20, 2007 to November 20, 2017.

5. The figurative mark "◉" (see Drawing 3), Trademark Registration Certificate No. G673219, approved use range: Class 18 "Leather and imitations of leather, and goods made of these materials; animal skins, hides; trunks and traveling bags, etc." and Class 25 "Clothing, footwear, headgear". This trademark was approved for registration on March 26, 1997, and renewed and valid until March 26, 2017.

6. The letter mark "BMW", Trademark Registration Certificate No. G663925, approved use range: Class 18 "Leather and imitations of leather, and goods made of these materials; animal skins, hides; trunks and traveling bags, etc." and Class 25 "Clothing, footwear, headgear". This trademark is valid from December 22, 1995 to December 22, 2015.

II. Facts about the Plaintiff's claim that the trademark in question is a well-known trademark

(I) Market share, sales territory and profit tax of "◉" "寶馬" and "BMW" branded automobiles in Chinese mainland

The Plaintiff has provided evidences showing that trademarks "◉" "寶馬" and "BMW" are used in the manufacture, sales, publicity and promotion of BMW automobiles.

In 2010, the sales volume of imported BMW automobiles was 68,036, and the sales volume of Chinese-made BMW automobiles was 55,582, ranking the second place in imported automobile brands. The market shares of BMW automobiles were

II. Dispute over Confirmation of Ownership and Infringement of Trademark Right

11.3% and 10.5% respectively in 2009 and 2010. The import quantity of BMW automobiles ranked the first in 2011, 2012 and 2013 in a row. 145,328 BMW automobiles were imported in 2011 and 181,454 in 2012.

BMW China was founded on September 29, 2005, with its business scope covering exclusive distributors of BMW, MINI and Rolls-Royce imported automobiles under BMW Group in China. BMW China has been engaged in the import, sale, marketing and service of BMW automobiles and motorcycles since its foundation, and it has imported 122 198, 157 776, 194 327, and 186 503 automobiles respectively in 2010, 2011, 2012 and 2013 with the sums of 5 534 010 642 USD, 7 922 631 500 USD, 8 299 570 790 USD and 9 105 671 778 USD, respectively. According to the website of BMW China (www.bmw.com.cn): 1. BMW China has been using trademarks "●" "BMW" and "宝马" in the sale, marketing and after-sales service of BMW automobiles; 2. BMW automobiles include 38 vehicle models, including BMW New 1 Series sport hatchback, BMW New 2 Series coupe and Innovation BMW 2 Series Active Tourer; 3. BMW China provides perfect second-hand car trading service and has organized activities, such as BMW Premium Selection, in Shanghai, Beijng, Ji'nan, Wuxi, Hefei, etc. with its business covering the whole country; 4. BMW China has established a perfect after-sales service network to provide consumers nationwide with services including financial lease service, warranty service, user training, online flagship store appointment, original accessories replacement & repair and owners' club. For example, in Shanghai, there are as many as 28 authorized dealers, and BMW owners club members are distributed all over the country.

In May 2003, BMW Brilliance was founded, with its business scope covering manufacture of BMW passenger cars, engines, parts and accessories, sale of self-made products, provision of after-sales services, and wholesale and retail of BMW lifestyle products. During 2010 – 2013, BMW Brilliance manufactured 55 582, 98 228, 150 052 and 214 978 BMW automobiles, and sold out 53 955, 95 444, 147 374 and 207 430 BMW automobiles, respectively. By the end of 2013, BMW Brilliance had set up 2 vehicle manufacturing plants, 1 engine plant, 420 sales and service points, 4 parts distribution centers, 3 BMW training centers, 15 training bases and 11 sheet-metal spay training centers, and had engaged as many as 326 local suppliers with annual amount of purchase up to RMB 17.9 billion. According to the website of BMW Brilliance (www.bmw-brilliance.cn), it is Showed that: 1. BMW Brilliance has been using trademarks "●" "BMW" and "宝马" in manufacture of BMW 3 Series, BMW 5 Series Li and BMW X1 automobiles; 2. BMW Brilliance produced and sold out 107 844 BMW 5 Series cars in 2012; 3. BMW Brilliance had developed 280 local parts suppliers by 2014, with annual amount of purchase up to RMB 24. 15 billion; 4. BMW Brilliance launched its first BMW car in October 2003 and by May 19, 2011, it had produced 250 000 BMW cars in total, making the market in Chinese mainland the third largest market of BMW Group in the globe.

The annual reports of BMW AG showed that the operating revenues of BMW AG in China during 2008-2013 were 2.763 billion EUR, 4.039 billion EUR, 8.444 billion EUR, 11.591 billion EUR, 14.448 billion EUR and 153.48 billion EUR, respectively, and that the sales volumes in China during 2008-2013 were 65 900, 90 600, 169 600, 233 600, 327 300, and 391 700 cars, respectively.

(II) Market reputation of trademarks "●" "寶馬" and "BMW"

The Plaintiff's brands "●" "BMW" and "宝马" were listed in World's Top 500 Influential Brands of World Brand Lab during 2004-2014, ranking the 10th in 2004, 30th in 2005, 25th in 2006, 27th in 2007, 26th in 2008, 32nd in 2009, 29th in 2010, 17th in 2012, 15th in 2013, and 11th in 2014, respectively.

BMW Group was also on the Fortune Global 500 list during 2007-2014: in 2007, it ranked the 88th, having generated 614 767 000 USD in operating revenue and 35 983 000 USD in profit; in 2008, it ranked the 78th, having generated 766 753 000 USD in operating revenue and 42 788 000 USD in profit; in 2009, it ranked the 78th, having generated 778 637 000 USD in operating revenue and 4 742 000 USD in profit; in 2010, it ranked the 82nd, having generated 704 440 000 USD in operating revenue and 2 840 000 USD in profit; in 2011, it ranked the 79th, having generated 800 994 000 USD in operating revenue and 42 621 000 USD in profit; in 2012, it ranked the 69th, having generated 956 923 000 USD in operating revenue and 67 868 000 USD in profit; in 2013, it ranked the 68th, having generated 987 595 000 USD in operating revenue and 65 490 000 USD in profit; and in 2014, it ranked the 68th, having generated 1 009 717 000 USD in operating revenue and 70 547 000 USD in profit.

According to the J. D. Power Asia Pacific *2012 China Vehicle Dependability Study* (*VDS*) released in January 2013, BMW was the highest-ranked brand among the 54 brands included in the study. For example, BMW 3 Series had been awarded as "Best Domestic Mid-sized Car" and "Best Mid-sized Car" by German magazine

II. Dispute over Confirmation of Ownership and Infringement of Trademark Right

auto motor und sport, "10 Best Cars" by *Car and Driver* for consecutive 22 years, and "Annual Car Models for 2013" by China Central Television (CCTV); BMW 5 Series had won "iF Design Award 2011" given by auto motor und sport and had been awarded as "Best Cars in 2014" and "Best Executive Cars in 2014" by Xinhua Net, and "Best Luxury Joint Venture Car for the Year" by Tencent Auto; BMW 530Li had been awarded the honorable title of "2008 Favorite Cars of Chinese Consumers" given by the Organization Committee of Beijing International Automobile Exhibition; BMW X1 had won "Luxury SUV Award" given by J. D. Power 2013 China Initial Quality Study and "2012 Sohu Auto SUV Satisfaction Champion" by Sohu.

(Ⅲ) Publicity and promotion of trademarks "●""寶馬" and "BMW"

The evidences produced by the Plaintiff show that BMW China, BMW Brilliance and authorized distributors nationwide have been propagandizing and using trademarks "●" "BMW" and "宝马" in various commercial publicity and promotion activities. 1. BMW promotion activities reported by media, such as "BMW Is Coming to Zhangjiagang", *Zhangjiagang Daily*, July 8, 2010; "Welcome to Exchange Old for New at Cinda Tongbao BMW. For Women Only", *Xiamen Daily*, September 14, 2010; "Celebration of the 8th Anniversary of Yunnan Capital and BMW", *Life News*, January 26, 2011; "2011 BMW Night", *Nanfang Daily*, June 10, 2011; "BMW after-sales sheet-metal spray contest ends successfully after 7 months and 200 distributors have took part in", *Beijing Times*, December 1, 2011; "Mianyang Zhongda BMW offers preferential price for BMW X6", *Mianyang Daily*, August 14, 2012; "Quanzhou Xingdebao BMW 4S Store Is Carrying out 2013 BMW Spring Love Activity", *Jinjiang Economic News*, January 3, 2013; "New BMW 7 Series is Launching in Guangxi", *Guangxi Daily*, January 17, 2013. 2. Attending actively auto shows, such as Geneva International Auto Show, Paris Motor Show, North American International Auto Show in Detroit and Beijing International Auto Show, to launch and propagandize new products. 3. Supporting public welfare undertakings and winning honors, for example, "BMW Passage To China" has won the award of "2010 China Excellent Case of Corporate Social Responsibility" at the 6th Annual Conference of China Public Relations Managers held by China PR net (www. chinapr. com. cn), award of "Gathering Upward Forces – Excellent Case of Corporate Social Responsibility among Transnational Corporations" by *Community Times* and "2012 Excellent Corporate Social Responsibility Award" by *China Automotive News*, and has been awarded as the 9th "Outstanding Corporate Citizenship

Program" by China Committee of Corporate Citizenship; BMW's love fund "Light Hope with Love" has won "2010 Global Times Annual Awards" given by *Global Times* and the "2011 Annual Best Case of Enterprise Commonweal Communication" given by people.com.cn; BMW Children's Traffic Safety Education has won the award of "Most Influential Public Welfare Events Held by Enterprise Microblog for 2012" given by China PR net and the "2012 Star of Brand 'Traveling' –Superbrand Award" given by *Parents*. 4. Attending actively sports events, such as 2012 BMW Cup International Golf Match in China area, and BMW China and BMW Brilliance signing a contract with Chinese Olympic Committee to be the exclusive auto partner of Chinese Olympic Committee during 2010–2016.

(ⅳ) Juridical and administrative protection for the trademarks involved in this case

In June 2000, trademark "BMW" (used on automobiles) was included into the *List of China Key Trademarks* by the State Administration for Industry and Commerce. On May 4, 2009, the Trademark Review and Adjudication Board of the State Administration for Industry and Commerce (hereinafter referred to as "Trademark Review Board") cancelled the use of the trademark in dispute on "leather shoes; apparels; shoes and hats" in the *Decision on Dispute over No. 3249546 "MBWL and Figure"* (SPZ [2009] No. 11653) on the grounds that the trademark in dispute is very similar to the involved trademark "●" (Trademark Registration Certificate No. G67321; products for which the use of the trademark has been approved: Class 25), which may make consumers confused. Later, Beijing High People's Court rendered Administrative Judgment (2010) GXZZ No. 887 and maintained the judgment made by the Trademark Review Board in such decision. On December 15, 2009, the High People's Court of Hunan Province affirmed in the Civil Judgment (2009) XG-FMSCZ No. 1 that "BMW AG is a world–renowned automobile manufacturer and Global 500, having generated 55 142 200 000 USD, 57 973 100 000 USD and 61 476 700 000 in global operating revenues and 2 763 600 000 USD, 2 782 100 000 USD and 3 598 300 000 in global profits respectively in 2004, 2005 and 2006. Trademarks '●' (including BMW and the figure), 'BMW' and '寶馬' that have been approved to be used by BMW AG on Class 12 products 'motor vehicles, motorcycles and their parts' have been used and widely publicized by BMW AG for a long time, and have now become well – known and gained very good reputation... Trademarks '●' (including BMW and the figure), 'BMW' and '寶馬'

II. Dispute over Confirmation of Ownership and Infringement of Trademark Right

that have been approved to be used by BMW AG on Class 12 products 'motor vehicles, motorcycles and their parts' have become famous trademarks in fact. Therefore, this court confirms that trademarks '●' (including BMW and the figure), 'BMW' and '寶馬' (registration number: 282196, 282195 and 784348 respectively) of BMW AG are famous trademarks." On September 15, 2010, the State Trademark Bureau affirmed in the *Reply concerning Recognition of "BMW" Trademark as Well-known Trademark* (SBCZ 〔2010〕 No. 180) that "the trademark 'BMW' as registered and used by BMW AG in Class 12 products 'motor vehicles, motorcycles and their parts' is a well-known trademark." On July 25, 2011, the Trademark Review Board affirmed in the *Decision on Review of Opposition to No. 3254441 "宝马" Trademark* (SPZ 〔2011〕 No. 14331) that "No. 784348 trademark '寶馬' (Class 12) is a well-known trademark." On November 26, 2012, Beijing High People's Court decided in the Civil Judgment (2012) GMZZ No. 918 that the Defendants should compensate for the Plaintiff's economic losses and all reasonable expenses, totaling RMB 2 million, and should accept corresponding civil penalty for infringement of figurative mark "●" (Trademark Registration Certificate No. G955419; products for which the use of the trademark has been approved: Class 25). This case has been included in the *Supreme People's Court Announced Eight Typical IPR Cases* in 2013.

(V) Media report on trademarks "●" "BMW" and "宝马"

According to the query report issued by the National Library, nearly 100 media, including *International Business Daily*, *China Automotive News*, *Auto Business*, *China Securities Journal*, *China Materials News*, *Financial Times*, *Motorcycle World*, *China Enterprise News*, *China Business Daily*, *China Industry News*, *Automotive Electronics News* and *China Economic Herald*, had reported the Plaintiff's trademarks "●" "BMW" and "宝马" and products during 2000-2007.

During 2008-2010, network media, including pcauto.com, people.com.cn, che168.com, autohome.com.cn, sina.com, ifeng.com, xinhuanet.com, bitauto.com, 21cbh.com, china.com, reuters.com, qq.com, sohu.com and 163.com, had reported the Plaintiff's trademarks "●" "BMW" and "宝马" and products.

According to the search report and search directory issued by the National Library, if "BMW" and "宝马" were used as search words to search within the period from January 1, 2008 to March 25, 2015, the search results are: 787 articles searched from Wise Search Chinese Newspaper Database and 487 articles searched from Chinese Journal Full-text Database.

(ⅵ) Other related facts

On December 28, 2001, the Plaintiff granted license to Xiamen Ports Fashion Co., Ltd. (hereinafter referred to as the "Xiamen Ports") and Century Ports Apparel (Xiamen) Co., Ltd. (hereinafter referred to as the "Century Ports") to use trademarks "BMW" "BMW lifestyle" and " ● " in production and sale of men's, women's and kids' apparels and leather products. Later, Xiamen Ports and Century Ports continued to use trademarks "BMW" "BMW lifestyle" and " ● " by running "BMW lifestyle" stores. The first "BMW lifestyle" store was opened at Beijing Dongfang Square in October 2001. By January 15, 2008, Xiamen Ports and Century Ports had opened 37 "BMW lifestyle" stores in Beijing, Harbin, Dalian, Shenyang, Qingdao, Tianjin, Tangshan, Taiyuan, Xi'an, Chongqing, Changsha, Urumqi, Chengdu, Wuhan, Guiyang, Xiamen, Shanghai, Nanjing, Shenzhen and Guangzhou. During 2001-2007, dozens of newspapers and media, including World City, People's Daily and New Economy, had reported "BMW lifestyle". The Plaintiff has provided photos showing that Xiamen Ports and Century Ports have used marks " ● " and "BMW lifestyle" in "BMW lifestyle" stores.

Ⅲ. Facts related to infringement claimed by the Plaintiff in this case

(Ⅰ) Information of Shanghai Chuangjia and DEMA GROUP

Shanghai Chuangjia was founded on July 24, 2007 and was engaged in clothing wholesale and retail. DEMA GROUP was founded in July 11, 2008 and originally named as GERMAN BMW GROUP (INT'L) HOLDING LIMITED, and later renamed as "DEMA GROUP (INT'L) HOLDING LIMITED" on June 24, 2010. Zhou is the sole director and shareholder of DEMA GROUP.

(Ⅱ) Registered trademarks held by DEMA GROUP and Zhou and involved in this case

1. Figurative trademark " *BMW* " (see Drawing 4): Trademark Registration Certificate No. 1661337; products for which the use of the trademark has been approved: clothing and pants in Class 25. This trademark was registered by Shenyang Wuai Bomengte Knitted Apparel Co., Ltd. on November 7, 2001 and later submitted for transfer examination on August 11, 2008. On December 20, 2009, the trademark was officially transferred to GERMAN BMW GROUP (INT'L) HOLDING LIMITED and on August 13, 2011, the trademark registrant was changed to be the current name of DEMA GROUP. The trademark registration will be valid till Novem-

ber 6, 2021 after renewal. On March 13, 2013, DEMA GROUP and Shanghai Chuangjia filed the trademark license contract which had been announced by the State Trademark Bureau, the license period should be from May 21, 2012 to November 6, 2021.

2. Figurative trademark "⊕" (see Drawing 5): Trademark Registration Certificate No. 1939365; products for which the use of the trademark has been approved: socks and neckties in Class 25. This trademark was registered by Guangzhou Alan Deron Leather Co., Ltd. on November 21, 2002 and later submitted for transfer examination on July 21, 2008. On October 6, 2008, the trademark was officially transferred to GERMAN BMW GROUP (INT'L) HOLDING LIMITED and on July 6, 2011, the trademark registrant was changed to be the current name of DEMA GROUP. The trademark registration will be valid till November 20, 2022 after renewal. On December 30, 2015, the State Trademark Bureau made the *Decision on Application for Cancelling Class 25 No. 1939365 Trademark "LUDENY and Figure" That Has Not Been Used for Consecutive Three Years* (SBCSZ [2015] No. W021350) to cancel Class 25 No. 1939365 trademark "LUDENY 及图形" on the ground that such trademark has not been used for consecutive three years.

3. Figurative trademark "**BMN**" (see Drawing 6): Trademark Registration Certificate No. 10101457; products for which the use of the trademark has been approved: clothing, fur clothing and underwear in Class 25. This trademark was registered by DEMA GROUP on July 6, 2013 and its registration will be valid till July 6, 2023.

4. Figurative trademark "**BMN**" (see Drawing 7): Trademark Registration Application No. 11911185; products for which the use of the trademark has been approved: clothing, fur clothing and underwear in Class 25. DEMA GROUP applied for registration of this trademark on December 18, 2012, and the preliminary review notice was announced on January 6, 2015.

5. Figurative trademark "⊗" (see Drawing 8): Trademark Registration Certificate No. 8014061; products for which the use of the trademark has been approved: clothing, shoes, hats and socks in Class 25. This trademark was registered by Shishi Zhenguiniao Clothing Co., Ltd. on June 20, 2011 and later submitted for transfer examination on December 7, 2011. On May 27, 2012, the trademark was transferred to Zhou. The trademark registration will be valid till June 20, 2021 after renewal. On August 30, 2012, Zhou and Shanghai Chuangjia filed the trademark license contract

and the State Trademark Bureau announced that the license period should be from May 27, 2012 to June 20, 2021.

6. Figurative trademark " ⊗ ": Trademark Registration Certificate No. 10471262; products for which the use of the trademark has been approved: animal skin, artificial leather, travelling bags and wallets in Class 18. This trademark was registered by Zhou on April 6, 2013 and the registration will be valid till April 6, 2023.

7. Figurative trademark " ⊗ " (see Drawing 9): Trademark Registration Certificate No. 10586231; products for which the use of the trademark has been approved: socks, gloves, scarf and neckties in Class 25. This trademark was registered by Zhou on March 8, 2012 and the registration will be valid till August 13, 2024.

(Ⅲ) The infringement claimed by the Plaintiff

On January 16, 2013, Zaoyang Administration issued a Letter of Entrustment for Identification (GSJ [2013] No. 2) to Century Ports, entrusting Century Ports to determine whether the apparels provided by it infringe the Plaintiff's exclusive right to use register trademark, and in the Letter of Entrustment for Identification, it was noted that the tags of the apparels to be identified indicate "trademark holder: GERMAN BMW GROUP (INT'L) HOLDING LIMITED; manufacturer: Shanghai Chuangjia Garment Co., Ltd." Zaoyang Administration also required Century Ports to state the relationship between Century Ports and GERMAN BMW GROUP (INT'L) HOLDING LIMITED and between GERMAN BMW GROUP (INT'L) HOLDING LIMITED and Shanghai Chuangjia in written form. Pictures attached to the above *Letter of Entrustment for Identification* show that ▨ (◉ and **BMN** arranged from top to bottom and marked with ® now and then. Refer to Drawing 10) appears in the decoration of a clothing store, and ◉ BMN (◉ and **BMN** arranged from left to right and marked with ® now and then. Refer to Drawing 11) appears on the tag of a men's jacket and the brand name on the price tag is "宝马".

On March 7, 2013, Jinzhou Administration implemented administrative coercive measures against a BMW clothing store on the third floor of New Mart in Jinzhou, and detained cotton wadded jackets, men's wear, jackets and business suits in that store. According to records and pictures taken on the scene, the store used advertising board "BMW New Arrival" and ▨ for decoration; " ◉ " (see Drawing 12), **BMN** and ◉ BMN appeared on the apparels detained; and "GERMAN BMW GROUP (INT'L) HOLDING LIMITED" and "Shanghai Chuangjia Garment Co., Ltd." ap-

II. Dispute over Confirmation of Ownership and Infringement of Trademark Right

peared on tags. Cai, operator of the store, stated in the inquiry record made by Jinzhou Administration that the mark ▨ and the advertising board were made by himself and that he sold those apparels detained under authorization by Shanghai Chuangjia. Cai further submitted Jinzhou Administration a *Franchising Manual*, the cover of which was printed with "▨" "GERMAN BMW GROUP (INT'L) HOLDING LIMITED" and website "www.germanbmw.com" and the inside page of which is printed with "GERMAN BMW GROUP" on the top left corner and "▨" on the top right corner. The *Franchising Manual* contains: 1. Letter of Authorization for Sales, which was stamped with the official seal of Shanghai Chuangjia, and stated that on April 26, 2012, the Defendant Shanghai Chuangjia authorized Cai to sell ▨ men's series products from May 1, 2012 to December 31, 2013; 2. Letter of Authorization, which was stamped with the official seal of "GERMAN BMW GROUP (INT'L) HOLDING LIMITED" and stated that on July 16, 2008, GERMAN BMW GROUP (INT'L) HOLDING LIMITED licensed Class 25 No. 6849545, No. 1661337, No. 1939365 and No. 1791835 trademarks to Shanghai Chuangjia for exclusive use in Chinese mainland from July 16, 2008 to July 15, 2012 and during that period Shanghai Chuangjia may independently carry out such businesses as product development, production, sales as well as logo making; 3. No. 1661337, No. 1939365 and No. 1791835 trademark registration certificates, and notice of acceptance of No. 6849545 trademark registration application; and 4. Business License and Tax Registration Certificate of Shanghai Chuangjia. On July 5, 2013, Jinzhou Administration made a written Decision of Administrative Penalty (JGSCZ [2013] No. 92), which orders Cai to stop selling infringing products and decides to confiscate infringing marks and fine RMB 50 000 as a result of the use of "BMN and ▨" by Cai Jinlong on its apparels infringing trademark "BMW and ▨".

On March 12, 2013, the Plaintiff's attorney bought a T-shirt at a GERMAN BMW GROUP's shop in Heze clothing distribution center. For that T-shirt, ▨ ("▨" and **BMN** are arranged from top to bottom and marked with ® now and then. Refer to Drawing 13) is used on the package; "▨" appeared at the left chest location of the T-shirt and **BMN** appeared on the collar with "▨" as shading. Besides, the tag uses ▨ [▨ (this logo adopts obvious concave-convex design based on trademark pattern "▨". Specifically, the outer ring part is obviously protruded; the left cell and the right cell in the inner ring part are distributed symmetrically, and both of them are in micro-concave grid pattern; and the upper cell and the lower cell in the inner ring part are distributed symmetrically, and both of them are in a plane shape. Refer to Drawing 14) and **BMN** are arranged from top to bottom, and they are marked with ® now and then. Refer to Drawing 15] and **BMN**, and indicates the names of DEMA GROUP and Shanghai Chuangjia.

On May 10, 2013, Lulong Administration implemented administrative coercive measures against a clothing store on the third floor of Guangyuan Supermarket, which was on the east side of Yingbin Road, Lulong Town, Lulong County, and detained T-shirts and trousers. According to records made on the scene, the store used "GERMAN BMW GROUP (INT'L) HOLDING LIMITED" on signboard, used 🔲 in interior decoration, used "⊙" on the left chest location of apparels and ⊙ BMN (🔲 and **BMN** are arranged from left to right, and they are marked with ® now and then. Refer to Drawing 16) on the collar, and used 🔲 on the clothing package. Xu, operator of the store, stated in the inquiry record made by Lulong Administration that both the signboard with "GERMAN BMW GROUP (INT'L) HOLDING LIMITED" and the mark 🔲 were provided by Shanghai Chuangjia and that the apparels sold in the store were manufactured by Shanghai Chuangjia. Xu further submitted Lulong Administration part of the *Franchising Manual*, the inside page of which was printed with "**BMN**/Franchising Manual". The *Franchising Manual* contained: 1. Letter of Authorization for Sales, which was stamped with the official seal of Shanghai Chuangjia, and stated that on January 1, 2013, Shanghai Chuangjia authorized Xu to sell ⊗® BMN® series products from January 1, 2013 to December 29, 2013; 2. Letter of Authorization, which was stamped with the personal seal of Zhou, and stated that, on July 16, 2012, Zhou licensed Class 25 No. 10586231 trademark (applicable product: clothing) to Shanghai Chuangjia for exclusive use in Chinese mainland from July 16, 2012 to July 15, 2023 and during that period Shanghai Chuangjia may independently carry out such businesses as product development, production, sales as well as logo making; 3. Letter of Authorization, which was stamped with the official seal of "GERMAN BMW GROUP (INT'L) HOLDING LIMITED" and stated that on July 16, 2012, DEMA GROUP licensed No. 1661337 (Class 25), No. 7227544 (Class 24), No. 9384503 (Class 14) and No. 9384488 (Class 3) trademarks (applicable products: clothing, bedding articles, watches and perfume) to Shanghai Chuangjia for exclusive use in Chinese mainland from July 16, 2012 to July 15, 2023 and during that period Shanghai Chuangjia may independently

II. *Dispute over Confirmation of Ownership and Infringement of Trademark Right*

carry out such businesses as product development, production, sales as well as logo making; 4. Trademark Registration Certificate No. 8014061 and trademark licensing contract recording notice, Trademark Registration Certificate No. 1661337, No. 1939365 and No. 1791835, and notice of acceptance of No. 6849545 trademark registration application; and 5. Business License and Tax Registration Certificate of Shanghai Chuangjia. On May 30, 2013, Lulong Administration made a written Decision of Administrative Penalty (LGSCZ [2013] No. 23), which ordered Xu to stop infringing and decided to confiscate infringing 46 pieces of clothing and fine RMB 10 000 as a result of the use of mark similar to registered trademark "BMW and ◉" of BMW AG on the light box in the store and sale of apparels marked with a marking similar to trademark "◉" of BMW AG.

Hubei Ezhou Notary Office issued the Notarial Certificate (2013) EZZZ No. 2067 on June 25, 2013, which stated the process that the Plaintiff's attorney bought the alleged infringing products involved in the case. The Notarial Certificate showed that: on June 14, 2013, the Plaintiff's attorney bought a T-shirt at a clothes shoppe marked **BMN**® on the fourth floor of Wan Lian Supercenter in Ezhou City, Hubei Province. On this T-shirt, ◉ BMN is used on the collar, "◉" at the left lower corner (refer to Drawing 17 for details), and ◉ [The shadow pattern logo "⊗" (Based on the trademark pattern "⊗", such logo is in obvious concave-convex designs. Specifically, the outer ring part is obviously protruded; the left cell and the right cell in the inner ring part are distributed symmetrically, and both of them are in micro-concave grid pattern; and the upper cell and the lower cell in the inner ring part are distributed symmetrically, and both of them are in a plane shape. Refer to Drawing 18 for details) and "**BMN**" are arranged from top to bottom. Both "⊗" and **BMN** are marked® with now and then. Refer to Drawing 19 for details] and "◉ BMN" (The shadow pattern logo "⊗" and "**BMN**" are distributed symmetrically on the left and right side, and are marked with® now and then. Refer to Drawing 20 for details) on the hang tag. The name of the Defendant Shanghai Chuangjia also appeared on the hang tag. On the spot, the Plaintiff's attorney obtained a Wan Lian Supercenter (Ezhou Store) Fashion Clothes Sales Invoice numbered 00116555 and stamped with "Special Seal of Ezhou Jiaxiang Wanlian Industrial Limited Company for Collection". The invoice value was RMB 316. After that, a staff of the Notary Office took photos of and sealed the purchased product, and delivered it to the Plaintiff's attorney for keeping.

On June 17, 2013, the Plaintiff's attorney made a complaint to Echeng Administration against the behavior of the "BMN" shop on the fourth floor of Hubei Ezhou Wan Lian Supercenter selling the alleged infringing products. On the same day, Echeng Administration took administrative coercive measures against "BMN" shoppe, and sealed men's thick jackets, long T-shirts, men's thick trousers and men's short-sleeved clothes of that shop on the spot. Photos show that: "▧" is marked on the sleeves of the clothes sealed on the spot, "◉ BMN" on the collar, "▧" and "BMN" on the hang tag and "BMW Men's" on the label and invoice. Hu, the operator of "BMN" shoppe claimed in the record of questions made by Echeng Administration that the clothes sold from "BMN" shoppe were purchased from the Defendant Shanghai Chuangjia and they are marked with "BMN" "▧" or "⊗", and the trademark holder marked on the hang tags of such clothes was the Defendant DEMA GROUP. He decorated "BMN" shop as required by Shanghai Chuangjia and mainly used marks "BMN" and "▧". Hu provided with Echeng Administration with *Franchising Manual*, Shop Operating Contract and Letter of Authorization for Sales (which was stamped with the official seal of Shanghai Chuangjia and stated that Shanghai Chuangjia authorizes Hu to sell ⊗® BMN® men's clothes from September 15, 2012 to September 15, 2013). The cover of *Franchising Manual* bears "▧", name of the Defendant Shanghai Chuangjia, www.germanbmw.com, and seal of "BMW Men's 40019014" (top and bottom). At the left corner of inside pages, there was "DEMA GROUP" and at the right upper corner, there was Franchising Manual/ "▧". *Franchising Manual* contains: 1. Letter of Authorization for Sales, which was stamped with the official seal of Shanghai Chuangjia, and stated that on September 16, 2011, the Defendant Shanghai Chuangjia authorizes Hu to sell "▧BMN" series products from September 16, 2011 to September 15, 2012. 2. Letter of Authorization for sales, which was stamped with the official seal of "DEMA GROUP (INT'L) HOLDING LIMITED" and stated that on July 16, 2008 Zhou licenses No. 8014061 and No. 1661337 trademarks to Shanghai Chuangjia for exclusive use in Chinese mainland from July 16, 2008 to July 15, 2012 and during that period Shanghai Chuangjia may independently carry out such businesses as product development, production, sales as well as logo making. 3. No. 8014061 trademark registration certificate and trademark licensing contract recording notice and

II. Dispute over Confirmation of Ownership and Infringement of Trademark Right

No. 1661337 trademark registration certificate. 4. Business License and Tax Registration Certificate of Shanghai Chuangjia. On September 4, 2013, Echeng Administration issued the Decision on Administrative Penalty ECGSC [2013] No. 4135 which identifies that Hu committed unfair competition acts because he declared that the sold products were "BMW Men's" by using similar storefront logo, seal, shopping bag and price tag and displaying BMW vehicle model in the shop, and he sold clothes with a logo similar to that of BMW AG's, i. e. "◉". Thus it ordered Hu to eliminate the effects caused thereby and stop such infringement. Besides, he shall be confiscated of the infringing clothes, 116 pieces in total, and be fined RMB 18 thousand.

On October 15, 2013, Beijing Chang'an Notary Office issued the Notarial Certificate (2013) JCANJZZ No. 20794, stating the process that the Plaintiff's attorney downloaded the required documents from Internet on October 15, 2013 and the contents thereof. The Notarial Certificate shows: 1. When logging in www.germanbmw.com, you will see "▣" displayed at the right upper corner of its homepage, as well as columns like the homepage, Company Profile, Brand Culture, Franchise, News, Product Center, Brand Outlets, Contact Us. 2. It can be found in the page of Company Profile that "The brand BMN is created in early 2002, and finally entered the Chinese mainland in 2008. Starting from Beijing, BMN has opened 400 stores all over China by 2012. In early 2008, we made a preliminary investigation about clothes market and address of new store. Moreover, we opened an image store in Beijing, which was an important step for us to implement the strategic layout in China in 2009, which is striving to achieve the growth target of 100 new stores each year by basing in Beijing and radiating all over China with image stores." 3. It can be found in the page of Franchise that "... Franchise item... BMN brand is franchised in designated area..." 4. Pictures in the page of Brand Outlets show that: "◉" (refer to Drawing 21 for details), "**BMN**" and "GERMAN BMW" arranged from top, middle to bottom; "◉ BMN" "◉" and "GERMAN BMW" arranged from top to bottom can be found in decoration of the store. 5. The page of Contact Us contains "Shanghai Chuangjia Garment Co., Ltd.; Website: www.germanbmw.com; Address of general agency in China: Group 3, Huangsha Village, Zhelin Town, Fengxian District, Shanghai."

On October 30, 2013, Shashi Administration issued to Xiamen Baozi the Letter for Assisting Investigation SGSXZ [2013] No. 1030, stating that in the market inspection, it can be found that the clothes sold in a mall in Shashi District, Jingzhou City bore a blue-and-white round logo and "BMN" trademark which are similar to the Plaintiff's registered apparel trademark authorized to Xiamen Baozi for agency. Thus it required the Plaintiff or Xiamen Baozi to send someone to verify this. Pictures attached to the above Letter for Assisting Investigation show that ⊖BMN, ▨ and ▨BMN ("⊖" and BMN are arranged on the left and right side, respectively, and "⊖" and BMN are marked with® now and then. Refer to Drawing 22 for details) appear in the decoration of the apparel store, and ⊖BMN is used on the collar label, inner pocket mouth and collar, ▨on the shoebox, and ▨ on the shoe insole.

In April 2014, Tieling Administration issued to the Plaintiff the Letter for Assisting Investigation TSGSXZ [2014] No. 3, which stated that it needed the Plaintiff to assist the investigation when dealing with the case that Tieling Dashang New Mart was suspected of selling clothes infringing the Plaintiff's exclusive right to use registered trademark. Pictures attached to the above Letter for Assisting Investigation show that BMN and ▨ ("⊖" and BMN are arranged from top to bottom, and "⊖" and BMN are marked with® now and then. Refer to Drawing 23 for details) appear in the decoration of the apparel store, and ▨ is used on hang tag, "⊖" and "⊖" appear at the left chest location of clothes, and "Brand: BMW" exists on the certification.

On June 12, 2014, Shanghai Xuhui Notary Office issued the Notarial Certificate (2014) HXZJZ No. 4765, which stated the process that on June 8, 2014, the Applicant and the notary public visited the company with "BMW" mark located at East Building, No. 2038, Gongmao Avenue, Puyuan Town, Tongxiang City, Zhejiang Province accompanied by staff of that company, and took pictures. Pictures attached to the Notarial Certificate show that: BMN and ▨ are used on the external wall of that company, and ▨ and "⊖" on the inner decoration; ⊖BMN, ▨ and "⊖" appear on the coat, shoes and bag, ▨ on clothes hanger, and ▨ and BMN on the hang tag.

On July 30, 2014, Beijing Chang'an Notary Office issued the Notarial Certificate (2014) JCANJZZ No. 16388, stating the process that the Plaintiff's attorney downloaded the required documents from Internet on July 26, 2014 and the contents thereof. The Notarial Certificate shows that: 1. When logging in www. net. cn to inquire the registration information of the domain name germanbmw. com, one can

II. Dispute over Confirmation of Ownership and Infringement of Trademark Right

see that the registration date is July 8, 2008 and registrant is Zhenhua Feng. 2. When logging in www.germanbmw.com, one can find that the displayed contents are consistent with that contained in the Notarial Certificate (2013) JCANJZZ No. 20794.

The Plaintiff's attorney bought a short-sleeved T-shirt from German BMW Clothes located at Datang Street, Pizhou City on August 14, 2014. The packing bag of this T-shirt bears "🅑" and "GERMAN BMW GROUP (INT'L) HOLDING LIMITED". "🅑" appears at the left chest location of this T-shirt, "🅑BMN" on the collar and "🅑" on the hang tag.

On October 3, 2014, the WIPO Arbitration and Mediation Center issued a Notice of Award which case number is D2014-1352 "germanbmw.com". In this Notice of Award, the panel of experts held that the disputed domain name "germanbmw.com" was maliciously registered and used and ordered that it shall be transferred to the Plaintiff.

On April 1, 2015, Beijing Chang'an Notary Office issued the Notarial Certificate (2015) JCANJZZ No. 6048, stating the process that the Plaintiff's attorney downloaded the required documents from Internet on March 25, 2015. This Notarial Certificate shows that: 1. There is a post titled "How ridiculous it is to determine GERMAN BMW and this BMN, which is true and which is fake". The publisher of this post described the process that he bought BMN trousers at XYH APPAREL FRANCHISE STORE in TMALL.COM, and pictures in the post show that 🅑 and **BMN** are used on the hang tag of that trousers. 2. Shaoxing Evening News website posted an article "BMN leans on BMW, GSLONG becomes Septwolves", saying "A new apparel mall, Dachangxiang Apparel Mall, opens for business. It is just opposite to the Gold Times Square, Jiefang Road South. ... Reporters came to the Mall for investigation in secret for many times. ... find that an eye-catching 'BMW' classic trademark is placed on the counter, but take a closer look, you will find the English letters on that trademark are different from BMW. It is 'BMN'. ... The franchise license plate says 'BMN franchise license', and 'German BMW Group Holdings Limited' is marked at the lower right corner. The hang tag of one piece of the clothes says "Authorized by DEMA GROUP (INT'L) HOLDING LIMITED, produced by Shanghai Chuangjia Garment Co., Ltd.". 3. At www.nnnews.net, there is a piece of new named "BMN + similar BMW pattern = real BMW trademark? 'Cheap copy' of BMW coat, trousers, shoes and bags were checked and detained". It says "Three trademarks and patterns registered separately form a 'cheap copy' of BMW trademark. Many customers were cheated because they didn't observe this trademark carefully. Yesterday, Nanning Xingning Administration for Industry & Commerce, through investigation, determined that the clothes sold by a store on the first floor of Nanning Shengshi Lianbang Square infringed BMW's trademark right." Pictures attached show that ⊕BMW, ▨ and ⊕BMN are used on the collar and shoe insole, and ▨ is used in the *Franchising Manual*.

On August 4, 2015, Rizhao Administration implemented administrative coercive measures against a BMW clothing store on the second floor of CapitaLand, Haiqu East Road, Rizhao City, and detained the coats, men's trousers, men's shoes and other clothes in that store. Pictures show that "⊕" "GERMAN BMW GROUP (INT'L) HOLDING LIMITED" "BMN" and "⊕" arranged from top to bottom are used in the decoration of that clothing store, "▨" is used on trousers, "▨" and "⊕BMN" are used on the collar, ▨ on shoe box, ▨ on clothes hanger, ▨ and BMN on hang tag, and ▨ and ▨ on external package. Shen, the operator of that store stated in the record of questions made by Rizhao Administration that: the decoration words "GERMAN BMW GROUP (INT'L) HOLDING LIMITED" were provided by Tie, the provincial agent of Shanghai Chuangjia, and the clothes sold and packing bags were also purchased from him. On August 28, Rizhao Administration issued the Letter for Assisting Investigation RDGSXCZ [2015] No. 0101 and the Letter for Entrusting Authentication to BMW China, in which it required BMW China to assist its investigation of the case that Shen was suspected to sell clothes infringing BMW's registered trademark right, so as to determine whether the sold products infringed BMW's registered trademark right or not. Pictures attached to the aforesaid Letter for Assisting Investigation show that: "⊕" is used on the clothes, ▨ on the hang tag, ⊕BMN on the shoe insole and trousers, "▨" "BAOMA LIFEWAY" and " (Trademark holder) Bayerische Motoren Werke Aktiengesellschaft" arranged from top, middle to bottom on the packing bag, and "Trademark holder: DEMA GROUP (INT'L) HOLDING LIMITED, Producer: Shanghai Chuangjia Garment Co., Ltd." on the hang tag. On November 16, 2015, Rizhao Administration issued Decision RDGSXCZ [2015] No. 144 on Administrative Penalty, which ordered Shen to stop infringement on the ground that she sold products infringing the Plaintiff's registered trademark, and according to which, Shen was confiscated of 65 jackets, 25 pairs of

II. Dispute over Confirmation of Ownership and Infringement of Trademark Right

trousers and 24 pairs of shoes, and fined RMB 30 000.

During the trial, the Plaintiff produced to this court Exhibit 21 *BMN Franchising Manual*. The cover of this *Franchising Manual* contains **BMN**/Franchise Manual in the middle of the right upper part, and the name of Shanghai Chuangjia at the lower part. *BMN Franchising Manual* contains: 1. Letter of Authorization for Sales (which format is consistent with that in *Franchising Manual* provided by Xu and Hu). 2. Letter of Authorization (which format is consistent with Zhou's contained in *Franchising Manual* provided by Xu). 3. Letter of Authorization (which format is consistent with the Defendant DEMA GROUP's contained in *Franchising Manual* provided by Xu). 4. No. 8014061 Trademark Registration Certificate and Trademark Licensing Contract Recording Notice; No. 10586231 Notice of Acceptance for Registration Application (" ⊗ " trademark is blue-white); No. 1661337 Trademark Registration Certificate and Trademark Licensing Contract Recording Notice; No. 9384488, No. 9384503 and No. 7227544 Trademark Registration Certificates. 5. Business License and Tax Registration Certificate of Shanghai Chuangjia. The Plaintiff said that the *Franchising Manual* was obtained from Gao, the General Manager of Shanghai Chuangjia.

The Plaintiff produced to this court Exhibit 41 Business Cards of Gao and Zhang, the Deputy General Manager of ShanghaiChuangjia. On both cards, ▨ is used. The Business Cards of Gao contains the information "Address: BMW, East Building, No. 2038, Gongmao Avenue, Puyuan Town, Tongxiang City, Zhejiang, China; Tel. : 0573-88836551-810". The Business Cards of Zhang contains the information "Address: BMW Clothes, East Building, No. 2038, Gongmao Avenue, Puyuan Town, Tongxiang City, Zhejiang, China; Tel. : 0573-88836551-812".

The Plaintiff produced to this court Exhibit 42 Business Cards of Zhou which bears ▨ and contains the information "General Agent of GERMAN BMW GROUP (INT'L) HOLDING LIMITED in China; Tel. : 86-573-38835113; www.germanbmw.com, and bank accounts of Zhu and Zhou. During the trail, Yang, the Plaintiff's witness, said he obtained Zhou's business card from a woman about 30 in a shop named DEMA GROUP (GERMAN BMW is written on the wall) in World Trade Plaza in Fuyuan Town. When this court asked that whether the picture on Zhou's ID card was that woman, the witness said "hair style is not alike, but facial form is alike". . . "looks familiar". During the trial, the defendant Zhou issued an Off-court Statement to this court, saying that she didn't print that business card; the bank account thereon was indeed under her name, but she never provided same to any other person for use, nor used it to receive any operating proceeds.

The Defendant produced to this court Exhibit 6, i. e. pictures of decoration, labels, buttons, packing bags used by the Defendant Shanghai Chuangjia. These pictures show that BMN in both horizontal and vertical forms were used in the decoration of the defendant Shanghai Chuangjia, "◉" was used on the buckle, and **BMN**, ⊗, ◉BMN, ▇ and ◉BMN were used on labels, decorative parts and packing bags.

The evidences produced by the Plaintiff show that it paid notarial fee RMB 5 120, search fee RMB 5 794 and Hong Kong file consulting fee HK $ 4 965 for this case.

The above facts are certified by invoices of notarial fee, the National Library information fee and Hong Kong file consulting fee contained in Exhibits 1-36, 39-49, 51-71 and 50 provided by the plaintiff, by Exhibits 1-6 provided by the defendant Shanghai Chuangjia and Exhibits 1-4 provided by the defendant Zhou, and by the trial record of this court, thus are affirmed by this court.

This court holds that the parties concerned in this case disputed over: 1. Whether the plaintiff's trademarks involved could be identified as famous trademarks; 2. Whether three Defendants have committed the infringement acts claimed by the Plaintiff; 3. Whether three Defendants shall assume civil liability.

Ⅰ. With respect to the first focus of dispute

(Ⅰ) It is necessary to recognize "◉" "BMW" "寶馬" as famous trademarks in this case

This court holds that: first of all, a people's court should identify famous trademarks according to the request of the parties and the specific circumstances of the case, and can identify trademarks as famous trademarks if such trademarks should be identified as famous trademarks according to the provisions of the *Trademark Law of the People's Republic of China* (*hereinafter referred to as the "Trademark Law"*) and the *Interpretation by the Supreme People's Court on Several Issues Concerning the Application of Laws to the Trial of Cases of Civil Disputes over the Protection of Famous Trademarks* (*hereinafter referred to as the "Judicial Interpretation of Famous Trademark"*). Paragraph 3 of Article 13 of the *Trademark Law* specifies that where a trademark for registration to be used on different or dissimilar goods is a copy, imitation, or translation of a well-known trademark of another party which has been registered in China, misleads the public, and may cause damage to the interests of the registrant of the well-known trademark, it shall not be registered and shall be prohib-

II. Dispute over Confirmation of Ownership and Infringement of Trademark Right

ited from use. In this case, trademarks "●" "寶馬" "BMW" that the Plaintiff claims to be famous trademarks are identified to be used on Class 12 motor vehicles and motorcycles and parts thereof, and the Plaintiff also registered the same or similar trademarks "●" "●" "BMW" to be used on Class 18 leather products and Class 25 clothing. The alleged infringing products belong in Class 25 clothing and Class 18 leather products, and the alleged infringing logos involve trademarks and logos for which exclusive right to registered trademark is obtained. Therefore, the case involves not only the comparison between the Plaintiff's trademarks applicable to Class 25 and Class 18 products and the alleged infringing trademarks, but also whether the trademarks registered and used by Defendants DEMA GROUP and Zhou on Class 25 and Class 18 products infringed the Plaintiff's famous trademarks applicable to Class 12 products. Judging from the general knowledge of the public on products' material, sales channels, etc. or from the classification set forth in *International Classification Table of Commodities and Services with Registered Trademarks and Classification Table of Similar Goods and Services*, Class 12 motor vehicles and Class 18 leather products and Class 25 clothing are neither identical nor similar. Therefore, according to the request of the parties and the specific circumstances of the case, it is necessary to decide whether trademarks "●" "寶馬" "BMW" are famous trademarks and to identify their formation. Only after that, this court can make a comprehensive judgment on whether the three Defendants in the case committed trademark infringement. Therefore, this court holds that it is necessary to decide whether trademarks "●" "寶馬" "BMW" are famous trademarks.

(II) The Plaintiff's trademarks "●" "寶馬" "BMW" have become famous trademarks since 2007 at latest

Articles of *Judicial Interpretation of Famous Trademark* provides that: to allege the popularity of a trademark, a party concerned shall, in light of the concrete circumstances of the case, provide the following proofs to demonstrate that its trademark is already famous at the time of occurrence of the trademark right infringement or unfair competition: (1) The market share, marketing regions, profits, taxes, etc. of the commodities using the trademark; (2) The duration which the trademark has been continuously used; (3) The manner, duration, extent, money input, and geographical scope of publicity or promotion of the trademark; (4) The records that the trademark has ever been protected as a famous trademark; (5) The market reputation of the trademark; and (6) Other facts that can demonstrate that the trademark is famous. The people's court shall, by taking into consideration other proofs for determining the popularity of the trademark, objectively and thoroughly examine such proofs as the duration of use of the trademark, industrial ranking thereof, market investigation report, market value assessment report, and whether it has ever been certified as a famous trademark.

In this case, 1. Trademarks "●" and "BMW" in 1987 and "寶馬" in 1995 were registered and used up to now. In June 2000, trademark BMW used on motor vehicles was listed in the *List of Key Trademarks under Protection* by the State Administration for Industry & Commerce of the People's Republic of China. Therefore, trademarks "●" and "BMW" have had high popularity since 2000. 2. After BMW Brilliance was established in 2003, trademarks "●""BMW""宝马" were used in the manufacture of BMW 3 Series cars. It has been 12 years since BMW Brilliance launched its first BMW car in October 2003, and by May 19, 2011, it produced 250 000 BMW automobiles in total. During 2010−2013, the number of BMW automobiles manufactured and sold by BMW Brilliance was increasing year by year. In 2013, more than 200 thousand BMW automobiles were manufactured and sold. BMW Brilliance has set up 2 vehicle manufacturing plants, 1 engine plant, 420 sales and service points, 4 parts distribution centers, 3 BMW training centers, 15 training bases and 11 sheet-metal spay training centers. By the end of 2013, it had engaged as many as 326 local suppliers with annual amount of purchase up to RMB 17.9 billion. Obviously, BMW Brilliance's behavior of manufacturing and selling BMW automobiles in Chinese mainland increases and expands the popularity of trademarks "●""BMW" and "寶馬" in Chinese mainland. 3. BMW China has been engaged in the import, sale, marketing and service of BMW automobiles and motorcycles since its foundation in September 2005. The amount of imported BMW automobiles with trademarks "●""BMW" and "寶馬" increased year by year. BMW China established a perfect second-hand car service system and a perfect after-sales service network in China. Members of BMW automobile owners club are all over China. BMW China's behavior of selling imported BMW automobiles and providing after-sales service in Chinese mainland also increases and expands the popularity of trademarks "●""BMW" and "寶馬" in Chinese mainland. 4. In 2004, the Plaintiff's trademarks "●""BMW" and "宝马" ranked the 10th in the World's Top 500 Influential Brands of World Brand Lab, and up to 2014, always ranked in the top 32 each

II. Dispute over Confirmation of Ownership and Infringement of Trademark Right

year. BMW automobiles won various honors in a number of countries, and were awarded as "Best Cars in 2014" and "Best Executive Cars in 2014" by Xinhua Net, and "Best Luxury Joint Venture Car for the Year" by Tencent Auto. Such honors and awards won by BMW automobiles can also show that trademarks "●" "BMW" and "寶馬" have high popularity in Chinese mainland. 5. BMW China, BMW Brilliance and their authorized distributors continuously raise the popularity of trademarks "●" "BMW" and "寶馬" in Chinese mainland by means of various commercial publicity and promotion activities and by attending auto shows, public welfare establishments and sports events, etc. 6. Since 2000, the Plaintiff's trademarks "●" "BMW" "寶馬" and products have been widely and continuously reported on various newspapers, magazines and network media. 7. Trademarks "●" "BMW" "寶馬" also obtained various administrative and judicial protections. In December 2009, the High People's Court of Hunan Province affirmed that the Plaintiff's registered trademarks "●" "BMW" "寶馬" were famous trademarks on the grounds of such facts as "BMW AG is a world-famous automobile manufacturer and one of the Global 500; it generated 55 142 200 000 USD, 57 973 100 000 USD and 61 476 700 000 USD in global operating revenues and 2 763 600 000 USD, 2 782 100 000 USD and 3 598 300 000 USD in global profits, respectively in 2004, 2005 and 2006... The Plaintiff's trademarks '●' (BMW and its pattern), 'BMW' and '寶馬' approved to be used by BMW AG on Class 12 products motor vehicles, motorcycles and their parts are in fact in famous status". Trademark "BMW" was identified as famous trademark by the Trademark Office in September 2010. Trademark "BMW" was identified as famous trademark by the Trademark Review Board in July 2011. The above facts corroborate each other and can fully certify that the Plaintiff's trademarks "●" "BMW" "寶馬" have been well known to the public in China in 2007 at least and are famous trademarks. Later, these trademarks got their popularity increased and expanded in China with their continuous usage and was always in famous status. Therefore, this court does not support the claims of the Defendants Shanghai Chuangjia and Zhou that the trademarks "●" "BMW" "寶馬" involved in this case are not famous trademarks and there is no need to identify them as famous trademarks.

II. As for the second dispute focus

This court holds that the Defendants Shanghai Chuangjia, DEMA GROUP and Zhou have conducted trademark infringement and unfair competition in the condition that they already knew that "🌐" "BMW" and "寶馬" are well-known trademarks and yet still jointly established BMN franchising system, and used the infringing logos during manufacturing and selling the accused infringing products, authorizing BMN dealers, as well as conducting commercial activities such as advertising and promotion.

(Ⅰ) The Defendants jointly established and operated the BMN franchising system with obvious intention to establish improper association in the application of specific enterprise names and logos in the said system.

1. In July 2008, the Defendant Zhou initiated and established GERMAN BMW GROUP (INTL) HOLDING LIMITED (i. e., the Defendant DEMA GROUP) with the words "宝马" and "BMW" in trade names. In the same month, GERMAN BMW GROUP (INTL) HOLDING LIMITED authorized the Defendant Shanghai Chuangjia to use trademarks "⊕" and "BMN" when they were still under trademark transfer examination, and enterprise names including "GERMAN BMW GROUP (INT'L) HOLDING LIMITED" and "DEMA GROUP" were expressed in the *Franchising Manual* of such letter of authorization (provided by Cai). 2. DEMA GROUP already authorized Shanghai Chuangjia to use "⊗" trademark of the Defendant Zhou when it had not been submitted for trademark transfer examination, and then Zhou and Shanghai Chuangjia actually handled relevant filing formalities with respect to trademark license contract. 3. Letter of Acceptance regarding application for registration of "⊗" trademark submitted by Zhou was included in the *Franchising Manual*, from which it was known that Zhou authorized Shanghai Chuangjia to use that trademark. 4. The brands authorized to be used in the *Franchising Manual* had been adjusted according to above said trademark authorizations. The facts provided above can mutually verify that Zhou had established DEMA GROUP, applied to register and authorized Shanghai Chuangjia to use "⊗" and "⊗" trademarks, and DEMA GROUP had applied to register and authorized Shanghai Chuangjia to use "⊕" and "BMN" trademarks, both for the purpose of setup and operation of BMN franchising system. According to the enterprise name (or short name) of DEMA GROUP and its registered trademarks appeared on the *Franchising Manual*, products involved and their external package and the fact that Shanghai Chuangjia had already manufactured the said products, it shall be considered that DEMA GROUP, Shanghai Chuangjia had jointly used the accused infringing enterprise names and logos on the *Franchising Manual*, products involved and their external package. As

II. Dispute over Confirmation of Ownership and Infringement of Trademark Right

the sole director and shareholder of DEMA GROUP, Zhou obviously controlled and made divisions for the business operations of DEMA GROUP. In conclusion, this court holds that the Defendants had divided their work and cooperated with each other: Zhou established DEMA GROUP, and then jointly applied with DEMA GROUP to register and authorized Shanghai Chuangjia to use the trademarks involved; DEMA GROUP and Shanghai Chuangjia specifically used the accused infringing enterprise names and logos during the business operations for BMN franchising system. It was further proved that the Defendants jointly established and operated the BMN franchising system, and had obvious intention to establish improper association in the application of specific enterprise names and logos in the said system. Therefore, this court rejected the argument made by Zhou that she had only authorized Shanghai Chuangjia to use "⊗" trademark but was unrelated to the BMN franchising system and the application of accused infringing logos, enterprise name of GERMAN BMW GROUP (INT'L) HOLDING LIMITED and the words "GERMAN BMW" and "GERMAN BMW GROUP".

As for the argument made by Zhou that she had not authorized Shanghai Chuangjia to use "⊗" trademark, this court holds that as the owner of "⊗" trademark, Zhou obviously controlled the registration and relevant files of the trademark. In consideration of the fact that the letter of acceptance regarding the application for registration of the "⊗" trademark, letter of authorization provided by Zhou for Shanghai Chuangjia to use the trademark, and "⊗" (a logo similar to "⊗" trademark) appeared in the *Franchising Manual*, this court rejected the said argument as Zhou failed to submit any opposing evidence after raising an objection.

(II) During setup and operations of the BMN franchising system, the Defendants Shanghai Chuangjia, DEMA GROUP and Zhou had subjective malicious intent to confuse and mislead consumers by causing certain connections between BMN brand and the Plaintiff.

"⊗""BMW" and "寶馬" trademarks of the Plaintiff have been well-known trademarks at least since 2007. The letters "BMW", the words "寶馬", and the graphic structure of the trademark "⊗" with visual effects of inner-ring separated color blocks and a quartered impeller have been widely used by the Plaintiff, and therefore have become a main mark for relevant consumers to identify the Plaintiff and its products. The Defendants should have known the above situation and yet still conducted the following actions:

1. Zhou applied and registered DEMA GROUP with "BMW" and "宝马" as trade names; DEMA GROUP, after establishment, jointly used the enterprise name of GERMAN BMW GROUP (INT'L) HOLDING LIMITED and the words "GERMAN BMW GROUP" and "GERMAN BMW" with Shanghai Chuangjia during operations of the BMN franchising system, and authorized BMN licensed distributors to use the said name and short names. DEMA GROUP and Shanghai Chuangjia now still use the said names even when the enterprise name of DEMA GROUP has been changed to its current name.

2. DEMA GROUP and Shanghai Chuangjia failed to use the trademarks "⊕" and "⊗" in such way as approved and authorized. Instead, they changed the graphic structure and colors on the existing basis to imitate the visual effects of inner-ring separated color blocks and quartered impeller in the trademark "●" of the Plaintiff, and finally formed, used and authorized BMN licensed distributors to use the logos "▣" "▣" "◉", shadow pattern logos "⊕" and "⊗" that would mislead or confuse relevant public in respect of the origin of their products or connections between the product origin and the trademark "●" of the Plaintiff.

3. Compared to "BMW" trademark of the Plaintiff, "**BMN**" and "**BMN**" actually used by DEMA GROUP and Shanghai Chuangjia contained the same letters "BM", which already caused similarity among these trademarks according to relevant public with ordinary attention.

4. The said enterprise names and logos actually used in the BMN franchising system were obvious corresponding to three main identification logos of the Plaintiff and its products: "BMW" "寶馬", as well as trademark "●", the graphic structure with visual effects of inner-ring separated color blocks and a quartered impeller. Moreover, DEMA GROUP and Shanghai Chuangjia had combined the said logos and formed "▣" "◉BMN" "▣" "▣" "◉BMN" "▣" "◉BMN" "▣BMN" and "▣", which were widely used together with the names GERMAN BMW GROUP (INT'L) HOLDING LIMITED, "GERMAN BMW GROUP" and "GERMAN BMW" in the *Franchising Manual*, on the products involved such as costume, shoes and bags, and for advertising, decoration of operating premises, as well as other commercial activities of BMN franchising system. The said application and scope had obviously enhanced the impression of BMN brand among relevant public, and further misled and confused the public in respect of the connections between the BMN brand

II. Dispute over Confirmation of Ownership and Infringement of Trademark Right

and the Plaintiff.

5. During the operation of the BMN franchising system, Zhou had registered and authorized Shanghai Chuangjia to use trademark "⊗", whose graphic structure is different from the trademarks "⊕" and "⊗" but is similar to "●" trademark of the Plaintiff. DEMA GROUP also registered and authorized Shanghai Chuangjia to use "**BMN**" and "**BMN**" trademarks that are both similar to "BMW" of the Plaintiff. The said conducts of the Defendants Shanghai Chuangjia, DEMA GROUP, and Zhou were obviously aimed to create a false impression among the consumers that they had legally used the trademarks, to cover up their infringement by imitating or copying "●" "BMW" and "寶馬" trademarks of the Plaintiff and by misleading the public in respect of the connections between BMN brand and the Plaintiff, and to avoid normal administrative regulation.

From the analysis above, this court considers that during joint setup and operations of the BMN franchising system, the Defendants Shanghai Chuangjia, DEMA GROUP, and Zhou had misled the public by fully coping and imitating main identification logos of the Plaintiff and its products, obviously for the purpose of misleading and confusing the public in respect of the connections between the Plaintiff and DEMA GROUP, the BMN franchising system and their products. This court therefore holds that the Defendants Shanghai Chuangjia, DEMA GROUP, and Zhou obviously had subjective malicious intent in respect of the registration and application of the infringing enterprise names and logos.

Shanghai Chuangjia argued that it had legally obtained relevant authorization from DEMA GROUP and legally authorized the third parties to use the names and logos involved in this case but was unrelated to the conducts of such third parties beyond the scope of authorization. However, this court considers that the obvious reason why authorized BMN distributors including Cai, Xu and Hu used the letters "BMW" on their advertising boards of new products released and on product labels, and used the name "GERMAN BMW GROUP (INT'L) HOLDING LIMITED" and the accused infringing logos on shop decorations was that the accused infringing logos and the enterprise names such as "GERMAN BMW GROUP (INT'L) HOLDING LIMITED" and "GERMAN BMW GROUP" were contained in the *Franchising Manual*, the name "GERMAN BMW" and such infringing logos had been used by Shanghai Chuangjia in marketing photos on its website "www.germanbmw.com" and other relevant websites related to its brands, and the said enterprise names and logos had actually been used by Shanghai Chuangjia and DEMA GROUP on the products involved. This court accordingly rejected relevant arguments of Shanghai Chuangjia as the said conducts of BMN distributors shall be considered as actions authorized by Shanghai Chuangjia and DEMA GROUP.

(Ⅲ) As to the ascertainment of unfair competition in this case

According to Article 58 of the *Trademark Law*, whoever constitutes unfair competition by using a registered trademark or an unregistered well-known trademark of another party as the trade name in its enterprise name to mislead the public shall be punished in accordance with the *Anti-unfair Competition Law of the People's Republic of China*. And according to the provisions of Article 2 of *Anti-unfair Competition Law of the People's Republic of China*, the operator in the market transactions shall abide by principles of voluntariness, equality, fairness, honesty and credibility and comply with recognized business ethics. In this case, "BMW" and "寶馬" have been well-known trademarks since 2007. The Defendants obviously had subjective malicious intent when Zhou registered DEMA GROUP with "BMW" and "宝马" as trade names, and when DEMA GROUP and Shanghai Chuangjia used the name "GERMAN BMW GROUP (INT'L) HOLDING LIMITED" in the BMN franchising system. Therefore, their conducts such as using the name "GERMAN BMW GROUP (INT'L) HOLDING LIMITED" in the Letter of Authorization for sales by DEMA GROUP, using such name in the *Franchising Manual*, tags and external package of the products involved by DEMA GROUP and Shanghai Chuangjia and authorizing BMN licensed distributors to use it, and using "general agent in China of GERMAN BMW GROUP (INT'L) HOLDING LIMITED" by Zhou on her business card, were all coping and using well-known trademark "寶馬" of the Plaintiff on different and nonsimilar products, which could easily confuse and mislead relevant public about the connections between the operations in the name of the said enterprise and the Plaintiff, and therefore were unfair competition conducts against the principle of honesty and recognized business ethics. In conclusion, this court lawfully supports the claim made by the Plaintiff that DEMA GROUP shall immediately stop the unfair competition and stop using the enterprise name "GERMAN BMW GROUP (INT'L) HOLDING LIMITED".

As for the argument from Zhou that the business card (Exhibit 42) provided by the Plaintiff was not printed by herself, this court stated that relevant testimony from witness Yang already proved the authenticity and validity of the business card. Al-

II. Dispute over Confirmation of Ownership and Infringement of Trademark Right

though Zhou raised an objection, she failed to provide any opposing evidence. Besides, she confirmed that it was her bank account on the business card with her name on it. Therefore, this court rejected relevant arguments from Zhou. However, the evidences based on which the Plaintiff made its claim were not sufficient to prove that Zhou had actually sold the products involved although she used "general agent in China of GERMAN BMW GROUP (INT'L) HOLDING LIMITED" and the logo "" on her printed business card. This court accordingly rejected the claim from the Plaintiff that Zhou had sold the products marked with the accused infringing logo.

(Ⅳ) As for ascertainment of trademark infringement in this case

According to Items (1) (2) of Article 57 of the *Trademark Law* any of the following acts shall be deemed infringement of the exclusive right to use a registered trademark: Using a trademark that is identical with a registered trademark on the same goods without the licensing of the registrant of the registered trademark; Using a trademark that is similar to a registered trademark on the same goods, or using a trademark that is identical with or similar to the registered trademark on similar goods, without the licensing of the registrant of the registered trademark, which is likely to cause confusion. According to Item (1) of Article 1 of the *Interpretation by the Supreme People's Court on Several Issues Concerning the Application of Laws to the Trial of Civil Trademark Disputes (hereinafter referred to as the "Interpretation")*: the following acts are acts that cause, in other respects, prejudice to the exclusive right of others to use registered trademarks: using prominent lexical items identical with or similar to another person's registered trademark as one's own enterprise name on identical or similar goods, which is easy to cause confusion on the relevant public. According to Article 9 of the *Interpretation*, the identicalness of trademark under Item (1) of Article 52 of the *Trademark Law* shall mean that the alleged infringing trademark is not essentially different in visual perception from the registered trademark of a plaintiff. The similarity of trademark under Item (1) of Article 52 of the *Trademark Law* shall mean that the alleged infringing trademark, by comparison, is similar to the plaintiff's registered trademark in shape, pronunciation, connotation of words or the composition and color of the device, or in global composition upon the combination of the various elements, or in the three-dimensional shape or the combination of color, and is likely to cause the relevant public to confuse the source of goods or think the source of goods is related, in a particular way, to the plaintiff's registered trademark. According to Article 10 of the *Interpretation*, the people's court shall establish a trademark is identical or similar in the light of the following principles according to the provision of Item (1) of Article 52 of the *Trademark Law*: (1) On the basis of average attention of the relevant public; (2) Comparison of trademarks shall be made both globally and in respect of the main parts thereof, and the comparison shall be made in separation of the objects under comparison; and (3) Account shall be taken of the prominence and repute of the claimed registered trademark in assessing the similarity of trademarks.

1. As for GERMAN BMW and GERMAN BMW GROUP

Firstly, registered trademark "寶馬" of the Plaintiff has been well-known trademarks at least since 2007. It has been widely used by the Plaintiff, and therefore has become a main mark for relevant consumers to identify the Plaintiff and its products. Secondly, "寶馬" and "宝马" have no visual difference except the fact that the former is in Traditional Chinese and the latter is in simplified Chinese. Thirdly, the Plaintiff had registered and authorized the third parties to use the trademarks on products including clothing in class 25 and leather products in class 18, which proved the fact that the operation scope of DEMA GROUP and Shanghai Chuangjia and that of the Plaintiff were overlapped to some extent. Fourthly, DEMA GROUP and Shanghai Chuangjia obviously had subjective malicious intent when they used "GERMAN BMW" and "GERMAN BMW GROUP" in the *Franchising Manual*, on external package of the products involved, on internet advertising websites and for other relevant operations regarding the BMN franchising system, and when they authorized BMN licensed distributors to use the said names. These conducts would easily confuse and mislead the relevant public in respect of certain connections between products of the GERMAN BMW and GERMAN BMW GROUP and the Plaintiff. Therefore, the said conducts of DEMA GROUP and Shanghai Chuangjia were trademark infringement that may cause prejudice to interests of the Plaintiff and cause confusion on the relevant public by using copied or imitated prominent trademarks on the basis of well-known "寶馬" trademark already registered by the Plaintiff in China on products that are not identical with or similar to products of the Plaintiff. This court holds that the use of "GERMAN BMW" "GERMAN BMW GROUP" and other similar names by DEMA GROUP and Shanghai Chuangjia in the *Franchising Manual* and on internet advertising websites and by BMN licensed distributors under authorization has infringed the exclusive right of the Plaintiff to use its registered trademark "寶馬" (Trademark Registration Certificate No. 784348), and

II. Dispute over Confirmation of Ownership and Infringement of Trademark Right

that DEMA GROUP and Shanghai Chuangjia shall stop their use of the said names.

2. As for the registered trademark " ⊗ " (Trademark Registration Certificate No. 10586231) and the " ⊗ " logo used on clothing, shoes and other relevant products in class 25

Firstly, registered trademark " ⊗ " of the Plaintiff has been well-known trademarks at least since 2007, which continues up to now. The graphic structure with the visual effects of inner-ring separated color blocks and the quartered impeller is main parts of the trademark, and has become major marks for relevant consumers to identify the Plaintiff and its products. Secondly, trademark " ⊗ " also used such graphic structure that is similar to well-known trademark " ⊗ " of the Plaintiff in the aspect of both composition and color. Thirdly, the Plaintiff had registered and authorized the third parties to use the trademarks on products including clothing and shoes in class 25, which proved the fact that the operation scope of DEMA GROUP and Shanghai Chuangjia and that of the Plaintiff were overlapped to some extent. And fourthly, the Defendants obviously had subjective malicious intent when Zhou registered and authorized Shanghai Chuangjia to use the trademark " ⊗ " and when Shanghai Chuangjia and DEMA GROUP used logo " ⊗ " " ⊗ " on products manufactured or sold by them (including clothing and shoes) and for their commercial activities such as advertising and decorations of business place, and authorized BMN licensed distributors to use such trademark and logo, which may easily confuse and mislead the relevant public regarding the connections between the source of trademark " ⊗ " and the Plaintiff. The said conducts of the Defendants were trademark infringement that may cause prejudice to interests of the Plaintiff and easily cause confusion on the relevant public by using copied or imitated trademarks on the basis of well-known " ⊗ " trademark already registered by the Plaintiff in China on products that are not identical with or similar to products of the Plaintiff, based on which the Defendants had jointly infringed the exclusive right of the Plaintiff to use the trademark " ⊗ " (Trademark Registration Certificate No. 282196), and shall stop their use of the registered trademark " ⊗ " (Trademark Registration Certificate No. 10586231) and the logo " ⊗ " in accordance with Paragraph 3 Article 13 of the *Trademark Law*.

3. As for the registered trademark "**BMN**" (Trademark Registration Certificate No. 10101457) and the "**BMN**" and "**BMN**" logos used on clothing, shoes

and other relevant products in class 25

Firstly, the registered trademark "BMW" of the Plaintiff has been well-known trademarks at least since 2007, which continues up to now. It has been widely used by the Plaintiff during its commercial activities, and therefore has become a main mark for relevant consumers to identify the Plaintiff and its products. Secondly, the letters "BM" from trademark "**BMN**" are the same as that in the well-known trademark "BMW" of the Plaintiff, which already caused similarity among these trademarks according to relevant public with ordinary attention. Thirdly, the Plaintiff had registered and authorized the third parties to use the trademarks on products including clothing and shoes in class 25, which proved the fact that the operation scope of DEMA GROUP and Shanghai Chuangjia and that of the Plaintiff were overlapped to some extent. And fourthly, the Defendants obviously had subjective malicious intent when DEMA GROUP registered the trademark "**BMN**" and authorized Shanghai Chuangjia to use "**BMN**" and "**BMN**" that have the same visual effect as that of the said trademark "**BMN**" on products manufactured or sold by them (including clothing and shoes) and for their commercial activities such as advertising and decorations of business place, and authorized BMN licensed distributors to use such trademark and items, which may easily confuse and mislead the relevant public regarding the connections between the source of trademark "**BMN**" and the Plaintiff. Therefore, the said conducts of the Defendants Shanghai Chuangjia, DEMA GROUP, and Zhou were trademark infringement that may cause prejudice to interests of the Plaintiff and easily cause confusion on the part of the relevant public by using copied or imitated trademarks on the basis of well-known "BMW" trademark already registered by the Plaintiff in China on products that are not identical with or similar to products of the Plaintiff, based on which Shanghai Chuangjia and DEMA GROUP had jointly infringed the exclusive right of the Plaintiff to use the trademark "BMW" (Trademark Registration Certificate No. 282195), and shall stop their use of the registered trademark "**BMN**" (Trademark Registration Certificate No. 10101457) and the logos "**BMN**" and "**BMN**".

4. As for the application of logos "" "" "" and "" on products including clothing and shoes in class 25 and leather products in class 18

This court holds that: (1) Clothing, shoes and other relevant products in class 25 and leather products in class 18, on which the logos "" and "" as well as shadow pattern logos "" and "" were used, are identical with the products au-

II. Dispute over Confirmation of Ownership and Infringement of Trademark Right

thorized to carry trademarks " ⊕ " and " ⊖ " of the Plaintiff; (2) Compared to the trademarks " ⊕ " and " ⊖ " of the Plaintiff, the logos " ⊙ " " ⊕ " " ⊗ " and " ⊖ " applied the same graphic structure with visual effects of inner-ring separated color blocks and a quartered impeller, based on which it can be known that the logos " ⊙ " " ⊕ " and " ⊗ " are similar to the trademarks " ⊕ " and " ⊖ " of the Plaintiff, and that the logo " ⊖ " is identical with the trademark " ⊖ "; (3) For relevant public with ordinary attention, such logos can easily cause confusion and misunderstanding regarding connections between the origin of products carrying the said accused infringing logos and the products carrying the registered trademarks " ⊕ " and " ⊖ " of the Plaintiff; (4) The logos " ⊙ " " ⊕ " " ⊗ " and " ⊖ " are completely different from the trademark " ⊕ " of DEMA GROUP and from the trademark " ⊗ " of Zhou in aspects of both graphic structure and color, which shall not be regarded as use of trademarks " ⊕ " and " ⊗ ". In conclusion, this court holds that the Defendants infringed the exclusive right of the Plaintiff to use its registered trademarks " ⊕ " (Trademark Registration Certificate No. G673219) and " ⊖ " (Trademark Registration Certificate No. G955419) on products in Class 25 (including clothing and shoes) and on leather products in Class 18 when Shanghai Chuangjia and DEMA GROUP used the logos " ⊙ " " ⊕ " " ⊗ " and " ⊖ " in the *Franchising Manual*, on products in Class 25 such as clothing and shoes and on leather products in Class 18 that were manufactured or sold by them, during advertising, decorations of business place and other relevant commercial activities, when they authorized BMN licensed distributors to use such logos, and when Zhou used the logo " ⊙ " on her business card.

5. With respect to the use of the logo " ⊗ " and marks " **BMN** " and " **BMN** " on Class 18 leather products

This court holds that, (1) The Class 18 leather products on which the aforementioned logo " ⊗ " and marks " **BMN** " and " **BMN** " have been used are identical with the products on which the Plaintiff's trademarks " ⊕ " " ⊖ " and "BMW" are approved to be used for Class 18 products. (2) The logo " ⊗ " and the Plaintiff's trademarks " ⊕ " and " ⊖ " are similar in graphic structure. The letter "BM" in marks " **BMN** " and " **BMN** " is identical with that in the trademark "BMW". The former one shall be deemed as being similar to the latter one when the ordinary attention of the relevant public are used as the standard. (3) By using the ordinary attention of the relevant public as the standard, the relevant public may be liable to feel confused about and misunderstand the specific association between the products labeled with the logo "●" and marks "**BMN**" and "**BMN**" and the products labeled with the Plaintiff's registered trademarks "●" "●" and "BMW". (4) The logo "●" and marks "**BMN**" and "**BMN**" have been used on the Class 18 leather products, which obviously exceeds the scope of products on which Zhou's trademark "●" and DEMA GROUP's trademarks "*BMN*" and "**BMN**" are approved to be used. In light of the foregoing, this court holds that, the acts of the Defendants Shanghai Chuangjia and DEMA GROUP in using the logo "●" on Class 18 leather products manufactured and sold by them, using such logo on relevant advertising materials and premise decorations and authorizing authorized distributors of BMN brand to use such logo, infringe the Plaintiff's exclusive right to use the trademarks "●" (Trademark Registration Certificate No. G673219) and "●" (Trademark Registration Certificate No. G955419) registered for Class 18 products. The acts of the Defendants Shanghai Chuangjia and DEMA GROUP in using the marks "**BMN**" and "**BMN**" on Class 18 leather products manufactured and sold by them, using such marks on relevant advertising materials and premise decorations and authorizing authorized distributors of BMN brand to use such logo, infringe the Plaintiff's exclusive right to use the trademark "BMW" (Trademark Registration Certificate No. G663925) registered for Class 18 products.

(V) With respect to other acts claimed by the Plaintiff in this case

1. With respect to trademarks "●" (Trademark Registration Certificate No. 1939365) and "●" (Trademark Registration Certificates No. 8014061 and No. 10471262)

This court holds that, Firstly one of elements constituting infringement upon trademark is that the alleged logo is identical with or similar to the trademark holder's trademark. In this case, by using the ordinary attention of the relevant public as the standard and isolating objects of comparison, this court compared the entirety and important elements of trademarks "●" and "●" and the Plaintiff's trademarks "●" "●" and "●". The comparison results show that, the former trademarks are totally different from the latter trademarks in drawing and color, and such differences will not make people visually feel that they are identical or similar. Secondly, Zhou's trademark "●" and DEMA GROUP's trademark "●" were registered in order to

II. Dispute over Confirmation of Ownership and Infringement of Trademark Right

establish and operate the BMN franchising system, but according to this court's finding of fact, Shanghai Chuangjia and DEMA GROUP obviously changed the graphic structure of such trademarks in using them. In view of this, the use of logos "▣" "▣" "⊕" "⊗" and "●" by Shanghai Chuangjia and DEMA GROUP were not the use of trademarks "⊕" and "⊗". Thirdly, in the BMN franchising system, the trademarks "⊕" and "⊗" were actually seldom used, and the exclusive use of them would not cause confusion and misunderstanding among relevant customers. In light of the foregoing, DEMA GROUP's registration of the trademark "⊕" and its authorization to Shanghai Chuangjia to use such trademark, as well as Zhou's registration of the trademark "⊗" and its authorization to Shanghai Chuangjia to use such trademark, do not constitute copying and imitation of the well-known trademark "●". Therefore, this court rejects the Plaintiff's claims related to the trademarks "⊕" and "⊗".

2. The acts of the Defendants DEMA GROUP and Shanghai Chuangjia in using the names "DEMA GROUP" and "DEMA GROUP (INT'L) HOLDING LIMITED" on *Franchising Manual*, advertising materials and products involved and authorizing authorized distributors of BMN brand to use such names, do not constitute unfair competition trademark infringement against the Plaintiff

When the ordinary attention of the relevant public is used as the standard, the names "DEMA GROUP" and "DEMA GROUP (INT'L) HOLDING LIMITED" are not identical with or similar to the Plaintiff's trademark "寶馬", which would not cause confusion and misunderstanding among the relevant public. In view of this, the acts of the Defendants DEMA GROUP and Shanghai Chuangjia in using the names "DEMA GROUP" and "DEMA GROUP (INT'L) HOLDING LIMITED" on *Franchising Manual*, advertising materials and products involved and authorizing authorized distributors of BMN brand to use such names, do not constitute unfair competition trademark infringement against the Plaintiff. Therefore, this court rejects the Plaintiff's claims in this respect.

3. With respect to the registered trademark "*BMN*" (Trademark Registration Certificate No. 1661337)

This court holds that, although DEMA GROUP authorized Shanghai Chuangjia to use the trademark "*BMN*", the Defendants DEMA GROUP and Shanghai Chuangjia used marks "**BMN**" and "**BMN**" rather than the approved logo of such trademark in practice. In view that the trademark "BMN" was not used in practice, the objection raised by the Plaintiff to DEMA GROUP's registration of the trademark "BMN" should be handled by the relevant administrative department according to the law, and this court will not deal with the Plaintiff's claims in this respect.

III. With respect to the third focus of dispute

Pursuant to Article 8 of the *Tort Liabilty Law of the People's Republic of China*, where two or more persons jointly commit a tort, causing harm to another person, they shall be liable jointly and severally. In this case, the Defendants Shanghai Chuangjia, DEMA GROUP and Zhou jointly established and operated the BMN franchising system with obvious intention to establish improper association in the application of specific enterprise names and logos in the said system. During the operation of the BMN franchising system, through aforementioned trademark infringement and unfair competition, the Defendants Shanghai Chuangjia, DEMA GROUP and Zhou had subjective malicious intent to confuse and mislead consumers by causing certain connections between the BMN brand and the Plaintiff. In addition, the said different infringement acts conducted by the three Defendants through cooperation produced common consequences. In light of the foregoing, this court holds that, the three Defendants should assume civil liabilities jointly for their infringement acts by stopping infringements, eliminating effects and compensating for losses.

With respect to the elimination of effects, given that the aforementioned infringement acts of the three Defendants have caused confusion and misunderstanding among the relevant public in respect of the association between the products involved and the Plaintiff and the Plaintiff's trademarks, the Plaintiff's claims on such infringement acts should be supported by this court, and the three Defendants should publish a statement on *China Industry & Commerce News* to eliminate the said bad effects caused by the alleged infringement acts.

With respect to the amount of damages, it is stipulated in Article 63 of the *Trademark Law* that the amount of damage for the infringement of the exclusive right to use a registered trademark shall be assessed on the basis of the actual losses suffered by the right holder because of the infringement; where it is difficult to determine the actual losses, the amount may be assessed on the basis of the profits the infringer has earned because of infringement; where it is difficult to determine the losses the right holder has suffered or the profits the infringer has earned, the amount

II. Dispute over Confirmation of Ownership and Infringement of Trademark Right

may be assessed by reference to the appropriate multiple of the amount of using the registered trademark under a contractual license. Where the infringement of the exclusive right to use a registered trademark is committed in bad faith and the circumstance is serious, the amount of damage shall be more than one time but less than three times of the amount assessed by referring to the above calculation. The amount of the damage shall also include the reasonable expenses of the right holder incurred for stopping the infringing act. Where it is difficult to determine the losses suffered by the right holder, the profits the infringer has earned and the fees of licensing a registered trademark, the people's court shall grant a compensation not exceeding RMB three million, according to the circumstances of the act of infringement. In this case, the court determines the amount of compensation the Defendants Shanghai Chuangjia, DEMA GROUP, and Zhou should bear on the following grounds: 1. The prominence and repute of the Plaintiff's registered trademark involved. 2. The Defendants Shanghai Chuangjia, DEMA GROUP, and Zhou conducted the alleged infringement acts in bad faith. 3. The statements on Shanghai Chuangjia's website "www.germanbmw.com" and the facts found in this Case corroborate each other. Such statements include "The brand BMN was created in early 2002, ... and finally entered the Chinese mainland in 2008. ... Starting from Beijing, BMN has opened 400 stores all over China by 2012. ... In early 2008, we made a preliminary investigation about clothes market and address of new store. Moreover, we opened an image store in Beijing, which was an important step to implement a strategic layout in China in 2009, the Strategic Layout is striving to achieve the growth target of 100 new stores each year by basing in Beijing and radiating all over China with image stores. " Such facts include: Zhou established DEMA GROUP in 2008; DEMA GROUP obtained trademarks "⊕" and "*BMN*" as the assignee in 2008; Rizhao Administration seized the products involved in infringement in August 2015. Such statements and facts can prove that, the Defendants Shanghai Chuangjia, DEMA GROUP, and Zhou established the BMN franchising system in 2008, and they have been involved in the infringement acts involved since 2009. It can be seen that the duration of their infringement acts is long. 4. The said statement that "BMN has opened 400 stores all over China by 2012" and the facts that infringing products and infringement acts have been found in Nanning City of Guangxi Zhuang Autonomous Region, Ezhou City and Jingzhou City of Hubei Province, Jinzhou City and Tieling City of Liaoning Province, Qinhuangdao City of Hebei Province, Pizhou City of Jiangsu Province, Heze City, Zaoyang City and

Rizhao City of Shandong Province, Tongxiang City and Shaoxing City of Zhejiang Province can corroborate each other. Therefore, such statement and facts can prove that the alleged infringement acts have been conducted across a wide geographical area and that the infringement scale is extremely large. 5. The infringing products involve clothes, shoes and leather bags being associated with people's livelihood. 6. Reasonable expenses which the Plaintiff has paid for this Case.

To sum up, in accordance with Article 8 of the *Tort Liability Law of the People's Republic of China*, Paragragh 1 and Paragragh 3 of Articles 13, Paragragh 1 of Article 14, Items (1) (2) of Article 57, Paragraph 1 and Paragragh 3 of Article 63 of the *Trademark Law of the People's Republic of China*, Item (2) of Article 1, Article 9 and Article 10 of the *Interpretation by the Supreme People's Court on Several Issues Concerning the Application of Laws to the Trial of Civil Trademark Disputes* and Article 1, Item (1) of Article 2, Paragragh 1 and Paragragh 3 of Article 5 and Article 10 of the *Interpretation by the Supreme People's Court on Several Issues Concerning the Application of Laws to the Trail of Cases of Civil Disputes over the Protection of Famous Trademarks*, this court hereby rules that:

 Ⅰ. The Defendants Shanghai Chuangjia Garment Co., Ltd., DEMA GROUP (INT'L) HOLDING LIMITED and Zhou shall immediately stop the infringement of the Plaintiff's exclusive right to use the registered figurative trademark " ● " (Trademark Registration Certificate No. 282196), the registered word trademark "寶馬" (Trademark Registration Certificate No. 784348), the registered letter trademark "BMW" (Trademark Registration Certificate No. 282195), the registered figurative trademark " ● " (Trademark Registration Certificate No. G955419), the registered figurative trademark " ● " (Trademark Registration Certificate No. G673219) and the registered letter trademark "BMW" (Trademark Registration Certificate No. G663925).

 Ⅱ. The Defendant DEMA GROUP (INT'L) HOLDING LIMITED shall immediately stop using the name "GERMAN BMW GROUP (INT'L) HOLDING LIMITED" to conduct unfair competition.

 Ⅲ. The Defendants Shanghai Chuangjia Garment Co., Ltd., DEMA GROUP (INT'L) HOLDING LIMITED and Zhou shall publish a statement (the contents of such statement should be examined and approved by this court) on China Industry & Commerce News within thirty days as of the date of this Judgment to eliminate the effects caused by the alleged infringement acts on the Plaintiff.

IV. The Defendants Shanghai Chuangjia Garment Co., Ltd., DEMA GROUP (INT'L) HOLDING LIMITED and Zhou shall jointly be liable for paying RMB three million to the Plaintiff as the compensation for the economic losses (including reasonable expenses) suffered by the Plaintiff for their act of infringement and unfair competition within ten days as of the effective date of this Judgment.

V. Other claims of the Plaintiff are rejected.

If a party fails to fulfill his obligations with respect to pecuniary payment within the period specified by this Judgment, it shall pay double interest for the period of late payment in accordance with Article 253 of the *Civil Procedure Law of the People's Republic of China*.

The court fee totaling RMB 30 800 and the application fee for property preservation totaling RMB 5 000 shall be jointly borne by the Defendants Shanghai Chuangjia Garment Co., Ltd., DEMA GROUP (INT'L) HOLDING LIMITED and Zhou.

If refusing to acceptthis ruling as final, the Plaintiff Bayerische Motoren Werke Aktiengesel lschaft may within ten days as of the service date of this judgment, and the Defendants Shanghai Chuangjia Garment Co., Ltd., DEMA GROUP (INT'L) HOLDING LIMITED and Zhou may within fifteen days as of the service date of this Judgment, appeal to Shanghai High People's Court by submitting an appeal petition to this court, and the copies thereof shall be provided according to the number of persons of the opposing party.

Chief Judge　He Yuan
Acting Judge　Fan Jingbo
Acting Judge　Cheng Li
September 30, 2016
Law Clerk　Zeng Xu

Attachment: Relevant Laws

I. *Tort Liability Law of the People's Republic of China*

Article 8 Where two or more persons jointly commit a tort, causing harm to another person, they shall be liable jointly and severally.

II. *Trademark Law of the People's Republic of China*

Article 13 The holder of a trademark well known by the relevant public may file a request for well-known trademark protection under this Law if believing that there is any infringement upon its rights.

...

Where a trademark applied for registration to be used on different or dissimilar goods is the copy, imitation, or translation of a well-known trademark of another party which has been registered inChina, misleads the public and may cause damage to the interests of the registration of the well-known trademark, it shall not be registered and shall be prohibited from use.

Article 14 Whether a trademark is a well - known trademark shall be determined upon request of a party as the fact to be found in the handling of a trademark case. The following factors shall be taken into account in the determination of a well-known trademark:

(1) Reputation of the trademark to the relevant public;

(2) Duration of the use of the trademark;

(3) Duration, extent and geographical area of any publicity of the trademark;

(4) Records of the protection of the trademark as a well-known trademark;

(5) Other factors relevant to the determination of a well-known trademark.

...

Article 57 A person infringes the exclusive right to use a registered trademark if he Conducted the following behaviors of:

(1) Using a trademark that is identical with a registered trademark on the identical goods without being licensed by the trademark registrant;

(2) Using a trademark similar to a registered trademark on the identical goods, or using a trademark identical with or similar to a registered trademark on the similar goods, without being licensed by the trademark registrant, which may easily cause confusion;

...

Article 63 The amount of damages for infringement upon the right to exclusiv-

II. Dispute over Confirmation of Ownership and Infringement of Trademark Right

ely use a registered trademark shall be determined based on the actual loss suffered by the right holder from the infringement; where it is difficult to determine the actual loss, the amount of damages may be determined according to the profits gained therefrom by the infringer, where it is difficult to determine the loss of the right holder or the profits gained by the infringer, the amount of damages may be reasonably determined in reference to the multiples of the trademark for royalties. Where an infringer maliciously infringes another party's exclusive right to use a trademark and falls under serious circumstances, the amount of damages shall be determined as not less than one time but not more than three times the amount that is determined according to the aforesaid methods. The amount of damages shall cover the reasonable expenses paid by the right holder for stopping the infringing act.

...

Where it is difficult to determine the actual loss suffered by the right holder from the infringement, the profits gained by the infringer from the infringement or the royalties of the registered trademark concerned, the people's court shall render a judgment awarding damages in an amount not more than RMB three million based on the circumstances of the infringing acts.

III. *Interpretation by the Supreme People's Court on Several Issues Concerning the Application of Laws to the Trial of Civil Trademark Disputes*

Article 1 The following acts shall be the acts of causing other damages to the registered trademark of other people as provided in Article 52, Item (5) of the Trademark Law:

...

(2) Copying, imitating or translating the registered well-known trademark of another person or the major part thereof and using it on non-identical or dissimilar commodities as a trademark for the purpose of misleading the general public so that the interests of the registrant of the well-known trademark may be damaged;

...

Article 9 The phrase "trademark that is identical" in Item (1) of Article 52 of the Trademark Law means where the suspected infringing trademark is compared with the plaintiff's registered trademark and the two trademarks are essentially without difference visually.

The phrase "trademark that is similar" under Item (1) of Article 52 of the Trademark Law means where the suspected infringing trademark is compared with the plaintiff's registered trademark and the font, pronunciation or meaning of the words or the composition or coloring of the device are similar, or the overall structure of its combined main elements is similar, or where its three-dimensional shape and combination of colors are similar, thereby easily leading the relevant public to mistake the source of the products or to believe that the source has a certain connection to products using the plaintiff's registered trademark.

Article 10 Where a people's court makes a determination whether trademarks are identical or similar in accordance with Item (1) of Article 52 of the Trademark Law, it shall apply the following principles:

(1) Using the ordinary attention of the relevant public as the standard.

(2) The trademarks should be compared in their entirety and their important elements should also be compared; the comparison should be carried out with the two objects of comparison being kept apart.

(3) Account shall be taken of the prominence and repute of the claimed registered trademark in assessing the similarity of trademarks.

Ⅳ. *Interpretation by the Supreme People's Court on Several Issues Concerning the Application of Laws to the Trial of Cases of Civil Disputes over the Protection of Famous Trademarks*

Article 1 For the purpose of this Interpretation, a well-known trademark refers to a trademark widely known to the relevant public within the territory of China.

Article 2 In the following civil dispute cases, where the party involved takes a well-known trademark as the factual basis, and the people's court deems it necessary based on the actual situation of the case, the people's court will certify the well-knowingness of the trademark in question:

(1) Lawsuits over trademark infringement on the ground of violating Article 13 of the Trademark Law;

...

Article 5 Where the party involved claims a trademark to be well-known, such party shall provide the following evidences based on the actual situation of the case to prove that the trademark in question had been well-known prior to the act charged with trademark infringement or unfair competition:

(1) Market share, sales territory, and profit and tax of the commodities using such trademark;

(2) Duration of the use of such trademark;

II. Dispute over Confirmation of Ownership and Infringement of Trademark Right

(3) Means, duration, extent, fund input, and territorial scope of the publicity or promotion campaign of such trademark;

(4) Records of such trademark being protected as a well-known trademark;

(5) Market reputation of such trademark; and

(6) Other facts proving that such trademark had been well-known.

...

The people's court shall take other evidences certifying the well-knownness of a trademark into account and censor objectively and thoroughly as regard to the evidence of time of use, industrial rank, market survey report, assessment report of market value of such trademark and whether such trademark was certified well-known.

Article 10 Where the plaintiff requests to prohibit the defendant to use a trademark or enterprise name identical or similar to its registered well-known trademark on dissimilar commodities, the people's court shall adjudicate after taking all the following factors into account based on the actual situation of the case:

(1) Distinctiveness of such well-known trademark;

(2) Awareness of such well-known trademark among the relevant public using the commodities with the litigated trademark or enterprise name;

(3) Association degree of the commodities using the well-known trademark and those using the litigated trademark or enterprise name; and

(4) Other relevant factors.

Drawing 1: Figurative mark "  " of the Plaintiff (Trademark Registration Certificate No. 282196)

Drawing 2: Figurative mark "" of the Plaintiff (Trademark Registration Certificate No. G955419)

Drawing 3: Figurative mark "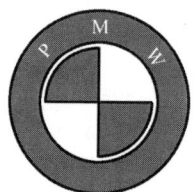" of the Plaintiff (Trademark Registration Certificate No. G673219)

Drawing 4: Figurative mark "" of DEMA GROUP (Trademark Registration Certificate No. 1661337)

Drawing 5: Figurative mark "" of DEMA GROUP (Trademark Registration Certificate No. 1939365)

Drawing 6: Figurative mark "" of DEMA GROUP (Trademark Registration Certificate No. 10101457)

II. Dispute over Confirmation of Ownership and Infringement of Trademark Right

Drawing 7: Figurative mark "**BMN**" of DEMA GROUP (Trademark Registration Application No. 11911185)

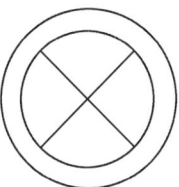

Drawing 8: Figurative mark "⊗" of Zhou (Trademark Registration Certificates No. 8014061 and No. 10471262)

Drawing 9: Figurative mark "⊗" of Zhou (Trademark Registration Certificate No. 10586231)

Drawing 10: Vertically aligned logo "🔘" and mark "**BMN**" (® is sometimes labeled and sometimes not labeled on such logo and mark.)

Drawing 11: Horizontally aligned logo "🔘" and mark "**BMN**" (® is sometimes labeled and sometimes not labeled on such logo and mark.)

Drawing 12: Logo "◉" (Such logo has two forms: blue-and-white; black-and-white.)

Drawing 13: Vertically aligned logo "◉" and mark "**BMN**" (® is sometimes labeled and sometimes not labeled on such logo and mark.)

Drawing 14: Shadow pattern logo "⊕" (Based on the trademark pattern "⊕", such logo is of obvious concave-convex designs. Specifically, the outer ring part is obviously protruded; the lower left cell and the upper right cell in the inner ring part are distributed symmetrically, and both of them are in micro-concave grid pattern; the upper left cell and the lower right cell in the inner ring part are distributed symmetrically, and both of them are in plane shape.)

II. *Dispute over Confirmation of Ownership and Infringement of Trademark Right*

Drawing 15: Vertically aligned shadow pattern logo "⊕" and mark "**BMN**" (® is sometimes labeled and sometimes not labeled on such logo and mark.)

Drawing 16: Horizontally aligned logo "⊗" and mark "**BMN**" (® is sometimes labeled and sometimes not labeled on such logo and mark.)

Drawing 17: Logo "⊗"

Drawing 18: Shadow pattern logo "⊗" (Based on the trademark pattern "⊗", such logo is of obvious concave-convex designs. Specifically, the outer ring part is obviously protruded; the left cell and the right cell in the inner ring part are distributed symmetrically, and both of them are in micro-concave grid pattern; and the upper cell and the lower cell in the inner ring part are distributed symmetrically, and both of them are in a plane shape.)

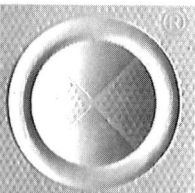

Drawing 19: Vertically aligned shadow pattern logo "⊗" and mark "**BMN**" (® is sometimes labeled and sometimes not labeled on such logo and mark.)

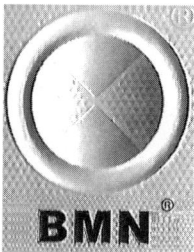

Drawing 20: Horizontally aligned shadow pattern logo "⊗" and mark "**BMN**" (® is sometimes labeled and sometimes not labeled on such logo and mark.)

Drawing 21: Logo "⊙"

II. Dispute over Confirmation of Ownership and Infringement of Trademark Right

Drawing 22: Horizontally aligned logo "◐" and mark "**BMN**" (® is sometimes labeled and sometimes not labeled on such logo and mark.)

Drawing 23: Vertically aligned logo "◐" and mark "**BMN**" (® is sometimes labeled and sometimes not labeled on such logo and mark.)

10. Dispute over Trademark Infringement and Unfair Competition between China UnionPay Co., Ltd. v. Jinan Daonuo Information Technology Co., Ltd. and Shandong Yuntai Mingde Information Technology Co., Ltd.

Shanghai Intellectual Property Court
Civil Judgment

(2015) HZMCZ No. 339

Plaintiff: China UnionPay Co., Ltd.

Legal representative: Shi, President.

Entrusted agent: Qu, a lawyer from King & Wood Mallesons Shanghai Office.

Entrusted agent: Qian, a lawyer from King & Wood Mallesons Shanghai Office.

Defendant: Jinan, Information Technology Co., Ltd.

Head of the liquidation group: Yuan.

Defendant: Shandong Yuntai Mingde Information Technology Co., Ltd.

Legal representative: Li, General Manager.

Entrusted agent for and on behalf of the two Defendants above: Qi, a lawyer from Long'an (Jinan) Law Firm.

On June 1, 2015, China UnionPay Co., Ltd. (the Plaintiff, hereinafter referred to as the "China UnionPay") brought an action against Jinan Daonuo Information Technology Co., Ltd. (the Defendants, hereinafter referred to as the "Jinan Daonuo") and Shandong Yuntai Mingde Information Technology Co., Ltd. (the Defendants, hereinafter referred to as the "Shandong Yuntai Mingde") concerning dispute over trademark infringement and unfair competition. After accepting the case, this court held trial under summary procedure according to law. In the process of the trial, China UnionPay applied to this court for property preservation. On June 23, 2015, this court issued the Civil Ruling (2015) HZMCZ No. 339, requiring the court to freeze the two Defendants' bank deposit of RMB 500 000 (RMB is adopted as the currency below) or seal up or distrain other property of equivalent value. This

II. Dispute over Confirmation of Ownership and Infringement of Trademark Right

court heard the case in public on December 23, 2015 and March 7, 2016 in the attendance of Qu and Qian, the entrusted agents of China UnionPay, and Qi, the entrusted agent of both Jinan Daonuo and Shandong Yuntai Mingde. Thereafter, China UnionPay applied to this court for continued property preservation. On June 3, 2016, this court issued the Civil Ruling (2015) HZMCZ No. 339 (1), requiring this court to freeze the two Defendants' bank deposit of RMB 500 000 or seal up or distrain other property of equivalent value. Upon approval of the president of this court, this case was adjourned for a period of six months, and the trial was postponed for a period of four months for the purpose of collecting new evidences. The trial of this case has been concluded now.

China UnionPay requested this court to rule that: 1. No. 4895750 registered trademark "▨" shall be recognized as a well-known trademark; 2. The two Defendants shall be ordered to immediately stop their infringement of No. 4895750 "▨", No. 1955091 "▨", No. 3821045 "银联", No. 3160637 "UNIONPAY", No. 3821037 "UNIONPAY", No. 4895727 "▨", No. 6161130 "▨" and No. 3160347 "银联" registered trademarks owned by China UnionPay; 3. The two Defendants shall be ordered to stop immediately their unfair competition acts of false propaganda and using without authorization the name of China UnionPay; 4. The two Defendants shall be ordered to immediately destroy all of the alleged materials using any of registered trademarks or name of China UnionPay and/or bearing any mark identical or similar to such registered trademarks or name of China UnionPay, including packages, publicity materials, transaction instruments, staff cards and nameplate, all forgery instruments and official seals and all other documents bearing such forgery seals; replace or destroy immediately all of the alleged contents such as website and publicity materials containing false propaganda; 5. The two Defendants shall be ordered to be jointly liable for compensating China UnionPay for economic loss and reasonable expenses amounting to RMB 5 million in total; and 6. Each of the two Defendants shall be ordered to make a written statement in respect of its acts of infringement at http://finance.sina.com.cn/ and/or 21st Century Business Herald and China Finance in order to eliminate bad effects. Facts and cause of action: China UnionPay, founded on March 8, 2002, is a bankcard association established under the approval of the State Council and the People's Bank of China in the People's Republic of China. Through more than a decade of development, China UnionPay has established and operates an inter-bank transaction settlement system through which the connection and switch between banking systems and the interbank, cross-region and cross-border usages of bankcards issued by associate banks could be realized. Since the establishment, China UnionPay has been using "银联" in its enterprise name, and is entitled to legitimate right of such enterprise name, which shall be protected by laws of China. As the core and junction of bank card industry in China, China UnionPay enjoys high popularity and reputation in both domestic and international markets. China UnionPay has registered many trademarks in respect of "银联" "UNIONPAY" "[logo]" and "[logo]" in Class 36 and Class 9, which shall be protected by the *Trademark Law of the People's Republic of China* (*hereinafter referred to as the "Trademark Law"*) and other applicable laws. In June 2005, China UnionPay's No. 1955091 Trademark "[logo]" was recognized as "China Well-known Trademark" in Class 36 "credit card service" by the Trademark Office of the State Administration for Industry and Commerce of the People's Republic of China (hereinafter referred to as the "Trademark Office"). Since October 2005, China UnionPay started using No. 4895750 registered mark "[logo]", which has been used on more than 3.9 billion bank cards. From 2011 to 2013, the aggregate number of inter-bank transactions reached more than 38 billion, and the total amount reached more than RMB 70 trillion. Through many years of continuous publicity and promotion, this registered trademark has received numerous awards. In China, it has been well known in public and enjoys high popularity and influence, so it shall be recognized as a well-known trademark. Jinan Daonuo, established on April 17, 2013, is mainly engaged in bankcard POS terminal sales, merchant development and promotion of bankcard payment services, and carries out business activities in many cities such as Jinan, Shanghai, Wuhan, Chongqing, Chengdu, Xi'an and Nanjing. Jinan Daonuo, during the course of business involving bankcard POS terminal sales, merchant development and promotion of bankcard payment services, solely infringed China UnionPay's registered trademarks: 1. Use the logos "[logo]" "[logo]" "中国银联" and "中国银联 China UnionPay" in decorations of its business premises; 2. Use the logos "[logo]" "[logo]" "中国银联" and "中国银联 China UnionPay" for its promotional events related to bankcard services, and use the alleged mark "[logo]" at its official website (www.daonuopay.com); and 3. Produce without authorization the logo "[logo]" identical to China UnionPay's No. 4895750 registered trademark "[logo]". Jinan Daonuo and Shandong Yuntai Mingde jointly infringed China Union-

II. Dispute over Confirmation of Ownership and Infringement of Trademark Right

Pay's registered trademarks: 1. Use trademarks "![UnionPay]" and "中国银联 China UnionPay" in transaction instruments including Merchant Register; 2. Sell or offer POS terminals bearing "![UnionPay]" or "中国银联"; and 3. Without authorization, use the logo "![UnionPay]" and "中国银联 China Unionpay" identical or similar to China' UnionPay's registered trademarks for bank card services they have offered and promoted. Jinan Daonuo solely conducted the following unfair competition acts: 1. Use the name of China UnionPay in decorations of its business premises, service promotion activities and publicity materials; and 2. Falsely propagandize its cooperation with or authorization from China UnionPay. Jinan Daonuo and Shandong Yuntai Mingde jointly conducted the following unfair competition acts: 1. Use without authorization the name of China UnionPay in transaction instruments including POS Terminal Service Agreement for Merchants; 2. Forge and use the seal and letter of authorization to which the signature of China UnionPay Shanghai Branch is affixed; and 3. Violate the principle of good faith and business ethics in settlement services offered and promoted through a system other than China UnionPay's inter-bank transaction settlement system, which constitute unfair competition. As request of China UnionPay, business and commercial authorities in Shanghai, Wuhan and other cities investigated and dealt with Jinan Daonuo. But Jinan Daonuo and Shandong Yuntai Mingde continued to infringe China UnionPay's registered trademarks and unfair competition acts in a similar way. The acts of the two Defendants not only infringed China UnionPay's legitimate rights and interests, but also, to a certain extent, disturbed the normal business order of bank card transaction and payment market and endangered the security of the funds and transactions of merchants and cardholders. Since establishment, Shandong Yuntai Mingde received all of business and merchants of Jinan Daonuo. As the personnel, finance and business of the two Defendants were mixed with each other, the two Defendants shall undertake the civil liability for joint infringement. In the trial, China UnionPay waived its claim that the two Defendants infringed its Class 35 registered trademark, and withdrew Exhibit 4 (the name and content are further explained in List of China UnionPay Exhibits attached hereto) accordingly. China UnionPay also waived the claims that "Jinan Daonuo and Shandong Yuntai Mingde, without authorization, use the logo "![UnionPay]" and "中国银联 China Unionpay" identical or similar to China UnionPay's registered trademarks for bank card services they have offered and promoted, which constitutes infringement of trademark" and "violate the principle of good faith and business ethics in settlement services offered and promoted through a system other than China UnionPay's interbank transaction settlement system, which constitutes unfair competition", and withdrew Exhibits 31, 32, 33, 34 and 48 in respect thereof.

Jinan Daonuo argued that 1. This case did not involving cross-class protection, so there's no need to determine whether No. 4895750 registered trademark "" is a well-known trademark; 2. (i) It did use the logos "" "" "中国银联" and "中国银联 China UnionPay" in decorations of its business premises, and use the logos "" "" "中国银联" and "中国银联 China UnionPay" on staff cards, nameplate and publicity materials for publicity and promotion of bank card payment services, and had no objection to such trademark infringement; (ii) It did use the logos "" "中国银联 China UnionPay" in transaction instruments including Merchant Register and POS Terminal Service Agreement for Merchants, place, offer and promote POS terminals bearing the logo "" or "中国银联", however, all interbank transactions were settled through China UnionPay, so the use of China UnionPay's marks in relevant transaction instruments, POS terminals and sales slips highlighted the special position and role of China UnionPay and would not damage the image of China UnionPay nor cause any public misunderstanding. Therefore, the said use did not infringe China UnionPay's exclusive right to use the trademark. Moreover, Jinan Daonuo did not use any registered trademark of China UnionPay at its website. What Jinan Daonuo displayed at its website is POS terminals on which China UnionPay's registered trademark is on the terminal itself, not printed by Jinan Daonuo. Such act did not constitute infringement of China UnionPay's trademark; and (iii) It produced relevant UnionPay marks in order to meet the requirements of *Rules on UnionPay Card Business Operation* under which the merchant is required to post up or place UnionPay marks at an obvious position in business premises. Therefore its act does not belong to production without authorization, and does not constitute infringement of China UnionPay's exclusive right to use registered trademark; 3. It did use the name of China UnionPay in decoration of its business premises, service promotion activities and publicity materials as well as transaction instruments, and mention during publicity that it obtained authorization from China UnionPay Shanghai Branch and signed strategic cooperation agreement, so it raised no objection to the claim that the said acts constituted unfair competition; 4. It stopped relevant acts of infringement after administrative penalty decided by industrial and commercial administration; and 5. There is no legal basis for the amount of com-

II. Dispute over Confirmation of Ownership and Infringement of Trademark Right

pensation claimed by China UnionPay.

Shandong Yuntai Mingde argued that: 1. In respect of trademark infringement, (i) It did offer and promote POS terminals bearing China UnionPay's registered trademark, however, the alleged trademark on the POS terminal was placed by the manufacturer, instead of Shandong Yuntai Mingde, so it did not infringe the alleged trademark; (ii) It did not use UnionPay logo in transaction instruments including the Merchant Register, so there is no factual basis for the claim by China UnionPay; 2. In respect of unfair competition, it did neither produce or use a false *Letter of Authorization*, nor use the name and seal of China UnionPay Shanghai Branch in *POS Terminal Service Agreement for Merchants*. China UnionPay cannot infer any false propaganda by Shandong Yuntai Mingde during business activities from the description of some sales persons in the sales process; 3. Jinan Daonuo and Shandong Yuntai Mingde are two independent civil subjects, without confusion in personnel, business and funds, so there is no factual and legal basis for the claim by China UnionPay that Shandong Yuntai Mingde shall be jointly liable for Jinan Daonuo infringement act.

China UnionPay and the two Defendants submitted evidence in respect of the claims involved in this case according to law. This court arranged evidence exchange and cross examination. China UnionPay withdrew Exhibits 4, 31, 32, 33, 34, 43 and 48, and this court affirmed it. The two Defendants raised no objection to the authenticity of Exhibits 1, 2 and 3 submitted by China UnionPay, thus such exhibits were admitted by this court. Two Defendants raised no objection to the authenticity of Exhibits 5, 6 and 7 submitted by China UnionPay, thus such exhibits were admitted by this court. Exhibit 8 was produced by China UnionPay itself and not corroborated by other evidence, thus such exhibit was admitted by this court. Although, in respect of Exhibit 9, the two Defendants denied the authenticity of the Contracts No. 13, 33 and 34 thereof due to lack of original contracts, the actual performance of such contracts has been corroborated by Exhibit 71 submitted by China UnionPay. Therefore, this court admitted the authenticity of the contracts No. 13, 33 and 34. Contracts No. 39 and 41 had original copies but were not certified by corresponding payment vouchers. The said contracts were not admitted. The two Defendants accepted the authenticity of Exhibit 10, thus such exhibit was admitted by this court. In respect of Exhibit 11, its authenticity could not be confirmed due to lack of original copy, thus such exhibit is not admitted by this court. With respect to the closing report on China

UnionPay Master Cup Contest network delivery project in Exhibit 12, the two Defendants accepted its authenticity, thus such exhibit was admitted by this court. Although there was no original copy of China UnionPay Tennis Master Tournament media delivery in Exhibit 12, involved advertisements could be verified by the press, so it's admitted. This court did not admit the network advertising release certificate in Exhibit 12 due to lack of original copy. Although no original copy was provided, the advertisements involved in Exhibit 13 could be verified by the press, thus was admitted. Exhibits 14, 15 and 16 were corroborated by Exhibits 72, 73 and 74, and thus were admitted by this court. The third report on China UnionPay partial mobile TV advertisements 2013-2014 and the closing report on network advertising delivery project in January to February 2014 contained in Exhibit 17 had original copies, and thus admitted by this court. With respect to the remainder lack of original copy, this court rejected it as the authenticity thereof is not admitted. The two Defendants raised no objection to the authenticity of Exhibits 18 and 19, and this court admitted such Exhibits. The two Defendants raised no objection to the authenticity of Exhibits 20, 21, 22, 23, 24, 25 and 26, thus such exhibits were admitted by this court. Jinan Daonuo raised no objection to the authenticity of Exhibits 27, 28, 29, 30 and 35, thus such exhibits were admitted by this court. This court also admitted the cross examination opinion of Shandong Yuntai Mingde that the said Exhibits were produced before its establishment and irrelevant to it. Although Jinan Daonuo refused to accept Exhibit 36, such exhibit was admitted by this court as it did accord with the Notification of Administrative Penalty Hearing (YTGSTGZ [2014] No. 1107) and the Letter of Entrustment for Identification submitted by China UnionPay, the certificate issued by China UnionPay, and records of question (investigation) of Li Huaijin, Zhaxi Pianchu and Jiang Xiangming. This court also admitted the cross examination opinion of Shandong Yuntai Mingde that the said exhibit was produced before its establishment and irrelevant to it. In respect of Exhibits 37, 38 and 40, Jinan Daonuo expressed that it had nothing to do with such Exhibits. Shandong Yuntai Mingde accepted such Exhibits; however, Shandong Yuntai Mingde and Jinan Daonuo are two independent entities, instead of the acquiring and the acquired relationship, and each shall be solely responsible for its legal responsibilities for business operations in its own name. The sale by Shandong Yuntai Mingde of POS terminals bearing UnionPay logo was irrelevant to Jinan Daonuo and did not constitute infringement of China UnionPay's trademark. This court holds that such Exhibits were insufficient to proof

II. Dispute over Confirmation of Ownership and Infringement of Trademark Right

that Shandong Yuntai Mingde, upon establishment, succeeded to all businesses of Jinan Daonuo and shall bear civil responsibilities for previous infringement committed by Jinan Daonuo; however, Shandong Yuntai Mingde provided Jinan Daonuo's bank account number as the beneficiary account number while selling POS terminals, therefore, the said evidence could proof such sale were jointly conducted by the two Defendants. In respect of Exhibit 39, China UnionPay could not provide the original, and the video was black-screen or silent, so this court didn't admit it. The two Defendants raised no objection to the authenticity of Exhibits 41 and 42 submitted by China UnionPay, and this court admitted such Exhibits. And this court permitted the claim by China UnionPay to withdraw the invoice for fees of Notarial Certificate [(2004) HDZJZ No. 18361] contained in Exhibit 41. The two Defendants accepted the authenticity of Exhibit 44, thus such exhibit was admitted by this court. Jinan Daonuo raised no objection to the authenticity of Exhibits 45, 46, 47, 49 and 50, except for item 3 under purpose of proof in Exhibits 45 and 46, stating that according to regulations of the People's Bank of China, from January 1, 2004, terminals and merchants in bank card acceptance market shall post "UnionPay" marks. Its act of producing and allowing third-party merchants to use UnionPay marks didn't constitute trademark infringement. This court confirmed the authenticity of the said evidence, and admitted the defense opinion of Shandong Yuntai Mingde that the said evidence was produced before its establishment and irrelevant to it. With respect to Jinan Daonuo's objection to the purpose of proof, this court further explained it below. Jinan Daonuo confirmed the authenticity of Evidences 51, 52, 53, 54, 55, 56, 57, 58, 59, 60, 61, 62, 63, 64, 65, 66, 67, 68 and 69 but alleged that the UnionPay logo on POS terminals was inherently marked on the terminals and had a legal origin. Therefore, the selling and renting of POS terminals with UnionPay logo by it did not constitute any infringement. This court confirmed the authenticity of the said evidence, and adopted the defense opinion of Shandong Yuntai Mingde that the said evidence was produced before its establishment and irrelevant to it. This court would discuss the issues concerning the admissibility of Jinan Daonuo's defense opinion below. The two Defendants raised confirmed Evidences 71, 72, 73 and 74, which are affirmed by this court. The two Defendants raised no objection to the authenticity of Evidences 75 and 76, which are thus accepted by this court. However, such evidences could not prove the confusion of corporation personality of the two Defendants. The two Defendants admitted the authenticity of the source of Evidences 70 and 77 but denied the authenticity of the reporting contents of such Evidences. This court holds that the identity of related personnel in the new report as well as the authenticity of the statement made in the report could not be confirmed, and such evidences could only prove that the two Defendants owed some money to the Merchants but could prove the succession between the two Defendants and the operation by the two Defendants falsely in the name of China UnionPay. Jinan Daonuo confirmed the authenticity of Evidences 78 and 79.

However, Jinan Daonuo alleged that Evidence 78 was generated by repeatedly taking industrial and commercial materials and Evidence 79 generated was relevant to Evidence 19. Jinan Daonuo thought that this case had nothing to do with recognition of famous trademark, therefore the expenses above were unreasonable. Shandong Yuntai Mingde alleged that the evidences above were not related with it. The expenses above were generated from the litigation of this case, and were confirmed by this court. Evidence 80 was the expense generated from investigation and evidence collection, the authenticity of which was confirmed. Evidence 81 could prove that there was a high probability between the intelligent login system of Daonuo system and the login system of Shandong Yuntai Mingde. The two Defendants alleged that each of them had their own background but failed to provide relevant evidences. Therefore, Evidence 81 was confirmed by this court. That the two Defendants shared the same background could not prove the confusion of corporation personality. Evidence 82 was the notarial fee of Evidence 81 and was relevant to this case. Therefore, Evidence 82 was adopted by this court. Evidences 83, 84 and 85 were the internal specifications prepared by China UnionPay which had not objectivity, and thus were not adopted by this court. China UnionPay alleged that Evidence 86 was from Hongda Shangye (Beijing) Technology Co., Ltd. (hereinafter referred to as the "Hongda Shangye"). However, Evidence 86 bore no seal of Hongda Shangye, hence the origin of Evidence 86 could not be proved. Therefore, the authenticity of Evidence 86 was not confirmed by this court. Evidence 87 was a printed one, the authenticity of which could not be proved, and therefore is not adopted by this court.

In the trial, the two Defendants provided the following evidence: 1. Industrial and commercial query information about Jinan Daonuo; 2. Industrial and commercial query information about Shandong Yuntai Mingde; the said evidence showed that the two Defendants were independent legal-person entities. China UnionPay accepted

II. Dispute over Confirmation of Ownership and Infringement of Trademark Right

the authenticity of such evidence, and this court admitted it; 3. The official website webpages of Fujian Shengteng Information Co., Ltd. (hereinafter referred to as the "Fujian Shengteng"), Fujian LANDI Commercial Equipment Co., Ltd. (hereinafter referred to as the "Fujian LANDI") and Fujian Shida Computer Equipment Co., Ltd. to prove that "C930E" POS terminal of Jinan Daonuo was provided by Hongda Shangye and the UnionPay marks on "C930E" "WP-50" and "E330" POS terminals were marked on the POS terminals by the manufacturer when producing the machines and were not marked by the Defendant. China UnionPay raised no objection to the authenticity of such evidences but refused to confirm the legality of the evidence contents. The companies above were not authorized by China UnionPay to use its logos and there were no logos of China UnionPay on "WP-50" and "E330" POS terminals. The authenticity of the evidence was adopted by this court. However, no-fault liability applied to trademark infringement. Therefore, such evidence could not serve as the basis of non-infringement by the Defendants.

The Marketing Cooperation Agreement provided by Jinan Daonuo proved that the POS terminal of Jinan Daonuo was from Hongda Shangye, and that Jinan Daonuo only conducted the selling business of POS terminal and was not responsible for terminal control right as well as the data uploading of Merchants. Through cross-examination, China UnionPay confirmed the authenticity of the evidence but alleged that, according to the statement made by the related personnel of Jinan Daonuo in Evidence 63, the selling of POS terminals was conducted by Jinan Daonuo itself who did not provide any certificate (such as contract or invoice) to prove that the POS terminals were from Hongda Shangye. Therefore, such evidence could not prove that Jinan Daonuo only conducted sale of POS terminals and that the POS terminals sold were from Hongda Shangye. The authenticity of such evidence was adopted by this court, which could prove the cooperative relationship between Hongda Shangye and Jinan Daonuo. However, according to the evidences taken from the relevant administrative departments for industry and commerce which was provided by China UnionPay, not all of the POS terminals were from Hongda Shangye. Meanwhile, according to the *POS Terminal Service Agreement for Merchants* entered into by and between Jinan Daonuo and Merchants, Jinan Daonuo not only sold POS terminals but was also responsible for the settlement of bank card's transaction amount. Therefore, the evidence purpose of such evidence provided by Jinan Daonuo is not adopted by this court.

According to the evidences provided by the parties involved above and through the trial, this court found that: China UnionPay was established on March 8, 2002, and its business scope covers the construction and operation of unified bank card interbank switched-message network throughout the country, the provision of advanced electronic payment technology and specialized services related to bank card interbank switched-message as well as the management and operation of "UnionPay" logos.

On May, 14, 2009, No. 4895750 "▣" trademark registration certificate was granted to China UnionPay by the Trademark Office. Service items were classified as Class 36: EFT, debit card services, financial services and credit card services, etc.. The validity of registration was from May 14, 2009 to May 13, 2019.

On November 28, 2002, No. 1955091 "▣" trademark registration certificate was granted to China UnionPay by the Trademark Office. Service items were classified as Class 36: financial services, credit card services, debit card services, and EFT etc.. The validity of registration was from November 28, 2002 to November 27, 2012. As approved by the Trademark Office, the validity was extended which would be from November 28, 2012 to November 27, 2022.

On August 28, 2006, No. 3821045 "UnionPay" trademark registration certificate was granted to China UnionPay by the Trademark Office. Service items were classified as Class 36: EFT, financial services, credit card services and debit card services, etc.. The validity of registration was from August 28, 2006 to August 27, 2016. As approved by the Trademark Office, the validity was extended which would be from August 28, 2016 to August 27, 2026.

On December 7, 2007, No. 3160637 "UNIONPAY" trademark registration certificate was granted to China UnionPay by the Trademark Office. Service items were classified as Class 36: insurance and financial services, etc.. The validity of registration was from December 7, 2007 to December 6, 2017.

On December 7, 2007, No. 3821037 "UNIONPAY" trademark registration certificate was granted to China UnionPay by the Trademark Office. Service items were classified as Class 36: credit card services, debit card services, and EFT etc.. The validity of registration was from December 7, 2007 to December 6, 2017.

On September 7, 2008, No. 4895727 "▣" trademark registration certificate was granted to China UnionPay by the Trademark Office. Goods to be used were classified as Class 9: registers, etc.. The validity of registration was from September 7, 2008 to September 6, 2018.

On February 28, 2010, No. 6161130 "▣" trademark registration certificate

II. Dispute over Confirmation of Ownership and Infringement of Trademark Right

was granted to China UnionPay by the Trademark Office. Goods to be used were classified as Class 9: data processing equipment, etc.. The validity of registration was from February 28, 2010 to February 27, 2020.

On June 14, 2003, No. 3160347 "UnionPay" trademark registration certificate was granted to China UnionPay by the Trademark Office. Goods to be used were classified as Class 9: counterfeit coin detector, etc.. The validity of registration was from June 14, 2003 to June 13, 2013. As approved by the Trademark Office, the validity was extended which would be from June 14, 2013 to June 13, 2023.

China UnionPay also have the registered "▧" trademark on Classes 16, 37, 38, 39, 40, 41, 42, 43, 44 and 45 services.

China UnionPay has obtained the exclusive right to use registered trademark of "▧" trademark on Classes 9, 35, 36 and 42 commodities in Hong Kong (China), Macao (China), Taiwan (China), The United Arab Emirates, Malaysia, European Union, Switzerland, New Zealand, Mexico and other countries and regions.

On June 22, 2005, *Official Reply Concerning Identification of "UnionPay" as Well-known Trademark* (2005) SBCZ No. 55 was issued by the Trademark Office, affirming that the trademark "UnionPay" as registered and used by China UnionPay in Class 36 credit card services in International Classification of Goods and Services for the Purposes of the Registration of Marks is a well-known trademark.

China UnionPay provides financial services at home and abroad, and has established more than 30 branches in China, and has an international acceptance network covering more than 140 countries and regions. As a core and hub in the industry of China bank card industry, China UnionPay enjoys high popularity.

China UnionPay entered into advertisement contracts with many advertising companies from 2011 to 2014 to carry out the promotion of No. 4895750 "▧" registered trademark and UnionPay card by way of print ads, network promotion, subway advertising and airport outdoor advertising, etc..

From October 2005 to May 2014, publicity and reports concerning the business operation and "▧" trademark of China UnionPay were made in People's Daily, CCTV, Phoenix Net, Sohu and other media.

A retrieval was provided by the literature service department of Shanghai Library (Institute of Scientific and Technical Intelligence of Shanghai) on March 19, 2015, proving that: 1. Conducting full-text search and title search in *WiseSearch Newspaper*

Database (public version) by using "银联" or "UnionPay" as the search terms. 152 122 and 25 403 records were found on January 1, 2002 and March 19, 2015, and the number of records found on July 1, 2011 and June 30, 2014 were respectively 57 483 and 7 949. 2. Conducting full-text search and title search in *Chinese academic journals online publishing pool* by using "银联" or "UnionPay" as the search terms. 21 239 and 4 625 records were found from 2002 to 2014, and the number of records found from 2011 to 2014 was respectively 9 192 and 1 990. Through artificial screening, 37 articles were copied which were involved with the introduction of China UnionPay's business activity and the publicity and promotion of the trademarks of "[UnionPay logo]" "UnionPay" and "[银联 logo]".

From 2009 to 2013, China UnionPay was awarded many honors and prizes such as "2008 Best Pubic Image Award" "Best Payment Card Organization of 2009" "Brand Contribution Award Influencing China of 2009" "Top Ten Influential E-finance Brand Award of 2010" "Best Payment Card Organization of 2011" "Best Cooperation Prize of 2011" "Preferred Payment Brand Prize of 2011" and "Excellence Award of the Best International Brand Building Case in China of 2013".

China UnionPay and its No. 4895750 registered trademark "[UnionPay logo]" win high popularity through China UnionPay's years of operation.

From July 2011 to December 2013, the administrative bureaus for industry and commerce in Qinghai, Henan, Hubei, Shen Yang and other places issued documents to manage enterprises using the word of "UnionPay" and indicated that the registration application of company name using "银联 (UnionPay)" would be rejected.

From April 2011 to July 2012, *Ruling on Objection to Trademark* was issued by the Trademark Office. The Trademark Office held that, after its preliminary examination, because the trademarks of "银联 YINGLIAN and its figure" "迎联" "赢联 YINGLIAN and its figure" "银联亿家" and "银联亿家 YINLIAN and its figure" were similar with China UnionPay's famous trademark of "银联 (UnionPay)" which would confused the public, the Trademark Office held that the grounds for review of adjudication on opposition made by China UnionPay were tenable and then made a judgment that the objected trademark would not be approved and registered.

In the Civil Judgment (2009) PMS (Z) CZ No. 172, Pudong New Area People's Court of Shanghai dismissed the claim made by the third party that its domain name of unionpay. com did not infringe the exclusive right of China UnionPay to use

II. Dispute over Confirmation of Ownership and Infringement of Trademark Right

its registered trademark of "UNIONPAY".

Jinan Daonuo was established on March 17, 2013 with a registered capital of RMB 500 000. Jinan Daonuo commenced its operation on April 17, 2013. Jinan Daonuo's business scope included: computer technology promotion, computer system services and financial devices, etc. On May 30, 2014, the legal representative of Jinan Daonuo was changed from Li Yingling to Li Huaijin, and its shareholders included Wang Shanxun (supervisor) and Li Huaijin. On September 1, 2014, Yuan Xiaohong became the legal representative and shareholder of Jinan Daonuo. Wang Shanxun still served as the supervisor. On July 30, 2015, Jinan Daonuo carried out liquidation. The principal of the liquidation team was Yuan Xiaohong and the members of liquidation team included Yuan Xiaohong, Wang Shanxun and Zhang Min.

Shandong Yuntai Mingde was established on September 2, 2014 with a registered capital of RMB 3 million, with Li Huaijin being the legal representative and shareholders being Li Huaijin and Wang Shanxun (supervisor). Shandong Yuntai Mingde commenced its operation on September 2, 2014 and its scope of business included computer software development and computer system integration, etc.

Hongda Shangye was an outsourcing organization of the acquirer. On May 15, 2014, Hongda Shangye Tianjin Branch (Party A) entered into the *Marketing Cooperation Agreement* with Jinan Daonuo (Party B). According to the agreement, Party B accepted Party A's entrustment and carried out business development and customer services on behalf of Party A and Party A should pay service fee to Party B according to the agreement.... The authorized territory includes: Sichuan, Shandong, Jiangsu and Hubei. ... Party B would be responsible for the business development services of the signatory merchants. The service included but not limited to negotiation, contract signing, data collection, problem solving assistance and other contents. ... Party B may arrange the expansion business, submit the orders and order terminals on the platform under Party A's supervision and was entitled to a certain proportion of profit. The rate of service fee agreed by both parties was 0.5%.

Since January, 2014, without the permission of China UnionPay, the marks of "UnionPay, with you. [logo]" and "DAONUO [logo] 中国银联 China UnionPay" were pasted in the business operation site of Jinan Daonuo's Shanghai branch, and the logo of "[logo]" was pasted on the gate of the business operation site. Marks of "China UnionPay Co., Ltd., [logo], 中国银联 China UnionPay" and "[logo] China UnionPay" were pasted on the nameplates and the lifting ropes of nameplates. Marks of "[logo]"

"银联" and "中国银联 CHINA UNIONPAY" were pasted on staff cards and publicity materials. Jinan Daonuo also manufactured and provided the merchants with marks carrying the trademark of UnionPay without permission; "UnionPay 中国银联 China UnionPay Shanghai Branch" was marked in the *Merchant Register*, and the *POS Terminal Service Agreement for Merchants* indicated: Party B (merchant), Party C: China UnionPay Co., Ltd. Shanghai Branch. The principal of its Shanghai branch admitted that Shanghai branch did not accept the POS terminals promoted by the upstream organizations, and the POS terminals of the upstream organizations were purchased by Shanghai branch from some person in QQ.

On September 28, 2014, Written Decision of Administrative Penalty (HGSJCZ (2014) No. 320201410143) was issued by the inspection team of Shanghai Administration for Industry and Commerce. According to the written decision, Jinan Daonuo used the registered trademark of "UnionPay" in its shop sign, nameplates, staff cards, publicity materials and the *POS Terminal Service Agreement for Merchants* without the permission of the right holder of trademark, and infringed the legal interests of the right holder of trademark; Jinan Daonuo promoted acquiring services of POS terminal by using the registered trademark of "UnionPay" and installed 334 sets of POS terminals for the merchants in Shanghai and received installment fee of RMB 60 120. As a result of Jinan Daonuo's act, the relevant public mistook the service origin and falsely considered Jinan Daonuo as an affiliated enterprise of China UnionPay, which infringed the exclusive right of China UnionPay to use its registered trademark. Jinan Daonuo was ordered to immediately stop its act of infringement and was imposed an administrative penalty of RMB 60 120 which was one time of the amount of illegal operation.

From June 13, 2014, without the permission of China UnionPay, Jinan Daonuo pasted the logo of "UnionPay" in the business operation site of its' Wuhan branch with a shop sign of "UnionPay China UnionPay Daonuo Information Technology Co., Ltd. Central China Office". A logo of "UnionPay" was pasted on the gate of the business operation site, while the logo of "UnionPay business, China UMS" was pasted on the lifting ropes of nameplates. The marks of "银联, 中国银联 CHINA UNIONPAY, China UnionPay Daonuo Information Technology Co., Ltd. Wuhan Branch" were pasted on the staff cards of its employees, and "UnionPay 中国银联 China UnionPay" and "China UnionPay Daonuo Information Technology Co., Ltd. Wuhan Branch" were

II. Dispute over Confirmation of Ownership and Infringement of Trademark Right

included in the publicity materials. The title of its business introduction and leaflet was "China UnionPay Preference Business Transaction in April 2014". The logo of "[银联]中国银联 China UnionPay Shanghai Branch" was included in the *Merchant Register* and the logo of "[UnionPay]" was pasted on the sample POS terminal while the sign of "[UnionPay] China UnionPay" was shown on the computer screen after booting. The *POS Terminal Service Agreement for Merchants* indicated: "Party A: Jinan Daonuo, Party B: merchant and Party C: China UnionPay Co., Ltd. Shanghai Branch." The special seal for contract of Jinan Daonuo or the common seal of Jinan Daonuo Wuhan Branch and the common seal of China UnionPay Co., Ltd. Shanghai Branch were stamped at the place of Party C. It was found according to the sales materials obtained at the branch that, its employees carried out the business promotion in the name of the POS terminal sales company directly subordinate to China UnionPay, the third-party acquiring company outsourced by China UnionPay or the company certified and authorized by China UnionPay, and that the employees claimed that the POS terminals sold was the contract machine of China UnionPay. Each POS terminal of the branch was distributed by the head office and marked with "UnionPay".

On July 29, 2014, JinanDaonuo Wuhan Branch provided a *Statement of Facts* to Wuhan Administration for Industry and Commerce, admitting infringement and expressing its willingness to accept punishments.

On October 27, 2014, Wuhan Administration for Industry and Commerce issued a Decision on Administrative Penalty (WGSC [2014] No. 45), stating that Jinan Daonuo had used without authorization the trademark and name of China UnionPay and developed as many as 219 POS terminal users, charging each C930E POS terminal user RMB 180 per year as communication fee, totaling RMB 22 860. According to Article 57 (1) and Article 60 (Ⅱ) of the *Trademark Law*, Wuhan Administration for Industry and Commerce ordered Jinan Daonuo Wuhan Branch to stop infringement and fined RMB 100 000.

From February 2014 to July 2014, Jinan Daonuo Chongqing Branch, without authorization, used "[银联]中国银联" at business premises, used "[银联]中国银联 POS 机" at the entrance to its business premises, used "[UnionPay]中国银联 China UnionPay" and "China UnionPay POS terminal" in publicity materials, used "[银联]银联 POS 机" on staff cards and nameplates, indicated "China UnionPay Shanghai Branch" in *Merchant Register*, and indicated "Party B (Merchant), Party C China UnionPay Shanghai Branch" in *POS Terminal Service Agreement for Merchants*. The

Shengteng C930E POS terminals seized at Jinan Daonuo Chongqing Branch all had logo "▆▆" on top left of the screen, and the LANDI E330 POS terminals had "China UnionPay Certification" on the back and displayed "UnionPay" on the screen after startup. Besides, a forged letter of authorization was found at Jinan Daonuo Chongqing Branch, which stated that "I hereby authorize Jinan Daonuo Information Technology Co., Ltd. as our recommended professional company with respect to the acquiring services of POS terminals in Beijing, Shanghai, Chongqing, Sichuan and Shandong. Under this authorization, Jinan Daonuo shall be responsible for the acquiring services of POS terminals in these areas, including maintenance of POS terminals and ATM machines. This letter of authorization shall be valid from December 27, 2013 to December 31, 2016. It is hereby authorized. China UnionPay Shanghai Branch. December 27, 2013." The letter was also stamped with the official seal of China UnionPay Shanghai Branch. It was also found that the Shida WP-50 POS terminals sold by Chongqing Branch were procured by Jinan Daonuo itself, not from Hongda Shangye. Jinan Daonuo Chongqing Branch was responsible for sorting out the collected user information in electronic form and uploaded them to the system (http://www.pos.190ip.com) or sent them to the headquarters by email for review and approval. The headquarters, if approved them, would send such list by QQ or company mail and then delivered products to users.

On November 7, 2014, Chongqing Administration for Industry and Commerce issued a notice of hearing of administrative penalty, stating that Jinan Daonuo, without authorization by "UnionPay" trademark holder, used the forged letter of authorization, printed and used publicity materials, staff cards and nameplates with "UnionPay" logos, used "UnionPay" trademark at the entrance and on the reception desk background wall of its business premises, and rented out 299 sets of POS terminals with "UnionPay" trademark which were produced neither under the authorization nor under the entrustment of trademark holder, constituting infringement of the exclusive right to use trademark referred to Item (1) of Article 57 of the *Trademark Law*. So the Administration proposed to fine Jinan Daonuo RMB 120 000. However, such notice of hearing has not been served to Jinan Daonuo yet.

The *POS Terminal Service Agreement for Merchants* found at the above three places stated that: Party A (Jinan Daonuo) shall guarantee the interchange and completion of UnionPay card transactions accepted by Party B (Merchant), and shall guarantee that the POS terminal at Party B has been examined and approved by

II. Dispute over Confirmation of Ownership and Infringement of Trademark Right

China UnionPay and is installed with unified terminal accepting programs. Party A (Jinan Daonuo) shall also be responsible for capital settlement and error management of the bank card transactions accepted by Party B and pay Party B the transaction amount payable to Party B net of transaction fee, and, within 15 days upon approval of network access, finish training on acceptance service and installation of networked POS terminal for Party B. Party B agrees that Party B shall conduct settlement based on Party A's transaction data, provided that where Party A and Party B are disputed over any settlement data, Party A and Party B shall agree that account checking shall be subject to the electronic data of UnionPay card transactions provided by Party C (China UnionPay Shanghai Branch).

After Jinan Daonuo got punished, Hongda Shangye sent China UnionPay a *Letter of Statement That Jinan Daonuo Carried Out Business in Violation of Law*, stating that: from this March till its closing of all businesses, Jinan Daonuo and its affiliates had carried on business in Jinan, Chengdu, Wuhan and Chongqing with 651 merchants, and had rented out 651 sets of POS terminals in total with the total transaction amount being RMB 61 020 000.... Later in this May and June, Hongda Shangye respectively remitted RMB 116 756 (refund) and RMB 62 622 (the portion of transaction fee higher than commission) to Jinan Daonuo.... Once we basically confirmed that Jinan Daonuo had carved an official seal of our company to set up branches and offices in our name without authorization in this July, ... we immediately terminated the cooperation with Jinan Daonuo.... By far, we have shut down business with the 651 merchants developed by Jinan Daonuo.

On June 30, 2014, King & Wood Mallesons Shanghai Office applied to Shanghai Oriental Notary Public Office for evidence preservation of related webpages. In that afternoon, Qian, the authorized agent of the applicant conducted the following operations using the computer at the office: Open IE browser and search for "Jinan Daonuo" using Baidu search engine to find the link of Jinan Daonuo Information Technology Co., Ltd.; then click the link to enter the homepage (http://www.daonuopay.com): there were pictures of POS terminals (including Shida WP-50, Strong Lion SCL8300 and Shengteng C930E) under columns of Solution, POS Terminal Handling Process and POS Terminal Show and some were marked with " ". Enter the Company Profile and see that "Nuo Pay, founded in Jinan, China, in 2013, has set up branches in major capital cities and developed areas in China..." Enter the Development History and see that "from April to May 2013, Jinan Daonuo has signed "head office to head office" strategic cooperation agreement with companies having offline acquiring license, a third party payment license, including China UnionPay, China Unicom, Alipay, YeePay and Hongda Shangye... In June 2013, the company sold as many as 60,000 sets of POS terminals... In July 2013, the company sold as many as 150,000 sets of POS terminals... In November 2013, the company sold as many as 250,000 sets of POS terminals... " Qian took a screenshot of related contents and printed them out, and also recorded the browsing process with video capture software and made it into a disk at the office. Shanghai Oriental Notary Public Office certified the above process and issued a Notarial Certificate [(2014) HDZJZ No. 10506], for which China UnionPay had paid RMB 3 000 as notarial fee.

On March 10, 2015, entrusted by China UnionPay, Pan Yuewen, the authorized agent of the applicant Beijing Wan Hui Da Intellectual Property Agency applied to Beijing Oriental Notary Public Office for evidence preservation. On March 11, 2015, a notarial officer and the authorized agent of applicant together went to Shandong Yuntai Mingde Information Technology Co., Ltd. located at 2/F, No. 8, Guanyi New Area, Guanyi Street, Jinan City, Shandong Province. The agent talked with a man who claimed to be an employee of Shandong Yuntai Mingde, and had obtained: (1) A business card printed with "Shandong Yuntai Mingde Information Technology Co., Ltd. Jinan Branch; Add: No. 8, Guanyi New Area, Guanyi Street, Jinan City, Shandong Province; P. C: 250000; QQ: 1921263027; E–mail: lijian@190ip.com.cn; National customer service hotline: 400–9920–139; Mobile: 15665795636; Li Jian, Sales Manager"; (2) A *leaflet* printed with the address and telephone number of Shandong Yuntai Mingde Information Technology Co., Ltd. Jinan Branch, picture of POS terminal and fee standard; (3) A Receipt of Shandong Yuntai Mingde, indicating "Date: March 11, 2015; NO. 0002170; Payer: Pan Yuewen; Payment term: in cash; Product model: C930E; Amount: RMB 500; Matter: deposit/full payment; Payee's Account No. : 37001616338050153416, China Construction Bank Jinan Daguanyuan Sub–branch, Jinan Daonuo Information Technology Co., Ltd., handled by Li Jian" and indicating on the back "Shandong Yuntai Mingde Information Technology Co., Ltd., 15112101040003775, Agricultural Bank of China Jinan Wanda Plaza Sub–branch"; and (4) A copy of the business license of Shandong Yuntai Mingde. The authorized agent of the applicant had recorded the conversation with related persons with a voice recorder whose memory was empty as checked by the notarial officer, and had also taken pic-

II. Dispute over Confirmation of Ownership and Infringement of Trademark Right

tures of the site, surroundings and materials obtained with a device whose memory card had been checked to be empty. The notarial officer put all the materials obtained in a paper bag and sealed it with a notarial strip seal, and then handed it over to the applicant for preservation. The notarial officer also supervised the development of photos and burned the recordings to a disc, and issued a notarial certificate [(2015) JDFNMZZ No. 2619]. Staff of Shandong Yuntai Mingde stated in the recordings that Shandong Yuntai Mingde and Jinan Daonuo were owned by the same person, and that Shandong Yuntai Mingde was evolved from Jinan Daonuo.

On March 10, 2015, entrusted by China UnionPay, Pan Yuewen, the authorized agent of the applicant Beijing Wan Hui Da Intellectual Property Agency applied to Beijing Oriental Notary Public Office for evidence preservation. On March 20, 2015, a notarial officer and the authorized agent of applicant together went to Shandong Yuntai Mingde Information Technology Co., Ltd. at 2/F, No. 8, Guanyi New Area, Guanyi Street, Jinan City, Shandong Province. The agent talked with a man who claimed to be employee of Shandong Yuntai Mingde, and had obtained: (1) A set of Shida C930E POS terminal marked with " " on top left of the screen; (2) A business card printed with "Shandong Yuntai Mingde Information Technology Co., Ltd. Jinan Branch; Add: No. 8, Guanyi New Area, Guanyi Street, Jinan City, Shandong Province; P.C: 250000; QQ: 289694264; E - mail: liulin @ 190ip.com.cn; National customer service hotline: 400 - 9920 - 139; Mobile: 18663771105, Liu Lin, Sales Manager"; (3) A Receipt of Shandong Yuntai Mingde, indicating "Date: March 20, 2015; NO.0000610; Payer: Pan Yuewen; Payment term: transfer + cash; Product model: C930E; Amount: RMB 2 680; Matter: RMB 2 500 into business account and RMB 180 as communication fee; handled by Liu Lin"; (4) A *Cash Payment Slip of China Construction Bank*, indicating "51927356; Payee's account No. 37001616338050153416; Payee's account name: Jinan Daonuo Information Technology Co., Ltd. ; Payer: Pan Yuewen; Received amount: RMB 2 500; Payment date: March 20, 2015"; and (5) A *POS Terminal Sales Slip* obtained after operation of such POS terminal. The authorized agent of the applicant had recorded the conversation with related persons with a voice recorder whose memory was empty as checked by the notarial officer, and had also taken pictures of the site, surroundings and materials obtained with a device whose memory card had been checked to be empty. The notarial officer put all the materials obtained in a paper bag and sealed it with a notarial strip seal, and then handed it over to the applicant for preservation. The notarial officer also supervised the development of photos and burned the recordings to a disc, and issued a notarial certificate [(2015) JDFNMZZ No. 2620]. Staff of Shandong Yuntai Mingde stated in the recordings that Shandong Yuntai Mingde was a service provider of China UnionPay and had fully taken over the business of Jinan Daonuo, so it was OK that the money was paid to the company account of Jinan Daonuo.

On April 15, 2015, King & WoodMallesons Shanghai Office applied to Shanghai Oriental Notary Public Office for evidence preservation of related webpages. In that afternoon, Jian Chen'en, the authorized agent of the applicant conducted the following online operations: open IE browser and search "Xinnet" using Baidu search engine to display the link of "Xinnet", a TLD registration service provider, and then click the link to enter the homepage (http://www.xinnet.com). Input "yuntaimingde" to search for domain name to display "domain name: yuntaimingde.com; registrar: ENAME TECHNOLOGY CO., LTD.; registrant: daonuo; registrant email address: 5908011@qq.com; registration date: September 26, 2014; expiry date: September 26, 2015; Registrant name: LiHuaijin; Organization of the registrant: daonuo; Name of registrant administrator/technician: LiHuaijin; organization of the administrator/technician: daonuo". Input "www.yuntaimingde.com" in address bar to enter the website of Shandong Yuntai Mingde "Copyright@ 2014 Shandong Yuntai Mingde, All Rights Reserved, No. 8, Guanyi Street, Jinan City, Shandong Province", displaying pictures and introduction of POS terminals available for sale. According to the Company Profile, "Shandong Yuntai Mingde, founded in April 2013, is devoted to becoming an integrated marketing leader in O2O and P2P industries. At present, the company is the largest private acquiring service provider in China, engaged in nearly 10 000 local life service businesses, including catering, entertainment, movie, KTV, SPA, hairdressing and beauty, and has setup about 20 branches nationwide..." Jiao Chen'en took a screenshot of related contents and printed them out, and also recorded the browsing process with video capture software and burned it to a disc at the office. Shanghai Oriental Notary Public Office certified the above process and issued a Notarial Certificate [(2015) HDZJZ No. 5720], for which China UnionPay had paid RMB 3 000 as notarial fee.

On September 15, 2015, Zhang, the entrusted agent of King & Wood Mallesons Shanghai Office applied to Shanghai Jing'an Notary Office for evidence preservation. On that day, using the networked computer at the office, Zhang opened the IE brow-

II. Dispute over Confirmation of Ownership and Infringement of Trademark Right

ser and input "www.miitbeian.gov.cn." to enter Ministry of Industry and Information Technology ICP/IP address/domain name information record management system, and then entered the page of public inquiring system and input "190ip.com" to display "Organizer: Wang Shanxu; Nature of organizer: individual; Website record/ license No. Lu ICP B No. 09081099-1; Website domain name transfer, website homepage: www.190ip.com; Review date: 2013 - 11 - 22"; input "www.190ip.com" in address bar to enter the login page of Daonuo Smart System; opened Biying search engine and input "pos.190ip.com" to display "integrated marketing leader in O2O industry. 1. Backstage login (Hongda); 2. Merchant backstage (Hongda); 3. Backstage login (star); 4. Backstage login (Changyihui); 5. Kuaiyi application; 6. Kuaiyi merchant; 7. Application; 8. Merchant platform Yuntai Mingde". The notarial officer supervised the steps described above, screenshots and printing, and issued a Notarial Certificate [(2015) HJZJZ No. 4442], for which China UnionPay had paid RMB 1 000 as notarial fee.

From September 2014 to August 2015, many media had reported that amounts paid by swiping cards on the POS terminals provided by Jinan Daonuo and Shandong Yuntai Mingde could not be credited into account and it was difficult to refund the deposit.

China UnionPay has paid materials fee of RMB 3 185 to Shanghai Library (Institute of Scientific & Technical Information of Shanghai), translation fee of RMB 600 to Shanghai Yixie Translation & Consulting Co., Ltd., service fee of RMB 93 425 to Wan Hui Da (Shanghai) Law Firm, legal fee of RMB 109 397 to King & Wood Mallesons Shanghai Office, and commercial inquiry fee of RMB 1 342.

It is further ascertained that, on the website of Fujiang Shengteng, C930E handheld wireless POS terminal is marked with "", and on the website of Fujian LANDI, LANDI E330 desk-type POS terminal has been subject to direct-connection certification by China UnionPay.

During the trial, though Jinan Daonuo insists that it procures POS terminals from companies entrusting it to carrying out POS deployment business, it provides no other contracts, proof of purchase or invoice except for the Marketing Cooperation Agreement executed with Hongda Shangye.

This court holds that China UnionPay is the person having exclusive right to use No. 4895750, No. 4895727 and No. 6161130 "" registered trademarks, No. 1955091 "" trademark, No. 3821045 and No. 3160347 "银联" registered trademarks, and No. 3160637 and No. 3821037 "UNIONPAY" registered trademarks, so that its exclusive right to use such registered trademarks is under the protection of law, and that all the legal rights held by China UnionPay to its enterprise name and shop name should also be protected by law. Taking the claims and defenses of each party into account, the parties concerned in this case mainly dispute over:

Ⅰ. Whether No. 4895750 registered trademark " ▧ " of China UnionPay should be identified as a well-known trademark in this case

According to Article 14 of the *Trademark Law*, "A famous trademark, based on the parties' request, can be defined when the facts in each case dealing with the relevant trademark support such a conclusion." According to Item (2) of Article 1 of the *Interpretation by the Supreme People's Court on Several Issues Concerning the Application of Laws to the Trial of Civil Trademark Disputes*, "Copying, imitating or translating the registered well-known trademark of another person or the major part thereof is used on non-identical or dissimilar commodities as a trademark for the purpose of misleading the general public so that the interests of the registrant of the well-known trademark may be damaged", thus constituting infringement of the exclusive right to use registered trademark. According to Item (3) of Article 3 of the *Interpretation by the Supreme People's Court on Several Issues Concerning the Application of Laws to the Trail of Cases of Civil Disputes over the Protection of Famous Trademarks*, the people's court will not examine whether the trademark involved therein is famous or not "whether the trademark involved therein is famous shall not be the factual basis for the establishment of the trademark right infringement or unfair competition sued. According to the foregoing provisions, if, in the trial of a trademark infringement case, any one uses a trademark that is identical to or similar to a registered trademark of China UnionPay in connection with the same or similar service, China Unionpay has the right to seek for remedy according to Article 57 of the *Trademark Law*, and the court will not examine whether the trademark involved therein is famous or not. Therefore, whether it is necessary in this case to define No. 4895750 registered trademark " ▧ " as a famous trademark depends on whether the service for which infringement is claimed is identical to or similar to the service for which the use of No. 4895750 registered trademark " ▧ " is approved. According to Article 12 of the *Interpretation by the Supreme People's Court on Several Issues Concerning the Application of Laws to the Trial of Cases of Civil Trademark Disputes*, to determine whether two items of goods or services are similar shall be based on the general

II. *Dispute over Confirmation of Ownership and Infringement of Trademark Right*

knowledge of the public on these goods or services. In this case, No. 4895750 " ![mark] " registered trademark of China UnionPay is approved to be used on Class 36 services, including electronic fund transfer (EFT), debit card services, financial services and credit card services. As a card organization, China UnionPay mainly provides support and assistance for the transactions between card issuer and acquirer. According to Article 2 of the *Administrative Rules on the Bank Card Acquiring Services*, "bank card acquiring service" refers to the bank card acceptance agreement between acquirer and merchant, providing transaction amount settlement service for merchants after merchants accept bank card transactions with card holders as agreed. According to Article 35, the acquirer should be responsible for activities including merchant qualification examination, signing acceptance agreement, acquiring service processing, fund settlement, risk monitoring, generation and management of master key of acceptance terminals, error management and dispute resolution. However, the services engaged by the two Defendants include merchant qualification examination, signing POS service agreement with merchants, fund settlement in connection with bank card transactions accepted by merchants, and payment of transaction amount net of UnionPay card charges to merchants, all of which belong to bank card acquiring services. Based on the general knowledge of the public, it is determined that the services engaged by the two Defendants are identical to the services (including electronic fund transfer (EFT), debit card service, financial services and credit card services) for which the use of No. 4895750 " ![mark] " registered trademark is officially approved. Though China UnionPay has provided evidences proving that No. 4895750 " ![mark] " registered trademark is widely known by the public, for example, this trademark has been used for a long time, investment in advertising and publicity is high and this trademark used to be protected by law and has won several awards, cross-class protection is not involved in this case. So it is unnecessary to define No. 4895750 " ![mark] " registered trademark as a famous trademark and this court will not examine whether it is famous.

II. Whether the acts of the two Defendants infringe China UnionPay' exclusive right to use registered trademark

China UnionPay holds that Jinan Daonuo has solely committed the following infringement acts: 1. Using marks " ![mark] " " ![mark] " "中国银联" and "中国银联 China UnionPay" in business premises decoration, publicity materials, staff cards and nameplates, which infringes the exclusive right of China UnionPay to use No.

4895750 "[UnionPay]" registered trademark, No. 1955091 "[银]" registered trademark, No. 3821045 "银联" registered trademark, No. 3160637 and No. 3821037 "UNIONPAY" registered trademark in Class 36 services; and 2. Making marks identical to No. 4895750 "[UnionPay]" registered trademark of China UnionPay and displaying POS terminals with "[UnionPay]" marking on its website (www.daonuopay.com), which infringes the exclusive right of China UnionPay to use No. 4895750 "[UnionPay]" registered trademark, and that Jinan Daonuo and Shandong Yuntai Mingde have jointly committed the following infringement acts: 1. Using marks "[UnionPay]" and "中国银联 China UnionPay" in *Merchant Register* and other transaction instruments, which infringes the exclusive right of China UnionPay to use No. 4895750 "[UnionPay]" registered trademark, No. 3821045 "银联" registered trademark, No. 3160637 and No. 3821037 "UNIONPAY" registered trademark in Class 36 services; and 2. Selling or providing POS terminals with "[UnionPay]" marking or displaying "[UnionPay]中国银联" on the screen after startup, which infringes the exclusive right of China UnionPay to use No. 4895750 "[UnionPay]" and No. 3821045 "银联" registered trademarks in Class 36 services, and to use No. 4895727, No. 6161130 "[UnionPay]" and No. 3160347 "银联" registered trademarks in Class 9 products.

Jinan Daonuo admitted that it had committed the infringement mentioned in item 1, but insisted on that 1) The marking on POS terminals displayed on its website is not "[UnionPay]" and that the marking "[UnionPay]" on POS terminal is part of the POS terminal, not printed and added by Jinan Daonuo, so it should not constitute trademark infringement; 2) According to the *Rules on UnionPay Card Business Operation*, merchants must post or place "银联" marking at conspicuous location at business premises, so Jinan Daonuo makes "[UnionPay]" marking for the purpose of complying with this requirement, so it should not constitute trademark infringement; 3) During the normal course of bank card acquiring service, information interchange and fund settlement should be conducted by China UnionPay for all interbank transactions; it is respect China UnionPay by using this logo in *Merchant Register*, avoiding misunderstanding among the public, so it should not constitute trademark infringement; 4) The POS terminals sold or provided by Jinan Daonuo are procured from upstream companies like Hongda Shangye and the logo "[UnionPay]" on POS terminal or "[UnionPay]中国银联" displayed on the screen after startup are made by POS terminal manufacturer; according to Article 5 of the *Notice of the People's Bank of China on*

II. *Dispute over Confirmation of Ownership and Infringement of Trademark Right*

the Uniform Use of the "UnionPay" "From January 1, 2004, all types of terminals and merchants in bank card acceptance market shall bear 'UnionPay' logo", so the act of using "▨" logo on POS terminal or display of "▨ 中国银联" on the screen after startup should not constitute infringement. Shandong Yuntai Mingde holds that China UnionPay has evidences proving its use of "▨" and "中国银联 China UnionPay" in *Merchant Register* or other transaction instruments, so it denies the claims submitted by China UnionPay. Though Shandong Yuntai Mingde used to sell or provide POS terminals with "▨" logo after its establishment, such act should not constitute infringement for the same reason as Jinan Daonuo.

This court holds that China UnionPay is the rights holder of the registered trademark claimed and its exclusive right to use registered trademark is under the protection of law. According to relevant provisions of the *Trademark Law*, using a trademark similar to a registered trademark in connection with the same service or using a trademark identical to or similar to a registered trademark in connection with one service without the permission of the trademark registrant will cause confusion and constitute infringement. The reason why Class 36 services in connection with China UnionPay's No. 4895750 "▨" registered trademark are identical to Jinan Daonuo's services on which infringement is claimed has been explained above, and the services for which the use of China UnionPay's No. 1955091 "▨", No. 3821045 "银联", No. 3160637 and No. 3821037 "UNIONPAY" registered trademarks are also basically the same with the trademark involved, so they are defined as the same service. Jinan Daonuo used unauthorized logos identical to or similar to the registered trademarks of China UnionPay in business premises decoration, publicity materials, staff cards and nameplates, making it easy for the public to be confused with the service source and thus constituting infringement.

As for whether using trademarks "▨" and "中国银联 China UnionPay" in *Merchant Register* and other transaction instruments constitutes infringement, first, according to Article 48 of the *Trademark Law*, "the use of trademarks as stipulated in this Law refers to the affixation of trademarks to commodities, commodity packaging or containers, as well as commodity exchange documents or the use of trademarks in advertisements, exhibitions, and for other commercial activities, in order to identify the source of the goods." So, the act of Jinan Daonuo to use logos "▨" and "中国银联 China UnionPay" in *Merchant Register* constitutes the use of trademarks. Second, the services provided by Jinan Daonuo are identical to the services for which the use of China UnionPay's No. 4895750 " ", No. 3160637 and No. 3821037 "UNIONPAY", and No. 3821045 "银联" registered trademarks has been approved; the logo " " used by Jinan Daonuo is identical to the No. 4895750 " " registered trademark of China UnionPay; and the logo "中国银联 China UnionPay" used by Jinan Daonuo is similar to No. 3160637 and No. 3821037 "UNIONPAY" and No. 3821045 "银联" trademarks of China UnionPay. So without the permission of China UnionPay, such trademarks used by Jinan Dahuo will easily make the public confused with the service source. Therefore, this court supports the claim made by China UnionPay that Jinan Daonuo infringes the exclusive right to use No. 4895750 " ", No. 3160637 and No. 3821037 "UNIONPAY", and No. 3821045 "银联" registered trademarks of China UnionPay. Third, though China UnionPay claims that Jinan Daonuo and Shandong Yuntai Mingde have jointly committed the act of using trademarks " " and "中国银联 China UnionPay" in *Merchant Register* and other transaction instruments, China UnionPay fails to provide evidences for proving Shandong Yuntai Mingde's commitment of such act. So this court upholds the defense opinion of Shandong Yuntai Mingde that it does not commit such act.

As for whether the making of logo " " by Jinan Daonuo constitutes trademark infringement, this court holds that making, without authorization, representations of another party's registered trademark constitutes an infringement of the exclusive right to use a registered trademark, according to Item (4) of Article 57 of the *Trademark Law*. So, the making of logo " " by Jinan Daonuo without authorization of China UnionPay infringes the exclusive right of China UnionPay to use No. 4895750 registered trademark " ". Although it is required that merchants should post or put logo of China Union at business premises according to the *Rules on Union-Pay Card Business Operation*, it is not meant that Jinan Daonuo has the right to make logo " " without authorization of China UnionPay. Therefore, this court rejects the defense opinion of Jinan Daonuo that its act does not constitute infringement.

With respect to the issue that whether the acts of selling or providing POS terminal bearing " " and displaying " 中国银联" on its power-on screen and demonstrating POS terminal bearing " " on the official website constitute trademark infringement, this court, according to the facts ascertained in the case,

II. Dispute over Confirmation of Ownership and Infringement of Trademark Right

holds that Jinan Daonuo sells and provides POS terminal bearing "▨" and displaying "▨中国银联" on its power-on screen before the establishment of Shandong Yuntai Mingde. The POS terminal sold and provided by Shandong Yuntai Mingde bears "▨", but no evidence certifies that "▨中国银联" appears on its power-on screen. Shandong Yuntai Mingde provided merchants with its and Jinan Daonuo's accounts when selling POS terminal, and its shareholders once were Jinan Daonuo's, therefore, the two companies are linked to some extent and it can be ascertained that the above-mentioned act of Shandong Yuntai Mingde were committed together with Jinan Daonuo. With respect to the issue that whether the logo on POS terminal constitutes infringement: Item (3) of Article 57 of the *Trademark Law* specifies that selling goods that violate the exclusive right to use a registered trademark constitutes an infringement of the exclusive right to use a registered trademark. No. 4895727 and No. 6161130 "▨" trademarks and No. 3160347 "银联" trademark registered by China UnionPay in Class 9 are identified to be used on registers, data processing equipment and counterfeit coin detectors, while what sold and provided by the two Defendants is POS terminal. Therefore, the key point for deciding on infringement is whether the registers, data processing equipment and counterfeit coin detector are identical or similar to POS terminal. The POS terminal is a device which operating principle of is: reading the cardholder's information on the magnetic stripe of the bank card through the card reader, letting the operator of the POS terminal input transaction amount and the cardholder input personal identification information (i. e. password), sending, directly or through UnionPay Center, such information to the card issuing banking system to complete the online transaction, giving the information of transaction succeeded/failed, and printing corresponding certificate. Therefore, it can be classified as data processing equipment. Article 11 of the *Interpretation by the Supreme People's Court on Several Issues Concerning the Application of Laws to the Trial of Civil Trademark Disputes* provides that similar goods shall mean goods of which the functionality, purposes, production divisions, sales channels, consumers, etc. are the same or goods that have a particular association between each other, as the relevant public usually believes, which is liable to cause confusion. Article 12 provides that a people's court shall, in determining whether certain goods or services are similar, carry out a comprehensive judgment on the basis of the relevant public's average knowledge of the goods or services. The registers, data processing equipment and counterfeit coin detector are differ from POS terminal in specific purposes, but their production divisions, sales channels and consumers are the same and in the same consumption environment. They have a high probability of coexistence, thus they are similar goods according to the average knowledge of the public. Therefore, this court supports the claim of China UnionPay that registers, data processing equipment and counterfeit coin detector are similar to POS terminal. The two Defendants used without authorization of China UnionPay on the POS terminals jointly sold by them the logo " " which is the same to No. 4895727 and No. 6161130 " " registered trademarks of China UnionPay, and the POS terminals separately sold or provided by Jinan Daonuo bear the logo " " which is the same to No. 4895727 and No. 6161130 " " registered trademarks of China UnionPay, and "中国银联" which is similar to No. 3160347 "银联" registered trademark of China UnionPay on the power-on screen. Therefore, this court supports the claim of China UnionPay that such acts violate its exclusive right to use No. 4895727 and No. 6161130 " " and No. 3160347 "银联" registered trademarks.

When providing POS terminal publicity, installation and other services, Jinan Daonuo used marks identical or similar to the registered trademarks of China UnionPay in the decoration of its business premises, publicity & promotion activities, transaction instruments, and even in the name of China UnionPay Shanghai Branch, used POS terminal to carry out its bank card acquiring business, and provided POS terminals with UnionPay marks. Such acts will confuse relevant public in the aspect of its service source and cause them wrongly believe it is China UnionPay or an affiliate thereof. Therefore, this court supports the claim of China UnionPay that Jinan Daonuo's acts of selling or providing POS terminal which bears " " and displays " 中国银联" on its power-on screen, demonstrating the pictures of POS terminal with " " on its official website also violate the exclusive right of China UnionPay to use No. 4895750 and No. 3821045 "银联" registered trademarks in Class 36 services. Shareholders of Shandong Yuntai Mingde were once Jinan Daonuo's and they knew the industrial and commercial investigation of Jinan Daonuo. However, since its establishment, Shandong Yuntai Mingde not only jointly sold POS terminals bearing " " together with Jinan Daonuo and its staff still publicized POS terminals in the name of affiliate of China UnionPay, subjectively confusing the service provided by it with that provided by China UnionPay or its affiliates intentionally. Therefore, this court also supports the claim of China UnionPay that the two Defend-

II. Dispute over Confirmation of Ownership and Infringement of Trademark Right

ants infringed its exclusive right to use No. 4895750 " ![logo] " registered trademarks in Class 36 services.

The two Defendants argued that according to Article 5 of *Notice of the People's Bank of China on the Uniform Use of the "UnionPay" Logo and Its Holographic Anti-Counterfeiting Marks* (YF [2001] No. 37), each commercial bank shall conscientiously do a good job in the use and acceptance of "UnionPay" logo and gradually dilute the effect of the card issued by it in the acceptance market. From January 1, 2004, all types of terminals and merchants in bank card acceptance market shall bear "UnionPay" logo, so the act of using "UnionPay" logo on POS terminal does not constitute infringement. This court holds that the said normative document was abolished on June 28, 2013 but the alleged acts of infringement involved in the case occurred in 2014, not within the validity period of that document. Besides, the judgment on appropriate use of trademark logo is within the adjustment scope of the *Trademark Law*. One standard to judge whether a trademark is appropriately used is whether the trademark is used in good faith and on an as-needed basis. As mentioned above, Jinan Daonuo is not a subsidiary or affiliate of China UnionPay, and its operation in the name of China UnionPay Shanghai Branch lacks good reason and is subjective and malicious. Shareholders of Shandong Yuntai Mingde were once Jinan Daonuo's and they knew the mode of using China UnionPay's trademarks would confuse relevant public about the service source, so the subjective maliciousness is more obvious. To show consumers the UnionPay cards that can be used in consumption places, a merchant can post and put UnionPay acceptance logo in such places. According to the general transaction practices, A UnionPay card merchant can also indicate that it accepts UnionPay cards by doing the same, therefore, this court does not support the argument of the two Defendants.

III. Whether the acts of the two Defendants constitute unfair competition

China UnionPay believes that Jinan Daonuo using the name of China UnionPay in its business premises decoration, service promotion activities, promotional materials, etc. constitutes the unfair competition act of using the name of China UnionPay without authorization. Making up it had cooperation or authorization relationship with China UnionPay constitutes the unfair competition act of false propaganda. Both Jinan Daonuo and Shandong Yuntai Mingde used the name of China UnionPay in *POS Terminal Service Agreement for Merchants* and other transaction agreements, which constitutes unfair competition act of using the name of China UnionPay without authorization. Forging and using the seal and power of attorney of China UnionPay Shanghai Branch constitute the unfair competition act of false propaganda. Jinan Daonuo has no objection to the aforesaid acts. Shandong Yuntai Mingde argued that China UnionPay has no evidence to certify that it had such acts, thus the claim of China UnionPay that Shandong Yuntai Mingde's acts constitutes unfair competition lacks factual basis.

This court holds that according to the provisions of Item (3) of Article 5 of the *Anti-Unfair Competition Law of the People's Republic of China* (hereinafter referred to as the "*Anti-Unfair Competition Law*"), to use the name of other enterprise or personal name and make people confuse this commodity to the other's commodity constitute unfair competition acts. Article 6 of *Interpretation by the Supreme People's Court on Several Issues Concerning the Application of Laws to the Trial of Civil Cases Involving Unfair Competition* specifies that the shop name of any enterprise name that has certain market popularity and is acknowledged by the public concerned may be ascertained as an "enterprise name" as stipulated in Item (3) of Article 5 of the *Anti-unfair Competition Law of the People's Republic of China*. Evidences provided by China UnionPay in this case can prove that it has high popularity in China and its shop name is acknowledged by the public concerned, thus, its shop name can be legally protected as enterprise name. The act of Jinan Daonuo of using the enterprise name or shop name of China UnionPay in its business premises decoration, promotional materials, publicity activities, *POS Terminal Service Agreement for Merchants* and other transaction instruments and the act of forging power of attorney will cause the public concerned mistake the service provided by Jinan Daonuo for that provided by or connected to China UnionPay, therefore, these acts constitute the unfair competition act of using the name of others without authorization. China UnionPay has no evidence to prove that Shandong Yuntai Mingde committed these acts, thus this court does not support the claim of China UnionPay that Shandong Yuntai Mingde used the enterprise name of others and constituted unfair competition act.

Article 9 of the *Anti-Unfair Competition Law* stipulates that misleading propaganda includes the false propaganda for the quality, composition, function, usage, producer, time of efficacy and place of production of commodities. Jinan Daonuo has no cooperation or authorization relationship with China UnionPay, but it stated on its official website that it has strategic cooperation with China UnionPay, and forged and used the seal and power of attorney of China UnionPay Shanghai Branch to popularize the bank card service to its merchants, thus constituting false propaganda. However,

II. Dispute over Confirmation of Ownership and Infringement of Trademark Right

China UnionPay has no evidence to prove that Shandong Yuntai Mingde committed these acts, thus this court does not support the claim of China UnionPay that Shandong Yuntai Mingde committed the act of false propaganda.

Ⅳ. Whether Shandong Yuntai Mingde should be jointly liable for Jinan Daonuo infringement act

China UnionPay believes that the two Defendants, as entities controlled and operated by the same actual controller Li Huaijin, have the same common will subjectively, and a cooperation mode of Jinan Daonuo developing consumers and Shandong Yuntai Mingde providing follow-up services and obtaining proceeds exists between them for the purpose of committing act of infringement and obtaining infringement proceeds. In the sales and promotion of POS terminals, Shandong Yuntai Mingde develops customers and sells POS terminals bearing China UnionPay's registered trademarks by showing the counterfeit power of attorney of China UnionPay Shanghai Branch, and Jinan Daonuo receives the sales proceeds finally. Therefore, the two Defendants shall undertake the liability for joint infringement. The two Defendants hold that Jinan Daonuo and Shandong Yuntai Mingde are two independent companies, so there is no factual and legal basis for the claim of China UnionPay that Shandong Yuntai Mingde shall be jointly liable for Jinan Daonuo infringement act. This court holds that the facts ascertained show that China Union has no evidence to prove that Shandong Yuntai Mingde undertook all the rights and obligations of Jinan Daonuo after its establishment. Therefore, the claim of China UnionPay that Shandong Yuntai Mingde shall be jointly liable for Jinan Daonuo infringement lacks factual and legal basis and this court does not give its support.

China UnionPay also claims that the two Defendants committed confusion of personality, and Shandong Yuntai Mingde shall be jointly liable for Jinan Daonuo infringement. The two Defendants argue that they are two independent entities, and have no cross in staff, business and financial matters, so there is no confusion of personality, and the claim of China UnionPay that they shall undertake joint liability for compensation lacks factual and legal basis.

This court holds that confusion of personality shall be comprehensively determined based on organizational structure, finance, business, etc. In this case, first, shareholders of Shandong Yuntai Mingde and Jinan Daonuo are not the same and China UnionPay has no evidence to prove that the two companies have the same organizational structure, financial staff and employees. Second, China UnionPay has no evidence to prove that the two Defendants are at the same business place or have the same property ownership. Third, China UnionPay has no evidence to prove that the business activities of the two Defendants are commanded, controlled or organized by the same controlling shareholder, or they have the same common will subjectively. Therefore, this court does not support the claim of China UnionPay that the two Defendants committed confusion of personality.

V. Civil liability assumed by the Defendants

This court holds that according to Article 2 of the *Tort Law of the People's Republic of China*, those who infringe civil rights and interests (including the right to name and exclusive right to use a trademark) shall be subject to the tort liability according to this Law. According to Article 15 of the *Tort Law of the People's Republic of China*, the methods of assuming tort liabilities shall include cessation of infringement, compensation for losses, and elimination of consequences. In consideration of the fact that the Defendants infringed the exclusive right of China UnionPay to use its registered trademark, and that Jinan Daonuo committed unfair competition by using the enterprise name of China UnionPay without authorization and by conducting false propaganda, this court therefore supports the claim submitted by China UnionPay that the Defendants shall cease their infringement of the said exclusive right of China UnionPay and that Jinan Daonuo shall cease its unfair competition acts. But this court rejected the claim of China UnionPay that the Defendants shall destroy their infringing objects, forged instruments, official seals and other things carrying the registered trademark and the enterprise name of China UnionPay, and remove and destroy relevant infringing contents on false propaganda subjects including websites and promotional or propaganda materials, on the basis that cessation of infringement is sufficient to cease continuous use of the said objects and contents, and that China UnionPay provided no supporting evidence with respect to current existence, specific location and quantity of such infringing objects, forged instruments and official seal.

As the trademark infringement of the Defendants and the unfair competition acts of Jinan Daonuo were sufficient to confuse and mislead relevant public about the origin of their services and to affect the reputation of China UnionPay, this court hence accepted the claim made by China UnionPay that the Defendants shall make announcement regarding their acts of infringement to eliminate relevant adverse consequences caused by them to China UnionPay. However, the said elimination of consequences shall be based on actual prejudice and adverse consequences. In this

II. Dispute over Confirmation of Ownership and Infringement of Trademark Right

case, the accused infringing services involved bank card acquiring and outsourcing services, which not only infringed legal interests of China UnionPay, but also, to some extent, disrupted normal operation order of bank card payment market. Therefore, this court supports the claim made by China UnionPay that the Defendants shall make such announcement on finance sector of sina. com (http://finance. sina. com. cn) and on the journal *China Finance*.

As for compensation for losses, it is stipulated in the *Trademark Law* that, the amount of damages for infringement on the exclusive right to use a registered trademark shall be determined according to the actual loss suffered by the right holder as a result of the infringement, or may be determined according to the profits gained by the infringer from the infringement if it is difficult to determine the actual losses, or may be reasonably determined by reference to the multiples of the trademark royalties if both the losses of the right holder and the gains of the infringer are difficult to determine. Where the actual losses suffered by the right holder as a result of the infringement, the profits gained by the infringer from the infringement and the royalties of the registered trademark concerned are difficult to determine, the people's court shall render a judgment on awarding damages of up to RMB three million depending on the circumstances of the infringing acts. According to relevant provisions in the *Anti-Unfair Competition Law*, the amount of damages as a result of unfair competition acts stipulated in Article 5 and Article 9 thereof shall be determined with reference to the determination of such damages caused by the infringement of the exclusive right to use a registered trademark. China UnionPay claimed that the amount of damages shall be determined based on the profits gained by the infringers, which shall include commission from service charges, deposit for machines and tools, communication expenses, as well as merchants development commission. This court holds that the Defendants did cause damage to China UnionPay and gain profits by their joint or separate trademark infringement, unfair competition acts (unauthorized use of enterprise name of China UnionPay) and false propaganda, and that evidences provided by the Plaintiff, although not specific or sufficient, may be used as a reference for determination of damages. This court will determine the amount of damages, at its sole discretion, on the basis of the popularity of specific trademark and enterprise name to be protected, the nature and duration of and consequences from the said acts of infringement, as well as the subjective states of the Defendants with respect to their acts of infringement, and in combination of investigation by Administration for Industry &

Commerce. As for reasonable fees and expenses for this case, China UnionPay has paid notary, attorney, investigation and other relevant fees. This court supports the claim of China UnionPay regarding the fees including notary, translation, information and business consulting fees actually paid by it. This court will grant support at its discretion with respect to relevant service fees, as the Plaintiff failed to provide full and sufficient supporting details regarding service fees; and with respect to the said attorney's fees, in consideration of the complexity or difficulty of this case and relevant charging standard in Shanghai City.

According to Article 8 of the *Tort Law of the People's Republic of China*, where two or more persons jointly commit a tort, causing harm to another person, they shall be liable jointly and severally. In this case, Jinan Daonuo had separately committed trademark infringement and unfair competition acts and jointly committed trademark infringement with Shandong Yuntai Mingde. Therefore, it shall assume corresponding liabilities severally for the damages caused by such infringement separately committed by it, and jointly with Shandong Yuntai Mingde for the damages caused by their joint infringement.

JinanDaonuo argued that the POS terminal provided and sold by it was from Hongda Shangye and therefore it shall not be liable for compensation even when its acts constituted infringement. However, this court holds that: first, Jinan Daonuo failed to submit supporting evidence regarding legitimate source of the POS terminal; second, according to relevant provisions in the *Trademark Law*, a party that unknowingly sells goods that infringe another party's exclusive right to use a registered trademark is not liable for compensation if the party can prove that it has obtained the goods by legitimate means and is able to provide information on the suppliers of the goods. From this case, Jinan Daonuo and Shandong Yuntai Mingde, as companies providing relevant financial services, should have known the business scope of China UnionPay; however, they still sold POS terminals carrying registered trademark of China UnionPay and failed to provide supporting evidences regarding legitimate source and supplier of the POS terminals. Therefore, they shall be held liable for the damages.

In conclusion, the Defendants shall assume civil liabilities by ceasing their acts of infringement, eliminating corresponding adverse consequences and compensating damages based on the fact that Jinan Daonuo had separately committed infringement of the exclusive right of China UnionPay to use the trademarks involved in this case

II. Dispute over Confirmation of Ownership and Infringement of Trademark Right

and had used, without authorization, the enterprise name of the Plaintiff and committed unfair competition in the form of false propaganda, and that the Defendants had jointly committed infringement of the exclusive right of China UnionPay to use the said trademarks. In accordance with Articles 8, Paragraph 2 and Items (1)(6)(8) of Paragraph 1 of Article 15 of the *Tort Law of the People's Republic of China*, Items (1)(2)(3)(4) of Article 57, Paragraph 1 and Paragraph 3 of Article 63 of the *Trademark Law of the People's Republic of China*, Item (3) of Article 5, Paragraph 1 of Article 9 and Article 20 of the *Anti-Unfair Competition Law of the People's Republic of China*, Paragraph 1 of Article 11, Article 12, Paragraph 1 and Paragraph 2 of Article 16, and Article 17 under the *Interpretation by the Supreme People's Court on Several Issues Concerning the Application of Laws to the Trial of Civil Trademark Disputes*, Item (1) of Paragraph 1 of Article under the *Interpretation by the Supreme People's Court on Several Issues Concerning the Application of Laws to the Trail of Cases of Civil Disputes over the Protection of Famous Trademarks*, as well as Paragraph 1 of Article 6 and Paragraph 1of Article 17 under the *Interpretation by the Supreme People's Court on Several Issues Concerning the Application of Laws to the Trial of Civil Cases Involving Unfair Competition*, this court hereby rules that:

I. Jinan Daonuo Information Technology Co., Ltd. shall, immediately from the effective date of this judgment, cease its infringement of the exclusive right of China UnionPay Co., Ltd. to use the following registered trademarks: " " (No. 4895750), " " (No. 1955091), "银联" (No. 3821045), "UNIONPAY" (No. 3160637), "UNIONPAY" (No. 3821037), " " (No. 4895727), " " (No. 6161130), and "银联" (No. 3160347);

II. Shandong Yuntai Mingde Information Technology Co., Ltd. shall, immediately from the effective date of this judgment, cease its infringement of the exclusive right of China UnionPay Co., Ltd. to use the following registered trademarks: " " (No. 4895750), " " (No. 4895727) and " " (No. 6161130);

III. Jinan Daonuo Information Technology Co., Ltd. shall, immediately from the effective date of this judgment, cease its unfair competition acts of unauthorized use of the enterprise name of China UnionPay Co., Ltd.;

IV. Jinan Daonuo Information Technology Co., Ltd. shall cease its unfair competition acts of false propaganda immediately from the effective date of this judgment;

V. Jinan Daonuo Information Technology Co., Ltd. shall, within ten days from the effective date of this judgment, pay RMB 400 000 as compensation for financial losses suffered by the Plaintiff;

Ⅵ. Jinan Daonuo Information Technology Co., Ltd. and Shandong Yuntai Mingde Information Technology Co., Ltd. shall, within ten days from the effective date of this judgment, jointly pay RMB 200 000 as compensation for financial losses suffered by the Plaintiff;

Ⅶ. Jinan Daonuo Information Technology Co., Ltd. shall, within ten days from the effective date of this judgment, pay RMB 69 000 as compensation for reasonable fees and expenses incurred by the Plaintiff;

Ⅷ. Jinan Daonuo Information Technology Co., Ltd. and Shandong Yuntai Mingde Information Technology Co., Ltd. shall, within ten days from the effective date of this judgment, jointly pay RMB 33 000 as compensation for reasonable fees and expenses incurred by the Plaintiff;

Ⅸ. The Defendants shall, within one month after the effective date of this judgment, make public announcement regarding its acts of infringement for three consecutive days on the home page of finance sector of sina.com (http://finance.sina.com.cn), as well as such announcement on the journal *China Finance*, in order to eliminate corresponding adverse consequences caused by them to the Plaintiff (contents of such announcement shall be approved by this court). If the Defendants fail to perform such liabilities within the time limit, this court will make such announcement on the said homepage and the journal, with relevant fees and expenses to be borne by the Defendants;

Ⅹ. Other claims made by the Plaintiff are rejected by this court.

If a party fails to fulfill his obligations with respect to pecuniary payment within the period specified by this judgment, it shall pay double interest for the period of late payment in accordance with the provision of Article 253 of the *Civil Procedure Law of the People's Republic of China*.

As for the court fee RMB 46 800 and the property preservation fee RMB 5 000, the Plaintiff shall bear RMB 20 000, Jinan Daonuo Information Technology Co., Ltd. shall bear RMB 26 500, and Shandong Yuntai Mingde Information Technology Co., Ltd. shall pay RMB 5 300.

Either party that refuses to accept this ruling as final may, within fifteen days after receiving this judgment, appeal to Shanghai High People's Court by submitting an appeal petition to the courtand the copies thereof shall be provided according to the number of persons of the opposing party.

II. Dispute over Confirmation of Ownership and Infringement of Trademark Right

Chief Judge　Chen Huizhen
Judge　Liu Jing
Judge　Yang Wei
September 29, 2016
Law Clerk　Chen Yunzhi

List of Exhibits Provided by China UnionPay

S/N	Exhibit name	Objective
1	Registration Certificate of registered trademark " ▨ " (No. 4895750)	1) China UnionPay, at that time, had registered multiple trademarks in Class 36, Class 9 and Class 35 and were the holder of exclusive right to use the registered trademarks involved in this case; 2) The said registered trademarks are currently legitimate and valid and shall be protected according to domestic laws
2	Registration Certificate and renewal of the registered trademark in Class 36 of China UnionPay	
3	Registration Certificate and renewal of the registered trademark in Class 9 of China UnionPay	
4	Registration Certificate and renewal of the registered trademark in Class 35 of China UnionPay	
5	*Official Reply Concerning Identification of "银联" as Well-known Trademark* ((2005) SBCZ No. 55)	The registered trademark " ▨ " (No. 1955091) had been identified as well-known trademark in Class 36 "credit card service"

Continued

S/N	Exhibit name	Objective
6	Introduction on organization and branch structures of China UnionPay	1) The short enterprise name "中国银联" and the trade name "银联" have been used by China UnionPay since its establishment;
7	Sections about development overview in the annual report of China UnionPay from 2011 to 2013	2) China UnionPay, at that time, had a nation-wide business scope, which showed its far-reaching influence; 3) Main economic indicators of China UnionPay on the aspects of UnionPay card issuance and business handling, such as aggregate number of successful interbank transactions, total amount of settlement transactions, and aggregate number of newly-issued UnionPay cards, had been gradually increased, which represented sound business development; 4) Sound operation of China UnionPay represented the popularity and influence of the brand "UnionPay" and relevant registered trademark among the public
8	Statistics of advertising costs from 2011 to 2014	1) China UnionPay had spent a large amount of advertising fee on wide and in-depth propaganda and promotion of its registered trademark " " (No. 4895750); 2) China UnionPay had promoted the registered trademark " " (No. 4895750) on multiple advertising media in the whole nation, including print ads, internet promotion, subway ads, and airport outdoor ads, which already formed great popularity and influence in the market; 3) The registered trademark " " (No. 4895750) shall be protected as a well-known trademark
9	List of part of advertising contracts from 2011 to 2014 and some examples (forty two contracts in total)	
10	Some advertising invoices from 2011 to 2014	
11	Summary of propaganda and promotion achievements from advertising delivered on print media by China UnionPay in 2011	
12	Certificate of advertising release (media and internet) on China UnionPay Tennis Master Tournament from 2012 to 2013	

II. Dispute over Confirmation of Ownership and Infringement of Trademark Right

Continued

S/N	Exhibit name	Objective
13	Final report of print ads delivery concerning China UnionPay IC quick pass project in 2013	
14	Advertising contract and ads delivery monitoring report (with optical disc) for promotion of China UnionPay "62" festival in 2014	
15	Monitoring report on some subway advertising delivery of China UnionPay from 2011 to 2014	
16	Evaluation report on railway and airport advertising delivery of China UnionPay from 2012 to 2014	
17	Monitoring report on some mobile TV and internet advertising delivery of China UnionPay from 2013 to 2014	
18	Reports and promotion on media such as People's Daily, Ifeng. com and CCTV on business operations and relevant registered trademarks of China UnionPay	Third-party media had widely and frequently reported China UnionPay and its registered trademarks, which enhanced the popularity and influence of the trademark "UnionPay"
19	Retrieval certificate and documents retrieved from document service department of Shanghai Library Institute of Scientific & technical information of Shanghai	
20	Some awards and honor granted to China UnionPay from 2011 to 2014	1) China UnionPay and its registered trademark " " (No. 4895750) had obtained wide public recognition and social reputation, which satisfied the popularity and influence required for a well-known trademark;
21	News reports from Sohu. com, sina. com and QQ. com on several awards and honor granted to China UnionPay	2) China UnionPay and its bank card services had obtained great market reputation, with numerous honor and awards and high popularity in the market

Continued

S/N	Exhibit name	Objective
22	Enforcement records concerning infringement of well-known trademarks of China UnionPay from local Administration for Industry & Commerce	In administrative trademark proceedings and civil lawsuits, the registered trademark "UnionPay" had been protected as well-known trademark for multiple times
23	Ruling and Retrial Papers on Objection to Trademark (six copies in total)	
24	Civil Ruling Paper [(2009) PMS (Z) CZ No. 172]	
25	Registration Certificates of other "UnionPay" trademarks registered domestically by China UnionPay	1) The three-color logo "UnionPay" had been put to be protected as a main logo used for business operations, according to the trademark and brand strategies of China UnionPay;
26	Registration Certificates and translations of trademark "UnionPay" registered by China UnionPay in multiple countries and regions, including Hong Kong, Macao, Taiwan, Thailand, Indonesia, Malaysia, the European Union, and New Zealand	2) In China, China UnionPay had registered multiple "UnionPay" trademarks to be used for other products and services, which extended the range of trademark protection to such other categories and fields. Such trademarks currently are in valid state; 3) China UnionPay had also registered multiple "UnionPay" trademarks in other countries and regions, which further extended the range of trademark protection
27	Written Decision of Administrative Penalty [(2014) HGSJCZ No. 320201410143]	1) Jinan Daonuo committed infringement of the exclusive right of China UnionPay to use the registered trademark when it used the said trademark during its business operations without authorization from China UnionPay; 2) Jinan Daonuo committed infringement of the exclusive right of China UnionPay to use the enterprise name and the registered trademark when it used the said name and trademark during its business operations without authorization from China UnionPay
28	Written Decision of Administrative Penalty [(2014) WGSJC No. 45]	
29	Photocopies of shop sign, staff cards and nameplates, forged "银联" or "UnionPay" logo, and poster foldout at the business premises of Jinan Daonuo	

— 484 —

II. Dispute over Confirmation of Ownership and Infringement of Trademark Right

Continued

S/N	Exhibit name	Objective
30	Merchant Registerand POS Terminal Service Agreement for Merchants between Jinan Daonuo and Tian Le Hunan Restaurant (Shanghai)	Jinan Daonuo committed infringement of the exclusive right of China UnionPay to use the registered trademark involved in this case when it used the said trademark at the business premises of service provider promoting or providing bank card payment and settlement services without authorization from China UnionPay
31	Sales slip from UnionPay POS terminal at Tian Le Hunan Restaurant (counterfoils for card holder and the merchant)	
32	Sales slip from UnionPay POS terminal at Yinghao Serviced Apartment (counterfoils for card holder and the merchant)	
33	Notary Certificate [(2014) HDZJZ No. 18361]	
34	Printed page of history transaction query on the center interbank management system of China UnionPay	
35	Notary Certificate [(2014) HDZJZ No. 10506]	Jinan Daonuo committed unfair competition acts when it published relevant false statement on its official website
36	*Letter of Authorization* signed by China UnionPay Shanghai Branch	1) Jinan Daonuo counterfeited the official seal of and the Letter of Authorization from China UnionPay Shanghai Branch; 2) Jinan Daonuo committed false propaganda, which constituted unfair competition
37	Notary Certificate [(2015) JDFNMZZ No. 2619] and audio transcript	1) Jinan Daonuo and Shandong Yuntai Mingde jointly sold and promoted POS terminals carrying the trademark "UnionPay" (No. 4895750) of China UnionPay, from which they obtained illegal profits;
38	Notary Certificate [(2015) JDFNMZZ No. 2620] and audio transcript	

Continued

S/N	Exhibit name	Objective
39	Video and corresponding transcript of the acts of infringement conducted by Shandong Yuntai Mingde during its business operations [two videos in total (see the optical disc provided)]	2) Jinan Daonuo and Shandong Yuntai Mingde used the counterfeit official seal of and *Letter of Authorization* from China UnionPay Shanghai Branch during their business operations for false propaganda;
40	Notary Certificate [(2015) HDZJZ No. 5720], and translation of WHOIS information for the website of Shandong Yuntai Mingde (yutaimingde.com).	3) The said acts of Jinan Daonuo and Shandong Yuntai Mingde had constituted unfair competition and infringement of the trademark " " (No. 4895750) of China UnionPay
41	Three general machine - printed invoices from local taxation bureau in Shanghai City	China UnionPay had incurred necessary notary, translation and attorney's fees to protect its right and stop the acts of infringement of Jinan Daonuo and Shandong Yuntai Mingde
42	A piece of invoice for translation fees	
43	A piece of invoice for investigation fees	
44	A piece of invoice for attorney's fees	
45	Record of question (or investigation) from investigation team of Shanghai Administration for Industry & Commerce for Li Xiang, Shanghai Director of Jinan Daonuo	1) Jinan Daonuo used the registered trademark and the enterprise name (shop name) of China UnionPay on such shop sign, staff cards and nameplates, poster foldout as well as relevant transaction documents obtained from its business premises;
46	Photos of shop sign, staff cards and nameplates, forged "银联" or "UnionPay" logo, and poster foldout at the business premises of Jinan Daonuo	2) Jinan Daonuo counterfeited and used the official seal of and the *Letter of Authorization* from China UnionPay Shanghai Branch in agreement with merchants and for propaganda and promotion and other relevant business operations; 3) Jinan Daonuo made and authorized third-party merchants to use the logo of registered trademark of China UnionPay without authorization; 4) Jinan Daonuo made false propaganda with respect to its cooperation with or authorization from China UnionPay; 5) The said acts of Jinan Daonuo constituted trademark infringement and unfair competition

II. Dispute over Confirmation of Ownership and Infringement of Trademark Right

Continued

S/N	Exhibit name	Objective
47	Record of question (or investigation) from investigation team of Shanghai Administration for Industry & Commerce for Ouyang Lin, the legal representative of Shanghai Tian Le Hunan Restaurant Co. Ltd.	1) Jinan Daonuo used the registered trademark of China UnionPay during its business activities including business promotion and merchants development; 2) The registered trademark involved of China UnionPay was used on the sales slip printed by the POS terminal installed by Jinan Daonuo for the Tian Le Hunan Restaurant, which proved the fact that Jinan Daonuo had used the said registered trademark for the bank card payment and settlement services promoted or provided by it; 3) The said acts of Jinan Daonuo constituted infringement of the exclusive right of China UnionPay to use its registered trademarks
48	Sales slip (counterfoil for merchant) for POS transaction obtained from Shanghai Tian Le Hunan Restaurant Co., Ltd.	
49	*Merchant Register and POS Terminal Service Agreement for Merchants* between Jinan Daonuo and merchants	1) To prove that Jinan Daonuo used the registered trademark and the enterprise name of China UnionPay in its transaction instruments and business activities; 2) To prove the number of some merchants developed by Jinan Daonuo in Shanghai and the number of corresponding POS terminals distributed therein; 3) To prove that the infringing acts of Jinan Daonuo are of a certain scale with odious nature
50	List of POS terminals presented by Jinan Daonuo in Shanghai from January to July of 2014	
51	Explanations and Power of Entrusted agent	To prove that Jinan Daonuo Wuhan Branch is a branch company set up by Jinan Daonuo and its relevant civil liabilities shall be assumed by Jinan Daonuo

Continued

S/N	Exhibit name	Objective
52	Records of question (investigation) conducted by Wuhan Administration for Industry and Commerce against the Manager Wang Yong of JinanDaonuo Wuhan Branch	1) To prove that Jinan Daonuo Wuhan Branch used the registered trademark and the enterprise name of China UnionPay on shop sign, staff cards, staff nameplates and publicity materials at its business premises; 2) To prove that Jinan Daonuo Wuhan Branch provided and distributed the POS terminals and other terminal products with the registered trademark of China UnionPay without authorization; 3) To prove that Jinan Daonuo Wuhan Branch used illegally the name of China UnionPay and China UnionPay Shanghai Branch in promoting its businesses and developing merchants; 4) To prove that Jinan Daonuo Wuhan Branch made false propaganda with respect to its cooperation with or authorization from China UnionPay; 5) To prove that the said acts of Jinan Daonuo Wuhan Branch constitute trademark infringement and unfair competition
53	Field records made at Wuhan Administration for Industry and Commerce	
54	*Merchant Register and POS Terminal Service Agreement for Merchants* between Jinan Daonuo Wuhan Branch and merchants	
55	Photos of alleged shop sign, POS terminals, staff cards, staff nameplates, *Merchant Register*, *POS Terminal Service Agreement for Merchants*, poster foldouts and publicity materials obtained at the business premises of Jinan Daonuo Wuhan Branch	
56	Sales materials obtained at the business premises of JinanDaonuo Wuhan Branch	
57	List of POS terminals distributed by JinanDaonuo Wuhan Branch	1) To prove that Jinan Daonuo Wuhan Branch used the registered trademark and the enterprise name of China UnionPay in its transaction instruments and business activities; 2) To prove the number of some merchants developed by Jinan Daonuo in Wuhan city and the number of corresponding POS terminals distributed therein; 3) To prove that the infringing acts of Jinan Daonuo are of a certain scale with serious nature

II. Dispute over Confirmation of Ownership and Infringement of Trademark Right

Continued

S/N	Exhibit name	Objective
58	Notification of Administrative Penalty Hearing [YTGSTGZ (2014) No. 1107]	1) To prove that Jinan Daonuo used the registered trademark and the enterprise name of China UnionPay without authorization at its business premises and on its POS terminals, staff cards and publicity materials; 2) To prove that the said act is suspected of constituting trademark infringement and unfair competition
59	Records of field inspection conducted by Chongqing Administration for Industry and Commerce against Jinan Daonuo Chongqing Branch	
60	Copies of publicity materials, staff permits, staff cards and other alleged infringing materials obtained at the business premises of Jinan Daonuo Chongqing Branch	1) To prove that Jinan Daonuo used without authorization the registered trademark and the enterprise name of China UnionPay at its business premises and on its POS terminals, staff permits, staff cards and publicity materials; 2) To prove that Jinan Daonuo counterfeited the power of attorney of China UnionPay Shanghai Branch and used it in signing agreements with merchants as well as propagandizing and popularizing activities; 3) To prove that Jinan Daonuo made false propaganda with respect to its cooperation with or authorization from China UnionPay; 4) To prove that the said acts of Jinan Daonuo constitute trademark infringement and unfair competition
61	The Letter of Entrustment for Identification issued by Chongqing Administration for Industry and Commerce and the Expertise Report issued by China UnionPay	
62	Records of question (investigation) conducted by administrative law enforcement officials of Chongqing Administration for Industry and Commerce against the Legal Representative Li Huaijin of JinanDaonuo	
63	Records of question (investigation) conducted by administrative law enforcement officials of Chongqing Administration for Industry and Commerce against the HeadTashi Pianchu of Jinan Daonuo Chongqing Branch	

Continued

S/N	Exhibit name	Objective
64	Records of question (investigation) conducted by administrative law enforcement officials of Chongqing Administration for Industry and Commerce against the Head Jiang Xiangming of JinanDaonuo Chongqing Branch on August 20, 2014	
65	Records of question (investigation) conducted by administrative law enforcement officials of Chongqing Administration for Industry and Commerce against the Head Jiang Xiangming of Jinan Daonuo Chongqing Branch on August 11, 2014	1) To prove that Jinan Daonuo used the registered trademark and the enterprise name of China UnionPay in its transaction instruments and business activities; 2) To prove that the said acts of Jinan Daonuo constitute trademark infringement and unfair competition.
66	*Merchant Register and POS Terminal Service Agreement for Merchants* between Jinan Daonuo and merchants	
67	Records of question (investigation) conducted by administrative law enforcement officials of Chongqing Administration for Industry and Commerce against the Head Jiang Xiangming of Jinan Daonuo Chongqing Branch on August 20, 2014	1) To prove the number of some merchants developed by Jinan Daonuo in Chongqing and the number of corresponding POS terminals distributed therein; 2) To prove that Jinan Daonuo Chongqing Branch obtained large revenues through infringement; 3) To prove that the infringing acts of Jinan Daonuo Chongqing Branch are of a certain scale with odious nature
68	The *Letter of Statement That Jinan Daonuo Carried Out Business in Violation of Law* and the information of merchants in Chongqing provided by Hongda Shangye (Beijing) Technology Co., Ltd.	
69	Statistics of POS terminals distributed by Jinan Daonuo in Chongqing in 2014	

II. Dispute over Confirmation of Ownership and Infringement of Trademark Right

Continued

S/N	Exhibit name	Objective
70	News reports from third-party media regarding illegal acts of the Defendants	1) To prove that Jinan Daonuo and Shandong Yuntai Mingde delayed refund for transactions on POS terminals and failed to promptly settle capital in cards, which caused financial losses to numerous merchants; 2) To prove that the business operations conducted by the Defendants in the name of China UnionPay without authorization had caused material adverse loss of reputation to the Plaintiff; 3) To prove that many merchants regarded Jinan Daonuo and Shandong Yuntai Mingde as entities in successive relationship
71	Notary Certificate [(2015) HPZJZ No. 1942]	1) Advertising contract between China UnionPay and third-party advertising company had been performed, for which China UnionPay had paid a large amount of advertising fees to the advertising company; 2) Such advertising fees can verify the depth and range of propaganda and promotion for the registered trademark (No. 4895750) of China UnionPay
72	Hard copy of email concerning relevant reports on propaganda and promotion project for "62" festival in 2014 received by China UnionPay from advertising company (original electronic document of this email is contained in the optical disc provided)	1) The third-party advertising company sent advertisement detection report to China UnionPay after accomplishment of corresponding advertising project; 2) Such email or attachment further proved that China UnionPay had truly delivered propaganda and promotion of the registered trademark (No. 4895750)
73	Final report on phase II Shanghai subway advertising delivered by China UnionPay in 2014	

Continued

S/N	Exhibit name	Objective
74	Monitoring report on railway advertising project and field photos of delivered ads received by China UnionPay from corresponding advertising company (original electronic documents are contained in the optical disc provided)	——
75	Internal archives of Jinan Daonuo kept by the Administration for Industry & Commerce	1) Original shareholders of Jinan Daonuo and Shandong Yuntai Mingde were completely the same-Li Huaijin and Wang Shanxu; 2) Directors and supervisors of Jinan Daonuo and Shandong Yuntai Mingde were overlapped; 3) Jinan Daonuo and Shandong Yuntai Mingde were affiliates; 4) Jinan Daonuo and Shandong Yuntai Mingde basically had the same business operation scope
76	Internal archives of Shandong Yuntai Mingde kept by the Administration for Industry & Commerce	
77	News reports from third-party media regarding illegal acts of the Defendants	1) Jinan Daonuo and Shandong Yuntai Mingde delayed refund for transactions on POS terminals and failed to promptly settle capital in cards, which caused financial losses to numerous merchants; 2) Business operations of the Defendants in the name of China UnionPay without authorization had caused material adverse loss of reputation to the Plaintiff; 3) Many merchants regarded Jinan Daonuo and Shandong Yuntai Mingde as entities in successive relationship
78	A piece of general machine-printed invoice from beijing municipal office, sat	China UnionPay incurred reasonable and necessary expenses including inquiry fees and investigation fees
79	Uniform invoice for Shanghai service, recreation, culture and sports industries	
80	Notary Certificate [(2015) HPZJZ No. 1899]	

II. Dispute over Confirmation of Ownership and Infringement of Trademark Right

continuecl

S/N	Exhibit name	Objective
81	Notary Certificate [(2015) HZJZ No. 4442]	1) The Defendants jointly used the background system for acquiring service, i. e., pos. 190ip. com managed by Wang Shanxu, original supervisor of Jinan Daonuo and shareholder of Shandong Yuntai Mingde, which further proved the fact that Jinan Daonuo and Shandong Yuntai Mingde jointly engaged in relevant operations of acquiring services; 2) There was confusion with respect to employees and businesses of Jinan Daonuo and Shandong Yuntai Mingde
82	A piece of invoice for notary fees	China UnionPay incurred RMB 1,000 as reasonable notary fees in order to stop the acts of infringement of the Defendants
83	*Business Rules*, Volume II of Rules on UnionPay Card Business Operation (February, 2012)	1) *The Business Rules* did not contain such mandatory requirement that the registered trademark involved of China UnionPay must be used on non-self-service terminals; 2) The Defendants shall assume civil liabilities according to relevant laws, as their selling and promotion of POS terminals constituted trademark infringement right of the Plaintiff
84	*Card BIN and Identification Rules*, Volume III of Rules on UnionPay Card Business Operation (February, 2013)	
85	*Card BIN and Identification Rules*, Volume III of Rules on UnionPay Card Business Operation (February, 2013)	
86	List of merchants developed by Jinan Daonuo in Wuhan, provided by Hongda Shangye	This list of merchants was inconsistent with the list found by the Administration for Industry & Commerce (Exhibit 57), which proved the fact that the POS terminals and merchants of Jinan Daonuo were not from Hongda Shangye
87	The *Letter of Immediate Actions to Stop Acts of infringement of Merchants* on Taobao sent by China UnionPay to Taobao and other emails between the Plaintiff and Taobao	China UnionPay had complaint about the merchants on Taobao manufacturing and selling POS terminals carrying UnionPay logo for many times, for which Taobao deleted and removed the products off the shelf

Attachment: Relevant Laws

I. *Tort Law of the People's Republic of China*

Article 8 Where two or more persons jointly commit a tort, causing harm to another person, they shall be liable jointly and severally.

Article 15 The methods of assuming tort liabilities shall include:

(1) Cessation of infringement;

...

(6) Compensation for losses;

...

(8) Elimination of consequences and restoration of reputation.

The above methods of assuming the tort liability may be adopted individually or jointly.

II. *Trademark Law of the People's Republic of China*

Article 57 Any of the following conduct shall be an infringement upon the right to exclusively the use a registered trademark:

(1) Using a trademark that is identical with a registered trademark on the same kind of goods without being licensed by the trademark registrant;

(2) Using a trademark similar to a registered trademark on identical goods, or using a trademark identical with or similar to a registered trademark on similar goods, without being licensed by the trademark registrant, which may easily cause confusion;

(3) Selling goods which infringe upon the right to exclusively use a registered trademark;

(4) Counterfeiting, or making, without authorization, representations of another person's registered trademark, or selling such representations;

...

Article 63 The amount of damages for infringement upon the right to exclusively use a registered trademark shall be determined based on the actual loss suffered by the right holder from the infringement; where it is difficult to determine the actual loss, the amount of damages may be determined according to the profits gained therefrom by the infringer, where it is difficult to determine the loss of the right holder or the profits gained by the infringer, the amount of damages may be reasonably determined in reference to the multiples of the trademark for royalties. Where an infringer maliciously infringes another party's exclusive right to use a trademark and falls under

II. Dispute over Confirmation of Ownership and Infringement of Trademark Right

serious circumstances, the amount of damages shall be determined as not less than one time but not more than three times the amount that is determined according to the aforesaid methods. The amount of damages shall cover the reasonable expenses paid by the right holder for stopping the infringing act.

...

Where it is difficult to determine the actual loss suffered by the right holder from the infringement, the profits gained by the infringer from the infringement or the royalties of the registered trademark concerned, the people's court shall render a judgment awarding damages in an amount not more than RMB three million based on the circumstances of the infringing acts.

III. *Anti-Unfair Competition Law of the People's Republic of China*

Article 5 A business operator shall not harm his competitors in market transactions by resorting to any of the following unfair means:

...

(3) Using without authorization the name of another enterprise or person, thereby leading people to mistake their commodities for those of the said enterprise or person; or

...

Article 9 A business operator may not, by advertisement or any other means, make false or misleading publicity of their commodities as to their quality, ingredients, functions, usage, producers, duration of validity or origin.

...

Article 20 A business operator who violates the provisions of this Law and thus causes damage to the infringed business operators, shall bear the liability of compensation for the damage. If the losses of the infringed business operator are difficult to estimate, the damages shall be the profits derived from the infringement by the infringer during the period of infringement. And the infringer shall also bear the reasonable expense paid by the infringed business operator for investigating the infringer's unfair competition acts violating his lawful rights and interests.

A business operator whose lawful rights and interests are infringed by unfair competition acts may bring a suit in a people's court.

IV. *Interpretation by the Supreme People's Court on Several Issues Concerning the Application of Laws to the Trial of Civil Trademark Disputes*

Article 11 The similar goods under Item (1) of Article 52 of the Trademark

Law (Item (2) of Article 57 of the Trademark Law in 2013) shall refer to goods with identical function, use, manufacturer, sales channel and target consumers or goods that the relevant public generally think related in a particular way or if is likely to cause confusion.

...

Article 12 The people's court shall establish whether or not a goods or service is similar according to the provision of Item (1) of Article 52 of the Trademark Law (Item (2) of Article 57 of the *Trademark Law* in 2013) in the light of the comprehensive assessment based on the average perception by the relevant public of the goods or service. The *International Classification of Goods and Services for the Purpose of Trademark Registration and the Classification for the Purpose of Distinguishing Similar Goods and Services* may serve as the frame of reference for establishing similar goods or services.

Article 16 Where it is difficult to determine the benefits obtained by the infringer because of the infringement or the injury suffered by the infringee because of the infringement, the people's court may determine the amount of damages at the request of the interested party or within its capacity by applying Paragraph 2, Article 56 of the Trademark Law (Paragraph 3, Article 63 of the Trademark Law in 2013).

In determining the amount of damages, the people's court shall take into consideration the nature, duration, consequence of the infringing act, the repute of the trademark, the amount of the trademark licensing fee, the type, time, scope of the trademark licensing and the reasonable expenses for stopping the infringing act.

...

Article 17 The reasonable expenses for stopping an infringing act under Paragraph 1, Article 56 of the Trademark Law (Paragraph 2, Article 63 of the *Trademark Law* in 2013) shall include the reasonable expenses of the right holder or his agent for investigation or evidence collection in respect of the infringing act.

The people's court may, at the request of an interested party and according to the specific circumstances of the case, enter the lawyer's fee provided for by the relevant state department into the damages.

V. *Interpretation by the Supreme People's Court on Several Issues Concerning the Application of Laws to the Trail of Cases of Civil Disputes over the Protection of Famous Trademarks*

Article 3 With regard to either of the following cases of civil disputes, the peo-

II. Dispute over Confirmation of Ownership and Infringement of Trademark Right

ple's court will not examine whether the trademark involved therein is famous or not:

(1) Whether the trademark involved therein is famous shall not be the factual basis for the establishment of the trademark right infringement or unfair competition sued; or

...

VI. *Interpretation by the Supreme People's Court on Several Issues Concerning the Application of Laws to the Trial of Civil Cases Involving Unfair Competition*

Article 6　A name of any enterprise registered by the enterprise registration competent authority, or a name of any foreign enterprise used within the territory of China for commercial use shall be ascertained as an enterprise name as stipulated in Item (3), Article 5 of the *Anti-unfair Competition Law*. A shop name in the name of enterprise that has certain market popularity and is acknowledged by the public concerned may be ascertained as an enterprise name as stipulated in Item (3), Article 5 of the *Anti-unfair Competition Law*.

...

Article 17　As regards determining the damages for the acts infringing on business secrets as stipulated in Article 10 of the *Anti-unfair Competition Law*, it may be performed with reference to the methods of determining damages for patent infringements, and as regards determining the damages for the unfair competition acts as stipulated in Article 5, 9 or 14 of the *Anti-unfair Competition Law*, it may be performed with reference to the methods of determining damages for infringing upon registered trademark rights.

...

III. Dispute over Confirmation of Ownership and Infringement of Copyright

11. Copyright Infringement Dispute between Shanghai Animation Film Studio v. Zhejiang Xinying Niandai Media Co., Ltd. and HBC-Shanghai Management Co., Ltd.

Shanghai Intellectual Property Court
Civil Judgment

(2015) HZMZZ No. 730

Appellant (Plaintiff of the original trial): Shanghai Animation Film Studio.
Legal representative: Qian, head of Shanghai Animation Film Studio.
Entrusted agent: Bai, a lawyer from Shanghai DeBund Law Offices.
Entrusted agent: Yue, a lawyer from Shanghai DeBund Law Offices.
Appellee (Defendant of the original trial): Zhejiang Xinying Niandai Media Co., Ltd.
Legal representative: Tong, general manager of the Company.
Entrusted agent: Lang, a lawyer from Zhejiang Shanglin Law Firm.
Appellee (Defendant of the original trial): Huayi Brothers Shanghai Cinema Management Co., Ltd.
Legal representative: Wang, president of the Company.
Entrusted agent: Rong, a lawyer from Shanghai Barry Law Firm.

Appellant Shanghai Animation Film Studio (hereinafter referred to as the "SAFS") refused to accept the Civil Judgment (2014) PMS (Z) CZ No. 258 rendered by Putuo District People's Court of Shanghai on the case over disputes on copyright infringement and lodged an appeal to this court. After accepting the case on November 30, 2015, this court set up a collegiate bench according to law to hear the

III. Dispute over Confirmation of Ownership and Infringement of Copyright

case. The trial of the case has been concluded now.

SAFS claimed in the original trial that SAFS was the owner of the copyrights of works of art of the character image of "Calabash Brothers" in the cartoon *Calabash Brothers* and the character image of "Black Cat Detective" in the cartoon *Black Cat Detective*. The works of art of the character images of "Calabash Brothers" and "Black Cat Detective", the copyrights of which were owned by SAFS, were used in the poster of the film *the Struggle of 80's* produced by Zhejiang Xinying Niandai Media Co., Ltd. (hereinafter referred to as the "Xinying Niandai"), with some alterations made thereto. Huayi Brothers Shanghai Cinema Management Co., Ltd. (hereinafter referred to as the "Huayi Brothers") also posted the posters of such film involved in the case on its official microblog of Sina. SAFS thought that Xinying Niandai's use of the works of art of the character images of "Calabash Brothers" and "Black Cat Detective" without its permission had constituted an infringement on its rights of revision, reproduction and distribution as well as its right of communication through information network; the act of Huayi Brothers constituted an infringement on the right of communication through information network, and Huayi Brothers and Xinying Niandai had committed joint infringement by committing such act. Therefore, SAFS filed a lawsuit and requested the court to rule that: 1. Xinying Niandai and Huayi Brothers make a public apology in the conspicuous position of the *Shanghai Morning Post* or other paper medium of the same level to eliminate the effects caused thereby; 2. Xinying Niandai and Huayi Brothers cease to infringe the copyrights of works of art of the character images of "Calabash Brothers" and "Black Cat Detective" owned by SAFS; 3. Xinying Niandai and Huayi Brothers jointly compensate SAFS for its economic losses and the costs it incurred to protect its rights, totaling RMB 531 750 (in the same currency below).

After the trial, the court of first instance found that:

I. As regard to the ownership of the copyrights of the Involved Works "Calabash Brothers" and "Black Cat Detective"

With respect to the ownership of copyright of the Involved Works "Calabash Brothers", there was a dispute over the same issue and an action was once filed. In March 2012, Shanghai No. 2 Intermediate People's Court made a final judgment on the case over copyright dispute between Hu Jinqing, Wu Yunchu and SAFS in the Judgment (2011) HEZMW (Z) ZZ No. 62. Shanghai No. 2 Intermediate People's Court found out and ascertained that at the end of 1985, SAFS appointed two of its employees Hu Jinqing and Wu Yunchu to act as the artistic designers, who drew the draft of character models for "Calabash Brothers". Seven Calabash Brothers have the same models, with the common features, i. e. a square face, stubby eyebrows, bright eyes, stocky body, with calabash crown on the top of the head, neck wearing the calabash-shaped leaf necklace, body wearing the waistcoat and shorts and waist wearing the calabash-shaped leaf apron in red, orange, yellow, green, cyan, blue and purple respectively. According to the historical background and conditions, the laws and regulations, and rules of SAFS then in effect when the "Calabash Brothers" were created, the court upheld that the works of character models of "Calabash Brothers" (i. e. the Involved Works in this case) belonged to the service works created by Hu Jinqing and Wu Yunchu under the certain historical conditions, and SAFS owned their copyrights except for the right of authorship.

In May 2014, Fujian High People's Court made a final judgment on the case over dispute of other copyright infringements between SAFS and Fujian Black Cat Detective Children Products Co., Ltd. and Fujian Nanhua Group in the Judgment (2014) MMZZ No. 223. Fujian High People's Court found out and ascertained that in the 1980s, SAFS filmed the cartoon *Black Cat Detective*, and in the film, the works of art for the character model "Black Cat Detective" (i. e. the Involved Works) was actually created by Dai Tielang, the head of SAFS then. The image of "Black Cat Detective": a round head, dressed in black uniforms and equipped with red epaulettes, wearing a black cap with white top, and there is a circular pattern with the bottom color of yellow and a blue arrow between the white and black; the top half of the face is black, which covered two turnup ears, and the bottom half of the face is white; for the eyes, the outer ring is golden yellow while the inner ring is black; it has perfectly straight and long beard, wears a pair of white gloves, carries on a pistol in the waist with the white straps. The court ruled that SAFS own the copyright of the cartoon *Black Cat Detective*, and under the planned economic system then implemented, the persons participating in filming and producing such cartoon were the employees of SAFS, therefore, without any evidence to the contrary, SAFS should own the copyright of the works of art "Black Cat Detective" (i. e. the Involved Works in this case).

II. Relevant conditions on SAFS's claim on the infringement by Xinying Niandai and Huayi Brothers

The film *The Struggle of 80's* was invested and produced by Xinying Niandai and

III. Dispute over Confirmation of Ownership and Infringement of Copyright

officially released on February 21, 2014. On the Involved Poster, there are: the character images of the leading actor and actress and principal cast in the prominent part of above two-thirds of the space, and many art images scattering in the background of the poster, including the young pioneer dressed in white and green uniforms attended the flag-raising ceremony, classroom activities, games after class and other scenes; black and white TV set, floor lamp and other electric appliances; sewing machine, old-time bicycle, thermos bottle, spittoon and other daily necessities; desks, pencil box and other stationeries; clockwork frog, tops, hoodles and other toys; figs as well as the involved cartoon images of "Calabash Brothers" and "Black Cat Detective", in which the images of "Calabash Brothers" and "Black Cat Detective" are respectively placed on the right and left sides of the leading actor and actress. The proportion of many background images are significantly smaller than the images of the leading actor and actress, and the size of art images of the "Calabash Brothers" and "Black Cat Detective" are basically identical to that of other background images. The film name "The Struggle of 80's" and the producer, filming company, cast and other information are prominently placed in the part of one third of the poster below, with the words "Presented on February 21, 2014" being marked thereon.

On March 7, 2014, SAFS applied for evidence preservation to Shanghai Oriental Notary Public Office. The notarization showed that "Huayi Brothers Shanghai Cinema" posted a piece of microblog relating to the involved film poster on February 22, 2014 in its official microblog, with the text: "the Film *The Struggle of 80's* is about a story that the contemporary 80's youth gives up the superior living environment in the city and abandons the broad road paved by their parents, but chooses the countryside with relatively hard conditions to fight for the career and independently start up a business. In the Film, the educational mode of 'first-generation rich' parents also becomes one of the highlights of the movie", and below the microblog, there is an involved film poster to be uploaded. Thereafter, the poster of *The Struggle of 80's* is searched through the website www.baidu.com, and after linking the relevant search contents, in the webpage, several media websites, including 1905.com, Xinhua Net, Sohu Entertainment, Tencent and Netease Entertainment, publish the involved poster. Shanghai Oriental Notary Public Office issued the Notarial Certificate (2014) HDZJZ No. 3371 therefor.

Through comparison in the court, the images in the involved poster accused of infringement are basically consistent with the features of the works of art for the characters of "Calabash Brothers" and "Black Cat Detective" claimed by SAFS, and the part suspected of being revised by Xinying Niandai without permission claimed by SAFS is as follows: for the image of "Black Cat Detective" of SAFS, there are two white bars in the epaulettes, and for the image of "Calabash Brothers", there are two pieces of leaves on the calabash above the head and there are also two pieces of leaves on the necklace, while in the involved poster, for the image of "Black Cat Detective", there are no two white bars in the epaulettes; and in the involved poster, for the image of "Calabash Brothers", there is only one piece of leaf on the calabash above the head and there are no leaves on the necklace.

III. Other related facts

The Struggle of 80's was examined and approved for official release by the State Administration of Press, Publication, Radio, Film and Television, which did not contain any plot or content concerning *Calabash Brothers or Black Cat Detective*.

In accordance with the national regulations concerning the filing of film script (outline), the film management and the submission and approval of photoplay (film, figure), the materials to be submitted include the relevant stage photos or posters (1-2) and light disk. Xinying Niandai prepared two posters for the film. Except for the poster involved, another poster has nothing to do with *Calabash Brothers or Black Cat Detective*. The poster involved was provided to Huayi Brothers by Xinying Niandai, which was used by Huayi Bothers in its official microblog for the publicity of film release.

Meanwhile, to safeguard its right in this case, SAFS paid notarial fee of RMB 1750. Because SAFS could not offer the invoice of the attorney's fee, its claim for attorney's fee should be supported by the court according to the circumstances.

The court of first instance held that the dispute of the case concerns: I. Whether SAFS has the rights of modification, reproduction, distribution, communication through information network and other copyrights of the art image products involved; II. Whether the use of the art works involved in the film poster by Xinying Niandai is reasonable; III. The nature of the involved act of Huayi Brothers.

I. Whether SAFS has the rights of modification, reproduction, distribution, communication through information network and other copyrights of the art image products involved

The court of first instance held that, according to the related provisions of the *Civil Procedure Law of the People's Republic of China*, the facts affirmed in the judg-

III. Dispute over Confirmation of Ownership and Infringement of Copyright

ment of the people's court that has taken effect need not be proved by the parties concerned by presenting evidences, except that they can be overthrown by contrary evidences provided the party concerned. The issue in this case concerning the ownership of *Calabash Brothers* has been referred to in the relevant ownership confirmation litigation and response has been made in the judgment of the people's court that has taken effect. As to the issue concerning the ownership of *Calabash Brothers*, where the accused infringer holds opposite views concerning the ownership involved in the infringement dispute, it is proper that the court makes affirmation against the focus of dispute based on the documented evidences. In this case, Xinying Niandai and Huayi Brothers failed to provide any opposite evidences, and there was no actual litigation directly involved on the ownership dispute. Therefore, the court of first instance affirmed that SAFS had the rights of modification, reproduction, distribution, communication through information network and other copyrights of the art image works involved (i. e. *Calabash Brothers* and *Black Cat Detective*).

II. Whether the use of the art works involved in the film poster by Xinying Niandai is reasonable

During the trial, Xinying Niandai raised a key ground of pleading that the film involved was about the story of 80's youth startup, and the use of the Involved Works was to indicate the age characteristics of the leading actors, which constituted the "reasonable use" in the copyright law.

According to the relevant provisions of the *Copyright Law of the People's Republic of China*, one circumstance constituting "reasonable use" refers to "appropriate citation", which means "to cite works released by other persons in the new work for the purposes of making comments on any work or explaining any question. To appropriately cite works released by other persons in the works, one need not to obtain the permission of the copyright owner and pay any remuneration to the copyright owner, but shall indicate the author's name and the title of the work, and shall not infringe any other rights of the copyright owner according to this law"; according to the relevant provisions of the *Regulations on the Implementation of the Copyright Law of the People's Republic of China*, "The exploitation of a published work which may be exploited without permission from the copyright owner in accordance with the relevant provisions of the Copyright Law shall not impair the normal exploitation of the work concerned, nor unreasonably prejudice the legitimate interests of the copyright owner".

The court of first instance held that: to judge whether the use of another person's works constitutes the reasonable use, it should be affirmed by overall considering the factors including but not limited to whether the referenced works have been published, the purpose of referencing another person's works, proportion of the referenced works in the whole works, whether the use of referenced works has a negative effect on the normal use or marketing sale of original works.

With regard to the nature of the work cited, *Calabash Brothers and Black Cat Detective* are role modeling art works in animations which have been broadcasted in the 1980s. Therefore, the cited works involved in the case had been published already.

With regard to the purpose of citation of another person's works, Xinying Niandai held that the citation of the art works of *Calabash Brothers and Black Cat Detective* in the film *The Struggle of 80's* and the combination of such two art works with other figures with characteristics of the times in the poster was to highlight the identity and age group of the leading roles and to reflect the characteristics of the time when 80's grew up. The court of first instance considered that the film involved was about the inspirational story that a contemporary 80's youth independently starts up a business and the name of the film also definitely points out the age group of 80's. The images of *Calabash Brothers and Black Cat Detective* were created in the 1980s, and the main broadcast time of the relevant animations was the 1980s and the 1990s. The 1980s and the 1990s are the peak period of Chinese animation, and many classic animated images were created during such periods, among which *Calabash Brothers and Black Cat Detective* were the representative ones. Due to the plot spreading in the multi-episode animations, the anthropopathic character design, the playful and imaginative contents and the popular theme songs and other reasons, the role images have visual, vivid and plump artistic vitality. Because of the high supply concentration, wide range of target audience and high degree of awareness of children entertainment works in the 1980s, the images of *Calabash Brothers* and *Black Cat Detective* can be called as the animation stars of 80's. The brave and steadfast *Calabash Brothers* and the *Black Cat Detective* praising virtue and punishing vice are the childhood memories of 80's and have high degree of combination with the time features. In the background of poster produced by Xinying Niandai, besides the images of *Calabash Brothers and Black Cat Detective*, it also includes the young pioneers dressed in white and green school uniforms who are participating the flag-raising ceremony, classroom activities,

III. Dispute over Confirmation of Ownership and Infringement of Copyright

games after class and other scenes; black and white TV set, floor lamp and other appliances; sewing machine, old-time bicycle, thermos bottle, spittoon and other daily necessities; desks, pencil box and other stationeries; clockwork frog, tops, hoodles and other toys; as well as figs and other snacks, all of which are the representative people, articles and scenes in their growth memory of 80's and the combination of these elements has a strong sense of age, in conformity to the innovative conception of poster creation as said by Xinying Niandai for cooperating and stating the theme of film "80's", therefore, the court confirmed that the use of the referenced works by Xinying Niandai is for the purpose of showing the age characteristics of the leading actors of the film involved.

In respect of the proportion of the cited works in the whole works, the cited works are only in an auxiliary, supporting and secondary position. As to the appearance of the poster, the involved poster emphasized on the hero and heroine who made up about half of the entire poster while *Calabash Brothers* and *Black Cat Detective* and other elements indicating the time features of 80's were the background covering less area and with the same percentage. The images of *Calabash Brothers and Black Cat Detective* were not highlighted in the poster. Therefore, the court of first instance concluded that such reference should be fair quototion.

With regard to the question whether the citation may influence the normal use of the works by SAFS, the use of images in the involved poster did not influence the normal use of the works by SAFS. The film involved was released on February 21, 2014 and the public release time was one to two weeks. The film did not contain any contents concerning *Calabash Brothers* and *Black Cat Detective*. Except for the use of such images in the poster, the film publicity copywriting did not contain any contents concerning *Calabash Brothers* and *Black Cat Detective*. Therefore, audiences who have specific needs for such two art works cannot be affracted by the film, nor can they associate the film, with such two art works. As a result, the court of first instance held that the use of *Calabash Brothers* and *Black Cat Detective* in the poster by Xinying Niandai for the purpose of indicating the age features of the leading roles did not conflict with the normal use of SAFS's own works and did not constitute market competition against SAFS. It should be pointed out that *The Struggle of 80's* is the product of Xinying Niandai. With regard to the functional attribute of the poster of film market promotion, the use of involved art works in the poster was indeed commercial use. However, the court of first instance held that the reasonable use system does not naturally exclude the possibility of commercial use, and commercial use may also constitute reasonable use only if it meets relevant important conditions provided by the law.

In light of all the circumstances of the case, the fair use of the said works published by SAFS in film posters by Xinying Niandai for the purpose of indicating the characteristic of the age group of the protagonist in the film did not affect the SAFS' normal use of its works. In addition, although the author's names of "Calabash Brothers" and "Black Cat Detective" are not indicated in the poster, this cannot affect the identification of the reasonable use of the works but possibly involves the infringement of the copyright of the author. Moreover, the necessity for indicating the author must be determined based on the use of the works, rather than subject to sweeping generalization. For example, it is required to explain in the footnote or endnote of a documented instrument in case of any quotations of the expressions from others' articles. However, according to the properties and creativity and integrity of the poster, it is a normal and reasonable practice that the author's name of the quoted image is not indicated in the works. In conclusion, the use of the works "Calabash Brothers" and "Black Cat Detective" in the film posters by Xinying Niandai is legitimate according to the *Copyright Law of the People's Republic of China*.

In this case, Xinying Niandai and Huayi Brothers argued that because the animation has multiple frames in a second, the images in the involved poster which are different from the works of SAFS may come from a different scene and that it just chooses the image at a different scene and does not alter the works of art, "Calabash Brothers" and "Black Cat Detective". The court of first instance held that the animation is dynamic and it is reasonable for small variations of the same role model under different scenes. However, Xinying Niandai and Huayi Brothers failed to effectively prove that the difference in this case was caused by the above reason. However, according to the provisions on the right of alteration in the *Copyright Law of the People's Republic of China* and in light of the circumstances of the case, the involved difference between the two pieces of works is not obvious enough to alter the basic content and type of the works and further alter the will of the copyright owner and thus cause damage to the reputation of SAFS. In addition, SAFS failed to present evidences on the damage caused to its reputation. Therefore, it is difficult to support the claim of SAFS that Xinying Niandai had infringed its right of alteration of the works.

III. Dispute over Confirmation of Ownership and Infringement of Copyright

III. The identification of the nature of the involved act of Huayi Brothers as the projection party of the film

Whereas the involved use by Xinying Niandai was reasonable and did not infringe the right of alteration of SAFS, the act of Huayi Brothers of posting the involved film poster on microblog was not a tort. So the infringement claims proposed by SAFS against Huayi Brothers shall not be supported.

In conclusion, the infringement claims made by SAFS against Xinying Niandai and Huayi Brothers are not established. According to the provisions of Item (2) of Paragraph 1 of Article 22 of the *Copyright Law of the People's Republic of China and Article* 21 *of the Regulations on the Implementation of the Copyright Law of the People's Republic of China*, the court of first instance decided to reject the claims made by SAFS.

SAFS refused to accept that judgment, and appealed to this court, requesting the court to revoke the original judgment and make a new judgment according to law, specifically: 1. The twoAppellees stop the infringement on the copyright of the fine art "*Calabash Brothers*" and "*Black Cat Detective*" of the Appellant; 2. The two Appellees jointly compensate the Appellant RMB 40 000 for its economic losses and other reasonable costs. SAFS claimed in the appeal that: I. The use of the involved works did not comply with the provisions over reasonable use in the *Copyright Law of the People's Republic of China* on the following grounds: (I) The court of first instance's ascertainment that the Appellee used the involved works to explain something, namely the characteristic of the age group of the protagonist in the involved film was improper. Firstly, the characteristic of the age group does not have to be shown by the involved works because it is clear from the name of the film in the poster; secondly, the Appellee failed to do the "demonstration" and put the involved works on the posters just to coincide with the theme of the film and enrich the content of the poster, which does not comply with the definition of "use for the purpose of demonstration of a point". (II) The court of first instance ascertained that the involved works only cover a small area and are not highlighted, so the use is fair quotation. Such ascertainment is not in conformity with the provisions of the law. The characteristic of the age group of the protagonist does not have to be shown by the involved works and the involved works are more famous than the two protagonists. Therefore, regardless of the composition of the involved works, it cannot be an "appropriate reference". (III) The court of first instance believed that there was no competitive relationship between the Appellee's use of the involved works and the Appellant's use in the market and the Appellee's use did not prejudice the rights of the copyright owner; the Appellant did not accept the judgment. Ⅱ. The Appellee's use of the involved works had infringed the right of alteration of the Appellant.

The Appellee, Xinying Niandai, argued that: Ⅰ. Inevitable quotation does not constitute the reasonable use. Ⅱ. Before ascertaining that such use constituted reasonable use, the court of first instance comprehensively considered all the factors including whether the works were openly published or not, the purpose of quotation, the proportion of the quoted works in the whole work and whether the use had any negative effect on the use of the original works rather than only the proportion and position of the involved works on the poster. Ⅲ. The involved works appear with other symbols of the 1980s, not alone, and the Appellee neither used the involved works to seek benefits nor competed with the copyright owner, so the Appellee did not damage the interests of the Appellant. Ⅳ. The film posters were only used in the promotion and release period and now the film is not released, so there is no such problem like stopping using the posters and stopping infringement. With respect to the joint compensation, there shall not be any compensation for the reasonable use and the Appellee's act did not cause any negative effect on or losses to the normal use and sale of the works of the Appellant. Therefore, the Appellee, Xinying Niandai, appealed to this court to reject the claim of the Appellant and affirm the original judgment.

The Appellee, Huayi Brothers, argued that it had no objection to the affirming facts, sentence reasons and applicable laws of the original judgment. Meanwhile, it believed that: Ⅰ. The two images of the involved works appearing in 1980s had already had social implications and had been widely used. Ⅱ. The Appellee's use of the posters in the promotion of the film complies with the provisions over reasonable use for the purpose of introduction of or comment on a piece of works. Therefore, the Appellee, Huayi Brothers, request this court to reject the claim of the Appellant and affirm the original judgment.

Neither party submitted any evidence materials to this court in the trial of second instance.

After the trial, this court found that the facts ascertained by the court of first instance are true, and shall be affirmed.

This court holds that the focuses of dispute in the second instance of this case shall be "whether or not it is reasonable for the Appellee to use the works of fine art

III. Dispute over Confirmation of Ownership and Infringement of Copyright

of 'Calabash Brothers' and 'Black Cat Detective' in the film poster."

With respect to the judging criteria for reasonable use and the way to ascertain the appropriateness of citation as provided in the *Copyright Law of the People's Republic of China*, this court agreed with the judgment made by the court of first instance, i. e., the ascertainment of reasonable use shall be subject to specific circumstances, have no conflict with normal use and shall not damage the legal rights and interests of the Ropyright holder. Besides, in this case, when the above-said judging criteria are applies, the following factors shall also be considered: the purpose of the works cited, the proportion of the works cited in the new works, whether the normal use by the Ropyright holder of the works cited is affected and is there any unreasonable damage to the Ropyright holder. This court shall affirm the analysis and ascertainment made by the court of first instance from the above-said aspects.

This court concludes that: according to the provisions of the *Copyright Law of the People's Republic of China*, it shall be reasonable use to cite works released by other persons in the new works for the purpose of introducing or making comments on any works or explaining any question. Explaining any question shall mean that the citation of any works is to explain other questions, not to show the artistic value of the cited works, and the citation of the cited works in the new works leads to transition of the original artistic value and functions of the cited works; such cited works are not indispensable in new works, but the citation of the same shall also be reasonable use even if the cited works are not indispensable in new works.

The Appellant claimed that the age of the leading role in the involved film is not at all necessarily illustrated by the works of fine art of "Calabash Brothers" and "Black Cat Detective" in the poster and the "Calabash Brothers" and "Black Cat Detective" were not used for the purpose of indicating the age characteristics of the leading role in movie. In this case, as analyzed and confirmed in the judgment made by the court of first instance, "Calabash Brothers" and "Black Cat Detective" are cartoon images that were widely known in the 1980's, and were deeply rooted in the hearts of those who grew up in the 1980's. Therefore, the cartoon images of "Calabash Brothers" and "Black Cat Detective" are a part of the growing memories of the children in the 1980's. The involved film poster cited the works of fine art of "Calabash Brothers" and "Black Cat Detective" as well as many other representative personals, sceneries and things similar to the children in the 1980's, such as: black and white TV set, floor lamp, sewing machine, old-time bicycle, thermos bottle, spittoon, desks, pencil box, clockwork frog, tops, hoodles, figs and other era elements such as flag-raising ceremony by Young Pioneer dressed in white and green school uniform, classroom activities and spare-time activities. The citation covered daily necessities, stationery, playthings, snacks and the scenes of life and learning and other aspects used and experienced by the children in the 1980's, thus, what the contents of the whole film poster presented to the audiences was the daily life and experience of the children in the 1980's. Therefore, the citation of the works of fine art of "Calabash Brothers" and "Black Cat Detective" in the film poster not only represented the art aesthetics and function of the same, but reflected the time and age characteristics of the children and adole scences in the 1980's who had witnessed the heyday of such cartoons as "Calabash Brothers" and "Black Cat Detective" and was in compliance with the age characteristics of the leading role in movie. Hence, the works of fine art of "Calabash Brothers" and "Black Cat Detective", when cited in the film poster, were bestowed new value, meaning and function. The original artistic value and function had been transformed, with high degree of transformation, which fell into the circumstances of explaining any question as described in the *Copyright Law of the People's Republic of China*. With respect to the claim made by the Appellant that the involved film poster did not have to cite the works of fine art of "Calabash Brothers" and "Black Cat Detective" to indicate the age characteristics of the leading role in movie, so the ground for reasonable use is not well founded. As the review and confirmation over reasonable use were not made based on whether the work citation was necessary, the ground for appeal lacks legal ground and shall not be adopted by this court. With respect to the ground for appeal claimed by the Appellant that the citation of the works of fine art of "Calabash Brothers" and "Black Cat Detective" in the involved film poster cannot show the age characteristics of the leading role in movie, as "Calabash Brothers" "Black Cat Detective" and other background images comprehensively reflect the theme of the involved film poster, such ground for appeal does not ally with the facts, thus should not be adopted by this court.

The Appellant claimed that the involved film poster demonstrated the works of fine art of "Calabash Brothers" and "Black Cat Detective" completely, so the court of first instance ruled that the citation is inappropriate. With respect to the appropriateness of citation, this court held that review shall also be conducted over the constitutive requirements on the judgment that the normal use of the cited works shall remain unaffected and the reasonable use of the patentee's legal rights and interests shall not be damaged. This court holds that, as previously mentioned, all the era elements used in the involved film poster including the works of fine art of "Calabash Brothers" and "Black Cat Detective" forms the background images of the leading role in movie. And "Calabash Brothers" "Black Cat Detective" and other background images are demonstrated in harmonious proportions, without highlighting "Calabash Brothers" and "Black Cat Detective". Compared with the leading role in movie highlighted in the poster, "Calabash Brothers" and "Black Cat Detective" are inconspicuous. Therefore, the citation conforms to the criteria for the function of background images. As "Calabash Brothers" and "Black Cat Detective", as representative cartoon images of 1980's, are not commonly used as works of fine art purely for the purpose of appreciation nowadays, the demand of relevant audiences for use of them generally cannot be satisfied by viewing the involved film poster and it is unlikely for such audiences to give up using the original works as a result. Therefore, the citation of the works of fine art of "Calabash Brothers" and "Black Cat Detective" in the involved film poster as background images will neither derive any alternative use, nor affect the normal use by the patentee. Furthermore, the citation of the works of fine art of "Calabash Brothers" and "Black Cat Detective" in the involved film poster was designed to show the time characteristics of 80's when the generation after 80's lived, which shall fall into special circumstances that are not common. As the period for issuing the involved film poster was short, the impact of such poster would be weakened gradually as the broadcast period of the film expired. Therefore, the citation will not damage the legal rights and interests of the patentee. This court holds that the citation shall be appropriate use, and thus did not adopt the ground for appeal on the inappropriateness of citation provided by the Appellant.

In conclusion, the involved film poster, for the purpose of showing the time characteristics of the children in the 1980's, properly cited the works of fine art of "Calabash Brothers" and "Black Cat Detective", the representative images in the 1980's, together with other elements with the same time characteristics, as the background images of the film poster. Such citation should be reasonable use.

With respect to the ground for appeal provided by the Appellant on that the Appellee infringed its right of modification, this court held that, as it had been stated in detail in the judgment made by the court of first instance that the documented evidences were insufficient to prove that modification has been made by the Appellee to the works of fine art of "Calabash Brothers" and "Black Cat Detective" and the cartoon images may have subtle differences due to differences of scenarios, this court will not make any restatement.

Accordingly, the facts ascertained by the court of first instance are clear, the judicial procedures are legal and the judgment rendered is proper, thus shall be upheld by this court. Therefore, this court rejects the appeal of the Appellant. The judgment is made as follows in accordance with the provisions of Item (1) of Paragraph 1 of Article 170 of the *Civil Procedure Law of the People's Republic of China*:

The appeal is rejected and the judgment made by the court of first instance shall be affirmed.

The second-instance court fee is RMB 800, which shall be borne by the Appellant Shanghai Animation Film Studio.

This judgment is the ruling of the final instance.

Chief Judge Lu Fengyu
Judge Xu Yanhua
Judge Yang Fuyu
April 25, 2016
Law Clerk Shen Xiaoling

Attachment: Relevant laws

Civil Procedure Law of the People's Republic of China

Article 170 After trail, the people's court of second instance shall handle appeal cases according to the following different circumstances:

(1) If the facts were clearly ascertained and the law was correctly applied in the original judgment or adjudication, the appeal shall be rejected in the form of a judgment or adjudication and the original judgment or adjudication shall be affirmed;

...

III. Dispute over Confirmation of Ownership and Infringement of Copyright

12. Dispute over Infringement upon Computer Software Copyright between Hangzhou PATCH Technology Co., Ltd. v. Shanghai Moefantasy Network Technology Co., Ltd.

Shanghai Intellectual Property Court
Civil Judgment

(2015) HZMCZ No. 633

Plaintiff: Hangzhou PATCH Technology Co., Ltd.
Legal representative: Zhou, General Manager.
Entrusted agent: She, a lawyer from Shanghai Fangda Partners.
Entrusted agent: Shao, a lawyer from Shanghai Fangda Partners.
Defendant: Shanghai Moefantasy Network Technology Co., Ltd.
Legal representative: Ding, General Manager.
Entrusted agent: You, a lawyer from Shanghai DeBund Law Offices.
Entrusted agent: Luo, a lawyer from Shanghai DeBund Law Offices.
Third Party: Lu.
Entrusted agent: Zhong, a lawyer from Shanghai Tai Law Offices.
Entrusted agent: Gu, a lawyer from Shanghai Tai Law Offices.

After accepting the case concerning the dispute over copyright ownership of the computer software between the Plaintiff Hangzhou PATCH Technology Co., Ltd. (hereinafter referred to as the "PATCH") and the Defendant Shanghai Moefantasy Network Technology Co., Ltd. (hereinafter referred to as the "Moefantasy") on September 28, 2015, this court set up a collegiate bench according to law to conduct the trial. On December 24, 2015, based on the needs of hearing the case, the court added Lu Tian as the Third Party to the case according to law. On February 19, 2016, according to the request of PATCH for a hearing in private session, the court held a non-public trial on this case according to law. The entrusted agent of the Plaintiff PATCH, Shao, the legal representative and its entrusted agents of Moefantasy, Ding, You, and Luo, and the entrusted agent of the Third Party Lu, Zhong participated in the proceedings. The trial for the case has now been concluded.

The Plaintiff PATCH claimed that according to the *Contract on Agency and Operation of the Game* signed by and between the Plaintiff and the Defendant, the Defendant undertook that it was the owner of the "copyright" of the mobile game *Warship Girls* (hereinafter referred to as "the Involved Game") within the territory of China and granted the Plaintiff a "world-wide, exclusive agency and operating right" for all versions of the Involved Game. However, in the process of operation, the Plaintiff found that the author of the computer software programs of the Involved Game was a third party, and the copyright of the computer software programs of the Involved Game was never transferred to the Defendant. In order to ensure the normal operation of the Involved Game, the Plaintiff signed the *Agreement on Gifting the Code of <Warship Girls>* with the Third Party and thereby obtained the copyright of the computer software programs of the involved game. However, the Defendant repeatedly sent letters to the game distribution channels and application platforms in the name of the copyright holder of the Computer Software Programs of the Involved Game, which hindered the normal operation of the Involved Game. Moreover, in September 2014, the Defendant completed the copyright registration with the Copyright Protection Center of China with the title of *Mobile Games Software Warship Girls*: *Warship Girls V 1.0 for Short*, which caused severe damage to the legal rights and interests of the Plaintiff. To safeguard its legal rights and interests, the Plaintiff filed a lawsuit to the court, requesting the court to rule that: 1. The Plaintiff own the copyright of the computer software programs of the Involved Game; 2. The Defendant immediately cancel its copyright registration with respect to the computer software programs of the Involved Game; 3. The Defendant assume all legal costs involved in this case. During the trial, the Plaintiff clarified in Claim 1 that the Plaintiff was the owner of the copyright of the computer software programs of the Client for the Involved Game (hereinafter referred to as "the Client Program"), excluding pictures and other materials.

The Defendant Moefantasy argued that firstly, the computer software programs of the Involved Game is the works of legal entity of the Defendant. 1. The Game is a comprehensive work composing of many elements including the server program, the client program, the plan, user interface design, works of art, musical works etc., which was jointly developed by several persons, with the development costs being as-

III. Dispute over Confirmation of Ownership and Infringement of Copyright

sumed by the Defendant and the license also being granted by the Defendant; 2. The Third Party, as an employee of Moefantasy, did not independently develop the Client Program of the Involved Game; instead, he needed to develop the same based on the plan made by the planners and the design made by the users interface designers and with the cooperation of the operation of the server program. Secondly, the Client Program developed by the Third Party, which cannot constitute an independent works since it cannot operate without the server program, user interface, works of art, musical works etc.. Thirdly, the Third Party had no right to gift the copyright of the code of Client Program of the Involved Game to the Plaintiff. The Defendant signed a *Cooperation Contract* with the Third Party on February 28, 2015, which stipulated that the Third Party held the ownership of the source code of Client Program of the Involved Game, but the ownership is a concept of property right, rather than copyright, therefore, the said stipulation does not change the fact that the source code of Client Program of the Involved Game is a work of a legal entity. To sum up, the Plaintiff had no right to assign the copyright of the Client Program of the Involved Game firn the Third Pariy, and the Defendant thus requested the court to reject the claims of the Plaintiff.

The Third Party Lu Tian stated that the server program and the Client Program in connection with the Involved Game were two types of independent software, and as the Third Party independently completed the preparation of the Client Program, therefore he should enjoy the copyright of the Client Program, and have the right to gift the Plaintiff the Client Program of the Involved Game.

The Plaintiff presented the following evidence materials to this court to support its claims:

Evidence 1: *Contract on Agency and Operation of the Game*, proving that the Defendant granted the Plaintiff a worldwide exclusive agency and operating right in connection with the Involved Game, and warranted that it held the copyright of the Involved Game in China.

Evidence 2: *Agreement on Gifting the Code of <Warship Girls>*, proving that the Third Party gifted the Plaintiff the copyright of the source code of the Client Program of the Involved Game.

Evidence 3: *Registration Certificate of the Computer Software Copyright of the National Copyright Administration of the People's Republic of China*, proving that the Defendant registered the copyright of the Computer Software of the Involved Game under its name without authorization.

Evidence 4: *Cooperation Contract*, proving that the Defendant entered into an agreement with the Third Party, providing that the source code of the Client Program of the Involved Game shall be owned by the Third Party.

Evidence 5: the materials in relation to the lawsuit instituted by the Defendant in a separate case to the court, proving that the Defendant filed a lawsuit torequest for cancelling the *Contract on Agency and Operation of the Game* signed with the Plaintiff.

Evidence 6: Emails, lawyer's letters and attachments stating that the Defendant required the distributors for removal of the Involved Game, proving that the Defendant argued that itwas the holder of copyright of the Involved Game and requested Tencent to remove off the Involved Game.

Evidence 7: *Contract on Agency and Operation of the Game* signed by and between Suzhou Paiqu Network Technology Co., Ltd. and Shanghai Muka Information Technology Co., Ltd., proving that the said two companies also enjoyed the copyright of the Involved Game.

Evidence 8: Industrial and commercial registration information concerning Shanghai Muka Information Technology Co., Ltd., proving that the company is a subject independent of the Defendant.

Evidence 9: Annual Corporate Report 2014 of Shanghai Muka Information Technology Co., Ltd., proving that the company was actually under operating state.

Through cross-examination, the Defendant had no objection to the authenticity of Evidence 1, but argued that such evidence had no relevance to the case for its proved content; the Defendant had objection to the authenticity of Evidence 2, and held that it cannot be affirmed whether such evidence was signed by the Third Party; the Defendant had no objection to Evidences 3, 4, 5 and 6 and held that the "Code" as referred to in Evidence 4 only means the source code written by the Third Party, which did not include the music, picture and other materials in the Involved Game; the Defendant had no objection to the authenticity of Evidences 7, 8 and 9, but held that they had no relevance to the case.

The Third Party had no objection to the authenticity of Evidences 1 and 3 provided by the Plaintiff, but held that the act of the Defendant had infringed the rights and interests of the Third Party; the Third Party had no objection to Evidences 2 and 4; the Third Party did not recognize the authenticity of Evidences 5 and 6, and held

III. Dispute over Confirmation of Ownership and Infringement of Copyright

that such two evidences had no relevance to him. The Third Party had no objection to the authenticity of Evidence 7, but held that the act of the Defendant had infringed the rights and interests of the Third Party; he recognized the authenticity of Evidences 8 and 9, but held that they had no relevance to the case.

The Defendant presented the following evidences to the court to support its claims:

Evidence 1: *Preliminary Development Instructions*; Evidence 2: *Letter of Confirmation*; Evidence 3: *Salary Payment Certificate*; Evidence 4: *Query Certificate of Shanghai Municipal Bureau of Human Resources and Social Security Platform*, all of which proved that the Third Party was an employee of the Defendant, who just participated in the writing of the client code, and the Computer Software Program of the Involved Game is the works of legal entity.

Evidence 5: Notarial Certificate (2016) HDZJZ No. 619, proving that the Plaintiff declared that in fact, the Third Party was the developer of the Involved Game.

Evidence 6: Notarial Certificate (2016) HDZJZ No. 620, proving that the Plaintiff pre-registered the trademark of the "Warship Girls".

Evidence 7: *Cooperation Contract* and Evidence 8: *Supplementary Agreement on the Contract on Agency and Operation of the Game*, proving that the Plaintiff was aware of the fact that the Defendant had made an agreement on the ownership of the code of the Client Program with the Third Party, and knew perfectly well that the Third Party was not allowed to transfer the code.

Evidence 9: the *Supplementary Announcement of Tangel Publishing Co., Ltd. on Foreign Investment*, proving that Suzhou Paiqu Network Technology Co., Ltd. and the Plaintiff were confused in terms of subject.

Evidence 10: the Certificate of Inward Remittance through Alipay made by the Legal representative of the Defendant to the Third Party, proving that during the development period of the Involved Game, the Defendant paid the salaries, living expenses and costs of the development engine plug-ins to the Third Party.

Evidence 11: E-mail sent to the Defendant's legal representative by the Third Party on September 21, 2014 and Evidence 12: the Credit Card Bank Statement of Wang, jointly proving that it was the company of the Defendant that purchased the development engine of the Involved Game.

Evidence 13: the *Joint Declaration* signed by the Plaintiff and the Defendant, proving that the Plaintiff recognized the copyright registration on the Involved Game made by the Defendant and acknowledged that the Third Party had the right to dividends.

Evidence 14: the *Rescission Agreement*, proving that the Agency Agreement signed by and between Suzhou Paiqu Network Technology Co., Ltd. and Shanghai Muka Information Technology Co., Ltd. was terminated, which had no relevance to the copyright of the source code of the Involved Game.

Evidence 15: witness statements and PPT of the witnesses Mao, Wang, Xue, Zhou and Li (all the said witnesses appeared in court for giving evidence), proving that the Defendant held the copyright of the Computer Software Program.

Through cross-examination, the Plaintiff had objection to the authenticity of Evidences 1 and 2 as provided by the Defendant, and held that the development time of the Involved Game as reflected by such two evidences conflicted with each other; the Plaintiff had no objection to the authenticity of the form of Evidence 3, but held that it could not prove that Lu Tian therein was the Third Party to the case, and such payment was made by the Defendant's Legal Representative individually, not by the company of the Defendant, thus, it has no relevance to the case; the Plaintiff had no objection to the authenticity of Evidence 4 in form, but held that it could not prove that there was an employment relationship between the Defendant and the Third Party, and nor could it prove that the Third Party actually worked for the Defendant; the Plaintiff had no objection to the authenticity of Evidences 5 and 6, but held that they had no relevance to the case; the Plaintiff had no objection to the authenticity of Evidence 7; the Plaintiff had no objection to the authenticity of Evidence 8, but held that Suzhou Paiqu Network Technology Co., Ltd. was unaware of that the real holder of copyright of the Computer Software Program of the Involved Game was the Third Party; the Plaintiff had no objection to the authenticity of Evidence 9, but held that it could not prove that there was confusion between Suzhou Paiqu Network Technology Co., Ltd. and the Plaintiff in terms of subject; the Plaintiff had objection to the authenticity of Evidence 10, and held that Alipay payment items may be voluntarily set, and such evidence had no relevance to the case; the Plaintiff had objection to the authenticity and relevance of Evidences 11 and 12, and held that the formation time of the evidences were later than the development time of the Involved Game; the Plaintiff had no objection to the authenticity of Evidence 13, but held that such evidence could not prove that the Plaintiff recognized the Defendant's copyright to the

III. Dispute over Confirmation of Ownership and Infringement of Copyright

Involved Game; the Plaintiff had no objection to the authenticity of Evidence 14, but held that whether Suzhou Paiqu Network Technology Co., Ltd. and Shanghai Muka Information Technology Co., Ltd. had fulfilled the contract between them had no relevance to the case; the Plaintiff had objection to the authenticity of Evidence 15, and held that statements made by all witnesses were in conflict with those made by the Defendant in the court trial.

The Third Party had objection to the authenticity of Evidences 1 and 2 provided by the Defendant, and held that there was no signature of the Third Party and such two evidences could not prove that the Third Party was an employee of the Defendant; the Third Party had no objection to the authenticity of Evidence 3, but held that the relevant payments were not the salaries, but the borrowings of the Third Party from the Defendant's Legal Representative; the Third Party had no objection to the authenticity of Evidence 4, but held that the payment time of social security charges was later than the development time of the Involved Game; the Third Party had no objection to the authenticity of Evidences 5 and 6, but held that they had no relevance to the Third Party; the Third Party had no objection to the authenticity of Evidence 7, but held that such evidence proved that the Third Party held the ownership of the code of the Client Program of the Involved Game; the Third Party had no objection to the authenticity of Evidence 8, but held that it had no relevance to the case; the Third Party had no objection to the authenticity of Evidence 9, but held that it could not prove that there was confusion between Suzhou Paiqu Network Technology Co., Ltd. and the Plaintiff in terms of subject; the Third Party had no objection to the authenticity of Evidence 10, but held that it had no relevance to the case; the Third Party had no objection to the authenticity of Evidence 11, but held that it could not prove that it was the company of the Defendant that purchased the development engine of the Involved Game; the Third Party had objection to the authenticity of Evidence 12, and held that such evidence could not prove that it was the company of the Defendant that purchased the development engine of the Involved Game either; the Third Party did not recognize the authenticity of Evidences 13 and 14 as they were not signed by the Third Party; the Third Party had objection to the authenticity of Evidence 15, and held that the witnesses did not know clearly that the Third Party made an agreement with the Defendant with respect to the ownership of the Client Program of the Involved Game and the statements made by the witnesses conflicted with each other.

The Third Party presented the following evidences to the court to support its claims:

Evidence 1: the original backup log of the Third Party written during the software development process, proving that the Third Party was the author of the Client Program of the Involved Game and process of creation thereof.

Evidence 2: the Third Party's account information on U3D and historic records of the account, proving that the Third Party was the licensee of the account 030lutian@gmail.com.

Evidence 3: license terms on official software of Unity and relevant legal notice, proving that the Third Party was the only licensee of the development engine of the Involved Game.

Evidence 4: payment invoices for engine of Unity Pro purchased by the Third Party and Evidence 5: payment invoices for other tools and materials purchased by the Third Party, proving that the Third Party provided the development engine and indispensable resources for the Involved Game.

Evidence 6: examples of the tools and materials purchased by the Third Party in the Involved Game, proving that the tools purchased by the Third Party were used in the source code of the Involved Game in the form of technical script and content-based resources.

Evidence 7: samples of iTween code and its position in the source code, proving that the Third Party wrote the open source code samples in the source code of the Involved Game.

Evidence 8: the form of pictures in the source code; Evidence 9: samples of adjusting results of the pictures in the source code; Evidence 10: the sample of "pictures" truly existing in the source code; Evidence 11: sample of animation works in the source code, proving that there were no original pictures in the source code and the Third Party had selected, edited, incised and adjusted same.

Evidence 12: structure chart of the source code of the Involved Works opened in the development engine, proving the range of the source code of the Involved Works.

Through cross examination, the Plaintiff had no objection to all of the evidences presented by the Third Party. The Defendant had no objection to the authenticity of Evidence 1 provided by the Third Party, but held that it could not prove that the Third Party owned the copyright of the Client Program of the Involved Game; the Defendant had no objection to the authenticity of Evidences 2, 3, 4, 5, 6 and 7, but

III. Dispute over Confirmation of Ownership and Infringement of Copyright

held that the fact that the Third Party has obtained the development tools of the Involved Game could not prove that it obtained the copyright of the Computer Software Program of the Involved Game; and after November 2013, the plug-in modules and development engine were purchased by the Defendant; even though the Third Party owned part of the software source code, it did not mean that it held the entire copyright of the Game; the Defendant did not recognize the authenticity of Evidences 8, 9, 10, 11 and 12, and held that the Third Party only engaged in the writing of the source code and did not take charge of picture processing, design and other matters.

According to the evidences, cross-examination opinions and the trial statements provided by the Plaintiff, the Defendant and the Third Party, the court verified all evidences and materials presented by the parties involved as follows:

The Defendant and the Third Party had no objection to Evidences 3 and 4 provided by the Plaintiff; the Third Party had no objection to Evidence 2 provided by the Plaintiff; Evidence 7 provided by the Defendant was identical to Evidence 4 provided by the Plaintiff, and the said evidences met the requirements on the form of evidence and had relevance to the case, therefore, the court adopted the above-said evidences. Although the Plaintiff and the Third Party had objection to the witness testimonies provided by the Defendant, the court held that the statements made the witnesses in connection with the development process of the Involved Game and the personnel division were mutually provable, therefore, the court adopted such part of witness testimonies. As regard to other evidences presented by the parties involved, the court held that they had no relevance to the ownership of the disputed copyright of the Client Program in the case, thus were rejected by the court.

After the trial, the court ascertained that:

Since November 2013, the development team of the Involved Game was set up by Ding, Lu, Li, Mao, Zhou, Wang, and Xue, with Ding being the head of the team, taking charge of the overall coordination, planning, and organization. Wang was in charge of the overall planning of the Involved Game; Xue in charge of the planning of numerical value; Mao was responsible for the provision of the resources including the art and music; Zhou for the design of game interface; Li for the development of the server program; and Lu for the development of client programs. On May 27, 2014, the Defendant was registered and established.

On September 18, 2014, the Defendant obtained *the Registration Certificate of the Computer Software Copyright Issued by the National Copyright Administration of the People's Republic of China*; the software name: the mobile game software *Warship Girls* (*Warship Girls* for short) V 1.0; copyright owner: Shanghai Moefantasy Network Technology Co., Ltd.; completion date: August 25, 2014; acquisition method: original acquisition; coverage: the entire right.

On February 28, 2015, the Defendant (Party A) signed a *Cooperation Contract* with the Third Party (Party B), which provided that Article 1: Party A confirms that Party B holds the ownership of the client source code of the mobile game *Warship Girls*. Party A shall not interfere in any way the ownership of such client source code held by Party B. The client code is not a work made by Party A for hire, the ownership of which shall not belong to Party A. Article 2: Party A and Party B confirm to maintain the safety of such code of the Game, and make their best to keep the life cycle and public praise of the Game; without the consent of Party A, such code shall not be sold or destroyed. Article 3: Party B enjoys 20% of shares for the turnover of Party A's project *Warship Girls* without any other conditions and restrictions. The Parties shall respectively assume relevant taxes. The shares shall be remitted to Party B's designated company within 10 days after Party A's turnover is deposited into the account and Party B provides the invoices. Article 4: If Party A develops the alternative version of *Warship Girls* with the same materials of the game, Party B shall automatically obtain the same share of such alternative version. Article 5: If Party A obtains profits by way of transferring, selling and otherwise disposing of the copyright of *Warship Girls*, Party B shall own 20% of such profits without any other conditions and restrictions...

The Third Party (Party A) signed the *Agreement on Gifting the Code of <Warship Girls>* with the Plaintiff (Party B), which provided that whereas Party A legally owned the ownership of the client source code of the mobile game *Warship Girls* and its relevant intellectual property rights (hereinafter referred to as the "Code Rights"), since the mobile game *Warship Girls* was launched on September 23, 2014, Party A always took charge of updating maintenance and code management, thus, Party A was the only legal ownership holder of such game code.... For the reason of health, and in consideration of the maximization of project benefit, Party A voluntarily gifted the Code Rights to Party B, and Party B agreed to accept such presentation. Party B, as the sole ownership holder of the source code of the mobile game *Warship Girls*, shall have the right to make updating maintenance and code management on the client side of mobile game *Warship Girls* and Party B shall be obligated to

III. Dispute over Confirmation of Ownership and Infringement of Copyright

make his best to maintain the life cycle and public praise of such game and crack down any infringement. Except that the Code Rights are transferred to Party B, other cooperation conditions between Party A and Moefantasy as confirmed in the Cooperation Agreement keep unchanged, and accordingly, the revenues enjoyed by Party A through cooperation with Moefantasy still shall be directly paid pro rata to Party A by Party B...

During the court trial, the Plaintiff confirmed that it was aware of that the provision, that is, "without the consent of Party A, the Code shall not be sold or destroyed" was contained in the *Cooperation Contract* signed by the Defendant and the Third Party, therefore, it obtained the copyright of the Client Program by the way of presentation.

The above facts were verified by the *Cooperation Contract*, the *Agreement on Gifting the Code* and the Copyright Registration Certificate as presented by the Plaintiff, witness testimonies of Wang Jiale et al as presented by the Defendant, the court trial records and other evidences.

This court holds that the focuses of dispute in this case are as follows: 1. The nature of the works of the Involved Game; 2. Whether the Client Program refers to the works for single use independent of the game; 3. The original ownership of the copyright of the Client Program; 4. Whether the Plaintiff can be gifted the copyright of the Client Program.

I. the nature of the works of the Involved Game

This court holds that Article 3 of the *Copyright Law of the People's Republic of China* (hereinafter referred to as the "*Copyright Law*") stipulates that: "For the purpose of this Law, the term 'works' includes works of literature, art, natural science, social science, engineering technology and the like which are created in the following forms: (1) written works; (2) oral works; (3) musical, dramatic, Chinese opera, choreographic and acrobatic works; (4) works of fine art and architectural works; (5) photographic works; (6) cinematographic works and another person's works created in a way similar to cinematography; (7) drawings of engineering designs and product designs, maps, sketches and other graphic works and model works; (8) computer software; (9) another person's works as provided for in laws and administrative rules and regulations."

From the perspective of the development process of the Involved Game, the mobile game *Warship Girls* is a works composed of a series of images with or without accompanying sound and created with the characters, music, special effects and other resources according to the prior setting of story, interface design and other matters by way of the computer programming. The Involved Game covers different elements which may be protected by the Copyright Law. Firstly, the computer program and related documentation formed through computer programming may be protected as the computer software. Secondly, if the stories, images, pictures, music and other resources as referred to in the Involved Game are original, they can be protected as the written works, works of art, musical works etc. Thirdly, if a series of images with or without accompanying sound formed upon the operation of the Game reflects certain original stories and designs, they may also be under protection.

Therefore, the Involved Game is a works created by integrating different elements of works, which cannot be simply classified in whole according to the category of works as provided in Article 3 of the *Copyright Law*, instead, which shall be judged based in the specific elements or contents involved. In this case, the parties' dispute is about the ownership of the Client Program of the Computer Software included in the Involved Game, which is a concept different from that of the ownership of the whole mobile game, and is also different from the art, music and another person's works in the mobile game. In this case, only the ownership of the Client Program of the Involved Game will be analyzed, and the confirmation of the ownership of the Client Program does not affect the whole copyright ownership of the Involved Game.

II. Whether the Client Program is the works used independent of the Involved Game

This court holds that as Article 2 of the Regulations on Computer Software Protection stipulates that: "For the purposes of these Regulations, the computer software refers to computer programs and related documentation.", Item (1), Article 3 of the *Regulations on Computer Software Protection* stipulates that: "a computer program refers to a sequence of code-based instructions that can be executed by such devices having information processing capacity as computer for achieving a certain result, or a sequence of symbol-based instructions or expressions that can be automatically converted into a sequence of code-based instructions. The source program and the object program in a computer program shall be the identical works", the computer program protected by the Copyright Law shall mean a sequence of code-based instructions, symbol-based instructions or expressions that can be executed by the computer and other devices for achieving a certain result.

III. Dispute over Confirmation of Ownership and Infringement of Copyright

In this case, the Client Program of the Involved Game was independently written and completed by the Third Party, and is a sequence of code-based instructions which can be executed by the computer, mobile phone and other devices for achieving a certain result. Although the Computer Program of the Involved Game contains the server program and the client program, and the operation of the client program is required for alignment with the server program, which means that if the client program achieves the prior setting of functions or results, it requires for cooperation with the server program, which does not affect the relative independence of the client program as the sequence of code-based instructions. Moreover, the provisions with respect to the computer program in the *Regulations on Computer Software Protection* do not require that it must achieve a certain result independently. To sum up, the client program in the computer software of the Involved Game should be the works that can be used independently. This court does not accept the Defendant's opinion that the Client Program cannot be used independently.

III. The original copyright ownership of the Client Program

This court holds that firstly, the Client Program does not refer to the works of legal entity. Paragraph 3, Article 11 of the *Copyright Law* stipulates that "Where a works is created according to the intention and under the supervision and the responsibility of a legal entity or another organization, such legal entity or organization shall be deemed to be the author of the works." In the case, the Client Program of the Involved Game is independently written and completed by the Third Party, which does not reflect the intention of the legal entity or other organization, therefore, the Client Program does not refer to the works of legal entity. This court does not accept the Defendant's opinion that the Client Program does not belong in works of legal entity.

Secondly, the copyright of the Client Program shall belong to the Third Party according to the agreement. According to the provisions of the *Cooperation Contract* signed by the Defendant and the Third Party, "Moefantasy confirms that Lu Tian holds the ownership of the source code of the Client Program for the mobile game *Warship Girls*. Moefantasy shall not interfere in any way the ownership of such client code held by Lu Tian. The client code is not Moefantasy's works created in the course of employment, the ownership of which shall not belong to Moefantasy." This court believes that the works production, as a civil activity shall comply with the principle of voluntary. For the copyright ownership of the works, in case of any provision, such provision shall prevail. Under the circumstances that the Defendant has no evidence to prove that the said *Cooperation Contract* is made in violation of its intention, the ownership of the Client Program of the Involved Game shall be determined in accordance with the *Cooperation Contract*. Although the Defendant argues that it is the "ownership" not the "copyright" as agreed in the *Cooperation Contract*, this court holds that there is only a difference of concept between the ownership and the copyright in different laws and standards, in essence, both the ownership and the copyright refer to the attribution of the certain object. As agreed in the *Cooperation Contract*, in essence, it depends on specifying that the Third Party holds the client program; as the Client Program belongs to the scope of the computer software, it should be determined according to the Copyright Law, therefore, the "ownership" as agreed shall mean that the copyright of the Client Program shall be owned by the Third Party.

IV. Whether PATCH can be gifted the copyright of the Client Program

According to Article 51 of the *Contract Law of the People's Republic of China*, "Where a person having no right to disposal of property disposes of other persons' properties, and the principal ratifies the act afterwards or the person without power of disposal has obtained the power after concluding a contract, the contract shall be valid." This court holds that the "person having no right to disposal" in such provision includes the person who has no right to disposal of others' properties or who could not freely dispose of the properties due to the restricted ownership, even having the ownership on the same. In this case, although the Third Party held the copyright on the Client Program, such right was subject to "no selling or damage", and without the permission of the Defendant, the act that the Client Program was gifted to the Plaintiff belonged to the unauthorized disposal; under the circumstances that the Defendant did not make confirmation and the Plaintiff was subjectively aware of that the Copyright of the Third Party was restricted, the Plaintiff could not be gifted the copyright of the Client Program.

Firstly, the Third Party's copyright of the Client Program is subject to "no selling or damage". According to Article 2 in the *Cooperation Contract* signed by the Defendant and the Third Party, the Parties confirm to maintain the code security of the Involved Game and try to keep the life cycle and public praise of the Game. Without the consent of the Defendant, the code of the Client shall not be sold or destroyed. This court holds that whereas the Client Program is an integral part of the computer software program of the Involved Game, although the Client Program can be divided

III. Dispute over Confirmation of Ownership and Infringement of Copyright

for use, the Third Party also enjoys the copyright of the Client Program; however, in order to ensure the orderly operation of the computer program of the Involved Game in whole and ensure the code security of the Involved Game, under the circumstance that the Client Program of the Involved Game shall be held by the Third Party, it is not improper for the Defendant to restrict the copyright of the Client Program held by the Third Party. The Third Party, at the time of exercising the copyright of the Client Program, shall comply with the said restriction.

Secondly, the act of presentation falls into the restriction of "no selling or damage" as agreed in the *Cooperation Contract*. According to Paragraph 1 of Article 125 in the *Contract Law of the People's Republic of China*, if any disputes arise between the parties over the understanding of any clause of the contract, the true meaning thereof shall be determined according to the words and sentences used in the contract, the relevant provisions in the contract, the purpose of the contract, the transaction practices and the principle of good faith. Therefore, the provision of "no selling or damage" to the Client Program shall be interpreted according to the purpose of the same. This court believes that the Client Program is the significant part of the computer software in the Involved Game, the Third Party, as a member of the creation team of the Involved Game shall ensure the right holder of the Client Program unchanged, which is in favor of the maintenance and update of the Client Program in the process of operation of the Involved Game and mutual communication. The restriction of "no selling or damage" aims at preventing the Client Program from being damaged or the right holder from being changed which may affect the normal operation of the Involved Game. The act of presentation causes change in the holder of copyright of the Client Program, therefore, the act of presentation shall be subject to the restriction of "no selling or damage" as agreed in the *Cooperation Contract*.

Thirdly, the Plaintiff is not bona fides subjectively. The Plaintiff knew that the Third Party's the Client Program is subject to the restriction of "no selling or damage" before signing the agreement on the presentation of the Client Program. But the Plaintiff did not further communicate with the Defendant to confirm the scope of the said restriction and understand the Defendant's opinions on the Third Party presenting the Client Program, therefore, the Plaintiff was subjectively infault, was not bona fides and may not be gifted the copyright of the Client Program of the Involved Game.

To sum up, the Client Program of the Involved Game refers to the works which can be independently used, but the copyright of the Client Program is subject to the restriction of "no selling or damage" as agreed in the Cooperation Contract. The act of the Third Party of making a presentation to the Plaintiff was an act of unauthorized disposal; under the circumstances where the Defendant did not make confirmation and the Plaintiff was subjectively aware of the said restriction, the Plaintiff could not be gifted the copyright of the Client Program of the Involved Game, and also has no right to cancel the copyright registration on the computer software program of the Involved Game as made by the Defendant. According to Article 51 and Paragraph 1 of Article 125 of the *Contract Law of the People's Republic of China*, Article 3 and Paragraph 3 of Article 11 of the *Copyright Law of the People's Republic of China*, and Article 2 and Item (1) of Article 3 of the *Regulations on Computer Software Protection*, the judgment is made as follows:

The claims of Hangzhou PATCH Technology Co., Ltd. are rejected.

The court fee for this case is RMB 800, which shall be borne by the Plaintiff Hangzhou PATCH Technology Co., Ltd.

Either party that refuses to accept this ruling as final may, within 15 (fifteen) days after service of this judgment, appeal to Shanghai High People's Court by submitting an appeal petition to this court and the copies thereof shall be provided according to the number of persons of the opposing party and the copies thereof shall be provided according to the number of persons of the opposing party.

Chief Judge　Wu Yingzhe
Acting Judge　Cheng Li
Acting Judge　Ling Zongliang
April 25, 2016
Law Clerk　Chen Yunzhi
Law Clerk　Li Bingxue

III. *Dispute over Confirmation of Ownership and Infringement of Copyright*

Attachment: Relevant laws

Ⅰ. *Copyright Law of the People's Republic of China*

Article 3   For the purpose of this Law, the term "works" includes works of literature, art, natural science, social science, engineering technology and the like which are created in the following forms:

(1) written works;

(2) oral works;

(3) musical, dramatic, Chinese opera, choreographic and acrobatic works;

(4) works of fine art and architectural works;

(5) photographic works;

(6) cinematographic works and another person's works created in a way similar to cinematography;

(7) drawings of engineering designs and product designs, maps, sketches and other graphic works and model works;

(8) computer software;

(9) another person's works as specified in law and administrative rules and regulations.

Article 11 ...

Where a works is created according to the intention and under the supervision and the responsibility of a legal entity or another organization, such legal entity or organization shall be deemed to be the author of the works.

...

Ⅱ. *Contract Law of the People's Republic of China*

Article 51   Where a person having no right to disposal of property disposes of other persons' properties, and the principal ratifies the act afterwards or the person without power of disposal has obtained the power after concluding a contract, the contract shall be valid.

Article 125   If any disputes arise between the parties over the understanding of any clause of the contract, the true meaning thereof shall be determined according to the words and sentences used in the contract, the relevant provisions in the contract, the purpose of the contract, the transaction practices and the principle of good faith.

...

Ⅲ. *Regulations on Computer Software Protection*

Article 2   For the purposes of these Regulations, the computer software refers to computer programs and related documentation.

Article 3 Meanings of the following words used in these Regulations:

(1) The computer program refers to a sequence of code-based instructions that can be executed by such devices having information processing capacity as computer for achieving a certain result, or a sequence of symbol-based instructions or expressions that can be automatically converted into a sequence of code-based instructions. The source program and the object program in a computer program shall be an identical works.

...

13. Dispute over Infringement of the Right of Dissemination on Information Network between TV. SOHU. COM v. Shanghai Hode Information Technology Co., Ltd.

Shanghai Intellectual Property Court
Civil Judgment

(2015) HZMZZ No. 276

Appellant (Defendant of the original trial): Shanghai Hode Information Technology Co., Ltd.

Legal Representative: Xu, General Manager of the company.

Entrusted agent: Li, a lawyer from ShanghaiHengtai Law Office.

Entrusted agent: Yu, a lawyer from ShanghaiHengtai Law Office.

Appellee (Plaintiff of the original trial): TV. SOHU. COM

Legal Representative: Deng, President of the company.

Entrusted agent: Fang, alawyer from Zhejiang Yiwei Law Office.

AppellantShanghai Hode Information Technology Co., Ltd. (hereinafter referred to as the "Hode") refused to accept the Civil Judgment (2015) PMS (Z) CZ No. 507 rendered by Pudong New Area People's Court of Shanghai on the dispute over infringement of the right to network dissemination of information, and lodged an appeal to this court against Appellee TV. SOHU. COM (hereinafter referred to as the "SOHU"). After accepting the case, this court set up a collegiate bench according to the law and held the trial. The trial of this case has been concluded now.

SOHU, Plaintiff of the original trial, claimed in the original trial that it was the right holder of TV series *Zhang Xiaowu's Spring* and *Happiness Will You Wait For Me* (also known as *The Legend Returns After Divorce*), And found that Hode provided online broadcasting of these two series at Bilibili website (URL: http://www.bilibili.com) without its authorization, which caused significant economic losses to SOHU, therefore, it requested the court to order that Hode should: 1. Stop the infringement immediately, i.e. delete the TV programs involved from www.bilibili.com; 2. Compensate the economic losses suffered by SOHU totaling RMB 200 000 (with the same currency below); 3. Pay reasonable expenses of RMB 10 000 as incurred by SOHU for stopping the infringement (including notarial fees of RMB 2 400, travel expenses of RMB 1 600 and the payment of audio-visual products purchased for this case, and attorney's fee of RMB 6 000). In the original trial, SOHU applied for withdrawing the first claim as Hode had ceased to provide the broadcasting services on its website.

Defendant of the original trial, Hode, argued that: 1. These two TV series weren't stored in its web server. Instead, they came from LETV and Tencent Video and were broadcast at Hode's website via the links uploaded by network users at other websites. Therefore, Hode didn't commit direct infringement and SOHU should prove if LETV and Tencent Video were legally authorized to broadcast the TV series on their websites. If LETV and Tencent Video were legally authorized, Hode did not commit contributory infringement; 2. As the video links were contributed by network users and both LETV and Tencent Video offered simple share buttons, making it difficult for Hode to verify if the videos at the original websites constituted an infringement, Hode did not know if such infringement existed exactly; besides, according to the safe harbor principle, Hode should be exempted from the liability for compensation as it offered the services as a link network service provider and had deleted the video links promptly; 3. The original Tencent Video website would show up when one clicks the TV series *Happiness Will You Wait For Me* that broadcast at Hode's website, proving that Hode just provided the link service; 4. Two TV series were broadcast on TV and other channels always for free and it had been more than 3 years since their premiere, which were not popular TV series and had fewer clicks at Hode's website, therefore, SOHU did not suffered significant losses; Hode did not get direct gains as the videos were broadcast without pop-up ads.

The original trial found as follows:

Ⅰ. With respect to the authorization on *Zhang Xiaowu's Spring*

At the end of an episode on TV series DVDs, it showed "all copyrights of the TV series are reserved by China Film & Television Production Co. Ltd., Shanghai Junwei Culture Communication Co., Ltd., Shanghai Guoting Culture & Art Development Co., Ltd., Shanghai Honghai Culture Communication Co., Ltd. and Shanxi Zhongshi Culture Communication Co., Ltd." and "Production Permit No.: Jia No. 005".

III. Dispute over Confirmation of Ownership and Infringement of Copyright

In February 2010, Shanghai Junwei Culture Communication Co., Ltd., Shanghai Guoting Culture & Art Development Co., Ltd. and Shanghai Honghai Culture Communication Co., Ltd. issued an authorization respectively to grant China Film & Television Production Co., Ltd. the exclusive right to disseminate *Zhang Xiaowu's Spring* on information network, the right to individually safeguard legal rights under law and the right to sublicense for a term of 6 years from February 20, 2010.

In April 2010, Shanxi Zhongshi Culture Communication Co., Ltd. issued a copyright declaration, claiming that it had no right to disseminate *Zhang Xiaowu's Spring* on information network and all agreements and arrangements on such right were subject to the discretion of China Film & Television Production Co. Ltd..

In 2010, China Film & Television Production Co., Ltd. issued an authorization granting Beijing Sohu New Media Information Technology Co., Ltd. the exclusive right to disseminate *Zhang Xiaowu's Spring* on information network, the right to individually safeguard legal rights and the right to sublicense for a term of 5 years from March 10, 2010 until the date on which the TV series were broadcast on Party B's platform. Later, Beijing Sohu New Media Information Technology Co., Ltd. granted SOHU such exclusive right and the right to safeguard legal rights for a term of 5 years from March 10, 2010 until the date on which the TV series were broadcast on SOHU's platform. In the original trial, SOHU confirmed that the authorization had expired by March 30, 2015. The TV series premiered in March 2010.

II. Regarding the authorization on *Happiness Will You Wait For Me*

In the title of an episode on TV series DVDs, it showed "Distribution Permit No.: (Guangxi) Drama Examination No. 002 (2014)" and at the end, it showed "all copyrights of the work belong to Dongyang Kingrain Films & TV Culture Co., Ltd.".

On December 13, 2012, Dongyang Kingrain Films & TV Culture Co., Ltd. (hereinafter referred to as the "Dongyang Kingrain") granted SOHU and Beijing Sohu Internet Information Service Co., Ltd. the exclusive right to disseminate *The Legend Returns After Divorce* (i.e. *Happiness Will You Wait For Me*) on information network, the right to safeguard legal rights according to law and the right to sublicense for a term of 5 years from the effectiveness date of the agreement until the TV series were broadcast on relevant platform. Later, Beijing Sohu Internet Information Service Co., Ltd. granted SOHU the exclusive right to disseminate *Happiness Will You Wait For Me* on information network, the right to independently safeguard legal rights according to law and the right to sublicense it for a term equal to the authorization period.

Later, Dongyang Kingrain issued a release notification to SOHU, authorizing SOHU to broadcast *Happiness Will You Wait For Me* on its website from August 21, 2014, which came online at 0: 00 of the next day after TV premiere on August 21, 2014.

Ⅲ. With respect to the notarization of infringement

On September 2, 2014, Qiantang Notary Public Office, Hangzhou City, Zhejiang Province notarized the following evidence preservation: log in the ICP/IP Address and Domain Name Information Filing Management System of MIIT and search the website with homepage ofwww. bilibili. com, it turned out that the organizer was Hode and name was Bilibili. Click into www. bilibili. com site and enter "*Zhang Xiaowu's Spring*"in the homepage search box, it showed "Chinese TV drama Zhang Xiaowu's Spring [HD 1080P] CCTV version, 25 episodes" and the network user information "shuang0524" and "816" hits below. when clicked on the search results to enter the play page of Episode 1, the corresponding episode name and"..." icon were shown above the playback frame while the portrait and name, etc. of network user were shown on the upper right. when clicked "..." icon at the end of Episode 1, the play buttons for all 25 episodes were shown. Select Episodes 11, 19 and 23 randomly, all videos could be played normally. Then enter "Happiness Will You Wait For Me"in the homepage search box, it showed the results of episodes of "[Urban Comedy] Happiness Will You Wait For Me"with network user name "牛奶来回晃荡" shown below. Each result gained 880-3281 hits. when clicked on the search result to enter the play page of Episodes 1-3, the corresponding episode was shown above the playback frame while the portrait and name, etc. of network user were shown on the upper right. Select Episodes 9-11, 20-22 and 26-29 randomly, all videos could be played normally. The Notary Public Office therefore issued a Notarization [ZHQZNZ No. 21079 (2014)] for the broadcasting fact of 10 TV dramas in total and SOHU paid a notarial fee of RMB 4 500.

Ⅳ. With respect to Hode

Hode was the operator of above-mentioned www. Bilibili. com website, a bullet-screen video website. Registered users could contribute Sina, Youku and Tencent videos to this website for others to watch and comment. The specific process was as follows: users had the URL of video playback page copied or filled in the website's

III. Dispute over Confirmation of Ownership and Infringement of Copyright

submission page and then filled the title, tag and other information, based on which the internal software would extract the code of the original website where videos were stored. Users could also provide the code directly. Then, a request would be sent to the server of the original website for extracting the video file data, which would be played in the web's player. Users could comment the videos when watching them, which would be either scrolled as bullets on the screen or displayed as comments at the side of the screen. Live HTTP headers indicated that the access address of the videos submitted to the website was their source address rather than Hode's website URL.

According to records of Hode's website management system, the video *Zhang Xiaowu's Spring* in this case came from LETV and the URL of playback page on LETV was provided by network user "shuang0524", who uploaded the link on June 10, 2014. Hode deleted the link on its website on September 9, 2014. SOHU affirmed that it issued an authorization on the TV series to LETV before, which had expired in 2013. By the time of evidence collection via notarization for the infringement involved, LETV had been no longer entitled to broadcast the TV series.

In this case, the video *Happiness Will You Wait For Me* came from Tencent Video, where the URL of its playback page was provided by the web user "牛奶来回晃荡", who uploaded the link on August 22, 2014. During playback, the words "Tencent Video" were shown in the top right corner of the playback frame. After right clicking the playback frame, users could select the "video source site" option to jump to Tencent Video for playback, which, however, was not expressly indicated on Hode's webpage or the playback frame page. Hode deleted the link on September 9, 2014 and SOHU acknowledged that it had granted an authorization to Tencent Video on the TV series before, which remained valid by the time of obtaining evidence via notarization of the infringement involved.

In the original trial, SOHU applied for withdrawing the first claim as Hode had deleted the videos on its website.

SOHU paid RMB 144.80 for purchasing audio-visual products in this case.

The court of first instance held that in view of the claims and arguments of the parties, the dispute mainly concerned whether SOHU was an eligible party in this case, whetherHode committed infringement and how to determine the amount of compensation.

Ⅰ. Whether SOHU was an eligible party in this case

The signatures in the official publications of TV series involved and the Statement, Authorization and other evidences submitted by SOHU proved that SOHU had the exclusive right to disseminate the two TV series on information network and had the right to safeguard its legal rights according to law. Therefore, it may file a lawsuit in this case.

Hode argued that according to the authorization of SOHU on *Zhang Xiaowu's Spring*, IPTV authorization was valid for three years, which had expired by then; *Happiness Will You Wait For Me* was produced by nine companies jointly and SOHU did not obtain the authorization of all obligees. Therefore, SOHU was not an eligible party to the lawsuit. The court of first instance held that this case mainly involved a dispute over the right to network dissemination of information as claimed by SOHU, which had nothing to do with the IPTV authorization period; according to the agreement signed on *Happiness Will You Wait For Me*, Dongyang Kingrain owned all the copyrights, which was verified by other evidences submitted by SOHU; on the other hand, Hode failed to provide evidence to refute such fact; therefore, Hode's ground of defense shall not be adopted.

II. Whether Hode committed infringement

Hode's act consisted of two steps in fact: 1. Registered users had the URL of video playback page copied or filled in the website's submission page and then filled the title, tag and other information, based on which the website would produce a content directory while the internal software would extract the code of the original website where videos were stored; 2. Whenever a user got the content directory by searching or other means and clicked to playback the video, a request would be sent to the server of the original website for extracting the video file data, which would be played in Hode's web player. In this process, Hode made manual interventions in that it actively used technical means to locate the information to be obtained through the links uploaded by its registered users and produced program lists based on the information they provided. In other words, it selected the search results on its website artificially for the users. Whenever a user clicked on the program list to playback relevant videos, Hode would capture the video file data from the linked website technically and targetedly for playback in its web player without showing any information and advertising on the linked website. Hode's artificial framing, and an artificial intervention, misled the users to believe that the videos came from Hode directly and what they got were Hode's network services merely. In terms of their nature and purposes, Hode's

III. Dispute over Confirmation of Ownership and Infringement of Copyright

services were far beyond the link services from traditional similar search engines, which were provided no longer or not merely for helping the users to locate information, but allowing them to watch relevant videos selectively and directly on its website without obtaining the authorization of the obligees. From the perspective of results, Hode's services allowed the users to watch the videos directly without visiting the linked website, making it a remote server controlled by Hode for free use and substituted by Hode's website to disseminate works to the public. Although Hode did not upload the videos of TV series involved to its server directly, its artificial interventions to the linked services allowed the users to be likely to obtain the TV series at the individually selected time or place. Therefore, it should be deemed to provide works that infringed the obligees' right to disseminate such works on the information network. Though it would jump to the linked website to playback *Happiness Will You Wait For Me* by right clicking on the playback frame, this function was hidden in operations rather than expressly indicated. Therefore, Hode did not take the initiative to technically guide or allow the users to visit the linked website optionally, which, even if provided, would not deny the ascertainment of Hode's act.

The film and television works involved in this case were different from the linked web pages and musical works in that the former was created with a huge amount of labor and material resources, which must be commercially operated to cover the costs and make profits. Therefore, from the point of obligee's rights and interests, the obligee usually used the works exclusively or licensed others to use by paying royalties. However, Hode made the works available through a website that obtaining relevant legal authorization and enjoyed the benefits alone without sharing with the obligee, which was unfair and would inevitably damage the interests of the obligee. Should other websites disseminate the works in this way, it would be difficult for the obligee to make profits by providing license.

From the perspective of interests of network service providers, Hode, as a network service provider, obtained economic benefits by disseminating works to the public as its own without paying any royalties, server and bandwidth costs and other fees that accounted for a large part of the costs of video sites via technical means, which was illegitimate and adverse to building a healthy Internet environment as it went against the basic principles of market economy fairness and compensation of equal value, and damaged the interests of linked websites who paid enormous costs.

For the public, Hode provided works in lieu of the linked websites, making them blind to the genuine obligees. Although Hode's act facilitated the dissemination of such works in the Internet to a certain extent, it damaged the interests of the obligees and network service providers legally licensed to disseminate them on information network, which would jeopardize the dissemination of outstanding works in the public in the end over time.

To sum up, Hode's act was lawless and had affected SOHU's normal use of the TV series involved substantially, meanwhile impaired its legitimate rights and interests as an obligee. Without authorization of and payment to SOHU, Hode made artificial interventions to provide the TV series involved in lieu of the linked websites substantially, infringing SOHU's right to dissemination of such TV series on information network. Therefore, it should bear such civil liabilities as stopping the infringement and compensating for the losses.

Ⅲ. How to determine the amount of compensation

As it was difficult to calculate SOHU's economic losses and Hode's economic interests, the court of first instance determined the amount of compensation appropriately based on the actual situation and nature, consequences, etc. of the infringement, especially the following facts: 1. The infringement lasted for a short time as Hode had deleted the alleged infringing video links on September 9, 2014, which were uploaded on June 10, 2014 and August 22, 2014 respectively; 2. The TV series involved were Episode 25 and Episode 29, and main actors were popular to some extent; 3. *Zhang Xiaowu's Spring* was premiered in March, 2010, much later than the hot broadcast period; 4. *Happiness Will You Wait For Me* was premiered on TV on August 21, 2014, while the infringement occurred on August 22 when it was hot broadcast; and 5. Both the two TV series were hit less on the website. Therefore, Hode shall compensate SOHU RMB 12 000 for *Zhang Xiaowu's Spring* and RMB 18 000 for *Happiness Will You Wait For Me*.

The claim for payment of reasonable expenses, including RMB 144.80 for purchasing the audio-visual products in this case, was supported as they were incurred actually and reasonably. The claim for other traveling expenses and costs for purchasing the audio-visual products was not supported since SOHU failed to submit relevant evidences. Notarial fee of RMB 2 400, despite SOHU's payment of RMB 4 500, shall be determined appropriately based on the quantities of TV series as there were several TV series notarized according to the Notarization. Regarding the attorney's fee of RMB 6 000, as SOHU failed to submit the evidences but hired layers for

III. Dispute over Confirmation of Ownership and Infringement of Copyright

this case and notarized the process of evidence preservation, Hode shall bear reasonable fees according to the subject object of the action, lawyers' workload, case complexity and related charging standard for the attorney's fee.

Given that Hode had deleted the alleged infringing videos on its website, SOHU's application for withdrawing the claim of stopping the infringement was in line with the law and thus permitted.

Therefore, according to Item (12) of Paragraph 1 of Article 10, Item (1) of Article 48 and Article 49 of the *Copyright Law of the People's Republic of China* and Paragraph 1 and Paragraph 2 of Article 25 and Article 26 of the *Interpretation by the Supreme People's Court on Several Issues Concerning the Application of Laws to the Trial of Civil Copyright Disputes*, the court of first instance rendered a civil judgment ruling that: 1. Hode shall compensate for SOHU's economic losses totaling RMB 30 000 within ten days after the judgment takes effect; 2. Hode shall pay reasonable expenses of RMB 5 000 incurred by SOHU for stopping the infringement within ten days after the judgment takes effect.

Refusing to accept that judgment, Hode filed an appeal to this court, requesting this court to retry the case or amend the judgment according to law and dismiss the claims made by SOHU in the original trial on the following grounds: 1. Hode did not commit the infringement directly as the URL of alleged infringing videos were uploaded by network users and Hode committed neither artificial intervention nor selection to their contribution; 2. The compensation was too high as the judgment that Hode's act inevitably damaged the obligees' interests was subjective without sufficient factual basis.

The Appellee, SOHU, argued that the facts were clearly ascertained and the laws were improperly in the original judgment. Therefore, it requested thiscourt to dismiss the appeal and affirm the original judgment.

In the trial of second instance, neither party submitted new evidences to the court.

After the trial, this court found that the facts ascertained in the original trial were true, which thus were affirmed by this court.

It was also found that according to the notarization [ZHQZNZ No. 21079 (2014)], each of the menu bars (animation, music and dance, game, science and technology, entertainment, movie and TV drama, etc.) shown on the homepage of Bilibili had several options, including strong recommendations, promotions, etc., with the number of online users, number of viewers and hottest programs shown on the right side. Searched a video, corresponding thumbnail, introduction, hits and other information would come out. when clicked to playback the video, user comments were displayed on the right of the playback frame, which were also shown on the playback screen as bullets.

This court holds that in view of the claims and arguments of the parties, the dispute lied in whether the Appellant (Hode) had committed infringement and if the compensation required in the original judgment was reasonable.

As per the facts ascertained in the original trial, Bilibili is a bullet-screen video website where registered users can contribute the URL of video playback page, based on which its internal software would extract the code of the original website where videos are stored and then send a request to its server for extracting the video file data, which would be played in Bilibili player. In this case, both of the works were contributed by network users, whose information was shown in the search results. When searching *Happiness Will You Wait For Me*, the word "Tencent" was shown above the synopsis and "Video Source QQ Video" on the right to the playback frame. when clicked on the playback frame, users could select the "video source site" option to jump to Tencent Video for playback. The contributor information in the Bilibili management system offered by the Appellant and the above-mentioned notarial information could be verified mutually. According to the Bilibili management system, the words "letv" and "qq" were shown in the remote resource information of two TV series respectively. Therefore, it could be affirmed that *Zhang Xiaowu's Spring* came from LETV and *Happiness Will You Wait For Me* from Tencent Video, the URLs of which were contributed to Bilibili by network users and Bilibili technically linked the video files from other websites to its own website for online playback. During playback, the webpage did not turn to the website storing the videos nor indicate their source. Therefore, Bilibili was providing deep link services substantially.

Firstly, the deep link services were provided as network services rather than works. According to Item (12) of Paragraph 1 of Article 10 of the *Copyright Law of the People's Republic of China*, "the right to network dissemination of information, that is, the right to provide the public with works by wired or wireless means, so as to provide the public with the access to the works at the selected time and place", which confined the network dissemination of information to "provision" but did not indicate any specific circumstance. Pursuant to Article 3 of the *Provisions of the Su-*

| III. Dispute over Confirmation of Ownership and Infringement of Copyright |

preme People's Court on Certain Issues Concerning the Application of Laws to the Trail of Civil Dispute Cases Involving Infringement of the Right to Network Dissemination of Information, which took effect on January 1, 2013, "where a network user or network service provider provides, on an information network, any work, performance, or audio or video recording, which a right holder has the right to disseminate on information networks without the permission of the copyright holder, the people's court shall determine that the network user or network service provider has infringed the right to network dissemination of information, except as otherwise provided for by laws and administrative regulations. If any work, performance, audio or video recording is placed on an information network by means such as uploading to a network server, file sharing settings or using file sharing software, allowing the general public to download, browse or otherwise obtain the work, performance, audio or video recording at the time and place chosen separately, the people's court shall determine that the network user or network service provider has committed the act of provision as mentioned in the preceding paragraph." The article enumerated and summarized the term of "provision", and defined it as an act of placing the works, performances or sound or video recordings on an information network. In summary, the term "provision" as defined in the *Copyright Law* refers to the act of providing contents, under the category of other acts of network dissemination of information, and the person committing such act shall bear direct infringement liability to be determined depending on whether the works were placed on the information network, allowing the general public to download, browse or otherwise obtain the works at the time and place chosen by them respectively. "Placing on the information network" was an issue of fact-finding that, in view of the enumerated provisions in judicial interpretations, refered to the act of placing works on information network initially.

In this case, Bilibili technically linked the video files from other websites to its own website for online playback, which should be regarded as network link service rather than placing the works on the network. Therefore, it shall not be deemed to have provided works nor shall be held liable for direct infringement. This court did not support the opinion of the court of first instance that Bilibili's dissemination of works to the public in lieu of the linked websites substantially was an act of providing works. As to its statements on the damages to obligees, internet ecosystem and general public caused by Hode's illegitimate act from the perspective of the obligees, network service providers and general public, this court holds that according to the numerus clausus principle of intellectual property, the act under litigation should be reviewed against the scope of the right to network dissemination of information when determining whether such right was infringed and whether Hode's act was illegitimate from the above perspectives was beyond the trial scope of cases involving the infringement of right to network dissemination of information.

Secondly, although Bilibili did not infringe the right to network dissemination of information directly, it was likely to commit contributory infringement under certain circumstances and should be liable for indirect infringement as it contributed to the dissemination of the contents from the linked websites. According to Article 36 of the *Tort Liability Law of the People's Republic of China*, "where a network service provider knows that a network user is infringing the civil rights or interests of another person through its network services, and fails to take necessary measures, it shall be jointly and severally liable for any additional harm caused thereby together with the network user." Pursuant to Article 7 of the *Provisions of the Supreme People's Court on Certain Issues Concerning the Application of Laws to the Trail of Civil Dispute Cases Involving Infringement of the Right to Network Dissemination of Information*, "where a web service provider, when providing web services, instigates or assists any web users in infringing the right to network dissemination of information, the people's court shall rule that it bear the liability for the infringement; where a web service provider induces and encourages any web user to infringe the right to network dissemination of information by persuading, recommending technical support, giving bonus points or other ways, the people's court shall decide that its act has constituted the act of infringement; where a web service provider clearly knows or should have known that a web user is using its web services to infringe the right to network dissemination of information but fails to take necessary measures, such as deleting, blocking or breaking relevant links, against such act, or provides technical support or assistance to such infringement act, the people's court shall decide that its act constitutes the act of contributory infringement." To sum up, network service providers should be liable for the lured or contributory infringement, depending on whether network users infringed the right to network dissemination of information. For link service providers, it depends on whether the contents on linked websites are disseminated without the permission of the obligees.

Regarding *Happiness Will You Wait For Me* in this case, given that the Appellee acknowledged it had granted an authorization to Tencent Video for the TV series be-

III. Dispute over Confirmation of Ownership and Infringement of Copyright

fore, which remained valid by the time of obtaining evidences via notarization of the infringement involved, meaning dissemination on the linked websites was legitimate, Bilibili should not be deemed to commit indirect infringement by linking the video files on the linked websites and SOHU's accusation against Hode of infringing its right to network dissemination of information should not be established. Therefore, the claims made in the original trial shall be rejected.

As to *Zhang Xiaowu's Spring*, given that the Appellee affirmed it had issued an authorization on the TV series to LETV before, which expired in 2013, meaning LETV had been no longer entitled to broadcast the TV series by the time of evidence collection via notarization for the infringement involved, and the Appellant did not submit evidences proving LETV's authorization, this court recognized that the contents under litigation were disseminated on the linked websites without authorization and Hode's indirect infringement should depend on whether it knew very well or should have known such contents were disseminated without the obligee's authorization.

Firstly, from the perspective of the overall website, notarial evidences in the original trial revealed thatBilibili had its webpage edited and processed by setting menu bars (animation, music and dance, game, science and technology, entertainment, movie and TV drama, etc.) on the top, each having several options such as strong recommendations, promotions, etc. The number of online users and viewers was counted and displayed in real time. However, it did not indicate that the services were link services throughout the webpage. When one searches the TV series involved, corresponding thumbnail, introduction, hits and other information of the videos would show up. By dicking to playback the video, the webpage neither turn to the website storing the videos nor indicate that the video was linked from other website. User comments were displayed on the right to the playback frame and the playback screen. Thus, Bilibili set the website contents with consideration of network users' experience and the contents on linked websites had enriched Bilibili's contents while serving the network users substantially, which, on one hand, provided them with more targeted guidance and increased their stickiness to the search and linking websites, thus bringing more economic benefits, while on the other hand, caused more damage to the obligees if the act of linked websites constituted infringement.

Secondly, users were required to fill in the title, tag, introduction, thumbnails, source and other information of the videos when contributing articles, based on which Bilibili's internal software would generate a database containing the titles, stills and introductions of movies and TV dramas. Whenever a user entered a keyword in the search box, it would be matched automatically in the database and the system would display the information of relevant movies and TV dramas if they contained such keyword. In this regard, Bilibili could select or technically control and adjust the contribution information. Given that Hode also admitted the contribution information was selected from the links to limited websites, Bilibili was providing oriented link services rather than passive site-linking services.

Thirdly, the linked films and TV works were different from other types of works in that although the obligee would authorize the dissemination thereof on websites, the number of genuine websites so authorized was usually limited. Therefore, even though oriented link service providers were required to be aware of the genuine websites for above works and provide the links to these genuine websites as much as possible, no excessive burden would be caused to them.

In summary, Hode's link services enjoyed high user stickiness and the linked objects were easy to edit and control. Therefore, Hode should bear duty of exercising care of higher level on whether the linked contents were disseminated legally. Since the linked contents involved in the case were films and TV works, Hode should, as an oriented link service provider, know if they were disseminated under authorization. Given there's no evidence proving that Hode did so, this court recognized that it shall be liable for joint infringement as it failed to perform the duty of exercising care which it should know subjectively.

Regarding the amount of compensation, given that the Appellee's economic losses and Appellant's economic benefits arising from the infringement were difficult to calculate, it's appropriate for the court of first instance to determine it as RMB 12 000 based on the type and popularity of alleged infringing video *Zhang Xiaowu's Spring*, degree of Appellant's subjective fault, and nature and consequences, etc. of the infringement. As to the Appellant's opinion that it's subjective to judge the obligees'interests must be damaged on the ground that the videos had been widely disseminated on the Internet by the time they're accused of infringement, this court holds that the Appellant shall disseminate the works involved on its website upon authorization by and payment of royalties to the obligee, failing which would cause losses to the obligee. Therefore, the Appellant's ground of appeal in this respect was

III. Dispute over Confirmation of Ownership and Infringement of Copyright

not supported.

In conclusion, pursuant to Article 8 and Paragraph 3 of Article 36 of the *Tort Liabiliy Law of the People's Republic of China*, Item (12) of Paragraph 1 of Article 10, Item (1) of Article 48 and Article 49 of the *Copyright Law of the People's Republic of China*, Article 3 and Article 7 of *Provisions of the Supreme People's Court on Certain Issues Concerning the Application of Laws to the Trail of Civil Dispute Cases Involving Infringement of the Right to Network Dissemination of Information*, as well as Item (2) of Paragraph 1 of Article 170 of the *Civil Procedure Law of the People's Republic of China*, this court rendered a judgment as follows:

I Item 1 and Item 2 in the Civil Judgment [2015] PMS (Z) CZ No. 507 made by Pudong New Area People's Court of Shanghai are overturned;

II. The Appellant (Defendant of the original trial), Shanghai Hode Information Technology Co., Ltd., should compensate the Appellee (Plaintiff of the original trial), TV. SOHU. COM, for economic losses totaling RMB 200 000 within ten days after the judgment takes effect;

III. The Appellant (Defendant of the original trial), Shanghai Hode Information Technology Co., Ltd., should pay reasonable expenses of RMB 4 000 to the Appellee (Plaintiff of the original trial), TV. SOHU. COM, incurred for stopping the infringement within ten days after the judgment takes effect.

IV. Dismiss other claims of the Appellant (Defendant of the original trial), Shanghai Hode Information Technology Co., Ltd..

The first-instance court fee is RMB 4 450, of which RMB 2 395 shall be borne by theAppellant, Shanghai Hode Information Technology Co., Ltd., and RMB 2 055 borne by the Appellee, TV. SOHU. COM; the second-instance court fee is RMB 675, of which RMB 363 shall be borne by the Appellant, Shanghai Hode Information Technology Co., Ltd., and RMB 312 borne by the Appellee, TV. SOHU. COM.

This judgment is final jadgement.

Presiding Judge Lu Fengyu
Judge Xu Yanhua
Acting Judge ChenYaoyao
March 25, 2016
Law Clerk Shen Xiaoling

Attachment: Relevant Laws

I. *Tort Liabiliy Law of the People's Republic of China*

Article 8 Where two or more persons jointly commit a tort, causing harm to another person, they shall be liable jointly and severally.

Article 36 ...

Where a network service provider knows that a network user is infringing a civil right or interest of another person through its network services, and fails to take necessary measures, it shall be jointly and severally liable for any additional harm with the network user.

II. *Copyright Law of the People's Republic of China*

Article 10 The term "copyright" shall include the following personality rights and property rights:

...

(12) the right tonetwork dissemination of information, that is, the right to provide the public with works by wired or wireless means, so as to make the public able to respectively obtain the works at the individually selected time and place;

Article 48 He who commits any of the following acts of infringement shall bear the civil liability for such remedies as ceasing the infringements, eliminating the effects of the act, making a public apology or paying compensation for damages, depending on the circumstances; where hedamages public interests at the same time, the copyright administration department may order him to cease the act of tort, may confiscate his illegal gains, confiscate and destroy the reproductions of infringement, and impose a fine on him; if the case is serious, the copyright administration department may also confiscate the materials, instruments and equipment, etc. mainly used to make the reproductions of infringement; where his act has constituted a crime, he shall be investigated for criminal liabilities in accordance with the law:

(1) without the permission from the copyright owner, reproducing, distributing, performing, projecting, broadcasting, compiling, disseminating his works to the public through information network, except where otherwise provided in this Law;

...

Article 49 The infringer shall, when having infringed the copyright or the rights related to copyright, make a compensation on the basis of the obligee's actual losses; where the actual losses are difficult to be calculated, the compensation may be made

III. Dispute over Confirmation of Ownership and Infringement of Copyright

on the basis of the infringer's illegal gains. The amount of compensation shall also include the reasonable expenses paid by the obligee for stopping the act of tort.

Where the obligee's actual losses or the infringer's illegal gains cannot be determined, the people's court shall, on the basis of the seriousness of the act of tort, adjudicate a compensation of 500, 000 or less.

Ⅲ. *Provisions of the Supreme People's Court on Certain Issues Concerning the Application of Laws to the Trail of Civil Dispute Cases Involving Infringement of the Right to Network Dissemination of Information*

Article 3 Where a network user or network service provider provides, on an information network, any work, performance, or audio or video recording which a right holder enjoys the right to disseminate on information networks without the permission of the copyright holder, the people's court shall determine that the network user or network service provider has infringed the right tonetwork dissemination of information, except as otherwise provided for by laws and administrative regulations.

If the work, performance, audio or video recording is placed on an information network by means such as uploading to a network server, file sharing settings or using file sharing software, allowing the general public to download, browse or otherwise obtain the work, performance, audio or video recording at the time and place chosen individually, the people's court shall determine that the network user or network service provider has committed the act of provision as mentioned in the preceding paragraph.

Article 7 Where a web service provider, when providing web services, instigates or assists any web users in infringing the right tonetwork dissemination of information, the people's court shall rule that it bears the liability for the infringement.

Where a web service provider induces and encourages any web user to infringe the right tonetwork dissemination of information by persuading, recommending technical support, giving bonus points or other ways, the people's court shall decide that its act constitutes the act of induced infringement.

Where a web service provider clearly knows or should have known that a web user is using its web services to infringe the right to network dissemination of information but fails to take necessary measures, such as deleting, blocking or breaking relevant links, against such act, or provides technical support or assistance to such infringement act, the people's court shall decide that its act constitutes the act of contributory infringement.

Ⅳ. *Civil Procedure Law of the People's Republic of China*

Article 170 After trail, the people's court of second instance shall handle appeal cases according to the following different circumstances:

...

(2) If there is error in the facts as ascertained in the original judgment or verdict or in the application of laws, change, revoke or modify the original judgment in the manner of judgment or verdict according to law;

...

IV. Dispute over Unfair Competition Infringement of Patent Right

14. Dispute over Unauthorized Use of Other's Enterprise Name between Korea Teddybear Association v. Skynet (Shanghai) Brand Management Co., Ltd.

Shanghai Intellectual Property Court
Civil Judgment

(2016) H73MZ No. 289

　　Appellant (Plaintiff of the original trial): Korea Teddybear Association (한국테디베어협회).

　　Legal Representative: Lim, President of the company.

　　Entrusted agent: Yu, a lawyer from Shanghai Juntuo Law Office.

　　Entrusted agent: Gao A, a lawyer from Shanghai Juntuo Law Office.

　　Appellee (Defendant of the original trial): Skynet (Shanghai) Brand Management Co., Ltd.

　　Legal Representative: Zhang, the general manager of the company.

　　Entrusted agent: Xu, a lawyer from Yuan Wen (Shanghai) Law Firm.

　　The Appellant Korea Teddybear Association (hereinafter referved to as the "K. T. A") refused to accept the Civil Judgment (2015) YMS (Z) CZ No. 609 rendered by Yangpu District People's Court of Shanghai on the dispute over unauthorized use of enterprise name between it and the Appellee Skynet (Shanghai) Brand Management Co., Ltd. (hereinafter referred to as the "Skynet") and appealed to this court. After accepting the case on September 20, 2016, this court set up a collegiate bench in accordance with the laws and held public trial on October 27, 2016 in the attendance of Korea Teddybear Association's entrusted agent, Yu, and Skynet entrusted agent, Xu. The trial of this case has been concluded now.

The Appellant Korea Teddybear Association requested this court to overturn the first-instance judgment and support all of its claims made in the first instance based on the following facts and grounds: 1. The Appellee Skynet committed unfair competition by using the Appellant Korea Teddybear Association's enterprise name without authorization, whose act has infringed its exclusive right to use such enterprise name. Teddy Bear Korea Organization Ltd. cooperative partner of Skynet, have different name and registration authority from the Appellant and they were different subjects. However, Skynet used K. T. A's enterprise name in its marketing campaign; 2. (Organization) Teddy Bear Korea Organization represented by Gao had no right to use or authorize others to use K. T. A's enterprise name. As a non-profit legal entity, it should apply for a business license or apply for engaging in profitable business before starting such business. Skynet's cooperative relationship with (Organization) Teddy Bear Korea Organization was invalid and its unauthorized use of K. T. A's enterprise name for commercial publicity infringed upon the Appellant K. T. A's enterprise name right; 3. K. T. A's enterprise name had been commercially used in China. According to its Notarial Certificate dated back to 2015 for commercial publicity, Korea Teddybear Association was the subject of such publicity. It's erroneous for the court of first instance to hold that Appellant Korea Teddybear Association couldn't prove the commercial use of its enterprise name in China as it was Won Moung Hee instead of President Lim present at the scene. Won Moung Hee was the President of the predecessor of Appellant Korea Teddybear Association and now works for the Appellant. Being the mother of President Lim, Won Moung Hee's participation in the commercial publicity demonstrated that Appellant Korea Teddybear Association had carried out business activities in China.

Skynet argued that: 1. The Chinese name and English name for which the Appellant sought protection didn't match with its Korean name. Both Korea Teddybear Association and its English translation had no original or distinguishing words that should be protected under the *Anti-Unfair Competition Law of the People's Republic of China* (hereinafter referred to as the "AUCL"). The Appellant wasn't an association in essence, while Teddy Bear Korea Organization represented by Gao was a genuine association that cooperated with the government. It's mentioned in the Appellant's first-instance evidences that its Korean name (한국테디베어협회) corresponded to the Chinese name "韩国泰迪协会" rather than "韩国泰迪熊协会"; 2. Korea Ted-

IV. Dispute over Unfair Competition Infringement of Patent Right

dybear Association represented by Lim was different from that represented by Won Moung Hee. It can be seen from their business license number and business scope that the former was a newly established enterprise whose enterprise name hadn't been commercially used in China; 3. Skynet established a cooperative relationship with (Organization) Teddy Bear Korea Organization represented by Gao in 2013, which was the only legal entity in form of organization. The word "(Organization)" marked the nature of the enterprise and it's reasonable for the organization to use the name Teddy Bear Korea Organization. Besides, it's unnecessary for Skynet to infringe upon others' rights as it had a complete intellectual property system for "Teddy Bear Collection". Therefore, Skynet had no subjective intention and necessity to use the Appellant's enterprise name; 4. All of the Appellant's evidences are the information released by outsiders, which had nothing to do with the Appellee. To sum up, the facts were clearly ascertained and the laws were correctly applied in the first instance. Therefore, this court was requested to affirm the original judgment.

Korea Teddybear Association requested the court of first instance to rule that: 1. Skynet should stop the act of unfair competition, that is, stop using Korea Teddybear Association's enterprise name; 2. Skynet should compensate for Korea Teddybear Association's losses totaling RMB 100 000 (the same currency below); 3. Skynet should make a formal apology to Korea Teddybear Association on *Jiefang Daily*; 4. Skynet should pay notarial fees of RMB 3 000 to Korea Teddybear Association. In the trial of first instance, Korea Teddybear Association made it clear that the enterprise name to be protected was "韩国泰迪熊协会" in Chinese, "Korea Teddybear Association" and abbreviated "K. T. A" in English.

The court of first instance ascertained the following facts:

Ⅰ. Regarding the subject and commercial use of enterprise name claimed by Korea Teddybear Association

On January 1, 2000, Mapo Taxation Office issued a business license containing the following information: registration number: 105-03-62374; corporate name: Korea Teddybear Association; representative: WON MOUNG HEE; opening date: March 2, 1999; ID number: 630528-2006513; business address: 372-6 202, Seogyo-dong Mapo-gu Seoul; operator address: VillaB-101 2/8, 384-66 Mangwon-dong Mapo-gu Seoul; business scope: industry: retail; item: handicrafts.

On May 13, 2015, Mapo Taxation Office issued a business license containing the following information: registration number: 807-61-00023; corporate name:

Korea Teddybear Association; representative: Lim; opening date: June 1, 2015; business address: 1F, 64 Dogok-ro 7-gil, Mapo-gu, Seoul (Seogyo-dong, Pusan Building); business scope: industry: wholesale and retail services; items: dolls, toy animals and lecturers; cause of issuing: newly registered.

On December 7, 2015, Mapo Taxation Office issued a company incorporation certificate stating the following: corporate name (name of the legal person): Korea Teddybear Association; business license number: 807-61-00023; name (representative): Lim; opening date: June 1, 2015; business registration date: May 13, 2015; business address: 1F, 64 Dogok-ro 7-gil, Mapo-gu, Seoul (Seogyo-dong, Pusan Building); industry: wholesale and retail services; items: dolls, toy animals and lecturers.

In the trial of first instance, court of first instance noted that two business licenses furnished by Korea Teddybear Association bore different registration numbers, opening dates, representative names, business addresses and business scopes, and Appellant Korea Teddybear Association was required to explain how to testify Korea Teddybear Association (registration number: 105-03-62374) and another Korea Teddybear Association (registration number: 807-61-00023) were successors of the same subject. Korea Teddybear Association failed to submit relevant proofs as the registration number was changed upon the renewal of a business license and there were no industrial and commercial archives in Korea as in China.

On December 15, 2014, Korea Teddybear Association (Party A) and Shanghai Urera Brand Management Co., Ltd. (Party B, hereinafterreferred to as the "Urera") singed a *License Contract of Teddy Bear in China*, agreeing that "this Contract stipulates the conditions under which Party A licenses its trademark to Party B for use and supply of Teddy Bear products and transactions thereof in China, so as to realize common development based on mutual assistance and trust." The Contract was valid from December 8, 2014 to December 31, 2017 and signed by the legal representative of Korea Teddybear Association, Won Moung Hee.

On March 23, 2016, Urera applied to Shanghai Xuhui Notary Public Office for notarization of evidence preservation. Under the supervision of notaries Du and Zhu, Urera's agent Zhang A browsed the web pages on the Office's computer and printed their screenshots. Shanghai Xuhui Notary Public Office then issued a Notarial Certificate [(2016) HXZJZ No. 1938] indicating that on October 19, 2015, dichan.sina.com.cn released the news titled "Korea Teddybear Entered China Officially 'TEDDY Star

IV. Dispute over Unfair Competition Infringement of Patent Right

Show 'Is on the Way", saying "On October 18, 2015, Korea Teddybear Association and its sole Chinese partner, Shanghai Urera Brand Management Co., Ltd. , and sole designated curator in China, Shanghai Yanrui Culture Communication Co., Ltd. , held a press conference in Mosaic · Shanghai Shopping Center, announcing that WON TEDDY brand of Korea Teddybear Association entered the Chinese market officially and large-scale nation tour 'TEDDY Star Show' would be held in 2015-2017..." The founder and president of Korea Teddybear Association, Won Moung Hee, visited the site..." Entertainment Radio, Tencent, Winshang and NetEase also released similar news reports. On December 12, 2015, Shanghai Hotline (www.online.sh.cn) released a report titled "Qi Wei Appeared in the TEDDY Star Show Korean and Chinese Teddy Bear Gathered in Shanghai", saying "On December 12, 2015, a grand opening ceremony of TEDDY Star Show took place at Mosaic · Shanghai Shopping Center, East Nanjing Road, Shanghai. President of Korea Teddybear Association, Won Moung Hee, famous actress Qi Wei, embassy of the Consulate General of the Republic of Korea in Shanghai, officials of South Korean Minister of Culture in China and representatives of China International Communication Association cut the ceremonial ribbon opening the most adorable TEDDY Star Show in history..." On December 14, 2015, NetEase News published similar news reports.

Ⅱ. Regarding Skynet's basic situation and license

Skynet wasestablished on September 7, 2006 with registered capital of RMB 1 646 569, specialized in brand management and consulting, business management consulting, investment consulting, business consulting, corporate image planning, etc.

On February 15, 2006, the Ministry of Trade, Industry and Energy, Republic of Korea issued a certificate of incorporation (No. 2006-7) stating the following information: corporate name: (Organization) Teddy Bear Korea Organization; address: 147-7 Donggyo-dong Mapo-gu Seoul; legal representative: Gao; undertaking: industrialization, design and product development of Teddy Bear; promotion of national public exhibitions, seminars and exchanges among overseas establishments.

On September 4, 2015, the Ministry of Trade, Industry and Energy, Republic of Korea re-issued the certificate of incorporation (No. 2006-7) stating the following information: corporate name: (Organization) Teddy Bear Korea Organization; address: 50-16, 1376 Hangangno Hwado-eup Namyangju-si Gyeonggi-do; legal representative: Gao; undertaking: to carry out relevant exhibitions and exchanges of overseas writers, issue information magazines and enrich the contents to revitalize the Teddy Bear sector.

On March 17, 2006, Mapo Taxation Office issued a registration certificate of social organization legal person (nonprofit corporation and state organs, etc., No.: 105 - 82 - 65696) stating the following information: organization name: (Organization) Teddy Bear Korea Organization; representative: Gao; address: 147-7 Donggyo-dong Mapo-gu Seoul; notes: as the certificate was not issued to grant legal personality under the civil law and other special laws, the organization shall apply for a business license or apply for engaging in profitable business before starting such business.

According to the Cooperation Certificate issued by Teddy Bear Korea Organization represented by Gao, Skynet was its exclusive worldwide partner responsible for promoting cartoon characters of Teddy Bear Collection and Teddy Bear culture all over the world. Such cooperative relationship was exclusive and worldwide, valid from November 15, 2013 to December 31, 2020.

Ⅲ. Facts about the alleged infringement

On September 14, 2015, Urera applied to Shanghai Xuhui Notary Public Office for notarization of evidence preservation. Under the supervision of notaries Du Ning and Zhu Yanming, Urera's agent Zhang Yan browsed the web pages on the Office's computer and printed their screenshots. Shanghai Xuhui Notary Public Office then issued a Notarial Certificate (2015) HXZJZ No. 6755. Korea Teddybear Association alleged that the following contents therein released after December 2014 (i.e. after signing of the *License Contract of Teddy Bear in China*) constituted infringement: 1. On May 29, 2015, Sohu media published the news from PR Newswire titled 2nd *Anniversary of Teddy Bear Collection's Entry into China*, saying "Skynet (Shanghai) Brand Management Co., Ltd. established an exclusive partnership with the world famous Teddy Bear Korea Organization (K. T. A) in 2013, which was the sole teddy bear organization certified and supported by the Korean government. Since its entry to China together with Skynet in 2013, it had opened up the Chinese market successfully and brought consumers whole new experience over the past two years by virtue of the booming Korean culture in China and correct brand development strategy... The 2nd anniversary celebration of Teddy Bear Collection will be held grandly

IV. Dispute over Unfair Competition Infringement of Patent Right

in August in Shanghai...", attached to the Cooperation Certificate issued by Teddy Bear Korea Organization; 2. On January 21, 2015, PR Newswire released the new titled Colgate and Teddy Bear Collection Launched Upgraded Gift Set, saying "Recently, Colgate and Teddy Bear Collection worked together to launch updated package: icy fresh white jasmine white tea toothpaste + icy mint toothpaste (120g×2) ... Teddy Bear Collection, whose global copyright belongs to Skynet (Shanghai) Brand Management Co., Ltd., was a cartoon brand that had been introduced to China by Skynet and Teddy Bear Korea Organization for more than one year...", with source shown at the end: Skynet; 3. On August 24, 2015, WeChat OA "救熊团" published the news titled "Awards!! Have you got the customized Fizzy Moon Bear in Teddy Bear Collection?", which stated "Remember the forward-raffle of 2015 Public Good Video Contest? The winners were announced today. Come and see who are the lucky dogs to win the customized Fizzy Moon Bear in Teddy Bear Collection! ... Teddy Bear Collection is a Teddy Bear brand of world famous Teddy Bear Korea Organization. Its various, unique derivatives designed based on classic, lovely and high-end Teddy Bear and Angel images were quite popular among people all over the world.... Finally, sincere thanks go to all of you and Skynet (Shanghai) Brand Management Co., Ltd, the manager and operator of Teddy Bear Collection in China"; 4. On August 18, 2015, WeChat OA "授权中国" published the news titled [News] *Come to Guangzhou to drink coffee together with Teddy*, saying "China's first genuine Teddy Cafe was opened on August 16, 2015 at Mall of the World, Guangzhou. It was heavily invested by Foshan Sanyou Planning Management Co. Ltd. and Skynet (Shanghai) Brand Management Co., Ltd., designed by famous Japanese space and graphic designers and Teddy Bear Korea Organization... President Gao of the renowned Teddy Bear Korea Organization made a set of mini Teddy Bears and life-sized Teddy Bears, which were worth millions of bucks and taken as the treasure of the cafe..." with contributor shown at the end: Skynet (Shanghai) Brand Management Co., Ltd.; 5. On August 19, 2015, WeChat OA "TeddyCoffee 泰迪咖啡" published the news titled "TeddyCoffee 泰迪咖啡", saying "TeddyCoffee 泰迪咖啡 was heavily invested by Foshan Sanyou Planning Management Co. Ltd. and Skynet (Shanghai) Brand Management Co., Ltd., designed by famous Japanese space and graphic designers and the renowned Teddy Bear Korea Organization. China's first genuine Teddy Cafe was opened on August 16, 2015 at Mall of the World, Guangzhou. ···President Gao of the renowned Teddy Bear Korea Organization made a set of mini Teddy Bears and life-sized Teddy Bears, which were worth millions of bucks and taken as the treasure of the cafe. "

The court of first instance also found thatKorea Teddybear Association paid notarial fees of RMB 3 000 for the case.

The court of first instance held that the disputes lied in: 1. Whether the Chinese and English enterprise name (including abbreviated English name) of Korea Teddybear Association (한국테디베어협회) was protected by China's AUCL; 2. Whether Skynet conducted the act of unauthorized use of Korea Teddybear Association's enterprise name; 3. Whether Skynet should bear liability.

The court of first instance held that existing evidences were insufficient to proveKorea Teddybear Association's enterprise name had been commercially used in China, which, therefore, shouldn't be protected by China's AUCL.

First of all, Korea Teddybear Association's evidences showed that there were two enterprises registered with Mapo Taxation Office as Korea Teddybear Association. One (Registration No.: 105-03-62374) was opened on March 2, 1999 and represented by Won Moung hee; the other (Registration No.: 807-61-00023) was opened on June 1, 2015 and represented by Lim. Though Korea Teddybear Association declared they were the same enterprise having different business licenses, its evidences proved that they're different in terms of registration number, opening date, representative, business premises and undertakings.

Secondly, Korea Teddybear Association's business license stated that the license was issued for reason of new registration. The company incorporation certificate issued by Mapo Taxation Office showed that Korea Teddybear Association (Plaintiff of the Original Trial) represented by Lim was opened on June 1, 2015 and registered on May 13, 2015, which did not mention its history of changes in registered matters. Korea Teddybear Association also failed to submit relevant evidences to prove the two enterprises were successors of the same subject.

Thirdly, according to Article 6 of the *Interpretation by the Supreme People's Court on Several Issues Concerning the Application of Laws to the Trial of Civil Cases Involving Unfair Competition*, a foreign (regional) enterprise name used within the territory of China for commercial use shall be affirmed as an "enterprise name" prescribed in Item (3) of Article 5 of the AUCL. Therefore, whether Korea Teddybear Association's enterprise name was protected by China's AUCL depended on its commercial use in China: 1. Korea Teddybear Association failed to submit evidences pro-

IV. Dispute over Unfair Competition Infringement of Patent Right

ving the commercial use of its abbreviated English name, K. T. A, in China; 2. The License Contract of Teddy Bear in China dated December 15, 2014 furnished by Korea Teddybear Association was signed by Urera and Korea Teddybear Association represented by Won Moung Hee. As mentioned earlier, Korea Teddybear Association (Plaintiff of the Original Trial) represented by Lim had not been established by then; 3. The Notarial Certificate submitted by Korea Teddybear Association regarding its commercial publicity specified that he was the President of Korea Teddybear Association, Won Moung Hee presented at the site and no signs showed the subject of such publicity was Korea Teddybear Association (Plaintiff of the Original Trial) represented by Lim. Therefore, Korea Teddybear Association couldn't prove the commercial use of its enterprise name in China.

Finally, the notarized alleged infringing web contents were published by outsiders after December 2014 rather than by Skynet itself for publicity. Skynet's evidences showed that there was indeed an organization registered by Mapo Taxation Office as Teddy Bear Korea Organization, which aimed to carry out relevant exhibitions and exchanges of overseas writers, issue information magazines and enrich the contents to revitalize the Teddy Bear sector. Skynet cooperated with the organization in 2013 to develop and promote Teddy Bear products. Therefore, even if Korea Teddybear Association's enterprise name had been commercially used in China, Skynet didn't commit the act of unauthorized use of such enterprise name.

In conclusion, pursuant to Item (3) of Article 5 of the *Anti-Unfair Competition Law of the People's Republic of China*, Paragraph 1 of Article 64 of the *Civil Procedure Law of the People's Republic of China* and Paragraph 1 of Article 6 of *Interpretation by the Supreme People's Court on Several Issues Concerning the Application of Laws to the Trial of Civil Cases Involving Unfair Competition*, the court of first instance ruled to dismiss the claims of Korea Teddybear Association and fees for accepting the case, that is, RMB 2 500, should be borne by Korea Teddybear Association.

In the trial of second instance, Korea Teddybear Association submitted the following evidences to support its claims: 1. Memorandum singed by Won Moung Hee of Korea Teddybear Association and Skynet, intended to prove that Korea Teddybear Association had been carrying out commercial activities in China since December 12, 2012 and cooperated with Skynet on certain projects; 2. Counterclaim of Shanghai Yaze Industrial Co., Ltd. against Skynet and evidence list; Notarial Certificates

(2016) HDZJZ No. 9141 and No. 9148, intended to prove that the Appellant carried out commercial activities in China at the end of 2012 and Skynet infringed Korea Teddybear Association's enterprise name right by using such enterprise name for commercial publicity and cooperation, and some outsiders were deceived by Skynet. This Court then organized evidence exchange and cross-examination. During cross-examination, the Appellee didn't deem the Appellant's evidences as new in the procedure of second instance, but raised no objection to the authenticity of the *Memorandum*, counterclaim and *Notarial Certificates*; it's also pointed that the cross-border cooperation mentioned in the *Memorandum* was reported by the media in 2012; the *Notarial Certificate* [(2016) HDZJZ No. 9148] contains the third party's statements on the cross-border cooperation between Skynet and Korea Teddybear Association represented by Won Moung Hee, which also mentioned the cooperation between Skynet and Teddy Bear Korea Organization represented by Gao; counterclaim and Notarial Certificate [(2016) HDZJZ No. 9141] were irrelevant to the case. This Court holds that the *Memorandum and Notarial Certificate* [(2016) HDZJZ No. 9148] could be adopted in view of their authenticity and relevance to the disputed issues; the counterclaim and Notarial Certificate [(2016) HDZJZ No. 9141] should not be adopted as verdict proof since they were not related to the case directly.

After the trial, this court found that the facts ascertained by the court of first instance are true, and shall be affirmed.

It was also found that on December 12, 2012, Korea Teddybear Association represented by Won Moung Hee signed a *Memorandum* with Skynet in both Chinese and English, which referred to "cross-border cooperation between Chinese stars and Teddy Bear" "marketing partnership over Teddy Bear in Greater China", etc., and had Party A's name, "Korea Teddybear Association" (in English) and "韩国泰迪熊协会" (in Chinese), on its first page.

On January 15, 2013, Tencent Finance Channel released the news from eastday.com, titled "Genuine Teddy Bear Collection Entered China and Was Pre-sold Online", saying "the world renowned Korea Teddybear Association (K. T. A) and its marketing partner Skynet (Shanghai) Brand Management Co., Ltd. announced the official start of online sale of genuine Teddy Bear today... President of Korea Teddybear Association and 'Mother of Korea Teddy Bear', Won Moung Hee, said …"

It was further found that according to Appellant Korea Teddybear Association's business license (in Korean) submitted in the first instance, which was issued by Mapo Taxation Office on May 13, 2015, the legal representative of Korea Teddybear Association was 임수연, whose passport, also was submitted in the first instance, showed her English name was Lim, different from Lim as stated in the original incorporation certificate (in Korean and English) submitted by the Appellant. Given that the Korean name of representative of Korea Teddybear Association (한국테디베어협회) was consistent in the above-mentioned business license and incorporation certificate and so was the registration number, this court ruled that the representative's name 임수연 mentioned in the Appellant's first instance evidences had two English translations, i. e. Lim and Lim Suyeon, both of which were corresponded to the Chinese name, 林秀妍, i. e. the Appellant's legal representative.

According to the first instance case files, Appellant Korea Teddybear Association claimed a compensation for losses totaling RMB 100 000 and notarial fees of RMB 10 000, and the court of first instance charged case acceptance fees of RMB 2 500; during the evidence exchange organized by the court of first instance on December 7, 2015, the Appellant changed the claimed notarial fees from RMB 10 000 to RMB 3 000.

This court holds that as the Appellant Korea Teddybear Association was incorporated in Korea and both China and Korea were members of the *Paris Convention for the Protection of Industrial Property*, Article 10 (2) of which stipulated that "The countries of the Union are bound to assure to nationals of such countries effective protection against unfair competition", the Appellant was entitled to seek protection for its enterprise name according to the AUCL of P. R. C.

In view of the parties' complaints and arguments in the second instance, the dispute mainly lied in: 1. Whether existing evidences were sufficient to prove that the Appellant's enterprise name had been commercially used in China and should be protected by law; 2. Whether the Appellee conducted the act of unfair competition by unauthorized use of the Appellant's enterprise name and whether the Appellant's claim, i. e. the Appellee should be held liable for infringement, was supported.

Regarding the first issue, this Court holds that pursuant to Item (3) of Article 5 of the *Anti-Unfair Competition Law of the People's Republic of China*, operators shall not use, without authorization, the enterprise names of others on their own goods, leading purchasers to mistake them for the goods of others; according to Paragraph 1 of Article 6 of *Interpretation by the Supreme People's Court on Several Issues Concerning the Application of Laws to the Trial of Civil Cases Involving Unfair Competition*, a foreign enterprise name used within the territory of China for commercial use shall be affirmed as an "enterprise name" prescribed in Item (3) of Article 5 of the *AUCL*. Therefore, the Appellant should prove its enterprise name for which protection was sought had been commercially used in China. In light of the Appellant's evidences, firstly, the Appellant submitted business licenses of Korea Teddybear Association represented by Won Moung Hee and that represented by Lim respectively, and claimed they were successors of the same subject. However, it failed to prove the registration status of the former ever since its establishment and the successive relationship therebetween, nor prove its statement on such relationship conformed to Korean regulations on subject registration. Therefore, the Appellant's claim that two Korea Teddybear Associations were successors of the same subject should not be adopted and in such case, the commercial activities of Korea Teddybear Association represented by Won Moung Hee should not be deemed to be conducted by Korea Teddybear Association represented by Lim. Secondly, according to the Appellant's evidences proving the commercial use of its enterprise name in China, the subject of publicity was Korea Teddybear Association represented by President Won Moung Hee. Though the Appellant declared that Won Moung Hee carried out the commercial publicity on its behalf as she works for the Appellant currently, the facts ascertained in the first instance suggested that it's Korea Teddybear Association represented by Won Moung Hee that signed the contract with Urera; besides, the news released by dichan. sina. com. cn on October 19, 2015, titled "Korea Teddybear Entered China Officially 'TEDDY Star Show'Is on the Way", didn't mention Lim but introduced Won Moung Hee as president of Korea Teddybear Association. Such commercial publicity didn't indicate Won Moung Hee's relationship with the Appellant and was conducted later than occurrence of the alleged infringement. Moreover, the Appellant's evidences in the second instance regarding the publicity of Korea Teddybear Association represented by Won Moung Hee during 2013 couldn't prove the commercial use of enterprise name of the Appellant, which was registered on May 13, 2015. To sum up, existing evidences were insufficient to prove the enterprise name of Appellant Korea Teddybear Association represented by Lim had been commercially used in China.

As to the second issue, this court holds that some alleged infringing news reports were attached to the Cooperation Certificate issued by (Organization) Teddy Bear Korea Organization represented by Gao and referred to "President Gao of Teddy Bear

IV. Dispute over Unfair Competition Infringement of Patent Right

Korea Organization", which was distinguished from Korea Teddybear Association represented by Lim. It should be pointed out that according to *the Memorandum* submitted by the Appellant in the second instance, Skynet negotiated a partnership with Korea Teddybear Association represented by Won Moung Hee in 2012 and it should know at least one Korea Teddybear Association existed in Korea. Therefore, Skynet should be cautious about relevant news reports to avoid infringement. The court noted that Korea Teddybear Association was abbreviated as K. T. A in these news reports, which obviously didn't match with the abbreviated name of Teddy Bear Korea Organization represented by Gao but was consistent with that of Korea Teddybear Association represented by Won Moung Hee. Though the Appellee argued the alleged infringing news reports were not released by it, it's unreasonable not to review the reports on its commercial activities and apparently, Skynet failed to fulfill its obligation of carefully reviewing the reports where K. T. A was used. However, based on the foregoing analysis of the subject of right, even if Skynet's act constituted unfair competition, the rights should be claimed by Korea Teddybear Association represented by Won Moung Hee as there's evidence proving the commercial use of its enterprise name in China. The Appellant's claim to hold the Appellee liable for infringement was not supported due to lack of right basis.

Moreover, given that the Appellant Korea Teddybear Association changed its claim in the evidence exchange in first instance, pursuant to Item (2) of Article 21 of *Measures for the Payment of Litigation Costs*, "where a party proposes to reduce the claim amount prior to the end of court investigation, the litigation costs shall be calculated and refunded based on the reduced claim amount,"this court adjusted the charges for accepting the case of first instance accordingly.

In conclusion, the above claims of Appellant Korea Teddybear Association were not established and shall be rejected; the facts were clearly ascertained and the laws were correctly applied in the first instance judgment, which, therefore, should be affirmed. According to Item (1), Paragraph 1, Article 170 of the *Civil Procedure Law of the People's Republic of China*, this court rules that:

The appeal is dismissed and the original judgment is upheld.

The court fee for the trial of first instance totaling RMB 2 360 and that for the trial of second instance totaling RMB 2 360 shall be borne by the Appellant Korea Teddybear Association.

This judgment is the ruling of the final instance.

Presiding Judge   Wang Qiuliang
Judge   Chen Huizhen
Judge   Liu Jing
October 27, 2016
Law Clerk   Zeng Xu

Attachment: Relevant Laws

Civil Procedure Law of the People's Republic of China

Article 170 After trail, the people's court of second instance shall handle appeal cases according to the following different circumstances:

(1) if the facts were clearly ascertained and the law was correctly applied in the original judgment or adjudication, the appeal shall be rejected in the form of a judgment or adjudication and the original judgment shall be affirmed;

...

IV. Dispute over Unfair Competition Infringement of Patent Right

15. Dispute over Other Unfair Competition between Shanghai Synacast Media Technology Co., Ltd. v. Shanghai Damo Network Technology Co., Ltd.

Shanghai Intellectual Property Court
Civil Judgment

(2016) H73MZ No. 34

Appellant (Defendant of the original trial): Shanghai Damo Network Technology Co., Ltd.

Legal representative: Shi, General Manager.

Entrusted agent: Gong, a lawyer from Shanghai Huanqi Law Firm.

Appellee (Plaintiff of the original trial): Shanghai Synacast Media Technology Co., Ltd.

Legal representative: Fan, Chairman of the Board of Directors.

Entrusted agent: Yang, a lawyer from Zhejiang B&G Law Firm.

Entrusted agent: Tang, a lawyer from Zhejiang B&G Law Firm.

Appellant Shanghai Damo Network Technology Co., Ltd. (hereinafter referred to as the "Damo Company") refused to accept the Civil Judgment (2015) MMS (Z) CZ No. 637 rendered by Shanghai Minhang District People's Court on the case over disputes of other unfair competition between Damo Company and Shanghai Synacast Media Technology Co., Ltd. (the Appellee, hereinafter referred to as the "Synacast Company") and lodged an appeal to this court. After accepting the case, this court set up a collegiate bench according to the law and the public trial for the case was carried out on March 4th, 2016. Entrusted agent Gong of Appellant Damo Company and Entrusted agent Yang and Tang of Appellee Synacast Company appeared in court to participate in the legal action. The trial of the case has been concluded now.

In the original trial, Synacast Company claimed that according to the evidences it fixed through notarization on September 23, 2014, the Adsafe Green-Network Master Software operated by Damo Company maliciously intercepted the legal advertisements (ads) of PPTV Website operated by Synacast Company, including webpage ads and video ads as played before the playing of video programs, which has infringed the legitimate rights and interests of Synacast Company and its advertising clients. Meanwhile, in virtue of the function of ad interception, Damo Company attracted large amount of users to download the said Software and obtained illegal gains therefrom. By actively and constantly inducing users to use such interception function out of subjective malicious intent, Damo Company had disrupted the business mode generally accepted in the industry and thus had constituted unfair competition. While Synacast spent enormous amount of manpower and material resources in integrating resources on its website and placing clients' advertisements, the spreading of Damo Company's Adsafe Software exerted widespread and lasting influence, which had not only damaged the industrial mode but also seriously infringed the legitimate rights and interests of Synacast Company. Therefore, Synacast Company filed the lawsuit and requested that the court order Damo Company to: 1. immediately desist from its act of unfair competition, i. e. , skipping via the Adsafe Software the webpage ads and video ads placed on PPTV Website operated by Synacast Company; and 2. compensate Synacast Company for its economic losses of RMB 170 000 and its reasonable expenses of RMB 30 000.

In the original trial, Damo Company argued that it disagreed with any claims of Synacast Company as the Adsafe Software that Damo Company researched and developed, operated, managed, maintained and provided for installation and use by users was not developed against Synacast Company or for the purpose of damaging the rights and interests of others or seeking illegitimate commercial interests. Instead, it was merely a neutral technical tool for selection by the consumers to better meet their demands. It was up to the users to decide whether or not to install the Software or how to use it. Therefore, Damo Company only provided the Software involved in the case but did not do such things as intercepting webpage ads and skipping video ads. Even if Synacast Company suffered from revenue decrease due to the use of the Software by users, the operation mode of "free-of-charge watching + ads" of Synacast Company was only a type of business mode based on the market development and users' choice, which should not be a kind of legal interests protected by laws. Furthermore, users should have the right to refuse to watch ads. Therefore, the provision of the Software by Damo Company to users did not constitute unfair competition. In addition, Synacast Company failed to provide evidences to prove its losses and the

IV. Dispute over Unfair Competition Infringement of Patent Right

gains of Damo Company or evidences to prove its reasonable expenses incurred thereby. Considering that the Software was launched online only for a short period of time with limited influence and no actual impact was caused to the advertising revenues of Synacast Company, Damo Company did not agree to bear the liability for compensation.

The court of the original trial found out through trial that: Synacast Company was founded in 2005, with its main scope of business covering: development and sale of information, network and media software; technical development, technical transfer, technical consulting, and technical services of the computer and network industry and sale of related products, stationaries, and general merchandises; design and production of ads; and placement of ads on self-operated media. (Business involving permit or special approval should be operated with valid documents)

The PPTV Website with its homepage URL of www.pptv.com and its website filing No. H. ICPB. 09010723-6 is operated by Synacast Company, and has obtained the No. 0908250 Network Audio and Video Permit, the No. (Hu) B2-20070038 and B2-20120294 Value-added Telcom Business Permits, and the H.W.W. (2013) No. 0361-037 Network Culture Business Permit. It mainly provides video playing services for network users with such columns as Live, Movies, TV Series, Cartoon, Variety Shows, Hot, Sports, and has achieved fairly good performance in the industry.

Damo Company was founded in 2012, with its scope of business covering: design, development, installation, and maintenance of computer hardware and software (other than dedicated security products of computer information system); integration of computer information systems; and construction of computer network projects, etc.. Damo Company registered and operated a website (homepage URL of www.adsafe.com) and developed a type of software named as "Ads Housekeeper" for free-of-charge downloading by users. Later, Damo Company changed the name of the software to the current ADSafe Green-Network Master. The copyright of that Software belongs to Damo Company.

Damo Company represented in the original trial that the Software had only two functions initially: filtering malicious information and avoiding harassments during surfing the Internet and was later updated to add the function of no waiting before watching videos. The computer edition of the Software with the new function was placed online on August 15, 2014. After that, though the Software was updated from time to time, its main functions remained the same.

On September 23, 2014, Hu Limin, the subagent of Synacast Company, applied to Hangzhou Qiantang Notary Public Office of Zhejiang Province for the notarization of evidence preservation. After the application was accepted by the Notary Public Office, subagent Hu Limin used the computer and network of the Notary Public Office at the Notary Public Office on the same day to perform the evidence preservation under the supervision of Pan Weizhu, a notary and Jia Ling, a functionary of the Notary Public Office. At the same time, the notary used the burning equipment of the Notary Public Office to burn the evidences on one disc.

The subagent first downloaded and installed the 360 Anti-virus software (with the "never intercept" box checked), then visited the PPTV Website of Synacast Company (www.pptv.com), on the homepage of which the ads of "silk mascara" and "Anjuke" etc. were placed. The subagent clicked the "TV Series" column and entered the "TV series" page. There after she respectively clicked the icon of *Irreconcilable*, *You Are My Best Love*, and *Love Guard* under the category of "Hot". Played on each page popped up were first video ads for about 60 seconds and then desired video program. Then the subagent clicked respectively the icon of *My 'Silly' Wife's City Adventure*, *Madam Secretary*, *Ma Xiangyang's Village Adventure*, *Rapeseed Blossoms*, and *Chief Distillery Operator* also under the category of "Hot". Then on each page popped up she clicked the "Skip ads" icon at the upper right corner of the video ad window. A window stating "Enjoy watching free of ads" popped up, in which two options were provided: subscribe for VIP (RMB 9.80 per month) or apply for blocking ads (RMB 7.00 per month). The subagent clicked the "Apply now" button on each page and paid the fee using Alipay (options for monthly, quarterly, semi-annual and annual payment available). Then the desired video programs were directly played without any video ads.

The subagent then clicked the "Movies" column to enter the "Movies" page. There she respectively clicked the icon of *Heat Incantation*, *Make It Big* 2002, *Cats: Eyes that Witness Death* under the "Hot" category. Then on each page popped up she clicked the "Skip ads" icon at the upper right corner of the video ad window. A window stating "Enjoying watching free of ads" popped up, in which two options were provided: subscribe for VIP (RMB 9.80 per month) or apply for blocking ads (RMB 7.00 per month). The subagent clicked the "Apply now" button corresponding to each option and paid the fee using Alipay (options for monthly, quarterly,

IV. Dispute over Unfair Competition Infringement of Patent Right

semi-annual and annual payment available). Then the desired video programs were directly played without any video ads. After that, the subagent respectively clicked the icon of *Crush & Blush*, *Poetry*, *and Taipei Exchanges* also under the category of "Hot". Played on each page popped up were first video ads for about 60s and then the desired movie. Then the subagent visited www.ad-safe.com and downloaded the "adsafe.v3.5.1.910-16.exe" Green Network Master Software from this website. During the process of installation, the "Filter bad information" function was checked by default setting while "Avoid waiting before watching videos" function and "Avoid harassment during surfing the Internet" function are left for users to decide to check them or not. The subagent checked both of the latter two functions and then visited the PPTV Website of Synacast Company again, on the homepage of which the foregoing commercial ads were no longer displayed. Again the subagent clicked the "TV Series" column and entered the desired page. There she clicked "hot" and then the icons of *Irreconcilable*, *My 'Silly' Wife's Adventure in Beijing*, *Madam Secretary*, *Ma Xiangyang's Village Adventure*, *Rapeseed Blossoms*, *Chief Distillery Operator*, *You Are My Best Love*, *and Love Guard* same as before. On each page popped up the desired video program was directly played and the previously played ads of about 60s in length were no longer played. After that the subagent clicked the "Movies" column and entered the "Movies" page. Then she clicked the icons of *Heat Incantation*, *Make It Big 2002*, *Cats: Eyes that Witness Death*, *Crush & Blush*, *Poetry*, *and Taipei Exchanges* under the "Hot" category same as before. On each page popped up the desired video program was directly played and the previously played ads of about 60s in length were no longer played.

The court of first instance further found that: the Software involved in the case of Damo Company is an all-around intelligent ad interception software, with strong ability to intercept software ads, window ads, webpage ads by blocking opening ads of videos and intercepting malicious ads and ad codes to create a clean and safe surfing environment. Displayed on the upper left part of the website homepage of Damo Company was "ADSafe Green-Network Master" while displayed on the upper right part thereof was "ADSafe Ads Housekeeper has been formally renamed as "ADSafe Green-Network Master", with the download link of the software. When downloading the software, the page would display that "Please respect Internet application ethics when using the software and do not infringe the intellectual property rights or all other rights of others." Users may on their own discretion decide whether to download and use the software or not.

The slogan of ADSafe Green-Network Master is "It's good to be clean". And on the homepage of the www.ad-safe.com website three major functions of the software were indicated: "Filter bad information" "Avoid harassment during surfing the Internet" and "Avoid waiting before watching videos". The first function, once initiated, would enable the filtering of all phishing, Trojan viruses, and fraudulent information as well as contents improper for teenagers, prevent user information from leaking and protect network security. The second function would block ads in the form of couplets, malicious pop-ups and other obstinate harassments that can be usually seen to protect privacy and endow users with clean pages. The last function could help skip all video ads of 30s, 60s, and 90s played before the real start of video playing and thus completely avoid any interference. To meet the demand of senior users, the ADSafe Green-Network Master also provides detailed customized filtering settings (Add rule) and support ad filtering on Win8.1 and on IE11 on all platforms.

To operate its video sharing website, Synacast Company spent large amount of money on copyrights of movies and TV series, etc. and on bandwidth and promotion. Its operating revenues came mainly from two sources: advertising fee from advertising clients by placing their ads on the webpages of its website and by playing commercial ads before playing videos; second, fees paid by users to watch ad-free videos by either subscribing for VIP of Synacast Company (RMB 9.80 per month) or applying for blocking ads (RMB 7.00 per month).

In the original trial, Synacast Company described the playing mechanism of video programs and video ads of the PPTV Website as follows: when users click the video playing page, the page would load a main player which comprises two parts: a video ad player and a video program player. The concrete process is as below: after users click the desired video program, the browser would load the main player in the page, the main player would load the video ad player, and the video ad player would then send ad data request to the server. After obtaining ad data, the video ad player would then play ads based on the obtained data link. When all ads are played, the video ad player would send the "Ad playing finished" signal to the main player, which after receiving the signal would load the video program player to play video programs.

In the original trial, Damo Company described the operating mechanism of the "Avoid waiting before watching videos" function of ADSafe Green-Network Master

IV. Dispute over Unfair Competition Infringement of Patent Right

Software as follows: when users click video programs, network data treatment layer would be generated. As users have installed the ADSafe Software and checked this function, the Software would request to prevent replying to ad data request of related video programs, thus skipping video ads and avoiding ad playing on users' equipment. At the same time, the Software will request to reply to the video program playing request to allow the playing of related video programs on users' equipment.

The court of first instance held that the focus of dispute between the parties of the case lied in two aspects: first, whether the business mode of "free-of-charge video watching + ads" and "requiring users to pay for ad-free watching experience" of Damo Company was legal and whether this mode enjoyed legal interests and shall be protected by laws or not; second, whether the ADSafe Software operated by Damo Company was a neutral technical tool developed for public interests and if not, whether the act of Damo Company constituted infringement or not.

The court of first instance held that the business mode that Synacast Company used to operate its PPTV Website did not violate any laws or regulations and should generate interests agreed by it and the consumers, though without any legal interests. As a video sharing website, the PPTV Website adopted the following business mode: after buying the copyrights of movies and TV series, Synacast Company would provide video watching services for users in two ways, i.e., SVOD (subscription video on demand) to watch ad-free video programs, or "free-of-charge watching + ads" which means users would have to watch ads generally of about 60s in length and unable to be closed or fast forwarded before watching desired video programs. The higher reputation the related movies and TV series enjoyed, the higher expenses Synacast Company had to pay for buying their copyrights. And the more the clicks were, the higher fee Synacast Company would charge from advertising clients. Since Synacast Company operated its website for commercial profits, the buying of copyrights of movies and TV series in large amount for their playing on its website was aiming at business operation. Thus it was impossible that Synacast Company would offer network users, as the customers of Synacast Company, unlimited "free lunch". Both options of payment and "free-of-charge watching + ads" offered by Synacast Company for video on demand required users to pay the consideration: money in the first case and time of watching ads in the second case. If users chose the second one, Synacast Company would also have gains by charging fees from advertising clients. In essence, the two options provided by Synacast Company represented two different offers issued to unspecific users. By choosing either one for the VOD, a user has accepted the offer and the two parties have agreed on the same intention. The act of clicking the video by the user would be binding on both parties. In this process, Synacast followed the principle of autonomy of will and users may completely at their own discretion choose the option they like or choose none of it. In accordance with Article 19 of the *Self-Discipline Pact on the Internet Terminal Software Service Industry*, it is not allowed to intercept or block legal information and pages of specific information service providers except for malicious ads, which shall include advertising information frequently popped up and interrupting users as well as floating ads, pop-ups, and window ads that cannot be closed. The commercial ads placed by Synacast Company were clearly not malicious ads and Damo Company also failed to present evidence to prove there were any ads involving pornography, gambling and drug abuse. The mode of "free-of-charge watching + ads" that Synacast provided to users for watching video programs was only a means of promotion for Synacast Company, an efficient and convenient way to provide services and consumption that has been gradually formed between Synacast Company and customers to adapt to the network environment. Since it was not specifically protected by any laws and not the proprietary mode of Synacast Company, it cannot get any legal interests. But neither did it violate any laws. Once a user chose to watch video programs via the "free-of-charge watching + ads" mode, it shall be deemed as the user has reached an agreement with Synacast Company on watching video programs which shall be binding on both parties. And any agreed interests generated between Synacast Company and the user based on such mode shall not be damaged by others.

As to whether it is illegitimate for the Adsafe Green-Network Master Software to skip the video ads of PPTV Website, Damo Company acknowledged that the Software had the function of skipping video ads but argued that Damo Company only provided the Software involved in the case but not performed the act of skipping video ads since it was up to the users to decide whether to install and use the Software or not. The development of the Software by Damo Company was not against Synacast Company or for the purpose of damaging the rights and interests of others and seeking illegitimate commercial interests. Instead, it was a neutral technical tool to facilitate consumers and better meet consumer demands. Therefore, it did not constitute unfair competition. The court of first instance held that unfair competition shall refer to acts of operators that violate the provisions of the *Anti-unfair Competition Law of the Peo-*

IV. Dispute over Unfair Competition Infringement of Patent Right

ple's Republic of China ("Anti-unfair Competition Law"), damage the lawful rights and interests of other operators, and disturb the socio-economic order. In performing business operation or profit-making services, operators shall follow the principle of voluntariness, equality, fairness, and good faith, and observe generally recognized business ethics. Therefore, to constitute an act of unfair competition, first the main bodies shall be operators performing commodity operation or profit-making services and competing with each other. Second, the unfair competition is a type of market competition aiming at obtaining competitive advantages or destroying the competitive advantages of others, for which related acts have been implemented. Third, the competition acts of the actor are illegitimate, violating the principle of voluntariness, equality, fairness, and good faith, and generally recognized business ethics. Last, the act of unfair competition has damaged the lawful rights and interests of other operators and disturbed economic order.

In this case, first, Synacast Company and Damo Company were competing with each other. Both companies are main bodies of market operation, so of course they are profit-making. As to the argument of Damo Company that it developed and operated the Software involved in the case for public interest for free-of-charge download and use by users, the court of first instance took the view that the Software skipped the video ads that were legally operated by Synacast Company and Damo Company failed to present evidences to prove the illegality of these video ads. Therefore the court of original trial refused to admit this argument of Damo Company. There are many types of making profits, like pursuing immediate and direct interests or pursuing long-term interests. Damo Company invested manpower and material resources to develop the Software and invested money to operate its website and provided free download for users, for the purpose of attracting users to download the Software and gaining popularity, and as a result increasing the value of the website. Therefore, Damo Company developed and operated the Software surely out of profit concerns. Thus the court of first instance did not support the argument of Damo Company that it did not gain interests from the operation of the Software as "profit-making" did not necessarily mean "profitable". Besides, the businesses of Synacast Company and Damo Company were usable to each other. Both companies operated their businesses through network, but with different contents of services. Synacast Company operated the video sharing website while Damo Company operated via network the Software developed thereby. However, the "Avoid waiting before watching videos" function that the Software of Damo Company had was aiming at unspecific video sharing websites that can respond to its operating mechanism. Damo Company was making use of video sharing websites like PPTV Website to operate the Software. If there were no such video sharing websites, then the "Avoid waiting before watching videos" function of the Software would be like a castle in the air and lose its foundation and value for operation. Therefore, the services provided by the two companies, though different, were correlated to each other. The Software operated by Damo Company would inevitably affect the operation of the website of Synacast Company, on which neither Synacast Company nor Damo Company made any objection. Therefore, the court of first instance ascertained the competition relation between the two companies.

Second, subjectively Damo Company was or should be aware that the development and operation of the Software would inevitably affect the normal operation of others' video sharing websites. Since the "Avoid waiting before watching videos" function of the Software mainly enabled the skipping of video ads to be played before video programs, all video websites including well-known large video sharing websites, as long as their video program and video ad playing mechanisms echo with the operation mechanism of the said function, would have their video ads skipped when users downloaded and used the Software of Damo Company. When developing the Software Damo Company should be aware of the impact on various video sharing websites by the download of the Software and use of the said function by users. Surely the Software enabled the filtering of harmful information and malicious ads. But the "Avoid waiting before watching videos" function would target normally played commercial video ads of video sharing websites, which Damo Company should foresee when developing and introducing this function.

Third, the Software developed and operated by Damo Company was illegitimate, having violated the business ethics of fair competition and good faith and damaged unspecific video sharing websites which play video programs and video ads the same as Synacast Company. The operation mode of "free-of-charge watching + ads" of Synacast Company represented the normal operating activity thereof. If the video ads of Synacast Company were, as Damo Company claimed, too long or not good enough, then the market competition mechanism should be relied on to obsolete inferior ads and Damo Company had no right to interfere with the normal operation activity of Synacast Company. Meanwhile, Synacast Company offered two

IV. Dispute over Unfair Competition Infringement of Patent Right

options to meet the demands of different users. Those willing to pay related fees could directly watch ad-free video programs while those willing to obtain the opportunity of watching video programs in the consideration of time would have to watch video ads first. Damo Company, on the other hand, had the Software gain popularity among users via the "Avoid waiting before watching videos" function and affected the video ad views of PPTV Website of Synacast Company. In addition, since the use of the Software enabled direct watching of video programs, users, once becoming aware of the Software, would generally not choose to pay for ad-free video programs. Therefore, the download and use of the Software by users would seriously damage the legitimate interests of Synacast Company. Furthermore, the "Avoid waiting before watching videos" function of the Software would damage the interests of customers as well as public interests. The said function appeared to serve the interests of users as they can directly watch ad – free video programs without paying any fees. But in the long run, video sharing websites would be unable to bear the expenses for buying copyrights of video programs as their revenues were seriously affected. With no profits earned, no one would continue to operate video sharing websites and eventually it would be the interests of video sharing websites and video consumers that are damaged. Therefore, by developing and operating the "Avoid waiting before watching videos" function of the Software, Damo Company violated the principle of good faith to take illegitimate means for its own interests at the cost of others' interests.

As to the argument of Damo Company that the Software was only a neutral technical tool provided to unspecific users, the court of first instance held that Internet technologies are facing robust development, fast changes, and fierce competition. Just like every coin has two sides, there is no good or bad technology either. Any technology may be used either for legitimate and undisputed purposes or for illegitimate purposes to infringe the rights and interests of others. However, different from general natural objects, technologies are the achievements made by human beings in using natural law and represent to some extent the intention of technology developers or providers. Though technology developers or providers are or should be aware during development or provision of related technologies that their products may be used for tort, they will not be required to bear tort liabilities just because the technologies may be or are indeed used as tools of tort, unless there are evidences to prove that they have abetted others to commit tort for their own interests and provided convenience for others in this process. However, they can be released from such tort liabilities if they can prove that subjectively they did not have the intention of abetting or inducing others to commit tort.

Besides Synacast Company, there are other video websites using the same operation mechanism as the website of Synacast Company does. So Damo Company developed and operated the Software not necessarily targeting the website of Synacast Company. The use of "Avoid waiting before watching videos" function of the Software skipped video ads of not only Synacast Company but also those websites using the same operation mechanism as the website of Synacast Company. But once network users of Synacast Company downloaded and used the Software, a specific relation was formed between Synacast Company and Damo Company, i.e. the relation between the infringer and the infringed. Therefore, Synacast was the competent subject of proceedings to file this lawsuit and require Damo Company to compensate for its damages.

Anyone who abets or aids another to commit a tort shall bear the joint and several liabilities with the one who commits the act. Abetting means verbally guiding or persuading the abetted or inciting, luring by promise of gains, or instigating the abetted to accept the intention of the abettor and commit certain injuries. Aiding means helping the abetted to commit injuries from material or mental aspects by providing or instructing the targets or by verbally encouraging the abetted. In this case, Damo Company developed the ADSafe Green-Network Master Software and put it into commercial operation. The more users there were to download and use the Software, the higher its commercial value would become. Damo Company only provided the download service for its users via its website and it required the users' act of downloading and using the Software to truly bring into play the functions of the Software. Generally, users need to pay the consideration of time for watching video ads or money to watch video programs of video sharing websites. Of course for them, the less consideration they need to pay, the better it would be, and maybe paying no consideration at all would be even better. It was precisely based on this psychology of users that Damo Company developed and launched the "Avoid waiting before watching videos" function of the Software. To induce users to download and use the Software, Damo Company promoted the Software by claiming the function "able to skip video ads of 30s, 60s, and 90s in duration and eliminate all interferences" in its ads and by offering free download and allowing users to add rules. Generally Synacast Company

IV. Dispute over Unfair Competition Infringement of Patent Right

would not accept the intention of users to watch ad-free video programs without paying any fee. But Damo Company helped users to achieve their intention, which was directly against the will of Synacast Company. Therefore, by making use of the infringement intention of users and inducing users to download and use the Software for its own interests, Damo Company helped users to commit the act of damaging legitimate interests of Synacast Company for their own benefits and shall thus bear tort liabilities. As to the argument of Damo Company that by placing on the webpage of the Software the statement of "Please respect Internet application ethics when using the software and do not infringe the intellectual property rights or all other rights of others", it had fulfilled its obligation to remind users, the court of first instance held that clearly Damo Company was trying to cover up its misdeed by placing the statement since it was fully aware that users would inevitably damage the legitimate rights and interests of others once they downloaded and used the Software. Thus the court of first instance refused to accept this argument.

To conclude, Damo Company damaged the legitimate interests of Synacast Company for its own benefits against generally recognized business ethics and its act constituted unfair competition. Damo Company offered download service to users via its website, enabling users to block webpage ads and skip video ads of Synacast Company by downloading and using the Software. The tort was continuing until then and should be desisted immediately.

As to the amount of compensation, neither Synacast Company nor Damo Company provided any evidence to prove the actual loss of Synacast Company or the actual gains of Damo Company. Synacast Company called upon Damo Company to compensate its economic loss of RMB 200 000, which lacked basis and could not be supported by the court of first instance. Giving consideration to the subjective wrong of Damo Company, the severity and duration of the tort, and the market position of both parties, the court of original trial determined the amount of compensation as RMB 100 000. Synacast Company also claimed for reasonable expenses but failed to present related evidence. Considering that Synacast Company did undergo the notarization of evidence preservation and hire lawyers to lodge the lawsuit, the court of first instance determined the amount of reasonable expenses as RMB 20 000 after referring to the charging standard of notarization, rate and workload of lawyers, and the complexity of the case. To conclude, in accordance with Article 2 and Article 20 of the *Anti-unfair Competition Law of the People's Republic of China* and Paragraph 1 of Article 9 and Items (1) (6) of Paragraph 1 of Article 15 of the *Tort Liability Law of the People's Republic of China*, the court of first instance ruled as follows: 1. Damo Company shall, from the effective date of the judgment, desist from the act of unfair competition, i.e., stopping to block webpage ads placed by Synacast Company on PPTV Website and to skip video ads played also on PPTV Website; 2. Damo Company shall, within 10 days after the effective date of the judgment, compensate Synacast Company for its economic losses of RMB 100 000 and reasonable expenses of RMB 20 000. The first-instance court fee totaling RMB 4 300 shall be borne by Damo Company.

Damo Company refused to accept the above judgment and appealed to this court.

Appellant Damo Company claimed that: first, the business mode of "free-of-charge videos + ads" that Synacast Company uses to operate its video sharing website, though reasonably existing, is not a legal and agreed interests protected by law. It's the normal market act for users to choose using ADSafe Green-Network Master Software to avoid watching ads, which shall not be interfered by legal means. Second, the ADSafe Green-Network Master Software developed and operated by Damo Company is a neutral technical tool. It was not developed against any specific video websites and did not disrupt or prevent websites from publishing ads to unspecific users. It was up to the independent choice of users to realize the legitimate purpose of avoiding watching ads. Though there was likelihood that it would reduce the advertising revenue of Synacast Company, it cannot be inversely presumed thereby that Damo Company violated business ethics and further ascertain that the act of Damo Company constituted unfair competition. Third, as Synacast Company failed to present evidence to prove its losses or gains of Damo Company, the judgment of the original trial ruling Damo Company to bear the economic losses of RMB 100 000 and reasonable expenses of RMB 20 000 lacked basis. Therefore, Damo Company requests this court to rescind the judgment of the original trial and dismiss all claims of Synacast Company in the original trial.

Appellee Synacast Company argues that: first, the operation mode of "ads + free videos" adopted by Synacast Company complies with prevailing law and should be protected under the *Anti-unfair Competition Law*. Second, the function of blocking and skipping ads of the Software operated by Damo Company infringed normal operation mode of Synacast Company and shall thus constitute unfair competition. Third,

IV. Dispute over Unfair Competition Infringement of Patent Right

the amount of compensation decided by the court of first instance was based on the reality of the case and actual expenses and were thus legal and with proper basis. Therefore, Synacast Company requests this court to dismiss all the appeal claims of Damo Company and affirm the judgment of the original trial.

The court has found out by trial that the facts ascertained by the court of first instance are true and hereby confirm those facts.

The court finds based on the claims of both parties and the facts ascertained by the court that the core disputes of this case are: first, whether Damo Company's act of operating and providing the Software capable of blocking and skipping the ads of Synacast Company's website constitutes unfair competition; and second, whether the amount of compensation decided by the original trial is appropriate.

I. Whether Damo Company's act of operating and providing the Software capable of blocking and skipping the ads of Synacast Company's website constitutes unfair competition

Damo Company holds that the Software is merely a neutral technical tool developed against no specific video websites and can only achieve the goal of avoiding ads by the choice of users. The description of the "Avoid harassments during surfing the Internet" and "Avoid waiting before watching videos" is objective representation of the Software and does not defame the website of Synacast Company or exaggerate the disadvantages of watching ads. Therefore, it was wrong for the court of first instance to ascertain it as "luring by exchange of benefits" and "abetting" users to commit the tort. Though there was a likelihood that the above function of blocking ads would reduce the advertising revenue of Synacast Company, it cannot beinversely presumed thereby that Damo Company violated the principle of good faith and business ethics and the act of Damo Company constituted unfair competition. Although the existence of the business mode of Synacast Company is reasonable to certain extent, business mode is not the legal right and interest protected by the *Anti-unfair Competition Law* and should not be protected by expanding the reach of application of the *Anti-unfair Competition Law*.

Synacast Company holds that although the technology is neutral, it does not necessarily mean that the act based on the technology is also neutral. Damo Company not only developed the function of blocking ads of the Software but also promoted this function to its users to induce and help users of Synacast Company to download and use the function, which have caused economic losses of Synacast Company and disrupted its normal business operation. Thus the act of Damo Company has constituted unfair competition. Synacast Company's business mode of "ads + free videos" and of placing webpage ads on its website complies with prevailing law and should be protected under the *Anti-unfair Competition Law*. The realization of the function of blocking ads of Damo Company's Software has violated the principle of good faith and generally recognized business ethics and disrupted normal operating activities of Synacast Company and has thus constituted unfair competition.

This court holds that, in accordance with Article 2 of the *Anti - Unfair Competition Law*, in carrying on transactions in the market, operators shall follow the principle of voluntariness, equality, fairness, good faith, and observe generally recognized business ethics. Unfair competition in this Law refers to acts of operators which contravene the provisions of this Law, damaging the lawful rights and interests of other operators, and disturbing the socio-economic order. This provision is the basis to determine whether an act of competition is fair or not. When the alleged infringing act does not belong in the specific acts of unfair competition stipulated in Chapter 2 of the *Anti-Unfair Competition Law* yet have violated the principle of good faith and generally recognized business ethics and damaged legitimate rights and interests of other operators, the infringed may request for remedies based on this provision. In this case, the act that is suited against does not belong in the specific acts of unfair competition stipulated in Chapter 2 of the *Anti-unfair Competition Law* or tort entitled to remedies under other laws. Thus to ascertain whether the act of Damo Company constitutes unfair competition, the key is to determine whether it has violated the principle of good faith and generally recognized business ethics and damaged legitimate rights and interests of Synacast Company.

The market economy refers to diversified economy based on fairness and order, in which operators have the freedom to choose applicable business modes. In this case Synacast Company, after considering user demands and its own objective of seeking commercial interests, carries out its operating activities mainly based on the business mode of "ads + free videos" which means users can watch video programs for free by watching the ads played before desired video programs while Synacast Company gains commercial interests by virtue of ad clicks. At the same time, Synacast Company places webpage ads on its website to seek commercial interests. The above business mode of Synacast Company does not violate the basic principle of the *Anti-unfair Competition Law* and prohibitory provisions of laws. Thus its act of seeking

IV. Dispute over Unfair Competition Infringement of Patent Right

commercial interests via the above business mode shall be protected by the *Anti-unfair Competition Law*. It must be noted that what is protected under the *Anti-unfair Competition Law* are the legitimate rights and interests that Synacast Company obtains from its operating activities based on the above business mode instead of the business mode itself.

The market economy encourages free competition, which however must be fair competition carried out by operators by contributing their own labor. If operators illegitimately make use of the market achievements already obtained by others to seek its own competitive advantages, it shall be deemed as unfair competition. In this case, Synacast Company has won a number of users after years of operating activities by relying on the business mode of "ads + free videos" and placing webpage ads. The number of users will affect the number of ad placement and determine the ad views. And the ad views will directly affect the commercial interests of Synacast Company. Therefore, users are the foundation for Syncast Company to seek competitive advantages. Based on the ascertained facts of the case, the functions of "Avoid harassments during surfing the Internet" and "Avoid waiting before watching videos" of the Software are aiming at video sharing websites echoing the operation mechanism of the Software, including Synacast Company's website. When users download the Software and use the said two functions to view webpages or watching videos, the Software will block webpage ads of Synacast Company or skip the video ads to directly play video programs. While users enjoy the services provided by Synacast Company, the latter cannot obtain corresponding gains. The target users of the "Avoid harassments during surfing the Internet" and "Avoid waiting before watching videos" functions of the Software include users of Synacast Company. As the operator of the Software, Damo Company was fully aware that the above functions would directly damage commercial interests of Synacast Company but still promoted the Software by publicizing the above functions and making use of the psychology of users as unwilling to pay the cost in the form of time or money, so as to increase its opportunities of market transaction and obtain advantages in market competition based on the user group of Synacast Company established during years of operation. This act of Damo Company is in essence illegitimately using market achievements and damaging legitimate rights and interests of others for its own competitive advantages. Therefore, it was proper for the court of first instance to ascertain that Damo Company has violated the principle of good faith and generally recognized business ethics and constitutes unfair competition.

As to the ground of technical neutrality provided by Damo Company in the appeal, this court holds that the technology, though neutralit is, can still be used as the tool of unfair competition. In this case the court does not make any legal judgments on the technical mechanism of the act that is suited against but whether Damo Company's use of the technology is legitimate and whether it constitutes unfair competition or not. Therefore, the court refuses to accept the above ground of technical neutrality as proposed by Damo Company.

As to the ground of Damo Company for the appeal that it did not abet or aid users of Synacast Company to download and use the "Avoid harassments during surfing the Internet" and "Avoid waiting before watching videos" functions of the Software and thus there was no tort on its part, this court holds that the above two functions do require the download and use by users of Synacast Company to be brought into play. But because Damo Company was illegitimately using the consumption psychology of users and publicizing the above functions to abet and aid users of Synacast Company to breach the agreement agreed between them that allow users to watch videos for free by watching ads of certain duration, so as to seek commercial opportunities and obtain competitive advantages, it was proper for the court of first instance to ascertain that Damo Company has abetted and aided users to commit tort and the court refuses to accept this ground of appeal provided by Damo Company.

II. Whether the amount of compensation decided by the original trial is appropriate

Damo Company held that, as Synacast Company failed to present evidence to prove its losses or gains of Damo Company from the Software, the amounts of economic losses and reasonable expenses to be borne by Damo Company as decided by the original trial were too high, lacking factual and legal basis.

Synacast Company held that the function of blocking ads of Damo Company's Software has caused its losses in advertising revenue. And it had hired lawyers to protect its rights and file the lawsuit and paid notarization fee for fixing evidence, thus Damo Company shall be liable for compensating its economic losses and the judgment of the original trial was proper.

This court holds that since Synacast Company gains commercial interests based on ads, the "Avoid harassments during surfing the Internet" and "Avoid waiting before watching videos" functions of the Software operated and provided by Damo Company for users have damaged the commercial interests of Synacast Company.

IV. Dispute over Unfair Competition Infringement of Patent Right

Meanwhile, Synacast Company paid reasonable expenses like attorney's fee and notarization fee for the lawsuit. As Synacast Company failed to present evidences to prove its losses or the gains of Damo Company, it was proper for the court of first instance to rule that Damo Company compensate Synacast Company for its economic losses and reasonable expenses after giving full consideration to the subjective wrong of Damo Company, the severity and duration of the tort, the market position of both parties, the workload of lawyers, the complexity of the case, and the charging standard of attorney's fee and notarization fee. Therefore, the court refuses to accept the ground of appeal provided by Damo Company that the amount of compensation was too high. The decision of the court of first instance on the amount of compensation is proper and hereby affirmed by this court.

In conclusion, the facts were clearly ascertained by the court of first instance and the law applied thereby was correct. Therefore the judgment of the original trial shall be affirmed. The claims and grounds of appeal of the Appellant lack factual and legal basis shall thus be dismissed. Therefore, in accordance with Item (1) of Paragraph 1 of Article 170 and Article 175 of the *Civil Procedure Law of the People's Republic of China*, this court hereby rules that:

The appeal is dismissed and the original judgment is affirmed.

The second-instance court fee is RMB 2 700, which shall be borne by the Appellant ShanghaiDamo Network Technology Co., Ltd..

This judgment is the ruling of the final instance.

Presiding Judge Chen Huizhen
Judge Wu Yingzhe
Judge Yang Wei
July 15, 2016
Law Clerk Zeng Xu

Attachment: Relevant Laws

Civil Procedure Law of the People's Republic of China

Article 175 After trail, the people's court of second instance shall handle appeal cases according to the following different circumstances:

(1) if the facts were clearly ascertained and the law was correctly applied in the original judgment oradjudication, the appeal shall be rejected in the form of a judgment or adjudication and the original judgment or adjudication shall be affirmed;

...

Article 175 Any judgmentor ruling made by the cout of second instance shall be final and conclusive.

IV. Dispute over Unfair Competition Infringement of Patent Right

16. Dispute over Unfair Competition between Xiamen Sinolook Oil Co., Ltd. v. Luxe Lubricant (Shanghai) Co., Ltd.

Shanghai Intellectual Property Court
Civil Judgment

(2015) HZMZZ No. 304

Appellant (Defendant of the original trial): Luxe Lubricant (Shanghai) Co., Ltd.

Legal representative: Sang, Executive Director.

Entrusted agent: Ma, a lawyer from Shanghai Co-Effort Law Firm.

Entrusted agent: Li, a lawyer from Shanghai Co-Effort Law Firm.

Appellee (Plaintiff of the original trial): Xiamen Sinolook Oil Co., Ltd.

Legal representative: Lin, Chairman of the Board of Directors.

Entrusted agent: Huang, a lawyer from Fujian Xiangxuan Law Firm.

Entrusted agent: Zheng, a lawyer from Fujian Xiangxuan Law Firm.

Appellant Luxe Lubricant (Shanghai) Co., Ltd. (hereinafter referred to as the "Luxe Company") refused to accept the Civil Judgment (2014) MMS (Z) CZ No. 889 rendered by Shanghai Minhang District People's Court on the case over disputes of commercial defamation and lodged an appeal to this court. After accepting the case, this court set up a collegiate bench according to the law and the public trial of the case was carried out on September 17, 2015. Entrusted agent Ma of Appellant Luxe Company and Entrusted agent Zheng of Appellee Xiamen Sinolook Oil Co., Ltd. (hereinafter referred to as the "Sinolook Company") appeared in court to participate in the legal action. The trial of this case has been concluded now.

In the original trial, Sinolook Company claimed that: Fujian Nan'an Import & Export Corporation (hereinafter referred to as the "Nan'an Company") entered into the No. 12L0078 cargo delivery contract with LLK-International (hereinafter referred to as the "Luke Company") of Russia on February 24, 2012 in Moscow to purchase lubricants from Luke Company, in which the quantity, price, and quality of packaged LUKOIL lubricants were stipulated. After signing the above contract, Nan'an Company appointed Sinolook Company as its main distributor in China to sell the imported lubricants covered under the above contract.

On May 28, 2013, Nan'an Company entered into the No. 13/081 contract with the subsidiary of Luke Company in Romania—LUKOIL LUBRICANTS EAST EUROPE S. R. L. (hereinafter referred to as the "Luke East Europe Company"), under which Luke East Europe Company would sell the LUKOIL diesel engine lubricant packed in round barrels to Sinolook Company, each barrel with a net content of 18L and with the manufacturer/packer marked as Luke East Europe Company and the distributor marked as Sinolook Company. Luke East Europe Company shipped the diesel engine lubricant packed in round barrels from Romania to Sinolook Company which after taking delivery sold the product on the Chinese market.

On November 2, 2013, Luxe Company held a press conference in the VIP room of World Touring Car Championship (WTCC) Shanghai Field, with the presence of several hundreds of celebrities in the industry and staff from famous media. Luxe Company also invited many big distributors and elites of the lubricant industry. When receiving an interview from journalists at the press conference, Wang, general manager of Luxe Company said as the Chinese representative that: "the packaging barrels of Lukoil diesel engine lubricant diesel are designed by a famous designer and have two different types: square plastic barrel and square iron barrel. It is learnt that there is one kind of round diesel engine lubricant barrel on the Chinese market. I can assure you that it is not produced by Lukoil. Here I would like to remind you again that Lukoil uses the same lubricant barrels in China as in Europe: only square plastic barrel and square iron barrel."

As an enterprise also operating lubricant products, Luxe Company did not scruple to mislead big distributors and elites of the lubricant industry by inviting celebrities in the industry and staff from famous media to attend the press conference on world-class WTCC and to publicize and fabricate the false fact that no round packaging barrels are used for LUKOIL diesel engine lubricants on the Chinese market and that LUKOIL lubricants in round barrels are fake products. The above statement was widely spread via publishing and reprinting by media having attended the press like-Chexun Website, Sohu Website, and official website of Luxe Company, having caused devastating impact to Sinolook Company as this raised doubts among large a-

IV. Dispute over Unfair Competition Infringement of Patent Right

mount of diesel engine lubricant users and customers as well as distributors not only on whether the 18L round barrels of diesel engine lubricant product sold by Sinolook Company on the Chinese market were imported with original packaging but also on the quality and source of LUKOIL non-diesel engine lubricant products imported and sold thereby. As a result, Sinolook Company lost the trust of its distributors and users and consequently lost distributors and encountered difficulty in its product sales.

Besides keeping placing reports about the press conference on its official website, Luxe Company published the report of editor Ren Bo from Autohome Website (www. autohome. com. cn) with the title of *Lukoil Lubricants from Russia formally enters Chinese market* on its website on April 21, 2014, which included the following contents: Sinolook Company imitated the official website of Luxe Company to confuse the public and sold fake Lukoil lubricant products in China for years, seriously damaging the interests of customers; to buy guaranteed genuine Lukoil lubricants consumers can go to the flagship store of Luxe Company on Tmall. com; the correct Chinese transliteration of Lukoil lubricant oil should be "Luke Yier" instead of the so-called "Luke"; and, Lukoil uses the same packages for lubricants in China as in Europe: only square plastic barrel and square iron barrel and all Lukoil lubricants in other packages are fake products. The report mainly praised that Luxe Company was the operator of genuine products and fabricated that Sinolook Company operated fake products and imitated the Website of Luxe Company. And Luxe Company, as the competitor of Sinolook Company operating the same LUKOIL lubricant products, published the report on its official website (http://www. syn-lube. com. cn) even though it was fully aware of the serious inaccuracies in the contents of the report. It was bad behavior of Luxe Company to damage and defame its competitor out of obvious subjective malicious intention.

As an enterprise also operating lubricant products, Luxe Company's act of commercial defamation in the form of holding press conference and publishing reports seriously damaged the reputation of Sinolook Company and the product sold thereby, disturbed normal market competition order, and led to huge economic losses of Sinolook Company. Until the date of filing this lawsuit, Luxe Company had been continuing the above tort. Its act violated the provisions of the *Anti-unfair Competition Law of the People's Republic of China* (hereinafter referred to as the "*Anti-unfair Competition Law*") and constituted commercial defamation, a form of unfair competition. To safeguard its legitimate rights and interests, Sinolook Company filed the lawsuit and requested the court of first instance to order Luxe Company to: 1. desist from the act of commercial defamation immediately, delete the report containing commercial defamation on its website, and apologize publicly to Sinolook Company in written form on Chexun Website, Sohu Website, Ifeng Website, the official website, webo account, and official WeChat account, and enterprise QQ group of Luxe Company, and on the scope affected by the press conference on WTCC to resume the reputation of Sinolook Company and eliminate theadverse effect; 2. compensate Sinolook Company for its economic losses of RMB 550 000 (to be determined based on the audit and appraisal results) and reasonable expenses of RMB 33 560 for safeguarding its rights and carrying out investigation; and 3. bear the litigation fee and appraisal fee incurred forthis case.

During the trial of the case by the court of first instance, Sinolook Company explicitly withdrew its application for estimation and appraisal and claimed for the legal compensation of RMB 535 334. 7 and renewed the claimed amount of reasonable expenses to RMB 48 225. 3, including RMB 20 000 of the attorney's fee, RMB 13 120 of the notarization fee, RMB 5 510 of the translation fee, and RMB 9 595. 3 of traveling expenses. The total amount of compensation and reasonable expenses claimed was RMB 583 560, subject to the determination of the court of first instance.

In the original trial, Luxe Company argued that it disagreed with the claims of Sinolook Company and that the three acts of commercial defamation claimed by Sinolook Company did not exist. The grounds were: 1. LUKOIL lubricants had no round barrel packages and Sinolook Company did sell fake LUKOIL lubricants; 2. Sinolook Company did imitate the official website of LLK – International (hereinafter referred to as the "Lukoil Company"), but media mistook the official website of Luxe Company as the official website of Lukoil Company. Lukoil Company already blacklisted Sinolook Company on its official website instead of considering it as a partner. But Sinolook Company tampered the official website of Lukoil Company and listed itself as a distributor of LUKOIL products. By doing this Sinolook intentionally imitated the products of Lukoil and committed tort; 3. Neither Luxe Company nor Andrey from Lukoil Company addressed any comments stating that Sinolook Company imitated the official website of Luxe Company. Luxe Company did expose the fact that Sinolook Company imitated the official website of Lukoil Company but the journalist from Autohome Website made the mistake and took official website of Luxe

IV. Dispute over Unfair Competition Infringement of Patent Right

Company for the official website of Lukoil Company; 4. The report involved in the case claimed that the lubricants in round barrels sold by Sinolook Company were not produced by Lukoil Company. This remark came from Andrey, the representative of Lukoil Company and Luxe Company just quoted the representation thereof. Since Andrey was the official commercial representative of Lukoil Company-the original manufacturer, journalists from media and Luxe Company had sufficient ground to believe his representation. If there was any mistake in the representation thereof, then Sinolook Company shall claim against Andrey instead of the media or Luxe Company for any legal liabilities; 5. There were many problems in the evidences presented by Sinolook Company to prove Nan'an Company imported LUKOIL diesel engine lubricants in round barrel packages, like on the official seal and notarization and accreditation, for which Sinolook Company failed to provide proper explanation and supplement any evidences. Therefore, Sinolook Company shall bear the legal consequences of inability to produce evidences. If the import & export contract of Nan'an Company provided by Sinolook Company was authentic and the round barrels were indeed customized by Nan'an Company, then neither Sinolook Company nor Lukoil East Europe Company had disclosed the issue to Lukoil Company which may have led to misjudgment of Lukoil Company and Andrey. Therefore it was improper for Sinolook Company to claim tort liability against Luxe Company based on this ground.

The court of first instance found out through trial that:

I. About the act of commercial defamation claimed by Sinolook Company and the disputes between the parties

(I) The fact regarding the commercial defamation on WTCC and the dispute between the parties

The deputy general manager of Lukoil Company - A. V. Strelchenko signed a document, proving that Savin Andrey Vasilevich had been working at LLK-International as a manager since June 24, 2013. The work duties of Savin included the business contact between and development of LLK-International Limited and Lukoil China. Savin conducted business meetings on full behalf of LLK-International. The said document was notarized by a notary of Moscow and accredited by the Embassy of the People's Republic of China in the Russian Federation.

On January 16, 2014, the entrusted agent of Nan'an Company and Sinolook Company went to Xiamen Lujiang Notary Office applying for the notarization of evidence preservation, for which the Notary Office issued the (2015) XLZNZ No. 02351

Notary Certificate. According to the contents of this Notary Certificate, there was an article on Chexun Website (shanghai. chexun. com) with the title of "Q&As on the First Press Conference of Lukoil China"indicating "updated: 14: 46, November 8, 2013; source: Chexun Website; author: Comprehensive Report; comments (0)". Main contents of the article: On November 2, 2013, the first press conference of Lukoil China was held in the VIP room of WTCC Shanghai Field. During the press conference the Russian sponsor Lukoil Company and the responsible holder of the Chinese party Luxe Company answered questions of journalists on the formal entry of Lukoil lubricants into Chinese market. At site, Lukoil Company granted the agency certificate to Luxe Company, the sole legal agent of Lukoil Company on the Chinese market. Lukoil is an international brand from Russia... To better manage resources and commercial development in lubricants, Lukoil Oil Company established its wholly-owned subsidiary Lukoil Company (LLK-International) in 2005 to be responsible for the R&D, production and sales of lubricants of Lukoil Oil Company both in and out of Russia. It was exactly Lukoil Company that hosted this press conference together with Luxe Company... Mr. Savin Andrey, the sales manager of Lukoil China granted the agency certificate in person to Luxe Company at the press conference... II ... Journalist: What is the relation between Lukoil and WTCC? Russian representative: ... IV ... Journalist: could you please tell us the packaging characteristics of Lukoil lubricant products and their difference with packages on other markets? Chinese representative: ... The packaging barrels of Lukoil diesel engine lubricants were designed by famous designers and include two types: square plastic barrel and square iron barrel. It is learnt that there is one kind of round diesel engine lubricant barrels on the Chinese market. I can assure you that it is not produced by Lukoil. Mr. Andrey, the sales manager of Lukoil China, just emphasized on that. Here I would like to remind you again that Lukoil uses the same lubricant barrels in China as in Europe: only square plastic barrel and square iron barrel. Besides, Lukoil Company and Luxe Company issued a joint statement during the press that the correct Chinese name of Lukoil lubricants was "Lukeyier"but not the so-called "Luke"and that Luxe Company had the sole legitimate right to use the registered trademark of Lukoil on the Chinese market... The article also included a picture illustrating the product packages of Lukoil lubricants sold on the Chinese market.

The above contents about the first press conference of Lukoil China on the WTCC were widely reported and reprinted by media as follows:

IV. Dispute over Unfair Competition Infringement of Patent Right

On November 11, 2013, there was an article on the China lubricant Website (www.chinalubricant.com) with the title of "First Press Conference of Lukoil China Ended in Success: Chinese Party Luxe Company acknowledged by the Industry", indicating "source: Lukoil; author: Chinalubricant; views: 197". There was a paragraph in this article sharing the same content with "Q&As on the First Press Conference of Lukoil China" published on Chexun Website as notarized in the above (2014) XLZNZ No. 02351 Notary Certificate, i. e., the part about the answer of the Chinese representative: "... there is one kind of round diesel engine lubricant barrel on the Chinese market. I can assure you that it is not produced by Lukoil..." , and "... the correct Chinese name of Lukoil lubricants is 'Lukeyier' but not the so-called 'Luke'..."

On May 4, 2014, Luxe Company issued a job offer on Zhaopin (jobs.zhaopin.com) for the recruitment of several sales managers with workplace at Nangang District of Harbin in the name of "Sales Representative of Lukoil (Russia)". Below the "Company Introduction" part of the recruitment information there was a note stating "viewing special reports of some mainstream media: http://www.autohome.com.cn/news/201311/650919.html (Autohome), http://shanghai.auto.ifeng.com./shangqing/2013/1104/6822.html (Auto Ifeng), http://shanghai.auto.sohu.com./20131108/n389831104.shtml? qq-pf-to=pcqq.c2c (Auto Sohu), http://www.soku.com/search_video/q_ (Total Auto of Shanghai CBN) ..."and "Company website: www.syn-lube.com.cn". By clicking the links on the official website of Luxe Company, one can see there was the report of "Press Conference of Lukoil China" on Autohome website, report of "First Press Conference of Lukoil China" on Auto Ifeng website, and report of "Press Conference of Lukoil China Ends" on Auto Sohu website.

In the original trial, Sinolook Company and Luxe Company confirmed that the Luke Company referred to by Sinolook Company and the Lukoil Company referred to by Luxe Company wasthe same company, i. e. LLK-International in fact.

Sinolook Company held that it was a kind of commercial defamation for the Luxe Company to answer the question of journalists by saying "there is one kind of round diesel engine lubricant barrel on the Chinese market. I can assure you that it is not produced by Lukoil.", and "the correct Chinese name of Lukoil lubricants is 'Lukeyier' but not the so-called 'Luke'". Luxe Company was intending to indicate that the LUKOIL lubricants in round barrels sold by Sinolook Company in China were fake products.

Luxe Company held that as the sole sales agency of Lukoil Company in China, it believed in the representation of Savin Andrey, the authorized representative of Lukoil Company and was merely quoting that representation. Sinolook Company referred to Lukoil Company as Luke Company, which was not the official name of Lukoil Company. And Lukoil Company should have the right to decide its own Chinese name. Luxe Company did not commit commercial defamation by quoting Andrey. If Sinolook Company wished to pursue the person that was accountable therefor, that person shall be Lukoil Company.

The court of first instance also found out that: there was one news report with the title of *CNPC and Luke Oil from Russia Signs Strategic Cooperation Agreement (Picture)* on September 10, 2007, another with the title of "Luke Oil Deepens Cooperation with Chinese Partner" on October 29, 2013, and still another with the title of *Mr. Zhou Jiping Meets President of Luke Oil from Russia* on October 17, 2013, all on the website of CNPC News Center (news.cnpc.com).

Sinolook Company held that it had been legally selling Luke lubricants of Luke Company. The Chinese name "Luke Company" of LLK – International was not translated by Sinolook Company itself but had been widely used in the industry for quite a long time. Luxe Company, on the other hand, was not founded until September 25, 2013. It was bad faith that LLK–International then changed its Chinese name from "Luke Company" to "Lukoil Company" which would lead to doubts among customers on the products sold by Sinolook. Since the press conference on WTCC was held jointly by Luxe Company and Lukoil Company, Luxe Company should be held accountable therefor.

Luxe Company held that the CNPC News Center was not representative as it was not the official platform of Lukoil Company. No matter what Chinese translation of LLK–International the Chinese media used, LLK–International should have the right to correct its Chinese name.

(II) The fact regarding the commercial defamation on Autohome Website and the related dispute

On April 21, 2014, there was a report on China lubricant Website (www.chinalubricant.com) titled *Lukoil Lubricants from Russia Formally Enters Chinese Market* with the notes indicating "source: Autohome; author: Chinalubricant; views: 88" under the title. Main contents of the report: "On April 17, 2014 Lukoil

IV. Dispute over Unfair Competition Infringement of Patent Right

held a formal brand announcement conference... Where to Buy Genuine Lukoil lubricants? The authorized operator of Lukoil in China is Luxe Lubricant (Shanghai) Co., Ltd. and the official online distributor thereof: Lukoil Flagship Store on Tmall.com will be soon officially launched (on April 19, 2014), through which customers can buy guaranteed genuine Lukoil lubricants. Problems Encountered by the Brand: Despite the current small sales volume of Lukoil lubricants in China, there have long been fake Lukoil products on this market: Luke lubricants of Xiamen Sinolook Oil Co., Ltd., which not only imitated the official website of 'Luxe Company' to confuse the public but also sold fake Lukoil lubricants on Chinese market for years, greatly damaging the interests of customers... Mr. Andrey, sales manager of Lukoil China also emphasized that the company would combat vigorously against passing-off. Here we would like to remind you again that Lukoil uses the same design for packaging barrels of lubricants sold in China as in Europe: only square plastic barrel and square iron barrel. All Lukoil lubricants in other packages are fake products."

Luxe Company reprinted the above report on its official website (www.syn-lube.com.cn) with remarks like "Media Report" and "Special Report from Autohome on Lukoil".

Sinolook Company held that the title of the above report—*Lukoil Lubricants from Russia Formally Enters Chinese Market* constituted commercial defamation because the article was published on April 21, 2014 while Sinolook Company's products had been sold on Chinese market since 2012. The title was suggesting that lubricants sold by Sinolook Company before April 21, 2014 were fake. The content in the body of the report below "Where to Buy Genuine Lukoil Lubricants?" expressly represented that only Luxe Company has genuine lubricants, again implying that lubricants sold by Sinolook Company were fake; the content below "Problems Encountered by the Brand" directly pointed out that Sinolook Company imitated the official website of Luxe Company and sold fake lubricants; and the content "Here we would like to remind you again that Lukoil uses the same design for packaging barrels of lubricants sold in China as in Europe: only square plastic barrel and square iron barrel. All Lukoil lubricants in other packages are fake products" suggested that the lubricants sold by Sinolook Company in round barrels were fake. Therefore, the above contents constituted commercial defamation. Sinolook Company held that the materials of the report "Lukoil Lubricants from Russia Formally Enters Chinese Market" were provided to Autohome by Luxe Company which immediately reprinted it after its publishing. That suggested that Luxe Company confirmed the contents therein and thus it was Luxe Company who committed commercial defamation.

Luxe Company held that both "formally enters" and "informally enters" were neutral words and did not constitute commercial defamation; "Sinolook Company imitated the official website of Luxe Company" was not expressed by Luxe Company. Sinolook Company did pass off the official website of Lukoil Company, but maybe the journalist confused the official website of Luxe Company with the official website of Lukoil Company; as for the content about the round barrel packages of lubricants, the comment came from Mr. Andrey of Lukoil Company; and, Luxe Company had evidence to prove that Sinolook Company sold fake lubricants in Zhengzhou. Therefore, the contents of the report are basically true.

The court of first instance also found out through trial that: Sinolook Company had filed a lawsuit to Xiamen Siming District People's Court of Fujian Province (hereinafter referred to as the "Siming District Court") for dispute over right of reputation, requesting the court to rule that Beijing Autohome Information Technology Co., Ltd. (hereinafter referred to as the "Autohome Company"), Luxe Company, and Shanghai Qiankun Network Technology Co., Ltd. (hereinafter referred to as the "Qiankun Company") immediately desist from tort and delete contents of tort on websites (note: the contents referred to the report of *Lukoil Lubricants from Russia Formally Enters Chinese Market* published on Autohome Website), etc. Later, Sinolook Company applied to Siming District Court for withdrawing the lawsuit against Luxe Company on the ground that it would make the claims directly against Luxe Company and withdrew the lawsuit against Qiankun Company as they had reached an agreement on the settlement of the dispute. On December 15, 2014 Siming District Court rendered the Civil Judgment (2014) SMCZ No. 7349, holding that: Autohome Company published on the website operated thereby the original article of its website editor stating that "... Luke lubricants sold by Xiamen Sinolook Oil Co., Ltd., which not only imitated the official site of 'Luxe Company' to confuse the public but also sold fake Lukoil lubricants on Chinese market for years, greatly damaging the interests of customers" without obtaining conclusive evidences that could prove the Luke lubricants sold by Sinolook Company were the fake products of the so-called Lukoil products. Siming District Court found that the article was enough to mislead readers to believe that the report of Autohome Company was based on conclusive evidences, thus infringing the right of reputation of Sinolook Company. Therefore, Siming

IV. Dispute over Unfair Competition Infringement of Patent Right

District Court ordered Autohome Company to delete the article of *Lukoil Lubricants from Russia Formally Enters Chinese Market* placed on Autohome Website and apologize to Sinolook Company to resume its reputation and eliminate adverse effect; compensate Sinolook Company for its economic losses of RMB 29 960; and dismissed other claims of Sinolook Company.

(Ⅲ) The fact concerning whether the statement of "Sinolook Company imitated the official website of Luxe Company" constituted commercial defamation and the related dispute

Autohome Website published an article titled *Lukoil Lubricants from Russia Formally Enters Chinese Market* on April 17, 2014, which contained the following content: "Despite the current small sales volume of Lukoil lubricants in China, there have long been fake Lukoil products on this market: Luke lubricants of Xiamen Sinolook Oil Co., Ltd., which not only imitated the official site of 'Luxe Company' to confuse the public but also sold fake Lukoil lubricants on Chinese market for years, greatly damaging the interests of customers..."

Luxe Company reprinted this article on its official website.

The court of first instance found out that Luxe Company was founded on September 26, 2013 and its official website (www.syn-lube.com.cn) passed review on April 2, 2014.

Sinolook Company launched its official website (www.sinolkoil.com) in June 2012, on which there was the logo of Lukoil Company and contents like "LLK-International" "LUKOIL Group sites" "Company Introduction: Luke Oil Company is a well-known brand and one of the ten largest petroleum companies in the world..." and "Official Website of Russian Headquarters of Luke Oil".

Luxe Company presented evidences and claimed that the official website of Lukoil Company is www.lukoil-lubriants.com. Comparison of the official websites of Sinolook Company and Lukoil Company at the court showed that the two websites had basically the same homepages, with same structure, same pictures and same introduction on those pictures. Luxe Company also argued that as Sinolook Company unilaterally claimed itself as the retailer of Lukoil Company in China, it had been blacklisted by Lukoil Company on its official website. Luxe Company thus held that Sinolook Company imitated the official website of Lukoil Company.

In the original trial, Sinolook Company claimed that Luxe Company committed commercial defamation by providing the above contents to Autohome Website and then reprinted the above article originally published on Autohome Website.

Luxe Company held that it did not provide the contents to Autohome Website and it should be that Sinolook Company did pass off the official website but the journalist made a mistake in stating imitated the official website of 'Luxe Company'.

II. The source of the lubricants in round barrels sold by Sinolook Company as involved in the case and related dispute

On February 24, 2012, Nan'an Company and Luke Company entered into the No. 12L0078 *Delivery Contract* in Moscow for the purchasing of lubricants by Nan'an Company from Luke Company. The contract stipulated that: Manufacturer: Luke – Volgogradneftepererabotka, Quantity and name of goods: packaged oil of 100 000 tons; Manufacturer: Luke – Permnefteorgsintez, Quantity and name of goods: packaged oil of 100 000 tons; and Manufacturer: Luke – Nizhegorodnefteorgsintez, Quantity and name of goods: packaged oil of 10 000 tons; Refinery: Tyumen branch of LLK – International, Quantity and name of goods: packaged oil of 25 000 tons. Place of origin: Russia. The total contract price is USD 290 000 000 and the lead time shall be from the date of signing the contract to January 31, 2013. The quality of goods shall meet the requirements of standard organizations (Russian National Standard, STO, and TU).

That same day Nan'an Company issued a Power of Attorney to Sinolook Company with the following content: "This is to authorize Xiamen Sinolook Oil Co., Ltd. to be the main distributor of Luke lubricant products (LUKOIl) under the No. 1220078 Contract of Fujian Nan'an Import & Export Corporation."

On May 14, 2014 Nan'an Company issued an *Announcement* stating there was a mistake in the above *Power of Attorney* and the Contract No. should be 12L0078.

On May 28, 2013, Luke East Europe Company entered into the No. 13/081 Contract with Nan'an Company which stipulated that: Luke East Europe Company shall sell goods to Nan'an Company with the following name and quantity: LUKOIL lubricants produced in Romania, packaged in the 20L plastic barrel provided by the Buyer, with details in No. 1 Supplementary Document, which stipulated the specification, quantity and unit price of the goods and shall be as an integral part of the contract. The terms of delivery shall be as stipulated in the No. 2 Supplementary Document which shall also be an integral part of the contract. The quality of all goods shall be in compliance with the SDS (safety data sheet) issued by the goods manufacturer and the quality certificate issued by the inspection company. The SDS shall

IV. Dispute over Unfair Competition Infringement of Patent Right

be made in English. The Buyer shall provide the Seller with plastic barrels of 20L in nominal volume and the goods packaged in each barrel shall be limited to 18L. The above plastic barrels are the property of the Buyer. The Buyer shall deliver a total of 20 900 plastic barrels of 20L in nominal volume to the Seller by three batches. The delivery contract also stipulated the color of the plastic barrels and the quantity of products delivered per batch.

Later, Nan'an Company imported in succession lubricants from the customs of Romania and provided them to Sinolook Company.

Luke East Europe Company issued a document written in Chinese on January 28, 2014 with the following contents: We, LUKOIL LUBRICANTS EAST EUROPE S. R. L., as the branch of LUKOIL Company in Romania specialized in the production of LUKOIL lubricants, hereby confirm that the lubricants in round barrel packages as stated in No. LLKPLEL nr. 13 - 0143, No. LLKPLEL nr. 13 - 0147, No. LLKPLEL nr. 13-0150, No. LLKPLEL nr. 13-0151, and No. LLKPLEL nr. 13-0152 invoices under the No. 13/081 Contract dated May 28, 2013 were produced by us in Romania and meet laws and regulations as well as the requirements of the Contract. The goods were transported by sea from Romania to Xiamen Sinolook Oil Co., Ltd. (Importer: Fujian Nan'an Import & Export Corporation).

On the barrels of the round-barrel lubricants imported by Nan'an Company for Sinolook Company and sold in China by the latter, there were labels marked with contents including "LUKOIL" "LUKOIL AVANTGARDE" "SAE 20W-50 API CF-4/SG" and "Mineral" in English and "Diesel engine lubricant" "Meeting codes: (API) CA-4/SG" "Manufacturer/packer: LUKOIL LUBRICANTS EAST EUROPE S. R. L." "Website: www. lukoil-lubricants. ro." and "Distributor: Xiamen Sinolook Oil Co., Ltd."etc. in Chinese.

The court of first instance find out through trial that the deputy general manager of Lukoil Company A. V. Strelchenko signed a document on June 5, 2014, with its main contents as follows: Employees of Lukoil Company discovered the following counterfeits on the markets of Chongqing Municipality, Liaoning Province, Changchun in Jilin Province, and Hainan Province of China on March 4 and 5, 2014: 1. engine oil "Lukoil Premium Avantgadre" SAE 10W-40 API CH-4/CG-4/SJ of 18L in net volume; and 2. Engine oil "Lukoil-LUXE SAE 10W-40 API SM/CF" of 4L in net volume. We had sent the above Lukoil-LUXE SAE 10W-40 API SM/CF product of 4L in volume to our library for tests and the results showed that the products do not meet the standard of Lukoil Company. Besides, Lukoil Company never launched Lukoil-LUXE SAE 10W-40 API SM/CF product. The production and packaging of the product were not approved by Lukoil Company. The title of the style of illegally produced lubricant barrels belonged to OAO Lukoil and the illegally used trademark thereof was similar to the trademark of OAO Lukoil, enough to confuse the public.

In the original trial Luxe Company presented one Test Report dated October 14, 2014 and another dated October 16, 2014, both issued by the National Petroleum Product Quality Supervision and Inspection Center (hereinafter referred to as the "Petroleum Inspection Center"). The tests were carried out as entrusted by CCPIT Patent and Trademark Law Office on the samples of Linolook Company with their lot no./original serial No. of 20W-50 CH-4/CG-4/SJ and 10W-40 API CH-4/CG-4/SJ. And both samples were concluded as unqualified.

Luxe Company entrusted CCPIT Patent and Trademark Law Office to purchase Lukoil lubricants in square barrels of 4L in net volume from Zhengzhou Hesheng Lubricant Co., Ltd. (hereinafter referred to as the "Zhengzhou Hesheng Company"), a distributor of Sinolook Company, with the process of purchasing notarized. Data analysis at the library of Lukoil Company showed that the analyzed lubricants were made from mixture of additives of other genuine Lukoil products.

As Sinolook Company did not accept that the above lubricants sent by CCPIT Patent and Trademark Law Office to tests were distributed by Sinolook Company and that the lubricants analyzed at the library of Lukoil Company were indeed purchased from Zhengzhou Hesheng Company, the distributor of Sinolook Company, Luxe Company submitted yet another *Test Report* dated January 4, 2015 also issued by the Petroleum Inspection Center. The report showed that the Petroleum Inspection Center tested the sample of Sinolook Company as entrusted by Luxe Company with the lot no./ original serial No. of Luke Krems Synthetic High-performance Diesel Engine Lubricant (10W-40) CH-4/CG-4/SJ using the method stated in GB/T6538-2010 in accordance with GB11122-2006. The conclusion of the report was "Its dynamic viscosity under low temperature (-25℃) is not qualified and its quality fails to meet the standard stated in GB11122-2006. Thus the tested item is unqualified. The result applies only to the tested sample which was sent to our Center by the entruster". That same day the Petroleum Inspection Center issued another test report. This report showed that the Petroleum Inspection Center tested the sample of Sinolook Company

IV. Dispute over Unfair Competition Infringement of Patent Right

as entrusted by Luxe Company with the lot no./original serial No. of Luke Oil Company Diesel Engine Lubricant (20W-50) CH-4/CG-4/SJ using the method stated in GB/T6538-2010 in accordance with GB11122-2006. The conclusion of the report was "Its dynamic viscosity under low temperature (-15℃) is not qualified and its quality fails to meet the standard stated in GB11122-2006. Thus the tested item is unqualified. The result applies only to the tested sample which was sent to our Center by the entruster".

Luxe Company claimed in the original trial that the tested samples mentioned in the two test reports dated January 4, 2015 issued by the Petroleum Inspection Center came from the products whose sealing was notarized by the (2014) HQZNZ No. 10311 Notary Certificate dated December 12, 2014 issued by Huhhot Qingcheng Notary Public Office of Inner Mongolia Autonomous Region. This No. 10311 Notary Certificate states that: Entrusted agent Geng Tianhua of Sangwei, the legal representative of Luxe Company came to the Notary Public Office on December 12, 2014 and applied for taking one barrel of the Luke Krems Synthetic High-performance Diesel Engine Lubricant (10W - 40) of 4L in net volume manufactured/packed by S. C. LLK Blending Plant of Luke Oil Company and one barrel of diesel engine lubricant (20W-50) of 18L in net volume, both purchased from Shengdongying Trade at D-20, Huamei Automobile Accessory Mall, South 2nd Ring, Yuquan District, Huhhot under the supervision of the notary of the Notary Public Office. The products were sealed by the Notary Public Office. The Notary Public Office delivered the products to Geng Tianhua who put them into a nylon bag and then into a carton after confirming the products and used adhesive tape to wrap the carton. The notary then sealed the carton based on the application of the party. The Notary Public Office recorded the whole process of notarization and made a *Site Work Record*. The Notary Certificate (2014) HQZNZ No. 5611 dated July 28, 2014 issued also by Huhhot Qingcheng Notary Public Office of Inner Mongolia Autonomous Region recorded the process of purchasing the products delivered to Geng Tianhua as mentioned in the above No. 10311 Notary Certificate.

Luxe Company raised objection to the above evidences and facts to be proved as provided by Sinolook Company. Its main opinions were summarized as follows: 1. The above contracts were signed outside China and the invoices and other documents in foreign language were copies, without necessary notarization and accreditation as per laws though with translation. Thus Luxe Company did not accept the authenticity thereof; 2. As to the No. 12L0078 *Delivery Contract*, there were traces of tearing open on the binding line and the full content of the cross-page seal thereof could not be ascertained. So it was difficult to tell if the inner pages were changed or not; 3. There were different forms of official seal of Nan'an Company, the contract no. indicated on the L/C did not echo with the main contract No.: 13/081, and the customs declaration form No. and the L/C No. did not echo with each other either; 4. The certificate issued by Luke East Europe Company was not accompanied with any translation or any notarization and accreditation, there was not public seal on its original and the identity of the one signing the document was not clear, making it unable to tell whether this person can represent Luke East Europe Company or not while the copy thereof was stamped with official seal; 5. The producer of the round-barrel lubricants could not be identified from the picture and the description on the barrels in both Chinese and foreign language was made by Sinolook Company, unable to prove the products in the barrels were produced by Lukoil Company.

Sinolook Company also raised objection to the above evidences and facts to be proved as proposed by Luxe Company. Its main opinions could be summarized as follows: 1. Zhengzhou Hesheng Company was indeed the distributor of Sinolook Company, but the lubricants tested as entrusted by Luxe Company and lubricants analyzed by the library of Lukoil Company were not sold by Sinolook Company. Thus the evidence presented by Luxe Company could not ascertain the relevance between the tested products and the products sold by Sinolook Company; 2. The lubricants mentioned in the four test reports issued by the Petroleum Inspection Center shared the same model with the lubricants sold by Sinolook Company but there was no evidence to prove they were imported and sold by Sinolook Company. Sinolook Company had raised objection to the first two test reports in the preparatory hearing of the case. If Luxe Company had the materials purchased through notarization, then it should apply for their appraisal in the preparatory hearing; 3. To say the least, if the contents of the test reports were true, then the conclusion were that the products were unqualified but not it involved passing off the brand; 4. The document signed by the deputy general manager of Lukoil Company A. V. Strelchenko was irrelevant to Sinolook Company and to this case.

Ⅲ. The reasonable expenses claimed by Sinolook Company and related evidences

On March 5, 2014, Sinolook Company signed an *Agreement of Agency* with

IV. Dispute over Unfair Competition Infringement of Patent Right

Fujian Xiangxuan Law Firm (hereinafter referred to as the "Xiangxuan Law Firm") to entrust the lawyer from the latter to be the entrusted agent thereof on the first instance of the case over disputes on goodwill and commodity reputation, for which Sinolook Company should pay the attorney's fee of RMB 20 000 within 3 days after the signing of the agreement. On March 6, 2014, Xiangxuan Law Firm issued an invoice to Sinolook Company indicating the item as legal services and the amount as RMB 20 000.

Xiamen Lujiang Notary Office issued an invoice to Sinolook Company respectively on February 14 and April 30, 2014 and on January 6, 2015, all indicating the item as notarization fee and each with the amount of RMB 2 000, RMB 9 000, and RMB 2 000; on May 29, 2014, Xiamen Lujiang Notary Office issued another 2 invoices to Sinolook Company, both indicating the item as notarization fee and each with the amount of RMB 100, and RMB 20.

Xiamen Master Translation Services Co., Ltd. issued an invoice to Sinolook Company respectively on January 23, March 19, July 7, and July 31, 2014 and on February 28, 2015, all indicating the item as translation fee and each with the amount of RMB 700, RMB 1 860, RMB 2 300, RMB 400, and RMB 250.

By the time the case was placed on file at the court of first instance, Sinolook Company had spent a total of RMB 1 762 on traveling expenses, including the traveling expenses by air, by taxi and by bus of the entrusted agent of Sinolook Company; then Sinolook Company spent RMB 3 558.3 for the entrusted agent to attend the hearing of pretrial bench at the court of first instance, including the traveling expenses by air, by taxi and by bus and lodging expenses thereof; and later Sinolook Company spent another RMB 4 275 for the entrusted agent to attend the hearing of the original trial, including the traveling expenses by air, by taxi and by bus and lodging expenses thereof.

In the original trial, Sinolook Company clarified that the above notarization fee of RMB 9 000 was for the No. 02351, No. 02352, No. 02353, and No. 02354 Notary Certificates, the notarization fee of RMB 2 000 dated February 14, 2014 was for the No. 08997 Notary Certificate, the notarization fee of another RMB 2000 dated January 6, 2015 was for the No. 00268 Notary Certificate, and the translation fee was for the translation of the evidences presented by Sinolook Company, including the commercial invoices, L/C, No. 12L0078 Contract, and No. 13/081 Contract.

Luxe Company held that Sinolook Company engaged the lawyer to file the lawsuit for this case and thatbrought to Siming District Court, thus it was unreasonable to claim for all attorney's fees for the two lawsuits in this case and the attorney's fee charged by the lawyer was too high; as the invoices for notarization fee failed to indicate the number of notary certificates, Luxe Company raised objection to their relevance; Sinolook Company was located in Xiamen but there were tickets for trip between Beijing and Shanghai in the claimed traveling expenses which was unreasonable. Besides, there was no need for lodging according to the time of hearing and lodging fee itself was too high.

The court of first instance held that the act of commercial defamation means an operator utters or disseminates falsehoods to damage the goodwill of a competitor or the reputation of its or his goods. In this case both Sinolook Company and Luxe Company were engaged in the sales of lubricants and thus they should be the enterprises engaged in the same operation activities and are directly competing with each other.

I. Regarding the act of Luxe Company on the WTCC as claimed by Sinolook Company. The court of first instance held that according to reports of journalists Lukoil Company and Luxe Company held jointly the first press conference of Lukoil China when the representative of Luxe Company and representative of Lukoil Company Andrey were both at site. And during the Q&As at site, the representative of Luxe Company said that "there is one kind of round diesel engine lubricant barrel on the Chinese market. I can assure you that it is not produced by Lukoil.", and "the correct Chinese name of Lukoil lubricants is 'Lukeyier but not the so-called 'Luke'". Luxe Company made the representation when the representative of Lukoil Company Andrey was at site and raised no objection. Both the evidences presented by Luxe Company and the media reports could prove that Lukoil Company authorized Luxe Company to be the sole legal operating agency of Lukoil lubricants on the Chinese market and the Lukoil lubricants sold by Luxe Company on the Chinese market as authorized by Lukoil Company had packages only in square plastic barrels and square iron barrels but not in round barrels. Therefore, Luxe Company was claiming "there is one kind of round diesel engine lubricant barrel on the Chinese market. I can assure you that it is not produced by Lukoil." based on its identity as the sole legal operating agency of Lukoil lubricants on the Chinese market. This was representing the fact of the authorization it had obtained but not uttering or disseminating falsehoods. Thus it should not constitute willful defamation of the goodwill of Sinolook Company or the reputation of its commodity. As to the translation of LLK-In-

IV. Dispute over Unfair Competition Infringement of Patent Right

ternational and Lukoil lubricants, it was LLK-International, the title owner of Lukoil lubricants, who should have the freedom to decide to use either Luke Company or Lukoil Company and to use either Luke lubricants or Lukoil lubricants. If LLK-International wished to use Lukoil Company for its name and use Lukoil lubricants for its products, then others had no right to interfere. As the sole legal operating agency of Lukoil lubricants on the Chinese Market, obviously Luxe Company had obtained the acknowledgment of Lukoil Company when it represented with the presence of the representative of Lukoil Company that the correct Chinese name of Lukoil lubricants should be 'Lukeyier' but not the so-called 'Luke' and had every right to correct the name of the products represented thereby. Therefore, Luxe Company did not utter or disseminate falsehoods and did not constitute commercial defamation by representing that the correct Chinese name of Lukoil lubricants is "Lukeyier" but not the so-called "Luke".

Though Sinolook Company presented evidences to prove that it imported LUKOIL lubricants from Luke Company of Russia and Luke East Europe Company through Nan'an Company and the packages in round barrels were customized for Nan'an Company, the evidences were defective in terms of their form: they were made in foreign language, making it impossible to confirm that they were concluded within the territory of China; Sinolook Company failed to present the original of the evidences that were notarized and accredited or to have LLK-International to issue any subsequent endorsement as the supplementary evidence. Thus it was difficult to ascertain the authenticity of these evidences. Since the evidences of Sinolook Company could not effectively prove that the diesel engine lubricants in round barrels sold thereby were produced by Lukoil Company, the court of first instance refused to accept the claim of Sinolook Company that Luxe Company committed commercial defamation by representing "... round diesel engine lubricant barrel on the Chinese market. I can assure you that it is not produced by Lukoil." Sinolook Company also presented evidences to claim that "Luke Company" was not translated by Sinolook Company since the media already used this name in reports back in 2007. However, these evidences were irrelevant with this case because on one hand, there was no evidence to prove that the media had obtained the acknowledgment or authorization of Lukoil Company to use the said translation, and on the other hand, whatever name the media used to address a company should not prevent the company and its agent to justify the real translation thereof.

II. Regarding the act taken on Autohome Website as claimed by Sinolook Company: Since Lukoil Company authorized Luxe Company to be its sole legal operating agency on the Chinese market, the journalist of Autohome used "Formally" in the title of the report: *Lukoil Lubricants from Russia Formally Enters Chinese Market*. "Formally" was used against "informally" to describe that the lubricants of Lukoil Company were entering Chinese market through formal and legal process, without any intention of uttering or disseminating any falsehood or committing commercial defamation. Thus the court of first instance refused to support the claim of Sinolook Company that the title of the report constituted commercial defamation. As to the content in the body of the report below "Where to Buy Genuine Lukoil Lubricants?" which expressly represented that only Luxe Company has genuine lubricants, the content below "Problems Encountered by the Brand" which directly pointed out that Sinolook Company sold fake lubricants, and the content "Here we would like to remind you again that Lukoil uses the same design for packaging barrels of lubricants sold in China as in Europe: only square plastic barrel and square iron barrel. All Lukoil lubricants in other packages are fake products", Luxe Company was the sole legal operating agency of Lukoil lubricants on the current Chinese market and the Lukoil lubricants represented and sold thereby did have only two packages: square plastic barrel and square iron barrel. And the evidences presented by Luxe Company proved that Lukoil Company already discovered counterfeits of Lukoil lubricants on the Chinese market before the publishing of the said report. Therefore, the report of the journalist was not commercial defamation in the form of uttering and disseminating falsehoods. There was no evidence to support the claim of Sinolook Company that Luxe Company provided the materials of the report to Autohome and the judgment of Siming District Court had already ascertained that the report was written by the journalist. Since the title and the body of the said report did not constitute commercial defamation, the reprinting of the report by Luxe Company to its official website did not constitute commercial defamation either.

III. Regarding the content of "Sinolook Company imitated the official website of Luxe Company": the comment came from the following content of the above report of Autohome titled *Lukoil Lubricants from Russia Formally Enters Chinese Market*: "... there have long been fake Lukoil products on this market: Luke lubricants of Xiamen Sinolook Oil Co., Ltd., which not only imitated the official site of "Luxe Company" to confuse the public..." As there was no evidence to support the claim of Sinolook

IV. Dispute over Unfair Competition Infringement of Patent Right

Company that Luxe Company provided the materials of the report to Autohome and the judgment of Siming District Court had already ascertained that the report was written by the journalist, the court of first instance found the claim of Sinolook Company that Luxe Company committed commercial defamation by representing "Sinolook Company imitated the official website of Luxe Company" not well founded and refused to accept it. However, the court of first instance noted that the evidences presented by Luxe Company to prove Sinolook Company imitated the official website of Lukoil Company were irrelevant to this case. There was no evidence to prove Sinolook Company imitated the official website of Luxe Company, therefore the journalist of Autohome did disseminate falsehood by claiming "Sinolook Company imitated the official website of Luxe Company" in his or her report, which would inevitably bring adverse effect to the goodwill of Sinolook Company after spreading on the Internet. As an enterprise engaging in the same sales business as and competing directly with Sinolook Company, Luxe Company reprinted the report of Autohome on its own official website even though it was fully aware that Sinolook Company did not pass off its official website and there was mistake in the report. This reprinting act of Luxe Company constituted unfair competition in the form of disseminating falsehood and damaging the goodwill of a competitor and Luxe Company should bear corresponding civil liability. Therefore Sinolook Company had the legal basis to require that Luxe should delete the content of the report involving commercial defamation, apologize to Sinolook Company, resume its reputation, eliminate the influence and compensate the latter for its losses, which the court of first instance would support.

The manner and scope of apology, reputation resumption, and influence elimination were decided by the court of first instance after considering the nature and scope of influence of Luxe Company's act of commercial defamation that it only reprinted the report of Autohome on its own official website and the fact that Siming District Court had ordered Autohome to delete the report. As to the amount of compensation claimed by Sinolook Company, since Sinolook Company failed to present either evidence to prove its actual amount of loss caused by the above commercial defamation of Luxe Company or evidence to prove the amount of gains of Luxe Company from defaming the goodwill of Sinolook Company, the court of first instance decided the amount based on the nature of Luxe Company's act of commercial defamation, the degree of fault of Luxe Company and the scope of influence of such act. As to the reasonable expenses claimed by Sinolook Company, the court of first instance found that Sinolook Company did conduct the notarization of evidence preservation and hire lawyer to appear in court in order to investigate the unfair competition of Luxe Company and thus support the claim of Sinolook Company for the notarization fee, attorney's fee, and traveling expenses to the extent that they were reasonable. The document translation fee was incurred thereby to present evidences to prove the source of the lubricants in round barrels sold thereby. As the documents failed to meet the form requirement of evidences and were thus not admitted, the translation fee should be borne by Sinolook Company itself. Considering the notary certificates submitted by Sinolook Company involved several items of contents and not all acts of commercial defamation of Luxe Company as claimed by Sinolook Company were well founded, the court of first instance decided the proper amount of reasonable expenses of Sinolook Company after considering the workload, charging standard, and work complexity of the lawyer and the proportion of pleadings of Sinolook Company supported by the court of first instance to the total notarization fee.

To conclude, in accordance with Article 14 and Article 20 of the *Anti-unfair Competition Law*, Items (1) (7) (9) (10) of Article 134 of the *General Principles of the Civil Law of the People's Republic of China*, and Article 2 of *Several Provisions of the Supreme People's Court on Evidence in Civil Procedures*, the court of first instance passed the following judgment: Ⅰ. Luxe Company should immediately delete the content concerning "Sinolook Company imitated the official website of Luxe Company" in the report titled *Lukoil lubricants from Russia Formally Enters Chinese Market* reprinted on its official website (www.syn-lube.com.cn) and within ten days since the effectiveness of the judgment place a statement on the homepage of its website (www.syn-lube.com.cn) for three consecutive days apologizing to Sinolook Company to eliminate the influence caused by its act of commercial defamation to Sinolook Company and resume the reputation of the latter (the content of the statement shall be reviewed by the court of first instance and where Luxe Company fails to implement the court of first instance will publish the main content of the judgment on Xinmin Evening News at the cost of Luxe Company); Ⅱ. Luxe Company should compensate Sinolook Company RMB 20 000 for its economic losses and RMB 12 000 for its reasonable expenses within ten days since the effectiveness of the judgment; and Ⅲ. all other pleadings of Sinolook Company should be dismissed. Where Luxe Company failed to pay the said compensation within the period stated in the judgment, it should pay double interest of the debt for the period of late payment in

IV. Dispute over Unfair Competition Infringement of Patent Right

accordance with Article 253 of the *Civil Procedure Law of the People's Republic of China*. The first-instance court fee was RMB 9 635.60, of which RMB 9 035.60 shall be borne by Sinolook Company and RMB 600 shall be borne by Luxe Company.

Luxe Company refused to accept the judgment of the court of first instance and lodged an appeal to the court, alleging that: I. The ascertainment of the court of first instance that "the reprinting act of Luxe Company constitutes unfair competition by disseminating falsehoods and damaging the goodwill of a competitor" was wrong. First, Luxe Company was reprinting the report of *Lukoil Lubricants from Russia Formally Enters Chinese Market* written by the journalist from Autohome and its obligation of care and review as to the report should match its identity as a reprinter. Second, Sinolook Company did not notify Luxe Company of the mistake in the above report before filing the case and Luxe Company had not known there was such mistake therein. Third, Sinolook Company did pass off the official website of Lukoil Company though it did not pass off the official website of Luxe Company. Therefore the representation in the above report did not unfairly impair and damage the goodwill of Sinolook Company. Last, the content in *Lukoil Lubricants from Russia Formally Enters Chinese Market* was basically true and should not be ascertained as disseminating falsehoods. II. The court of first instance wrongly applied the law to order Luxe Company to apologize. III. The amounts of compensation and litigation fee to be borne by Luxe Company decided by the court of first instance were too high. Therefore, Luxe Company requested the court to amend the original judgment as per law and dismiss the pleadings of Sinolook Company in the original trial. Based on the aufklarungsreckt of the court during the second instance, Luxe Company submitted the recording of the press conference held by Luxe Company in the VIP room of WTCC Shanghai Field on November 2, 2013 (hereinafter referred to as the "press conference recording").

Sinolook Company argues that the content of Sinolook Company passed of the official website of Luxe Company in *Lukoil Lubricants from Russia Formally Enters Chinese Market* reprinted by Luxe Company is clearly not the objective fact and was reprinted after Siming District Court rendered the Civil Judgment (2014) SMCZ No. 7349 ascertaining the representation of Autohome Company in the above report damaged the right of reputation of Sinolook Company. And Xiamen Intermediate People's Court of Fujian Province (hereinafter referred to as the "Xiamen Intermediate Court") also rendered the second-instance judgment of affirming the above judgment of Siming District Court as final. Therefore Sinolook Company requests the court to dismiss the appeal and affirm the original judgment. Sinolook Company also expresses its objection to the ascertainment of the court of first instance that acts of Luxe Company did not constitute commercial defamation in the part: " I . Regarding the act of Luxe Company on the WTCC as claimed by Sinolook Company" and " II . Regarding the act on Autohome Website as claimed by Sinolook Company" of the original judgment and requests the court to re-ascertain the nature thereof. During the trial of the second instance, Sinolook Company submits to the court the Civil Judgment (2015) XMZZ No. 846 rendered by Xiamen Intermediate Court. Sinolook Company also raises objection to the authenticity, legality, and relevance of the press conference recording submitted by Luxe Company and holds that neither Sinolook Company nor the website passing-off is mentioned in the said press conference recording. Therefore the representation of Luxe Company that "the journalist made a mistake to confuse the official website of Lukoil Company with the official website of Luxe Company" is not well founded. Sinolook Company holds that the false content in *Lukoil Lubricants from Russia Formally Enters Chinese Market* which claims that Sinolook Company sold counterfeits and imitated the official website of Luxe Company is made out of willful intention and Luxe Company's reprinting of the falsehoods belongs to unfair competition by willfully disseminating falsehoods and damaging the goodwill of a competitor.

Luxe Company has no objection to the authenticity of the Civil Judgment (2015) XMZZ No. 846 rendered by Xiamen Intermediate Court submitted by Sinolook Company during the trial of the second instance but holds that the above judgment suggests that Autohome Company failed to produce evidences actively in the above case while the evidences in this case are enough to prove that Sinolook Company sold fake Lukoil lubricants.

This court finds that the press conference recording submitted by Luxe Company do reflect the situation of the press conference held thereby at the VIP room of WTCC Shanghai field on November 2, 2013 and related content in the recording can echo with the content of related report as ascertained by the court of first instance. Therefore the court confirms the authenticity of the above press conference recording. And since both the press conference recording and Civil Judgment (2015) XMZZ No. 846 rendered by Xiamen Intermediate Court are relevant to the facts of this case, the court decides to admit both evidences and make supplementary ascertainment of related facts based on these two evidences.

The court has found out by trial that the facts ascertained by the court of first in-

IV. Dispute over Unfair Competition Infringement of Patent Right

stance are true and hereby confirm those facts.

The court also finds out that Xiamen Intermediate Court rendered the Civil Judgment (2015) XMZZ No. 846 on June 2, 2015, dismissing the appeal of Autohome Company and affirming the Civil Judgment (2014) SMCZ No. 7349 rendered by Siming District Court.

The press conference recording submitted by Luxe Company to the court during the trial of the second instance shows that neither Sinolook Company nor the content of "Sinolook Company imitated the official website of Luxe Company or of Lukoil Company" was mentioned during the press conference held by Luxe Company.

This court holds that: Article 14 of the *Anti-unfair Competition Law* stipulates that an operator shall not utter or disseminate falsehoods to damage the goodwill of a competitor or the reputation of its or his goods. According to this provision, an act of unfair competition constituting commercial defamation shall have the following elements: 1. The parties shall be competing with each other; 2. The actor committed the act of uttering or disseminating falsehoods; 3. The act of the actor had damaged or may damage the goodwill of its counterpart; and 4. The actor did it out of subjective intention or negligence.

In this case:

Ⅰ. Regarding the issue whether Sinolook Company and Luxe Company are competing with each other

This court finds that in this case Sinolook Company claims that it imported Lukoil lubricants involved in the case from Luke Company and Luke East Europe Company and is the distributor of the above Lukoil lubricants in China while Luxe Company is the sole legal operating agency of Lukoil lubricants on the Chinese market with the authorization of Lukoil Company. Obviously Sinolook Company and Luxe Company have formed a direct competitive relation regarding the sales of the Lukoil lubricants involved in the case.

Ⅱ. Regarding the issue whether Luxe Company committed commercial defamation by uttering and disseminating falsehoods and damaging the goodwill of Sinolook Company or the reputation of its goods

In this case Sinolook Company claimed against several acts of uttering and disseminating falsehoods of Luxe Company, including: 1. Luxe Company made the representation of "there is one kind of round diesel engine lubricant barrel on the Chinese market. I can assure you that it is not produced by Lukoil" and "the correct

Chinese name of Lukoil lubricant oil should be 'Lukeyier' instead of the so-called 'Luke' " on WTCC (hereinafter referred to as the " Fact of Section I ") ; 2. The report of *Lukoil Lubricants from Russia Formally Enters Chinese Market* written by the journalist of Autohome and reprinted by Luxe Company contains the following false contents: (1) the word " Formally " was used in the title; (2) the content in the body of the report below " Where to Buy Genuine Lukoil Lubricants? " expressly represented that only Luxe Company has genuine lubricants; (3) the content below " Problems Encountered by the Brand " directly pointed out that Sinolook Company sold fake lubricants, and (4) the content " Here we would like to remind you again that Lukoil uses the same design for packaging barrels of lubricants sold in China as in Europe: only square plastic barrel and square iron barrel. All Lukoil lubricants in other packages are fake products" is false (hereinafter referred to as the " Fact of Section II "). 3. The report of *Lukoil Lubricants from Russia Formally Enters Chinese Market* written by the journalist of Autohome and reprinted by Luxe Company contains the false content of " Sinolook Company imitated the official website of Luxe Company " (hereinafter referred to as the " Fact of Section III ") .

For the facts alleged by Sinolook Company during the original trial, the court of first instance held that the above representation and reprinting of the Luxe Company were not uttering or disseminating falsehoods and did not constitute commercial defamation on the ground that both the representation of Luxe Company of the above Fact of Section I and the report of Fact of Section II in *Lukoil Lubricants from Russia Formally Enters Chinese Market* by the journalist of Autohome had certain factual basis and were thus not falsehoods. The above ascertainment of the court of first instance has both factual and legal basis, which this court completely agrees and will not go into details. While Sinolook Company argues that the court of first instance was wrong in ascertaining the facts and requires this court to make re-ascertainment, the court finds that this argument of Sinolook Company neither meets the provision of Article 232 of the *Interpretation by the Supreme People's Court on the Application of the Civil Procedure Law of the People's Republic of China* nor has any factual or legal basis and thus refuse to accept it. The court hereby affirms the content in the original judgment concerning the above Fact of Section I and Fact of Section II as per law.

As to the report on Fact of Section III in *Lukoil Lubricants from Russia Formally Enters Chinese Market* written by the journalist of Autohome, the court of first instance held that the reprinting of the above report by Luxe Company was disseminating false-

IV. Dispute over Unfair Competition Infringement of Patent Right

hoods and constituted commercial defamation on the ground that the content of "Sinolook Company imitated the official website of Luxe Company" in the above report was falsehood since there was no evidence to prove Sinolook Company imitated the official website of Luxe Company. Luxe Company refused to accept the above ascertainment of the court of first instance and lodged the appeal, holding that the above representation was not falsehood because Sinolook Company did pass off the official website of Lukoil Company though it did not pass off the official website of Luxe Company. Sinolook Company, on the other hand, held that the content of "Sinolook Company imitated the official website of Luxe Company" was clearly not consistent with the objective fact and thus belonged to falsehood.

This court holds that uttering falsehoods generally refers to the act of creating rumors out of thin air. In the practice of trial, falsehoods constituting commercial defamation include both falsehoods created out of thin air and partially uttered falsehoods or distortion of facts out of incomplete, imprecise or nonobjective representation that is enough to mislead others. However, be it falsehoods or other facts causing misunderstanding, as long as such facts are enough to impair the social image of the party involved and damage the goodwill thereof or the reputation of its goods, they shall *belong in the objects defined in Article* 14 *of the Anti-unfair Competition Law*. On the contrary, if there are imprecise or incomplete representation but the facts so represented do not deviate from the truth or cause misunderstanding of others and thus not impair unfairly the social image of the party involved or damaging the normal and due goodwill thereof or the reputation of its goods, they shall not constitute the act of commercial defamation defined in Article 14 of the *Anti-unfair Competition Law*.

In this case, whether the representation of "Sinolook Company imitated the official website of Luxe Company" belongs to the falsehood stated in Article 14 of the *Antiunfair Competition Law* and whether the reprinting act of Luxe Company constitutes commercial defamation shall be determined based on the original implication of the above representation in the report of *Lukoil Lubricants from Russia Formally Enters Chinese Market*, on whether there are related evidences to prove such representation, and on whether such representation has materially damaged the normal goodwill of Sinolook Company and the reputation of its goods. In this regard, the original text of *Lukoil Lubricants from Russia Formally Enters Chinese Market* is "... Despite of current small sales volume of Lukoil lubricants in China, there have long been fake Lukoil products on this market: Luke lubricants of Xiamen Sinolook

Oil Co., Ltd., which not only imitated the official site of 'Luxe Company' to confuse the public but also sold fake Lukoil lubricants on Chinese market for years, greatly damaging the interests of customers..." From the above content and other content of the said report it is obvious that the report intends to describe that Sinolook Company sold fake Lukoil lubricants and connected its official website with Lukoil to confuse related customers. The ascertainment of the above Fact of Section II by the court of first instance showed that Sinolook Company did sell fake Lukoil products and the facts found out by the court of first instance that "the official websites of Sinolook Company and Lukoil Company had basically the same homepages, with same structure, same pictures and same introduction on those pictures. And as Sinolook Company unilaterally claimed itself as the retailer of Lukoil Company in China, it had been blacklisted by Lukoil Company on its official website" are enough to suggest that the content in the above report which implies that Sinolook Company connected its official website with Lukoil to confuse related customers. Since Luxe Company is the sole legal operating agency of Lukoil lubricants on the Chinese market with the authorization of Lukoil Company, the representation of "Sinolook Company imitated the official website" in the report of *Lukoil Lubricants from Russia Formally Enters Chinese Market*, though imprecise, does not deviate from the truth and will not lead to improper appraisal of related public on the acts of Sinolook Company or damage the normal and due goodwill of Sinolook Company and the reputation of its goods. Therefore, this representation does not belong in the falsehood defined in Article 14 of the *Anti-unfair Competition Law*. The court of first instance applied the law erroneously in ascertaining that by reprinting the fact of "Sinolook Company imitated the official website of Luxe Company" in *Lukoil Lubricants from Russia Formally Enters Chinese Market*, Luxe Company was disseminating falsehood and damaged the goodwill of Sinolook Company and the reputation of its goods and thus the reprinting act thereof constituted commercial defamation, which is hereby corrected by the court.

To conclude, This court holds that the representation of "Sinolook Company imitated the official website of Luxe Company" in *Lukoil Lubricants from Russia Formally Enters Chinese Market* is not uttering or disseminating falsehood and has not damaged the goodwill of Sinolook Company and the reputation of its goods. Therefore the court finds it hard to support the pleadings of Sinolook Company in the original trial and hereby amends the content of the original judgment concerning this part as per law.

IV. Dispute over Unfair Competition Infringement of Patent Right

As to the argument of Sinolook Company that the Civil Judgment (2015) XMZZ No. 846 rendered by Xiamen Intermediate Court ascertained that the representation of Autohome Company in the report of *Lukoil Lubricants from Russia Formally Enters Chinese Market* damaged the right of reputation of Sinolook Company, This court holds *that* Article 93 of *Interpretation by the Supreme People's Court on the Application of the Civil Procedure Law of the People's Republic of China* stipulates that the parties involved need not to present evidences to prove the facts already ascertained by an judgment of a people's court that has already taken effect, unless there are contrary evidences to overrule such ascertainment. In this case, Luxe Company provided the notarized and accredited certificate issued by the deputy general manager of Lukoil Company A. V. Streelchenko to prove the identity of Savin Andrey Vsilevich, the document to prove the discovery of fake Lukoil products on the Chinese market, the evidence to show the official websites of Sinolook Company and Lukoil Company, and related test reports while Sinolook Company provided the unaccredited *Delivery Contract* No. 12L0078, *Delivery Contract* No. 13/081 that were not notarized, and a certificate issued by Luke East Europe Company, which together are enough to constitute the contrary evidences of the facts ascertained in the Civil Judgment (2015) XMZZ No. 846 rendered by Xiamen Intermediate Court. Therefore the court refuses to accept this argument of Sinolook Company.

To conclude, this court holds that the facts ascertained by the court of first instance are clear but the lawapplied is improper. Therefore the court hereby amends the original judgment in accordance with law. In accordance with Item (2) of Paragraph 1 of Article 170 and with Article 175 of the *Civil Procedure Law of the People's Republic of China*, this court hereby rules that:

Ⅰ. The Civil Judgment (2014) MMS (Z) CZ No. 889 rendered by Shanghai Minhang District People's Court shall be overturned;

Ⅱ. The claims made by the Appellee Xiamen Sinolook Oil Co., Ltd. (Plaintiff of the original trial) in the original trial are dismissed.

The first-instance court fee of RMB 9 635.60 and second-instance court fee of RMB 600 shall be borne by Xiamen Sinolook Oil Co., Ltd..

This judgment is the ruling of the final instance.

Chief Judge　He Yuan
Judge　Liu Jing
Acting Judge　Fan Jingbo
November 2, 2015
Law Clerk　Chen Yunzhi

Attachment: Relevant Laws

Civil Procedure Law of the People's Republic of China

Article 170 After trail, the people's court of second instance shall handle appeal cases according to the following different circumstances:

...

(2) If there is error in the facts as ascertained in the original judgment or verdict or in the application of laws, change, revoke or modify the original judgment in the manner of judgment or verdict according to law;

...

Article 175 Any judgment or ruling made by the court of second instance shall be final and conclusive.

V. Dispute over Intellectual Property Contract

17. Dispute over Service Contract between Shanghai CaesarStone International Co., Ltd. v. Shanghai Qinzhuo Network Technology Co., Ltd.

Shanghai Intellectual Property Court
Civil Judgment

(2015) HZMZZ No. 163

Appellant (Plaintiff of the original trail): Shanghai CaesarStone International Trade Co., Ltd.

Legal representative: Chen, General Manager.

Entrusted agent: Wang, a lawyer from Shanghai Chen & Partners Attorney at Law.

Entrusted agent: Fan, a lawyer from Shanghai Chen & Partners Attorney at Law.

Appellee (Defendant of the original trial): Shanghai Qinzhuo Network Technology Co., Ltd.

Legal representative: Zeng, manager.

Entrusted agent: Luo, a lawyer from Shanghai Sincere Law Firm.

Entrusted agent: Liu, a lawyer from Shanghai Sincere Law Firm.

The Appellant Shanghai CaesarStone International Trade Co., Ltd. (hereinafter referred to as the "CaesarStone") refused to accept the Civil Judgment [(2014) MMS (Z) CZ No. 760] rendered by Shanghai Minhang People's Court on the case of dispute over contract service and appealed to this court. After accepting the appeal, this court set up a collegiate bench in accordance with laws and held a public trial. Entrusted agent Fan Xiaohan of Appellant CaesarStone, and Entrusted agent

Liu Anfeng of Shanghai Qinzhuo Network Technology Co., Ltd. (hereinafter referred to as the "Qinzhuo"), appeared in this court. The trial of this case has been concluded now.

CaesarStone claimed in the trial of first instance that in December 2013, Qinzhuo called CaesarStone and lied that CaesarStone's domain name of network was about to fall due, thus renewal was required. CaesarStone, who believed what it said, signed the *China Internet Network Application Service Agreement* (hereinafter referred to as "the agreement involved") with Qinzhuo and paid RMB 56 000 to Qinzhuo on December 17, 2013. However, CaesarStone found after making payment that the item type agreed in the agreement involved was "network brand" and what CaesarStone provided was not "network domain name renewal" as it said before; it actually took "network domain name renewal" as an excuse to cheat and mislead CaesarStone to buy a general website registration certificate and a wireless website registration certificate which had nothing to do with network domain name and was needless for CaesarStone. On January 10, 2014, Manager Pan Wenwen and salesman Zou of Qinzhuo went to CaesarStone to deal with the issue. During the talk, Qinzhuo attempted to cover up the fact of illegal profit-making by Qinzhuo on the ground of "network brand is falling due and renewal is required". As a matter of fact, there was no such thing as "network brand" and "CaesarStone's network brand is falling due and renewal is required" as claimed by Qinzhuo. CaesarStone held that Qinzhuo, which made CaesarStone enter into the agreement involved and make payment against its true intention by means of cheat and in the name of "network brand is falling due and renewal is required", had violated Article 54 of the *Contract Law of the People's Republic of China*, whose act had constituted civil fraud, and caused serious economic losses to CaesarStone. In order to protect its legal interests, CaesarStone lodged an appeal to the court and requested a ruling that: I. The *China Internet Network Application Service Agreement* entered into between CaesarStone and Qinzhuo should be revoked according to law; II. Qinzhuo should refund the RMB 56 000 to CaesarStone.

Qinzhuo argued in the original trial that the agreement involved reflected the true intention of the two parties and there was no fraud, coercion in conclusion of the agreement, and that it had fulfilled the agreement, thus requesting the court to dismiss all the claims of CaesarStone.

The court of first instance found through trial that the agreement involved between

CaesarStone and Qinzhuo was signed by CaesarStone's authorized representative Gao and Qinzhuo's authorized representative Zou and was affixed with seals of both companies on December 17, 2013. The agreement specified that: Ⅰ. User's information, including name, contact person, contact address, website, telephone number, etc. of CaesarStone, among which the website is www. caesarstonecn. cn; Ⅱ. Service items, including item type, content, corresponding parameters, duration, service starting time, registration fee, with the content being: "CaesarStone"and "caesarstone"; item types: Internet brand; corresponding parameters: www. caesarstonecn. cn; duration: 10 years; service starting time: December 17, 2013; registration fee: RMB 28 000; Ⅲ. Above the seal of CaesarStone there are such words as "The user has read and acknowledged the content of the form and all rights and obligations agreed in the *Network Application Service Agreement Provisions and Postal Service Provisions* on its back". And there are such words as "China Internet Network Information Center Certification Service Agency Shanghai Qinzhuo Network Technology Co., Ltd. "above the seal of Qinzhuo. On the back of the agreement is the *Network Application Service Agreement Provisions*, which provides that: 1. The products and services provided by Qinzhuo include but not limited to domain name series, space rental, WEB and services relating to WAP website, etc. The user may choose one or more services. This agreement and the service items set forth on the front side jointly constitute a complete and the only agreement; 2. If either party proposes to cancel the agreement after its execution, such party shall assume any and all legal consequences and economic losses; 3. The user agrees to pay relevant fees to the service provider according to the charging standard for website, URL, network card and domain name registration published by the service provider; once the registration of website, URL, network name card and domain name is completed, the service provider will not refund the fees paid, and the user can continue to use it until the fees are consumed to zero. If the user proposes to terminate the application before the registration is completed, the service provider will refund partial or full fund in light of the actual circumstances; 4. In case the registration of website, network name card, domain name is unsuccessful, the user may get a full refund.

On December 17, 2013, Qinzhuo issued an invoice in the amount of RMB 56 000 to CaesarStone, containing two lines of same words: item: "network brand", unit: "year", quantity: "10", unit price: "2 800"and amount: "28 000". At 12: 11 on December 19, 2013, Zou sent an email to the staff of CaesarStone Gao: "I'm Zou from Qinzhuo who contacted you before. I'm sending you the soft copy of China Internet Network Information Center Authorization Certificate". There was an attachment to the email titled "2013-general-wireless authorization certificate" in jpg format. CaesarStone transferred RMB 56 000 to Qinzhuo via bank at 15: 20 on December 19, 2013. The additional information and purpose of the transfer shown on the bank receipt was "Caesarstone and caesarstone network brand, 10 years".

After CaesarStone made the above payment, Qinzhuo provided two wireless website registration certificates and two general website registration certificates to CaesarStone. The number of one wireless website registration certificate is 201312190319862996; the wireless website is caesarstone. The number of the other wireless website registration certificate is 201312196045231339; the wireless website is CaesarStone. The number of one general website registration certificate is 20131219141204258; the general website is CaesarStone. The number of the other general website registration certificate is 20131219141204259; the general website is caesarstone. As shown on the above four certificates: the registrant is CaesarStone; the registration service agency is Qinzhuo; valid from December 19, 2013 to December 19, 2023; signed by Beilong Knet (Beijing) Science & Technology Co., Ltd. (hereinafter referred to as the "Beilong Knet"); signed on January 3, 2014. Each certificate was affixed with the seals of Beilong Knet and China Internet Network Information Center (hereinafter referred to as the "Internet Network Center"). There were notes at the foot of each certificate: 1. The notes below and the text of the certificate together form an inseparable whole of this certificate; 2. The text of this certificate is provided by the registration service agency. To verify such information, please visit www.knet.cn and www.cnnic.cn. In case of any question, please contact the above registration service agency; 3. The registration information on the registration certificate is the information shown on WHOIS provided by Internet Network Center when the certificate is printed. Such information may be changed upon user's application. The registration information changed shall be subject to the search result shown on WHOIS of Internet Network Center website; 4. This service is developed by the Internet Network Center, and is supported by system operation and technology research and development.

The certificate printed by logging in the website of theInternet Network Center (www.cnnic.cn) showed the information recorded in the national network database was consistent with the main contents set forth on the above four certificates; and

V. Dispute over Intellectual Property Contract

each website type was general. During the trial, CaesarStone confirmed that above wireless and general websites were registered successfully, but held that it was not its true intention to register the above websites.

On June 27, 2014, CaesarStone applied to Shanghai Oriental Notary Public Office for evidence preservation notarization. On the same day, the notary publics and staff of the Public Office and the agent entrusted by CaesarStone were at the Public Office. The Entrusted agent of CaesarStone connected a voice recorder to a computer of the notary office, and recorded the file "RNC005. MP3" in the voice recorder into a CD. A notary public photographed the screen of the computer in the process. Shanghai Oriental Notary Public Office issued a Notarial Certificate [(2014) HDZJZ No. 10269] for the above process. The properties of the CD showed that the creation time was 15: 13 on January 10, 2014. The content of the CD was the talk between CaesarStone and Qinzhuo with respect to the issue involved. During the talk, Gao, the authorized representative of CaesarStone, stated: "as early as around December 15, Ms Zou called us saying that one of our network domain names was falling due and needed renewal, and they would provide us with the service. Hearing such things as domain name and trademark, I became sensitive because our company did have trademarks. I asked him to introduce it to me. Then what was made was such a thing afterwards. I don't quite understand what does this have to do with domain name. So I want you to talk about it." Zou, the authorized representative of Qinzhuo, answered: "It's not domain name. I did not talk with you about domain name. It was network trademark" Gao replied: "Yes, it was network trademark. But you mentioned a domain name in it..." According to Pan Wenwen, the manager of Management Department of Qinzhuo, during the talk, CaesarStone's network brand was falling due. General and wireless websites are collectively called network brand. CaesarStone's general and wireless websites were registered in 2008. As Zou failed to provide the data of the item falling due to CaesarStone when the agreement was signed, Pan said if there were such data kept at the backstage, she would send them to CaesarStone. If there were not, she would obtain them from the head office directly.

On March 6, 2014, CaesarStone entrusted lawyer Wang Jing from *Shanghai Chen & Partners Attorney at Law* to send a lawyer's letter concerning the issue involved to Qinzhuo, inviting manager Pan and salesman Zou to have a talk at CaesarStone on January 10, 2014. Qinzhuo agreed to send the written basis on CaesarStone's registration of general and wireless websites to CaesarStone before January 20, 2014, but called CaesarStone and told that they couldn't provide such written information on January 16, 2014. CaesarStone considered Qinzhuo cheated it out of its money, and requested Qinzhuo to return the RMB 56 000 within 7 days after receiving the lawyer's letter. Qinzhuo confirmed the receipt of the lawyer's letter.

In the original trial, with regard to the signing process, CaesarStone represented that it called and communicated with the financial staff of CaesarStone on December 14, 2013 and paid great attention to it as CaesarStone thought the company's domain name was falling due. CaesarStone signed the agreement text sent by Qinzhuo on December 17, 2013, and returned it to Qinzhuo. Qinzhuo never made detailed explanation on the definition of such terms as network brand and service content in the sale process. In respect of the signing process and the expiration of CaesarStone's trademark, Qinzhuo represented that, according to its internal business process, in around November and December 2013, Beilong Knet gave feedback on the expiring network brands, which included the network brand involved. Qinzhuo's salesman contacted CaesarStone for telemarketing through various channels, highlighted the importance of network brand, determined price, corresponding parameters and registration period through further communication, and finally entered into the agreement involved with CaesarStone on December 17, 2013. However, due to registration, the information of the former network brand was covered. So it was unable to determine which network brand of CaesarStone was falling due before the execution of the agreement involved. The brand may be registered by a third party. The salesman could not remember either. Qinzhuo confirmed that there were no definition or explanation on network brand, parameter, etc. in the agreement involved, but expressed that its salesman had made oral explanation to the responsible person of CaesarStone.

The court of first instance found that on December 2, 2008 CaesarStone registered the domain name caesarstonecn.cn through the registered service agency Beijing Xinnet Digital Information Technology Co., Ltd., which expired on December 2, 2014. In the trial of first instance, CaesarStone expressed that since 2008 CaesarStone's website had been maintained by an outsider, which was renamed into Shanghai Shujun Network Technology Co., Ltd. (hereinafter referred to as the "Shunjun"). So they entered into a new website maintenance service contract, which contained no specific provision on domain name. CaesarStone paid the website service fee in every November and December. On December 10, 2013, CaesarStone paid RMB 800 for

V. Dispute over Intellectual Property Contract

website service fee to Shunjun. Upon inquiry after the dispute took place, CaesarStone began to know the service of Shunjun included domain name renewal, and that the RMB 800 had included the fees for the renewal of CaesarStone's domain name.

The court of first instance also found that there were entries concerning "network brand" on Baidu Wikipedia. The website of Beilong Knet had the following introductions to general and wireless website: a general website, based on the resource of national standard IP addresses, is a network brand identity exclusive to an enterprise, an important symbol of an enterprise on the Internet with the function and meaning of commercial mark and indispensable part of enterprise's brand assets; a wireless website, based on the resource of national standard mobile Internet addresses, is a network brand identity exclusive to an enterprise on mobile Internet, from which enterprise can also obtain solution of whole-process mobile marketing based on wireless Internet. The prices of general website and wireless website are RMB 1000/year/each and RMB 1800/year/each respectively. The website also provided the service of search of information collected in national network database, with search options including general website, wireless website, verification of credible website, credible APP. Below the search options were "The database is the state's highest-level network database established and maintained by CNNIC".

As ascertained by the court of first instance, Qinzhuo provided four copies of *China Internet Network Application Service Agreement* signed with outsiders including Medtronic (Shanghai) Management Co., Ltd.. One copy shows that the type of service item was network brand, and in the other three copies, the type of service item was wireless website, ordinary general words or ordinary general website. The above agreements were signed during the period from March 2013 to March 2014. The authorized representatives of Qinzhuo on these agreements were not the same and none of them was Zou.

The court of first instance held that, according to the *Contract Law of the People's Republic of China*, if a party induced the other party to enter into a contract against its true intention by fraud or duress, or by taking advantage of the other party's hardship, the aggrieved party is entitled to petition the People's Court or an arbitration institution for amendment or cancellation of the contract. Fraud means deliberately stating false facts or hiding truth for the purpose of misleading others and making others express intentions on this basis. The determination of fraud requires constitutive elements such as fraudulent conduct, intent of fraud, the causality between fraudulent conduct and the false expression of intention of the counterparty.

CaesarStone claimed clearly in this case that Qinzhuo used fraudulent means in entering into the agreement involved, hence the agreement should be revoked; Qinzhuo took advantage of CaesarStone's limited knowledge on Internet, made up the expiration of CaesarStone's network brand, making CaesarStone falsely believe that its domain name was falling due, so Qinzhuo hid the truth and fabricated facts. While Qinzhuo claimed that the agreement involved reflected the true intention of both parties, and that it never hid facts or misled CaesarStone. Qinzhuo claimed that it never told CaesarStone that its domain name was falling due, but only informed CaesarStone of the importance of network brand; their concepts were different and their prices and services were very different; the service for domain name was previously provided by the Third Party, which was known by CaesarStone; the fax, invoice and payment record showed that CaesarStone knew what they paid for was 10 years of network brand. Above all, the focus of dispute in this case was whether Qinzhuo had used fraudulent means in entering into the agreement involved.

The court of first instance noticed that the item type in the agreement involved was network brand and the content was "CaesarStone" and "caesarstone". Neither definition nor explanation of "network brand" was provided in the contract. Furthermore, no written document on the expiration of CaesarStone's network brand has been provided up to now. But its act did not constitute fraud for the following reasons: first, the details of communication between CaesarStone and the responsible person of Qinzhuo could not be restored. But the recording of the talks of both parties showed that Zou said CaesarStone's network trademark was falling due and attempted to sell network trademark. Both the invoice and the agreement involved indicated that the service content of Qinzhuo was network brand instead of domain name. Even though there was no definition and explanation on network brand, wireless website or general website in the contract, there was no evidence that could prove that Qinzhuo had the intention or committed the act to deliberately confound network brand with domain name while knowing that CaesarStone's domain name was falling due. Second, Qinzhuo did not submit any document on the expiration of CaesarStone's network brand yet, but CaesarStone did not sign the agreement with Qinzhuo because of the expiration of its network brand. According to the statement of CaesarStone, it signed the agreement because it mistook registration of network trademark for domain name

V. Dispute over Intellectual Property Contract

renewal. Therefore, Qinzhuo's relevant statement lacked basis, and has no causality with CaesarStone's false expression of intention. Finally, according to CaesarStone, the salesman of Qinzhuo communicated with the responsible person of CaesarStone on December 14, 2013, the agreement involved was signed on December 17, 2013 and CaesarStone made payment on December 19, 2013. CaesarStone's domain name was registered in December 2008. It only cost several hundred to renew the domain name, which was largely different from that of the object involved. The responsible person of Qinzhuo sent an email concerning the authorization certificate of general and wireless website before CaesarStone made payment. CaesarStone also indicated that the money was used for network brand when making bank transfer. Accordingly, even though Qinzhuo's salesman had vague and false expression when making the phone call, CaesarStone could tell the difference if CaesarStone had carefully read the agreement involved, made inquiries or verified with Shunjun. According to the agreement involved, if the user proposes to terminate the application before the registration is completed, the service provider would refund the fund in part or in full in light of the actual circumstances. Based on above grounds, CaesarStone's claimed that Qinzhuo committed fraud and its request for revoking the agreement involved was inconsistent with the provisions of Paragraph 2 of Article 54 of the *Contract Law of the People's Republic of China*. Its claim that Qinzhuo should assume the corresponding civil liability was not supported by the court of first instance due to lack of factual and legal basis. Therefore, according to the provisions of the above law, the court of first instance ruled that CaesarStone's claims were dismissed. The first-instance court fee of RMB 1 200 shall be borne by CaesarStone.

CaesarStone refused to accept the judgment of first instance and lodged an appeal to this court, claiming that: 1. Qinzhuo had both the intent of fraud and fraudulent act in entering into the agreement involved, resulting in CaesarStone's serious misunderstanding of the object of the contract. (1) Qinzhuo in entering into the agreement involved only advertised "network trademark and domain name", and never mentioned the objects of the agreement, i.e. "wireless website" and "general website". Neither was there any "wireless website" and "general website" in the agreement involved. The above act of Qinzhuo falls into fraud in that it deliberately hid the object of the agreement under dispute. (2) Qinzhuo misrepresented the "registration service" actually provided in the agreement involved into "renewal service" by such false statement as "renewal of network trademark and domain name". Qinzhuo's above act falls into the fraud of deliberately distorting the type of application service involved in the agreement under dispute. (3) Qinzhuo's above fraudulent conduct made CaesarStone falsely believe the service provided by Qinzhuo was "domain name renewal", and induced CaesarStone to sign the agreement involved when it had serious misunderstanding of the object of the agreement involved. 2. The court of first instance over-measured CaesarStone's liability on the ground that "CaesarStone could tell the difference if CaesarStone had carefully read the agreement involved and made inquiries", while ignoring the fact that the agreement involved was a standard contract unilaterally made by Qinzhuo. In summary, CaesarStone held that the court of first instance wrongly ascertained the facts and the agreement involved should be revoked, thus requesting this court to change the judgment according to law and support the claims of CaesarStone in the first instance.

Qinzhuo argued that: 1. The secret recording provided by CaesarStone in the first instance was against the law and shall be held as invalid as the witness failed to bear witness in court. 2. CaesarStone only claimed that Qinzhuo committed fraud rather than that CaesarStone had serious misunderstanding, so the court of second instance should not adopt its claim of serious misunderstanding. 3. Relevant evidence showed that the words and sentences of the agreement involved were clear-cut, CaesarStone was well informed, and the transaction process conformed to normal transaction practice, so Qinzhuo did not commit fraud and CaesarStone had no serious misunderstanding. The fact for this case was that CaesarStone made excuse to break the contract that had been signed. Based on above grounds, Qinzhuo requested this court to dismiss the appeal and upheld the ruling of first instance.

After trial, this court found out that all the facts found by the court of first instance were true and thus were affirmed by this court.

In this case, the focus of dispute of the parties involved was whether Qinzhuo had used fraudulent means in entering into the agreement involved, whether Qinzhuo's act had caused CaesarStone's serious misunderstanding, which made CaesarStone sign the agreement involved against its true intention, and whether the agreement involved could be revoked.

In this respect, this court holds that, according to Paragraph 2, Article 54 of the *Contract Law of the People's Republic of China*, if a party induced the other party to enter into a contract against its true intention by fraud or duress, or by taking advantage of the other party's hardship, the aggrieved party is entitled to petition the

V. Dispute over Intellectual Property Contract

People's Court or an arbitration institution for amendment or cancellation of the contract. Fraud means cheating and inducing the other party to enter into a contract against its true intention by deliberately hiding truth or informing the other party false information. Generally, fraud has the following constitutive elements: 1. The intention of fraud. The fraud perpetrator knows that what he tells the other party is false and may mislead the other party, but he still insists doing so. The intent of fraud includes the purpose of the fraud perpetrator to make profit for himself, and also the intent to benefit a third party and cause losses to the other party. 2. Fraudulent act. Fraudulent act means the act of the fraud perpetrator that externalizes its intent of fraud. It includes intentional false statement and misleading statement by hiding truth. 3. The causality between the fraudulent act and false expression of intention of the counterparty. Only when the fraudulent act misleads others and makes others enter into the contract against its true intention can contract fraud constitute.

In this case, 1. Qinzhuo deliberately told CaesarStone the false information. Although the details of communication between CaesarStone and Qinzhuo could not be restored, we could tell from the recording of the talks between them that Zou, the responsible person of Qinzhuo, said CaesarStone's "network trademark" was falling due and further marketed "network trademark". But during the trial of the case, Qinzhuo failed to produce evidence to prove CaesarStone had expiring "network trademark". So, based on the above facts, it could be determined that Qinzhuo had told CaesarStone false information that its "network trademark" was falling due. As to Qinzhuo's defense opinion that the recording provided by CaesarStone in the trial of first instance was not in line with the law and should be held invalid as the witness failed to bear witness in court, this court holds that during the trial of first instance Qinzhuo did not raise objection on the authenticity of the content of the above recording submitted by CaesarStone, and that CaesarStone's evidence-obtaining process did not violate any prohibitive regulations, thus Qinzhuo's above defense opinion were not adopted. Therefore, this court agreed to the opinion of the court of first instance and adopted the recording evidence submitted by CaesarStone.

2. Qinzhuo hid the truth. First of all, the item type agreed in the agreement involved was "network brand"; the content was "CaesarStone" and "caesarstone". The above expressions in the agreement involved failed to give definition and explanation on the specific content of "network" agreed in the agreement. In addition, among the

products and services provided by Qinzhuo as stated in the agreement, which was the main basis for performance by both parties, there were domain name series, space rental, WEB and services relating to WAP website, website, network name card, domain name, etc. There was apparently no explanation that the specific content of "network brand" service provided by Qinzhuo included "wireless website" and "general website" in the agreement. Second, in the process of entering into the agreement involved, Qinzhuo submitted the qualification certificate for the agency of "wireless website" and "general website" registration to CaesarStone, but such fact could not prove Qinzhuo had made clear to CaesarStone that the "network trademark" sold to CaesarStone were "wireless website" and "general website". So in this case there was no evidence that could prove in the whole process of the transaction between CaesarStone and Qinzhuo that Qinzhuo ever gave the definition or explanation that the specific content of the service provided by it was "wireless website" and "general website". Furthermore, although the website of Beilong Knet (www.knet.cn) in its introduction to general website and wireless website specified that general website is a network brand identity exclusive to an enterprise; wireless website is a network brand identity exclusive to an enterprise on mobile Internet. However, in the definition of "network brand" on Baidu Wikipedia, "network brand", also called "network trademark", means the extension and protection of company name, product or off-line brand. "Network trademark" included network name card (including website name, website logo, website domain name, wireless website, etc.), trademark domain name, PR value of website, advertorial of company on the website, etc. So in this case there was no evidence that could prove "network trademark" and "network brand" "wireless website" and "general website" had sole corresponding relationship, or "network trademark" and "network brand" were the generic terms of "wireless website" and "general website". Above all, this court holds that Qinzhuo hid the fact that the specific content of the registration service provided in the agreement involved was "wireless website" and "general website".

3. Qinzhuo induced CaesarStone to make false expression of intention by telling CaesarStone the false information and hiding the truth. Qinzhuo told CaesarStone the false information that its "network trademark" was falling due, hid the truth that the specific content of the service provided in the agreement involved included "wireless website" and "general website", and used vague concepts such as "network trademark" and "network brand", which made CaesarStone falsely believe that the "net-

work trademark" provided by Qinzhuo was domain name renewal service and enter into the agreement involved against its true intention. It should particularly note that CaesarStone, as the party receiving the service in the agreement involved, apparently had the obligation to verify the content of the service in the agreement involved. However, from the execution and performance of the agreement involved, CaesarStone indeed never verified such vague concepts as "network trademark" and "network brand" used by Qinzhuo, but directly interpreted it as domain name. The above facts indicated that CaesarStone had certain fault in that it failed to fulfill the duty of verifying the specific content of the service provided in the agreement involved. But the above fault of CaesarStone would not exempt Qinzhuo from the obligation of explaining the specific content of the service provided by it in a specific, definite and complete manner as the provider of the services under the agreement involved, nor would it change the nature of Qinzhuo's violation of the principle of good faith by telling CaesarStone the false information and hiding truth about the agreement involved.

4. Qinzhuo deliberately told CaesarStone the false information and hid the truth. This court holds that Qinzhuo knew very well that CaesarStone had no "network trademark" falling due. As a company providing "wireless website" and "general website" registration services, it also should know that "network trademark" and "network brand" not only refer to "wireless website" and "general website". But Qinzhuo hid the truth about the services provided by it from CaesarStone in entering into the agreement involved, and used vague concepts such as "network trademark" and "network brand". Qinzhuo should know that it violated the principle of good faith and may mislead CaesarStone in misunderstanding the specific content of the service as provided in the agreement involved by telling CaesarStone the false information and hiding the truth. Despite this, Qinzhuo still committed the above acts obviously for the purpose of profiting from the conclusion of the agreement involved. Accordingly, this court holds that Qinzhuo deliberately told CaesarStone the false information and hid the truth.

To sum up, this court holds that Qinzhuo deliberately told CaesarStone the false information about the expiring "network trademark" and hid the truth that the specific content of registration service provided under the agreement involved included "wireless website" and "general website", which induced CaesarStone to enter into the agreement and make false expression of intention. Therefore, it was determined that Qinzhuo's above act constituted fraud. This court accepts the appeal opinions of CaesarStone, and revoked the agreement involved in accordance with Paragraph 2, Article 54 of the *Contract Law of the People's Republic of China*. The court of first instance made a clear finding of facts, but applied the law erroneously. This court corrects the ruling of first instance according to law. The defense opinions of Qinzhuo are groundless and thus not accepted by this court.

For the agreement revoked, this court holds that according to Article 58 of the *Contract Law of the People's Republic of China*, "The property obtained under a contract shall be returned after the contract is held to be null and void or has been cancelled; where the property cannot be returned or the return is unnecessary, it shall be reimbursed at its estimated price. The party at fault shall compensate the other party for the losses caused by its fault. If both parties have faults, they shall share the liabilities." For this case, first, after the agreement involved was cancelled, Qinzhuo shall return CaesarStone the RMB 56 000 received under the agreement involved. Second, the wireless websites, namely, caesarstone (wireless website registration certificate No. 201312190319862996), CaesarStone (wireless website registration certificate No. 201312196045231339), and general websites, namely, CaesarStone (general website registration certificate No. 20131219141204258) and caesarstone (general website registration certificate No. 20131219141204259) should be returned or relevant deregistration formalities shall be gone through. However, in view that the disposal of wireless and general websites was not involved in the trial of the case, this court would not deal with it in this case. Both parties may work on the disposal of the above-mentioned wireless and general websites separately. At last, in terms of whether the revocation of the agreement involved results in loss and the disposal of loss, this court holds that Qinzhuo committed fraud in entering into the agreement involved and CaesarStone failed to fulfill the obligation of verifying the specific content of the agreement involved, therefore, the agreement involved shall be revoked and each party shall assume liability as both of them were at fault. Nevertheless, given that the trial of the case does not involve whether the revocation of the agreement involved results in losses and the amount of losses, so if the revocation of the agreement involved does result in losses, the parties may assume liability in light of the degree of fault of each party.

On these grounds, in accordance with Paragraph 2 of Article 54 and Article 58 of the *Contract Law of the People's Republic of China*, Item (2) of Paragraph 1 of Article 170 and Article 175 of the *Civil Procedure Law of the People's Republic of*

V. Dispute over Intellectual Property Contract

China, the following ruling was rendered:

I. Overturn the Civil Judgment (2014) MMS (Z) CZ No. 760 rendered by Shanghai Minhang People's Court;

II. Revoke the *China Internet Network Application Service Agreement* entered into between Shanghai CaesarStone International Trade Co., Ltd. and Appellee Shanghai Qinzhuo Network Technology Co., Ltd. on December 17, 2013;

III. Shanghai Qinzhuo Network Technology Co., Ltd. shall return Shanghai CaesarStone International Trade Co., Ltd. RMB 56 000 within ten days after the judgment comes into force.

The firstinstance court fee of RMB 1 200 shall be borne by Shanghai Qinzhuo Network Technology Co., Ltd. The secondinstance court fee of RMB 1 200 shall be borne by Shanghai Qinzhuo Network Technology Co., Ltd..

This judgment is the ruling of the final instance.

Judge　He Yuan
Judge　Liu Jing
Acting Judge　Fan Jingbo
August 11, 2015
Law Clerk　Chen Yunzhi

Attachment: Relevant Laws

I. *Contract Law of the People's Republic of China*

Article 54 Either of the parties may petition the People's Court or an arbitration institution for amendment or cancellation of a contract if:

...

If a party induced the other party to enter into a contract against its true intention by fraud or duress, or by taking advantage of the other party's hardship, the aggrieved party is entitled to petition the People's Court or an arbitration institution for amendment or cancellation of the contract.

...

Article 58 The property acquired as a result of a contract shall be returned after the contract is confirmed to be null and void or has been revoked; where the property cannot be returned or the return is unnecessary, it shall be reimbursed at its estimated price. The party at fault shall compensate the other party for the losses caused by the fault; if both parties are at fault, they shall bear their respective liabilities.

II. *Civil Procedure Law of the People's Republic of China*

Article 170 After trail, the people's court of second instance shall handle appeal cases according to the following different circumstances:

...

(2) If there is error in the facts as ascertained in the original judgment or verdict or in the application of laws, change, revoke or modify the original judgment in the manner of judgment or verdict according to law;

...

Article 175 Any judgment or ruling made by the court of second instance shall be final and conclusive.

V. Dispute over Intellectual Property Contract

18. Dispute over Trademark Transfer Contract between Kunshan Adidas Electric Technology Co., Ltd. v. Gao Zhijian, Shanghai ADA Electrical Appliance Co., Ltd. and Kunshan Skoda Management Consulting Co., Ltd.

Shanghai Intellectual Property Court
Civil Judgment

(2015) HZMZZ No. 731

Appellant (Plaintiff of the original trial): Kunshan Adidas Electric Technology Co., Ltd.
Legal representative: Chen, General Manager.
Entrusted agent: Chang, a lawyer from JiangsuLiudian Law Firm.
Entrusted agent: Zhang, an apprentice lawyer from Jiangsu Liudian Law Firm.
Appellee (Defendant of the original trial): Gao.
Appellee (Defendant of the original trial): Shanghai ADA Electrical Appliance Co., Ltd.
Legal representative: Gao.
The two Appellees jointly entrusted Wang, a lawyer from Beijing Huicheng Law Firm (Kunshan) as the agent.
The Third Party of the original trial: Kunshan Skoda Management Consulting Co., Ltd.
Legal representative: Xu.

Appellant Kunshan Adidas Electric Technology Co., Ltd. (hereinafter referred to as the "Adidas"), who refused to accept the Civil Judgment (2014) PMS (Z) CZ No. 264 rendered by Shanghai Putuo District People's Court on the dispute over the contract concerning transfer of trademark right between it and the Appellee Gao, Shanghai ADA Electrical Appliance Co., Ltd. (hereinafter referred to as the "ADA") and the Third Party of the original trial Kunshan Skoda Management Consulting Co., Ltd. (hereinafter referred to as the "SKD"), lodged an appeal to this court. After accepting the appeal on Nov. 30, 2015, this court set up a collegiate bench and held public trial on December 24 of the same year. Entrusted agents of the Appellant Adidas, Chang and Zhang, and Wang, entrusted jointly by the Appellee Gao and ADA as the agent, appeared in court to take part in the action. SKD, the Third Party of the original trial, did not appeared in court for the litigation without justified reasons after being served with a legal subpoena, whose act had no effect on the trial of the case. The trial of this case has been concluded now.

Adidas claimed in the original trial that the former name of it was Sichuan Aida Electrical Appliance Co., Ltd.. In October 2010, Sichuan Aida Electric Appliance Co., Ltd. , upon the approval of industrial and commercial authority, changed its registered domicile to No. 9, Yangjia Road, Lujia Town, Kunshan and its name into Kunshan Adidas Electric Technology Co., Ltd.. The registered trademarks "ADA" and "Aida" under its name were also transferred to be under the name of Adidas. Both Adidas and ADA were jointly run by Chen and Gao , with each of them holding 50% shares of the two companies respectively. Chen was the legal representative of Adidas and Gao was the legal representative of ADA. The finance of the two companies was both controlled by Gao as a fact. In November 2012, Gao, without Chen's knowledge, formed Kunshan Aidi Electric Technology Co., Ltd. at No. 9, Yangjia Road, Lujia Town, Kunshan, which was solely owned by Gao and had similar business scope as that of Adidas. Gao even transferred the staff of Adidas to Kunshan Aidi Electric Technology Co., Ltd. behind Chen's back. In order to illegally transfer the registered trademarks "ADA" and "Aida" under the name of Adidas to Kunshan Aidi Electric Technology Co., Ltd. , Gao colluded with ADA in violation of the principle of good faith prescribed by law and privately affixed the official seal of Adidas to sign a trademark transfer contract with ADA, whose act had seriously damaged the legitimate right of Adidas. SKD, who failed to fulfill its duty of examination according to law with regard to Gao's transfer of registered trademarks "ADA" and "Aida" behind Chen's back, had violated the *Trademark Law* with obvious faults. Adidas requested this court to rule that: 1. the contract for transferring the registered trademarks "ADA" (registration No. 1351308) and "Aida" (registration No. 7383109) signed by Gao and ADA should be held to be invalid; 2. The legal costs should be borne by Gao. In the original trial, Adidas changed its claim and requested this court to rule that: 1. the contract for transferring the registered trademarks "ADA" (registration No. 1351308) and "Aida" (registration No. 7383109) signed by Gao and ADA be in-

V. Dispute over Intellectual Property Contract

valid; 2. The ownership of the registered trademarks "ADA" (registration No. 1351308) and "Aida" (registration No. 7383109) belong to Adidas. 3. The legal costs should be borne by Gao.

Neither Gao nor ADA made any defense in the original trial.

SKD claimed in the original trial that SKD is a trademark agency that has been filed with the Trademark Office of State Administration for Industry and Commerce (hereinafter referred to as the "Trademark Office") in accordance with law; it had provided the power of attorney, trademark transfer contract and qualifications of both parties for the purpose of the trademark transfer between Adidas and ADA as required by the Trademark Office; and Trademark Office also accepted the transfer application, therefore SKD shall not be held accountable therefor.

It was found out in the original that: Adidas, whose former name was Sichuan Aida Electrical Appliance Co., Ltd., was previously located at No. 3, West Chuangye Road, Gaoxin District, Chengdu, Sichuan; whose register capital is RMB 500 000; whose legal representative is Chen; it was founded on July 31, 1996; the shareholders of the company are Chen and Gao, each of whom contributed RMB 250,000 and held 50% of shares of the company respectively. On October 26, 2010, with the approval from Kunshan Administration for Industry and Commerce of Suzhou, Sichuan Aida Electrical Appliance Co., Ltd. changed its name into Kunshan Adidas Electric Technology Co., Ltd. and changed its domicile to No. 9, Yangjia Road, Lujia Town, Kunshan.

ADA was founded on June 18, 2004 with a register capital of RMB 500 000. Its legal representative is Gao. The shareholders of the company are Gao and Chen, each of whom contributed RMB 250 000 and held 50% of shares of the company respectively.

In January 2000, Sichuan Sanda Electrical Appliance Co., Ltd. registered the trademark "ADA" (registration No. 1351308), which was ratified to be used on the products of Class 9 "automation equipment for power station", with the valid registration period from January 7, 2000 to January 6, 2010. On November 20, 2008, Sichuan Aida Electrical Appliance Co., Ltd. accepted the registered trademark, which was later renamed Adidas. The validity of the registered trademark was renewed upon approval to January 6, 2020.

On May 8, 2009, Sichuan Aida Electrical Appliance Co., Ltd. registered the trademark "Aida" (registration No. 7383109), which was ratified to be used on the products of Class 9 including "signal light, electric control equipment, electric switch, circuit breaker, brake chamber (electricity), junction box (electricity), distribution box (electricity), turnout remote control electrical equipment, high-and-low-pressure switch board", with the valid registration period from January 28, 2011 to January 27, 2021. Afterwards the trademark was transferred to be under the name of Adidas.

On December 30, 2012, Adidas and ADA signed a *Contract for Trademark Transfer*, stating that "Transferor: Kunshan Adidas Electric Technology Co., Ltd., Transferee: Shanghai ADA Electrical Appliance Co., Ltd.. To avoid the trademark being canceled upon application of any third party on the ground that the Transferor conducted no production, the transferor and transferee, through consultations, agree on the trademark transfers as follows: (Ⅰ) Name of the transferred trademarks: "ADA" and "Aida"; (Ⅱ) Pattern of the trademarks: / (add the pattern of the trademarks and affix the paging seal of the transferor); (Ⅲ) Trademark registration No. : 1351308, 7383109; country: the People's Republic of China; (Ⅳ) The trademarks should be renewed on /; (Ⅴ) Types and specific names of the products or service on which the registered trademarks are applied: subject to the information recorded in the trademark certificate. (Ⅵ) Guarantee of the transferor: 1. The transferor guarantees that the right has no defect, nor has it ever been authorized to be used by others or been mortgaged. 2. The transferor guarantees that it has not registered any trademark right the same as or similar to such right on the products of Class No. 0914 and 0913 under international classification or those products of other classes similar to the products of Class No. 0914 and 0913, nor has it applied for such registration. 3. The transferor guarantees that it will not by any means seek any interests in connection with the trademarks or similar trademarks, including ownership, right of use, right to earnings and right of disposition, after the Contract takes effect, and all the above rights shall be exercised by the transferee. 4. The transferor shall sign the registered trademark transfer application for the exclusive right to use the trademark, and submit the original trademark registration certificate of the trademark to the transferee or its agent at the same time when it signs the Contract. 5. If the application for the trademark transfer is rejected by the Trademark Office, the transferor should refund all the payment made for the trademark transfer. (Ⅶ) After the trademark transfer, the transferee's rights: 1. The types of products (or service types and names) that can use the trademark: subject to the approval shown by the trademark certificate;

V. Dispute over Intellectual Property Contract

2. The territorial scope where the trademark can be used: China. (Ⅷ) Nature of the trademark transfer: 2. (choose one from the two choices below) 1. Permanent trademark transfer; 2. Non-permanent trademark transfer. (Ⅸ) Time when the trademark is transferred: the trademark shall officially belong to the transferee from the date on which the contract becomes effective, or after the procedures for trademark transfer and change of registration have been gone through. If the application for transfer of the registered trademarks is rejected by the Trademark Office, the Contract will become invalid automatically, and each party shall assume the consequences arising therefrom on its own. (Ⅹ) Procedures for registration change after the trademark transfer contract takes effect: the transferee shall go through the formalities for change of registrant at its own expenses after the trademark transfer contract takes effect. (Ⅺ) Quality warranty of the products: the trademark transferor requires the transferee to guarantee that the quality of products carrying the trademark shall be no lower than that of the products produced by the transferor; the transferor shall provide the transferee with samples of the products, technical guidance or know-how for producing such products (a technical transfer contract may be concluded separately), product specifications, package and maintenance method, as well as list of customers who often buy such products if necessary. In case of non-permanent transfer, the transferor may supervise the production of the transferee, and has the right to inspect the production as well as the product quality of the transferee. (Ⅻ) The transferor shall guarantee that the transferred trademark is valid, and that no third party has the ownership of that trademark. (XIII) The trademark transfer fees and the payment method: 1. The transfer fees, which are calculated based on the authority of the transfer, shall be a total of RMB 600 000 (RMB 300 000 for each trademark; if Party A's trademark is canceled upon the application of any third party, then no payment will be required). 2. Payment method and time: bank transfer; lump-sum payment shall be made after the Trademark Office approves the change. (XIV) The transferor guarantees that it will not sell products with the same or similar trademark within the registration territory of the trademark, nor will it engage in any other activities competing with the production and sale of such products within the term of the Contract. (XV) The parties' liabilities for breach of contract: 1. Where the transferor breaches the Contract by continuing to use the trademarks on the products produced by it after the Contract takes effect, it shall stop using the trademarks and pay liquidated damages equivalent to 20% of the contract value.

2. Where the transferee fails to pay the trademark transfer fee within the time limit specified in the Contract, the transferor shall have the right to refuse to transfer the trademark and notify the transferee to rescind the Contract. (XVI) Dispute resolution: 1. This Contract shall be governed by and construed in accordance with the laws of the People's Republic of China. 2. The dispute arising from the performance of the Contract shall be settled through consultation between the parties, or be submitted to relevant department for mediation. If consultation or mediation fails, the dispute may be resolved through the second method as described below: (1) The dispute shall be submitted to an arbitration committee for arbitration; (2) A lawsuit may be brought to Jiading District People's Court of Shanghai, the locality of the transferee and the place of contract performance. (XVII) Interpretation: the interpretation and understanding of the Contract shall be based on the purpose of the Contract and the meaning of the text. The headings hereof are for convenience only and shall not affect the interpretation of the Contract. (XVIII) Supplements and appendices: any matters uncovered herein shall be subject to the relevant laws and regulations; for those matters uncovered by laws and regulations; may be reacherd by a written supplementary agreement may be reacherd bythereon. The appendices and supplementary agreements hereto shall be an integral part of the Contract, and shall be equally authentic as this Contract. (XIX) Effectiveness of the Contract: The Contract shall come into force after both parties affix their official seals hereon. The term of the Contract shall commence on the signing date hereof and ends on the date on which the trademark transfer is completed and the transfer fees are paid off. This Contract shall be made in duplicate, with each party holding one counterpart respectively, and both counterparts shall have equal legal force. The signature page of the Contract is affixed with the official seals of Adidas and ADA.

On March 22, 2013, SKD on behalf of ADA applied to the Trademark Office for transfer of trademarks "ADA" (registration No. 1351308) and "Aida" (registration No. 7383109).

In October 2013, Chen learned that the trademarks "ADA" and "Aida" under the name of Adidas were under the state of transfer. On November 1, 2013, Chen, in the name of Adidas's legal representative, submitted the *Registered Trademark Transfer Objection Notice* (*registration No. 1351308 and 7383109*) to the Trademark Office, stating that trademarks "ADA" and "Aida" were the property of Adidas; Gao, who transferred the trademarks without Chen's knowledge, infringed the legitimate

V. Dispute over Intellectual Property Contract

rights and interests of Adidas and Chen; such transfer conducted by Gao shall be invalid; therefore, an objection was submitted to the Trademark Office to require terminating the transfer of trademarks "ADA" and "Aida".

On November 11, 2013, the Trademark Office issued two pieces of *Transfer Application Correction Notice* to ADA, specifying that Trademark Office has accepted the application for transfer of trademarks No. 1351308 and No. 7383109. However, as the copy of the transferee's business license is not clear, it is required to provide another copy of the duplicate of the transferee's business license that has passed the annual inspection or a certificate proving the transferee's valid existenceas issued by the administration for industry and commerce. Correction shall be made according to the above requirements within thirty days after this Notice is received. In case of any objection on the correction requirements, explanation shall be made on the back of the Notice. In case of failure to make correction within the prescribed time limit, the Trademark Office will deem that the applicant has given up the correction.

On November 14, 2013, the legal representative of Adidas Chen brought an action to this court in the name of Adidas.

In the original trial, Adidas claimed: 1. The official seal of Adidas had been kept by a functional department of the company; however, Gao hid and kept the seal since January 11, 2013. 2. On April 23, 2013, Chen authorized a lawyer to make a public announcement on *Kunshan Daily* that "Any contract or letter concerning business contact with Kunshan Adidas Electric Technology Co., Ltd. without the signature of Chen but only official seal of the company shall be invalid". 3. Adidas used to sue Gao to Kunshan People's Court requesting for returning the official seal and business license of the company, but his claim was not supported by Kunshan People's Court in the trial of first instance.

The court of first instance held that this case was about a dispute over trademark transfer contract, and that the trademark transfer contract involved shall be invalid. An invalid contract means a contract with neither legal force nor effectiveness. Under general circumstances a contract is legally binding once it's established according to law. But an invalid contract, despite that it has been established, is not legally binding as it violates the mandatory provisions of laws or administrative regulations or damages the interests of the State or the public. As set forth in Article 52 of the *Contract Law of the People's Republic of China*, "A contract is invalid in any of the following circumstances: (i) One party induced conclusion of the contract through fraud or duress, thereby harming the interests of the state; (ii) The parties colluded in bad faith, thereby harming the interests of the state, the collective or any third party; (iii) The parties intended to conceal an illegal purpose under the guise of a legitimate transaction; (iv) The contract harms public interests; (v) The contract violates a mandatory provision of any law or administrative regulation."In this case, Adidas claimed that Gao and ADA colluded in bad faith, thereby harming the legal interests of Adidas and its legal representative Chen. The "collusion in bad faith" here means an unlawful act carried out by the parties to a contract for seeking illegal interests in entering into the contract. A contract concluded by colluding in bad faith means a contract established by illegal collusion between the parties thereto for the purpose of seeking private interests and thereby harming the interests of the state, the collective or a third party. A contract established by collusion in bad faith is characterized by the purposiveness of the parties thereto and the purpose of seeking illegal interests. In terms of the form of the trademark transfer contract involved, both parties to the contract had affixed the seals of their companies, which was an act inconsistent with the habit of ordinary commercial transaction, and Adidas failed to produce evidence to prove that Gao A arbitrarily affixed the official seal of Adidas. In terms of the content of the trademark transfer contract involved, the transferee of the trademark is ADA, whose shareholders are Gao and Chen, each of whom hold 50% of the shares thereof; the trademark was transferred for compensation, that is, Adidas could obtain RMB 600 000 from the transfer. Therefore, the trademark transfer contract involved did not damage the interests of Adidas and Chen. In addition, SKD is only an agent that handled formalities for the trademark transfer on behalf of ADA. Adidas has no evidence to prove that SKD had participated in the conclusion of the trademark transfer contract or has any other fault. Adidas's claimed that Gao and ADA entered into the trademark transfer contract by colluding in bad faith lacked facts and legal basis. Thus the court of first instance did not support the first claim of Adidas, i. e., requesting this court to rule that the trademark transfer contract involved be invalid. The court of the first instance held that the second claim of Adidas, i. e., requesting this court to rule that the trademarks "ADA" and "Aida" belong to Adidas, was about a dispute over trademark ownership, involving a legal relation different from the dispute over trademark involved in the case, thus was not dealt with in this case. On this ground, the court of first instance, in accordance with Article 8 of the *Contract Law of the People's Republic of China*, Article 144 of *Civil Procedure*

V. Dispute over Intellectual Property Contract

Law of the People's Republic of China and Article 2 of *Several Provisions of the Supreme People's Court on Evidence in Civil Procedings*, rendered the following judgment: The claims of Adidas are not supported; The first-instance court fee is RMB 800, which shall be borne by Adidas.

Adidas refused to accept the judgment and lodged an appeal to this court.

Appellant Adidas claimed that: Adidas is owned by two shareholders, i. e. Chen and Gao, and its legal representative is Chen, but Gao controls the operation and management of the company by controlling the seal of the company for a long term. The trademark transfer contract involved, which was signed by Gao with ADA whose legal representative is Gao herself by affixing the official seal of Adidas, is not the expression of the true intention of Adidas, thus Gao signed such contract as an unauthorized agent. The contract involved in this case was entered into by colluding in bad faith between Gao and ADA, thereby having damaged the legal interests of ADA. Therefore, Adidas requested this court to revoke the judgment of first instance and support the claims of Adidas made in the first instance in accordance with law. During the trial, Adidas withdrew its second claim in the first instance and only requested this court to rule that the contract on transferring the registered trademarks "ADA" (registration No. 1351308) and "Aida" (registration No. 7383109) signed by Gao and ADA be invalid.

Adidas submitted the Civil Judgment (2015) SZSZZ No. 01131 rendered by Suzhou Intermediate People's Court of Jiangsu Province in the second instance to prove that the seal affixed on the contract involved was controlled and held by Gao, and that there was dispute between the two shareholders Chen and Gao, and that affixing seal on the contract involved is the individual act of Gao rather than the expression of the true intention of Chen and Adidas.

Gao and ADA, after cross-examining the evidence above, raised no objection on its genuineness, but held that it only affected the affixing of the official seal after the judgment came into force, and the affixing of the official seal before that should still be valid and effective. Furthermore, the legal force of the ruling of requiring the return of the official seal is only applicable to Adidas and the two shareholders, without prejudice to the jural relations with any third party.

The Appellee ADA argued that there was no collusion in bad faith in terms of formation of the contract involved in this case. Adidas never used the trademark "ADA" involved in the contract. It had been used by ADA and the contract involved was entered into for the purpose of protecting the trademark from being revoked by the Trademark Office. And it was because of the contract involved that the trademark "ADA" was not revoked by the Trademark Office. ADA had been actually operated by Gao, but Gao had no bad faith in affixing the official seal of ADA on the contract. Besides, Chen was also a shareholder of ADA, so the contract did not harm other's interests. Based on the grounds above, ADA requested this court to reject the claims of Adidas and affirm the original judgment.

The evidences submitted by ADA in the second instance are as follows:

1. *Decision on the Application for Revoking Registered Trademark "ADA" (Registration No. 1351308) for Suspension of Use for Three Years* No. Che 201102980 issued by the Trademark Office, proving that as the registered trademark "ADA" was applied by an outsider to be revoked in June 2011, thus facing the risk of being revoked, ADA and Gao signed the contract in December 2012 in order to protect the registered trademark "ADA".

2. *Catalogue of Documents for Applying for Trademark Review*, *Power of Attorney for Agency of Trademark Review* and *Reasons for Applying for Review of Trademark Revoking*;

3. (2013) HJZJZ No. 1446 *Notarial Certificate*.

The above-mentioned Exhibits 2 and 3 are submitted as the evidences on the use of the protected trademark, which prevented the trademark "ADA" from being revoked and further proved that the trademark transfer was not made in bad faith but for the purpose of protecting the trademark.

After cross-examining the above exhibits, Adidas held that Exhibit 1, namely, the revoking decision issued by the Trademark Office, was made in August 2013, while the contract involved was entered into in December 2012, thus the execution time of the contract could show that the contract was not entered into for the purpose of protecting the trademark. The content of Exhibit 2 also could prove that Gao controlled the official seal and relevant documents of ADA, and despite of the two parties to the contract, the fact was that the contract was actually signed by ADA and Gao. The authenticity of Exhibit 3 is also accepted, but its probative force is not recognized. Both registered trademarks "ADA" and "Aida" were used by Suzhou Aida Electrical Appliance Co., Ltd. with the permission of Adidas. The products produced by Suzhou Aida Electrical Appliance Co., Ltd. were sold by ADA. The shareholders of Adidas, ADA and Suzhou Aida Electrical Appliance Co., Ltd. are the same,

V. Dispute over Intellectual Property Contract

which were affiliates.

Gao recognized the above evidences.

The Appellee Gao argued that it agreed with the argument made by ADA. Gao had been responsible for the operation of Adidas and entered into the contract involved in this case in order to protect the interests of the company without harming the interest of the company. Moreover, according to the resolution of the shareholders' meeting, the legal representative of Adidas had changed from Chen to Gao in May 2014, so Gao's act of affixing seal on the contract is valid and effective. On the above grounds, the Appellee requested Adidas to reject the appeal and affirm the original judgment.

Gao produced *the Resolution of Shareholders' Meeting* in the second instance to prove that Chen was no longer the legal representative of Adidas.

After the cross-examination, Adidas held that there were only two shareholders Chen and Gao on the Register of Shareholders; there were no small shareholders. So far the legal representative recorded in the administration for industry and commerce was still Chen.

ADA recognized the above evidences.

The Third Party SKD made no statement.

This court holds that ADA and Gao raised no objection on the authenticity of the Civil Judgment (2015) SZSZZ No. 01131 submitted by Adidas, and the facts involved in the judgment were related to this case. Therefore, this court accepted the evidences produced by Adidas. The court affirmed the authenticity of Exhibits 1-3 submitted by ADA, but these evidences could only prove that the trademark "ADA" involved in the contract was ever revoked by the Trademark Office, Adidas used to apply for trademark review, and ADA sold change-over switches with registered trademark "ADA" produced by Suzhou Aida Electrical Appliance Co., Ltd., but could not prove that the existence of the contract helped protect the registered trademark "ADA". As to the *Resolution of Shareholders' Meeting* submitted by Gao, as there were only Chen and Gao in the records of industrial and commercial registration in the absence of any other people specified on the *Resolution of Shareholders' Meeting*, the authenticity of the evidence was not affirmed.

After trial, this court ascertained that all the facts ascertained by the court of first instance were true and thus was affirmed by this court.

It was also found out that according to the Civil Judgment (2015) SZSZZ

No. 01131 rendered by Suzhou Intermediate People's Court of Jiangsu Province, since Sichuan Aida Electrical Appliance Co. , Ltd. changed its name into Adidas and moved to Kunshan, Adidas was actually controlled by Gao... In controlling and managing Adidas, Gao controlled and used the official seal of the company. On April 26, 2013, Chen made a public announcement on *Kunshan Daily* that as the official seal of Adidas had been held by others, the act of affixing the official seal of the company only was invalid. The judgment holds that: the official seal of a company is the symbol of a company's personality that can prove and confirm the legal effect of the company's qualification and capacity, and is an important property exclusive to the company. The legal representative of Adidas was Chen. Where there were no specific provisions on the keeper of the company's seal in the Articles of Association or Resolution of Shareholders' Meeting, Chen had the right to bring an action on behalf of the company requiring the illegal seal holder to return the official seal and the contract seal. Gao, who had been controlled the official seal of the company by controlling the company for a long time and refused to return the seal after receiving the request of the legal representative of the company, had harmed the interests and obstructed the normal operation of the company. Therefore, this court supported the claim made by Chen in the name of the company's legal representative against Gao requesting for return of the official seal of the company, and ruled that Gao should return the official seal of Adidas.

On June 27, 2011, the Trademark Office accepted the application for revoking the registered trademark "ADA" (registration No. 1351308) made by outsider ABB Asea Brown Boveri Ltd on the ground of suspension of use for three years. On August 12, 2013, the Trademark Office revoked the registered trademark "ADA" (registration No. 1351308) by issuing the *Decision on the Application for Revoking Registered Trademark "ADA" (Registration No. 1351308) for Suspension of Use for Three Years* No. Che 201102980. Adidas refused to accept the decision and applied to the Trademark Review and Adjudication Board of State Administration for Industry and Commerce for review, thus the registered trademark "ADA" (registration No. 1351308) was not revoked as a result.

On October 24, 2013, Zhu Jiaqi, the entrusted agent of ADA, bought a special product named "ADA" 9A349 – 5L/F at Room 2202, Building 1, Shangda Plaza, Huaqiao International Business Center, Kunshan, whose manufacturer was Suzhou Aida Electrical Appliance Co. , Ltd. . Shanghai Jiading Notary Public Office conducted

V. Dispute over Intellectual Property Contract

preservation notarization and issued (2013) HJZJZ No. 1446 Notarial Certificate on the aforesaid purchase process.

The above facts are proved by the Civil Judgment (2015) SZSZZ No. 01131 rendered by Suzhou Intermediate People's Court of Jiangsu Province, *Decision on the Application for Revoking Registered Trademark "ADA" (Registration No. 1351308) for Suspension of Use for Three Years* No. Che 201102980, *Catalogue of Documents for Applying for Trademark Review*, *Power of Attorney for Agency of Trademark Review*, *Reasons for Applying for Review of Trademark Revoking*, and Notarial Certificate (2013) HJZJZ No. 1446.

This court holds that according to the claims made by Adidas, Gao and ADA the main focus of dispute in this case lies in whether the contract involved is invalid.

Adidas held that the contract involved, as signed by Gao, who privately affixed the official seal of Adidas, and ADA, whose legal representative was also Gao, and the transfer of trademark was not the true intention of Adidas, but a result of malicious collusion between Gao and ADA, which had harmed the interests of Adidas; thus the contract should be invalid. The Appellee ADA and Gao argued that there was no collusion in bad faith in the formation of the contract involved. The contract involved was signed to protect the trademark from being revoked by the Trademark Office on the ground that Adidas did not use it. And it was also because of the contract involved in the case that the trademark "ADA" was not revoked. Gao, the actual operator of Adidas, did not harm the interests of Adidas by affixing seal on the contract. Besides, Chen, a shareholder of ADA, was also the legal representative of Adidas, so the contract involved did not harm other's interests and should not be held to be invalid. This court holds that a contract is an agreement establishing, modifying and terminating the civil rights and obligations between natural persons, legal persons, or other organizations with equal standing. Laws grant contracting parties the right to enter into contracts out of free will, provided that the exercise of such right shall be premised on compliance with the principle of good faith by the contracting parties. According to the law, if any contract is entered into by malicious collusion, detrimental to the interest of the state, a collective or a third party, such contract shall be invalid. The contract involved is a trademark transfer contract. It seems that the subjects of the contract are Adidas and ADA, but the supervisor of Adidas Gao, who affixed the official seal of Adidas on the contract involved on behalf of Adidas, was also the legal representative of ADA. So there was a close association relationship between Gao and ADA. ADA knew that Gao signed the contract by affixing the official seal of Adidas under her control. Therefore, the two parties had conducted malicious collusion. In terms of the transaction object, what was transferred in the contract is the registered trademark of Adidas, which carries the good will of a company and is an important intangible asset of commercial subject. The fact that one of the transferred trademarks "ADA" had been applied for revocation by an outsider also proves the value of the trademark involved as an intangible asset. In terms of the process of transaction, although Gao was the actual controller of Adidas, she was only the supervisor of the company, and the other shareholder Chen was the legal representative. Gao failed to inform and ask for advice from Chen before making the decision to transfer major assets of the company to form resolution of shareholder meeting. And Chen raised objection on the trademark transfer to the Trademark Office in the name of the legal representative of Adidas after knowing the contract. Hence, Gao has no authority to dispose of the trademark involved on behalf of the company. In terms of transaction result, Gao's transfer of the trademark to ADA directly resulted in the loss of the Adidas's intangible asset and harmed its interests. With regard to Gao's argument that she had been responsible for the operation of Adidas and that the contract involved was entered into to prevent the trademark involved from being revoked for three years' suspension of use, which protected rather than harmed Adidas's interest, this court holds that the application for trademark revocation was made by the outsider in June 2011 on the ground of three years' suspension of use, while the contract involved was signed on December 30, 2012, thus could not prove whether the trademark had been used before the execution of the contract. The notarial certificate submitted by ADA in the second instance also proves that ADA was only the seller of products marked with the registered trademark "ADA". The reason proposed by Gao that the contract involved was signed to protect trademark is ill-founded. Therefore, the argument of Gao was not accepted by this court. With regard to the argument that as Chen was also one of shareholders of ADA, the transfer did not harm other's interest, this court holds that although Chen was one of the shareholders, Chen and Gao had dispute over the company operation. Furthermore, Chen was not aware of Adidas's transfer of the trademarks to ADA, which resulted in Adidas's loss of the ownership of its intangible asset and harm to Adidas's interests. Therefore, the argument of ADA was not accepted by this court.

In summary, as the contract involved was signed through malicious collusion

V. Dispute over Intellectual Property Contract

conducted by Gao, who took advantage of the official seal of Adidas under her control, and ADA, whose legal representative was also Gao, the transfer of the trademarks involved was not the true intention of Adidas, and resulted in Adidas's loss of its intangible asset andharm in its interests. Hence the Adidas's claim that the contract involved should be held invalid is supported by this court. An invalid contract is not legally binding ever from the very beginning. Since the trademarks involved are still under trademark transfer review at the Trademark Office, the right holder of the trademarks is still Adidas and has not yet been transferred under the name of ADA. So after the contract involved is held to be invalid, the rights and obligations concerning the trademarks involved in the contract are not legally binding ever from the very beginning.

On these grounds, in accordance with Item (2) of Article 52 and Article 56 of the *Contract Law of the People's Republic of China*, Paragraph 1 of Article 21, Paragraph 1 of Article 148 of the *Company Law of the People's Republic of China*, Item (2) of Paragraph 1 of Article 170, Article 174 and Article 175 of Civil Procedure Law of the People's Republic of China and Article 240 of the *Interpretation by the Supreme People's Court on the Application of the Civil Procedure Law of the People's Republic of China*, the following ruling was made:

Ⅰ. Overturn the Civil Judgment (2014) PMS (Z) CZ No. 264 rendered by Shanghai Putuo District People's Court;

Ⅱ. The *Contract for Trademark Transfer* entered into by Adidas Electric Technology Co., Ltd. and Shanghai ADA Electrical Appliance Co., Ltd. concerning the transfer of trademarks "ADA" (registration No. 1351308) and "Aida" (registration No. 7383109) is invalid.

The first-instance court fee of RMB 800 and second-instance court fee of RMB 800 shall be borne by the Appellant Gao and Shanghai ADA Electrical Appliance Co., Ltd.

This judgment is the ruling of the final instance.

Chief Judge　Yang Wei
Judge　WuYingzhe
Acting Judge　Cheng Li
February 29, 2016
Law Clerk　Li Bingxue

Attachment: Relevant Laws

I. *Contract Law of the People's Republic of China*

Article 52 A contract is invalid in any of the following circumstances:

...

(2) The parties colluded in bad faith, thereby harming the interests of the state, the collective or any third party;

...

Article 56 A contract that is null and void or revoked shall have *no legally binding force ever from the very beginning*. If a part of a contract becomes invalid without affecting the validity of the other parts, the other parts remain valid.

II. *Company Law of the People's Republic of China*

Article 21 Proprietary shareholders, the actual controllers, directors, supervisors and senior managers of a company shall not take advantage of their affiliated relations to damage the interests of the company.

...

Article 148 The directors, supervisors and senior managers shall comply with laws, administrative regulations and the articles of association. They shall bear the obligations of fidelity and diligence to the company.

...

III. *Civil Procedure Law of the People's Republic of China*

Article 170 After trying a case on appeal, the people's court of second instance shall, in the light of the following situations, dispose of it accordingly:

...

(2) If there is error in the facts as ascertained in the original judgment or verdict or in the application of laws, change, revoke or modify the original judgment in the manner of judgment or verdict according to law;

...

Article 174 When the people's court of second instance adjudicates an appeal, it shall apply the ordinary procedure of first instance unless otherwise stipulated in this Chapter.

Article 175 Any judgment or ruling made by the court of second instance shall be final and conclusive.

IV. *Interpretation by the Supreme People's Court on the Application of the Civil Procedure Law of the People's Republic of China*

V. Dispute over Intellectual Property Contract

Article 240 Where a third party without independent right of request refuses to appear in court without justifiable reasons after receiving the court summon of the people's court or retreats from the court during trial without the permission of the people's court, such refusal or retreatshall not impact the trial of the case.